westermann

Autoren: Andreas Blank, Claudia Charfreitag, Jörn Menne, Helge Meyer, Christian Schmidt

Herausgeber: Andreas Blank, Helge Meyer

Ausbildung im Einzelhandel

Band 3

10. Auflage

Bestellnummer 31127

Zusatzmaterialien zu Ausbildung im Einzelhandel

Für Lehrerinnen und Lehrer

Lösungen: 978-3-427-31164-5
Lösungen Download: 978-3-427-31167-6
Lösungen zum Arbeitsheft: 978-3-427-31192-8
Lösungen zum Arbeitsheft Download: 978-3-427-31195-9

BiBox westermann inkl. E-Book

Lehrerlizenz BiBox Dauerlizenz: 978-3-427-31204-8
Kollegiumslizenz BiBox Dauerlizenz: 978-3-427-31250-5
Kollegiumslizenz BiBox Schuljahr: 978-3-427-83511-0

Für Schülerinnen und Schüler

Arbeitsheft: 978-3-427-31143-0

BiBox westermann inkl. E-Book

Schülerlizenz BiBox Schuljahr: 978-3-427-31220-8

westermann GRUPPE

Druck und Bindung: Westermann Druck GmbH, Georg-Westermann-Allee 66, 38104 Braunschweig

ISBN 978-3-427-**31127**-0

Vorwort

Dieses Buch erfüllt die Anforderungen der Ausbildungsordnung des lernfeldorientierten Rahmenlehrplans für die Ausbildungsberufe **Kaufmann im Einzelhandel und Kauffrau im Einzelhandel** sowie **Verkäufer und Verkäuferin**. Die Gliederung der Inhalte orientiert sich an den Richtlinien des Rahmenlehrplans, der die zu vermittelnden Kompetenzen und die Inhalte einzelnen Lernfeldern zuordnet. Die **Anordnung der Lernfelder** und der Aufbau der Bücher berücksichtigen die Teilung in die Ausbildungsberufe **Kaufmann im Einzelhandel und Kauffrau im Einzelhandel** sowie **Verkäufer und Verkäuferin**.

Bei den Lernfeldern des **ersten Ausbildungsjahres** stehen der Warenverkauf und die Kundenorientierung im Mittelpunkt.

Bei den Lernfeldern des **zweiten Ausbildungsjahres** werden die Themen „Beschaffung“, „Lagerung“ und „Datenbearbeitung“ angesprochen und die Kundenorientierung nochmals aufgegriffen.

Bei den in diesem Buch zusammengefassten Lernfeldern des **dritten Ausbildungsjahres** stehen die Themen „Steuerung der Geschäftsprozesse“, „Marketingkonzeption“, „Personalwirtschaft“ und „Unternehmensführung“ im Mittelpunkt:

- Lernfeld 11: **Geschäftsprozesse erfolgsorientiert steuern**
- Lernfeld 12: **Mit Marktingkonzepten Kunden gewinnen und binden**
- Lernfeld 13: **Personaleinsatz planen und Mitarbeiter führen**
- Lernfeld 14: **Ein Unternehmen leiten und entwickeln**

Wegen der Verschiedenheit der Ausbildungsbetriebe und um den Auszubildenden der unterschiedlichen Branchen die Lerninhalte zu veranschaulichen, werden bei der Erarbeitung der Lernfelder drei unterschiedliche **Modellunternehmen** zugrunde gelegt:

- **Center Warenhaus GmbH mit der Auszubildenden Sabine Freund**
- **Mars Elektrofachmarkt e. K. mit dem Auszubildenden Mehmet Aydin**
- **Lebensmitteldiscount Schlegel KG mit der Auszubildenden Kerstin Dahm**

Im Vergleich mit diesen Modellunternehmen erkennen die Auszubildenden die Besonderheiten ihres Ausbildungsbetriebes.

Die **Kapitel innerhalb der Lernfelder** sind in sachlogisch strukturierte Unterrichtseinheiten gegliedert. Jede Unterrichtseinheit ist folgendermaßen aufgebaut:

1. Handlungssituation → **2. Sachinhalt** → **3. Zusammenfassung** → **4. Aufgaben**

Jede Unterrichtseinheit (= Gliederungspunkt im Buch) wird mit einer unternehmenstypischen **Handlungssituation** eingeleitet. Über **Arbeitsaufträge** werden die Schüler zur eigenständigen Lösung der darin erkennbaren Problematik aufgefordert.

Im anschließenden **Sachinhalt** werden betriebliche Probleme an Beispielen mit Lösungen veranschaulicht, Zusammenhänge in Schaubildern schematisiert, Lösungswege und wichtige Merkstoffe jeweils aus dem schülergemäßen Text hervorgehoben sowie in einer **Zusammenfassung** als Grundlage der Übung und Wiederholung strukturiert dargestellt. Zu jedem Lernfeld werden **Aufgaben** mit unterschiedlichem Schwierigkeitsgrad und Umfang, einerseits zur Sicherung und Anwendung betriebswirtschaftlicher Begriffe, Definitionen und Abläufe, andererseits zur Auswertung und entscheidungs- und handlungsorientierten Durchdringung der Ergebnisse gestellt. Jedes Lernfeld wird mit fallbezogenen **Wiederholungsaufgaben und prüfungsvorbereitenden Aufgaben** abgeschlossen.

Aspekte der **beruflichen Bildung in der digitalen Welt** werden in Handlungssituationen, Sachinhalt und Aufgaben durchgängig berücksichtigt.

Verweise auf andere Lernfelder, bei denen die zu bearbeitenden Inhalte ebenfalls behandelt werden, sind an den entsprechenden Stellen mit einem Verweis auf das jeweilige Lernfeld gekennzeichnet.

Im **Lehrerhandbuch** sind alle Aufgaben ausführlich gelöst. Ferner werden zu jedem Lernfeld handlungsorientierte Unterrichtsskizzen vorgestellt. Darüber hinaus sind zahlreiche Kopiervorlagen enthalten, die die Arbeit der Lehrer und Schüler im Unterricht unterstützen. Mit dem im Lehrerhandbuch angegebenen Code können Sie unter BuchPlusWeb auf die Software „Dobis EH 2017" zurückgreifen, in der bereits zahlreiche Lernsituationen zu den Lernfeldern 1 bis 14 enthalten sind. Ferner können weitere Lernsituationen effizient geplant und verwaltet werden.

Im **Arbeitsheft** (Bestell-Nr. 31143) werden die Einstiegssituationen des vorliegenden Lehrbuchs aufgegriffen und über zusätzliche Arbeitsaufträge und methodische Hinweise, die einen handlungsorientierten Unterricht steuern, in Lernsituationen überführt.

Hinweise auf das Arbeitsheft sind an den entsprechenden Stellen durch das folgende Icon gekennzeichnet:

LS

BiBox westermann inkl. E-Book

Zu diesem Lehrwerk sind ergänzende digitale Unterrichtsmaterialien als BiBox erhältlich. In unserem Webshop unter www.westermann.de finden Sie hierzu unter der Bestellnummer des vorliegenden Schülerbuchs weiterführende Informationen.

Aspekte der Nutzung der **Warenwirtschaft** und des **Onlinehandels** unter Berücksichtigung von Datenschutz und Datensicherheit, z. B. **EU-Datenschutz-Grundverordnung (DSGVO)**, und der Wechselwirkung von Onlinehandel und stationärem Handel werden ausführlich berücksichtigt.

Die Verfasser

INHALTSVERZEICHNIS

LERNFELD 14

Ein Einzelhandelsunternehmen leiten und entwickeln

Rechnen mit dem Taschenrechner

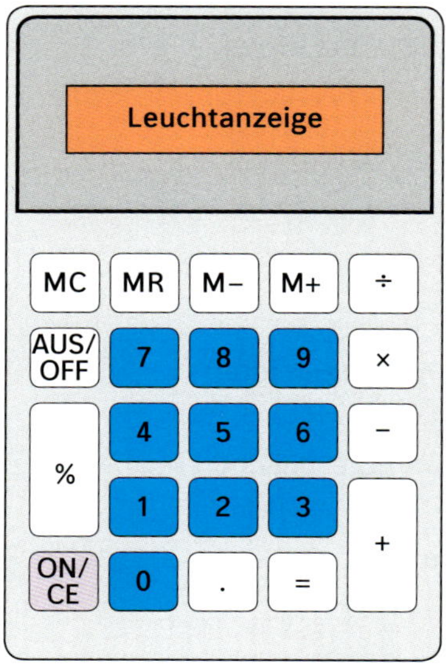

Anzeigefeld

Tastenfeld

Zahlen-Tasten [0] … [9]

Rechen-Tasten

- Division [÷]
- Multiplikation [×]
- Subtraktion [−]
- Addition [+]
- Prozentautomatik [%]

Lösch-Tasten

- Einschalten Einzel- und Gesamtlöschung [ON/CE]
- Aus-Taste [AUS/OFF]

Speicher-Tasten

- addierender Speicher [M+]
- subtrahierender Speicher [M−]
- Speicheraufruf [MR]
- Speicherlöschung [MC]

Rechenart	Aufgabenbeispiel	Eingabe in den Rechner	Anzeige
1 Addition	36 + 322	36 ⊕ 322 ⊜	358
2 Subtraktion	540 – 196	540 ⊖ 196 ⊜	344
3 Addition und Subtraktion	39 + 620 – 222	39 ⊕ 620 ⊖ 222 ⊜	437
4 Multiplikation	64 · 3,6	64 ⊗ 3 ⊙ 6 ⊜	230,40
5 Division	420 : 21	420 ⨸ 21 ⊜	20
6 Multiplikation und Division	$\frac{14 \cdot 224}{8}$	14 ⊗ 224 ⨸ 8 ⊜	392
7 Multiplikation und Division mit Konstanten	12 · 4 12 · 6 4 : 16 8 : 16	12 ⊗ 4 ⊜ 12 ⊗ 6 ⊜ 4 ⨸ 16 ⊜ 8 ⨸ 16 ⊜	48 72 0,25 0,5
8 Prozentrechnen	15 % von 900 15 % von 900 + 900 900 – 15 % von 900	900 ⊗ 15 (%) 900 ⊕ 15 (%) 900 ⊖ 15 (%)	135 1035 765
9 Rechnen mit Speicher	(16 · 8) – (30 : 3)	16 ⊗ 8 (M+) 30 ⨸ 3 (M−) (MR)	118

EINLEITUNG

Das Einkaufszentrum Rheinpark Köln stellt sich vor

Daten und Fakten

Knapp sechs Kilometer vom Stadtzentrum Kölns entfernt, im Mittelpunkt der Städte Köln, Frechen, Brühl und Hürth, befindet sich das Einkaufszentrum Rheinpark Köln.

Seit der **Eröffnung 1981** und den Erweiterungen 1986, 1995 und 2019 belegen über 160 **Fachgeschäfte** und **Dienstleistungsbetriebe** das Einkaufszentrum (EKZ), das als ein „Einkaufszentrum im Grünen“ mehr Brunnen, Grünoasen und Verweilplätze als die City von Köln hat. Eine Auswahl der Unternehmen finden Sie auf den Seiten 12 und 13.

Mit der Fertigstellung des letzten Bauabschnitts vergrößerte sich die **Geschäftsfläche** von 61 000 m² auf 80 000 m². Es befinden sich 3 500 kostenlose **Parkplätze**, übersichtlich angeordnet und nach einer ADAC-Empfehlung angelegt, auf dem Gelände.

Ideale **U-Bahn- und Busverbindungen** ermöglichen den Einwohnern der umliegenden Städte und Gemeinden einen bequemen Zugang zum EKZ. Die guten Verkehrsverbindungen garantieren einen reibungslosen Verkehrsfluss.

Besucher des EKZ, die mit öffentlichen Nahverkehrsmitteln kommen, können bei Vorlage ihrer Fahrkarte einen besonderen **Service** in Anspruch nehmen. Wenn die Kunden für mindestens 500,00 € im EKZ eingekauft haben, bringt ihnen der Rheinpark-Servicewagen die Waren bis zur Haustür – zur vorher vereinbarten Uhrzeit.

Eine Vielzahl von **Serviceeinrichtungen**, die große Anzahl der Geschäfte, attraktive Unterhaltungsprogramme (Trödel-, Weihnachts-, Kunsthandwerkermarkt, Kulturfestivals, Ausstellungen, um nur einige zu nennen) und eine behindertengerechte Ausstattung tragen zum Erfolg des EKZ bei. Durch all diese Besonderheiten war es möglich, das **Einzugsgebiet** auf einen Radius von 30 km auszudehnen. In diesem Einzugsbereich leben etwa 1,8 Mio. Menschen.

Daten und Fakten auf einen Blick	
1. Eröffnung Erweiterung in den Jahren	27.09.1981 1986, 1995, 2019
2. Bruttomietfläche	80 000 m²
3. Zahl der Geschäfte/Dienstleister	168
4. Verkaufsfläche Dienstleistungen und Freizeiteinrichtungen	59 000 m² 16 000 m²
5. Umsatzvolumen in Mio. € p. a.	etwa 200
6. Zahl der Kunden/Besucher pro Tag im Durchschnitt	etwa 40 000
7. Zahl der kostenlosen Parkplätze	3 500
8. Einzugsgebiet	30 km, etwa 1,8 Mio. Einwohner

Wie originell die **Aktionen im EKZ** sind, können Sie im Guinnessbuch der Rekorde nachlesen. Das EKZ hält 14 Weltrekorde, u.a. für den größten Apfelstrudel oder für die höchste Sektglaspyramide mit 7000 Sektschalen.

Das **Motto des EKZ** lautet: „Bei uns trifft man sich zur Unterhaltung und Information, zum Mitmachen und Mitlachen."

Im EKZ finden über 2000 Menschen Arbeit. In allen Geschäften des EKZ werden über 200 Auszubildende ausgebildet, u.a. in den Ausbildungsberufen Verkäufer und Verkäuferin, Kaufmann im Einzelhandel und Kauffrau im Einzelhandel, Kaufmann/Kauffrau für Büromanagement, Bankkaufmann/Bankkauffrau, Gestalter/Gestalterin für visuelles Marketing, IT-Kaufmann/IT-Kauffrau.

Der Standort

Die Verkaufsräume der Center Warenhaus GmbH und der anderen Unternehmen befinden sich im Einkaufszentrum Rheinpark in der **Aachener Straße 1250, 50859 Köln**. Die Räume wurden jeweils von der Rheinpark Verwaltungs GmbH angemietet.

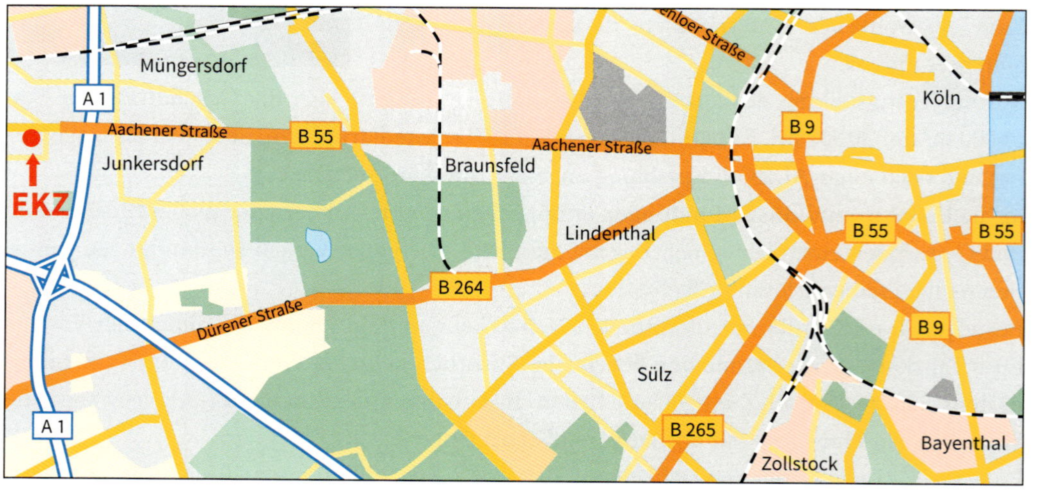

Über die Aachener Straße ist das Autobahndreieck Köln-West mit den Autobahnen A 61, A 1 und A 4 in wenigen Minuten zu erreichen.

Arbeitnehmerinnen und Arbeitnehmer können mit den Bus- und S-Bahn-Linien 7, 8 und 20 bis zum Einkaufszentrum fahren.

Die Geschäftsleitungen der im EKZ ansässigen Unternehmen möchten ihre Mitarbeiter durch die Ausgabe von Jobtickets für die öffentlichen Verkehrsmittel zu umweltbewusstem Verhalten anhalten.

Das erfolgreiche Konzept des Einkaufszentrums findet sich in **15 weiteren Städten in Deutschland** wieder.

In all diesen Einkaufszentren finden Sie sowohl eine Filiale der Center Warenhaus GmbH, des Mars Elektrofachmarkt e.K. als auch der Lebensmitteldiscount Schlegel KG.

Name des Einkaufszentrums	Stadt
EKZ Leinepark	Hannover
EKZ Weserpark	Bremen
EKZ Alsterpark	Hamburg
EKZ Eiderpark	Kiel
EKZ Warnowpark	Rostock
EKZ Spreepark	Berlin
EKZ Elbepark	Dresden
EKZ Gerapark	Erfurt

Name des Einkaufszentrums	Stadt
EKZ Saalepark	Magdeburg
EKZ Havelpark	Potsdam
EKZ Mainpark	Frankfurt
EKZ Moselpark	Koblenz
EKZ Neckarpark	Stuttgart
EKZ Isarpark	München
EKZ Saarpark	Saarbrücken

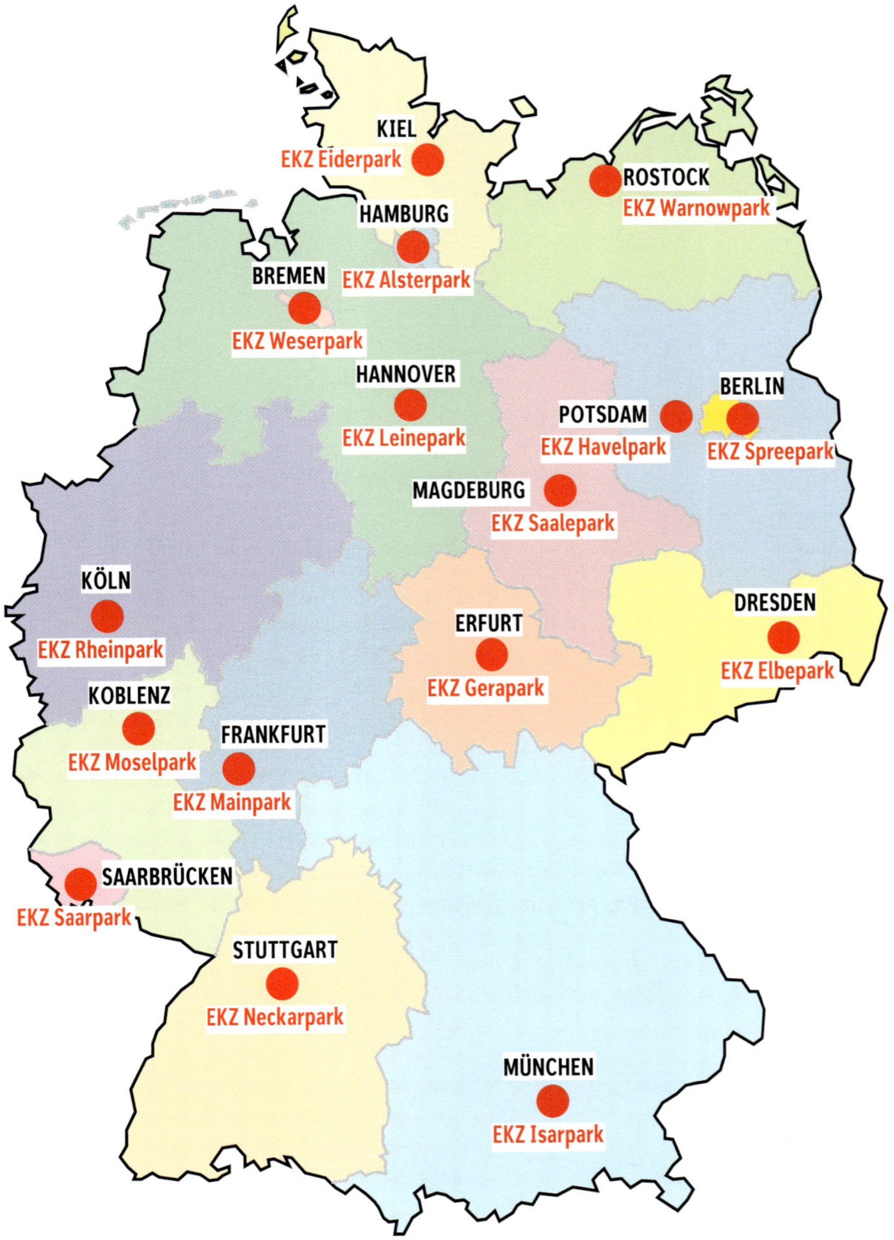

Einzelhandelsbetriebe im Einkaufszentrum Rheinpark Köln

Nr.	Betrieb	Typ	Verkaufsform	Sortiment	Mitarbeiter/ Azubis	Fläche in m²
92	Abels Bau- und Hobbymarkt GmbH	Fachmarkt	SB/O	Werkzeuge, Teppichböden, Baubedarf, Gartenbedarf, Kleinmöbel, Tapeten	30/4	6800
2	Willi Meyer e. K. Schreibwaren	Fachgeschäft	B	Schreibwaren und Bürobedarfsartikel, Geschenkartikel, Schulbedarf	2	60
71	Mars Elektrofachmarkt e. K.	Fachmarkt	B/V/O	Weiße Ware, Braune Ware, Tonträger, Software, Neue Medien	40/6	1400
4	mod-shop GmbH Gisela Meyer	Boutique	B/V	Modische Damenbekleidung, Modeschmuck, Schuhe	3	50
5	Buchhandlung Tauber-OHG	Fachgeschäft	B/V	Kinderbücher, Reisebücher, Belletristik, EDV-Literatur, Hobby-Bücher	3	100
6	Champions-Sport Gerhard Blunk KG	Spezialgeschäft	B/V	Angelsportartikel	3/1	85
7	Juwelier Josef Kanter e. K.	Fachgeschäft	B	Uhren, Schmuck	2	75
11	ABO-Versandhandels AG, Verkaufsfiliale	Versandhandel	V/O	Auswahl des Gesamtkataloges, Bestellungen werden im Laden bearbeitet.	9/3	560
20	Lebensmitteldiscount Schlegel KG	Discounter	SB/O	Lebensmittel, Aktionsangebote	16/3	680
8	Meeresfrüchte GmbH	Fachgeschäft	B	Fisch, Partyservice, Stehimbiss	5	180
22	Werl-Textilkaufhaus KG	Kaufhaus	V/O	Damen-, Herren-, Kinderbekleidung, Schuhe	45/8	4000
9	Foto-Knirps, Inh. Gertrud Moll e. K.	Fachgeschäft	B	Fotoartikel, Bilderrahmen und -alben, Entwicklungslabor, Passfotos, digitale Bilder	5/1	100
12	Baby-Markt Verkaufs-GmbH	Fachgeschäft	SB	Bekleidung, Möbel, Nahrungsmittel, Spielsachen, Pflegeartikel für Kleinkinder	8/2	450
29	Autobedarf Herkenrath OHG	Fachgeschäft	V/B/SB/O	Autozubehör, -ersatzteile, Auto-Hi-Fi, Autotelefon, Einbauservice	22/4	900
1	Center Warenhaus GmbH	Warenhaus	V/B/SB/O	Textilien/Sport, Schuhe, Lederwaren, Schreibwaren, Haushalt, Spielwaren, Lebensmittel, Elektro	65/10	14500
90	Kaufland eG (Genossenschaft)	Supermarkt	B/O	Lebensmittel	8/2	1400

Nr.	Betrieb	Typ	Verkaufsform	Sortiment	Mitarbeiter/ Azubis	Fläche in m²
14	Briefmarken- und Münzhandel Werner Wurms e. K.	Spezialgeschäft	B	Briefmarken, Alben, Zubehör, Tauschbörse	2	40
17	Frischobst und Gemüse Günter Wilms e. K.	ambulanter Handel	B	Obst und Gemüse	1	18
18	Self-Selling GmbH	Automatenhandel	SB	Süßwaren, Konserven, Spielwaren	1	20
21	Die Blumenwelt, Hanna Gerdes e. K.	Fachgeschäft	B	Blumen mit Fleurop-Dienst	3/1	30
67	Wolfgang Schwarztrauber	Kiosk	B	Tabak, Zeitschriften, Süßwaren	1	10
70	Der Käseladen Wolfgang Wilke e. K.	Spezialgeschäft	B	Käse und Molkereiprodukte, Delikatessen	3/1	90
92	men-shop Bernd Kreitner GmbH	Fachgeschäft	B	Herrenkonfektion mit Änderungsschneiderei, Schuhe	3	120
28	Jeans-Moden Karla Möltgen KG	Boutique	V/B	Herren-, Damen-, Kinderbekleidung in Jeans	3	80
33	Geschenkeparadies Klara Klein GmbH	Boutique	V/S	Geschenkartikel aller Art, Grußkarten, T-Shirt-Druck	3	120
29	Getränkemarkt Gerhards KG	Fachmarkt	SB	Wasser, Bier, Spirituosen, Zustelldienst, Partyservice	12/1	700
3	Exklusives Wohnen Waltraud Schiffer GmbH	Fachgeschäft	V/B/O	Möbel, Inneneinrichtungsgegenstände	12/3	150
38	Fahrrad-Center Mauel GmbH	Fachgeschäft	V/B/O	Fahrräder und Zubehör, Reparaturservice	6	300
89	Garten-Center Klein KG	Fachgeschäft	V/B/SB/O	Gartenbedarf	20/2	2000

SB = Selbstbedienung, B = Bedienung, V = Vorwahl, O = Onlinehandel

Weitere Betriebe im EKZ

- Telekom-Laden
- Eiscafé
- 3 Imbissstände
- Chinarestaurant
- 2 Kneipen
- Mediathek
- Notariat
- Ärztehaus
- Schuster
- Schlüsseldienst
- 2 Banken
- Reisebüro
- Optiker
- Tankstelle
- Rechtsanwalt
- Mietwagenagentur
- Apotheke
- Kopiercenter
- Reinigung
- Friseur
- 2 Bäckereien
- Schuhreparatur
- Steuerberater
- Übersetzungsbüro
- Metzgerei
- Versicherung
- Blumengeschäft
- Solarium
- Kinocenter
- Kindergarten
- Internetcafé
- Fitnesscenter

Sonstige Einrichtungen	
• Taxistand • Verbraucherberatungsstelle • Wickelraum für Säuglinge • städtische Seniorentagesstätte • Sammelstelle für Sondermüll (Farben, Lacke, Batterien) • Bushaltestellen	• Parkhaus mit bewachtem Fahrrad-abstellbereich • privater Sicherheitsdienst • städtische Bücherei • Polizeiwache • Erste-Hilfe-Station • Postniederlassung

Das gesamte Einkaufszentrum wird von der **EKZ-Rheinpark-GmbH** geleitet. Hier sind acht Mitarbeiter beschäftigt. Ihre Aufgaben bestehen u. a. in der

- Anwerbung neuer Betriebe,
- Beratung bei der Gestaltung der Geschäfte,
- Veranstaltung gemeinsamer Aktionen (Weihnachtsmarkt, Sommerfest, Trödelmarkt usw.),
- Verwaltung der gemeinsamen Einrichtungen (Parkhaus usw.),
- Konzeption der Gemeinschaftswerbung.

Supermarkt Kaufland eG

Exklusives Wohnen Waltraud Schiffer GmbH

Bäckerei im Einkaufszentrum Rheinpark

Die Center Warenhaus GmbH

Die Center Warenhaus GmbH wurde vor 75 Jahren in Köln gegründet und hat sich seitdem bundesweit ausgedehnt.

● Organigramm der Center Warenhaus GmbH (Auszug)

Assistent der GL	Geschäftsleitung	Umweltbeauftragter
Sven Braun	Kerstin Sommer, Thomas Becker	Hermann Hohn

Einkauf Hanne Bauer Aln	**Lager** Gerd Rubens Al	**Verkauf/Marketing** Oliver Lehnert Al			**Verwaltung/ Ausbildung** Claudia Ahlemann Aln
Textil, Sport Hanne Bauer **Schuhe, Lederwaren** Nicole Wiedemann Sn **Schreibwaren, Bücher, Spielwaren, Uhren, Schmuck** Eva Bilstein Sn **Lebensmittel** Renate Öztürk Sn **Haushaltswaren, Elektro** Klaus Berger S	**Zentrallager** Peter Baldus S – Warenannahme – Auszeichnung **Fuhrpark** Holger Hübner S	**Textil/Sport** Elena Gutowski Sn – HK – DOB – KIKO – Wäsche – Sport – Gardinen **Schuhe, Lederwaren** Helga Kowski Sn **Onlineshop (www.center-warenhaus-onlineshop.de)** Simone Reck Sn **Dekoration** Vera Hausberg	**Parfümerie** Yvonne Berg Sn **Elektro** Helmut Winkler S – Weiße Ware – Braune Ware – Lampen – Zubehör **Lebensmittel** Peter Pade S – Non-Food – Getränkemarkt – Spirituosen – Fleisch, Käse – Obst, Gemüse – Konserven – Tiefkühlkost **Reklamation** Otto Schaaf	**Schreibwaren, Bücher** Anna Monberg Sn **Haushaltswaren** Claudia Rosen Sn **Spielwaren** Edith Mauser Sn **Uhren, Schmuck** Edith Schiefen Sn **Hausdetektiv** Helmut Meyer	**Personal** Maria Meys Sn **Rechnungswesen** Werner Schmick S – Kassenabrechnung – Finanzbuchhaltung – Rechnungsprüfung – Kostenrechnung – Statistik **Organisation, Datenverarbeitung** Hartmut Groll S **Hausdienst** Dieter Nahnsen

Betriebsrat: 7 Mitglieder, Vorsitzender: Peter Pade, Stellvertreterin: Helga Kowski
Jugendvertreterin: Petra Jäger, Stellvertreter: Marc Cremer

Al = Abteilungsleiter | GL = Geschäftsleitung | S = Substitut
Aln = Abteilungsleiterin | HK = Herrenkonfektion | Sn = Substitutin
DOB = Damenoberbekleidung | KIKO = Kinderkonfektion

Steuernummer: 223/5140/8546 | USt-IdNr.: DE835872142

● Die Auszubildenden der Center Warenhaus GmbH

Liste der Auszubildenden der Center Warenhaus GmbH				
Kaufmann im Einzelhandel und Kauffrau im Einzelhandel		Verkäufer und Verkäuferin	Gestalter/-in für visuelles Marketing	Kauffrau/Kaufmann für Büromanagement
Sabine Freund Petra Jäger Marc Cremer	Kevin Dahm Jonas Hector Pierre Bätz	Gaby Dohm Silvia Meiser	Birgit Moll	Nicole Höver

Das Erdgeschoss der Center Warenhaus GmbH

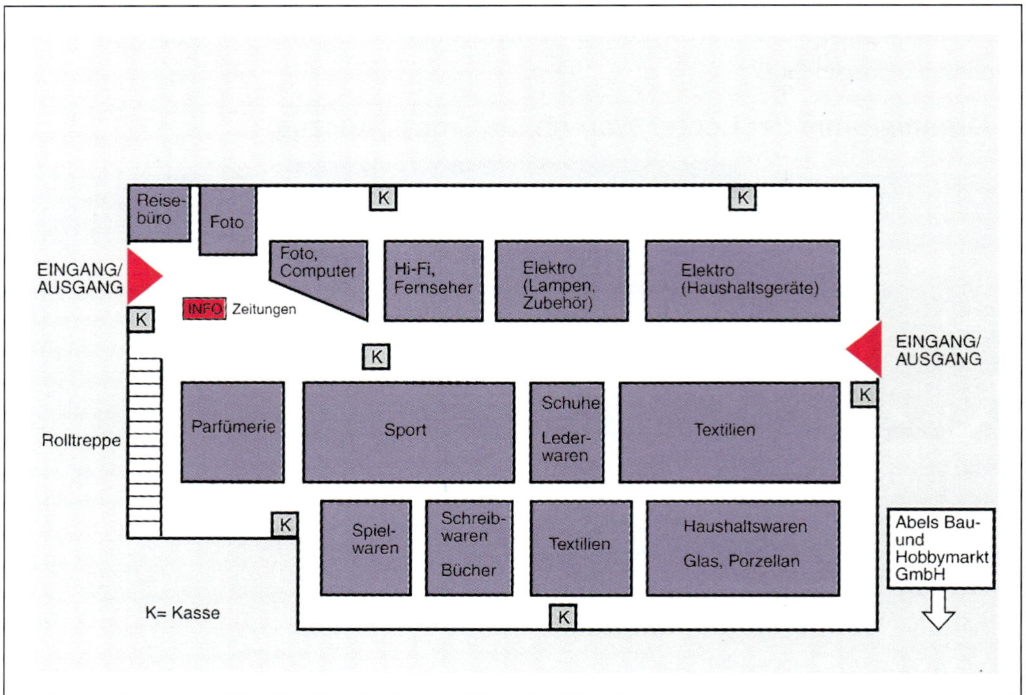

Das Basement der Center Warenhaus GmbH

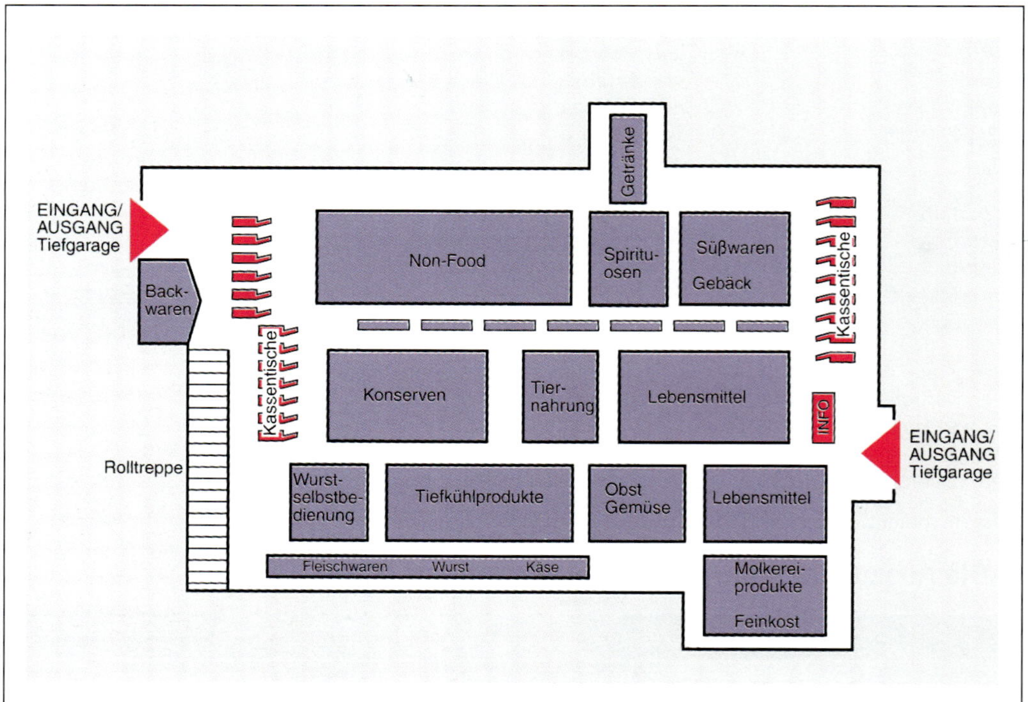

- Blick in die Abteilungen der Center Warenhaus GmbH

Die Hauptlieferer

Lieferer- und Kreditor-Nr.	Name	Anschrift	Telefon Fax	Bank IBAN BIC
	Liefererdatei der Center Warenhaus GmbH (Auszug)			
5681 K70001	Bürobedarfs-großhandel Schneider & Co. KG	Laarstraße 19 58636 Iserlohn Ansprechpartner: Herr Solf	02371 342311 02371 342315	Commerzbank Iserlohn DE49445400220871112365 COBADEFF445
5677 K70002	Lederwaren-fabrik Bernd Lüghausen e. K. Fabrikation von Lederbeklei-dung	Im Talacker 18 47829 Krefeld Ansprechpartner: Frau Sudhoff	02151 417118 02151 985410	Commerzbank Krefeld DE78320400240546387657 COBADEFF320
5621 K70003	Porzellan-manufaktur Latschen-reuther GmbH	Lessingstraße 44 01662 Meißen Ansprechpartner: Herr Lukas	03521 511225 03521 511289	Postbank Berlin DE09100100100223421654 PBNKDEFF100
5641 K70004	Schuhfabrik Mata OHG	Dresdner Straße 116–124 66955 Pirmasens Ansprechpartner: Frau Sonius	06331 866350 06331 866401	VR-Bank Pirmasens DE54542900000231987654 GENODE61PS1
5610 K70005	Lebensmittel-großhandel Westkauf KG	Quarzstraße 98 51371 Leverkusen Ansprechpartner: Herr Oswald	0214 763499 0214 763434	SEB Leverkusen DE72370101110354824453 ESSEDE5F372
5666 K70006	Textil AG	Münzstraße 89–121 10178 Berlin Ansprechpartner: Frau Demming	030 445546 030 445548	Postbank Berlin DE09100100100543399988 PBNKDEFF100
5620 K70007	Sportex GmbH & Co. KG Sportartikel-herstellung	Volksparkstraße 23–43 22525 Hamburg Ansprechpartner: Herr Inanci	040 1843467 040 1843154	Commerzbank Hamburg DE73200400000456321675 COBADEHHXXX
5669 K70008	Elektro Bader KG Elektrogeräte	Fabrikstraße 10–34 04129 Leipzig Ansprechpartner: Herr Wiemann	0341 554645 0341 554849	Stadt- und Kreissparkasse Leipzig DE48860555920650342344 WELADE8LXXX

Auszug aus dem Gesellschaftsvertrag

Gesellschaftsvertrag der Center Warenhaus GmbH

durch die Gesellschafterversammlung am 1. Januar 19.. in 50859 Köln, Aachener Straße 1250, festgelegt:

§ 1 Die Firma der Gesellschaft lautet Center Warenhaus GmbH.

§ 2 Der Geschäftssitz der Gesellschaft ist in 50859 Köln.

§ 3 Die Gesellschaft betreibt die Anschaffung und Weiterveräußerung von Waren aller Art an den Letztverbraucher. Nach Möglichkeit sollen umweltverträgliche Artikel angeboten werden.

§ 5 Das Stammkapital der Gesellschaft beträgt 300 000,00 €.

§ 6 Das Stammkapital wird aufgebracht:
1. Gesellschafterin Dipl.-Kauffrau Kerstin Sommer, Köln
mit einem Nennbetrag der Geschäftsanteile in Höhe von 150 000,00 €.
2. Gesellschafter Dipl.-Betriebswirt Thomas Becker, Köln
mit einem Nennbetrag der Geschäftsanteile in Höhe von 150 000,00 €.
Die Nennbeträge der Geschäftsanteile sind in bar oder in Sachwerten zu leisten. Sie sind sofort in voller Höhe fällig.

§ 7 Der Mindestbetrag eines Geschäftsanteils muss 500,00 € betragen. Jeder andere Geschäftsanteil muss durch 100,00 € teilbar sein.

§ 8 Die Gesellschafterversammlung beruft einstimmig die Geschäftsführung.

§ 10 Die Gesellschafter treten jährlich einmal zu einer ordentlichen Versammlung zusammen. Der Geschäftsführer lädt mit einwöchiger Frist unter Angabe von Tagungsort, Tagungszeit und Tagesordnung ein.

§ 11 Die Rechte der Gesellschafterversammlung werden bis auf Widerruf auf die Geschäftsführung übertragen. Für den Widerruf ist eine Mehrheit von 3/4 der Stimmen erforderlich. Abgestimmt wird nach Geschäftsanteilen. Je 50,00 € eines Geschäftsanteils gewähren eine Stimme.

§ 13 Jeder Gesellschafter kann aus wichtigem Grund seinen Austritt aus der Gesellschaft erklären. Der Austritt ist nur zum Ende eines Geschäftsjahres zulässig. Er hat durch Einschreibebrief mit einer Frist von sechs Monaten zu erfolgen. Bei Kündigung der Gesellschafter oder Austritt wird die Gesellschaft nicht aufgelöst.

§ 16 Bekanntmachungen der Gesellschaft nach den gesetzlichen Bestimmungen erfolgen ausschließlich im Unternehmensregister.

§ 20 Außerhalb des Gesellschaftsvertrages wurde folgender Beschluss gefasst: Als Geschäftsführer gem. § 8 des Gesellschaftsvertrages werden bestimmt:
1. Frau Dipl.-Kauffrau Kerstin Sommer, Köln
2. Herr Dipl.-Betriebswirt Thomas Becker, Köln

§ 21 Vorstehendes Protokoll wurde den Gesellschaftern vom Notar vorgelesen, von ihnen genehmigt und eigenhändig wie folgt gegengezeichnet:

zu 1. Kerstin Sommer

zu 2. Thomas Becker

Köln, 2. Januar 19..

Die Verbände

Gemäß § 1 IHK-Gesetz ist die Center Warenhaus GmbH Mitglied in der **Industrie- und Handelskammer (IHK)**. Die Geschäftsführerin, Frau Sommer, und die Substituten Pade, Gutowski, Kowski, Winkler und Berg sind Mitglieder in Prüfungsausschüssen der IHK. Das Unternehmen ist im **Einzelhandelsverband Nordrhein e.V.** organisiert, die organisierten Arbeitnehmer sind Mitglieder der **Vereinten Dienstleistungsgewerkschaft (ver.di)**.

Der Betriebsrat und die Jugend- und Auszubildendenvertretung

Vorsitzender des Betriebsrates der Center Warenhaus GmbH ist **Peter Pade**, seine Stellvertreterin ist Helga Kowski. Jugend- und Auszubildendenvertreterin ist **Petra Jäger**, Stellvertreter ist Marc Cremer.

Bankverbindungen und Kommunikation

Bankverbindungen			Kommunikation	
Kreditinstitut	**BIC**	**IBAN**	**Telefon**	**Telefax**
Deutsche Bank Köln	DEUTDEDKXXX	DE0837070060 0252013800	0221 4171-18 0221 4171-19	0221 4171-20
Postbank Köln	PBNKDEFF370	DE5437010050 0054666504	**Internet**	**E-Mail**
Sparkasse KölnBonn	COLSDE33XXX	DE1137050198 0085313948	www.center-warenhaus.de	info@center-warenhaus.de

Sabine Freund
Auszubildende bei der Center Warenhaus GmbH
3. Ausbildungsjahr

Mehmet Aydin
Auszubildender beim Mars Elektrofachmarkt e. K. (vgl. Seite 22)
3. Ausbildungsjahr

Kerstin Dahm
Auszubildende bei der Lebensmitteldiscount Schlegel KG (vgl. Seite 20)
3. Ausbildungsjahr

Die Lebensmitteldiscount Schlegel KG

Lebensmitteldiscount Schlegel KG

Verwaltung
Gudrun Schlegel

Filialleiter
Oliver Schlegel

Onlineshop (www.lebensmittel-schlegel-onlineshop.de)
Arik Mai

Stellvertr. Filialleiter
Tobias Hell

12 Mitarbeiter (6 Vollzeit, 6 Teilzeit)

- Tina Klein
- Claudia Tiffels
- Dimitri Weimann
- Klaus Hinrichs
- Cornelia Hülder
- Sevil Mehmet
- Michael Felix
- Larissa Henze
- Tommy Krumm
- Lena Bogdanow
- Frederic Cahon
- Mandy Klein

Ausbilderin
Angela Bergmeier

Azubis

Verkäufer und Verkäuferin:
Yvonne Petrusch (1. Ausbildungsjahr)
Stefan Doll (1. Ausbildungsjahr)
Kaufleute im Einzelhandel:
Jason Mc Neill (2. Ausbildungsjahr)
Kerstin Dahm (3. Ausbildungsjahr)

Tel: 0221 4768-44
Fax: 0221 4768-45

Steuernummer: 223/6891/2369
USt-IdNr.: DE986578960

Bank: Kreissparkasse Köln
IBAN: DE66370502990058723801
BIC: COKSDE33XXX

- 135 Filialen in Deutschland
- Verkaufsform: überwiegend Selbstbedienung mit Bedienung bei Fleisch/Wurst und Käse
- Verkaufsfläche: 680 m^2

Lieferungen erfolgen vom Zentrallager Porz.

Der Mars Elektrofachmarkt e. K.

Steuernummer: 223/3137/2973
USt-IdNr.: DE583442583

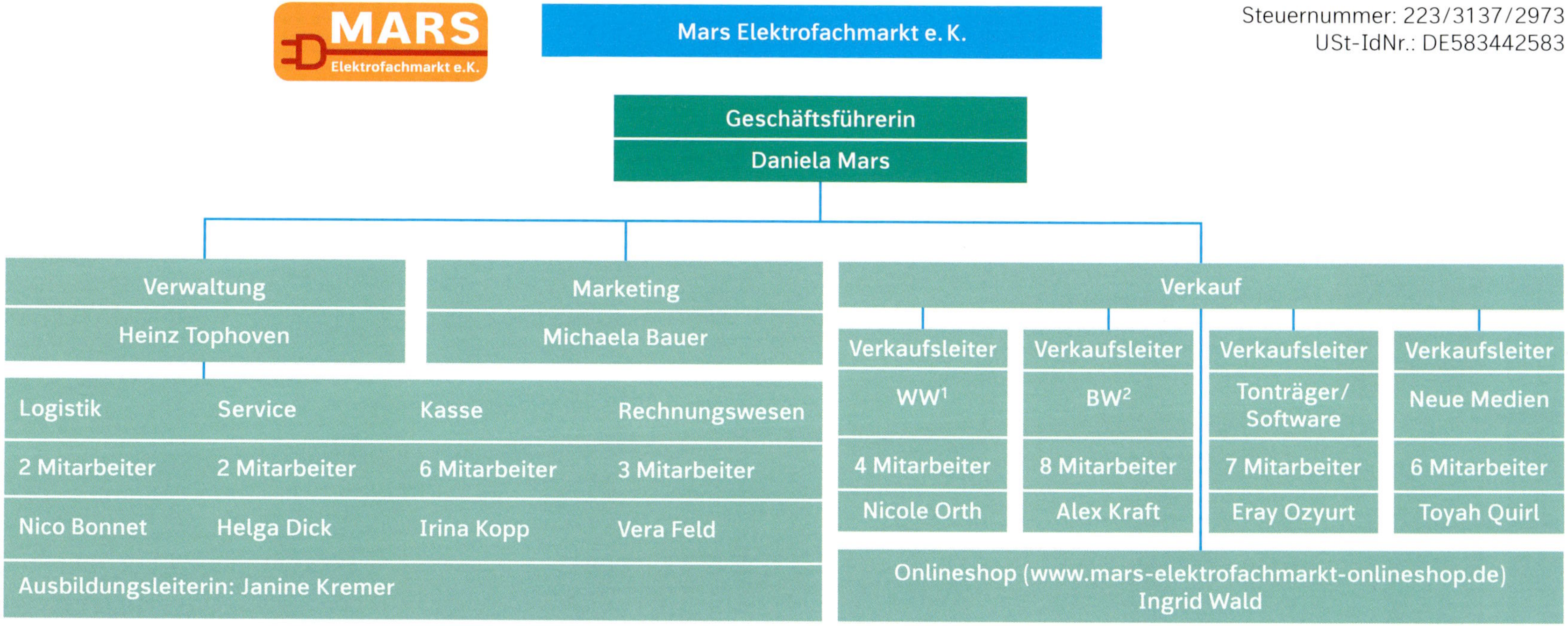

6 Auszubildende Kaufmann im Einzelhandel und Kauffrau im Einzelhandel sowie Verkäufer und Verkäuferin

Luca Stefer (1. Ausbildungsjahr)
Dominique Heinz (1. Ausbildungsjahr)
Gina Nelles (1. Ausbildungsjahr)
Natalie Kremer (2. Ausbildungsjahr)
Mehmet Aydin (3. Ausbildungsjahr)
Murat Canbahan (3. Ausbildungsjahr)

Tel: 0221 1610705
Fax: 0221 1700088

Bank:	Deutsche Bank Köln	Kreissparkasse Köln
IBAN:	DE80370700600340731420	DE93370502990013600564
BIC:	DEUTDEDKXXX	COKSDE33XXX

- 15 Filialen in Deutschland
- Verkaufsform: überwiegend Vorwahl, bei Foto, Computer und Hi-Fi Bedienung
- Verkaufsfläche: 1 400 m²

1 WW = *Weiße Ware (z. B. Haushaltsgeräte)*
2 BW = *Braune Ware (z. B. Hi-Fi-Geräte)*

LERNFELD 11

Geschäftsprozesse erfolgsorientiert steuern

1 Warenwirtschaftliche Prozesse erfassen

1.1 Wareneinkauf und Warenverkauf als warenwirtschaftliche Prozesse darstellen und erfassen

HANDLUNGSSITUATION

Mehmet Aydin soll folgende Belege buchen:

Elektro Bader KG
Elektrogeräte

Elektro Bader KG, Fabrikstraße 10 – 34, 04129 Leipzig
Mars Elektrofachmarkt e. K.
Aachener Straße 1250
50859 Köln

Ihr Zeichen: H-Sch
Ihre Bestellung vom: 01.12.20..
Unser Zeichen: Pi-Pa
Unsere Lieferung vom: 16.12.20..

Ihre Anprechpartnerin: Pia Panders
Telefon: 0341 554645
Fax: 0341 554849
E-Mail: panders@elektro-bader-leipzig.de

Datum: 16.12.20..

Rechnung

Kunden-Nr.	Rechnungs-Nr.
20344	4562
Bei Zahlung bitte angeben!	

Pos.	Artikel-Nr.	Artikelbezeichnung	Menge in Stück	Einzelpreis in €	Gesamtpreis in €
1	2370630	Waschmaschine Clean 400	30	680,00	20400,00
				Rechnungsbetrag:	20400,00

Zahlbar binnen zehn Tagen nach Rechnungsdatum netto.

Stellen Sie bitte alle Überweisungen auf Elektro Bader KG als Empfänger aus.

Elektro Bader KG
Fabrikstraße 10 – 34
04129 Leipzig
Geschäftsführung:
Peter Bader

Handelsregistereintragung:
Amtsgericht Leipzig
HRA 10005
Steuernummer:
230/947/04646
USt-IdNr.:
DE856508569

Bankverbindung:
Stadt- und Kreissparkasse Leipzig
IBAN: DE48 8605 5592 0650 3423 44
BIC: WELADE8VXXX

MARS
Elektrofachmarkt e.K.

Mars Elektrofachmarkt e. K., Aachener Str. 1250, 50859 Köln
Seniorenheim Monika GmbH
Richterstraße 15
50933 Köln

Ihre Bestellung vom: 30.11.20..
Unsere Lieferung vom: 19.12.20..

Ihre Anprechpartnerin: Özlem Meier
Telefon: 0221 1610705
Fax: 0221 1700088
E-Mail: meier@mars-elektrofachmarkt.de

Datum: 19.12.20..

Rechnung/Auftragsbestätigung

Kopie

Kunden-Nr.	Rechnungs-Nr.
24002	91354
Bei Zahlung/Rücksendung/Gutschrift bitte unbedingt angeben!	

Artikel-Nr.	Artikelbezeichnung	Menge	Einzelpreis	Gesamtpreis
5756772370630	Waschmaschine Clean 400	30	986,00 €	29580,00 €

Zahlbar innerhalb von acht Tagen ohne Abzug.

Geschäftsräume
Aachener Str. 1250
50859 Köln
Geschäftsführung:
Daniela Mars

Handelsregistereintragung
Amtsgericht Köln
HRA 12834
Steuernummer:
223/3137/2973
USt-IdNr.:
DE583442583

Bankverbindungen:
Deutsche Bank Köln
IBAN: DE80 3707 0060 0340 7314 20
BIC: DEUTDEDKXXX

Kreissparkasse Köln
IBAN: DE93 3705 0299 0013 6005 64
BIC: COKSDE33XXX

ARBEITSAUFTRÄGE

LS

- *Erläutern Sie beide Belege und leiten Sie daraus den zugrunde liegenden betrieblichen Prozess ab.*
- *Erklären Sie den unterschiedlichen Preis, der auf beiden Belegen für denselben Artikel angegeben ist.*
- *Erarbeiten Sie einen Buchungsvorschlag für beide Belege.*

Mit dem Verkauf von Waren erzielt ein Einzelhandelsunternehmen Umsatz und versucht, Gewinn zu erwirtschaften. Um diesen Umsatz überhaupt tätigen zu können, muss das Einzelhandelsunternehmen Waren einkaufen, ein kundengemäßes Sortiment bereithalten und die Ware an die Kunden veräußern. Die Kunden des Einzelhändlers sind i. d. R. Endverbraucher privater oder öffentlicher Haushalte. Sie erhalten die Waren zum **Nettoverkaufspreis**. Der Einzelhandelsbetrieb bezieht die Waren zum **Bezugs-** oder **Einstandspreis** entweder direkt von Herstellern, Industrie- bzw. Handwerksbetrieben, oder vom Fachgroßhandel.

BEISPIEL

Lieferer: Elektro Bader KG → Einkauf der Waschmaschine Clean 400 für 680,00 € je Stück → **Mars Elektrofachmarkt e. K.** → Verkauf der Waschmaschine Clean 400 für 986,00 € je Stück → **Kunde:** Seniorenheim Monika GmbH

Den Nettoverkaufspreis ermittelt der Einzelhändler, indem er seine **Handlungskosten** auf die Bezugs-/Einstandspreise der Waren zur Ermittlung des **Selbstkostenpreises** aufschlägt und auf diesen seinen **Gewinn** aufrechnet.

BEISPIEL Der Mars Elektrofachmarkt e. K. hat den Nettoverkaufspreis für die Waschmaschine Clean 400, die er für 680,00 € bezogen hat, kalkuliert, indem er 25 % Handlungskosten und 16 % Gewinn aufgeschlagen hat.

Im Nettoverkaufspreis sind also der Bezugs-/Einstandspreis, die Handlungskosten und der Gewinn enthalten.

Bezugs-/Einstandspreis + **Handlungskosten** + **Gewinn** = **Nettoverkaufspreis**

Aus dieser Rechnung wird deutlich, dass dem Unternehmer ein Aufwand in Höhe der Selbstkosten (im Beispiel 850,00 €) entsteht, um einen Ertrag in Höhe des Ladenverkaufspreises (im Beispiel 986,00 €) zu erzielen.

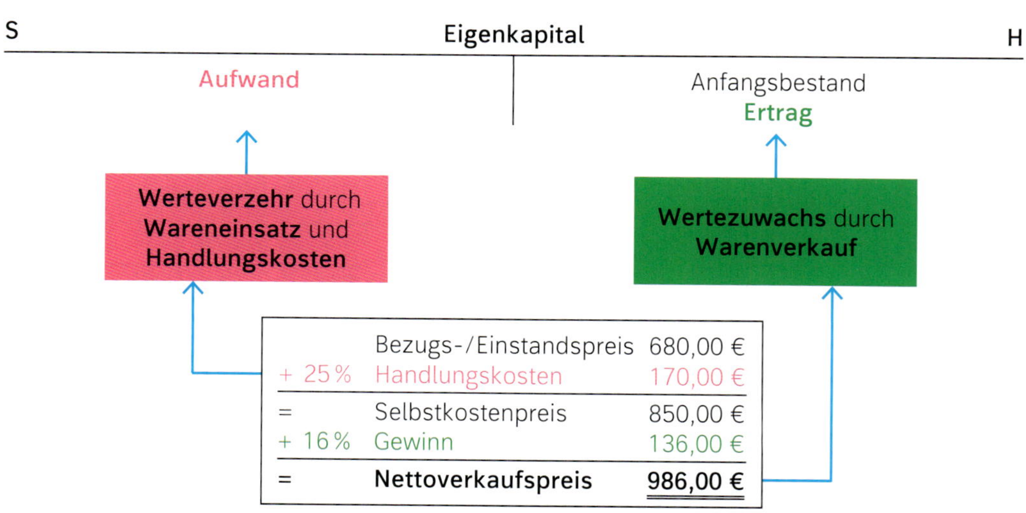

Der Einzelhändler versucht also, die Aufwendungen, die mit dem Verkauf von Waren verbunden sind, auf die Kunden abzuwälzen. Über den Verkauf der Waren (Umsatzerlöse für Waren) sollen die Aufwendungen gedeckt und zudem ein Gewinn erzielt werden. Damit dieses Ziel erreicht wird, müssen die Umsatzerlöse für Waren größer als der gesamte Einsatz an **Produktionsfaktoren** sein: Lernfeld 1

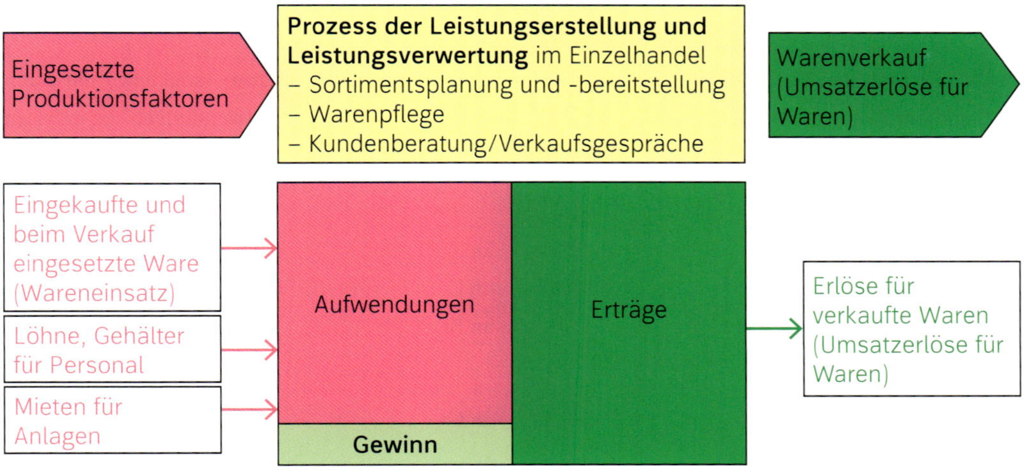

● Buchung des Wareneinsatzes und des Warenverkaufs (Umsatz)

Zur Erfassung des Warenverkehrs sind **zwei Erfolgskonten** notwendig: Lernfeld 8

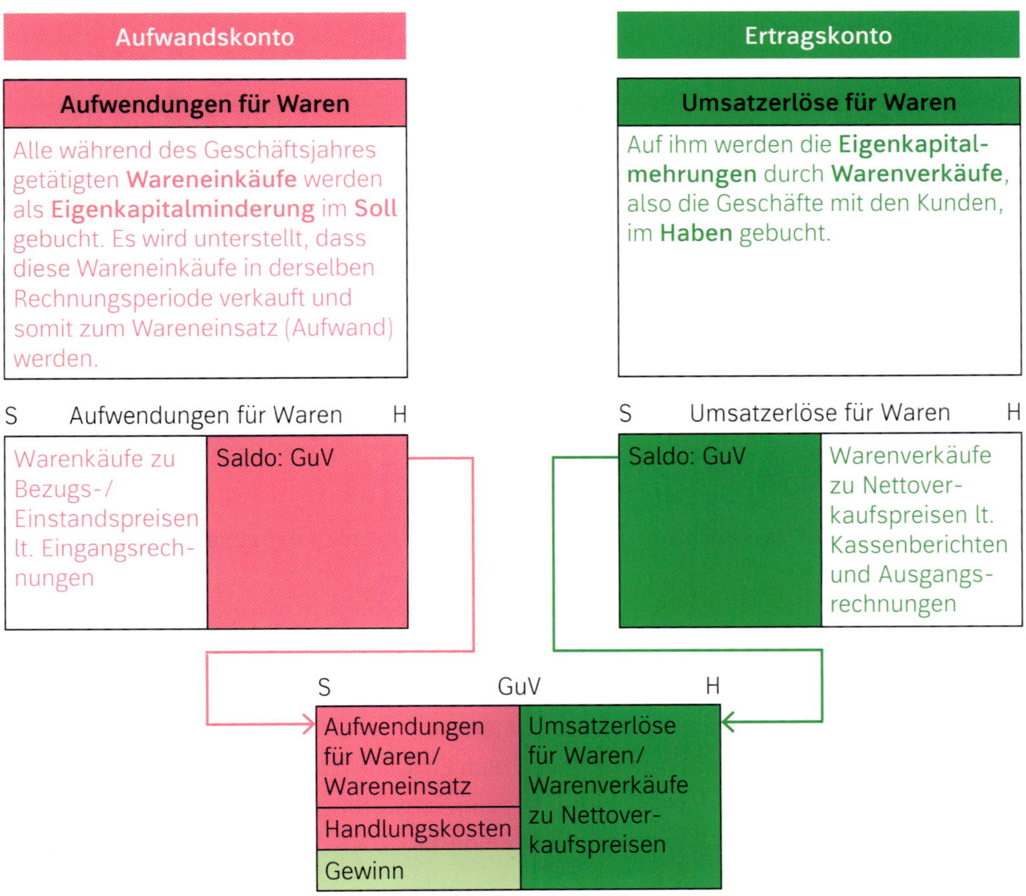

Um den Erfolg aus dem Warenverkauf festzustellen, müssen den Umsatzerlösen für Waren die dafür entstandenen Aufwendungen, nämlich die Aufwendungen für Waren und die Handlungskosten (Personalkosten, Mieten, Büromaterial usw.), auf dem GuV-Konto gegenübergestellt werden.

BEISPIEL Buchung auf den Warenkonten des Mars Elektrofachmarkt e. K. und Abschluss

1. Zieleinkauf: 30 Waschmaschinen Clean 400 zu je 680,00 €
2. Zielverkauf: 30 Waschmaschinen Clean 400 zu je 986,00 €

Dabei entstanden 5 100,00 € Handlungskosten (Personalkosten, Mieten, Büromaterial usw.), die durch Banküberweisungen bezahlt wurden und auf dem Konto „Verschiedene Aufwendungen“ zu erfassen sind.

Buchungen

1.	Aufwendungen für Waren	20 400,00	an Verbindlichkeiten a. LL.	20 400,00
2.	Forderungen a. LL.	29 580,00	an Umsatzerlöse für Waren	29 580,00
3.	Verschiedene Aufwendungen	5 100,00	an Bank	5 100,00

Abschlussbuchungen

Umsatzerlöse für Waren	29 580,00	an GuV	29 580,00
GuV	20 400,00	an Aufwendungen für Waren	20 400,00
GuV	5 100,00	an Verschiedene Aufwendungen	5 100,00
GuV	4 080,00	an Eigenkapital	4 080,00

S Aufwendungen für Waren H

S		H	
1. Vb	20 400,00	GuV	20 400,00

S Umsatzerlöse für Waren H

S		H	
GuV	29 580,00	2. Fo	29 580,00

S Verschiedene Aufwendungen H

S		H	
3. Ba	5 100,00	GuV	5 100,00

S Gewinn und Verlust H

S		H	
Aufw. f. Waren	20 400,00	Umsatzerl. für Waren	29 580,00
Verschiedene Aufwendungen	5 100,00		
Eigenkapital	4 080,00		
	29 580,00		29 580,00

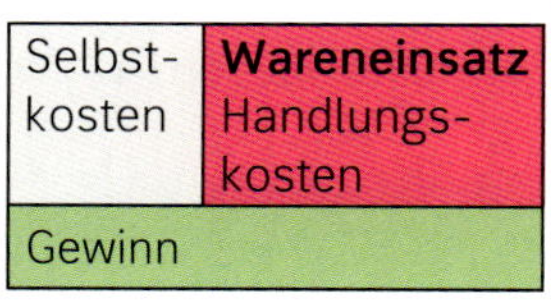

Zusammenfassung

Wareneinkauf und Warenverkauf als warenwirtschaftliche Prozesse darstellen und erfassen

- Jedes Einzelhandelsunternehmen verkauft Waren und erzielt dabei **Umsatzerlöse**, die als Erträge das Eigenkapital vermehren.
- Zur Umsatzerzielung muss das Unternehmen
  - Aufwendungen für die verkaufte Ware beim Einkauf (**Wareneinsatz**) und
  - **Handlungskosten** (Personalkosten, Mieten, Verwaltungskosten usw.)

  in Kauf nehmen, die das Eigenkapital vermindern.

- Über die Umsatzerlöse versucht das Einzelhandelsunternehmen, Aufwendungen für Waren (**Wareneinsatz**) und **Handlungskosten** hereinzuholen und darüber hinaus einen **Gewinn** zu erzielen.
- Die Aufwendungen für Waren (Wareneinsatz) werden beim Einkauf aufgrund von Eingangsrechnungen auf dem **Aufwandskonto „Aufwendungen für Waren“** im Soll als Eigenkapitalminderung erfasst.
- Die Umsatzerlöse werden aufgrund von Kassenberichten und Ausgangsrechnungen auf dem **Ertragskonto „Umsatzerlöse für Waren“** als Eigenkapitalmehrung im Haben erfasst.
- Wareneinsatz und Handlungskosten werden den Umsatzerlösen beim Abschluss der Erfolgskonten auf dem **GuV-Konto** gegenübergestellt.

Aufgaben

1. a) Buchen Sie folgende Geschäftsfälle auf den Konten „Aufwendungen für Waren“,
2. „Umsatzerlöse für Waren“ und „GuV“.
b) Ermitteln Sie den Erfolg auf dem Konto „GuV“.
c) Berechnen Sie Umsatz, Wareneinsatz, Warenrohgewinn und Handlungskosten.

Geschäftsfälle	Aufgabe 1	Aufgabe 2
1. Zieleinkäufe	50 Küchen zu je 7 200,00 €	140 Spülautomaten zu je 2 400,00 €
2. Zielverkäufe	40 Küchen zu je 12 600,00 €	120 Spülautomaten zu je 3 200,00 €
3. Einkäufe gegen Banküberweisung	20 Küchen zu je 7 200,00 €	60 Spülautomaten zu je 2 400,00 €
4. Verkäufe gegen Banküberweisung	30 Küchen zu je 12 600,00 €	80 Spülautomaten zu je 3 200,00 €
Dabei entstanden folgende Handlungskosten: • Personalkosten • Mieten • Werbung	 175 000,00 € 25 000,00 € 52 000,00 €	 52 000,00 € 16 000,00 € 28 000,00 €

3. ***Konten:*** *Fuhrpark, Geschäftsausstattung, Forderungen a. LL., Bank, Kasse, Eigenkapital, Darlehensschulden, Verbindlichkeiten a. LL., Umsatzerlöse für Waren, Aufwendungen für Waren, Aufwendungen für Energie, Löhne, Gehälter, Mieten, Postentgelte/Telekommunikation, Werbung, Gewerbesteuer, GuV, SBK*

Anfangsbestände:	€		€
Fuhrpark	*45 000,00*	*Kasse*	*5 400,00*
Geschäftsausstattung	*355 000,00*	*Eigenkapital*	*430 780,00*
Forderungen a. LL.	*30 000,00*	*Darlehensschulden*	*150 000,00*
Bank	*180 000,00*	*Verbindlichkeiten a. LL.*	*34 620,00*

Geschäftsfälle:	€
1. ***BA:*** *Banküberweisung der Miete für gemietete Gebäude*	*25 000,00*
2. ***ER:*** *Zieleinkauf von Waren*	*151 200,00*

3.	**ER, BA:** *Einkauf eines Schreibtisches durch Banküberweisung*	*940,00*
4.	**BA:** *Vertrag: Darlehensaufnahme bei der Bank*	*200 000,00*
5.	**BA:** *Lohnzahlung durch Banküberweisung*	*252 000,00*
6.	**BA:** *Banküberweisung der Gewerbesteuer*	*8 400,00*
7.	**AR, KB:** *Verkäufe von Waren*	
	auf Ziel	*45 000,00*
	Kassenbericht	*500 000,00*
8.	**BA:** *Banküberweisung der Gehälter*	*42 000,00*
9.	**ER:** *Zieleinkauf von Waren*	*33 600,00*
10.	**BA:** *Abbuchung der betrieblichen Telefonentgelte*	*2 060,00*
11.	**BA, ER:** *Banküberweisung für den Strom- und Gasverbrauch*	*16 800,00*
12.	**AR, KA:** *Verkäufe von Waren*	
	Zahlungsziel 30 Tage	*94 000,00*
	Kassenbericht	*300 000,00*
13.	**BA:** *Banküberweisung für Werbemaßnahmen*	*140 000,00*
14.	**BA, ER:** *Einkauf von Waren durch Banküberweisung*	*168 940,00*
15.	**KB:** *Verkäufe von Waren bar*	*5 000,00*
16.	**KB/BA:** *Einzahlung auf Bankkonto.*	*800 000,00*

a) Richten Sie die Konten ein.
b) Eröffnen Sie die Bestandskonten.
c) Tragen Sie die Geschäftsfälle in das Grundbuch ein.
d) Buchen Sie die Geschäftsfälle auf den Konten des Hauptbuches.
e) Führen Sie den Abschluss durch.
f) Ermitteln Sie
- *den Rohgewinn,*
- *den durchschnittlichen Handlungskostenzuschlagssatz,*
- *den durchschnittlichen Gewinnzuschlagssatz.*

4. *Das Vermögen eines Einzelhandelsunternehmens beträgt am Ende des Geschäftsjahres 7 200 T€ (Tausend Euro), die Schulden betragen 3 700 T€. Im Laufe des Jahres sind 9 000 T€ Aufwendungen und 9 150 T€ Erträge entstanden.*
a) Wie viel Tausend Euro beträgt das Eigenkapital am Ende des Geschäftsjahres?
b) Wie viel Tausend Euro betrug das Eigenkapital am Anfang des Geschäftsjahres?

5. *Ergänzen Sie Ihre Lernkartei, soweit das im Lernfeld 8 nicht geschehen ist, um folgende Begriffe mit entsprechender Fragestellung und Lösung: Wareneinsatz, Rohgewinn, Reingewinn, Bezugspreis/Einstandspreis, Handlungskostenzuschlagssatz, Selbstkostenpreis, Gewinnzuschlagssatz, Nettoverkaufspreis.*

6. *Stellen Sie in Ihrem Ausbildungsbetrieb fest, wie die Verkaufspreise ermittelt werden bzw. zustande kommen. Suchen Sie dazu bitte das Gespräch mit Ihrer betrieblichen Ausbilderin / Ihrem betrieblichen Ausbilder und berichten Sie darüber in Ihrer Klasse. Ihren Bericht sollten Sie in Form eines Vortrages halten, zudem Sie mit Ihrem Computer eine kleine Präsentation erstellen. Programme wie Pedlet, OpenOffice oder PowerPoint können Ihnen dabei helfen.*

1.2 Warenbestände und Warenbestandsveränderungen erfassen

HANDLUNGSSITUATION

Am Anfang des Geschäftsjahres hatte der Onlineshop des Mars Elektrofachmarkt e. K. einen Bestand von 60 PS5-Spielen „FIFA 2022" zum Bezugs-/Einstandspreis von 12,84 €. Im Laufe des Jahres wurden 2200 Stück zum selben Bezugs-/Einstandspreis eingekauft. Der Auszubildende Mehmet Aydin erfasste damals diese Einkäufe auf dem Konto „Aufwendungen für Waren". Er unterstellte dabei, dass diese Waren auch im Abrechnungsjahr verkauft und damit zum Aufwand für Waren (Wareneinsatz) würden.

„Da stimmt doch etwas mit unserem Bestandskonto nicht", stellt er fest, als er bei der Inventur zum 31. Dezember am Lager noch 400 Stück PS5-Spiele „FIFA 2022" zählt. Auf dem Warenbestandskonto steht jedoch nur der Anfangsbestand von 60 Stück zu je 12,84 € = 770,40 €.

ARBEITSAUFTRÄGE

- *Geben Sie Gründe an, warum sich zum Jahresende mehr PS5-Spiele „FIFA 2022" auf Lager befinden als zu Beginn des Geschäftsjahres.*
- *Machen Sie einen Vorschlag zur Berichtigung des Lagerbestandes in der Buchführung.*

Erklärung der Differenz zwischen Buch- und Ist-Bestand

Bei der **Inventur zum Ende des Geschäftsjahres** zeigt sich:

Der **Endbestand** ist **größer** als der **Anfangsbestand**. → Es liegt eine **Bestandsmehrung** vor. → Nicht alle Waren, die im Laufe des Jahres eingekauft wurden, sind verkauft worden. → Die nicht verkauften Waren befinden sich im Verkaufsraum oder im Reservelager.	Der **Endbestand** ist **kleiner** als der **Anfangsbestand**. → Es liegt eine **Bestandsminderung** vor. → Neben den im Laufe des Jahres eingekauften Waren wurden Teile des Lagerbestandes verkauft. → Der **Lagerbestand** wurde **abgebaut**.

In beiden Fällen sind also der Warenbestand und die Aufwendungen für Waren zu berichtigen.

Mögliche Bestandsveränderungen		
AB < EB	**Warenbestandsmehrung**	wertmäßiger Warenkauf > Wareneinsatz
AB > EB	**Warenbestandsminderung**	wertmäßiger Warenkauf < Wareneinsatz

TIPP Abweichungen der Soll-Bestände von den Ist-Beständen werden regelmäßig durch Inventur ermittelt.

BEISPIEL Zu Beginn des Geschäftsjahres weist das Konto **„Warenbestände"** einen Bestand an PS5-Spielen „FIFA 2022" von 770,40 € aus. Die **Einkäufe** wurden sofort als Aufwand auf dem Konto **„Aufwendungen für Waren"** gebucht, nämlich 28 248,00 € (= 2 200 Stück zu je 12,84 €). Der Buchbestand blieb also **während des Geschäftsjahres unverändert**.

Buchung der Warenbestandsveränderungen

Warenbestandsveränderungen werden einerseits auf dem **Warenbestandskonto** zur **Anpassung** des **Soll-Bestandes** an den **Ist-Bestand** erfasst, andererseits auf dem Konto **Aufwendungen für Waren**. Der dort erfasste Wareneinsatz muss um die Bestandsveränderung korrigiert werden.

Bestandskonto

Warenbestände

Es weist aus:
im Soll
- den Warenanfangsbestand
- die Warenbestandsmehrung

im Haben
- die Warenbestandsminderung
- den Warenendbestand lt. Inventur

Erfolgskonto

Aufwendungen für Waren

Es nimmt auf:
im Haben
- die Bestandsmehrung als Korrektur des Wareneinsatzes

im Soll
- die Wareneinkäufe
- die Bestandsminderung als zusätzlichen Wareneinsatz

Nach Durchführung der **Inventur** kann die Warenbestandsveränderung durch **Vergleich** des **Warenendbestandes** mit dem **Warenanfangsbestand** festgestellt werden. Entsprechend ist dann der Warenbestand (**Soll-Bestand**) auf dem Bestandskonto „**Warenbestände**" dem Ist-Bestand anzupassen. Die Gegenbuchung nimmt das Erfolgskonto „**Aufwendungen für Waren**" auf. Mit dieser Buchung wird der Abschluss der Konten vorbereitet. Es handelt sich daher um eine **vorbereitende Abschlussbuchung**.

BEISPIEL 1 **Warenbestandsmehrung**

Warenanfangsbestand: 60 Stück PS5-Spiele „FIFA 2022" zu je 12,84 €

Geschäftsfälle:

1. Zieleinkäufe: 2200 Stück PS5-Spiele „FIFA 2022" zu je 12,84 €
2. Zielverkäufe: 1860 Stück PS5-Spiele „FIFA 2022" zu je 29,90 €

Dabei entstanden **Handlungskosten** in Höhe von 17911,80 € (= 75 % Handlungskostenzuschlagssatz)

Warenendbestand lt. Inventur: 400 Stück PS5-Spiele „FIFA 2022" zu je 12,84 €

Anfangsbestand		Endbestand		Bestandsmehrung
60 Stück zu je 12,84 €	<	400 Stück zu je 12,84 €	→	340 Stück zu je 12,84 €
= 770,40 €		= 5136,00 €		= 4365,60 €

Umbuchung

Warenbestand	4365,60	an Aufwendungen für Waren	4365,60

Darstellung der Bestandsmehrung auf Konten

S Warenbestände H

S			H
AB	770,40	SBK	5136,00
Aufw. f. Waren	4365,60		
	5136,00		5136,00

S SBK H

S			H
Warenbestände	5136,00		

S Aufwendungen für Waren H

S			H
1. Vb	28248,00	Warenbestände	4365,60
		GuV	23882,40
	28248,00		28248,00

S Umsatzerlöse für Waren H

S			H
GuV	55614,00	2. Ba	55614,00

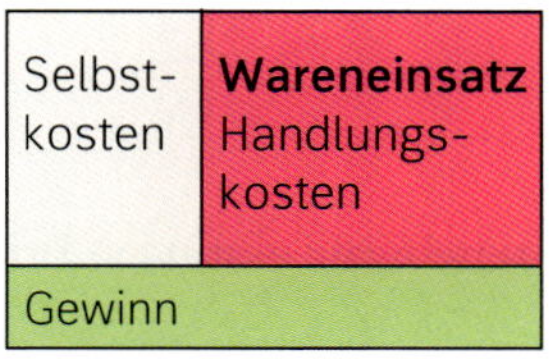

S	Gewinn und Verlust		H
Aufw. f. Waren	23 882,40	Umsatzerl. für Waren	55 614,00
Versch. Aufw. (Handlungskosten)	17 911,80		
Eigenkapital	13 819,80		
	55 614,00		55 614,00

- Auf dem **Konto „Warenbestände"** wird nach Erfassung der Bestandsmehrung der Warenendbestand lt. Inventur (Ist-Bestand) ausgewiesen.
- Warenbestand = Soll-Bestand + Bestandsmehrung
- Auf dem Konto „Aufwendungen für Waren" ergibt sich der Aufwand für Waren (Wareneinsatz) erst nach Umbuchung des Lagerzugangs.
- Aufwand für Waren (Wareneinsatz) = Wareneinkäufe − Bestandsmehrung

BEISPIEL 2 **Warenbestandsminderung**

Warenanfangsbestand: 400 Stück PS5-Spiele „FIFA 2022" zu je 12,84 €

Geschäftsfälle

1. Zieleinkäufe: 2 200 Stück PS5-Spiele „FIFA 2022" zu je 12,84 €
2. Zielverkäufe: 2 500 Stück PS5-Spiele „FIFA 2022" zu je 29,90 €

Die **Handlungskosten** betrugen 24 075,00 € (= 75 % Handlungskostenzuschlagssatz)

Warenendbestand lt. Inventur: 100 Stück PS5-Spiele „FIFA 2022" zu je 12,84 €

Anfangsbestand		Endbestand		Bestandsminderung
400 Stück zu je 12,84 €	<	100 Stück zu je 12,84 €	→	300 Stück zu je 12,84 €
= 5 136,00 €		= 1 284,00 €		= 3 852,00 €

Umbuchung

Aufwendungen für Waren	3 852,00	an Warenbestände	3 852,00

Darstellung der Bestandsminderung auf Konten

S	Warenbestände		H
AB	5 136,00	Aufw. f. Waren	3 852,00
		SBK	1 284,00
	5 136,00		5 136,00

S	SBK		H
Warenbestände	1 284,00		

S	Aufwendungen für Waren		H
1. Vb	28 248,00	GuV	32 100,00
Warenbestände	3 852,00		
	32 100,00		32 100,00

S	Umsatzerlöse für Waren		H
GuV	74 750,00	2. Ka	74 750,00

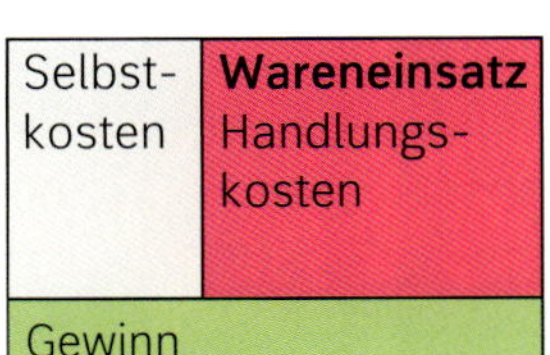

S	Gewinn und Verlust		H
Aufw. f. Waren	32 100,00	Umsatzerl. für Waren	74 750,00
Versch. Aufw. (Handlungskosten)	24 075,00		
Eigenkapital	18 575,00		
	74 750,00		74 750,00

- Auf dem Konto „Warenbestände“ wird nach Erfassung der Bestandsminderung der Bestand lt. Inventur (Ist-Bestand) ausgewiesen.
- Warenbestand = Soll-Bestand – Bestandsminderung
- Auf dem Konto „Aufwendungen für Waren“ ergibt sich der Wareneinsatz erst nach Erfassung der Bestandsminderung.
- Aufwand für Waren (Wareneinsatz) = Wareneinkäufe + Bestandsminderung

Zusammenfassung

Warenbestände und Warenbestandsveränderungen erfassen

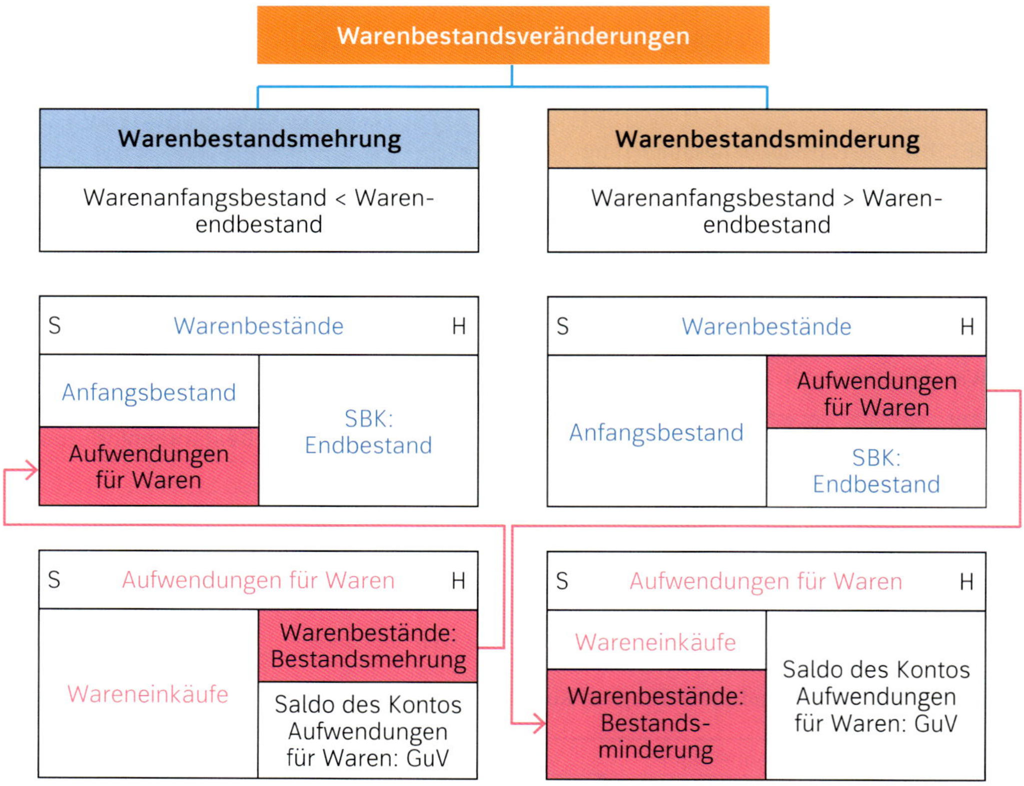

Aufgaben

1. a) Buchen Sie die folgenden Geschäftsfälle auf den Konten „Warenbestände“,
2. „Aufwendungen für Waren“, „Umsatzerlöse für Waren“ und „GuV“.
b) Ermitteln Sie den Erfolg.

Geschäftsfälle	Aufgabe 1		Aufgabe 2	
1. Zieleinkäufe	500 St. zu je	720,00 €	1 400 St. zu je	240,00 €
2. Zielverkäufe	400 St. zu je	1 260,00 €	1 000 St. zu je	320,00 €
3. Einkäufe gegen Banküberweisung	200 St. zu je	720,00 €	600 St. zu je	240,00 €
4. Verkäufe gegen Banküberweisung	200 St. zu je	1 260,00 €	800 St. zu je	320,00 €

Geschäftsfälle	Aufgabe 1	Aufgabe 2
Dabei entstanden folgende Aufwendungen: Löhne, Gehälter	175 000,00 €	52 000,00 €
Mieten	25 000,00 €	16 000,00 €
Aufwendungen für Kommunikation	52 000,00 €	28 000,00 €
Endbestand lt. Inventur	100 St. zu je 720,00 €	200 St. zu je 240,00 €

3. ***Konten:*** *Warenbestände, Aufwendungen für Waren, Umsatzerlöse für Waren, GuV*
   Anfangsbestand: *100 Stück zu 15,00 € je Stück*
   Geschäftsfälle:

– *Verkauf auf Ziel*	*30 Stück zu 20,00 € je Stück*
– *Zieleinkauf*	*30 Stück zu 15,00 € je Stück*
– *Verkauf gegen Banküberweisung*	*10 Stück zu 20,00 € je Stück*
Endbestand lt. Inventur:	*90 Stück zu je 15,00 €*

Ermitteln Sie die Aufwendungen für Waren (Wareneinsatz).

4. ***Konten:*** *Warenbestände, Aufwendungen für Waren, Umsatzerlöse für Waren, GuV*
5.

	4	5
	€	€
Anfangsbestand:		
Warenbestand	*15 000,00*	*8 000,00*
Geschäftsfälle:		
1. Tageslosung, Kassenbericht Nr. 64	*2 700,00*	*1 600,00*
2. Verkauf gegen Banküberweisung, AR 48	*500,00*	*200,00*
3. Einkauf von Waren auf Ziel, ER 97	*2 000,00*	*1 400,00*
4. Tageslosung, Kassenbericht Nr. 65	*1 600,00*	*600,00*
Endbestand lt. Inventur	*13 400,00*	*7 600,00*

Schließen Sie die Konten ab und ermitteln Sie Wareneinsatz, Warenumsatz und Rohgewinn.

6. ***Konten:*** *Warenbestände, Forderungen a. LL., Bank, Kasse, Eigenkapital, Verbindlich-*
7. *keiten a. LL., Aufwendungen für Waren, Mieten, Umsatzerlöse für Waren, GuV, SBK*

	6	7
	€	€
Anfangsbestände:		
– *Warenbestände*	*20 000,00*	*25 000,00*
– *Forderungen a. LL.*	*4 000,00*	*6 000,00*
– *Bankguthaben*	*3 000,00*	*4 000,00*
– *Kasse*	*1 500,00*	*1 600,00*
– *Eigenkapital*	*?*	*?*
– *Verbindlichkeiten a. LL.*	*4 800,00*	*7 000,00*
Geschäftsfälle:		
1. Wareneinkauf auf Ziel, ER 192	*2 000,00*	*3 000,00*
2. Tageslosung, Kassenbericht Nr. 114	*1 600,00*	*1 500,00*
3. Ausgleich der Liefererrechnung ER 184, BA 210	*1 500,00*	*2 000,00*
4. Ein Kunde überweist auf Bankkonto für AR 93, BA 211	*1 000,00*	*1 200,00*
5. Warenverkauf auf Ziel, AR 98	*300,00*	*500,00*

6. Warenverkauf gegen Banküberweisung, BA 212	*500,00*	*800,00*
7. Zahlung der Geschäftsmiete bar	*150,00*	*250,00*
8. Tageslosung, Kassenbericht Nr. 115	*4400,00*	*7100,00*

Abschlussangaben:

1. Warenbestand lt. Inventur	*16900,00*	*21400,00*

2. Die Salden der übrigen Bestandskonten stimmen mit den Inventurwerten überein.

a) Erfassen Sie Anfangsbestände und Geschäftsfälle auf obigen Konten.
b) Schließen Sie die Konten unter Berücksichtigung der Abschlussangaben ab.

8. *Ein Einzelhandelsunternehmen hat bei der Errechnung des Warenendbestandes lt. Inventur eine Seite des Inventars nicht mit aufgerechnet. Dadurch wurde der Warenendbestand um 15600,00 € zu niedrig in der Bilanz ausgewiesen.*
Erläutern Sie die Auswirkungen dieses Fehlers
a) auf den Aufwand für Waren (Wareneinsatz),
b) auf den Rohertrag (Rohgewinn),
c) auf den Gewinn (Reingewinn).

2 Die Umsatzsteuer ermitteln, abführen und buchen

HANDLUNGSSITUATION

Mehmet Aydin soll folgende Belege buchen:

Elektro Bader KG
Elektrogeräte

Elektro Bader KG, Fabrikstraße 10 – 34, 04129 Leipzig
Mars Elektrofachmarkt e. K.
Aachener Straße 1250
50859 Köln

Ihr Zeichen: H-Sch
Ihre Bestellung vom: 09.05.20..
Unser Zeichen: Pi-Pa
Unsere Lieferung vom: 17.05.20..

Ihre Anprechpartnerin: Pia Panders
Telefon: 0341 554645
Fax: 0341 554849
E-Mail: panders@elektro-bader-leipzig.de

Datum: 17.05.20..

Rechnung

Kunden-Nr.	Rechnungs-Nr.
20344	4620
Bei Zahlung bitte angeben!	

Pos.	Artikel-Nr.	Artikelbezeichnung	Menge in Stück	Einzelpreis in €	Gesamtpreis in €
1	1849990	Ruby HD-TV	20	249,44	4988,80
2	1958600	Sany SoundLink-Box	5	127,22	636,10
				Nettogesamtpreis	5624,90
				+ 19 % Umsatzsteuer	1068,73
				Bruttogesamtbetrag	**6693,63**

Zahlbar binnen zehn Tagen nach Rechnungsdatum netto.

Stellen Sie bitte alle Überweisungen auf Elektro Bader KG als Empfänger aus.

Elektro Bader KG
Fabrikstraße 10 – 34
04129 Leipzig

Geschäftsführung:
Peter Bader

Handelsregistereintragung:
Amtsgericht Leipzig
HRA 10005

Steuernummer:
230/947/04646

USt-IdNr.:
DE856508569

Bankverbindung:
Stadt- und Kreissparkasse Leipzig
IBAN: DE48 8605 5592 0650 3423 44
BIC: WELADE8VXXX

MARS
Elektrofachmarkt e. K.

Mars Elektrofachmarkt e. K., Aachener Str. 1250, 50859 Köln
Privatklinik am Stadtwald GmbH
Haydnstraße 8
50935 Köln

Ihre Bestellung vom: 08.05.20..
Unsere Lieferung vom: 18.05.20..

Ihre Anprechpartnerin: Özlem Meier
Telefon: 0221 1610705
Fax: 0221 1700088
E-Mail: meier@mars-elektrofachmarkt.de

Datum: 18.05.20..

Rechnung/Auftragsbestätigung

Kopie

Kunden-Nr.	Rechnungs-Nr.
24002	92345
Bei Zahlung/Rücksendung/Gutschrift bitte unbedingt angeben!	

Artikel-Nr.	Artikelbezeichnung	Menge	Einzelpreis	Gesamtpreis
5056691849997	Ruby HD-TV	20	449,00 €	8980,00 €
5056691846668	Sany SoundLink-Box	5	229,00 €	1145,00 €
				10125,00 €
Im Rechnungsbetrag sind 19 % Umsatzsteuer = **1616,60 €** enthalten.				

Zahlbar innerhalb von 30 Tagen netto.

Geschäftsräume
Aachener Str. 1250
50859 Köln

Geschäftsführung:
Daniela Mars

Handelsregistereintragung
Amtsgericht Köln
HRA 12834

Steuernummer:
223/3137/2973

USt-IdNr.:
DE583442583

Bankverbindungen:
Deutsche Bank Köln
IBAN: DE80 3707 0060 0340 7314 20
BIC: DEUTDEDKXXX

Kreissparkasse Köln
IBAN: DE93 3705 0299 0013 6005 64
BIC: COKSDE33XXX

„Das ist aber komisch", brummt er vor sich hin, *„das Finanzamt verlangt sowohl auf die Einkäufe als auch auf die Verkäufe Umsatzsteuer. Das wird den Gewinn des Mars Elektrofachmarkt e. K. aber ganz schön schmälern."*

ARBEITSAUFTRÄGE

- *Erläutern Sie die beiden Belege.*
- *Erklären Sie am Beispiel der beiden Belege das Umsatzsteuersystem.*
- *Überprüfen Sie die Aussage von Mehmet Aydin auf ihre Richtigkeit.*
- *Bilden Sie die Buchungssätze für beide Belege.*

● Umsatzsteuersystem

○ Umsatz und Umsatzsteuer

Der Staat erhebt auf die Umsätze der Unternehmen Umsatzsteuer. **Umsätze** im Sinne des Umsatzsteuergesetzes (UStG) sind **Lieferungen und sonstige Leistungen im Inland gegen Entgelt**. Umsatzsteuer kann grundsätzlich nur dann entstehen, wenn die **Leistung durch einen Unternehmer** erbracht wird.

BEISPIEL Der Mars Elektrofachmarkt e. K. verkauft regelmäßig Elektroartikel, er stellt Geräte auf und schließt sie an und führt Reparaturen an Geräten (= Dienstleistungen) durch. Alle diese berechneten Lieferungen und Leistungen sind Umsätze des Mars Elektrofachmarkt e. K.

Jedes Einzelhandelsunternehmen muss die Umsatzsteuer, die aufgrund seiner Lieferung oder Leistung entstanden ist, an das **Finanzamt** abführen.

Der Regelsteuersatz beträgt 19 % des Umsatzes. Für verschiedene **Umsätze an Endverbraucher**, z. B. Grundnahrungsmittel (wie Milch, Milcherzeugnisse, Mehl, Brot usw.), Bücher, Zeitungen, Blumen und Kunstgegenstände gilt der ermäßigte Satz von 7 %.

Wie hoch ist die Umsatzsteuer?

Ausgewählte Produkte und ihr Mehrwertsteuersatz

Produkt	Umsatzsteuersatz
Milch	7 %
Hummer	19 %
Zeitung	7 %
Busfahrschein	7 %
Buch	7 %
Wein	19 %
Theaterkarte	7 %
Schuhe	19 %

Bei jedem Umsatz setzt sich der **Rechnungsbetrag** daher aus

- dem **Nettowert der Ware oder Leistung** (= vereinbartes Entgelt) und
- der **Umsatzsteuer**

zusammen.

BEISPIEL Der Mars Elektrofachmarkt e.K. schuldet dem Finanzamt aufgrund der ausgeführten Lieferungen an den Kunden Privatklinik am Stadtwald GmbH lt. AR 2345 (vgl. Seite 34) 1 616,60 €.

Vereinbartes Entgelt →	100 % →	Gegenwert für die erbrachte Lieferung/ Leistung des Einzelhandelsunternehmens
Umsatzsteuer →	19 %/ 7 % →	Schuld gegenüber dem Finanzamt
Gesamtbetrag der Ausgangsrechnung →	119 %/ 107 % →	Forderung an den Kunden

Die **Umsatzsteuer lt. Ausgangsrechnung** ist somit eine **Verbindlichkeit gegenüber dem Finanzamt**. Jeder Unternehmer wälzt die abzuführende Umsatzsteuer auf den Kunden ab. Daher schreibt der Gesetzgeber vor, dass die **Umsatzsteuer** in der **Ausgangsrechnung** ausgewiesen werden muss. Diese Vorschrift gilt nicht für die Auszeichnung der Preise, die immer einschließlich Umsatzsteuer (Bruttopreise) angegeben werden müssen (§ 1 Abs. 1 PAngV/ **Preisangabenverordnung**).

Lernfeld 9

Vorumsatz und Vorsteuer

Um den Umsatz erbringen zu können, muss eine Einzelhandelsunternehmung Lieferungen und Leistungen anderer Unternehmungen in Anspruch nehmen, die für den Lieferer Umsatz sind.

BEISPIEL Der Mars Elektrofachmarkt e.K. kauft Waren ein, nimmt Dienstleistungen anderer Unternehmen in Anspruch (Strom, Transport durch Frachtführer und Spediteure, Fremdinstandhaltung, Reinigung usw.). Laut Eingangsrechnung der Elektro Bader KG (vgl. Seite 34) werden dem Mars Elektrofachmarkt e.K. Waren zum Nettowert von 5 624,90 € berechnet.

Bei jedem Einkauf von Waren oder Bezug von Leistungen wird dem Einzelhändler daher neben dem Warenwert bzw. Nettowert auch Umsatzsteuer in Rechnung gestellt, die der Lieferer an das Finanzamt abführen muss. Die Eingangsrechnungen weisen daher neben dem vereinbarten Entgelt für die Waren oder Dienstleistungen die Umsatzsteuer aus. Aus der Sicht der beschaffenden Unternehmung wird die **Umsatzsteuer auf Eingangsrechnungen** als **Vorsteuer** bezeichnet.

Die Vorsteuer ist eine **Forderung gegenüber dem Finanzamt**, weil sie eine Vorleistung auf die zu zahlende Umsatzsteuer darstellt. Sie kann bei der Umsatzsteuervoranmeldung mit der geschuldeten Umsatzsteuer verrechnet werden.

BEISPIEL Aufgrund der ER 64200 der Elektro Bader KG (vgl. Seite 34) hat der Mars Elektrofachmarkt e.K. eine Forderung von 1 068,73 € gegenüber dem Finanzamt, die er mit der Umsatzsteuerschuld von 1 616,60 € verrechnen kann.

Mehrwert und Steuer vom Mehrwert (Umsatzsteuerzahllast)

Der wertmäßige Unterschied zwischen dem Umsatz mit den Kunden und der Summe der Vorumsätze mit den Lieferern stellt den **Mehrwert** oder die **Wertschöpfung** dar, die die Einzelhandelsunternehmung zum Wert der verkauften Waren oder Dienstleistungen selbst beigetragen hat.

BEISPIEL Mehrwert oder Wertschöpfung aufgrund der Belege von Seite 34

Umsatz	Ausgangsrechnung Nr. 2345: Fernsehgerät, SoundLink-Box	8508,40 €	Lieferung an einen Kunden
Vorumsatz	Eingangsrechnung Nr. 64200 Fernsehgerät, SoundLink-Box	5624,90 €	Lieferung von einem Lieferer
Mehrwert		2883,50 €	Wertschöpfung der Einzelhandelsunternehmung

19 % von 2 883,50 € = 547,87 €

Die Unternehmen der einzelnen Wirtschaftsstufen erzeugen einen Mehrwert, der mit 19% besteuert wird. Dies wird dadurch erreicht, dass die einzelnen Unternehmen von der geschuldeten Umsatzsteuer die zu fordernde Vorsteuer abziehen. Die Restschuld, die noch an das Finanzamt gezahlt werden muss, wird als **Umsatzsteuerzahllast** bezeichnet.

Wirtschaftsstufen	Umsatz (vereinbartes Entgelt) in €	Vorumsatz in €	Mehrwert in €	Umsatzsteuer = Verbindlichkeit geg. FA in €	Vorsteuer = Forderung geg. FA in €	Umsatzsteuerzahllast in €
I. Stahlwerk	1000,00	–	1000,00	190,00	–	**190,00**
II. Elektrogeräteher-steller	4500,00	1000,00	3500,00	855,00	190,00	**665,00**
III. Elektrogroßhandel (Elektro Bader KG)	5624,90	4500,00	1124,90	1068,73	855,00	**213,73**
IV. Elektroeinzelhandel (Mars Elektrofachmarkt e. K.)	8508,40	5624,90	2883,30	1616,60	1068,73	**547,87**
Private Haushalte (Konsumenten)	8508,40	⟷	8508,40	19 % des privaten Verbrauchs ⟷		**1616,60**

Wie die Tabelle zeigt, bekommt der Verbraucher vom letzten Unternehmen der Handelskette die Summe aller Mehrwerte und die gesamte Umsatzsteuer aller Wirtschaftsstufen in Rechnung gestellt. Er trägt also die gesamte Umsatzsteuer. Dies ist vom Gesetzgeber so gewollt, weil die Umsatzsteuer eine **Verbrauchssteuer** ist.

Diese Rechnung und die obige Darstellung zeigen, dass die **Umsatzsteuer keinen Einfluss auf den Erfolg** der Unternehmung hat. **Vorsteuer** und **Umsatzsteuer** sind sogenannte **durchlaufende Posten**.

BEISPIEL Ermittlung der Zahllast aus Sicht des Mars Elektrofachmarkt e.K. – ausgehend von den beiden Belegen der Ausgangssituation

Darstellung des Umsatzsteuersystems aus der Sicht des Mars Elektrofachmarkt e. K.

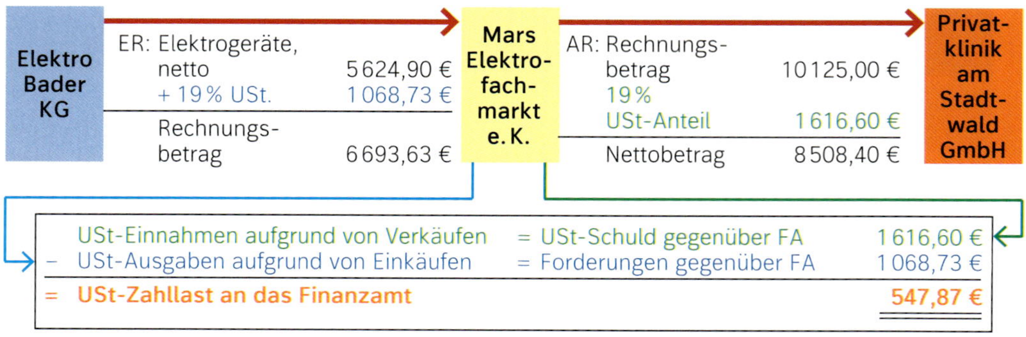

● Umsatzsteuerbuchungen

○ Buchung der Umsatzsteuer

Die **Umsatzsteuer lt. Ausgangsrechnung** stellt eine **Verbindlichkeit gegenüber dem Finanzamt** dar. Sie wird deshalb auf dem **passiven Bestandskonto „Umsatzsteuer"** gebucht.

BEISPIEL **Buchung der Ausgangsrechnung von Seite 34**

Forderungen a. LL.	10 125,00	an Umsatzerlöse für Waren	8 508,40
		an Umsatzsteuer	1 616,60

○ Buchung der Vorsteuer

Die bei Beschaffungsvorgängen zu zahlende **Vorsteuer lt. Eingangsrechnung** ist **eine Forderung an das Finanzamt**. Sie wird auf dem **aktiven Bestandskonto „Vorsteuer"** gebucht.

BEISPIEL **Buchung der Eingangsrechnung von Seite 34**

Aufwendungen für Waren	5 624,90		
Vorsteuer	1 068,73	an Verbindlichkeiten a. LL.	6 693,63

○ Ermittlung der Umsatzsteuerzahllast

Um die **Umsatzsteuerzahllast** zu ermitteln, muss der **Saldo des Kontos „Vorsteuer" mit der Umsatzsteuer verrechnet werden**. Buchungstechnisch wird diese Verrechnung durch Übertragung **oder Umbuchung** der Vorsteuer auf das Konto „**Umsatzsteuer**" durchgeführt. Die für den vergangenen Monat ermittelte Umsatzsteuerzahllast muss jeweils bis zum 10. eines Monats an das Finanzamt überwiesen werden.

BEISPIELE **Umbuchung der Vorsteuer zum Monatsende**

Umsatzsteuer	1 068,73	an Vorsteuer	1 068,73

Buchung der Banküberweisung der USt-Zahllast am 10. des folgenden Monats

Umsatzsteuer	547,87	an Bank	547,87

Darstellung auf Konten

S	Aufwendungen für Waren		H
Vb	5 624,90		

S	Umsatzerlöse für Waren		H
		Fo	8 508,40

S	Vorsteuer		H
Vb	1 068,73	USt	1 068,73

S	Umsatzsteuer		H
VSt	1 068,73	Fo	1 616,60
Ba	547,87		

S	Verbindlichkeiten a. LL.		H
		AfW/VSt	6 693,63

S	Forderungen a. LL.		H
UfW/USt	10 125,00		

Passivierung der Umsatzsteuerzahllast

Wird die **Umsatzsteuerzahllast für den letzten Monat** des Geschäftsjahres ermittelt, dann ist die ermittelte Zahllast über das „Schlussbilanzkonto“ abzuschließen (**Passivierung der Zahllast**).

BEISPIEL **Darstellung auf Konten**

S	Vorsteuer		H
Vb	1 068,73	USt	1 068,73

S	Umsatzsteuer		H
VSt	1 068,73	Fo	1 616,60
SBK	547,87		

S	SBK		H
		USt	547,87

Vorsteuerüberhang

Ein Vorsteuerüberhang entsteht, wenn die **Vorsteuer** eines Monats **größer** ist als die **Umsatzsteuer**. **Ursachen für einen Vorsteuerüberhang** können sein:

- **Vorratskäufe** vor Saisonwechsel oder aufgrund von Sonderangeboten
- **Sonderveranstaltungen** (Geschäftseröffnung, Jubiläumsverkauf usw.)
- **Investitionskäufe** (Kauf von Anlagevermögen zur Erweiterung des Fuhrparks oder der Geschäftsausstattung)

Bei einem **Vorsteuerüberhang** besteht ein **Erstattungsanspruch** gegenüber dem Finanzamt. Dieser wird im Rahmen der Umsatzsteuererklärung geltend gemacht. Ergibt sich im letzten Monat des Geschäftsjahres der Vorsteuerüberhang, ist dieser über SBK abzuschließen (**Aktivierung des Vorsteuerüberhangs**).

BEISPIEL Stand der Konten „Vorsteuer“ und „Umsatzsteuer“ zum 31. Dezember

S	Vorsteuer		H
Su	290 000,00	Su	250 000,00
		USt	18 000,00
		SBK	22 000,00
	290 000,00		290 000,00

S	Umsatzsteuer		H
Su	462 000,00	Su	480 000,00
VSt	18 000,00		
	480 000,00		480 000,00

Umbuchung der Umsatzsteuer zur Ermittlung des Vorsteuerüberhangs

Umsatzsteuer	18000,00	an Vorsteuer	18000,00

Abschlussbuchung: Aktivierung des Vorsteuerüberhangs

SBK	22000,00	an Vorsteuer	22000,00

Zu Beginn des folgenden Geschäftsjahres beträgt der Anfangsbestand auf dem Konto „Vorsteuer“ 22000,00 €. Dieser Betrag ist eine Forderung gegenüber dem Finanzamt.

Buchung der Banküberweisung des Vorsteuerüberhangs durch das Finanzamt

Bank	22000,00	an Vorsteuer	22000,00

Besonderheiten des Umsatzsteuerrechts

Steuerfreie Umsätze

Der Gesetzgeber hat verschiedene steuerbare Umsätze aus **sozialen**, **kulturellen** oder **wirtschaftspolitischen Gründen** von der **Umsatzsteuer befreit.**

BEISPIELE für steuerfreie Umsätze:

- Vermietung und Verpachtung von Grundstücken
- bestimmte Umsätze im Geld- und Kreditverkehr (z.B. Zinsen für Kredite)
- Umsätze der Ärzte, Zahnärzte, Heilpraktiker, Krankengymnasten
- Postwertzeichen

Kleinbetragsrechnungen

Bei Rechnungen, deren Gesamtbetrag **250,00 € nicht übersteigt**, ist keine Anschrift des Rechnungsempfängers erforderlich, zudem dürfen das Entgelt und der Umsatzsteuerbetrag in **einer Summe** angegeben sein. Es muss nur der **Umsatzsteuersatz** angegeben werden.

BEISPIEL Auszug aus einem Kassenzettel über Kauf von Putzmaterialien:

3 Besen à 12,00 €	36,00 €
3 Kehrschaufeln à 5,10 €	15,30 €
5 Aufnehmer à 0,90 €	4,50 €
1 Großflasche Fensterreiniger à 2,90 €	2,90 €
4 Großflaschen Bodenreiniger à 7,80 €	31,20 €
	89,90 €

Betrag dankend erhalten
15. Juni 20..
RUBITEX GMBH

Im Rechnungsbetrag sind 19 % Umsatzsteuer enthalten.

Lösung

Zur Buchung muss die Umsatzsteuer aus dem Bruttorechnungsbetrag herausgerechnet werden. Dieser entspricht 119 % des Grundwertes (= vermehrter Grundwert).

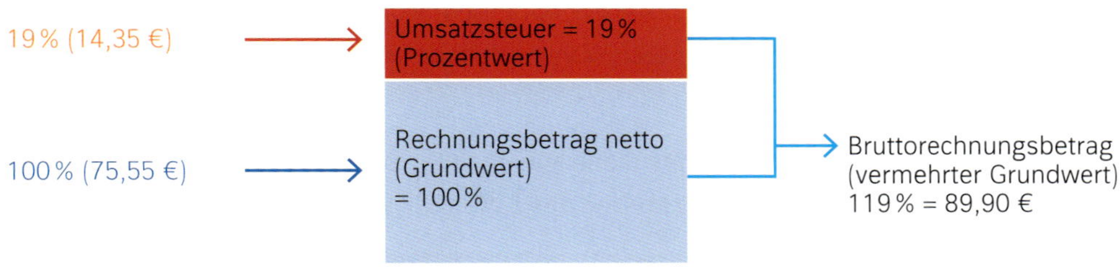

Ermittlung des Rechnungsbetrages netto mithilfe des Dreisatzes und der Prozentrechnung

1. Bedingungssatz: 119 % = 89,90 €
2. Fragesatz: 100 % = x
3. Bruchsatz: $x = \frac{89{,}90 \cdot 100}{119}$ $x = \underline{\underline{75{,}55\ €}}$

Ermittlung des Umsatzsteuerbetrags

119 % = 89,90 €
19 % = x

$\frac{89{,}90 \cdot 19}{119} = \underline{\underline{14{,}35\ €}}$

$$\text{Umsatzsteuerbetrag} = \frac{\text{Bruttorechnungsbetrag} \cdot \text{Umsatzsteuersatz}}{100 + \text{Umsatzsteuersatz}}$$

Buchung

Instandhaltung, Reinigung	75,55		
Vorsteuer	14,35	an Kasse	89,90

○ Umsatzsteuervoranmeldung

Nach dem Umsatzsteuergesetz müssen Unternehmungen grundsätzlich während des Geschäftsjahres monatlich Umsatzsteuervoranmeldungen online abgeben und zwar jeweils bis zum 10. eines Monats für den Vormonat (**Voranmeldungszeitraum**). Der Umsatzsteuerschuld sind die auf den Voranmeldungszeitraum entfallenden **Vorsteuerbeträge** gegenüberzustellen. Die Differenz von Umsatzsteuerschuld und Vorsteuer ergibt die **Zahllast** oder den **Vorsteuerüberhang**.

Zusammenfassung

Die Umsatzsteuer ermitteln, abführen und buchen

Umsatzsteuer	−	Vorsteuer	=	Umsatzsteuerzahllast
• Steuer vom Umsatz lt. Ausgangsrechnungen • Verbindlichkeiten gegenüber dem Finanzamt • Buchung auf dem passiven Bestandskonto „Umsatzsteuer“	−	• Steuer vom Vorumsatz lt. Eingangsrechnungen • Forderung an das Finanzamt • Buchung auf dem aktiven Bestandskonto „Vorsteuer“	=	• Steuer vom Mehrwert • Restschuld gegenüber dem Finanzamt • Ermittlung: Umsatzsteuer – Vorsteuer • Passivierung der Zahllast

- Ist die Vorsteuer größer als die Umsatzsteuer, entsteht ein **Vorsteuerüberhang**, der zu aktivieren ist.
- Bei **Kleinbetragsrechnungen** bis zu 250,00 € wird in der Praxis der Rechnungsbetrag brutto ausgewiesen. In diesen Fällen muss der Umsatzsteuersatz angegeben sein, damit der Umsatzsteueranteil herausgerechnet werden kann.

- Die Unternehmungen müssen bis zum 10. eines Monats für den Vormonat (**Voranmeldungszeitraum**) in dem amtlich vorgeschriebenen Format eine **Umsatzsteuervoranmeldung** abgeben.
- Wurde eine Zahllast ermittelt, ist diese gleichzeitig an das Finanzamt zu entrichten (**Vorauszahlung auf die Umsatzsteuer** des Kalenderjahres).

Aufgaben

1. Ein Einzelhandelsbetrieb, der der 19 %igen Umsatzsteuer unterliegt, hat im Juni 82 000,00 € steuerpflichtige Nettoeinkäufe lt. Eingangsrechnungen 85–97 getätigt. Im gleichen Zeitraum verkaufte er für 167 790,00 € (= Bruttowerte lt. Kassenberichte 135–160) Waren.

a) Ermitteln Sie die Vorsteuer, die Umsatzsteuerschuld sowie die Zahllast.

b) Stellen Sie die Werte auf den Konten „Aufwendungen für Waren“, „Vorsteuer“, „Verbindlichkeiten a. LL.“, „Umsatzerlöse für Waren“, „Umsatzsteuer“ und „Kasse“ dar.

2.
3. ***Konten:** Warenbestände, Forderungen a. LL., Bank, Kasse, Vorsteuer, Umsatzsteuer, Eigenkapital, Verbindlichkeiten a. LL., Aufwendungen für Waren, Personalaufwand, Umsatzerlöse für Waren, GuV, SBK.*

	2	3
Anfangsbestände:	€	€
– Warenbestände	10 000,00	8 000,00
– Forderungen a. LL.	500,00	100,00
– Bankguthaben	3 000,00	1 500,00
– Kasse	375,00	295,00
– Verbindlichkeiten a. LL.	1 600,00	1 400,00
– Eigenkapital	?	?
Geschäftsfälle:		
1. Wareneinkauf auf Ziel, ER 33, netto	840,00	720,00
+19 % USt.	159,60	136,80
Rechnungsbetrag	999,60	856,80
2. Tageslosung, Kassenbericht 41, brutto[1]	803,25	759,22
3. Wareneinkauf bar, ER 38, netto	220,00	180,00
+ 19 % USt.	41,80	34,20
4. Gehaltszahlung durch Banküberweisung	420,00	390,00
5. Tageslosung, Kassenbericht 42, brutto	1 147,16	1 005,55
6. Banküberweisung an Lieferer für ER 32, BA 26	885,50	736,00
Abschlussangaben:		
1. Warenendbestand lt. Inventur	10 100,00	8 200,00

2. Die Salden der übrigen Bestandskonten stimmen mit den Inventurwerten überein.

a) Richten Sie die Konten ein und buchen Sie die Geschäftsfälle.

b) Ermitteln Sie die Zahllast und schließen Sie das Konto „Umsatzsteuer“ über SBK ab.

c) Schließen Sie die übrigen Konten ab.

[1] *Alle Verkaufsbeträge enthalten die 19%ige Umsatzsteuer.*

4. *Bilden Sie zu folgenden Geschäftsfällen 1–5 die Buchungssätze und ermitteln Sie a) die Umsatzsteuerschuld, b) die Vorsteuer, c) die Zahllast.*

	€	€
1. Wareneinkäufe auf Ziel, ER 207–235, netto	*65 000,00*	
+ 19 % USt.	*12 350,00*	*77 350,00*
2. Warenverkäufe bar, Kassenberichte 54–78		*168 980,00*
3. Kauf von Büromaterial, ER 236, netto	*240,00*	
+ 19 % USt.	*45,60*	*285,60*
4. Kauf eines Regals, ER 237, netto	*1 400,00*	
+ 19 % USt.	*266,00*	*1 666,00*
5. Warenverkäufe auf Ziel, AR 66–30, brutto		*4 046,00*

5. *Im Laufe des Monats Juni erfasste ein Einzelhändler auf den Konten „Vorsteuer", „Umsatzsteuer" und „Umsatzerlöse für Waren" folgende Beträge:*

S Vorsteuer H

S		H	
Vb	5 800,00		
Vb	4 700,00		
Ba	3 500,00		

S Umsatzsteuer H

S		H	
Ba	7 600,00	Ka, Fo	34 200,00

S Umsatzerlöse für Waren H

S		H	
		Ka, Fo	180 000,00

Ermitteln Sie die Zahllast des Monats Juni.

6. *In einem Einzelhandelsunternehmen wurden für den abgelaufenen Monat folgende Werte ermittelt:*

	€
1. Warenanfangsbestand	*150 000,00*
2. Wareneinkäufe, netto	*950 000,00*
+ 19 % USt.	…………………
3. Warenverkäufe einschließlich 19 % USt.	*1 606 500,00*
4. Warenendbestand lt. Inventur	*160 000,00*
5. Handlungskosten	*185 000,00*
darauf entfallende USt.	*21 850,00*

Ermitteln Sie
a) den Wareneinsatz, b) den Monatserfolg, c) die Umsatzsteuerzahllast.

7. *Entscheiden Sie, ob folgende Aussagen zutreffen auf*
a) die Vorsteuer, b) die Umsatzsteuer, c) die Zahllast.

Aussagen

1. *Sie wird auf Eingangsrechnungen ausgewiesen.*
2. *Sie erhöht die Zahllast.*
3. *Sie vermindert die Zahllast.*
4. *Sie stellt eine Forderung gegenüber dem Finanzamt dar.*
5. *Sie wird auf Ausgangsrechnungen ausgewiesen und ist eine Verbindlichkeit gegenüber dem Finanzamt.*
6. *Sie ist bis zum 10. des folgenden Monats an das Finanzamt abzuführen.*
7. *Bei einem Überhang ist sie zu aktivieren.*

8. *a) Berechnen Sie den Umsatzsteueranteil aus dem Beleg der City-Tankstelle.*
   b) Bilden Sie zu beiden Belegen die Buchungssätze.

Hotel zum Goldfisch

Hotel zum Goldfisch, Grundstr. 4, 04349 Leipzig
Mars Elektrofachmarkt e. K.
Aachener Straße 1250
50859 Köln

Ihr Anprechpartner:
Abteilung: Buchhaltung
Telefon: 0341 290-211
Fax: 0341 290-212
E-Mail: info@hotel-goldfisch.de
Datum: 01.07.20..

Rechnung

Rechnungs-Nr.	Tisch-Nr.	Kellner	Personen	Betrag
484832			1	
1 Einzelzimmer				115,00 €

Im Rechnungsbetrag sind 7 % USt. enthalten.
Vielen Dank für Ihren Besuch!

CITY-TANKSTELLE
Brigitte Huber e. K.
Jabachstr. 34
50676 Köln
Tel.: 0221 543463
Steuernr.: 215/1918/2431
USt-IdNr.: DE241328954

SUPER BLEIFREI	109,82 €
ZP 5	65,00 LTR
TOTAL	109,82 €

69022 02.07.20.. 09:50

Im Betrag sind
19 % USt. enthalten.

Vielen Dank und gute Fahrt!

3 Anlagen anschaffen und Abschreibungen auf Anlagen buchen

HANDLUNGSSITUATION

Lkw-Handel
Andreas JOOST e. K.

Lkw-Handel Andreas Joost e. K., Wodanstr. 15, 51107 Köln
Mars Elektrofachmarkt e. K.
Aachener Straße 1250
50859 Köln

Auftrags-Nr.: 00597
Kunden-Nr.: 32788
Ihr Anprechpartner: Bastian Joost
Abteilung: Buchhaltung
Telefon: 0221 785-746
Fax: 0221 785-748
E-Mail: info@lkw-handel-joost.de
Datum: 26.01.20..

Rechnung Nr. 00126

Amtl. Kennz.	Typ/Modell	Fahrzeug-Ident-Nr.	Zulassungstag	Annahmetag	Kilometerstand
K-PR-111	443 PH 5	44FA053238	26.01.20..	26.01.20..	300

Z443 PH 5	Transporter Condor GKAT 3000	67 500,00 €
	+ 19 % Umsatzsteuer	12 825,00 €
	Endpreis	**80 325,00 €**

Bitte geben Sie bei Zahlung Ihre Kunden- und Rechnungsnummer an.

Für Ihre Bestellung danken wir Ihnen.

Lkw-Handel Andreas Joost e. K.
Wodanstraße 15
51107 Köln

Geschäftsführung:
Andreas Joost

Handelsregistereintragung:
Amtsgericht Köln
HRA 13765

Steuernummer: 218/7669/7767
USt-IdNr.: DE106739042

Bankverbindung:
Deutsche Bank Köln
IBAN: DE95 3707 0060 0057 4617 59
BIC: DEUTDEDKXXX

Der Mars Elektrofachmarkt e. K. hatte am 26. Januar des Geschäftsjahres einen Transporter angeschafft und hierfür nebenstehende Eingangsrechnung erhalten.
Mehmet Aydin hatte damals die Rechnung vorkontiert.
Bei Durchsicht der Bücher zur Vorbereitung des Jahresabschlusses ist er erstaunt darüber, dass der Transporter noch mit dem Anschaffungswert von 60 000,00 € auf dem Konto „Fuhrpark" steht, obwohl er schon fast ein ganzes Jahr zur Abholung von Waren von Lieferern und zur Zustellung von Waren an Kunden genutzt wurde.

ARBEITSAUFTRÄGE

- *Erläutern Sie, auf welche Posten der Bilanz sich dieser Kauf auswirkt.*
- *Bilden Sie den Buchungssatz.*
- *Begründen Sie, warum der Transporter keine 60 000,00 € mehr wert ist.*

LS

- *Suchen Sie nach Möglichkeiten, den wirklichen Wert des Transporters festzustellen.*
- *Bilden Sie den Buchungssatz für die Abschreibung.*

Berechnung und Buchung der Anschaffungskosten bei Anlagenkäufen

Neben dem Personal setzt jedes Einzelhandelsunternehmen **Betriebsmittel** ein. Typische Betriebsmittel eines Einzelhandelsunternehmens sind

- Gegenstände der Geschäftsausstattung,
- Fahrzeuge und
- Gebäude.

Alle Betriebsmittel **dienen dem Unternehmen dauerhaft** und zählen somit zum Anlagevermögen.

Anschaffungskosten

Bei der Anschaffung sind die Anlagegüter auf den jeweiligen aktiven Bestandskonten mit ihrem **Anschaffungswert** zu erfassen. Zum Anschaffungswert zählen auch Anschaffungsnebenkosten, wie Überführungskosten, Zulassungsgebühren, Nummernschilder u. Ä. (vgl. § 255 HGB).

Die **Anschaffungskosten** werden folgendermaßen berechnet:

	Listeneinkaufspreis	
–	Rabatt	Anschaffungskostenminderungen
	Zieleinkaufspreis	
–	Skonto	Anschaffungskostenminderungen
	Bareinkaufspreis	
+	Bezugskosten	Anschaffungsnebenkosten
+	Montage-, Anschlusskosten usw. bis zur Betriebsbereitschaft	Anschaffungsnebenkosten
=	**Anschaffungswert (= Anschaffungskosten)**	

Typische Anschaffungsnebenkosten bei der Beschaffung von Anlagegütern		
Transportkosten	**Fundamentierungskosten**	**Montagekosten**
BEISPIELE – Überführungskosten – Transportversicherung	BEISPIELE Befestigung – von Transportbändern – von Rolltreppen	BEISPIELE – Aufbau – Anschluss – TÜV-Abnahme

Nicht zu den Anschaffungskosten zählen die Kosten der Geldbeschaffung (z. B. Zinsen) und die Vorsteuer.

Buchung der Anlagenkäufe

Beim Kauf werden die Anschaffungskosten auf den entsprechenden Bestandskonten der Anlagegüter erfasst. Entstehen Anschaffungskostenminderungen und Anschaffungsnebenkosten nachträglich, werden diese zur Korrektur des Wertes direkt auf dem Bestandskonto des entsprechenden Anlagegutes erfasst.

BEISPIEL 1

Buchung (vgl. Eingangsrechnung von Seite 44)

Fuhrpark	67 500,00		
Vorsteuer	12 825,00	an Verbindlichkeiten a. LL.	80 325,00

BEISPIEL 2 Anschaffung von Anlagegegenständen mit nachträglichen Anschaffungsnebenkosten

1. ER 83: Kauf von 5 Kühltheken zum Listenpreis von 24 000,00 € abzüglich 10 % Rabatt + 19 % USt.
2. ER 99: Für den Elektroanschluss werden der Einzelhandelsunternehmung vom Elektromeister Jonas Klein nachträglich 750,00 € + 19 % USt. in Rechnung gestellt.

Buchung

1.	Geschäftsausstattung	21 600,00		
	Vorsteuer	4 104,00	an Verbindlichkeiten a. LL.	25 704,00
2.	Geschäftsausstattung	750,00		
	Vorsteuer	142,50	an Verbindlichkeiten a. LL.	892,50

Anschaffungsnebenkosten vergrößern die Anschaffungskosten. Sie werden daher im Soll des entsprechenden Bestandskontos gebucht.

Abschreibungen berechnen und buchen

Notwendigkeit der Abschreibungen

Gegenstände des Anlagevermögens sind dazu bestimmt, dem Unternehmen **dauernd** zu dienen. Die Nutzung der meisten Anlagegüter ist jedoch zeitlich begrenzt, da sie abgenutzt werden (**abnutzbares Anlagevermögen**). Sie unterliegen einem ständigen Werteverfall und müssen von Zeit zu Zeit durch neue Anlagegüter ersetzt werden.

Ursachen des Werteverfalls

Technischer Verschleiß	Ruhender Verschleiß	Technische Überholung	Katastrophenverschleiß
durch den Gebrauch des Anlagegutes (Nutzungsverschleiß)	durch Umwelteinflüsse, Verwitterung, Zersetzung oder natürliche Rostschäden	aufgrund von Weiterentwicklung und Modernisierung	Verkürzung der Lebensdauer oder Untergang (durch Feuer, Überschwemmung o. Ä.)

Dieser **Werteverfall** mindert das Anlagevermögen. Weil der Werteverfall des Anlagevermögens einen **Aufwand** für das Unternehmen darstellt, mindert er auch das Eigenkapital. Der Werteverfall des Anlagevermögens ist jährlich mittels **Abschreibungen** zu erfassen.

- Die **buchmäßige Erfassung** der **Wertminderung** des Anlagevermögens wird als **Abschreibung** bezeichnet. Das Steuerrecht nennt diese Abschreibung **Absetzung für Abnutzung** (**AfA**).
- Über die Buchung der Abschreibung werden die **Anschaffungskosten** nach und nach als **Aufwand** auf die Jahre der Nutzung **verteilt**. Das Handelsrecht nennt diesen Aufwand **planmäßige Abschreibung**.

§ 253 HGB

(3) Bei Vermögensgegenständen des Anlagevermögens, deren Nutzung zeitlich begrenzt ist, sind die Anschaffungs- oder Herstellungskosten um planmäßige Abschreibungen zu vermindern. Der Plan muss die Anschaffungs- oder Herstellungskosten auf die Geschäftsjahre verteilen, in denen der Vermögensgegenstand voraussichtlich genutzt werden kann. [...]

○ Abschreibungsplan

Für jeden Gegenstand des abnutzbaren Anlagevermögens sollte ein Abschreibungsplan aufgestellt werden, der alle Daten über das Anlagegut enthält.

Daten des Abschreibungsplanes	Beispiel
Bezeichnung des Anlagegutes	Transporter Condor GKAT 3000-443 PH 5
Tag der Anschaffung des Anlagegutes	26. Januar 20..
Höhe der Anschaffungskosten	67 500,00 €
voraussichtliche Nutzungsdauer	neun Jahre
Abschreibungsmethode	lineare Abschreibung

Bereits im Jahre der Anschaffung des Anlagegutes ist die Zeit der betrieblichen Nutzung des Anlagegutes (**Nutzungsdauer**) zu schätzen.

TIPP

Der Bundesfinanzminister hat **AfA-Tabellen** für abnutzbare Anlagegüter der einzelnen Wirtschaftszweige herausgegeben, die bei der Festlegung der Nutzungsdauer durch das Unternehmen berücksichtigt werden sollten, vgl. www.bundesfinanzministerium.de/Content/DE/Standardartikel/Themen/Steuern/Weitere_Steuerthemen/Betriebspruefung/AfA-Tabellen/Ergaenzende-AfA-Tabellen/AfA-Tabelle_AV.pdf?__blob=publicationFile&v=3

Auszug aus der allgemeinen AfA-Tabelle

Anlagegüter	Nutzungsdauer in Jahren
Gebäude	33
Ladeneinbauten, Schaufenstereinbauten	9
Wirtschaftsgüter der Ladeneinrichtungen	8
• Registrierkassen	6
• Panzerschränke, Tresore	23
• Waagen	11
Büromaschinen und Organisationsmittel	
• Personalcomputer, Workstations; Notebooks und deren Peripheriegeräte (Drucker, Scanner, Bildschirme)	1
Lastkraftwagen	9
Personenkraftwagen	6

Alle wesentlichen Daten für den Abschreibungsplan ergeben sich i. d. R. aus der **Anlagendatei** der Anlagenbuchhaltung, die eine Nebenbuchhaltung darstellt.

BEISPIEL

Anlagendatei				Mars Elektrofachmarkt e. K.
Gegenstand: Transporter		**Fahrzeug-Nr.** 45 K 84 300		
Fabrikat: Condor		**Lieferer:** Lkw-Handel Andreas Joost, Köln		
Nutzungsdauer: neun Jahre		**Anschaffungskosten:** 67 500,00 €		
Konto: Fuhrpark		**AfA-Satz:** 11,11 %	**AfA-Methode:** linear	
Datum	**Vorgang**	**Zugang in €**	**Abgang/AfA in €**	**Bestand in €**
26.01.20..	ER 00126	67 500,00		
31.12.20..	Umbuchung 23: AfA		7 500,00	60 000,00

Ermittlung der Abschreibungsbeträge bei linearer Abschreibung

Bei der linearen Abschreibung werden die Anschaffungskosten gleichmäßig auf die Jahre der Nutzung verteilt.

BEISPIEL Lineare Abschreibung

Anschaffungskosten des gekauften Transporters: 67 500,00 €

Nutzungsdauer: neun Jahre

Abschreibungssatz: 11,11 %

Formel	Berechnung
$\frac{\text{Anschaffungskosten}}{\text{Nutzungsdauer}}$ = **Jahresabschreibungsbetrag**	$\frac{67\,500{,}00}{9} = \mathbf{7\,500{,}00\ €}$
$\frac{100}{\text{Nutzungsdauer}}$ = **Abschreibungssatz**	$\frac{100}{9} = 11{,}\overline{11}\ \%$
Berechnung der AfA mit AfA-Satz: Anschaffungskosten $\cdot \frac{\text{Abschreibungssatz}}{100}$	$67\,500{,}00 \cdot \frac{11{,}\overline{11}}{100} = \mathbf{7\,500{,}00\ €}$

Darstellung der Abschreibungsrate

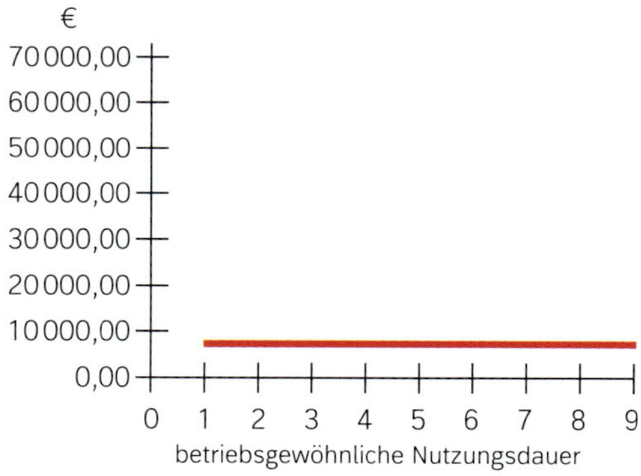

Darstellung des Buchwertes

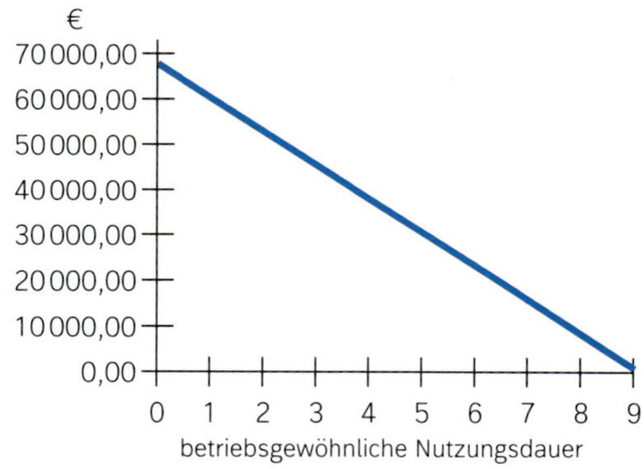

Buchwert und Erinnerungswert: Durch die jährliche Abschreibung wird der Wert der Anlage vermindert, der in der Bilanz ausgewiesen wird (**Buch-** oder **Restwert**). Am Ende der Nutzungsdauer wird der **Nullwert** erreicht. Befindet sich das Anlagegut nach Ablauf der geschätzten Nutzungsdauer noch im Betriebsvermögen, wird es mit einem Erinnerungswert von zurzeit 1,00 € im Vermögensverzeichnis geführt.

Betriebswirtschaftlich ist diese Methode **bei gleichmäßiger** Nutzung des Anlagegutes während der einzelnen Nutzungsjahre **empfehlenswert**.

Anlagegut: Transporter Fabrikat: Condor Nutzungsdauer: 8 Jahre	Lineare AfA 11,$\overline{11}$ % der Anschaffungskosten in €
Anschaffungskosten – Abschreibung des 1. NJ	67 500,00 7 500,00
Buchwert nach dem 1. NJ – Abschreibung des 2. NJ	60 000,00 7 500,00
Buchwert nach dem 2. NJ – Abschreibung des 3. NJ	52 500,00 7 500,00
Buchwert nach dem 3. NJ – Abschreibung des 4. NJ	45 000,00 7 500,00
Buchwert nach dem 4. NJ – Abschreibung des 5. NJ	37 500,00 7 500,00
Buchwert nach dem 5. NJ – Abschreibung des 6. NJ	30 000,00 7 500,00
Buchwert nach dem 6. NJ – Abschreibung des 7. NJ	22 500,00 7 500,00
Buchwert nach dem 7. NJ – Abschreibung des 8. NJ	15 000,00 7 500,00
Buchwert nach dem 8. NJ – Abschreibung des 9. NJ	7 500,00 7 499,00
Erinnerungswert	**1,00**

○ Abschreibungen bei Anschaffungen im Laufe des Jahres

Wurde das Anlagegut im Laufe des Jahres angeschafft, gilt für die Bemessung des Abschreibungsbetrages eine vereinfachende Regelung (§ 7 Abs. 1 EStG): Danach **vermindert** sich im Jahr der Anschaffung oder Herstellung des Wirtschaftsgutes der auf ein Jahr entfallende AfA-Betrag um jeweils ein Zwölftel für jeden vollen Monat, der dem Monat der Anschaffung oder Herstellung vorangeht. Die AfA darf also nur vom Monat der Anschaffung oder Herstellung an vorgenommen werden.

BEISPIEL Anschaffung eines Pkw am 28.05.20..

Anschaffungswert: 28 200,00 €, betriebsgewöhnliche Nutzungsdauer: 6 Jahre, lineare Abschreibung

AfA-Betrag im Anschaffungsjahr: $\frac{AW \cdot (12 - x^*)}{ND \cdot 12} = \frac{28\,200 \cdot (12 - 4)}{6 \cdot 12} = \underline{\underline{\mathbf{3\,133{,}33\ €}}}$

* x = volle Monate vor dem Monat der Anschaffung

○ Buchung der Abschreibung

Abschreibungen auf das abnutzbare Anlagevermögen sind **Aufwendungen**, die im Soll des Aufwandskontos „**Abschreibungen auf Sachanlagen**" und im Haben des entsprechenden Bestandskontos des Anlagegutes als Minderung des Anlagevermögens gebucht werden. Das Bestandskonto des Anlagegutes weist dann nach der durchgeführten Abschreibung am Jahresende den Buchwert aus.

BEISPIEL **Buchung des Abschreibungsbetrages am Ende des 1. Jahres bei linearer Abschreibung**

Abschlussangaben: 11,$\overline{11}$ % lineare Abschreibungen auf Fuhrpark

Buchung: Abschreibungen auf Sachanlagen 7 500,00 an Fuhrpark 7 500,00

S	Fuhrpark (Fp)		H
Vb	67 500,00	Abs	7 500,00
		SBK	60 000,00
	67 500,00		67 500,00

S	Abschreibungen auf Sachanlagen		H
Fp	7 500,00	GuV	7 500,00

S	SBK		H
Fp	60 000,00		

S	Gewinn und Verlust		H
Abschr.	7 500,00		

Nach neun Jahren ist der Transporter abgeschrieben. Soll er dem Einzelhändler über die geschätzte Nutzungsdauer von neun Jahren hinaus dienen, so muss er mit dem Erinnerungswert von 1,00 € im Inventar erscheinen. Am Ende des neunten Jahres dürfen dann nur 7 499,00 € abgeschrieben werden.

○ Auswirkung der Abschreibung in der Finanzbuchführung

Durch die Abschreibung werden die Anschaffungskosten vermindert. Der verbleibende **Restwert in der Bilanz** wird als Buchwert bezeichnet. In der **GuV-Rechnung** erscheint die **Abschreibung als Aufwand** und somit als Minderung des Gewinnes. Durch die Verteilung der Anschaffungskosten über die Jahre der Nutzung dient die Abschreibung der **richtigen und periodengerechten Erfolgsermittlung.**

Im folgenden Schaubild wird verdeutlicht, wie sich die Abschreibungen auswirken:

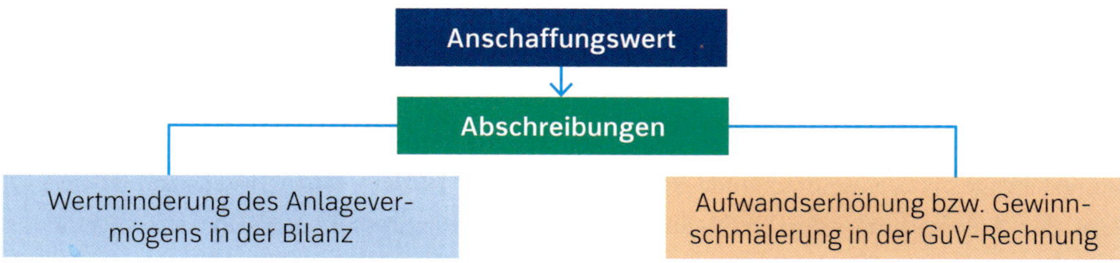

○ Auswirkung der Abschreibung in der Kalkulation

Abschreibungen werden als Teil der Handlungskosten in die Verkaufspreise einkalkuliert. Über die Umsatzerlöse werden sie dadurch zur Refinanzierung der Anschaffungskosten wieder hereingeholt.

● Geringwertige Wirtschaftsgüter des Anlagevermögens

Geringwertige Wirtschaftsgüter (GWG) sind nach § 6 Abs. 2 EStG abnutzbare bewegliche Wirtschaftsgüter des Anlagevermögens, die einer **selbstständigen Nutzung fähig sind** und einen gesetzlich bestimmten Betrag nicht übersteigen.

BEISPIELE

GWG – selbstständig nutzbar	GWG – nicht selbstständig nutzbar
• Regale, Tische, Stühle • Beleuchtungskörper (Lampen) • Computersoftware	• Einzelbauteile für Regale • Ersatzreifen und Ersatzteile für Fahrzeuge • Drucker für den PC

Dabei sind drei Kategorien zu unterscheiden. Für die Bewertung der GWG gibt es folgende Wahlrechte:

Anschaffungskosten

1. GWG bis 250,00 € (netto)

werden im Jahr ihrer Anschaffung in voller Höhe als Aufwand auf dem entsprechenden Konto erfasst. Dabei müssen derartige GWG nicht im Anlageverzeichnis erfasst werden.

2. GWG über 250,00 € bis 800,00 € (netto)

können im Jahr ihrer Anschaffung sofort als Aufwand erfasst werden. Voraussetzung dafür ist, dass die GWG unter Angabe des Tages der Anschaffung mit ihren Anschaffungskosten in einem besonderen, laufend zu führenden Verzeichnis erfasst werden.

3. GWG über 250,00 € bis 1000,00 € (netto)

Alternativ zu 2. können alle GWG mit Anschaffungskosten über 250,00 € bis 1 000,00 € in einem Sammelpool erfasst und über die Nutzungsdauer von fünf Jahren abgeschrieben werden.

Ein Nebeneinander der Alternativen 2. und 3. ist nicht zulässig. Wurde die Entscheidung für eine der beiden Alternativen getroffen, so gilt diese für die Abschreibung aller geringwertigen Wirtschaftsgüter des Wirtschaftsjahres.

oder | oder | oder

Wahlrecht: Aktivierung der Anschaffungskosten auf dem entsprechenden Bestandskonto des Anlagegutes, z. B. Geschäftsausstattung und Abschreibung über die **betriebsgewöhnliche Nutzungsdauer**

Beispiel 1

Kassenzettel: Barkauf von zwei Heftzangen für 47,60 € einschl. 19 % USt.

Buchung:
Büromaterial 40,00
Vorsteuer 7,60 an Kasse 47,60

Beispiel 2

Kassenquittung:
Kauf eines Regals, netto 760,00 €
\+ 19 % USt. 144,40 €
904,40 €

Buchung bei der Anschaffung:
GwG 760,00
Vorsteuer 144,40 an Kasse 904,40

Buchung zum 31.12.20..:
Abschreibungen auf Sachanl. 760,00 an GwG 760,00

Beispiel 3

Datum	GMG	AK in €
25.01.	1 Schreibtischstuhl	580,00
28.03.	1 Laptop	998,00
26.06.	1 Schreibtischlampe	248,00
05.09.	1 Regal	776,00
14.11.	1 externe Festplatte	348,00
31.12.	Sammelpool	2 950,00
31.12.	AfA 01: 20%	590,00
	Buchwert 1	2 360,00

Zusammenfassung

Anlagen anschaffen und Abschreibungen auf Anlagen buchen

- Anlagegüter werden beim Kauf mit ihren **Anschaffungskosten** erfasst.
- Anschaffungskosten setzen sich zusammen aus dem Anschaffungspreis abzüglich sofortiger oder nachträglicher **Anschaffungskostenminderungen** und zuzüglich der **Anschaffungsnebenkosten**.

- Die **abzugsfähige Vorsteuer** zählt nicht zu den Anschaffungskosten.

Anschaffungskosten bei Anlagekäufen		
Anschaffungskostenminderungen	**Anschaffungsnebenkosten**	**Berechnung der Anschaffungskosten**
• **Sofortrabatte** – Mengenrabatt – Messerabatt • **Bonus** – nachträglich gewährter Rabatt • **Skonto** – Nachlass wegen vorzeitiger Zahlung	• Transportkosten • Zölle • Montagekosten beim Immobilienkauf: • Notariats- und Gerichtskosten • Grunderwerbsteuer	Listenpreis – Sofortrabatt Zieleinkaufspreis – Skonto Bareinkaufspreis + Anschaffungsnebenkosten = **Anschaffungskosten**

- Wurde das Anlagegut **im Laufe des Jahres** angeschafft, wird der Abschreibungsbetrag im Anschaffungsjahr nur vom Monat der Anschaffung an berechnet.
- Durch die Abschreibungen werden **Wertminderungen der abnutzbaren Sachanlagen** erfasst.
- Die **Höhe der Abschreibungsbeträge** wird nach der linearen Abschreibungsmethode berechnet. Dabei wird eine betriebsgewöhnliche (durchschnittliche) Nutzungsdauer lt. AfA-Tabelle zugrunde gelegt.

Lineare Abschreibung

Abschreibung in gleichbleibenden Jahresbeträgen

$$\text{AfA-Satz} = \frac{100}{\text{ND}}$$

$$\text{AfA-Betrag} = \frac{\text{Anschaffungskosten} \cdot \text{AfA-Satz}}{100}$$

unterstellt gleichmäßigen Werteverschleiß

- Bei der Buchung der Abschreibung erfolgt die **Soll-Buchung** auf dem Aufwandskonto „**Abschreibungen auf Sachanlagen**“, die **Haben-Buchung** auf dem **Anlagenkonto**.
- Die Bilanz weist den berichtigten Wert, den **Buch-** oder **Restwert**, aus.
- Die **Gewinn- und Verlustrechnung** stellt die Abschreibung als **Aufwand** und Minderung des Gewinns dar.
- **GWG des Anlagevermögens**

Anschaffungskosten bis 250,00 € Nettowert	Anschaffungskosten über 250,00 € bis 800,00 € Nettowert	Anschaffungskosten über 250,00 € bis 1 000,00 € Nettowert
Sie **können** bei der Anschaffung sofort als Aufwand gebucht werden.	Sie **können** sofort als Aufwand erfasst werden, sind aber dann listenmäßig zu führen.	Sie **können** pro Jahr auf einem Sammelkonto (Pool) erfasst und dann über fünf Jahre abgeschrieben werden.

Aufgaben

1. *1. Kauf einer Kühltheke, netto 25 000,00 € + 19 % USt. auf Ziel*
2. Ausgleich der Rechnung (Fall a) durch Banküberweisung abzüglich 3 % Skonto
3. Nachträglich werden der Einzelhandelsunternehmung für den Elektroanschluss 550,00 € + 19 % USt. berechnet.
Ermitteln Sie den Anschaffungswert der Kühltheke. Lesen Sie dazu nochmals das Kapitel „Berechnung und Buchung der Anschaffungskosten bei Anlagenkäufen".

2. *Kauf eines Lkw 104 000,00 € lt. Liste, Überführungskosten 1 600,00 €, Sonderrabatt 3 % vom Listenpreis, 2 % Skonto vom Zieleinkaufspreis, Zulassungsgebühr 203,60 €, Nummernschilder 34,00 €. Der Vertragshändler stellt zudem 19 % USt. in Rechnung.*
Berechnen Sie den Anschaffungswert.

3. *Ein Verbrauchermarkt richtet 20 Scannerkassen zu folgenden Bedingungen des Herstellers ein: Listenpreis 12 000,00 € je Kasse, 10 % Mengenrabatt, 2 % Skonto binnen zehn Tagen, Fracht insgesamt 400,00 €, Transportversicherung insgesamt 220,00 € und 19 % USt.*
Berechnen Sie den Anschaffungswert je Kasse.

4. *Ein Anlagegut der Geschäftsausstattung, das mit 20 % linear abgeschrieben wird, hat nach zwei Nutzungsjahren einen Buchwert von 5 250,00 €.*
a) Wie viel Euro beträgt der jährliche Abschreibungsbetrag?
b) Wie viel Euro betrug der Anschaffungswert?
c) Wie lautet der Buchungssatz zur Erfassung der Abschreibung am Ende des dritten Nutzungsjahres?

5. *In der folgenden Tabelle sind Anschaffungs- und Buchwert zweier Anlagen in aufeinanderfolgenden Jahren dargestellt:*

	Anschaffungswert	Buchwert nach dem 1. Nutzungsjahr	Buchwert nach dem 2. Nutzungsjahr
Kühltheke	38 000,00 €	33 250,00 €	28 500,00 €
Scannerkassen	120 000,00 €	96 000,00 €	72 000,00 €

a) Bestimmen Sie in beiden Fällen die Höhe des Abschreibungssatzes.
b) Welche Nutzungsdauer wird für die Kühltheke und die Scannerkassen angenommen?
c) Bilden Sie die Buchungssätze in beiden Fällen für die Abschreibung am Ende des dritten Jahres.

6.

Gegenstand	Anschaffungspreis	Anschaffungs-nebenkosten	Nutzungs-dauer
1. Tablet	380,00 €	–	5
2. Locher	40,00 €	–	10
3. Kleintransporter	31 000,00 €	1 000,00 €	8
4. Scannerkasse	11 500,00 €	500,00 €	6

a) Wie lauten die Buchungssätze bei Anschaffung gegen Banküberweisung unter Berücksichtigung von 19 % USt.?

b) Mit welchem Betrag sind die einzelnen Gegenstände am Jahresende zu bilanzieren, wenn grundsätzlich die lineare Abschreibung gewählt wurde?

c) Welche Buchungen ergeben sich am Jahresende zur Erfassung der Abschreibung?

7. Konten: Fuhrpark, Abschreibungen auf Sachanlagen, GuV, SBK
Fuhrpark (Buchwert): 112 000,00 €
Schreiben Sie 10 % vom Anschaffungswert 160 000,00 € ab.
Schließen Sie die Konten ab.

8. Bilden Sie die Buchungssätze zu folgenden Geschäftsfällen.

	€
1. Kauf von Vordrucken für die Kassenabrechnung einschließlich 19 % USt. bar	*44,03*
2. Kauf eines Lochers einschließlich 19 % USt. bar	*77,35*
3. Barkauf eines Tischrechners für das Büro, netto	*380,00*
+ 19 % USt.	*72,20*

9. Berechnen Sie die Abschreibungssätze für die lineare Abschreibung bei einer betriebsgewöhnlichen Nutzungsdauer von 5, 6, 8, 10, 12, 15, 16 und 20 Jahren.

10. Der Anschaffungswert einer Transportanlage im Lager beträgt 25 000,00 €. Die betriebsgewöhnliche Nutzungsdauer beläuft sich auf zehn Jahre: Die Transportanlage soll linear abgeschrieben werden. Stellen Sie mithilfe eines Tabellenkalkulationsprogramms einen Abschreibungsplan für die ersten vier Nutzungsjahre nach der linearen Methode auf (vgl. AfA-Tabelle auf Seite 55).

11. Der Mars Elektrofachmarkt e. K. hat am 8. Januar des Geschäftsjahres einen Pkw angeschafft und hierfür nebenstehende Eingangsrechnung erhalten.

a) Ermitteln Sie
aa) den Anschaffungswert des Pkw (Zugang in Euro),
ab) den Abschreibungsbetrag für das erste Nutzungsjahr, wenn die Nutzungsdauer für das Fahrzeug sechs Jahre beträgt.
ac) den Buchwert zum 31. Dezember des ersten Nutzungsjahres (Bestand in Euro).

b) Bilden Sie die Buchungssätze
ba) zur Erfassung der Eingangsrechnung,
bb) zur Erfassung der Abschreibung,
bc) zum Abschluss des Kontos „Abschreibungen“,
bd) zum Abschluss des Kontos „Fuhrpark“.

MOTOR RABECK GMBH

Auftrags-Nr.: 33388
Kunden-Nr.: 3872

Motor Rabeck GmbH, Falderstr. 17, 50999 Köln
Mars Elektrofachmarkt e. K.
Aachener Straße 1250
50859 Köln

Ihr Anprechpartner: Rabeck
Abteilung: Buchhaltung
Telefon: 0221 685-943
Fax: 0221 685-922
E-Mail: info@motor-rabeck.de

Datum: 08.07.20..

Rechnung Nr. 3857

999 PW 1	Pkw HAWA 725 GTI	49 000,00 €
	+ Überführungskosten	875,00 €
	+ Zulassungsgebühren	45,00 €
		49 920,00 €
	+ 19 % Umsatzsteuer	9 484,80 €
	Gesamtsumme	**59 404,80 €**

Zahlbar sofort ohne Abzug.

Motor Rabeck GmbH
Falderstraße 17
50999 Koln

Telefon: 0221 685-943
Fax: 0221 685-922
E-Mail: info@motor-rabeck.de
Internet: www.motor-rabeck.de

Handelsregistereintragung:
Amtsgericht Köln
HRB 54378

Steuernummer: 219/6452/9933
USt-IdNr.: DE987345633
Geschäftsführung:
Dietmar Rabeck

Bankverbindung:
Kreissparkasse Köln
IBAN: DE22 3705 0299 0010 0767 65
BIC: COLSDE33XXX

4 Warenwirtschaftliche Analyse des GuV-Kontos

HANDLUNGSSITUATION

Für den 05.01.20.. hat Frau Mars Herrn Bonnet, Logistik- und Ausbildungsleiter, Frau Bauer, Marketingleiterin, die Verkaufsleiter/-innen der vier Warengruppen und alle Auszubildenden zu einer Besprechung gebeten.

S	Aufbereitete GuV-Rechnungen des Geschäftsjahres und des Vorjahres				H
	Geschäftsjahr	Vorjahr		Geschäftsjahr	Vorjahr
Aufwendungen für Waren	4556000,00	4430000,00	Umsatzerlöse für Waren	7688250,00	7256000,00
Gehälter	1980000,00	1859000,00			
Mieten	60000,00	60000,00			
Aufwendungen für Energie	54000,00	55000,00			
Werbung	75000,00	79800,00			
Büromaterial	24000,00	26000,00			
Instandhaltung, Reinigung	255600,00	164700,00			
betriebliche Steuern	285000,00	192000,00			
Gewinn	398650,00	389500,00			
	7688250,00	7256000,00		7688250,00	7256000,00

Tagesordnung:

1. Vergleichende warenwirtschaftliche Analyse der GuV-Konten der beiden letzten Jahre
2. Schlussfolgerungen für die weitere Arbeit und Zielvereinbarungen

ARBEITSAUFTRÄGE

- *Beschreiben Sie die Entwicklung von Warenumsatz, Selbstkosten und Wareneinsatz und erläutern Sie die Auswirkung der erkennbaren Entwicklung auf den Gewinn.*
- *Nennen Sie mögliche Ursachen für die Entwicklung des Wareneinsatzes und des Warenumsatzes. Schlagen Sie Maßnahmen vor, die geeignet sind, die Situation zu verbessern.*

● Wareneinsatz, Warenumsatz, Handlungskosten im GuV-Konto

Auf dem GuV-Konto werden die Erträge (Warenverkäufe, Warenumsatz) und sämtliche dafür entstandenen Aufwendungen (Wareneinsatz, Handlungskosten) einander gegenübergestellt, um den Erfolg zu ermitteln.

Beim Abschluss der Warenkonten zeigt das GuV-Konto:

- **im Haben**
  - **Umsatzerlöse** für Waren

- im Soll
  - die **Aufwendungen für Waren** (**Wareneinsatz**)
  - die **Handlungskosten** (Personalkosten, Mieten u. Ä., Büromaterial, Porto, Telefon)
  - den **Gewinn** (Reingewinn)

Rohgewinn/Reingewinn

Lernfeld 8

Durch die Gegenüberstellung von Warenumsatz und Wareneinsatz wird der **Erfolg aus dem Wareneinkauf und -verkauf** dargestellt. Er wird als **Rohergebnis** (Rohgewinn/Rohverlust) bezeichnet.

Rohgewinn/Rohertrag =
Umsatzerlöse für Waren (Warenumsatz) – Aufwendungen für Waren (Wareneinsatz)

BEISPIEL Im GuV-Konto lässt sich der Rohgewinn wie folgt bestimmen:

Umsatzerlöse für Waren (Umsatz)	29 580,00 €
– Aufwendungen für Waren (Wareneinsatz)	20 400,00 €
= **Rohgewinn/Rohertrag**	**9 180,00 €**

Rohgewinn/Rohertrag = Differenz zwischen Umsatz und Wareneinsatz

Der Rohgewinn beinhaltet die Handlungskosten und den Reingewinn.

MERKE *Zieht man also die Handlungskosten vom Rohgewinn ab, erhält man den Reingewinn.*

BEISPIEL

Rohgewinn/Rohertrag	9 180,00 €
– Handlungskosten	5 100,00 €
Reingewinn	**4 080,00 €**

Zusammenhang zwischen der GuV-Rechnung und der Kalkulation

Lernfeld 9

Außenstehende erhalten dadurch einen Einblick in die durchschnittliche **Kalkulation**, in der insbesondere das prozentuale Verhältnis

- der Handlungskosten zu dem Wareneinsatz **(Handlungskostenzuschlagssatz)** und
- des Gewinnes zu den Selbstkosten **(Gewinnzuschlagssatz)**

bedeutende Informationen bei Vergleichen sind.

BEISPIEL 1 **Ermittlung des Handlungskostenzuschlagssatzes aus dem Konto „Gewinn und Verlust"**

Aufwendungen für Waren	20 400,00 €
+ Handlungskosten (verschiedene Aufwendungen)	5 100,00 €
= Selbstkosten	25 500,00 €

Daraus lässt sich der Handlungskostenzuschlagssatz ermitteln:

20 400,00 € Aufwendungen für Waren	=	100 %
5 100,00 € Handlungskosten	=	x %

$$x = \frac{100 \cdot 5\,100,00}{20\,400,00} \qquad x = \underline{\underline{25\,\%}}$$

Der Handlungskostenzuschlagssatz beträgt 25 %.

BEISPIEL 2 Ermittlung des Gewinnzuschlagssatzes aus dem Konto „Gewinn und Verlust"

Im obigen Beispiel betrugen die Selbstkosten 25 500,00 €, der aufgeschlagene Gewinn 4 080,00 €, der erzielte Umsatzerlös 29 580,00 €.

Daraus lässt sich der Gewinnzuschlagssatz ermitteln:

25 500,00 € Selbstkosten	=	100 %
4 080,00 € Gewinn	=	x %

$$x = \frac{100 \cdot 4\,080,00}{25\,500,00} \qquad x = \underline{\underline{16\,\%}}$$

Der Gewinnzuschlagssatz beträgt 16 %.

Zusammenfassung

Warenwirtschaftliche Analyse des GuV-Kontos

- Das **GuV-Konto** weist im Haben die Umsatzerlöse aus.
- Diesen werden im Soll die **Selbstkosten**, bestehend aus Wareneinsatz und Handlungskosten, gegenübergestellt.
- Die Differenz zwischen Umsatzerlösen für Waren und Aufwendungen für Waren (Wareneinsatz) wird als **Rohgewinn** bezeichnet.
- Zieht man vom Rohgewinn die Handlungskosten ab, erhält man den **Reingewinn**.
- Umsatzerlöse für Waren (Umsatz)
  – Aufwendungen für Waren (Wareneinsatz)
  = **Rohgewinn**
  – Handlungskosten
  = **Reingewinn**
- Außenstehende können aus der GuV-Rechnung die durchschnittlichen Zuschläge der Verkaufskalkulation ableiten, nämlich
  – den **Handlungskostenzuschlagssatz** und
  – den **Gewinnzuschlagssatz**.

Aufgaben

1. *Ein Einzelhandelsunternehmen erzielte in den letzten vier Jahren (I–IV) folgende warenwirtschaftliche Daten, die aus den GuV-Rechnungen erschlossen und in einer Grafik dargestellt werden.*

Jahre	I	II	III	IV
Warenumsatz	4000000,00 €	4400000,00 €	4800000,00 €	5200000,00 €
Selbstkosten	3400000,00 €	3900000,00 €	4500000,00 €	5100000,00 €
Wareneinsatz	2600000,00 €	3100000,00 €	3700000,00 €	4300000,00 €

a) Erläutern Sie Warenumsatz, Selbstkosten, Wareneinsatz, Rohgewinn, Reingewinn und deren Entwicklung.

b) Ermitteln Sie für die einzelnen Jahre

ba) den durchschnittlichen Handlungskostenzuschlagssatz,

bb) den durchschnittlichen Gewinnzuschlagssatz.

c) Entwerfen Sie ein ausführliches Handlungskonzept zur Verbesserung der Entwicklung.

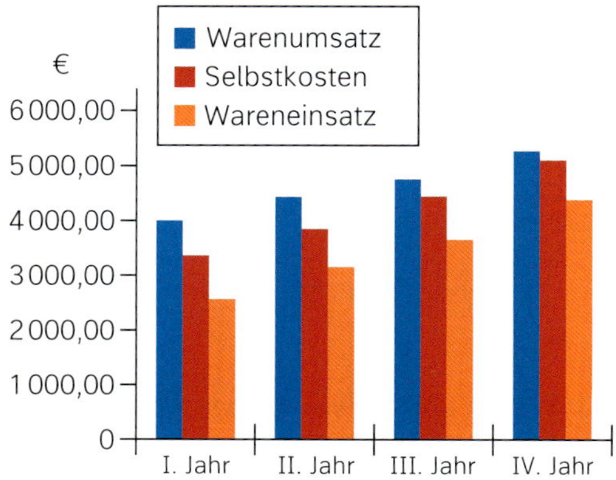

2. *Der Mars Elektrofachmarkt e. K. hatte zum 31.12. des Vorjahres einen Inventurbestand von 15 E-Book-Readern MX 130 à 93,89 € auf Lager. Im laufenden Geschäftsjahr wurden weitere 420 Stück zum selben Preis eingekauft. Im selben Zeitraum wurden 425 Stück zum Nettoverkaufspreis von 169,00 € verkauft.*

Ermitteln Sie

a) den Inventurbestand zum Ende des laufenden Geschäftsjahres,

b) den Umsatz, der mit diesem Artikel erzielt wurde,

c) den Wareneinsatz,

d) den Warenrohgewinn.

3. *a) Ermitteln Sie aus unten stehendem GuV-Konto eines Einzelhandelsunternehmens*

aa) den Rohgewinn in Euro,

ab) den Reingewinn in Euro,

ac) die Handlungskosten in Euro,

ad) den durchschnittlichen Handlungskostenzuschlagssatz in Prozent,

ae) den durchschnittlichen Gewinnzuschlagssatz in Prozent.

S	GuV		H
Aufw. für Waren/Wareneinsatz	4710000,00	Umsatzerlöse für Waren	7065000,00
Personalaufwendungen	828960,00		
Mieten, Pachten	321000,00		
sonstige Aufwendungen	621000,00		

b) Erläutern Sie, bezogen auf die GuV-Rechnung, die Aussage „Im Einkauf liegt der Segen“.

4. *Aus dem Gewinn- und Verlustkonto eines Einzelhandelsunternehmens gehen folgende Informationen in Euro hervor:*

– *Aufwendungen für Waren*	*20625000,00*
– *Aufwendungen für Verpackungsmaterial, Reinigung und Abfallentsorgung*	*1105000,00*
– *Gehälter*	*4150000,00*
– *Abschreibungen*	*662000,00*
– *Mieten, Pachten*	*225000,00*
– *Werbung, Dekoration, Büromaterial*	*370000,00*
– *betriebliche Steuern*	*458000,00*
– *sonstige Kosten*	*1280000,00*
– *Umsatzerlöse für Waren*	*34938750,00*

a) Ermitteln Sie
aa) den Rohgewinn,
ab) den Reingewinn,
ac) den durchschnittlichen Handlungskostenzuschlagssatz,
ad) den durchschnittlichen Gewinnzuschlagssatz,
ae) den prozentualen Anteil der Aufwendungen für Waren an den Gesamtaufwendungen.

b) Wie viel Euro Gewinn bleiben dem Einzelhändler von 100,00 € Umsatz?

5 Die kurzfristige Erfolgsrechnung (KER) nutzen

HANDLUNGSSITUATION

Im Mars Elektrofachmarkt e. K. finden die sogenannten Halbjahresgespräche statt. Frau Mars analysiert mit den jeweiligen Verkaufsleitern die Zahlen aus dem Warenwirtschaftssystem. Heute ist Frau Wald, die Verkaufsleiterin des Onlineshops, an der Reihe. Zuvor hatte Frau Mars Mehmet beauftragt, die wesentlichen Zahlen aus dem Warenwirtschaftssystem in eine Tabellenkalkulation sinnvoll zu übertragen. *„So wiederholen Sie das Arbeiten mit der Tabellenkalkulation und die wesentlichen erfolgsrelevanten Daten unseres Unternehmens.“* Mehmet hat den Auftrag gerne angenommen und nun liegen in Auszügen folgende Zahlen vor:

Mars Elektrofachmarkt e. K.

Kurzfristige Erfolgsrechnung (KER) **Verkaufszeitraum:** **Jan - Juni 20..**

Tabelle: Onlineshop

Artikelgruppe	Nettoumsatz			Preisänderungen			Rohgewinn		
	lfd. Jahr	Vorjahr	vom Vorj.	lfd. Jahr	vom Umsatz	Vorj. v. Ums.	lfd. Jahr	vom Umsatz	Vorj. v. Ums.
	€	€	%	€	%	%	€	%	%
WW 1	23.689,00	21.456,00	110,41	1125,00	4,75	3,23	5120,00	21,61	21,35
WW 2	92.400,00	90.362,00	102,26	569,00	0,62	2,36	46702,00	50,54	48,36
WW 3	66.528,00	76.596,00	86,86	5698,00	8,56	5,36	25272,00	37,99	40,32
WW 4	74.844,00	89.689,00	83,45	4556,00	6,09	10,36	23858,00	31,88	33,36

Artikelgruppe	Wareneinsatz	Wareneingang			durchschn. Lagerbestand		Lagerumschlag	
	lfd. Jahr	lfd. Jahr	Vorjahr	vom Vorj.	lfd. Jahr	Vorjahr	lfd. Jahr	Vorjahr
	€	€	€	%	€	€	X	X
WW 1	18.569,00	17.896,00	19.856,00	90,13	5.698,00	6.352,00	3,3	2,9
WW 2	45.698,00	44.586,00	48.965,00	91,06	9.568,00	10.635,00	4,8	4,2
WW 3	41.256,00	43.625,00	41.485,00	105,16	20.245,00	21.256,00	2,0	1,9
WW 4	50.986,00	54.568,00	52.125,00	104,69	25.684,00	26.896,00	2,0	1,3

WW 1 = Kopfhörer in Ear **WW 3 = 12-14 Zoll Notebook**
WW 2 = Kopfhörer over Ear **WW 3 = 15-17 Zoll Notebooks**

Frau Wald nimmt Stellung zu den Zahlen: *„Mit der Entwicklung im Bereich der Kopfhörer können wir sehr zufrieden sein. Bei den Notebooks haben wir unsere Ziele allerdings nicht erreicht. Die Preissenkungen haben nicht den gewünschten Mengeneffekt beim Umsatz bewirkt und der Lagerumschlagseffekt ist entsprechend wenig beeindruckend."*
Frau Mars erwidert: *„Da haben Sie recht, Frau Wald. Und Ihre Einschätzungen im Positiven und im Negativen werden durch die Vergleichszahlen der Branche noch verstärkt. Ich habe sie gerade hier ..."*

ARBEITSAUFTRÄGE

- *Erklären Sie die Einschätzungen von Frau Wald mit eigenen Worten und belegen Sie diese mit den entsprechenden Zahlen.*
- *Geben Sie die Rechenwege oder die Tabellenkalkulationsformeln für die farblich unterlegten Felder an.*
- *Machen Sie Vorschläge zur Verbesserung der Umsatzzahlen für die Notebooks.*

Grundzüge der KER

Lernfeld 3

Mit der kurzfristigen Erfolgsrechnung (KER) werden innerhalb des Geschäftsjahres (meist monatlich, aber auch quartalsmäßig oder halbjährlich) Daten zur Analyse der Warenbestände, der Absätze, der Umsätze und des Erfolges erstellt. Dies setzt eine artikelgenaue Erfassung der Ware und die präzise Verarbeitung der Daten voraus. Möglich wird dies mithilfe eines **Warenwirtschaftssystems (WWS)**. Dieses erfasst und verfolgt alle Warenbewegungen. Die Aufbereitung und Nutzung der Daten aus dem WWS in der KER richtet sich nach den besonderen Informationsbedürfnissen des jeweiligen Unternehmens.

Die KER liefert Informationen

- zum Umsatz von einzelnen Artikeln, Artikel- und Warengruppen.
- zu Preisänderungen.
- zum Rohgewinn/zum Kalkulationszuschlag/zur Handelsspanne.
- zum Wareneinsatz/Wareneingang.
- zu den Lagerbeständen.
- zum Lagerumschlag.

Je mehr Daten pro Artikel aufgenommen worden sind und je umfassender und flexibler die Auswertungsmöglichkeiten des Warenwirtschaftsprogramms sind, desto mehr Möglichkeiten ergeben sich für die kurzfristige Erfolgsrechnung.

BEISPIEL Der Mars Elektrofachmarkt e. K. hat in der Warengruppe 2 im vergangenen Monat einen durchschnittlichen Tagesumsatz (netto) von 2 965,00 €. Der durchschnittliche Rabattanteil beträgt 15 % und der Rohgewinn durchschnittlich 560,00 €. Nach einer Werbeaktion, die das Image der Artikel hervorhob, zeigt sich das Tagesergebnis wie folgt:

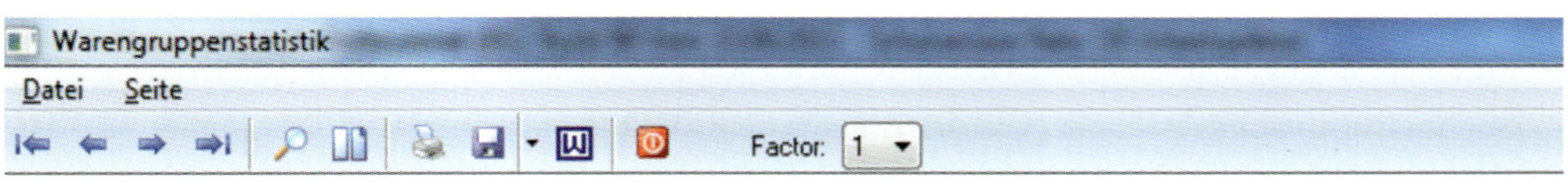

Warengruppenstatistik vom 07.04.20.. Seite 1
Auftrags-Datum: in EUR

Warengruppe	Umsatz (netto)	Umsatz (abz. Rabatt)	Rabatt	Rab. %-Anteil	Rohgewinn	WG %-Anteil
1	730.67	730.67	0.00	0.00	131.17	1.56
2	3794.12	3794.12	0.00	0.00	1285.67	8.12
3	249.30	249.30	0.00	0.00	143.37	0.53
4	37563.03	37563.03	0.00	0.00	15213.03	80.35
<DIREKT>	6302.52	4411.76	1890.76	30.00	4411.76	9.44
	48639.64	**46748.88**	**1890.76**	**3.89**	**21185.00**	**100.00**

Der Umsatz konnte erheblich gesteigert werden, was für einen Erfolg der Werbeaktion spricht. Durch die wegfallenden Rabatte konnte der Rohgewinn in der Warengruppe deutlich gesteigert werden.

Durch das Warenwirtschaftssystem und die permanenten Zugriffsmöglichkeiten für den Einzelhändler zeichnet sich die KER, anders als die Gewinn- und Verlustrechnung und die Bilanz, durch ihre **ständige** und **kurzfristige Verfügbarkeit** aus.

Somit liefert die KER im Alltag für den Einzelhändler wichtige Grundlagen für die **Kontrolle** und **Steuerung** seines Warenbestandes. Dies ist jedoch nur möglich, wenn es dafür einen Maßstab gibt. Dieser kann sich ergeben aus

- Vorjahreswerten/Zeitvergleich,
- Planzahlen/Soll-Ist-Vergleich,
- Erfahrungswerten oder
- Branchenvergleichszahlen/Betriebsvergleich.

BEISPIELE

Bereich der Kontrolle	Bereich der Steuerung
Die Verkaufsleiterin des Onlineshops des Mars Elektrofachmarkt e. K., Frau Wald, kann überprüfen, ob • die **geplanten Umsätze** in Euro und Stück bei den Kopfhörern erreicht wurden, • der von der Geschäftsleitung **vorgegebene Rohgewinn** erreicht wurde, • eine **ausreichende Menge** an Kopfhörern für eine anstehende Werbeaktion auf Lager ist, • der **gewünschte Lagerumschlag** erreicht wurde. Als **Vergleichszahlen** dienen Frau Wald vor allem die Daten des Vorjahres und Vergleichszahlen der Branche.	Die Verkaufszahlen für die einzelnen Artikelgruppen werden festgestellt. Je nach Entwicklung lösen sie **unternehmerische Entscheidungen** aus: Umplatzierung, Preisreduzierung, Herausnahme aus dem Sortiment, Nachbestellung usw. ↓ Die Kopfhörer der Marke LC erzielten nicht den gewünschten Rohgewinn. Die Geschäftsführung des Mars Elektrofachmarkt e. K. erwägt deshalb, die Marke LC durch eine andere **Marke** zu **ersetzen**. Alternativ dazu soll im Rahmen der anstehenden Einkaufsverhandlungen versucht werden, **günstigere Einkaufkonditionen** zu erhalten.

BEISPIEL Es liegen die folgenden Branchenvergleichszahlen eines Marktforschungsinstituts vor. Hier wird deutlich, dass die Entwicklungen des Mars Elektrofachmarkt e. K. im Positiven (Kopfhörer) und im Negativen (Notebooks) von der Branchenentwicklung abweichen.

	Branchenvergleichszahlen			Mars Elektrofachmarkt e. K.		
	Verkauf Menge in Tausend Stück			Verkauf Wert in T€		
	Jan. – Jun. 20..	Jan. – Jun. Vj.	+/- %	Jan. – Jun. 20..	Jan. – Jun. Vj.	+/- %
Kopfhörer In Ear	76,8	83,6	– 8,1	2404	2380	+ 1
Kopfhörer Over Ear	98,0	101,8	– 3,7	7310	7460	– 2,0
Notebooks 12–14 Zoll	109,0	116,2	– 6,2	47000	51100	– 8,0
Notebooks 15–17 Zoll	89,4	91,3	– 2,1	44950	46150	– 2,6

TIPP

Innerhalb der Entwicklung einer übergeordneten Einteilung (Warengruppe/Artikelgruppe) können sich durchaus gegensätzliche Verkaufstendenzen ergeben. So können einzelne Artikel einer Artikelgruppe derart gut verkauft werden, dass sie die negative Entwicklung eines anderen Artikels der Gruppe mehr als ausgleichen. Oder das Quartalsergebnis einer Warengruppe liegt noch im allgemeinen Trend, obwohl sich der letzte Monat ungewöhnlich negativ entwickelt hat.

Wesentliche Vergleichszahlen der KER im Überblick

Die nachfolgenden Vergleichszahlen beziehen sich jeweils auf einen bestimmten Zeitraum. Während sich die GuV-Rechnung auf ein Wirtschaftsjahr bezieht, wird bei der KER zumeist ein Monat in den Blick genommen, um negative Entwicklungen innerhalb eines Jahres rechtzeitig zu erkennen und ihnen gegensteuern zu können. Sämtliche Zahlen können jederzeit aus dem WWS entnommen werden.

Berechnung/Erklärung	Aussage/Bedeutung
Nettoumsatz	
= Absatz in Stück · Verkaufspreise (netto) in Euro	Umsatzveränderungen können auf Absatzveränderungen und/oder Preisänderungen beruhen.
Preisänderungen	
Angabe von Preisnachlässen oder Preiserhöhungen in Euro und in Prozent vom Nettoumsatz	In einer KER sollten auch immer die Preisnachlässe und Preiserhöhungen festgehalten werden. Preisnachlässe können den Umsatz über Absatzsteigerungen erhöhen, sie können ihn aber auch vermindern. In jedem Fall wird bei Preissenkungen die erreichte Handelspanne pro Artikel vermindert.
Rohgewinn	
• in Euro: = Nettoverkaufspreis – Wareneinsatz • in Prozent = Handelsspanne = Rohgewinn in Euro · 100/Nettoumsatz	Der Rohgewinn und die Handelsspanne sind die maßgeblichen Kennziffern, die den Erfolg aus dem Wareneinkauf und -verkauf vor Abzug der Handlungskosten darstellen. Je höher diese Kennziffern sind, desto attraktiver ist der Absatz für den Einzelhändler.
Wareneinsatz	
= Umsatz zu Bezugs-/Einstandspreisen = Umsatz – Rohgewinn	Bezugs-/Einstandspreis der abgesetzten Ware
Wareneingang	
= Wareneinkauf im Berichtszeitraum (Monat)	Bezugs-/Einstandspreis der eingekauften Ware ↓ Wareneingang > Wareneinsatz → Bestandsmehrung Wareneingang < Wareneinsatz → Bestandsminderung
Durchschnittlicher Lagerbestand – bewertet zu Bezugs-/Einstandspreisen	
$= \frac{\text{Anfangsbestand} + \text{n Endbestände}}{\text{n} + 1}$ Die Bestände werden mit ihren Bezugs-/Einstandspreisen bewertet.	Der durchschnittliche Lagerbestand (DLB) gibt an, wie hoch (in Stück oder Euro) die durchschnittliche Vorratshaltung in einem bestimmten Zeitraum ist. Dies hat Konsequenzen für die Verkaufsbereitschaft und die Kapitalbindung.
Lagerumschlagshäufigkeit	
$= \frac{\text{Wareneinsatz}}{\text{DLB zu Bezugs-/Einstandspreis}}$	Diese Zahl gibt an, wie oft der Lagerbestand im Berichtszeitraum umgesetzt wurde. Der monatliche Lagerumschlag und seine Veränderung ist eine aussagekräftige Zahl zur Beobachtung der Kapitalbindung.

Lernfeld 9

Lernfeld 7

Zusammenfassung

Die kurzfristige Erfolgsrechnung (KER) nutzen

- Die KER ist das zentrale Instrument für die regelmäßigen – meist monatlichen – **Analysen** der Warenbestände, der Umsätze und des Erfolges eines Einzelhandelsunternehmens.
- Voraussetzung für die KER ist eine möglichst **artikelgenaue Erfassung** und Verarbeitung von Daten mit einem **Warenwirtschaftssystem**.
- Die Zahlen aus der KER können nur mit **Vergleichszahlen** (Vorjahreszahlen, Planzahlen, Branchenzahlen) angemessen beurteilt werden.
- Die KER ist für den Einzelhändler die wichtigste Grundlage für die kurzfristige **Kontrolle** und **Steuerung** seines Unternehmens.
- Wesentliche **Vergleichszahlen** der KER sind Nettoumsatz, Preisänderungen, Rohgewinn und Handelsspanne, Wareneinsatz, Wareneingang, durchschnittlicher Lagerbestand sowie die Lagerumschlagshäufigkeit.

Aufgaben

1. *Beschreiben Sie, welche Zahlen in Ihrem Ausbildungsunternehmen kurzfristig und regelmäßig erfasst werden. Vergleichen Sie Ihr Ergebnis mit dem Ihrer Mitschüler.*
2. *Begründen Sie, warum die Zahlen der KER nur mit einem Vergleichsmaßstab zu beurteilen sind.*
3. *Um den Erfolg einer stark beworbenen Rabattaktion der Sportabteilung der Center Warenhaus GmbH zu beurteilen, erstellt Sabine Freund eine Vergleichsrechnung, die beispielhaft die Zahlen für einen Artikel darstellt.*

	A	B	C	D	E
1	**Rabattaktion in der Sportabteilung (34. Kalenderwoche)**				
2					
3	**hier: Fitnessgerät: Body Shaper**				
4					
5	**Kalenderwoche**	**33**	**34**	**Veränderungen**	
6	Verkaufsmenge	12	20		
7	Bezugspreis	53,42 €	53,42 €		
8	Wareneinsatz	641,04 €			
9	Regulärer Verkaufspreis (netto)	74,79 €			
10	Rabatt	0%	15%		
11	Reduzierter Verkaufspreis (netto)	74,79 €			
12	Umsatz (netto)	897,48 €			
13	Rohgewinn/Stück	21,37 €			
14	Rohgewinn gesamt	256,44 €			

a) Beurteilen Sie den Erfolg der Rabattaktion am Beispiel des Body Shaper.
b) Geben Sie die Formeln für die fehlenden Zahlen an und erstellen Sie eine entsprechende Tabellenkalkulation.
c) Beurteilen Sie den Erfolg der Aktion, wenn es der Center Warenhaus GmbH gelingen würde, den Body Shaper für die Rabattaktion für 46,00 € einzukaufen.

4. *Der Gebietsleiter eines großen Filialisten mit hochwertigen Boutiquen vereinbart auf der Grundlage der KER mit den einzelnen Filialleitungen Umsatzplanzahlen für das kommende Quartal. Der nachfolgende Auszug bezieht sich auf die Filiale „La Belle“.*

	A	B	C	D	E	F	G
1	***Modeboutique "La Belle"***						
2							
3	**Kurzfristige Erfolgsrechnung (KER) - Auszug**						
4	**Verkaufszeitraum:**	**Jan - März 20..**					
5							
6		Nettoumsatz				Wareneinsatz	
7	Artikelgruppe	Vorjahresquartal	Planzahl	Ist-Zahl Berichtsquartal	Planabweich.	Vorjahresquartal	Berichtsquartal
8		€	€	€	%	€	€
9	A	26.589,00	33.300,00	33.223,00	0	9.569,00	15.986,00
10	B	13.259,00	15.900,00	14.589,00		8.963,00	9.635,00
11	C	36.985,00	37.000,00	38.631,00	4	19.232,00	20.326,00
12	D	8.693,00	11.300,00	13.968,00		4.563,00	5.632,00
13							
14		Rohgewinn / Handelsspanne					
15	Artikelgruppe	Rohgewinn Vorjahresquartal	Handelsspanne Vorjahresquartal	Rohgewinn Berichtsquartal	Handelsspanne Berichtsquartal	Abweich. Rohgewinn	
16		€	%		€	%	
17	A			17237,00	51,88		
18	B	4296,00	32,40	4954,00	33,96	15,32	
19	C	17753,00	48,00				
20	D	4130,00	47,51	8336,00	59,68	101,84	

a) Vervollständigen Sie die Werte der vorliegenden Tabelle. Erledigen Sie dies, falls möglich, mithilfe eines Tabellenkalkulationsprogramms.

b) Beschreiben Sie die Entwicklung in den einzelnen Artikelgruppen.

c) In Artikelgruppe A hat die Filialleitung die Planvorgabe erfüllt. Stellen Sie Mutmaßungen an, wie dies gelungen ist.

d) Begründen Sie, welche Artikelgruppe Ihrer Meinung nach in der Filiale besonders gefördert werden sollte.

6 Kosten- und Leistungsrechnung in Grundzügen anwenden

6.1 Externes und internes Rechnungswesen

HANDLUNGSSITUATION

Mit den Warengruppen

Weiße Ware | Braune Ware | Software/Tonträger | Neue Medien

erwirtschaftete der Mars Elektrofachmarkt e. K. im Abrechnungs- und Vorjahr folgende Ergebnisse:

Aufbereitete GuV-Rechnungen des Geschäftsjahres und des Vorjahres									
	Geschäftsjahr		Vorjahr			Geschäftsjahr		Vorjahr	
	€	%	€	%		€	%	€	%
Aufw. für Waren	4556000,00	59,3	4340000,00	59,8	Umsatzerlöse für Waren	7688250,00	100,00	7256.000,00	100,00
Personal-aufwendungen	1980000,00	25,8	1910000,00	26,3					
Mieten	60000,00	0,8	60000,00	0,8					
Aufw. für Energie	54000,00	0,7	55000,00	0,8					
Werbung	75000,00	1,0	110000,00	1,5					
Büromaterial	24000,00	0,3	26000,00	0,4					
Instandh., Reinigung, Versich.	255600,00	3,3	164200,00	2,3					
betriebliche Steuern	285000,00	3,7	192000,00	2,6					
Gewinn	398650,00	5,2	398800,00	5,5					
	7688250,00	**100,0**	**7256000,00**	**100,0**		**7688250,00**	**100,00**	**7256000,00**	**100,00**

Frau Mars ist mit dem Ergebnis im Vergleich zur Entwicklung des Umsatzes und des Wareneinsatzes nicht zufrieden. Durch einen Vergleich der Positionen beider Jahre sollten in der ersten Stufe der Analyse die Abweichungen gegenüber dem Vorjahr und deren Ursachen herausgefunden werden.

ARBEITSAUFTRÄGE

- *Ermitteln und erläutern Sie die Abweichungen der einzelnen Aufwendungen und Erträge.*
- *Erläutern Sie anhand folgender Skizze die Einflussgrößen des Gewinns und stellen Sie mögliche Gründe für die Abweichungen gegenüber dem Vorjahr zusammen.*

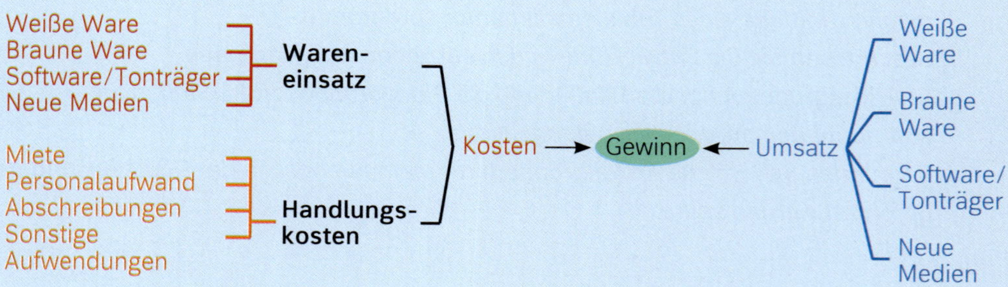

● Unterstützungsfunktion des Rechnungswesens für den Kernprozess

Das betriebliche Rechnungswesen versorgt das Einzelhandelsunternehmen mit seinen Kernbereichen „Einkauf – Lagerung – Verkauf“ mit Informationen.

Hinsichtlich des Informationsgegenstandes und der Informationsempfänger sind externes und internes Rechnungswesen zu unterscheiden.

● Externes Rechnungswesen

Das externe Rechnungswesen basiert in Deutschland auf dem Handelsgesetzbuch und bildet die finanzielle Situation des Einzelhandelsunternehmens nach außen ab. Es richtet sich vor allem an außenstehende (externe) Personenkreise.

Das externe Rechnungswesen bildet zum einen den Kernprozess des Einzelhandelsunternehmens ab, indem es Einkäufe und Verkäufe und die damit verbundenen **Ausgaben** und **Einnahmen** erfasst. Zum anderen hält es Geldzuflüsse und -abflüsse wie **Eigenkapitalzuflüsse**, **Fremdkapitalaufnahme**, **Kapitalrückzahlungen** und **Steuerzahlungen** fest.

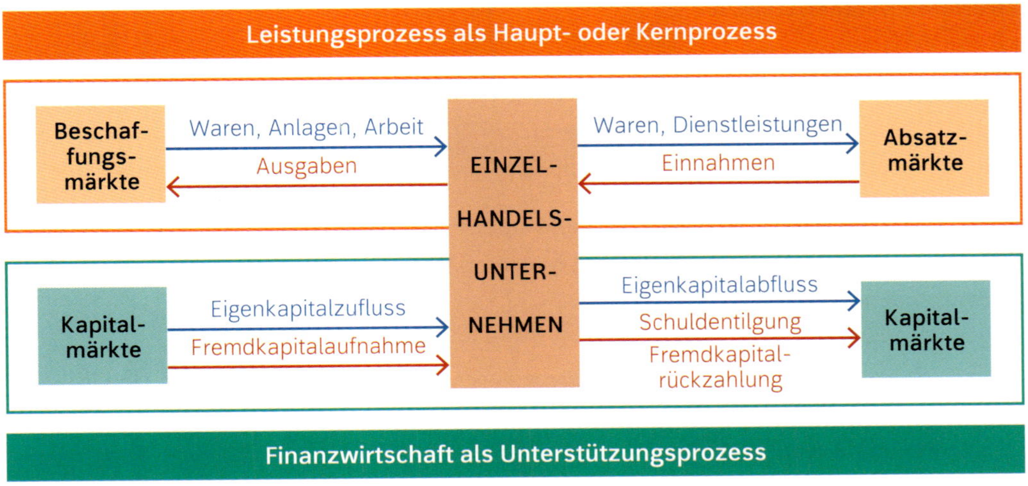

Das externe Rechnungswesen schließt mit der **Bilanz** und der **Gewinn- und Verlustrechnung**, die zusammen den **Jahresabschluss** bilden. Der Jahresabschluss dient der vergangenheitsorientierten Rechnungslegung und richtet sich an externe Informationsinteressenten (Lieferer, Kapitalgeber), die sonst keinen Einblick in das Unternehmen haben.

• Internes Rechnungswesen

Die Zahlen (Bezugspreise, Handlungskosten, Selbstkostenpreise, Kosten einzelner Betriebsbereiche) werden nicht veröffentlicht, sondern sind Informationen zur Planung, Steuerung und Kontrolle des **Betriebsprozesses**, die im Unternehmen bleiben (intern). Deshalb wird das interne Rechnungswesen auch als **Betriebsbuchhaltung** bezeichnet. Leitende Mitarbeiter/-innen erhalten die Informationen aus dem internen Rechnungswesen in regelmäßigen Abständen oder bei Bedarf.

Das **interne Rechnungswesen** hat die Aufgabe, innerbetriebliche Prozesse abzubilden, die durch die im Unternehmen tätigen Mitarbeiter gesteuert werden. Wesentliche Aufgaben sind

- die Erfassung des in Geldwerten ausgedrückten **Verzehrs an Produktionsfaktoren** im Einzelhandelsunternehmen (Wareneinsatz, Handlungskosten).
- die **Erfassung der Leistung** des Einzelhandelsunternehmens (Umsatz von Waren und Dienstleistungen).
- die **Überprüfung der Wirtschaftlichkeit** von Wareneinkauf und Sortimentsgestaltung sowie Verkauf und Kundenberatung.

Informationen und Mängel der Gewinn- und Verlustrechnung aus der Finanzbuchhaltung

Mithilfe der **Finanz-** oder **Geschäftsbuchhaltung** wird durch Gegenüberstellung der **Aufwendungen und Erträge** des Geschäftsjahres das **Gesamtergebnis der Unternehmung**, der **Gewinn** oder der **Verlust**, ermittelt. Die Gewinn- und Verlustrechnung ermöglicht somit eine **Wirtschaftlichkeitskontrolle** der Unternehmung.

Lernfeld 8

MERKE

Die Gewinn- und Verlustrechnung liefert keine Informationen über

- ***die Wirtschaftlichkeit einzelner Teilbereiche** (Abteilungen, Arbeitsplätze), weil die Handlungskosten der gesamten Unternehmung in einer Summe ausgewiesen werden, und*
- ***die Wirtschaftlichkeit einzelner Warengruppen oder einzelner Artikel**, weil die Zurechnung der entsprechenden Handlungskosten zu den Warengruppen oder Artikeln in der Finanzbuchhaltung fehlt.*

BEISPIEL Die Wirtschaftlichkeit der Warengruppen Weiße Ware, Braune Ware, Tonträger/Software, Neue Medien kann nicht aus der Gewinn- und Verlustrechnung des Mars Elektrofachmarkt e. K. erkannt werden.

Um solche Informationen zur Wirtschaftlichkeit erhalten zu können, ist es notwendig, zusätzlich zur Finanzbuchhaltung in der Unternehmung eine **Kosten- und Leistungsrechnung** (**Betriebsbuchhaltung**) einzurichten, die dem internen Rechnungswesen zugeordnet wird.

Aufgaben der KLR

Die **KLR (Kosten- und Leistungsrechnung)** soll die typischen Erträge eines Einzelhandelsunternehmens (Umsatzerlöse für verkaufte Warengruppen) erfassen und dem dafür notwendigen Einsatz an **Produktionsfaktoren** wie **Betriebsmitteln**, **Waren** (Wareneinsatz) und **menschlicher Arbeitskraft** (Gehälter, Löhne) gegenüberstellen.

BEISPIEL Die Kosten- und Leistungsrechnung muss einmal die Umsätze der vier Warengruppen getrennt feststellen. Andererseits muss sie untersuchen, welcher Anteil der eingesetzten Produktionsfaktoren auf die jeweiligen Warengruppen entfällt.

Alle betrieblichen Erträge (diese ergeben sich aus dem Sachziel des Unternehmens) werden als **Leistungen** bezeichnet; den wertmäßigen Umfang der eingesetzten Faktoren nennt man **betrieblichen Aufwand (= Kosten)**. Zur Sicherung und Erhaltung der Wettbewerbsfähigkeit und zur Erfolgskontrolle ist eine genaue Erfassung dieser **betrieblichen Aufwendungen** und **betrieblichen Erträge** notwendig.

Durch die **Gegenüberstellung** der **betrieblichen Erträge** (**Leistungen**) und **betrieblichen Aufwendungen** (**Kosten**) wird das **Betriebsergebnis** ermittelt. Zur Information der Unternehmensleitung muss die Kostenrechnung die **Kosten und Leistungen erfassen** und **die Ursachen ihrer Entstehung verdeutlichen**, um sie beeinflussen zu können.

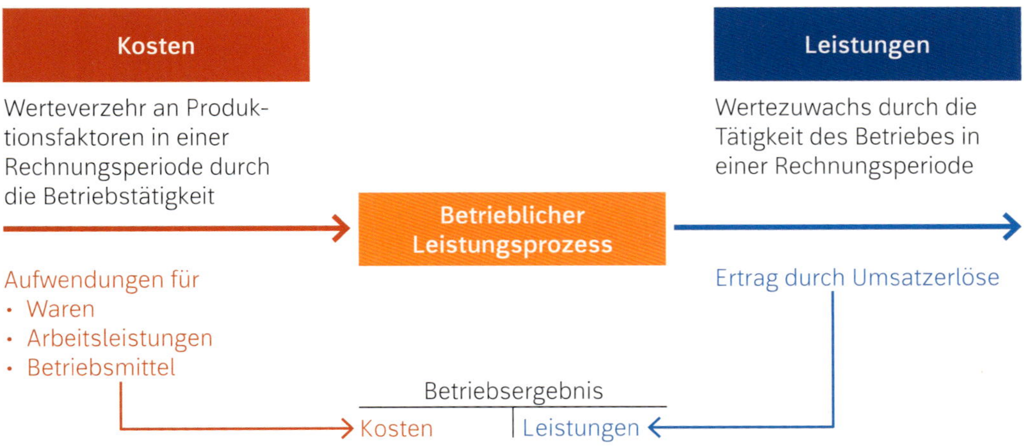

○ Aufgabenbereiche der KLR

Im Einzelnen hat die KLR zu untersuchen,

- **welche Kosten** durch Beschaffung (Bezugspreise), Lagerung (Raum-, Personalkosten), Absatz (Verpackung, Werbung, Warenzustellung, Gehälter) und Verwaltung (Bürokosten, Gehälter) verursacht wurden,
- **wo**, also in welchen betrieblichen Bereichen (Marketing, Logistik, Service, Bereiche der Warengruppen), die Kosten verursacht wurden,
- **welche Waren** (Artikel der Warengruppen) diese Kosten verursacht haben und sie daher tragen müssen.

Die Kostenrechnung gliedert sich also in drei Teilbereiche, wie folgendes Schaubild zeigt:

Finanzbuchhaltung	Kosten- und Leistungsrechnung		
	Kostenartenrechnung	**Kostenstellenrechnung**	**Kostenträgerrechnung**
Erfassung aller Aufwendungen und Erträge einer Rechnungsperiode zur Ermittlung des Unternehmensergebnisses in der GuV-Rechnung	Erfassung und Gliederung der Kosten	Verteilung der Kosten auf die Betriebsbereiche (Kostenstellen), in denen sie angefallen sind	Verteilung der Kosten auf die Leistungen (Warengruppen, Artikel)
	Welche Kosten sind entstanden?	**Wo** sind die Kosten entstanden? Wer hat sie zu verantworten?	**Welcher** Kostenanteil entfällt auf die einzelnen Warengruppen und Artikel?

Anders als bei der Finanzbuchhaltung, die lediglich das Ergebnis der Unternehmung ermittelt, ist es die Aufgabe der KLR, zusätzliche Aussagen über die Aufwendungen zu gewinnen, nämlich,

- in **welchen Bereichen** des Betriebes sie entstanden sind und
- **welche Warengruppen und Artikel** sie verursacht haben und somit im Preis tragen müssen.

Daraus ergeben sich besondere Aufgaben des internen Rechnungswesens:

Bereitstellung von Informationen für die Preisberechnung (Kalkulation)	Wirtschaftlichkeitskontrolle der Abteilungen und der Artikel	Informationen für Entscheidungen bei der Beschaffung (z. B. Preisobergrenze) und beim Absatz, wie z. B. Selbstkostenpreis, Verkaufspreis, Preisuntergrenze

Zusammenfassung

Externes und internes Rechnungswesen

- Das externe Rechnungswesen (**Finanz- oder Geschäftsbuchhaltung**)
  - bildet **Vorgänge finanzieller Art** zwischen Einzelhandelsunternehmung und Umwelt ab,
  - erfasst **Einkäufe** und **Verkäufe** und die entsprechenden **Ausgaben** und **Einnahmen**,
  - hält **Geldzuflüsse** und **-abflüsse** aufgrund von Finanzierungsvorgängen fest,
  - fasst die Informationen aus dem vergangenen Rechnungsjahr in der **Bilanz** und **Gewinn- und Verlustrechnung** zusammen.
- **Mängel des externen Rechnungswesens:**
  - Die Finanzbuchhaltung ermittelt das **Gesamtergebnis** der Unternehmung in der Gewinn- und Verlustrechnung.
  - Die **GuV-Rechnung** macht **keine Aussagen** über die **Wirtschaftlichkeit** des Betriebes, einzelner Teilbereiche oder einzelner **Warengruppen** oder **Artikel**.
- Das interne Rechnungswesen
  - erfasst die **Kosten** (Wareneinsatz, Handlungskosten), die der **Umsatz** verursacht,
  - stellt den **Kosten** die **Leistungen** gegenüber,
  - überprüft die **Wirtschaftlichkeit** einzelner Artikel, Warengruppen und einzelner Teilbereiche des Betriebes,
  - stellt die **Informationen** leitenden Mitarbeitern zur **Planung, Steuerung und Kontrolle** zur Verfügung.

- **Aufgaben und Aufgabenbereiche der Kosten- und Leistungsrechnung** (KLR):
  - Die KLR ermittelt, **welche Leistungen** der Betrieb bereitstellt und welche Kosten diese Leistungsbereitstellung verursacht hat, **wo** die Kosten verursacht wurden und welchen Leistungen (Artikeln, Dienstleistungen) **welcher Kostenanteil** zuzurechnen ist.
  - Entsprechend sind **Kostenarten-, Kostenstellen- und Kostenträgerrechnung** als Bereiche der KLR zu unterscheiden.

Aufgaben

1. *Nennen Sie drei Aufgabenbereiche der KLR und erläutern Sie deren grundsätzliche Aufgaben.*
2. *Erläutern Sie, warum die GuV-Rechnung der Finanzbuchhaltung des Mars Elektrofachmarkt e. K. als Informationsinstrument des Betriebsgeschehens nicht ausreicht.*
3. *Beschreiben Sie, warum aufgrund des Vergleichs der Erträge mit den Aufwendungen lt. GuV-Rechnung nur grobe Aussagen zur Wirtschaftlichkeit des Einzelhandelsunternehmens gemacht werden können.*
4. *Die Buchführung eines Einzelhandelsgeschäftes stellt folgende Daten zur Erfolgsanalyse der beiden letzten Quartale zur Verfügung:*

GuV-Rechnungen der beiden letzten Quartale					
Aufwendungen	1. Quartal	2. Quartal	Erträge	1. Quartal	2. Quartal
Aufwendungen für Waren	535 000,00 €	588 000,00 €	Umsatzerlöse	2 024 000,00 €	1 884 000,00 €
Fremdinstandhaltung, Entsorgung, Reinigung	91 000,00 €	102 800,00 €			
Personalkosten	932 000,00 €	924 500,00 €			
Abschreibungen	85 100,00 €	88 600,00 €			
Mieten, Beratungskosten	94 200,00 €	106 400,00 €			
Büromaterial, Postentgelte, Telekommunikation, Werbung, Dekoration	65 000,00 €	81 900,00 €			
Versicherungen, Beiträge zu Wirtschaftsverbänden	32 700,00 €	29 100,00 €			
betriebliche Steuern	25 100,00 €	26 500,00 €			
Zinsaufwendungen	16 800,00 €	15 400,00 €			

a) *Ermitteln Sie den Erfolg für das erste und zweite Quartal.*
b) *Stellen Sie die Veränderungen (Abweichungen) in Prozent fest.*
c) *Worauf können die Abweichungen zurückzuführen sein?*
d) *Zeigen Sie die Informationsmängel der GuV-Rechnung auf, wenn Sie den Einfluss einzelner Warengruppen auf den Erfolg bestimmen wollen.*
e) *Welche Maßnahmen schlagen Sie vor, um bessere Informationen über die Aufwandsverursachung zu erhalten?*

5. *Erläutern Sie am Beispiel des Mars Elektrofachmarkt e. K.*
   a) *Probleme bei der Feststellung der Wirtschaftlichkeit einzelner Artikel aus dem Sortimentsbereich „Weiße Ware“,*
   b) *Aufgaben der Kostenrechnung zur Lösung dieser Probleme.*

6. *Ergänzen Sie Ihre Lernkartei um folgende Sachwörter: externes Rechnungswesen, internes Rechnungswesen, Kernprozess, Unterstützungsprozess, Aufgaben der KLR, Kostenartenrechnung, Kostenstellenrechnung, Kostenträgerrechnung, Kosten und Leistungen.*

6.2 Gliederung der Kostenarten

HANDLUNGSSITUATION

Frau Mars hat aus der Kostenartenanalyse (vgl. Seite 66), abgesehen von den Positionen „Instandsetzung, Reinigung und Versicherung“ und „Steuern“, keine besonders auffallenden Abweichungen gegenüber dem Vorjahr erkannt. Frau Feld und der Controller sollen die Abweichungen näher untersuchen und Vorschläge zu ihrer Beeinflussung erarbeiten.

Heute fordert sie beide dazu auf, zu untersuchen, wie der Betriebsgewinn durch die vier Warengruppen des Mars Elektrofachmarkt e. K. beeinflusst wird. Mehmet Aydin, der das Gespräch aufmerksam verfolgt hat, meint, an Frau Feld gerichtet: *„Das ist doch einfach, da brauchen wir doch nur die Umsätze der vier Warengruppen aus unserem Warenwirtschaftssystem abzurufen.“*

ARBEITSAUFTRÄGE

- *Untersuchen Sie, ob Mehmet Aydin mit seiner Bemerkung recht hat.*
- *Erläutern Sie, welche Informationen Frau Mars erwartet.*

● Einfluss der einzelnen Artikel bzw. Warengruppen auf den Betriebserfolg

Das **Betriebsergebnis** zeigt einerseits die Umsatzerlöse, andererseits die Kosten des Betriebes in einer Rechnungsperiode. Die Kosten setzen sich zusammen aus den Bezugs-/Einstandskosten der einzelnen verkauften Artikel **(Wareneinsatz)** und den **Handlungskosten** zwischen dem Eingang und dem Vertrieb der Ware an die Kunden. Die Umsatzerlöse setzen sich aus dem Umsatz der einzelnen Warengruppen und Artikel zusammen.

TIPP

Will die Unternehmensleitung den Einfluss einzelner Artikel auf den Betriebserfolg erfahren, muss sie den Umsatzerlösen jedes Artikels die durch den einzelnen Artikel verursachten Kosten gegenüberstellen.

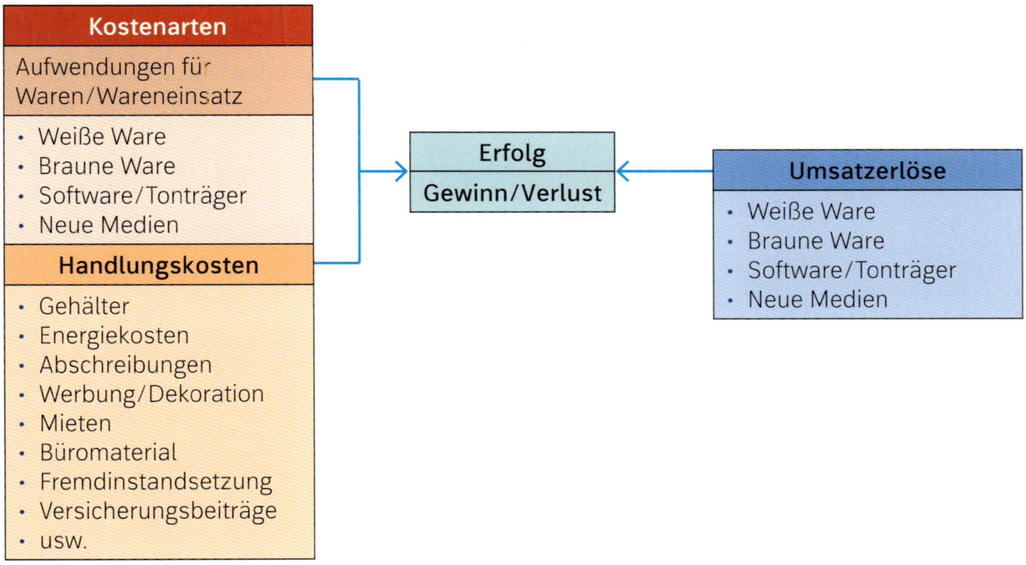

Nehmen beispielsweise die Umsatzerlöse einer Warengruppe ab oder steigen deren Anschaffungskosten, wird der Gewinn dadurch reduziert. Der Einzelhändler braucht also **Informationen** über die **Umsatzerlöse** und **die Kosten jeder Warengruppe** und **jedes Artikels.** Darüber hinaus muss er darauf achten, dass möglichst jeder Artikel seine eigenen Kosten deckt und Gewinn erzielt.

● Gliederung der Kosten nach ihrer Zurechenbarkeit: Gemeinkosten und Einzelkosten

Aussagen über den Einfluss der einzelnen Warengruppe oder des einzelnen Artikels auf den Erfolg setzen voraus, dass die ermittelten Kosten den einzelnen Warengruppen zugerechnet werden. In Unternehmen mit mehreren Warengruppen, wie dem Mars Elektrofachmarkt e.K., ist eine solche Zurechnung jedoch nicht ohne Weiteres möglich, weil die Handlungskosten fast durchweg für mehrere oder alle Warengruppen gemeinsam anfallen. Nach der Zurechenbarkeit werden die Kosten in Einzel- und Gemeinkosten unterteilt.

○ Gemeinkosten

Kosten, die **durch mehrere Warengruppen** oder alle Warengruppen verursacht werden, sind Gemeinkosten. Sie können den einzelnen Warengruppen oder Artikeln nur auf dem Weg besonderer Umlageverfahren zugerechnet werden.

BEISPIEL Gemeinkosten des Mars Elektrofachmarkt e.K.:
- Kosten der Entsorgung (Verpackung, Altöl der Fahrzeuge)
- Brennstoffe und Energie
- Gehälter und entsprechende soziale Abgaben
- Aufwendungen für Fremdleistungen (z.B. Fremdinstandsetzungen)
- Miete und Reinigung von Verkaufsräumen und Reservelager
- Abschreibungen für Gebäude, Fuhrpark, Betriebs- und Geschäftsausstattung
- Aufwendungen für Kommunikation (Büromaterial, Fachliteratur, Postentgelte, Werbung)
- Aufwendungen für Versicherungen
- betriebliche Steuern, Gebühren, Beiträge

Einzelkosten

Kostenarten, die **einzelnen Warengruppen direkt zugeordnet werden** können, werden als Einzelkosten bezeichnet.

BEISPIEL Entgelte für die eingesetzten Waren und deren Beschaffung (Bezugs-/Einstandspreise)

Kosten nach ihrer Zurechenbarkeit auf die Kostenträger

Einzelkosten	Gemeinkosten
Sie **können** den einzelnen Kostenträgern (Artikeln, Warengruppen) unmittelbar aufgrund von Belegen **zugerechnet werden**.	Sie können den Kostenträgern **nicht direkt zugerechnet** werden, weil sie gleichzeitig durch mehrere Artikel, Warengruppen oder alle Waren gemeinsam verursacht werden. Sie werden den einzelnen Warengruppen oder Artikeln mithilfe besonderer Verteilungsverfahren zugerechnet.
BEISPIELE Bezugs-/Einstandspreise der eingesetzten Artikel, Fracht für Warenzustellung	BEISPIELE Gehälter der Verwaltungsabteilung, Miete für Verkaufsräume und Reservelager, Aufwendungen für Reinigung, Abschreibungen

Gliederung der Kosten nach ihrem Verhalten bei Beschäftigungs- und Absatzschwankungen: fixe und variable Kosten

Nach der Reaktion auf Schwankungen der Absatzmenge (Beschäftigungsänderungen) sind **fixe** und **variable Kosten** zu unterscheiden.

Fixe Kosten

Fixe Kosten sind **„unabhängig" von der Beschäftigung (Absatzmenge)**. Sie bleiben bei Absatzschwankungen fix (= **konstant**). Man nennt sie auch **Kosten der Betriebsbereitschaft**, weil sie selbst dann anfallen, wenn das Unternehmen keinen Umsatz tätigt.

BEISPIELE Miete, Kfz-Steuer, Kfz-Versicherung, Abschreibungen

Geringe Absatzmengen bewirken, dass die fixen Kosten auf eine geringere Absatzmenge verteilt werden müssen und infolgedessen höhere Gesamtkosten je Absatzeinheit verursacht werden.

Variable Kosten

Variable Kosten sind **abhängig von der Beschäftigung** (Absatzmenge). Mit jeder weiteren Absatzeinheit steigen die Kosten an.

Steigen die variablen Kosten bei zunehmender Absatzmenge in geringerem Maße als die Absatzmenge, spricht man von **degressiven Kosten**.

Externe und interne Kosten

Volkswirtschaftlich spiegeln die ermittelten Kosten die tatsächlich verursachten Kosten nicht wider. Das kommt daher, dass ein Teil der betrieblich verursachten **Umweltkosten** nicht vom Verursacher, sondern von der Allgemeinheit (Gesellschaft) getragen werden (**gesellschaftliche Kosten**). Es handelt sich um **externe Kosten**, die außerhalb des Betriebes anfallen.

BEISPIELE

- Kosten aufgrund von Gesundheitsschäden durch Hitze, Geruch, Lösungsmittelverdampfung am Arbeitsplatz
- Kosten aufgrund der Klimabelastung durch CO_2 und aufgrund der Verschmutzung der Atmosphäre, Kosten zur Gesundhaltung der Luft, Gewässer und Wälder

Solche Kosten werden daher nicht in die Preise der Artikel des Einzelhandelsunternehmens eingerechnet. Es ist Aufgabe der Regierungen, mithilfe von politischen Instrumentarien (Ökosteuer, Gebühren, Ordnungsstrafen) für alle Verursacher von Umweltverschmutzungen z. B. Emissionsgrenzwerte festzulegen, um das **Verursacherprinzip** umzusetzen und so externe Kosten zu internen zu machen.

BEISPIELE

- Entsorgungsentgelte für Müllabfuhr, Abwasser
- Maßnahmen zur Wiederverwendung und zum Recycling von Verpackungen (z. B. Pfand)
- Abschreibungen auf Investitionskosten zum Umweltschutz (z. B. Einbau von Filtern vor Kläranlagen, Verbrennungsanlagen)
- Schornsteinfegerentgelte zur Kontrolle von Emissionsgrenzwerten
- Strafen bei Umweltbelastungen

Die Einzelhandelsbetriebe können solche **Umweltkosten** mitbeeinflussen, indem sie planmäßig Verpackungsmaterial wiederverwenden, Luftemissionen vermeiden, energiesparend heizen und grundsätzlich belastende Stoffe über Sonderentsorgung abgeben.

Besondere Möglichkeiten zur Einflussnahme auf die **Nachhaltigkeit** besitzt der Einzelhandel durch seine Sortimentszusammenstellung. Bei der Beschaffung sollte er alle Artikel durch die „Umweltbrille" betrachten.

Zusammenfassung

Gliederung der Kostenarten

- Um die Wirtschaftlichkeit einzelner Warengruppen oder Artikel feststellen zu können, müssen den Umsatzerlösen die jeweiligen Kosten gegenübergestellt werden.
- **Gliederung der Kosten für Zwecke der Weiterverrechnung**
  - **Einzelkosten** können aufgrund von Belegen einzelnen Artikeln oder Warengruppen zugerechnet werden.
  - **Gemeinkosten**, die durch mehrere oder alle Warengruppen bzw. Artikel verursacht werden, können nur mithilfe von besonderen Umlageverfahren verteilt werden.

- **Gliederung der Kosten nach ihrem Verhalten bei Beschäftigungs-/Absatzschwankungen**
  - **Fixe Kosten**: Sie bleiben bei Beschäftigungs-/Absatzschwankungen konstant.
  - **Variable Kosten**: Sie sind abhängig von der Absatzmenge (**Beschäftigung**). Mit jeder weiteren Absatzeinheit steigen die Kosten an.

- **Externe und interne Kosten**
  Der Staat muss durch politische Instrumentarien dafür sorgen, dass externe Kosten, die außerhalb des Betriebes anfallen und von der Gesellschaft getragen werden, zu betriebsinternen Kosten werden und vom Verursacher in die Kalkulation seiner Artikel einbezogen werden.

Aufgaben

1. Welche der unten angegebenen Kosten einer Einzelhandelsunternehmung sind a) Einzelkosten, b) Gemeinkosten, c) fixe Kosten, d) variable Kosten?

1. Gehaltszahlung an die Angestellten
2. den Kunden zu berechnende Leihverpackung (Flaschen, Kisten)
3. Miete für einen Verkaufsraum
4. Lohnzahlung an die Lagerarbeiter
5. Wareneinsatz
6. Abschreibung auf Betriebs- und Geschäftsausstattung
7. Stromverbrauch des Betriebes
8. Zustellentgelt für die Warenlieferung an einen Kunden
9. Werbeanzeigenkosten für Sonderangebote
10. Kfz-Steuer für den betriebseigenen Kleintransporter
11. Umsatzprovision für Verkaufspersonal
12. Benzinverbrauch des betriebseigenen Kleintransporters

2. Nennen Sie je drei Beispiele für
a) Einzelkosten, c) fixe Kosten, e) externe Kosten,
b) Gemeinkosten, d) variable Kosten, f) interne Kosten.

3. Welche der folgenden Kosten eines Einzelhandelsbetriebes zählen zu den fixen Kosten, welche zu den variablen Kosten?
a) Miete für den Geschäftsraum
b) Umsatzprovision für die einzelnen Abteilungen
c) Abschreibungen auf Geschäftsausstattung
d) Löhne für Aushilfskräfte
e) Einbruchdiebstahlversicherung
f) Kfz-Versicherung für den Geschäftslieferwagen

4. Ein Einzelhandelsunternehmen verkauft einen Artikel für 180,00 €/Stück netto, den es für 100,00 € netto kauft. Monatlich entstehen folgende Kosten:

– Gehalt	*1 800,00 €*	*+ 5 % Verkaufsprovision*
– Miete	*1 600,00 €*	
– Abschreibungen	*1 200,00 €*	
– Versicherungen	*300,00 €*	

a) Ermitteln Sie den Monatserfolg, wenn
aa) 50 Stück,
ab) 200 Stück und
ac) 500 Stück
verkauft werden, und stellen Sie Ihre Ergebnisse in einer Tabelle mit folgendem Aufbau dar.

	Verkauf von 50 Stück	Verkauf von 200 Stück	Verkauf von 500 Stück
Umsatz, brutto	?	?	?
5 % Verkaufsprovision	?	?	?
Umsatz, netto	?	?	?
Wareneinsatz	?	?	?
Rohgewinn	?	?	?
Gehalt	?	?	?
Miete	?	?	?
Abschreibungen	?	?	?
Versicherungen	?	?	?
Reingewinn/-verlust	?	?	?

b) Ermitteln Sie jeweils den Handlungskostenzuschlagssatz und den Gewinnzuschlagssatz.

c) Erläutern Sie die Entwicklung der einzelnen Kostenarten, des Handlungskostenzuschlagssatzes und des Gewinnzuschlagssatzes.

5. *Ergänzen Sie Ihre Lernkartei um folgende Sachwörter: Gemeinkosten, Einzelkosten, fixe Kosten, variable Kosten.*

6.3 Verteilung der Kostenarten auf Kostenstellen mithilfe des Verteilungsrechnens

HANDLUNGSSITUATION

Mehmet Aydin bekommt folgendes Gespräch zwischen Frau Feld und dem Controller mit.

Controller: *„Der Mars Elektrofachmarkt e. K. unterhält die Abteilungen. ‚Weiße Ware', ‚Braune Ware', ‚Tonträger/Software' und ‚Neue Medien'. Diese verursachen unterschiedlich hohe Handlungskosten/Gemeinkosten. So verursachen ‚Weiße Ware' und ‚Braune Ware' höhere Raumkosten als die Abteilungen ‚Tonträger/Software' und ‚Neue Medien'. Dagegen verursachen ‚Neue Medien' verhältnismäßig höhere Personalkosten. Die unterschiedliche Verursachung von Handlungskosten muss sich auch im Handlungskostenzuschlagssatz jeder Warengruppe ausdrücken. Wir müssen also die Handlungskosten auf die vier Abteilungen verursachungsgemäß verteilen."*

Frau Feld: *„Moment mal, wenn wir die Kosten schon verteilen, dann müssen wir auch überlegen, welcher Handlungskostenanteil auf die Verwaltung mit den Abteilungen ‚Logistik', ‚Service', ‚Kasse' sowie ‚Rechnungswesen' und auf das Marketing entfällt."*
Controller: *„Ja, das ist noch ein zusätzliches Problem, aber letztlich müssen auch die Kosten dieser Abteilungen anteilig den Warenabteilungen zugerechnet werden."*

ARBEITSAUFTRÄGE

- *Erläutern Sie anhand des Organigramms des Mars Elektrofachmarkt e. K. auf Seite 22, welchen Abteilungen die Handlungskosten zuzurechnen sind.*
- *Machen Sie Vorschläge für eine solche Verteilung an den Beispielen Miete, Gehälter und Energiekosten.*

● Kostenstellen und ihre Einteilungskriterien

Um die Gemeinkosten beeinflussen zu können, muss die Unternehmensleitung wissen, **wo** sie entstanden sind und **wer** sie zu verantworten hat. Dazu ist es notwendig, den **Gesamtbetrieb** nach **Aufgaben-** und **Verantwortungsbereichen** zu unterteilen. Diese **Bereiche der Kostenverursachung** werden als **Kostenstellen** bezeichnet.

○ Kostenstellengliederung nach Verantwortungs- und Funktionsbereichen

Eine **Gliederung nach Verantwortungsbereichen** ist sinnvoll, wenn bei Untersuchungen der Kostenstruktur bzw. der Kostenentwicklung die Verantwortlichen herangezogen werden sollen.

BEISPIEL Die Kosten der Verwaltung des Mars Elektrofachmarkt e.K. sind bei vergleichbarem Umsatz unverhältnismäßig gestiegen. Verantwortlich ist der Abteilungsleiter Heinz Tophoven.

Bei einer **Gliederung nach Funktionen (Aufgaben)** werden die Kostenstellen nach Tätigkeitsbereichen voneinander abgegrenzt. Ein Tätigkeitsbereich kann vom einzelnen Arbeitsplatz bis zu Abteilungen reichen.

BEISPIELE

Funktionsbereiche im Mars Elektrofachmarkt e. K.	Verantwortliche
Verwaltung	Herr Tophoven
Marketing	Frau Bauer
Logistik	Herr Bonnet
Service	Frau Dick
Kasse	Frau Kopp
Rechnungswesen	Frau Feld
Verkauf „Weiße Ware"	Frau Orth
Verkauf „Braune Ware"	Herr Kraft
Verkauf „Tonträger/Software"	Frau Ozyurt
Verkauf „Neue Medien"	Frau Quirl
Verkauf „Onlineshop"	Frau Wald

Kostenstellengliederung nach den Hauptfunktionsbereichen

Den wesentlichen Aufgabenbereichen des Einzelhandelsbetriebes entsprechend, bietet sich eine Gliederung in folgende Kostenstellen an:

Funktionsbereiche	Kosten nach dem Ort ihrer Verursachung
I. Einkauf	Kosten der Warenbeschaffung
II. Lager	Kosten der Annahme, Prüfung, Einordnung, Pflege und des Einsortierens in den Verkaufsbereich
III. Verkauf	Kosten des Verkaufs, der Werbung, Warenpflege und Warenzustellung
IV. Verwaltung	Kosten der Geschäftsleitung und Buchhaltung

Diese Kostenstellen können zum Zweck einer verfeinerten Kostenkontrolle weiter unterteilt werden. So ist im Einzelhandel eine Unterteilung der Funktionsbereiche Einkauf, Lager und Verkauf nach Warengruppen (A, B, C) und Onlineshop empfehlenswert, um genauere Unterlagen für die Verteilung der Gemeinkosten zu erhalten.

Kostenstellengliederung nach den Sortimentsbereichen

Die Gemeinkosten werden letztlich von den gekauften, gelagerten und verkauften Waren verursacht. Die Kontrolle der Wirtschaftlichkeit der einzelnen Warengruppen setzt somit die **Zurechnung der Gemeinkosten auf die Warengruppen** (Kostenträger, Endkostenstellen) voraus.

Ein wichtiges Kriterium für die Kostenstellengliederung bilden somit die **nach Warengruppen gegliederten Verkaufsabteilungen** (= Hauptkostenstellen).

BEISPIEL

Hauptkostenstellen des Mars Elektrofachmarkt e. K.				
Weiße Ware	Braune Ware	Tonträger/Software	Neue Medien	Onlineshop

Nur die Einzelkosten (Wareneinsatz) können den Sortimentsbereichen verursachungsgerecht aufgrund von Belegen zugeordnet werden. Auch können Gehälter problemlos zugeordnet werden, wenn die Verkäufer/-innen nur in einem Bereich tätig sind. Der größte Teil der Gemeinkosten kann diesen Hauptkostenstellen nicht problemlos zugeordnet werden, weil er durch mehrere Warengruppen oder den Gesamtbetrieb verursacht wird.

BEISPIELE

- Gehälter des Lagerpersonals, das für verschiedene Verkaufsabteilungen tätig ist
- Miete für die Verkaufsräume, das Reservelager und die Verwaltungsräume
- betriebliche Steuern
- Energie-, Reinigungskosten sowie Büromaterial

Daher werden die Gemeinkosten, soweit nicht ein eindeutiger Bezug zu den einzelnen Warengruppen besteht, zunächst den Funktionsbereichen Einkauf, Lager, Verkauf und Verwaltung zugeordnet.

Mithilfe von Verteilungsschlüsseln werden die Gemeinkosten dann auf die Warengruppen (**Hauptkostenstellen**) verteilt. Somit dienen die Funktionsbereiche der Umlage der Gemeinkosten auf die Warengruppen. Sie werden daher als **Hilfskostenstellen** bezeichnet.

Hilfskostenstellen				Hauptkostenstellen				
Verwaltung				Verkauf				
Einkauf	Lager	Verkauf	Verwaltung	Weiße Ware	Braune Ware	Tonträger/ Software	Neue Medien	Onlineshop
• Bezugsquellenermittlung • Angebotseinholung • Angebotsvergleich • Bestellwesen • Eingabe ins WWS	• Warenannahme • Warenprüfung • Warenpflege	• Kundendienst – Warenzustellung – Reparaturen • Reklamationen • Werbung • Verkaufsorganisation • Kreditverkäufe • Dekoration • Sonderaktionen	• Buchhaltung • Kosten- und Leistungsrechnung • Statistik • Planung • Controlling • Kassiervorgänge • Kassensturz • Ermittlung der Tageslosung im Kassenbericht					

Verteilungsmöglichkeiten der Gemeinkosten auf die Kostenstellen

Die Kostenstellenrechnung hat die Aufgabe, die Gemeinkostenarten auf die Kostenstellen zu verteilen. Vielfach kann diese Zuordnung mithilfe von Angaben auf Belegen oder von Mess- und Zähleinrichtungen erfolgen (z. B. Gehälter, Löhne und Sozialkosten mithilfe von Gehaltslisten, Kosten der Werbung anhand von Belegen, Abschreibungen bestimmter Anlagen mittels Anlagendatei, Stromkosten mithilfe von Zählern). Gemeinkosten, die den einzelnen Kostenstellen so direkt zugerechnet werden können, sind **Kostenstelleneinzelkosten**.

Viele Gemeinkostenarten können nur mithilfe von Verteilungsschlüsseln zugerechnet werden. Gemeint sind die Gemeinkosten, die von mehreren oder allen Kostenstellen gemeinsam verursacht werden (z. B. Raumkosten, Steuern, Abschreibungen auf Fuhrpark, Versicherungsprämien, freiwillige Sozialkosten). Es handelt sich hierbei um **Kostenstellengemeinkosten**.

Unterteilung der Gemeinkosten nach ihrer Verteilung auf Kostenstellen

Kostenstelleneinzelkosten

Gemeinkosten, die bestimmten Kostenstellen mithilfe von Belegen, Aufzeichnungen oder Zähl- oder Messeinrichtungen eindeutig zugerechnet werden können (direkte Kostenstellengemeinkosten).

Kostenstellengemeinkosten

Gemeinkosten, die einzelnen Kostenstellen nicht eindeutig zugerechnet werden können; sie werden durch mehrere Kostenstellen gemeinsam verursacht und müssen mithilfe von Schlüsseln verteilt werden (indirekte Kostenstellengemeinkosten oder Schlüsselkosten).

Verteilungsmöglichkeiten einzelner Kostenstellengemeinkosten	
Kfz-Steuer Kfz-Versicherung Kraftstoff	nach Kilometern (Fahrtenbücher) auf Verwaltung (mit Logistik, Service, Kassen, Rechnungswesen), Marketing und Verkauf
Unfallversicherung	nach der Zahl der Beschäftigten in den Funktionsbereichen
Feuerversicherung	nach dem Wert des versicherten Vermögens in den Funktionsbereichen
Mieten Reinigungsmaterial Reinigung Energie/Heizung	nach Quadrat- oder Kubikmetern
Abschreibungen	nach dem Wert des Anlagevermögens in den Funktionsbereichen

Ziel der Gemeinkostenverteilung muss es sein, alle Gemeinkosten verursachungsgerecht auf die Hauptkostenstellen der Kostenträger zu verteilen. Daher wird bei der Verteilung der einzelnen Gemeinkostenarten bereits versucht, Bestandteile der Gemeinkostenart den einzelnen Hauptkostenstellen mithilfe von Belegen oder eindeutigen Schlüsseln zuzuordnen.

BEISPIELE
- Miete für den Lager- und den Verkaufsraum einzelner Warengruppen
- Gehälter sowie Sozialaufwand für Beschäftigte, die für bestimmte Warengruppen zuständig sind
- Versicherungsbeiträge für durchschnittliche Lagerbestandswerte einzelner Warengruppen

● Verteilung der Gemeinkosten mithilfe der Verteilungsrechnung

○ Verteilung nach ganzen Anteilen mit vorgegebenem Verteilungsschlüssel

Die Verteilungssumme wird nach einem bestimmten Verteilungsschlüssel verteilt. Es muss der Wert eines Anteils berechnet werden, um die einzelnen Verteilungsanteile ermitteln zu können.

BEISPIEL Die Miete von 60000,00 € für die Verkaufsfläche von 1200 m^2 soll im Verhältnis von 6 : 4 : 1 : 1 auf die vier Verkaufsabteilungen „Weiße Ware“, „Braune Ware“, „Tonträger/Software“ und „Neue Medien“ verteilt werden.

Lösung

①

Abteilungen	Anteile (Verteilungsschlüssel)	Wert je Anteil in €	Verteilungsanteile in €
Weiße Ware	② 6	④ 5000,00	⑤ 30000,00
Braune Ware	4	5000,00	20000,00
Tonträger/Software	1	5000,00	5000,00
Neue Medien	1	5000,00	5000,00
	③ 12 Teile	=	⑥ 60000,00
	④ 1 Teil	=	5000,00

Auf „Weiße Ware“ entfallen 30000,00 €, auf „Braune Ware“ 20000,00 €, auf „Tonträger/Software“ 5000,00 € und auf „Neue Medien“ 5000,00 € Miete.

Verteilung ohne vorgegebenen Verteilungsschlüssel

Wenn kein Verteilungsschlüssel vorgegeben ist, dann muss das Verhältnis der Anteile (= Verteilungsschlüssel) ermittelt werden. Daraus ist dann der Wert eines Anteils zu berechnen, damit die einzelnen Verteilungsanteile bestimmt werden können.

BEISPIEL Die Energiekosten von 54 000,00 € werden nach Verbrauch aufgrund besonderer Zähler wie folgt verteilt:

Abteilung	Verbrauch in kWh
Verwaltung	125 000
Marketing	75 000
Verkaufsabteilungen	520 000

Lösung

①

Abteilungen	Verbrauch (Verteilungsgrundlage)	Anteile (Verteilungsschlüssel)	Wert je Anteil in €	Verteilungsanteile in €
Verwaltung	125 000	② 25	④ 375,00	⑤ 9 375,00
Marketing	75 000	15	375,00	5 625,00
Verkaufsabteilungen	520 000	104	375,00	39 000,00
		③ 144 Teile	=	⑥ 54 000,00
		④ 1 Teil	=	375,00

Auf die Abteilung „Verwaltung" entfallen 9 375,00 €, auf die Abteilung „Marketing" 5 625,00 € und auf die Verkaufsabteilungen 39 000,00 € Energiekosten.

Verteilung nach Bruchteilen

Ist das Verteilungsverhältnis in Brüchen angegeben, muss der Hauptnenner ermittelt werden, wobei die dazugehörigen Zähler das Verteilungsverhältnis (= Verteilungsschlüssel) ergeben.

BEISPIEL Die Werbungskosten von 75 000,00 € sollen aufgrund einer Absprache zwischen Frau Bauer (Marketing) und den Verkaufsleitern wie folgt verteilt werden: Onlineshop 3/10, Weiße Ware 1/6, Braune Ware 1/6, Tonträger/Software 1/6, Neue Medien 1/5.

Lösung

①

Abteilungen	Verbrauch (Verteilungsgrundlage)	Anteile (Verteilungsschlüssel)	Wert je Anteil in €	Verteilungsanteile in €
Onlineshop	3/10 = 9/30	② 9	④ 2 500,00	⑤ 22 500,00
Weiße Ware	1/6 = 5/30	5	2 500,00	12 500,00
Braune Ware	1/6 = 5/30	10	2 500,00	12 500,00
Tonträger/Software	1/6 = 5/30	5	2 500,00	12 500,00
Neue Medien	1/5 = 6/30	6	2 500,00	15 000,00
		③ 30 Teile	=	⑥ 75 000,00
		④ 1 Teil	=	2 500,00

Auf den Onlineshop entfallen 22 500,00 €, auf „Weiße Ware" 12 500,00 €, auf „Braune Ware" 12 500,00 €, auf „Tonträger/Software" 12 500,00 € und auf „Neue Medien" 15 000,00 € Miete.

Lösungsweg

① Stellen Sie die Verteilungstabelle auf.
② Ermitteln Sie die Verteilungsschlüssel (durch Kürzen oder Erweitern).
③ Ermitteln Sie die Summe der Anteile.
④ Ermitteln Sie den Wert je Anteil, indem Sie die Verteilungssumme durch die Summe der Anteile dividieren.
⑤ Ermitteln Sie die Verteilungsanteile, indem Sie die Anteile mit dem Wert je Anteil multiplizieren.
⑥ Machen Sie die Probe, indem Sie die Verteilungsanteile addieren. Das Ergebnis muss mit der Verteilungssumme übereinstimmen.

Auswertung der Kosten pro Kostenstelle

Die Ergebnisse der Kostenstellenrechnung können nach unterschiedlichen Gesichtspunkten ausgewertet werden.

Zeitvergleich

Die Kosten einer Kostenstelle werden von Rechnungsperiode zu Rechnungsperiode ermittelt und verglichen. Über die **Abweichungsanalyse** können positive und negative Veränderungen festgestellt werden. Im Anschluss müssen Ursachen und Wirkungen analysiert werden.

BEISPIEL Im Mars Elektrofachmarkt e.K. wurden die Handlungskosten der Kostenstelle „Weiße Ware" vom Berichtsjahr und Vorjahr gegenübergestellt:

Kostenstelle: „Weiße Ware"	Handlungskosten im Berichtsjahr		Handlungskosten im Vorjahr		Veränderungen	
	in €	in %	in €	in %	in €	in %
Personalaufwendungen	259 578,62	52,00	249 775,16	52,54	+9 803,46	+3,92
Mieten	29 951,38	6,00	28 524,00	6,00	+1 427,38	+5,00
Aufwendungen für Energie	39 935,17	8,00	36 130,40	7,60	+3 804,77	+10,53
Werbung	34 943,28	7,00	40 218,84	8,46	−5 275,56	−13,12
Büromaterial	19 967,59	4,00	19 253,70	4,05	+713,89	+3,71
Instandhaltung, Reinigung, Versicherungen	49 918,97	10,00	39 458,20	8,30	+10 460,77	+26,51
betriebliche Steuern	64 894,66	13,00	62 039,70	13,05	+2 854,96	+4,60
	499 189,66	**100,00**	**475 400,00**	**100,00**	**+23 789,66**	**+5,00**

Im Verhältnis zum Wareneinsatz „Weiße Ware" kann der durchschnittliche Handlungskostenzuschlagssatz und seine Veränderung gegenüber dem Vorjahr berechnet werden.

Abteilungs-, Filial-, Betriebsvergleich

Die Kosten mehrerer Kostenstellen werden miteinander verglichen. Dadurch wird erkannt, wer die Hauptverursacher der Kosten sind. Im Vergleich mit dem Umsatz der Kostenstellen können die Wirtschaftlichkeit und die Produktivität einzelner Produktionsfaktoren errechnet werden.

BEISPIEL

Kostenarten	Kostenstelle „Weiße Ware“		Kostenstelle „Braune Ware“	
	in €	in %	in €	in %
Personalaufwendungen	259578,62	52	306733,19	43
Mieten	29951,38	6	42799,98	6
Aufwendungen für Energie	39935,17	8	57066,64	8
Werbung	34943,28	7	85599,96	12
Büromaterial	19967,59	4	35666,65	5
Instandhaltung, Reinigung, Versicherungen	49918,97	10	99866,62	14
betriebliche Steuern	64894,66	13	85599,96	12
	499189,66	**100**	**713333,00**	**100**

○ Soll-Ist-Vergleich

Kostenstellenrechnungen dienen auch der Einschätzung der Kosten der künftigen Rechnungsperiode; Basis hierfür ist die vergangene Rechnungsperiode. Eine solche Einschätzung ist notwendig,

- um den verantwortlichen Abteilungen den Planumsatz und die Plankosten (Kostenrahmen) vorzugeben,
- um auf dieser Basis eine Kalkulation der Preise für die künftige Rechnungsperiode durchzuführen.

In Monats- oder Quartalsabständen oder am Ende der Rechnungsperiode werden dann Plan- und Ist-Kosten gegenübergestellt. So können rechtzeitig Planabweichungen erkannt, Ursachen erforscht und Gegenmaßnahmen organisiert bzw. gesteuert werden.

BEISPIEL

Kostenstelle: „Weiße Ware“	Plankosten		Ist-Kosten		Abweichungen	
Handlungskosten	in €	in %	in €	in %	in €	in %
Personalaufwendungen	263800,00	52,76	259578,62	52,00	−4221,38	−1,60
Mieten	29450,00	5,89	29951,38	6,00	+501,38	+1,70
Aufwendungen für Energie	36150,00	7,23	39935,17	8,00	+3785,17	+10,47
Werbung	33500,00	6,70	34943,28	7,00	+1443,28	+4,31
Büromaterial	21950,00	4,39	19967,59	4,00	−1982,41	−9,03
Instandhaltung, Reinigung, Versicherungen	41500,00	8,30	49918,97	10,00	+8418,97	+20,29
betriebliche Steuern	73650,00	14,73	64894,66	13,00	−8755,34	−11,89
	500000,00	100,00	499189,66	100,00	−810,34	−0,16
Wareneinsatz	2000000,00		1996758,60		−3241,40	−0,16
Selbstkosten	2500000,00		2495948,26		−4051,74	−0,16
Umsatz	2900000,00		2895300,00		−4700,00	−0,16

○ Nachkalkulation

Auf der Basis von Plankosten und Planumsatz werden der durchschnittliche Handlungskostenzuschlagssatz und der Gewinnzuschlagssatz festgelegt. Am Ende der Rechnungsperiode kann auf der Grundlage der Ist-Zahlen geprüft werden, inwieweit die Zuschlagssätze zutreffend waren, um die kalkulierten Kosten zu decken und den geplanten Gewinn zu erreichen.

BEISPIEL (Zahlen aus vorstehendem Plan-Ist-Vergleich)

	Plankalkulation		Nachkalkulation (Ist-Kalkulation)	
	in €	in %	in €	in %
Wareneinsatz	2 000 000,00		2 100 000,00	
Handlungskosten	500 000,00	25,00	499 189,66	23,77
Selbstkosten	2 500 000,00		2 599 189,66	
Gewinn	400 000,00	16,00	333 889,66	12,85
Umsatzerlöse	2 900 000,00		2 265 300,00	

Das Beispiel zeigt, dass die kalkulierten Handlungskosten (25 %) größer als die tatsächlich entstandenen (23,77 %) sind. Es wird eine **Kostenüberdeckung** erzielt, der Handlungskostenzuschlagssatz kann auch künftig beibehalten werden.

Liegt dagegen eine wesentliche **Kostenunterdeckung** vor, müssen Ursachen gefunden und Maßnahmen zur Kostensenkung eingeleitet werden.

BEISPIELE Ursachen einer Kostenunterdeckung:
- Steigerung der Energiepreise (Kraftstoffe, Heizung)
- Gehaltserhöhung durch Änderung des Tarifvertrags

● Kostensenkungsmaßnahmen zur Ergebnisverbesserung

Negative Abweichungen der Ist-Kosten von den Plankosten gegenüber Vergleichsperioden, gegenüber anderen Abteilungen oder gegenüber Branchenzahlen zeigen an, bei welcher Kostenart die Abweichung untersucht bzw. begründet werden muss und Maßnahmen zur Kostensenkung eingeleitet werden müssen.

Maßnahmen sind, von der Beschaffung über das Lager bis zum Verkauf und der Verwaltung, insbesondere in der Personalwirtschaft, denkbar. Jede Maßnahme ist hinsichtlich ihrer Folgewirkung genau zu durchdenken, wie folgender Katalog von Beispielen zeigt.

BEISPIELE

	Maßnahmen	Mögliche Folgewirkungen
Beschaffungs-, Lager- und Absatzlogistik	Bündelung von Bestellungen	+ höhere Rabatte – größere Kapitalbindung – höhere Lagerkosten – höheres Verderbs- und Verwaltungsrisiko – erhöhter Pflege- und Kontrollbedarf
	kürzere Lieferzeiten	+ Absenken der Mindest- und Meldebestände + Minderung der Lagerkosten + Absenken der Bestellmengen – niedrigere Rabatte + Beschleunigung der Umschlagshäufigkeit

	Maßnahmen	Mögliche Folgewirkungen
	neue Bezugsquellen	+/– Billigartikel + Kundenaufmerksamkeit +/– No-Name-Artikel
	regelmäßige Angebotsvergleiche Verhandlungen mit Lieferern des Kernsortiments	+ Senkung der Bezugs-/Einstandspreise + Aktualisierung des Sortiments
	strenge Wareneingangskontrollen	+ Qualitätssicherung + Verringerung von Kundenreklamationen – Personalaufwand
	Entsorgung (Abfallbeseitigung, Verwendung und Verwertung) durch Teilnahme am **dualen System** Verpackungsentsorgung durch Lieferer	+ Rückführung in den Rohstoffkreislauf – Umweltkosten + Wiederverwertung
	Vergleich mit den Branchenführern bzw. mit Branchendurchschnittskennzahlen	+ Erkennen von Schwachstellen und Stärken
	Werbemaßnahmen wie Wochenflyer, Anzeigen in regionalen Zeitungen und sozialen Medien	+ Aufmerksamkeit der Kunden + Beschleunigung des Umschlags – Kosten
	Aktionen, Umgestaltung der Verkaufsräume, der Kundenwege, Anpassung der Dekoration	+ Kundenaufmerksamkeit – Kosten – Kundenverärgerung und -abwanderung
Personalbereich	Verkäufer/-innen-Schulung	+ Kundenberatung + Kundenbindung – Kosten
	Einstellung von qualifiziertem Personal	+ Kundenberatung + Verbesserung der Logistik + Verbesserung der Absatzorganisation + Nutzung moderner Warenwirtschafts- und Lagersteuerungssysteme – Kosten
	Weiterbildung bei innerbetrieblichen Veränderungen: • Sortimentserweiterung • Sortimentsbereinigung	+ Kundenzufriedenheit + Herausnahme kostenintensiver Langsamdreher – vereinzelt Kundenverärgerung – Überforderung der Verkäufer/-innen – Kosten

	Maßnahmen	Mögliche Folgewirkungen
Verwaltungsbereich	Warenwirtschaft Kassenwesen	+ artikelgenaue Informationen über Absatz, Umsatz + Grundlagen für Wirtschaftlichkeits- und Produktivitätskennzahlen (vgl. Seite 102) – Kosten für Installation und Wartung + Vermeidung von Inventurdifferenzen + Grundlage für kurzfristige Erfolgsrechnungen
	• Herabsetzung der Lagerbestände • Kundenbeobachtungseinrichtungen	siehe oben + Optimierung der Warenpositionierung + Optimierung der Kundenwege + Vermeidung von Diebstahl

Vielfach können Kosten nicht oder nicht mehr beeinflusst werden. Typische Beispiele hierfür sind fixe Kosten und externe Kosten, die über mehrere Geschäftsjahre nicht beeinflussbar sind.

BEISPIELE

- Der Bau oder Kauf eines Geschäftshauses führt zu Abschreibungen, deren Höhe in den Folgejahren (25 Jahre) unverändert bleibt. Gleiches trifft auf die Geschäftsausstattung, Fahrzeuge und Lagerausstattung zu.
- Der Mars Elektrofachmarkt e.K. wird per Gesetz dazu verpflichtet, Verpackungen zurückzunehmen und zu entsorgen.

Zusammenfassung

Verteilung der Kostenarten auf Kostenstellen mithilfe des Verteilungsrechnens

- Die Kostenstellenrechnung informiert über die **Kostenverursachung einzelner Betriebsbereiche oder Kostenstellen** (Funktions- und Verantwortungsbereiche).
- Dadurch lassen sich Kosten den verantwortlichen Personen zuordnen.
- Durch Vergleich der Kostenstellen in bestimmten Zeitabständen (z. B. Monat, Quartal, Jahr) kann die **Kostenentwicklung jeder Kostenstelle** festgestellt werden.
- Bei der Kostenstellenbildung sind **Haupt- und Hilfskostenstellen** zu unterscheiden.

Kostenstellenbildung

Hilfskostenstellen = Funktionsbereiche		Hauptkostenstellen (= Verkaufsabteilungen der Warengruppen)			
Verwaltung	Marketing	1	2	3	4
• Sie dienen allen Hauptkostenstellen. • Anfallende Gemeinkosten sind einzelnen Warengruppen nicht exakt zurechenbar. • Umlage der Kosten mithilfe eines Verteilungsschlüssels auf die Hauptkostenstellen		• Kostenstellen der Kostenträger • Den Hauptkostenstellen sind letztlich alle Kosten zuzurechnen. • Wirtschaftlichkeitskontrolle durch Vergleich der Kosten mit den Umsatzerlösen jeder Warengruppe			

Kostenumlage mithilfe von Verteilungsschlüsseln und des Verteilungsrechnens

- Durch Vergleich der Kosten einer Kostenstelle von Jahr zu Jahr kann die **Kostenentwicklung** beobachtet werden.
- Durch Vergleich der Kosten einer Kostenstelle mit den Kosten anderer Kostenstellen werden **Hinweise auf die Kostenverursachung** entdeckt.
- Der Vergleich der Ist-Kosten mit geplanten Kosten einer Kostenstelle führt zu **neuen Zielsetzungen und Steuerungsmaßnahmen zur Kostensenkung**.

Aufgaben

1. *Ein Warenhaus benötigt jährlich 140 Hektoliter Heizöl. 1 000 Liter Heizöl kosten 420,00 €. Die Heizkosten sollen nach der Größe der Abteilungen verteilt werden, wobei sich zwischen den Abteilungen I–V folgendes Verteilungsverhältnis ergibt: 2 : 3 : 4 : 2 : 1.*

2. *In einem Kaufhaus gibt es fünf Abteilungen mit einer Verkaufsfläche von 625 m², 525 m², 475 m², 450 m² und 300 m². Die raumbedingten Kosten eines Geschäftsjahres belaufen sich auf 19 475,00 €, die nach ihrer Fläche auf die fünf Abteilungen umzulegen sind.*
   Wie viel Euro Kosten entfallen auf jede Abteilung?

3. *Ein Textilgeschäft hat drei Filialen. Die Jahresbetriebskosten der Filialen betragen 60 060,00 € insgesamt. Folgende Filialumsätze sind gegeben:*
   - *Filiale 1: 560 000,00 €*
   - *Filiale 2: 840 000,00 €*
   - *Filiale 3: 280 000,00 €*

   Verteilen Sie die Betriebskosten im Verhältnis der Umsätze auf die Filialen.

4. *Drei nebeneinanderliegende Einzelhandelsgeschäfte beschäftigen gemeinsam eine Reinigungskraft, die im Monat 630,00 € verlangt. Die Geschäfte tragen die Kosten im Verhältnis der zu reinigenden Ladenflächen. Die Ladenfläche des Geschäfts A beträgt 100 m², des Geschäfts B 60 m² und des Geschäfts C 50 m².*
   Wie sind die Kosten zu verteilen?

5. *Ein Einzelhändler verteilt eine Treueprämie von 3 465,00 € an seine Mitarbeiter. Berechnungsgrundlage ist die jeweilige Dauer der Betriebszugehörigkeit. Betriebszugehörigkeit der Mitarbeiter: Verkäuferin A 18 Jahre, Verkäuferin B vier Jahre, Verkäuferin C sechs Jahre.*
   a) In welchem Verhältnis (kleinste ganze Zahlen) wird die Summe aufgeteilt?
   b) Wie viel Euro erhalten Verkäuferin A, B und C?

6. *Ein Einzelhändler gewährt seinen Verkäufern zum Jahresschluss Verkaufsprämien von insgesamt 7 164,00 €, die nach den jeweils erzielten Umsätzen verteilt werden. Es wurden folgende Umsätze erzielt:*

Verkäufer A	*363 000,00 €*
Verkäufer B	*396 000,00 €*
Verkäufer C	*459 000,00 €*
Verkäufer D	*573 000,00 €*
Gesamtumsatz	***1 791 000,00 €***

Wie viel Verkaufsprämie erhalten A, B, C und D?

7. *Eine Umsatzstatistik weist folgende Zahlen in Euro aus:*

Artikel	Januar	Februar	März	April	Mai	Juni
A	1000,00	1200,00	2000,00	1400,00	1000,00	1400,00
B	400,00	500,00	500,00	600,00	600,00	400,00
C	800,00	700,00	1200,00	1300,00	1500,00	1500,00
D	1600,00	2400,00	2000,00	2000,00	1700,00	2300,00

5400,00 € Kosten für eine Werbeaktion sollen entsprechend dem Halbjahresumsatz auf die Artikel verteilt werden.
Mit wie viel Euro Kosten werden die Artikel A, B, C und D belastet?

8. *Vier Einzelhändler beziehen aufgrund eines Sonderangebotes Waren in Höhe von 26040,00 €. Hiervon übernimmt A 1/3, B 1/12, C 1/6 und D den Rest.*
Wie viel Euro muss jeder bezahlen?

9. *Der Werbeabteilung eines Einzelhandelsunternehmens stehen 20000,00 € für den Werbezeitraum 01.01. bis 31.07. zur Verfügung. Die Verteilung ist wie folgt geplant: 1/4 für Werbezugaben, 1/5 für Anzeigen, 3/8 für Werbebriefe und der Rest für sonstige Werbemaßnahmen.*
Wie viel Euro entfallen auf die sonstigen Werbemaßnahmen?

10. *Die monatlichen Kosten für Vervielfältigungen betragen 3960,00 €; sie sollen auf drei Abteilungen verteilt werden.*
   a) *Wie viel Euro beträgt der Anteil der Abteilung A, die 3/5 der Vervielfältigungen erhalten hat?*
   b) *Wie viel Euro beträgt der Anteil der Abteilung B, die 25 % der Vervielfältigungen erhalten hat?*
   c) *Wie viel Prozent beträgt der Anteil der Abteilung C, die die restlichen Vervielfältigungen erhalten hat?*

11. *Für die Kostenstelle „Spielwaren" in der Center Warenhaus GmbH ermittelte die Kostenrechnung folgende Plan- und Ist-Werte in Euro:*

	Planwerte	Ist-Werte
Umsatzerlöse	628000,00	599960,00
Wareneinsatz	322000,00	304800,00
Handlungskosten:		
Personalkosten	134400,00	138620,00
Miete	10000,00	9600,00
Energie/Reinigung	2100,00	3160,00
Bürokosten/Telefon	1500,00	1840,00
Instandsetzungen	1000,00	1350,00
Werbung	8000,00	9460,00
Gewerbesteuer	4000,00	3600,00

   a) *Ermitteln Sie die Planabweichungen in Euro und in Prozent.*
   b) *Stellen Sie in einer Plankalkulation fest, welcher Handlungskosten- und welcher Gewinnzuschlagssatz geplant wurde.*
   c) *Stellen Sie in einer Nachkalkulation auf der Basis der Ist-Kosten fest, welcher Handlungskosten- und welcher Gewinnzuschlagssatz erreicht wurde.*

d) Stellen Sie die Ursachen der Abweichungen und Maßnahmen zur Verbesserung zusammen.

12. *Ergänzen Sie Ihre Lernkartei um folgende Sachwörter: Kostenstellengliederung, Hauptkostenstellen, Hilfskostenstellen, Gemeinkosten, Kostenstelleneinzelkosten, Kostenstellengemeinkosten, Verteilungsrechnen, Verteilungsschlüssel, Verteilungsgrundlage, Zeitvergleich, Betriebsvergleich, Abteilungsvergleich, Filialvergleich, Soll-Ist-Vergleich, Nachkalkulation, Kostensenkungsmaßnahmen, externe Kosten, interne Kosten, Umweltkosten, Nachhaltigkeit, Kostenüberdeckung, Kostenunterdeckung.*

13. *Die folgenden Gemeinkosten eines Einzelhandelsbetriebes sind nach den unten stehenden Angaben zu verteilen:*

	€
Aufwendungen für Verpackung	*14 000,00*
Aufwendungen für Energie	*28 009,00*
Fremdinstandhaltung	*17 500,00*
Reinigung	*35 000,00*
Gehälter/Sozialaufwendungen	*282 996,00*
Abschreibungen	*126 005,00*
Mieten	*105 504,00*
Büromaterial	*27 999,00*
Werbung	*42 000,00*
betriebliche Steuern	*20 987,00*

Angaben zur Verteilung:

Kostenarten	Verteilungsgrundlage	EDV	Einkauf	Lager	Verwaltung	Verkauf	Warengruppen		
							A	B	C
Aufwendungen für Verpackung	Schlüssel	0	0	0	0	20	5	2	1
Aufwendungen für Energie	m²	300	8 400	18 500	2 700	12 300	4 500	4 700	4 618
Fremdinstandhaltung	Reparaturstunden	40	80	500	55	200	0	0	0
Reinigung	Schlüssel	25	100	200	50	100	250	90	60
Gehälter/Sozialaufwand	Gehaltslisten	9000,00	31 000,00	47 996,00	27 000,00	65 000,00	48 000,00	29 000,00	26 000,00
Abschreibungen	nach Anlagendatei	21 361,00	14 510,00	28 482,00	15 541,00	39 824,00	2 450,00	1 400,00	2 437,00
Mieten	m²	500	300	3000	900	3 100	200	450	342
Büromaterial	Schlüssel	1	3	5	2	6	0	0	0
Werbung	Belege	0	0	0	6 000,00	24 000,00	4 000,00	6 000,00	2 000,00
betriebliche Steuern	Schlüssel	2	5	9	7	8	0	0	0
Verteilung EDV	Schlüssel		200	250	200	180	70	40	60
Verteilung Einkauf							3	4	1
Verteilung Lager							11	5	4
Verteilung Verwaltung							3	1	1
Verteilung Verkauf							3	5	2

7 Die Deckungsbeitragsrechnung für betriebliche Entscheidungen nutzen

HANDLUNGSSITUATION

Der Privatklinik am Stadtwald GmbH wurde auf eine Anfrage nach 50 Ruby Fernsehgeräten Seoul zur Ausstattung der Krankenzimmer ein Rabatt von 10 % auf den Nettoverkaufspreis von 449,00 € angeboten. Herr Kraft, der Abteilungsleiter „Braune Ware", hat mehrere Tage auf den Auftrag der Klinik gewartet – vergebens. Er versucht, telefonisch den Grund zu erfahren.
„Wir haben den Auftrag noch nicht vergeben, aber einer Ihrer Mitbewerber hat uns das gleiche Gerät zum Nettoverkaufspreis von 336,75 € angeboten", wird Herrn Kraft von einem Verwaltungsmitarbeiter der Privatklinik mitgeteilt. *„Das ist nicht möglich, unsere Konkurrenz muss doch auch kalkulieren"*, erwidert Herr Kraft verblüfft. *„Das ist richtig, aber die kalkuliert wohl anders"*, ist die knappe Antwort.
Nach dem Telefonat führt Herr Kraft sofort ein Gespräch mit Frau Mars, Frau Bauer und Frau Feld. *„Vielleicht können wir in diesem besonderen Fall einmal auf die fixen Kosten verzichten"*, meint Frau Mars.

ARBEITSAUFTRÄGE

LS

- *Berechnen Sie den Rabatt, den die Konkurrenz gewährt hat.*
- *Begründen Sie das große Interesse von Herrn Kraft an diesem Auftrag.*
- *Erläutern Sie den Vorschlag von Frau Mars.*
- *Zeigen Sie Möglichkeiten auf, wie der Auftrag doch noch hereingeholt werden kann.*

● Mängel der Vollkostenrechnung

Der Einzelhandelskaufmann muss ständig auf die **Wirtschaftlichkeit** seines Betriebes achten. Ein Betrieb ist wirtschaftlich, wenn die Leistungen aus dem Verkauf der Waren (= Verkaufspreis) über den Kosten liegen. Bei der Kalkulation der Waren muss somit darauf geachtet werden, dass sämtliche anfallenden Kosten den Kostenträgern (Artikel, Dienstleistungen) zugerechnet und über den Verkauf hereingeholt werden **(Vollkostenrechnung)**.

Jedoch gibt es für den Einzelhandel immer wieder Situationen, die eine **marktorientierte Preisstellung** verlangen (z. B. der Wettbewerb). In solchen Fällen wird **vorübergehend** oder **ganz** auf die Berücksichtigung von bestimmten **Kosten verzichtet**, welche die Vollkostenrechnung ermittelt hat.

BEISPIELE

- Einführungspreise für neue Artikel
- Sonderangebote aus verschiedenen Anlässen
- niedrigere Konkurrenzpreise
- Sonderveranstaltungen

Fixe Kosten

In Situationen des Wettbewerbs stellt sich die Frage nach der **Preisuntergrenze**. Die Vollkostenrechnung führt zwangsläufig zu Wettbewerbsnachteilen, weil sie dem einzelnen Artikel Kosten anlastet, die der Gesamtbetrieb, aber nicht der Artikel direkt verursacht hat. So fällt ein großer Teil der Gemeinkosten auch an, wenn der einzelne Artikel nicht geführt und verkauft wird. Diese **fixen Kosten** fallen **unabhängig vom Absatz** einzelner Artikel **in gleicher Höhe** an und werden auch die „**Kosten der Betriebsbereitschaft**" genannt (vgl. Seite 74).

BEISPIEL Miete, Abschreibungen, Löhne, Gehälter, Kfz-Versicherung, Kfz-Steuer usw. fallen in gleicher Höhe an, egal ob Waschmaschinen oder Fernsehgeräte verkauft werden oder nicht.

TIPP

Deshalb kann bei der Preisbildung vielfach auf die Einbeziehung der fixen Kosten verzichtet werden. Werden bei der Preisfindung fixe und variable Kosten getrennt, dann ergeben sich neue Möglichkeiten, den Verkaufspreis einer Ware zu berechnen.

Lösung mithilfe der Deckungsbeitragsrechnung

Direkte Kosten als Preisuntergrenze

Die Deckungsbeitragsrechnung basiert auf der Aufteilung der gesamten Kosten in **fixe** und **variable** Bestandteile. Da die fixen Kosten den einzelnen Artikeln nicht verursachungsgerecht zugerechnet werden können, **verzichtet die Deckungsbeitragsrechnung auf die Berücksichtigung der fixen Kosten bei der Preisfestsetzung der Artikel**. Es werden nur die vom einzelnen Artikel **direkt verursachten variablen Kosten** kalkuliert. In der Deckungsbeitragsrechnung werden diese Kosten als **direkte Kosten** bezeichnet. **Direkte Kosten** oder **Einzelkosten** erkennt man daran, dass sie nur dann auftreten, wenn der bestimmte Artikel geführt wird. Fällt der Artikel weg, treten diese Kosten nicht auf.

BEISPIELE Wareneinsatz je Artikel, Verkaufsverpackung für diesen Artikel, Umsatzprovision für Verkäuferinnen und Verkäufer je Artikelumsatz

MERKE *Die **direkten Kosten** bilden somit die absolute Preisuntergrenze und müssen beim Verkauf eines Artikels wenigstens erwirtschaftet werden.*

Deckungsbeitrag

Jeder Preis, der über den variablen Kosten liegt, erbringt einen Beitrag zur Deckung der durch den Gesamtbetrieb verursachten fixen Kosten.

Deckungsbeitrag je Einheit	=	Verkaufspreis je Einheit	–	variable Kosten
↓		↓		↓
d_B	=	e	–	k_v

BEISPIEL Herr Kraft hat nochmals mit Frau Mars und Frau Feld über die Preisgestaltung bei Großaufträgen diskutiert. Dabei hat er die Auffassung vertreten, dass bei der Berechnung des Angebotspreises ganz oder teilweise auf die Einrechnung der fixen Kosten verzichtet werden könnte: *„Sie entstehen sowieso, auch wenn wir den Auftrag nicht kriegen.“ „Meinen Sie, dass wir dann auf die gesamten Handlungskosten verzichten sollten?“*, fragt Frau Feld. *„Nur, soweit sie ohnehin entstehen, nur so haben wir eine echte Chance gegenüber der Konkurrenz. Natürlich können wir nicht auf Handlungskosten verzichten, die im Zusammenhang mit dem Verkauf der Fernseher entstehen, z. B. Verpackung, Transportkosten zum Kunden und eventuell Verkaufsprovision.“*

Nach dem Gespräch ermitteln Frau Feld und Herr Kraft die **variablen Kosten**:

	Bezugs-/Einstandspreis	249,44 €
+	Transportkosten zum Kunden	11,31 €
=	variable Kosten	260,75 €

Ermittlung des Deckungsbeitrags (vgl. Situation Seite 91)			Beispiel
	Nettoverkaufspreis der Konkurrenz	e	336,75 €
–	variable Kosten	k_v	260,75 €
=	Deckungsbeitrag	d_B	76,00 €

Mit jedem Fernsehgerät werden neben den variablen Kosten von 260,75 € zusätzlich 76,00 € zur Deckung der fixen Kosten erwirtschaftet, z. B. Miete, Abschreibungen, die wir pro Monat mit 3 192,00 € ermittelt haben.

○ Gewinnschwelle

Deckt die Summe aller Deckungsbeiträge die fixen Kosten, erreicht der Betrieb **die Gewinnschwelle oder den Break-even-Point**. Dieser Punkt zeigt die Absatzmenge, bei der der Gesamtdeckungsbeitrag (D_B) die fixen Kosten deckt. Wird dieser Punkt nicht erreicht, bewegt sich der Betrieb in der **Verlustzone**, wird er überschritten, tritt er in **die Gewinnzone** ein.

BEISPIEL Nach dieser Rechnung könnte der Verkaufspreis kurzfristig sogar bis auf 260,75 € zurückgenommen werden. Langfristig müsste der Verkaufspreis aber über 260,75 € liegen, weil die fixen Kosten des Unternehmens gedeckt werden müssen. Nach diesen Überlegungen ruft Herr Kraft die Privatklinik am Stadtwald GmbH an: *„Wir können Ihnen den Preis der Konkurrenz auch anbieten, dazu noch die kostenlose Anlieferung, den Anschluss und die Einstellung der Geräte durch unser Fachpersonal.“*

Die Absatzmenge zur Deckung der fixen Kosten – und damit die zur Erreichung der Gewinnschwelle – lässt sich auf folgenden Wegen erreichen:

- Absatzmenge am Break-even-Point $= \frac{K_f}{d_B}$

  BEISPIEL

  $$\frac{3\,192}{76} = \underline{\underline{42 \text{ Stück}}}$$

  Im Beispielfall müssten also 42 Geräte verkauft werden, um die fixen Kosten insgesamt zu decken.

- Der Break-even-Point ist dadurch gekennzeichnet, dass die Umsatzerlöse sämtliche Kosten decken. Er kann somit auch durch die folgende Gleichung definiert werden.

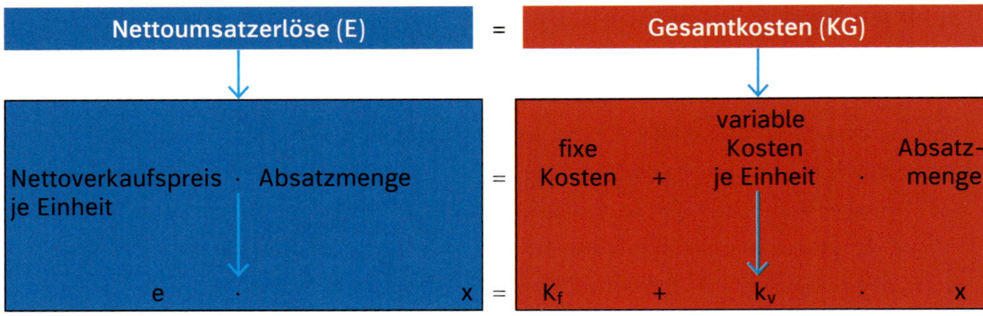

$$
\begin{aligned}
336{,}75 \cdot x &= 3\,192 + 260{,}75 \cdot x \\
76\,x &= 3\,192 \\
x &= \frac{3\,192}{76} \\
x &= \underline{\underline{42}}
\end{aligned}
$$

Diese Zusammenhänge werden im folgenden Diagramm verdeutlicht:

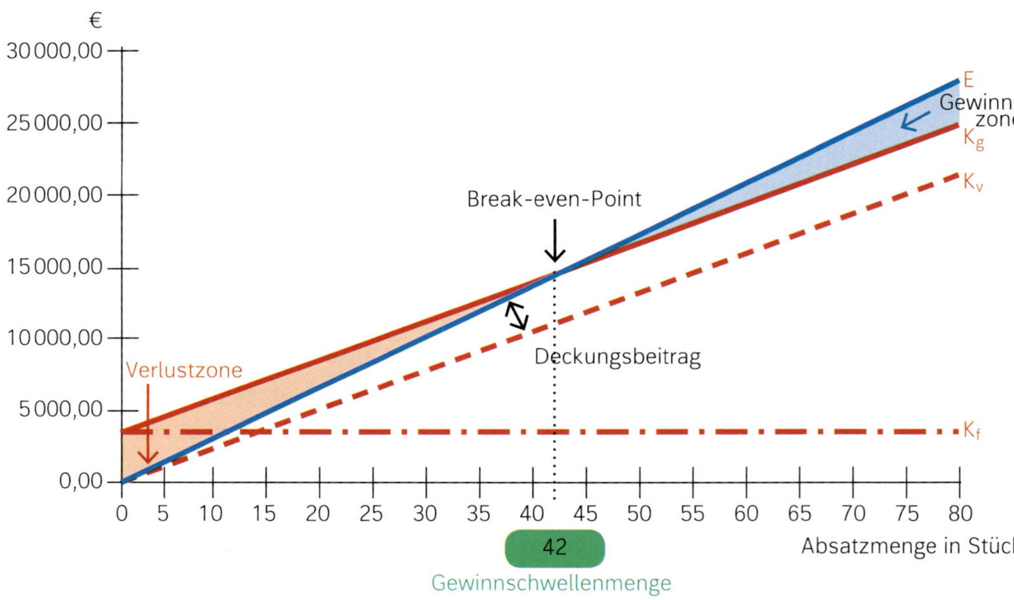

• Erfolgsermittlung in der Deckungsbeitragsrechnung (Periodenrechnung)

Ist der Deckungsbeitrag aller Artikel bekannt, kann der Gesamtdeckungsbeitrag der Abteilung oder des Betriebes ermittelt werden. Der Gewinn wird ermittelt, indem vom Gesamtdeckungsbeitrag (DB) noch die fixen Kosten (K_f) abgezogen werden.

Σ der Deckungsbeiträge aller Artikel (= DB)
– fixe Kosten des Betriebes (= K_f)
= Gewinn der Rechnungsperiode

BEISPIEL Frau Quirl, Abteilungsleiterin „Neue Medien“ im Mars Elektrofachmarkt e. K., führt vier neue Artikel in ihrer Abteilung in einem bisher noch nicht genutzten Verkaufsbereich. Die fixen Kosten in diesem Bereich betragen jährlich 10 800,00 €.

	A	B	C	D
Absatzmenge in Stück Nettoverkaufspreis in € Bezugs-/Einstandspreis in €	1 200 98,00 80,00	1 250 46,00 32,00	1 200 35,00 38,00	1 400 78,00 54,00
dB je Einheit in € DB je Artikel in €	18,00 21 600,00	14,00 17 500,00	−3,00 −3 600,00	24,00 33 600,00
∑ Deckungsbeiträge in € − fixe Kosten (kf)	69 100,00 −10 800,00			
Gewinn	58 300,00			

Preisgestaltung mithilfe der Deckungsbeitragsrechnung

Wenn man annimmt, dass die gesamten Handlungskosten fixe Gemeinkosten und somit nicht direkt zurechenbar sind, so liegt die **Preisuntergrenze** beim Bezugs-/Einstandspreis eines Artikels. Beim Nettoverkaufspreis eines Artikels über diesem Preis erzielt er einen Deckungsbeitrag, der dann identisch mit dem Rohgewinn ist.

Lernfeld 9

Die Preisuntergrenze gilt grundsätzlich nur kurzfristig und darf zu besonderen absatzpolitischen Entscheidungen genutzt werden.

MERKE

Gewinnmaximale Sortimentsgestaltung

Ist der Deckungsbeitrag aller Artikel oder Sortimentsgruppen bekannt, kann die Unternehmensleitung auf dieser Grundlage absatzpolitische Entscheidungen treffen.

BEISPIEL Erfolgsrechnung eines Betriebes mit vier Artikeln

	A	B	C	D
Absatzmenge in Stück	15 000	5 000	10 000	3 000
Nettoverkaufspreis in € Bezugs-/Einstandspreis in €	18,00 −9,00	42,00 −45,00	24,00 −10,00	48,00 −30,00
Deckungsbeitrag je Stück (d_B) in € Deckungsbeitrag je Artikel (DB) in €	9,00 135 000,00	−3,00 −15 000,00	14,00 140 000,00	18,00 54 000,00
∑ Deckungsbeiträge in € − fixe Kosten in €	314 000,00 −180 000,00			
Gewinn in €	134 000,00			

Aufgrund des Ergebnisses (im Beispiel)

- werden problematische (B) und gewinnbringende Sortimentsgruppen sichtbar,
- können gezielte Maßnahmen ergriffen werden:
  - Herausnahme eines Artikels aus dem Sortiment (B),
  - stärkere Förderung eines Artikels, z. B. durch Werbung (D).

Jeder Maßnahme muss jedoch eine **Ursachenforschung** vorausgehen.

Zusammenfassung

Die Deckungsbeitragsrechnung für betriebliche Entscheidungen nutzen

Kostenträgerstückrechnung	Periodenrechnung (Kostenträgerzeitrechnung)
• berechnet den Deckungsbeitrag einzelner Artikel: $d_B = e - k_v$ • d_B = Beitrag zur Fixkostendeckung • setzt Trennung fixer und variabler Kosten voraus • Positive Deckungsbeiträge verbessern das Betriebsergebnis.	• berechnet je Rechnungsperiode – den Deckungsbeitrag einzelner Artikel – den Deckungsbeitrag der Sortimentsbereiche – die Summe der Deckungsbeiträge (DB) • stellt die Summe der DB den fixen Kosten des Betriebs zur Ergebnisermittlung gegenüber: Betriebsergebnis = DB – K_f

- **Anwendung der Deckungsbeitragsrechnung**
  - Ermittlung der **Gewinnschwelle** und **Gewinnschwellenmenge**
  - schnelle Berechnung der **kurzfristigen Preisuntergrenze**
  - einfache Handhabung von **Mischkalkulation**
  - einfache Gestaltung des **gewinnmaximalen Sortiments**

Aufgaben

1. *In einem SB-Center soll die Deckungsbeitragsrechnung für den Sortimentsbereich „Kaffee, Tee, Kakao" für die vergangenen sechs Monate durchgeführt werden. Folgende Zahlen liegen vor:*

– Bruttoumsatz		*347 750,00 €*
– USt.		*7 %*
– variable Kosten:	*Wareneinsatz*	*291 141,00 €*
– fixe Kosten:	*Personalkosten*	*8 804,00 €*
	Mietkosten	*1 674,00 €*
	Werbekosten	*7 696,00 €*
	sonstige Kosten	*5 839,00 €*

Ermitteln Sie
a) den Deckungsbeitrag,
b) den Reingewinn.

2. *Der Inhaber eines SB-Warenhauses erteilt Ihnen einen Auftrag, die Deckungsbeitragsrechnung für die Abteilung „Brot und Backwaren" mithilfe nachfolgender Zahlen durchzuführen:*

– Bruttoumsatz		*1 000 878,00 €*
– USt.		*7 %*
– variable Kosten:	*Wareneinsatz*	*450 100,00 €*
– fixe Kosten:	*Personalkosten*	*146 200,00 €*
	Mietkosten	*25 000,00 €*
	Energiekosten	*25 100,00 €*

Leasingkosten	*53 000,00 €*
Abschreibungen	*14 000,00 €*
sonstige Kosten	*18 000,00 €*

Ermitteln Sie
a) den Deckungsbeitrag,
b) den Reingewinn.

3. *Die Klein Lebensmittel KG führt die Abteilungen Lebensmittel und Frischkäse. Sie erhalten als Mitarbeiter des Unternehmens folgenden Auszug und werden um eine Stellungnahme gebeten:*

Aufwendungen/Umsatz in €		Lebensmittel	Frischkäse
Variable Kosten:	Wareneinsatz	630 000,00	105 000,00
Fixe Kosten:	Personalkosten	38 000,00	27 000,00
	Energiekosten	36 000,00	8 000,00
	Aufwendungen für Kommunikation	45 500,00	
Nettoumsatz:		750 000,00	160 000,00

Die Aufwendungen für Kommunikation sind nach dem Umsatz zu verteilen (Fixkosten).
a) Berechnen Sie den Deckungsbeitrag der Abteilung Lebensmittel und der Abteilung Frischkäse.
b) Ermitteln Sie den Deckungsbeitrag für beide Abteilungen zusammen.
c) Überprüfen Sie, ob es sinnvoll ist, die Abteilung Frischkäse zu schließen.

4. *Die Kostenrechnung der Center Warenhaus GmbH ermittelt für das abgeschlossene Geschäftsjahr folgende Daten für die Warengruppe Lederwaren/Schuhe:*

– *Bruttoumsatz (einschließlich 19 % USt.)*	*2 439 500,00 €*
– *Wareneinsatz*	*1 538 500,00 €*
– *Handlungskosten*	*450 000,00 €*

Ermitteln Sie
a) den Deckungsbeitrag (Rohgewinn),
b) den Reingewinn.

5. *Ein Handelsbetrieb führt die Artikel A, B und C unter den folgenden Bedingungen:*

	Artikel		
	A	B	C
Nachfragemenge in ME	900	2 100	1 200
Nettoverkaufspreis pro ME in €	4,00	2,00	3,00
Variable Kosten pro ME in €	2,00	1,30	2,10

In welcher Reihenfolge sind die Artikel zu fördern?

6. *Nennen Sie Situationen, in denen auf die Einrechnung der fixen Kosten verzichtet werden sollte.*

7. *Im Einzelhandelsgeschäft Peter Klein e. K., das drei Warengruppen führt, wurden in der Kostenrechnung für das Abrechnungsjahr folgende Daten in Euro ermittelt:*

Warengruppe / Angaben in €	I	II	III
Umsatzerlöse	385 000,00	475 600,00	78 200,00
Wareneinsatz	92 100,00	126 800,00	39 100,00
Variable Handlungskosten	108 600,00	167 500,00	35 700,00
Fixe Handlungskosten		145 800,00	

a) Berechnen Sie den Deckungsbeitrag jeder Warengruppe und insgesamt.
b) Ermitteln Sie den Reingewinn.
c) Welche Auswirkung hätte die Herausnahme der Warengruppe III aus dem Sortiment auf das Betriebsergebnis?

8. *Ein Einzelhandelsbetrieb setzte im abgelaufenen Monat 50 000 Stück eines Massenartikels zum Preis von 3,20 € netto je Stück ab. Der Absatz verursachte 55 000,00 € K_v und 84 000,00 € K_f.*
a) Ermitteln Sie
aa) den Stück- und Monatsdeckungsbeitrag,
ab) den Reingewinn.
b) Bei welchem Absatz würde die Gewinnschwelle erreicht werden?
c) Wie hoch sind Umsatz und Kosten an der Gewinnschwelle?

9. *In einem Verbrauchermarkt wurden in der Haushaltswarenabteilung folgende vier Kaffeeautomaten verkauft:*

Kaffeeautomat	A	B	C	D
Absatzmenge in Stück	50	30	40	60
Nettoverkaufspreis in €	105,00	130,00	95,00	85,00
Bezugs-/Einstandspreis in €	60,00	84,00	59,00	54,00

Die fixen Kosten betrugen 5 400,00 €.
Ermitteln Sie
a) den Deckungsbeitrag je Stück,
b) den Deckungsbeitrag je Artikel A, B, C und D insgesamt,
c) den Deckungsbeitrag für alle Kaffeeautomaten insgesamt,
d) den Reingewinn für alle Kaffeeautomaten insgesamt.

10. *Vervollständigen Sie die folgende Tabelle.*

Artikel	Abgesetzte Menge in Stück	Anteilige fixe Kosten in €	Variable Kosten in €	Gesamtkosten in €	Variable Kosten je Stück in €	Fixe Kosten je Stück in €	Gesamtkosten je Stück in €
Tische	3 800	300 000,00	980 000,00	?	?	?	?
Stühle	6 600	400 000,00	1 300 000,00	?	?	?	?
Schränke	2 800	300 000,00	720 000,00	?	?	?	?
Summen		1 000 000,00	3 000 000,00				

8 Wirtschaftliche Kennziffern im Einzelhandel berechnen und interpretieren

HANDLUNGSSITUATION

Beim Mittagessen berichtet Mehmet Aydin Natalie Kremer aus dem zweiten Ausbildungsjahr von einem Gespräch zwischen Frau Feld und dem neuen Controller.
Mehmet: *„Dieser Controller will herausfinden, weshalb der Gewinn im letzten Jahr nicht im gleichen Maße gestiegen ist wie der Umsatz. Wenn Gewinn und Rentabilität bei gestiegenem Umsatz nicht gewachsen sind, heißt das, dass einzelne Bereiche nicht mehr so produktiv und so wirtschaftlich arbeiten. Um das zu überprüfen, soll Frau Feld ihm den Umsatz aufgeschlüsselt nach Warengruppen und nach Verkäufern zusammenstellen. Der will sich wohl gleich richtig beliebt machen."*
Natalie: *„Irgendwie wollen alle nach Tarif bezahlt werden, dann muss der Unternehmer wohl auch eine Gegenleistung erwarten können – und das von uns allen. Dann ist es wohl auch ein Recht des Unternehmers, Leistungen und Kosten aller Mitarbeiter zu überprüfen und zu vergleichen."*

ARBEITSAUFTRÄGE

- *Erläutern Sie, warum der Controller eine Umsatzgliederung nach Warengruppen und nach Verkaufspersonal wünscht.*
- *Stellen Sie*
  - *Rentabilität,*
  - *Wirtschaftlichkeit und*
  - *Produktivität*

  gegenüber und machen Sie Vorschläge zu ihrer Überprüfung.
- *Erläutern Sie Maßnahmen zur Verbesserung dieser Kennziffern.*

● Rentabilität

Legt ein Kaufmann Kapital an, z.B. bei einer Bank oder in einem Unternehmen, erwartet er eine **Rendite**. Die Anlage seines Kapitals bei einer Bank bringt ihm Zinsen, für die Bereitstellung als Eigenkapital im Unternehmen erhält er einen Anteil am **Gewinn** (vgl. Seite 100). Zum Vergleich rechnet er daher den absoluten Gewinn aus jeder Anlage in eine Rendite des investierten Kapitals um. Dadurch erhält er eine vergleichbare Aussage zur Ertragskraft des angelegten Kapitals. Lernfeld 8

BEISPIEL Im letzten Geschäftsjahr erzielte der Mars Elektrofachmarkt e. K. mit einem Fremdkapital von 684 432,00 € und einem Eigenkapital von 1 487 302,00 € einen Umsatz von 7 688 250,00 € und einen Gewinn von 398 650,00 €. In den Aufwendungen von 7 289 600,00 € sind 24 000,00 € Fremdkapitalzinsen enthalten.

Die **Ertragskraft** des Kapitals, das in einem Unternehmen eingesetzt wird, kann nur dann mit Erträgen möglicher anderer Anlageformen (z. B. Aktien) verglichen werden, wenn man zuvor den Gewinn des Unternehmens denjenigen Größen gegenüberstellt, die diesen Gewinn hervorgebracht haben: Bei diesen Größen handelt es sich um das **eingesetzte Eigenkapital** oder das **Gesamtkapital** und um den erzielten **Umsatz**.

Zu unterscheiden sind also:

Eigenkapitalrentabilität	Gesamtkapitalrentabilität	Umsatzrentabilität

Eigenkapitalrentabilität

Die Eigenkapitalrentabilität ist ein Maßstab dafür, mit welchem Erfolg das Eigenkapital eingesetzt wurde. Sie wird durch das prozentuale Verhältnis des Gewinns zum Eigenkapital ausgedrückt. Bei der Berechnung wird in der Praxis vielfach das Anfangskapital[1] zugrunde gelegt.

$$\text{Eigenkapitalrentabilität} = \frac{\text{Gewinn} \cdot 100}{\text{Eigenkapital am Jahresanfang}}$$

BEISPIEL (Fortsetzung von Seite 99)

$$\frac{398\,650{,}00 \cdot 100}{1\,487\,302{,}00} = \underline{\underline{26{,}8\,\%}}$$

Die Eigenkapitalrentabilität von 26,8% besagt, dass sich das eingesetzte Eigenkapital im Mars Elektrofachmarkt e. K. mit diesem Zinssatz verzinst hat. Bei einer Anlage des Kapitals bei einem Kreditinstitut würde Frau Mars zurzeit nur eine Verzinsung von 2% erzielen.

Es ist allerdings zu bedenken, dass der Gewinn neben der **Verzinsung des Eigenkapitals** das **Arbeitsentgelt für den Unternehmer** (Unternehmerlohn) und eine **Risikoprämie** für das übernommene Unternehmerwagnis enthält.

Eine geringe Eigenkapitalrentabilität (z. B. unter dem Zinssatz für langfristiges Fremdkapital) lässt auf niedrige Gewinnerzielung und -ausschüttung schließen.

Rentabilität des Gesamtkapitals (Unternehmungsrentabilität)

Zur Ermittlung der Rentabilität des Gesamtkapitals wird der mit dem Gesamtkapital erzielte Reinertrag, bestehend aus

- dem Gewinn für das Eigenkapital und
- den Fremdkapitalzinsen für das Fremdkapital,

dem Gesamtkapital am Jahresanfang gegenübergestellt.

[1] *Oder häufig auch das durchschnittliche Eigenkapital:* $\frac{\text{Anfangsbestand} + \text{Endbestand}}{2}$

$$\frac{\textbf{Gesamtkapitalrentabilität}}{\text{(Unternehmungsrentabilität)}} = \frac{(\text{Gewinn} + \text{Fremdkapitalzinsen}) \cdot 100}{\text{Gesamtkapital}}$$

BEISPIEL (Fortsetzung von Seite 99)

$$\frac{(398\,650{,}00 + 24\,000{,}00) \cdot 100}{1\,487\,302{,}00 + 684\,432{,}00} = \frac{422\,650{,}00 \cdot 100}{2\,171\,734{,}00} = \underline{\underline{19{,}5\,\%}}$$

Das Gesamtkapital hat also eine Rendite von 19,50 € pro 100,00 €.

Mit der Gesamtkapitalrentabilität kann nachgewiesen werden, ob sich der Einsatz des Fremdkapitals gelohnt hat. Liegt sie über dem landesüblichen Zinssatz, kann die Eigenkapitalrentabilität durch fremdfinanzierte Investitionen verbessert werden. Umgekehrt tritt eine Minderung der Eigenkapitalrentabilität ein, wenn der Zinssatz für Fremdkapital die Gesamtkapitalrentabilität übersteigt.

○ Umsatzrentabilität

Die Umsatzrentabilität gibt den prozentualen Anteil des Gewinns am Umsatzerlös für Waren an:

$$\textbf{Umsatzrentabilität} = \frac{\text{Gewinn} \cdot 100}{\text{Umsatzerlöse für Waren}}$$

BEISPIEL (Fortsetzung von Seite 99)

$$\frac{398\,650{,}00 \cdot 100}{7\,688\,250{,}00} = \underline{\underline{5{,}19\,\%}}$$

Mit 100,00 € Umsatz erwirtschaftet der Mars Elektrofachmarkt e.K. eine Rendite von 5,19 €.

Die Umsatzrentabilität drückt den Gewinnanteil je 100,00 € Umsatzerlös aus, der für Investitionen oder Ausschüttungen verwendet werden kann. Diese Kennziffer ist nicht abhängig von den Finanzierungsformen. Sie ist ein **Maßstab für Auswirkungen von Preisänderungen und konjunkturellen Änderungen.**

● Wirtschaftlichkeit

Da finanzielle Mittel knapp sind,

- konkurrieren alternative Anlagemöglichkeiten um das angebotene Kapital,
- versuchen Anleger, ihr Kapital möglichst in Anlagemöglichkeiten mit dem höchsten Ertrag zu bringen.

Ob nun neues Verkaufspersonal eingestellt, neue Verkaufs-, Lager- oder Verwaltungsräume dazugemietet werden: Immer muss sich der Kaufmann nach der Wirtschaftlichkeit fragen, d.h. ob der Ertrag den Aufwand deckt.

$$\textbf{Wirtschaftlichkeit} = \frac{\text{Umsatzerlöse für Waren (Leistungen)}}{\text{betrieblicher Aufwand (Kosten)}}$$

BEISPIEL (Fortsetzung von Seite 99)

$$\frac{7\,688\,250{,}00}{7\,289\,600{,}00} = \underline{\underline{1{,}05}}$$

Mit einem Einsatz (Kosten) von 1,00 € erzielt der Mars Elektrofachmarkt e.K. einen Ertrag (Umsatz) von 1,05 €.

Lernfeld 1

Die Wirtschaftlichkeit gibt den Ertrag (im Beispiel 1,05 €) für 1,00 € Kosteneinsatz an. Sie gibt also Auskunft darüber, in welchem Maß das **ökonomische Prinzip** verwirklicht wurde:

- einen bestimmten Umsatz mit möglichst wenig Kosten zu erzielen oder
- mit vorgegebenem Aufwand einen möglichst hohen Umsatz zu erwirtschaften.

Damit sind auch die Einflussfaktoren der Wirtschaftlichkeit benannt:

Umsatzerlöse für Waren (Leistungen)	Absatzmenge, Verkaufspreise
Kosten (betrieblicher Aufwand)	Wareneinsatz, Miete, Pflege-, Wartungs-, Reparaturkosten, Energie, Personalkosten usw.

Ziel muss es immer sein, knappe Ressourcen in Maßnahmen, Artikel u. Ä. zu lenken, die den größeren Umsatzerlös für Waren versprechen.

Produktivität

Setzt man die Leistung (Umsatz) oder den Absatz ins Verhältnis zu der Menge der eingesetzten Produktionsfaktoren (z. B. Arbeitsstunde, Raumfläche), so erhält man die Produktivität. Sie gibt Auskunft über die Ergiebigkeit (Effizienz, Wirkung) eingesetzter Produktionsfaktoren, d. h., sie gibt z. B. den Umsatz je Mitarbeiter oder den Umsatz je Quadratmeter Verkaufsfläche an. Entsprechend sind Personal-, Raum-, Kundenproduktivität und andere zu unterscheiden.

BEISPIEL Der Mars Elektrofachmarkt e. K. erzielte im letzten Jahr auf einer Gesamtfläche von 1400 m^2 bzw. einer Verkaufsfläche von 1200 m^2 mit 40 Mitarbeitern, davon 29 Verkäufern, in 80080 Stunden einen Umsatz von 7688250,00 €. Dabei wurden 22944 Kunden lt. vorliegenden Kassenbons/Kassenberichten und Ausgangsrechnungen erfolgreich bedient.

$$\textbf{Personalproduktivität} = \frac{\text{Umsatz}}{\text{Anzahl der Mitarbeiter/-innen}}$$

BEISPIEL

$$\frac{7\,688\,250{,}00}{40} = \underline{\underline{192\,206{,}25\ €}}$$

Im Durchschnitt erzielte ein Mitarbeiter einen Umsatz von 192 206,25 € im Jahr.

$$\textbf{Verkäuferproduktivität} = \frac{\text{Umsatz}}{\text{Anzahl der Verkäufer/-innen}}$$

BEISPIEL

$$\frac{7\,688\,250{,}00}{29} = \underline{\underline{265\,112{,}07\ €}}$$

Das Verkaufspersonal erzielte im Jahr einen durchschnittlichen Umsatz von 265 112,07 €.

$$\textbf{Verkaufsraumproduktivität} = \frac{\text{Umsatz}}{\text{Verkaufsfläche}}$$

BEISPIEL

$$\frac{7\,688\,250{,}00}{1\,200} = \underline{\underline{6\,406{,}88\ €}}$$

Der Umsatz pro Quadratmeter Verkaufsfläche beträgt im Durchschnitt 6 406,88 €.

○ Maßnahmen aufgrund von Produktivitätskennziffern

Die Produktivitätskennziffern sind bei einem Zeitvergleich von Jahr zu Jahr, von Quartal zu Quartal, Monat zu Monat, Tag zu Tag, Stunde zu Stunde oder bei einem Betriebsvergleich (Filialen, Abteilungen) von Interesse. Nicht selten sind die Produktivitätskennziffern Auslöser von betrieblichen Entscheidungen, z. B. bei Arbeitseinsatzplanung, Personalschulung, Kündigungen oder Angeboten von Aufstiegsmöglichkeiten.

Zusammenfassung

Wirtschaftliche Kennziffern im Einzelhandel berechnen und interpretieren

- Rentabilität
  - **Kapitalrentabilität**: Ertrag für 100,00 € eingesetzten Kapitals

    a) **Eigenkapitalrentabilität** $= \frac{\text{Gewinn} \cdot 100}{\text{Eigenkapital}}$

    b) **Gesamtkapitalrentabilität** (Unternehmungsrentabilität) $= \frac{(\text{Gewinn} + \text{Fremdkapitalzinsen}) \cdot 100}{\text{Gesamtkapital}}$
  - **Umsatzrentabilität:** Gewinn bei 100,00 € Umsatz

    $$\text{Umsatzrentabilität} = \frac{\text{Gewinn} \cdot 100}{\text{Umsatzerlöse}}$$
- **Wirtschaftlichkeit** $= \frac{\text{Umsatzerlöse für Waren (Leistungen)}}{\text{Betrieblicher Aufwand (Kosten)}}$

  Ertrag für 1,00 € Kosteneinsatz
- **Produktivität** misst die Wirksamkeit einer Einheit einzelner eingesetzter Produktionsfaktoren:
  - Personalproduktivität
  - Verkäuferproduktivität
  - Verkaufsraumproduktivität

Aufgaben

1. *Ein Einzelhändler möchte die Produktivität des Personals und der Verkaufsfläche seiner beiden Filialen vergleichen. Die Buchhaltung liefert ihm folgende Zahlen:*

	Filiale A	Filiale B
Umsatz in €	150000,00	180000,00
Verkaufspersonal	2	3
Verkaufsfläche in m^2	125	120

Errechnen Sie die Personal- und Verkaufsraumproduktivität und vergleichen Sie die Filialen miteinander.

2. *Ein Einzelhandelsunternehmen hat folgende Zahlen vorliegen:*

Eigenkapital	*2 720 000,00 €*	*Umsatzerlöse*	*13 600 000,00 €*
Gesamtkapital	*5 200 000,00 €*	*Zinsaufwendungen*	*204 000,00 €*
Reingewinn	*680 000,00 €*		

Ermitteln Sie
a) die Eigenkapitalrentabilität,
b) die Gesamtkapitalrentabilität,
c) die Umsatzrentabilität.

3. *Ein Einzelhandelsunternehmen erzielte im vergangenen Jahr einen Nettoumsatz von 1 200 000,00 €; dabei wurde ein Reingewinn von 30 000,00 € erzielt. In diesem Jahr betrug der Nettoumsatz 1 440 000,00 €, die Umsatzrentabilität betrug 2,2 %.*
Ermitteln Sie
a) die Umsatzrentabilität für das vergangene Jahr,
b) den Gewinn, den die Einzelhandlung dieses Jahr erzielte,
c) die prozentuale Steigerung des Umsatzes in diesem Jahr gegenüber dem Vorjahr,
d) die prozentuale Abnahme der Umsatzrentabilität in diesem Jahr gegenüber dem Vorjahr.

4. *Der Jahresabschluss einer Einzelhandelsunternehmung weist folgende Angaben in Tausend Euro aus:*

Eigenkapital	*4 000*	*Fremdkapitalzinsen*	*600*	*Aufwendungen*	*24 200*
Fremdkapital	*6 000*	*Umsatzerlöse*	*25 000*	*Reingewinn*	*800*

Ermitteln Sie
a) die Eigenkapitalrentabilität,
b) die Gesamtkapitalrentabilität,
c) die Umsatzrentabilität,
d) die Wirtschaftlichkeit.

5. *Folgende Bilanzen und GuV-Rechnungen (auszugsweise) sind auszuwerten:*

Vorjahr:

A	Bilanz		P
...		EK	2 000 000,00
		FK	4 000 000,00

S	GuV		H
Auf.		Umsatz	6 000 000,00
f. Waren	4 000 000,00		
Gehälter	1 000 000,00		
FK-Zinsen	400 000,00		
Gewinn	600 000,00		

Berichtsjahr:

A	Bilanz		P
...		EK	2 600 000,00
		FK	4 000 000,00

S	GuV		H
Auf.		Umsatz	6 500 000,00
f. Waren	4 500 000,00		
Gehälter	1 000 000,00		
FK-Zinsen	480 000,00		
Gewinn	520 000,00		

a) Errechnen Sie für das Vorjahr und das Berichtsjahr folgende Werte: Eigenkapitalrentabilität, Gesamtkapitalrentabilität und Umsatzrentabilität.
b) Berechnen Sie für beide Jahre die Wirtschaftlichkeit.
c) Stellen Sie dar, in welcher Weise sich Wirtschaftlichkeit und Rentabilität im vorliegenden Fall beeinflussen.

6. *Mit welcher der nachstehenden Formeln wird die Wirtschaftlichkeit einer Unternehmung errechnet?*

a) $\frac{\text{Gewinn} \cdot 100}{\text{Eigenkapital}}$ c) $\frac{\text{Umsatz}}{\text{Anzahl der beschäftigten Personen}}$ e) $\frac{\text{Gewinn} \cdot 100}{\text{Umsatzerlöse}}$

b) $\frac{\text{Wareneinsatz}}{\text{Umschlagshäufigkeit}}$ d) $\frac{\text{Leistung}}{\text{Kosten}}$

7. *In einem Einzelhandelsunternehmen beträgt das Eigenkapital am Jahresanfang 260 000,00 €. Es wurde im Laufe des Jahres ein Umsatz von 673 200,00 € erzielt. Dabei entstanden 642 000,00 € Kosten.*
Ermitteln Sie
a) den Gewinn,
b) die Eigenkapitalrentabilität,
c) die Umsatzrentabilität,
d) die Wirtschaftlichkeit.

8. *Berechnen Sie auf der Grundlage der nachfolgenden Zahlen*
a) die Eigenkapitalrentabilität (Unternehmerrentabilität),
b) die Gesamtkapitalrentabilität (auf eine Stelle nach dem Komma runden),
c) die Umsatzrentabilität.

Eigenkapital . . . 800 000,00 €
Schulden . . . . . . 600 000,00 €
Gewinn . . . . 160 000,00 €
Fremdkapitalzinsen . . . . 60 000,00 €
Umsatzerlöse für Waren (netto) . . 4 800 000,00 €

9. *Nehmen Sie folgende Sachwörter in Ihre Lernkartei auf: Eigenkapitalrentabilität, Gesamtkapitalrentabilität, Umsatzrentabilität, Wirtschaftlichkeit, Produktivität, Verkäuferproduktivität, Verkaufsraumproduktivität, Umsatzkennzahl.*

10. *Die Buchhaltung eines Einzelhandelsbetriebes liefert für die letzten drei Jahre folgende Zahlen:*

	1. Jahr	2. Jahr	3. Jahr
Verkaufsfläche in m²	150	150	150
Verkäufer/-innen	2	3	4
Eigenkapital in €	150 000,00	175 000,00	210 000,00
Fremdkapital in €	100 000,00	125 000,00	115 000,00
Zinsen für Fremdkapital in €	4 800,00	7 500,00	6 000,00
Gewinn in €	25 000,00	35 000,00	50 000,00
Umsatz zu Verkaufspreisen (netto) in €	580 000,00	750 000,00	960 000,00

a) Errechnen Sie die Eigenkapital-, Gesamt- und Umsatzrentabilität sowie die Wirtschaftlichkeit, die Personal- und Verkaufsraumproduktivität.
b) Beurteilen Sie die Entwicklung des Unternehmens.
c) Nennen Sie Gründe für die Veränderungen der einzelnen Kennzahlen.

11. *Ermitteln Sie aus folgenden Angaben*
a) den Rohgewinn,
b) den Handlungskostenzuschlagssatz,
c) den Gewinnzuschlagssatz,
d) die Wirtschaftlichkeit,
e) die Umsatzrentabilität.

S	GuV		H
Wareneinsatz/Aufw. für Waren	975 000,00	Umsatzerlöse für Waren	1 537 500,00
Personalkosten	150 000,00		
betriebliche Steuern	35 000,00		
Aufwendungen für Kommunikation (Werbung u. Ä.)	67 500,00		
Aufwendungen für bezogene Leistungen (Energie, Instandsetzungen u. a.)	127 500,00		

9 Limitrechnen anwenden

HANDLUNGSSITUATION

Hanne Bauer, Abteilungsleiterin Einkauf der Center Warenhaus GmbH, beruft eine Sitzung mit allen ihren Gruppenleitungen ein. Sie eröffnet die Sitzung: *„Wie in jedem Jahr müssen wir die Einkaufsmenge und -werte für jede Warengruppe planen. Wie Sie wissen, können wir nicht beliebig unser Lager füllen, da seine Kapazität begrenzt ist und erhebliche Lagerkosten entstehen. Außerdem haben wir nicht genügend finanzielle Mittel, um alle Einkaufswünsche zu erfüllen. Wir müssen also haushalten. Jede Einkaufsgruppe erhält somit ein Budget, mit dem die Einkäufe zu bewältigen sind. Dieser Betrag hängt ab von den geplanten Umsätzen in den Verkaufsabteilungen. Wir dürfen also nur so viel einkaufen, wie wir in der nächsten Periode absetzen können.“*

ARBEITSAUFTRÄGE

- *Erstellen Sie eine Liste der Informationen, die benötigt werden, um das Budget für den Einkauf von Waren festlegen zu können.*
- *Beschreiben Sie den Arbeitsablauf für die Berechnung des Betrages, der für Einkäufe eines Sortimentsteils erforderlich ist.*

Für den Wareneinkauf steht einem Einzelhändler je Periode (Jahr, Quartal, Monat) und je Sortimentsteil (Artikel, Artikelgruppe, Warenart und -bereich) nur ein beschränkter Geldbetrag (**Limit** oder **Budget**) zur Verfügung. Deshalb wird im Rahmen der Beschaffungsplanung eine **Limitrechnung** durchgeführt. Mit der Limitrechnung setzt der Einzelhändler sich selbst Einkaufsgrenzen (= Limits).

Die Limitrechnung (limitieren = begrenzen) dient der kurzfristigen Einkaufsplanung. Mit ihrer Hilfe wird festgelegt, über welchen Betrag ein Einkäufer innerhalb eines bestimmten Zeitraumes für Wareneinkäufe verfügen darf. Diese **Einkaufsgrenze** sollte nicht überschritten werden.

Grundlagen für die Limitrechnung sind

- die erwarteten Einkaufspreise,
- der für den vorgesehenen Zeitraum geplante Nettoumsatz zu Bezugs-/Einstandspreisen = Wareneinsatz,

- die Differenz zwischen dem Lageranfangsbestand des Planungszeitraumes und dem geplanten durchschnittlichen Lagerbestand,
- die **Lagerumschlagshäufigkeit**.

Nach dem Zeitraum des Wareneinsatzes unterscheidet man ein **Jahres-**, **Vierteljahres-**, **Monats-** oder **Saisonlimit**.

Die **Berechnung** des **Limits** kann grundsätzlich

- **pro Abteilung,**
- **pro Warengruppe,**
- **pro Artikel**

erfolgen.

Die Limitrechnung unterscheidet folgende Limits:

Gesamtlimit	geplanter Wareneinsatz unter Berücksichtigung der geplanten Lagerbestandsveränderung
Limitreserve	Ein Teil des Gesamtlimits wird zur Risikominderung und für Sonderbestellungen einbehalten.
Freies Limit	freigegebenes oder verfügbares Limit, Gesamtlimit abzüglich der Limitreserve und der für diese Limitperiode erteilten Aufträge an Lieferer
Sonderlimit	Zusatzlimit, um bei Umsatzsteigerungen flexibel zu bleiben

Bei der Limitrechnung werden die Planumsätze laufend mit den Ist-Umsätzen verglichen. Das Einkaufslimit kann dementsprechend nach oben und nach unten korrigiert werden **(Limitkontrolle)**.

Berechnung des Gesamtlimits

BEISPIEL Am 01.08. beträgt der Lagerbestand einer Warengruppe 450 000,00 €. Im August soll der durchschnittliche Lagerbestand auf 400 000,00 € reduziert werden. Für den Monat August ist ein Umsatz zu Bezugspreisen (Wareneinsatz) von 250 000,00 € geplant. Ermitteln Sie das Gesamtlimit.

Lösung

Da der durchschnittliche Lagerbestand für die Warengruppe abgebaut werden soll, ist für den Einkauf neuer Waren aus dieser Warengruppe ein geringerer Geldbetrag erforderlich.

① **Ermittlung des geplanten Lagerendbestandes**

Um den erforderlichen **Lageranbau** oder **Lagerabbau** berechnen zu können, muss zuerst der geplante Lagerendbestand ermittelt werden.

Da nur der Anfangsbestand und der durchschnittliche Lagerbestand bekannt sind, kann die Formel für die Berechnung des durchschnittlichen Lagerbestandes genutzt werden:

$$\text{durchschnittlicher Lagerbestand} = \frac{\text{Lageranfangsbestand (LAB)} + \text{Lagerendbestand (LEB)}}{2}$$

Durch Umstellung dieser Formel kann der geplante Lagerendbestand berechnet werden:

geplanter LEB = (geplanter durchschnittlicher Lagerbestand · 2) – Anfangsbestand

geplanter LEB = (400 000,00 · 2) – 450 000,00 = 350 000,00 €

② **Ermittlung des Lagerabbaus oder -anbaus**

	Lageranfangsbestand	450 000,00 €
–	geplanter Lagerendbestand	350 000,00 €
=	**notwendiger Lagerabbau**	**100 000,00 €**

③ **Ermittlung des Gesamtlimits**

	Wareneinsatz (Planumsatz)	250 000,00 €
–	notwendiger Lagerabbau	100 000,00 €
=	**Gesamtlimit**	**150 000,00 €**

Durch die Berücksichtigung der Lagerbestandsveränderung **(Lagerabbau)** verringert sich auch das Gesamtlimit.

Wenn der geplante durchschnittliche Lagerbestand (Plan-Lager) größer als der Inventurbestand (Ist-Lager) ist, dann muss das Gesamteinkaufslimit erhöht werden **(Lageranbau)**, d. h., es ist mehr Kapital für den Einkauf dieser Waren erforderlich.

Ist hingegen der geplante durchschnittliche Lagerbestand (Plan-Lager) kleiner als der Inventurbestand (Ist-Lager), muss das Gesamtlimit gekürzt werden (Lagerabbau), d. h., es ist weniger Kapital für den Einkauf dieser Waren erforderlich.

Für die **Berechnung des Gesamtlimits** kann man folgendes Rechenschema benutzen:

	Wareneinsatz (Planumsatz)
–	notwendiger Lagerabbau (Verkleinerung des durchschnittlichen Lagerbestandes)
+	notwendiger Lageranbau (Vergrößerung des durchschnittlichen Lagerbestandes)
	Gesamtlimit der Limitperiode

Lösungsweg

① Ermitteln Sie den geplanten Lagerendbestand mithilfe der Formel: geplanter Endbestand = (geplanter durchschnittlicher Lagerbestand · 2) – Lageranfangsbestand.

② Ermitteln Sie den notwendigen Lagerabbau, indem Sie vom Lageranfangsbestand den geplanten durchschnittlichen Lagerbestand subtrahieren.

③ Ermitteln Sie das Gesamtlimit, indem Sie vom geplanten Wareneinsatz den notwendigen Lagerabbau subtrahieren bzw. zum geplanten Wareneinsatz den notwendigen Lageranbau addieren.

Berechnung des freien Limits (Wareneinsatz und durchschnittlicher Lagerbestand sind gegeben)

Die bereits an Lieferer erteilten und noch nicht gelieferten Aufträge (Auftragsrückstand) sind vom Gesamtlimit zu subtrahieren, da sie den zur Verfügung stehenden Geldbetrag vermindern. Ebenfalls verringert die zur Risikominderung einbehaltene **Limitreserve** (z. B. für eventuelle Preiserhöhungen und für Sonderbestellungen) das Gesamtlimit.

BEISPIEL Die Center Warenhaus GmbH hat für eine Warengruppe für den Monat Juli einen Umsatz von 600 000,00 € geplant. Für den Wareneinkauf muss das Warenhaus 300 000,00 € ausgeben. Der geplante durchschnittliche Lagerbestand beläuft sich auf 90 000,00 € und der Inventurbestand auf 80 000,00 €. Der Auftragsrückstand beträgt 40 000,00 € und die Limitreserve 60 000,00 €. Ermitteln Sie das Gesamtlimit und das freie Limit.

Lösung

① **geplanter Lagerendbestand = (geplanter durchschnittlicher LB · 2) – LAB**
= (90 000,00 · 2) – 80 000,00
= 100 000,00 €

	geplanter Lagerendbestand (Plan-Lager)	100 000,00 €
	– Lageranfangsbestand lt. Inventur (Ist-Lager)	– 80 000,00 €
②	**Lagerdifferenz (Lageranbau)**	+ 20 000,00 €
	+ geplanter Wareneinsatz	+ 300 000,00 €
③	**Gesamtlimit**	320 000,00 €
	– Auftragsrückstand	– 40 000,00 €
	– Limitreserve	– 60 000,00 €
	freies Limit	220 000,00 €

Lösungsweg

① Ermitteln Sie den geplanten Lagerbestand.
② Ermitteln Sie die Lagerdifferenz (Lageran- oder -abbau), indem Sie vom geplanten durchschnittlichen Lagerbestand den Lageranfangsbestand abziehen.
③ Ermitteln Sie das Gesamtlimit (Lagerdifferenz + geplanter Wareneinsatz).
④ Ermitteln Sie das freie Limit (Gesamtlimit – Auftragsrückstand – Limitreserve).

Berechnung des freien Limits (Wareneinsatz und durchschnittlicher Lagerbestand sind nicht gegeben)

BEISPIEL Die Center Warenhaus GmbH plant für das nächste Geschäftsjahr das Einkaufslimit für eine Warengruppe, wobei ihr folgende Informationen vorliegen:

- geplanter Nettoumsatz: 512 000,00 €
- geplante Lagerumschlagshäufigkeit: 4
- zugrunde liegende Handelsspanne: 40 %
- Inventurbestand zu Beginn des Jahres: 66 800,00 €

Ermitteln Sie das Gesamteinkaufslimit für das Planungsjahr.

Lösung

① **Errechnung des geplanten Wareneinsatzes:**

100 % = 512 000,00 € (Nettoumsatz)

60 % (Wareneinsatz) = x

$$x = \frac{512\,000{,}00 \cdot 60}{100} = \underline{\underline{307\,200{,}00\ €}}$$

② **Errechnung des geplanten durchschnittlichen Lagerbestandes:**

$$\text{Umschlagshäufigkeit} = \frac{\text{Wareneinsatz}}{\text{durchschnittlicher Lagerbestand}} \quad \text{oder}$$

$$\text{durchschnittlicher Lagerbestand} = \frac{\text{Wareneinsatz}}{\text{Umschlagshäufigkeit}} = \frac{307\,200{,}00}{4} = \underline{\underline{76\,800{,}00\ €}}$$

③ **Errechnung des geplanten Lagerendbestandes:**

geplanter Lagerendbestand = (geplanter durchschnittlicher LB · 2) – LAB
= (76 800,00 · 2) – 66 800,00
= <u>86 800,00 €</u>

④ **Errechnung der Lagerdifferenz:**

geplanter Lagerendbestand	86 800,00 €
– Lageranfangsbestand	66 800,00 €
Lageranbau	+ 20 000,00 €

⑤ **Errechnung des Gesamtlimits:**

geplanter Wareneinsatz	307 200,00 €
+ Lageranbau	20 000,00 €
Gesamtlimit	327 200,00 €

Lösungsweg

① Ermitteln Sie den geplanten Wareneinsatz (Nettoumsatz zu Bezugs-/Einstandspreisen = 100 %).
② Ermitteln Sie den geplanten durchschnittlichen Lagerbestand durch Umwandlung der Formel für die Umschlagshäufigkeit.
③ Ermitteln Sie den geplanten Lagerendbestand.
④ Ermitteln Sie den notwendigen Lageranbau und -abbau (Lagerdifferenz), indem Sie den Inventurbestand vom geplanten durchschnittlichen Lagerbestand subtrahieren.
⑤ Ermitteln Sie das Gesamtlimit, indem Sie vom geplanten Wareneinsatz den notwendigen Lagerabbau subtrahieren bzw. zum geplanten Wareneinsatz den notwendigen Lageranbau addieren.

Zusammenfassung

Limitrechnung anwenden

- Mit der Limitrechnung wird ermittelt, über welchen **Einkaufsbetrag** ein Einkäufer **innerhalb eines bestimmten Zeitraumes für bestimmte Artikel** verfügen darf.
- **Limitreserve:** Ein Teil des Gesamtlimits wird zur Risikominderung und für Sonderbestellungen einbehalten.
- Das **freie Limit** berücksichtigt die Limitreserve und die bereits an Lieferer erteilte Aufträge (= Auftragsrückstand).
- **Berechnung des Gesamtlimits und des freien Limits:**

	Wareneinsatz = geplanter Umsatz zu Bezugs-/Einstandspreisen = Soll-Umsatz
–	geplanter Lagerabbau (Verringerung des durchschnittlichen Lagerbestandes)
+	geplanter Lageranbau (Erhöhung des durchschnittlichen Lagerbestandes)
=	**Gesamtlimit**
–	bereits erteilte Aufträge und Limitreserve
=	**freies Limit der Periode**

- Für unerwartete Umsatzsteigerungen kann ein **Sonderlimit** eingeplant werden.
- Mit der **Limitkontrolle** wird ein ständiger Vergleich zwischen geplantem und tatsächlichem Umsatz zu Bezugs-/Einstandspreisen (Soll-Umsatz/Ist-Umsatz) durchgeführt.

Aufgaben

1. *Erläutern Sie „Gesamtlimit“, „freies Limit“, „Sonderlimit“, „Limitreserve“ und „Limitkontrolle“.*

2. *Ein Einzelhändler entnimmt seiner Buchhaltung am 01.07. folgende Werte:*

– Lagerbestand am 30.06.	*450 000,00 €*
– geplanter Lagerbestand am 31.07.	*350 000,00 €*
– geplanter Wareneinsatz für den Monat Juli	*150 000,00 €*
– bereits für Juli erteilte Aufträge	*10 000,00 €*

   Der Einzelhändler arbeitet mit einer Limitreserve von 10 % vom geplanten Wareneinsatz.

   Ermitteln Sie

   a) den geplanten Lagerabbau,

   b) das Gesamtlimit ohne Berücksichtigung der Limitreserve und der bereits erteilten Aufträge,

   c) das noch zur Verfügung stehende Limit (freies Limit) unter Berücksichtigung der Limitreserven und der bereits erteilten Aufträge.

3. *Im kommenden Geschäftsjahr ist für eine Warengruppe ein Umsatz von 228 000,00 € (brutto) geplant. Der geplante Kalkulationsabschlag beträgt 40 %. Die geplante Umschlagshäufigkeit beträgt 4. Der durch Inventur festgestellte Lagerbestand beträgt 40 000,00 €.*

a) Wie viel Euro beträgt der geplante Wareneinsatz für die Warengruppe?
b) Stellen Sie fest, ob der vorhandene Lagerbestand für den geplanten Umsatz zu hoch oder zu niedrig ist oder der Planung genau entspricht.

4. *Ein Einzelhändler plant für das zweite Halbjahr das Gesamtlimit einer Warengruppe:*

– *geplanter Nettoumsatz*	*285 000,00 €*
– *Handelsspanne*	*30 %*
– *geplanter Lageranfangsbestand zum 01.07.*	*23 850,00 €*
– *geplanter Lagerendbestand zum 31.12.*	*17 400,00 €*

a) Berechnen Sie den geplanten Wareneinsatz.
b) Ermitteln Sie den geplanten Lagerabbau.
c) Wie viel Euro beträgt das Gesamtlimit?

5. *Für den Planungszeitraum eines Jahres wird ein Limitplan erstellt. Als Grundlage für den Limitplan werden folgende Werte aus der Buchhaltung herangezogen:*

– *Planungsumsatz zu Bruttoverkaufspreisen*	*400 000,00 €*
– *geplanter Kalkulationszuschlag*	*25 %*
– *geplante Umschlagshäufigkeit*	*4*
– *Inventurbestand zu Beginn des Jahres*	*140 000,00 €*

Ermitteln Sie
a) den geplanten Wareneinsatz in Euro,
b) den geplanten durchschnittlichen Lagerbestand in Euro,
c) den erforderlichen Lagerabbau,
d) das Gesamtlimit für den Planungszeitraum.

6. *Die folgende Tabelle beinhaltet Daten, die ein Einzelhändler am 31.06. d. J. für den folgenden Monat Juli erhält (Angaben in Euro):*

Juli	Vorjahr	Laufendes Jahr
Geplanter Wareneinsatz	250 000,00	260 000,00
Tatsächlicher Lagerbestand zu Bezugs-/ Einstandspreisen am 30.06.	75 000,00	A
Geplanter Lagerbestand zu Bezugs-/ Einstandspreisen am 31.07.	90 000,00	90 000,00
Lageranbau (+) bzw. -abbau (–)	+ 15 000,00	– 10 000,00
Geplantes Gesamtlimit	265 000,00	250 000,00
Geplante Limitreserve (25 %)	66 250,00	B
Geplantes freies Limit	198 750,00	C

a) Ermitteln Sie jeweils die fehlenden Werte in den Feldern A, B und C.
b) Welche der folgenden Aussagen kann aus den Zahlen der Tabelle abgeleitet werden?
ba) Die geplanten Lagerbestände zum 31.07. des Vorjahres und des laufenden Jahres sind gleich. Folgerichtig muss das jeweilige Gesamtlimit ebenfalls gleich sein.
bb) Der geplante Wareneinsatz ist im Juli größer als im Vorjahr, also muss der Einzelhändler auch mehr Ware einkaufen.
bc) Der Einzelhändler will im Juli des laufenden Jahres sein Lager abbauen. Deshalb ist sein Gesamtlimit in diesem Monat kleiner als der geplante Wareneinsatz.

Übungsaufgaben

1. *a) Tragen Sie nachstehende Werte in die Konten ein.*
   b) Schließen Sie die Konten ab.
   c) Ermitteln Sie
   - *den Rohgewinn,*
   - *den Handlungskostenzuschlagssatz,*
   - *den Gewinnzuschlagssatz.*

	€		€
Geschäftsausstattung ...	*112 000,00*	*Aufwendungen für Energie*	*284 000,00*
Grundstück mit Gebäuden	*839 000,00*	*Löhne/Gehälter.........*	*1 540 000,00*
Forderungen a. LL.	*126 500,00*	*betriebliche Steuern .....*	*275 000,00*
Bank	*362 000,00*	*Büromaterial ....*	*88 000,00*
Eigenkapital	*840 800,00*	*Mieten ....*	*127 000,00*
Verbindlichkeiten a. LL. ..	*227 700,00*	*Umsatzerlöse für Waren ..*	*4 692 000,00*
Aufwendungen für Waren	*2 007 000,00*		

2. *Ermitteln Sie aus unten stehenden Angaben der Buchhaltung in Tausend Euro zum Ende eines Geschäftsjahres*
   a) das Anlagevermögen,
   b) das Umlaufvermögen,
   c) die Schulden,
   d) die Handlungskosten in Tausend Euro,
   e) den Wareneinsatz,
   f) den Gewinn (Reingewinn),
   g) das Eigenkapital zu Beginn des Geschäftsjahres.

Angaben der Buchhaltung in T€:

Personalaufwand..............	*8 500*	*betriebliche Steuern ....*	*440*
Grundstücke und Gebäude......	*12 800*	*Forderungen a. LL. ....*	*16*
Umsatzerlöse	*45 000*	*kurzfristige Bankverbindlichkeiten*	*8 800*
langfristige Bankverbindlichkeiten	*2 200*	*Warenanfangsbestand ....*	*2 660*
Verbindlichkeiten a. LL.	*9 900*	*Aufwendungen für Waren.......*	*25 140*
Mietaufwand.................	*640*	*Warenendbestand ....*	*2 700*
Fuhrpark	*200*	*Bankguthaben ....*	*9 200*
Kasse	*24*	*sonstige Aufwendungen ....*	*4 800*
Geschäftsausstattung	*4 300*		

3. *In einem Spielwarengeschäft werden zum Artikel „Modellautos Viererpack" in den vier Quartalen des letzten Jahres folgende Daten ermittelt:*

	1. Quartal	2. Quartal	3. Quartal	4. Quartal	Jahr
Anfangsbestand in Stück	660	?	?	?	?
Einkäufe in Stück	1 500	1 500	1 500	1 500	?
Endbestand in Stück	920	750	970	360	?
Absatzmenge in Stück	?	?	?	?	?

Ein „Viererpack" wurde für 0,68 € eingekauft und für 1,94 € brutto verkauft.
a) Vervollständigen Sie diese Tabelle, indem Sie
   aa) die Anfangsbestände der drei letzten Quartale und
   ab) die Absatzmengen der vier Quartale und des Geschäftjahres ermitteln.

b) Erstellen Sie eine zweite Tabelle, aus der für die einzelnen Quartale
ba) der Umsatz,
bb) die Wareneinkäufe in Euro,
bc) die Bestandsveränderungen in Euro,
bd) der Wareneinsatz (Aufwendungen für Waren)
hervorgehen.
c) Ermitteln Sie
ca) den Jahresumsatz aus diesem Artikel,
cb) den Wareneinsatz dieses Artikels im Jahr.
d) Ermitteln Sie
da) mit welcher Menge und
db) mit welchem Wert
der Bestand an Modellautos „Viererpack“ am Jahresende ins Inventar aufzunehmen ist.

4. *Die Buchhaltungsabteilung hat einen Beleg über den Kauf von Fachbüchern zum Gesamtpreis von 215,00 € einschließlich 7 % Umsatzsteuer zu buchen.*
Wie viel Euro beträgt die Umsatzsteuer?

5. *Ein Einzelhandelsunternehmen weist folgende Zahlen aus:*

Eigenkapital	*3 000 000,00 €*	*Umsatzerlöse*	*14 000 000,00 €*
Gesamtkapital	*5 000 000,00 €*	*Fremdkapitalzinsen*	*100 000,00 €*
Jahresüberschuss	*900 000,00 €*		

Ermitteln Sie
a) die Eigenkapital-, b) die Gesamtkapital-, c) die Umsatzrentabilität.

6. *Für die Kostenstelle „Haushaltswaren“ in der Center Warenhaus GmbH ermittelte die Kostenrechnung für die beiden letzten Jahre folgende Ergebnisse:*

	Berichtsjahr	Vorjahr
Umsatzerlöse für Waren	962 172,00 €	957 444,00 €
Wareneinsatz	445 450,00 €	520 350,00 €
Handlungskosten:		
Personalkosten	259 200,00 €	225 600,00 €
Miete	32 000,00 €	32 000,00 €
Energie	10 450,00 €	8 670,00 €
Reinigung	6 840,00 €	6 260,00 €
Bürokosten	3 160,00 €	4 200,00 €
Werbung	27 600,00 €	21 470,00 €
Instandsetzungen	4 450,00 €	3 860,00 €
Gewerbesteuer	12 660,00 €	10 150,00 €
Verkaufsfläche in m^2	500	450
Verkäufer/-innen	6	7

a) Stellen Sie die Abweichungen gegenüber dem Vorjahr in Prozent fest.
b) Ermitteln Sie für beide Jahre
ba) den Handlungskostenzuschlagssatz,
bb) den Gewinnzuschlagssatz,
bc) die Wirtschaftlichkeit,
bd) die Verkaufsflächenproduktivität,
be) die Verkäuferproduktivität.

c) Stellen Sie in einem kurzen Bericht die wesentlichen Veränderungen zusammen.
d) Nennen Sie Ursachen für die Veränderungen und Maßnahmen zur Verbesserung.

7. *Das Gewinn- und Verlustkonto des Mars Elektrofachmarkt e. K. zeigt zum Geschäftsjahresende folgende zusammengefasste Eintragungen:*

S	Gewinn- und Verlustkonto		H
Aufwendungen für Waren	2 400 000,00	Umsatzerlöse/	
Personalaufwendungen	500 000,00	Warenverkauf	3 600 000,00
sonstige betriebliche Aufwendungen	300 000,00		
Eigenkapital			

a) Berechnen Sie die fehlenden Werte des GuV-Kontos und den Rohgewinn in Euro.
b) Berechnen Sie den Handlungskostenzuschlagssatz in Prozent (auf zwei Stellen nach dem Komma runden).
c) Berechnen Sie den Gewinnzuschlagssatz in Prozent (auf eine Stelle nach dem Komma runden).
d) Berechnen Sie, mit welchem Preis ein Artikel mit einem Bezugspreis von 78,00 € ausgezeichnet werden müsste, wenn die berechneten Zuschlagssätze und 19 % Umsatzsteuer zu berücksichtigen sind.

8. *a) In einem Warenhaus sind nach folgenden Angaben die Gemeinkosten des letzten Quartals auf die Abteilungen „Schuhe/Lederwaren" und „Strickwaren" zu verteilen.*

Gemeinkosten in €		Verteilungsgrundlage	Verteilungsschlüssel	Schuhe/ Lederwaren in €	Strickwaren in €
Gehälter	135 700,00	Gehaltsliste	–	72 400,00	63 300,00
Mieten	24 400,00	Fläche in m²	siehe unten		
Reinigung	3 140,00	Umsatz	siehe unten		
Energie	2 450,00	Fläche in m²	siehe unten		
Büromaterial	1 240,00	Belege	–	810,00	430,00
Werbung/Dekoration	12 804,00	Umsatz	siehe unten		
Gewerbesteuer	5 160,00	Umsatz	siehe unten		
Sonstige Gemeinkosten	22 630,00	Umsatz	siehe unten		
Handlungskosten insgesamt	207 524,00				

Abteilungsbezogene Angaben	Insgesamt	Schuhe/Lederwaren	Strickwaren
Umsatz des letzten Quartals in €	726 334,00	472 117,00	254 217,00
Wareneinsatz in €	415 048,00	259 405,00	155 643,00
Fläche in m²	250	160	90
Zahl der Verkäufer/-innen	14	6	8

b) Werten Sie die Ergebnisse unter Berücksichtigung der abteilungsbezogenen Angaben aus und ermitteln Sie
ba) den durchschnittlichen Handlungskostenzuschlagssatz des Betriebes und der beiden Abteilungen,
bb) den Gewinn des Betriebes und beider Abteilungen,

bc) den durchschnittlichen Gewinnzuschlagssatz des Betriebes und beider Abteilungen,
bd) die Wirtschaftlichkeit des Betriebes und beider Abteilungen,
be) die Verkaufsraumproduktivität des Betriebes und beider Abteilungen,
bf) die Verkäuferproduktivität des Betriebes und beider Abteilungen.

c) Vergleichen Sie beide Abteilungen anhand der Ergebnisse und leiten Sie Maßnahmen daraus ab.

9. Im Textilhaus Peter Klein e. K. liegen folgende Daten vor:

	1. Jahr	2. Jahr	3. Jahr	4. Jahr	5. Jahr
Umsatzerlöse für Waren in €	1 122 400,00	1 145 600,00	1 475 000,00	1 205 000,00	1 575 000,00
Verkaufsfläche in m²	250	250	250	250	300,00
Wareneinsatz in €	748 300,00	763 700,00	983 300,00	803 300,00	1 086 200,00
Personalkosten in €	145 200,00	152 600,00	170 800,00	152 100,00	210 700,00
Zahl der Verkäufer/-innen	6	6	6	5	6

a) Ermitteln Sie für die Jahre 1 bis 5
aa) die Verkaufsraumproduktivität,
ab) die Verkäuferproduktivität
und erläutern Sie die Entwicklung bei der Produktivität.

b) Stellen Sie in einem Kurvendiagramm die Entwicklung
ba) der Umsatzerlöse,
bb) des Wareneinsatzes,
bc) der Personalkosten
dar und erläutern Sie die Grafik.

c) Stellen Sie die Ergebnisse der Produktivitäten im Textilhaus Peter Klein e. K. und in der Branche in einem Stabdiagramm dar und erläutern Sie die Abweichungen.

Branchenzahlen	1. Jahr	2. Jahr	3. Jahr	4. Jahr	5. Jahr
Verkaufsfläche/m²	6 100	6 300	6 500	6 000	6 700
Umsatz pro Verkäufer/-in in €	230 000,00	240 000,00	250 000,00	225 000,00	260 000,00

10. Ein Textileinzelhandelsgeschäft, das die Warengruppen Herren-, Damen- und Kinderbekleidung führt, legte im letzten Geschäftsjahr folgende Daten vor:

Bekleidung / Ergebnis	Herren	Damen	Kinder
Umsatz in €	576 000,00	490 000,00	360 000,00
Wareneinsatz in €	320 000,00	280 000,00	225 000,00
Variable Handlungskosten in €	80 000,00	84 000,00	67 500,00
Fixe Kosten in €	180 000,00		

Ermitteln Sie
a) die Deckungsbeiträge jeder Warengruppe und den Gesamtdeckungsbeitrag,
b) den Reingewinn des Jahres.

Ungebundene und gebundene Aufgaben zur Prüfungsvorbereitung

1. *Ein Lebensmitteleinzelhandelsunternehmen ermittelte für das abgelaufene Geschäftsjahr folgende Daten für die einzelnen SB-Filialen:*

Filiale	Jahresumsatz in €	Verkaufsfläche in m^2	Durchschnittliche Beschäftigtenzahl
Köln	33 324 480,00	2 800	82
Düsseldorf	14 996 016,00	1 505	44
Duisburg	6 508 687,00	835	21
Dortmund	7 350 000,00	1 100	33
Koblenz	23 436 000,00	2 360	70
Frankfurt	7 224 000,00	1 575	46

a) Ermitteln Sie
- *den Umsatzanteil der SB-Filialen am Gesamtumsatz,*
- *die Verkaufsraumproduktivität,*
- *die Verkäuferproduktivität.*

b) Erläutern Sie mögliche Maßnahmen der Geschäftsleitung aufgrund der unterschiedlichen Ergebnisse in den SB-Filialen.

2. *Eine Einzelhandelsunternehmung stellt ihrer Werbe- und Dekorationsabteilung einen Etat von 82 000,00 € zur Verfügung. Dieser Betrag wird wie folgt verteilt:*
- *1/4 für Anzeigen,*
- *1/5 für Zeitungsbeilagen und Prospekte,*
- *3/8 für Schaufensterdekoration.*

Der Rest wird für die Innendekoration verwendet.
a) Wie viel Euro entfallen auf die Schaufensterdekoration?
b) Wie viel Euro verbleiben für die Innendekoration?
c) Wie viel Euro entfallen auf Anzeigen, Zeitungsbeilagen und Prospekte?

3. *Ermitteln Sie anhand der unten stehenden Tabelle*
a) die Monatsmiete je Quadratmeter für Filiale B in Euro,
b) die durchschnittliche Monatsmiete je Quadratmeter für alle Filialen in Euro (auf zwei Stellen nach dem Komma runden),
c) um wie viel Prozent die Monatsmiete je Quadratmeter der Filiale B unter der durchschnittlichen Monatsmiete je Quadratmeter aller Filialen liegt (auf eine Stelle nach dem Komma runden).

Geschäftsraummietkosten 20..			
Filiale	Jahresumsatz je m^2 in €	Jahresmiete in % vom Umsatz	Monatsmiete je m^2 in €
A	6 260,00	4,2	21,91
B	7 200,00	4,1	?
C	8 080,00	4,5	30,30
D	9 360,00	4,0	31,20

4. *In einem Verbrauchermarkt wurden in der Haushaltswarenabteilung folgende vier Küchenmaschinen verkauft:*

Küchenmaschinen	A	B	C	D
Absatzmenge in Stück	150	130	140	160
Verkaufspreis (netto) in €	95,00	70,00	75,00	85,00
Bezugs-/Einstandspreis in €	50,00	44,00	39,00	54,00

Ermitteln Sie

a) den Deckungsbeitrag je Stück,

b) den Deckungsbeitrag je Artikel A, B, C und D insgesamt,

c) den Deckungsbeitrag für alle Küchenmaschinen insgesamt,

d) den Reingewinn für alle Küchenmaschinen bei insgesamt 5 400,00 € fixen Kosten.

5. *Ergänzen Sie unten stehende Aussagen mit je einem der vier folgenden Begriffe.*

1. Die Vorsteuer *3. Die Umsatzsteuerzahllast*
2. Die Umsatzsteuer *4. Der Vorsteuerüberhang*

a) ..... wird auf Eingangsrechnungen ausgewiesen.

b) ..... wird in der Bilanz auf der Passivseite ausgewiesen.

c) ..... wird auf Kassenberichten und Ausgangsrechnungen ausgewiesen.

d) ..... ergibt sich, wenn die Vorsteuer größer ist als die Umsatzsteuer.

e) ..... wird jeweils zum 10. des folgenden Monats an das Finanzamt abgeführt.

f) ..... wird in der Bilanz aktiviert.

6. *Eine Eingangsrechnung des Mars Elektrofachmarkt e. K. vom 16.05.20.. über den Einkauf von*

250 Sparglühlampen 15 W à 3,80 €	*950,00 €*
+ 19 % Umsatzsteuer	*180,50 €*
	1 130,50 €

trägt den Vermerk „Zahlung binnen zehn Tagen abzüglich 2 % Skonto, binnen 30 Tagen netto".

a) Welchem Zinssatz entspricht der Skontosatz?

b) Aufgrund des Ergebnisses unter a) soll die Rechnung in der Skontofrist bezahlt werden.

ba) Wann muss die Eingangsrechung spätestens ausgeglichen sein?

bb) Wie viel Euro sind zu überweisen?

c) Der Artikel wird vom Mars Elektrofachmarkt e. K. mit folgenden Zuschlagssätzen kalkuliert:

- *Handlungskostenzuschlagssatz 25 %*
- *Gewinnzuschlagssatz 10 %*
- *Umsatzsteuer 19 %*

ca) Zu welchem Bruttoverkaufspreis bietet der Mars Elektrofachmarkt e. K. eine Sparlampe an?

cb) Welchem Kalkulationszuschlagssatz entsprechen die Einzelzuschlagssätze?

7. Ihnen liegen folgende Angaben zur Bilanz und Gewinn- und Verlustrechnung vor:

Aktiva	Bilanz zum 31.12.20.. in €		Passiva
I. Anlagevermögen		I. Eigenkapital	
1. Grundstücke mit Gebäude	840 000,00	II. Schulden	
2. Fuhrpark	80 000,00	1. langfristige	
3. Geschäftsausstattung	160 000,00	Darlehensschulden	750 000,00
II. Umlaufvermögen		2. Verbindlichkeiten a. LL.	285 000,00
1. Waren	760 000,00		
2. Forderungen a. LL.	26 000,00		
3. Bankguthaben	482 000,00		
4. Kasse	6 400,00		

Soll	Gewinn- und Verlustrechnung		Haben
Aufwendungen für Waren/ Wareneinsatz	1 240 400,00	1. Umsatzerlöse/ Warenverkauf	1 984 640,00
Aufwendungen für Energie	28 100,00		
Fremdinstandsetzung	32 300,00		
Personalaufwand	344 903,00		
Werbungskosten	123 450,00		
Versicherungsbeiträge	12 820,00		
betriebliche Steuern	16 607,00		
Eigenkapital			

a) Ermitteln Sie den prozentualen Anteil des Umlaufvermögens am Gesamtvermögen.

b) Ermitteln Sie den prozentualen Anteil des Eigenkapitals am Gesamtkapital.

c) Errechnen Sie in Euro

ca) den Rohgewinn,

cb) die Handlungskosten,

cc) den Gewinn (Reingewinn).

8. Der Mars Elektrofachmarkt e. K. nimmt zum 01.12. einen Toaster zum Bruttoverkaufspreis von 38,79 € einschließlich 19 % USt. in die Warengruppe „Elektrokleingeräte“ auf.

Aus der Artikeldatei gehen folgende Daten im Dezember hervor:

Bestandsveränderungen in Stück			
Datum	**Einkauf**	**Rücksendung**	**Endbestand**
01.12.	10		
02.12.		2	
15.12.	20		
16.12.		1	
29.12.	20		
31.12.			5

a) Berechnen Sie den aufwendbaren Bezugs-/Einstandspreis in Euro, wenn diese Warengruppe im Mars Elektrofachmarkt e. K. mit einem Kalkulationsfaktor von 1,8 kalkuliert wird.

b) Ermitteln Sie den im Bruttoverkaufspreis enthaltenen USt-Anteil.

c) Ermitteln Sie, wie viele Toaster im Dezember verkauft wurden.

d) Stellen Sie fest, mit welchem Bestandswert der Toaster im Inventar erscheint.

e) Stellen Sie fest, welcher Bruttoumsatz im Dezember mit dem Toaster insgesamt erzielt wurde.

f) Berechnen Sie, wie viel Euro der Wareneinsatz beim Toaster beträgt.

g) Berechnen Sie, über welchen Betrag die Bruttogutschrift für die Rücksendungen der Toaster an den Lieferer lautet.

9. *Mitte Januar 20.. ist der Kauf eines neuen Kombilieferwagens im Mars Elektrofachmarkt e. K. zu erfassen. Hierzu liegt Ihnen die folgende Eingangsrechnung (Auszug) vor.*

Eingangsrechnung vom 15. Januar 20..

1 Kombilieferwagen – Standardpaket	43 200,00 €
+ Überführungskosten	900,00 €
Gesamtpreis, netto	44 100,00 €
+ 19 % Umsatzsteuer	8 379,00 €
Gesamtpreis, brutto	52 379,00 €
zahlbar sofort per Banküberweisung	

Zum Ende des Jahres 20.. soll der Kombiliefererwagen gem. abgebildeter AfA-Tabelle (Auszug Kraftfahrzeuge) bewertet und linear abgeschrieben werden.

AfA-Tabelle (Auszug Kraftfahrzeuge)	
Anlagegüter – Kraftfahrzeuge	**Nutzungsdauer in Jahren**
Pkw, Kombiwagen, Transporter	6
Lkw, Schlepper-, Kippfahrzeuge, Anhänger	11

a) Ermitteln Sie den Anschaffungswert des Kombilieferwagens.

b) Nennen Sie drei Ursachen für die Abnutzung und damit für die Abschreibung zum Jahresende.

c) Ermitteln Sie den Abschreibungsbetrag nach der linearen Abschreibungsmethode im Jahre der Anschaffung.

d) Ermitteln Sie den Buchwert zum Ende des Anschaffungsjahres.

e) Erläutern Sie, welche Auswirkung die Abschreibung auf den Erfolg und auf die Kalkulation des Mars Elektrofachmarkt e. K. hat.

f) Erläutern Sie, welche Auswirkung die Abschreibung auf den Ausweis des Kombilieferwagens im Inventar und in der Bilanz hat.

LERNFELD 12

Mit Marketingkonzepten Kunden gewinnen und binden

1 Das Marketing als zentrale Unternehmensaufgabe verstehen

HANDLUNGSSITUATION

Beim monatlichen Treffen der Abteilungsleiter des Mars Elektrofachmarkt e. K. mit der Geschäftsführung wird über eine Sortimentserweiterung nachgedacht. Der Verkaufsleiter für „Braune Ware", Herr Kraft, schlägt vor, Artikel des Herstellers Hyndio aufzunehmen:

„Hyndio hat einen wachsenden Marktanteil in verschiedenen Bereichen der Braunen Ware. Die Blu-ray-Player z. B. sind preislich unschlagbar – damit könnten wir sogar gegen die Angebote der Discounter ankommen. Die ärgern mich nahezu jede Woche."

„Das geht mir genauso, obwohl wir unsere Kunden nach Aussage der Marktforschung eher nicht an den Discounter verlieren", erwidert die Marketingleiterin Frau Bauer. *„Zu Ihrem Vorschlag, Herr Kraft: Hyndio passt als Marke meines Erachtens überhaupt nicht in unser Sortiment. Wir verfolgen doch eine völlig andere Marketingstrategie als die Discounter und müssen uns deutlich von diesen abheben. Die Kunden sollen uns doch als ‚Leistungsführer' wahrnehmen. Das gilt für unsere Verkaufsraumgestaltung, für die Beratungsleistung unserer Mitarbeiter, für unsere Werbung und natürlich auch für unser Sortiment. Eine Billigmarke aufzunehmen, passt nicht zu unserer Marketingkonzeption."*

„Und Fehler im Marketing führen häufig in Unternehmenskrisen", ergänzt die Geschäftsführerin Frau Mars nachdenklich.

ARBEITSAUFTRÄGE

- *Formulieren Sie die Problematik, auf die Frau Bauer hinweist, schriftlich und mit eigenen Worten.*
- *Frau Bauer ist die Marketingleiterin im Mars Elektrofachmarkt e. K. Erläutern Sie, ob eine solche Stelle auch für Sie erstrebenswert ist.*
- *Begründen Sie, warum das Marketing als die zentrale Aufgabe eines Einzelhändlers angesehen wird.*
- *Erklären Sie, in welchem Zusammenhang Ihre Tätigkeiten im Ausbildungsbetrieb mit Marketing stehen.*

Marketing als Prinzip der Unternehmensführung

MERKE

Marketing ist ein Prinzip der Unternehmensführung, bei der alle Aktivitäten auf die gegenwärtigen und künftigen Erfordernisse der Märkte ausgerichtet werden. Dabei sind systematisch gewonnene Informationen über die Märkte (insbesondere über Kunden und Konkurrenz) die Grundlage aller Entscheidungen.

Im Einzelhandel hat das Marketing im Bereich des Absatzes der Waren eine besondere Bedeutung, sodass unter Marketing meist das **Absatzmarketing** verstanden wird. Die Konzentration auf den Absatzmarkt ist mit den **Marktbedingungen** zu erklären. Bei nahezu allen Artikeln, die im Einzelhandel verkauft werden, ist das Angebot höher als die Nachfrage.

Vom Verkäufer- zum Käufermarkt

Lernfeld 9

Seit dem Zweiten Weltkrieg ist ein Wandel vom **Verkäufermarkt** zum **Käufermarkt** eingetreten.

Als **Verkäufermarkt** bezeichnet man einen Markt, bei dem die Nachfrage größer ist als das Angebot. Die Verkäufer befinden sich gegenüber den Kunden in einer stärkeren Position.

BEISPIEL Unmittelbar nach dem Zweiten Weltkrieg war das Warenangebot knapp. Die Käufer rissen den Anbietern die Produkte förmlich aus der Hand.

Heute befinden wir uns auf einem **Käufermarkt**. Die Käufer haben gegenüber den Anbietern oft die stärkere Position, da das Angebot größer ist als die Nachfrage. Der Kunde wird zum „König“. Folglich muss der Wettbewerb um die Kunden verstärkt werden, um diese zu gewinnen und zu halten.

BEISPIEL Im EKZ Rheinpark bieten fünf Geschäfte Damenschuhe an. Hier hat der Kunde die Wahl zwischen den verschiedenen Geschäften, die sich ihrerseits um den Kunden bemühen müssen.

Eine Folge dieser wirtschaftlichen Rahmenbedingungen ist eine konsequente **Kunden- und Wettbewerbsorientierung** im Einzelhandel, die im Marketing zum Ausdruck kommt:

Kundenorientierung	Wettbewerbsorientierung
gezielte Analyse der Wünsche, Bedürfnisse und Ansprüche der Kunden **Ziel:** optimale Befriedigung der sich wandelnden Kundenansprüche	Analyse der jeweiligen Wettbewerbssituation und Vergleich eigener Leistungen mit denen der Konkurrenten **Ziel:** eigene Wettbewerbsvorteile erkennen, pflegen und ausbauen

TIPP

Marketing ist die zentrale Unternehmensaufgabe, die weitgehend die anderen Unternehmensbereiche steuert. Erfolgreiches Marketing ist entscheidend für den Erfolg eines Unternehmens.

Marketingstrategien und Marketingkonzept

Überlegungen zum Marketing erfolgen auf ganz unterschiedlichen Ebenen. Ausgehend von den Unternehmenszielen bauen diese aufeinander auf. Gemeinsam ist den Überlegungen auf allen Ebenen, dass der **Kunde stets im Mittelpunkt** steht:

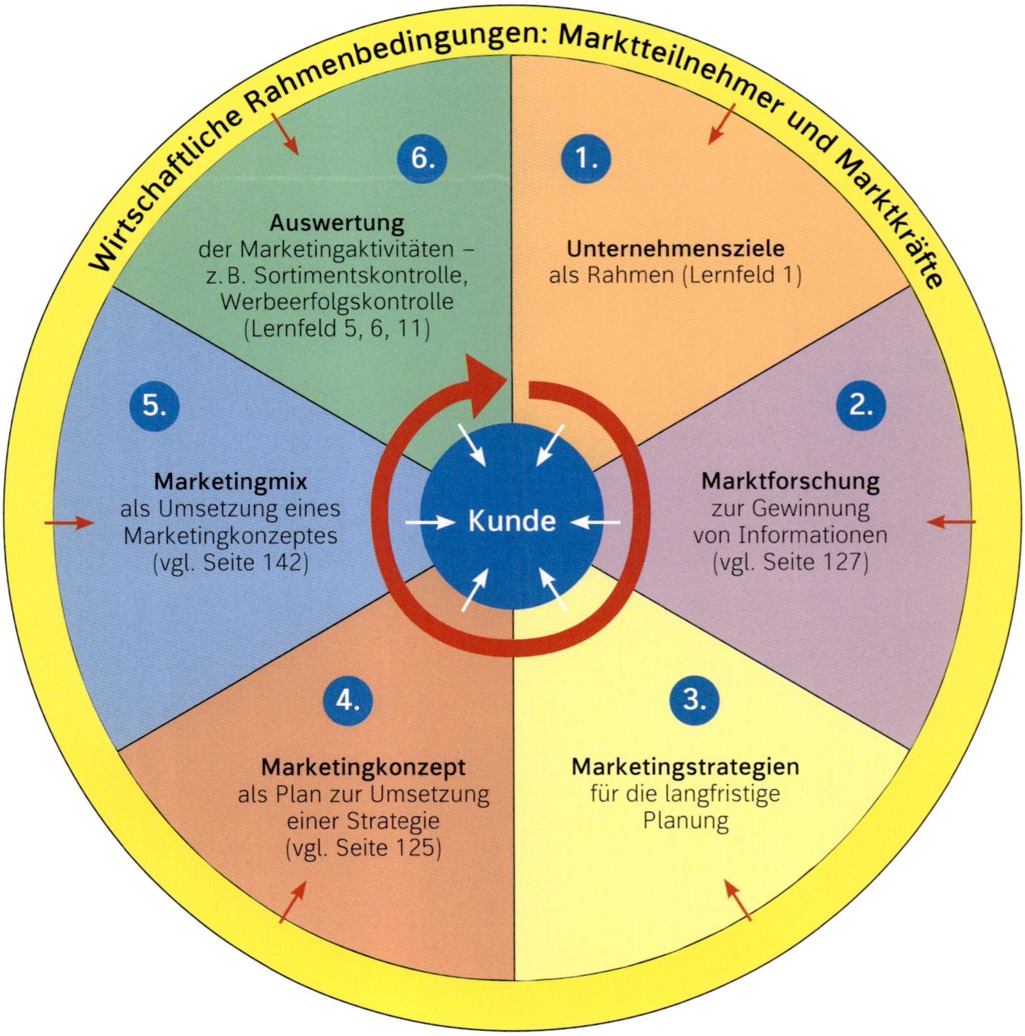

○ Marketingstrategien

Ausgangspunkt aller Marketingaktivitäten ist die Marktforschung (vgl. Seite 127). Auf der Grundlage der Marktforschungsergebnisse werden **Marketingstrategien** entwickelt. Diese sind langfristig ausgerichtet und bestimmen künftige Entscheidungen. Marketingstrategien können sehr unterschiedlich sein:

Strategie	Erläuterung	Beispiele
Anpassung	Ein Einzelhandelsunternehmen versucht, sich an Verhaltensweisen seiner Konkurrenten anzupassen.	Die Lebensmitteldiscount Schlegel KG bringt wöchentlich Sonderangebote auf den Markt, die nicht aus ihrem Kernsortiment stammen, z. B. Textilien oder Elektrogeräte. Sie hat damit Erfolg. Ein anderer Lebensmitteldiscounter übernimmt dieses Vorgehen – er passt sich dem Markt an – und bietet ebenfalls wöchentlich sortimentsfremde Waren an.
Differenzierung	Ein Einzelhandelsunternehmen möchte sich bewusst von anderen Konkurrenten unterscheiden.	Die men-shop Bernd Kreitner GmbH hat in ihrem Geschäft ein kleines Bistro eingerichtet, in dem Kaffee, Cocktails und Kuchen angeboten werden.
Marktdurchdringung	Ein Einzelhandelsunternehmen möchte mit seinem Sortiment an seinem Standort den vorhandenen Markt möglichst umfassend durchdringen und beherrschen.	Ein Fachgeschäft für Küchen mit drei Filialen betreibt in seiner Region sehr intensiv Werbung und stellt insbesondere seine Preiswürdigkeit und sein tiefes Sortiment in den Vordergrund. Es möchte an seinem Standort das führende Fachgeschäft für Küchen werden und Konkurrenten über einen Preiskampf verdrängen.
Markterschließung	Ein Einzelhandelsunternehmen möchte mit seinem Sortiment neue Märkte erschließen.	Ein Sportfachgeschäft erkennt den Trend der Zeit und errichtet eine Filiale, die sich vorwiegend an die Kundenzielgruppe über fünfzig Jahre wendet. Es konzipiert ein spezielles Sortiment für diese Kundengruppe.
Marktsegmentierung	Ein Unternehmen teilt seinen Markt in Teilmärkte auf. Dadurch können die Bedürfnisse einzelner Zielgruppen besser erfasst und gezielter bearbeitet werden. Zielgruppen können nach verschiedenen Kriterien gebildet werden, u. a. nach Sortimentsbereichen (Herren-, Damen-, Kinderbekleidung), Preisgruppen usw.	Das Textilkaufhaus Werl KG hat sein Sortiment nach dem „Shop-in-the-shop"-Prinzip gegliedert. So gibt es u. a. eine Boutique für junge, modebewusste Kunden, einen fachgeschäftähnlichen Bereich für Übergrößen, einen Selbstbedienungsbereich für T-Shirts, Hemden usw., sowie eine Sportbekleidungszone.

Die aufgezählten Strategien werden in der Praxis meist nicht in reiner Form angewendet. Es gibt **Mischformen, Kombinationen und betriebsindividuelle Strategien**.

Marketingkonzept

Auf der Grundlage einer Marketingstrategie werden je nach Unternehmens- und Sortimentsgröße ein Marketingkonzept oder mehrere Marketingkonzepte entwickelt. Unter einem Konzept versteht man einen Plan, in dem fünf grundlegende Entscheidungen getroffen werden:

→ **Zielgruppe**	(**Wen** möchte ich erreichen?)
→ **Sortiment/Warengruppe**	(**Was** möchte ich verkaufen?)
→ **absatzpolitisches Instrumentarium**	(**Wie** möchte ich meine Absatzziele erreichen?)
→ **zeitlicher Handlungsrahmen**	(**Wann** soll etwas erreicht werden?)
→ **Verantwortlichkeiten**	(**Wer** ist für die Umsetzung und die Kontrolle des Konzeptes zuständig?)

BEISPIEL In der Hi-Fi-Abteilung des Mars Elektrofachmarkt e. K. wird ein Marketingkonzept umgesetzt, das Frau Braun das „Gehobene-Mittelklasse-Konzept" nennt: Die absoluten Topgeräte werden zwar den spezialisierten Fachhändlern überlassen. Die direkt darunter befindliche Qualitätsstufe bildet jedoch den Schwerpunkt in diesem Warenbereich: Qualitätsorientierte und nicht sonderlich preisempfindliche Kunden finden z. B. hochwertige Verstärker- und Lautsprechersysteme, die mit exzellenter Beratung und zahlreichen ergänzenden Serviceleistungen in einem eigenen Studio vorgeführt werden. In diesem Bereich soll ein jährlicher Umsatzzuwachs von 10 % erreicht werden.

Bedeutung von Nachhaltigkeit im Marketing

Nachhaltiges Wirtschaften bedeutet, dass für den Gesamterfolg eines Unternehmens ökonomische, ökologische und soziale Faktoren in gleicher Weise zählen.

Nachhaltiges Wirtschaften

Ökologie	Ökonomie	Soziales
langfristiger und rücksichtsvoller Umgang mit (endlichen) natürlichen Ressourcen	langfristige Unternehmenssicherung durch Steigerung der Wertschöpfung, verbunden mit Innovationen und kundengerechter Bedürfnisbefriedigung	Einhaltung sozialer Standards, z. B. in der Beschaffung, mitarbeiterfreundliche Gestaltung von Arbeitsplätzen, faire Bezahlung von Arbeitskräften

Nachhaltigkeit ist eine Form des ökologischen, ökonomischen und sozialen Handelns, welche gegenwärtigen und zukünftigen Generationen vergleichbare oder bessere Lebensbedingungen sichern sollen.

BEISPIEL Immer mehr Kunden achten neben dem Preis und der Qualität auch auf Artikeleigenschaften wie Regionalität sowie eine ökologisch und sozial vertretbare Herstellung. Die Center Warenhaus GmbH kennt diese Ansprüche ihrer Kunden und erhöht ihr Angebot an nachhaltigen Artikeln, arbeitet intensiver mit ihren Lieferanten zusammen und prüft sogar teilweise die sozialverträgliche Herstellung der Waren in den Herstellerländern.

Aspekte der Nachhaltigkeit beeinflussen heutzutage immer mehr die Marketingentscheidungen des Einzelhandels. Der **Umweltschutz** gewinnt an Bedeutung, da die Menschen die zu-

nehmenden Umweltprobleme immer stärker wahrnehmen. Die von Menschen verursachte Klimaerwärmung und die daraus resultierenden Naturkatastrophen schärfen das Umweltbewusstsein der Kunden. Zudem können durch bestimmte Marketingentscheidungen, z. B. die Beschaffung von Textilien in Billiglohnländern, Einzelhandelsunternehmen einen schlechten Ruf erlangen, was wiederum einen Einfluss auf den Umsatz dieser Unternehmen hat. Infolgedessen sollten bei allen Marketingentscheidungen auch Aspekte der Nachhaltigkeit berücksichtigt werden.

Zusammenfassung

Das Marketing als zentrale Unternehmensaufgabe verstehen

- Marketing umfasst alle auf **Märkte** gerichtete Aktivitäten eines Unternehmens. Im Einzelhandel steht das Absatzmarketing im Mittelpunkt.
- Bei einem **Verkäufermarkt** gilt: Nachfrage > Angebot. Bei einem **Käufermarkt** gilt: Nachfrage < Angebot. Im Einzelhandel ist der Käufermarkt üblich.
- Eine marktorientierte Unternehmensführung macht die **Kundenorientierung** und die **Wettbewerbsorientierung** zu Schwerpunkten.
- Marketingaktivitäten erfolgen auf ganz unterschiedlichen unternehmerischen **Entscheidungsebenen**. Langfristig wirkende **Marketingstrategien** basieren auf den Unternehmenszielen und Marktforschungsergebnissen. **Marketingkonzepte** sind Pläne zur Umsetzung der Marketingstrategien.
- Bei allen Marketingentscheidungen sollten Aspekte der **Nachhaltigkeit** beachtet werden.

Aufgaben

1. *Erläutern Sie den Unterschied zwischen Verkäufer- und Käufermarkt. Beschreiben Sie dabei auch die jeweiligen Konsequenzen für das Marketing im Einzelhandel.*
2. *Beschreiben Sie, wie Ihr Ausbildungsbetrieb Kunden- und Wettbewerbsorientierung umsetzt.*
3. *Erläutern Sie zwei Marketingstrategien Ihrer Wahl anhand je eines Beispieles.*
4. *Beschreiben Sie das bestehende Marketingkonzept Ihres Ausbildungsbetriebes in groben Zügen. Nutzen Sie dazu eine Tabelle, die Sie im Laufe des weiteren Unterrichts ergänzen können.*

Zielgruppe	Sortiment	Absatzpolitisches Instrumentarium	Verantwortlichkeiten

5. *Listen Sie Beispiele für nachhaltiges Handeln Ihres Ausbildungsbetriebes auf und erläutern Sie die dahinterstehende Zielsetzung.*

2 Die Marktforschung als Grundlage von Marketingentscheidungen nutzen

HANDLUNGSSITUATION

Im Mars Elektrofachmarkt e. K. bemerkt man seit geraumer Zeit, dass die Umsätze in der Warengruppe 3 „Mobile Navigation" rückläufig sind. Im vergangenen Quartal nahmen die Umsätze, gemessen am Vorjahr, um etwa 12 % ab. Sowohl Frau Mars, die Geschäftsführerin des Mars Elektrofachmarkt e. K., als auch Frau Quirl, die Verkaufsleiterin für den Bereich „Neue Medien", beobachten diese Entwicklung mit großer Sorge.

Frau Quirl: *„Ich vermute, dass uns insbesondere die preisaggressiven Direktversender sowie die Discounter zusetzen und uns mehr und mehr Marktanteile abnehmen. Darauf müssen wir einfach reagieren."*

Frau Mars: *„Das kann durchaus sein. Bedenken Sie aber, dass wir auch unsere Werbung umgestellt haben. Ihrem Bereich stand dieses Jahr ein deutlich geringeres Werbebudget zur Verfügung."*

Frau Quirl: *„Das stimmt natürlich. Dennoch spielt das Werbebudget in dieser Warengruppe nur eine geringe Rolle. Durch die Umstellung auf unser direktes Kundenmailing konnten wir eine mindestens ebenso hohe Werbewirksamkeit wie vorher erreichen. Ich führe den Rückgang eher auf unser Sortiment zurück. Bei den Navigationsgeräten erwarten unsere Kunden heute ein tiefes und breites Sortiment, welches verschiedene Preislagen und Qualitäten abdeckt."*

Frau Mars: *„Hm, das ist durchaus möglich. Ich denke, mit Spekulationen kommen wir nicht weiter. Für eine genaue Analyse der Ursachen und die darauf aufbauenden Entscheidungen brauchen wir handfeste Fakten."*

ARBEITSAUFTRÄGE

LS

- *Beschreiben Sie, welche Informationen über die Kunden und die Konkurrenz in Ihrem Ausbildungsunternehmen systematisch gesammelt werden.*
- *Sammeln Sie Ideen, wie Frau Mars und Frau Quirl zu den „handfesten" Fakten gelangen können, die ihnen in der Folge als Entscheidungsgrundlage dienen können.*

● Marktforschung

Die **Beschaffung** und **Aufbereitung** von **Marktinformationen** ist Aufgabe der Marktforschung. Als zentrale Bereiche der Marktforschung für den Einzelhandel gelten:

Kundenanalyse	Konkurrenzanalyse	Analyse der eigenen Marktstellung

TIPP

Privat und beruflich gilt: Wichtige Entscheidungen sollten auf gesicherten Informationen beruhen.

Die **Hauptziele der Marktforschung** sind,

- eigene Wettbewerbsvorteile/Stärken zu erkennen, um sie ausbauen zu können, sowie
- eigene Schwächen zu ermitteln, um sie mit geeigneten Marketingmaßnahmen zu beseitigen.

Voraussetzung dafür sind verlässliche, aktuelle, genaue und zielgerichtete Marktdaten.

Informationsquellen der Marktforschung

Betriebsinterne Quellen

Das betriebsinterne Datenmaterial der Marktforschung entstammt den Aufzeichnungen der verschiedenen Abteilungen eines Unternehmens.

Das **Warenwirtschaftssystem** (**WWS**) ist eine besonders gute Informationsquelle. Es liefert artikelgenau Daten und bildet somit die Grundlage für vielfältige Marketingaktivitäten.

BEISPIEL Das Programm CTO Warenwirtschaft bietet zahlreiche Auswertungsmöglichkeiten, die für Marketingzwecke genutzt werden können:

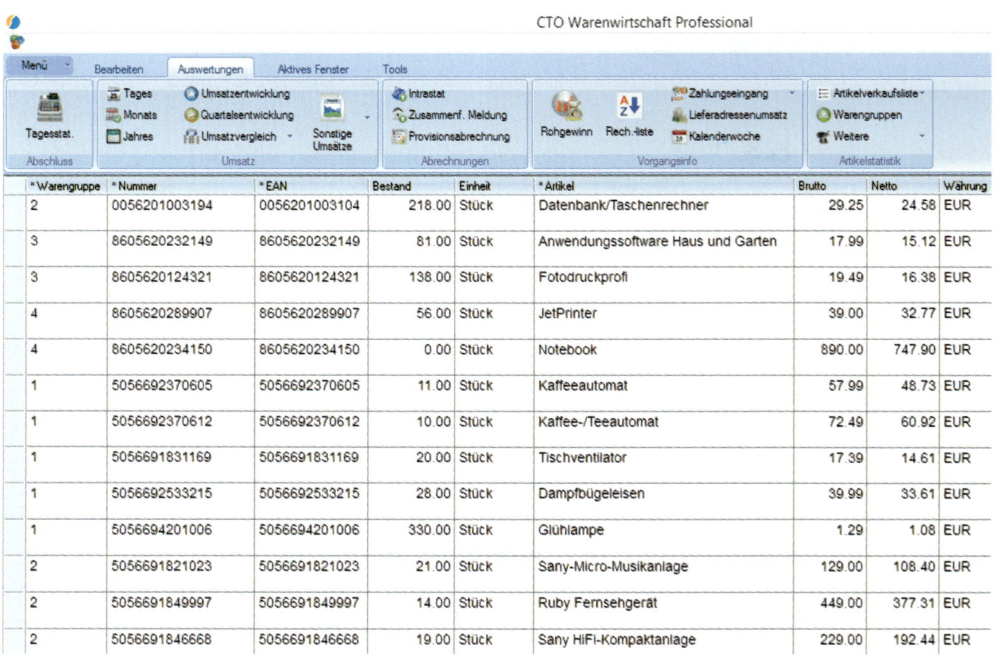

* Warengruppe	* Nummer	* EAN	Bestand	Einheit	* Artikel	Brutto	Netto	Währung
2	0056201003194	0056201003104	218.00	Stück	Datenbank/Taschenrechner	29.25	24.58	EUR
3	8605620232149	8605620232149	81.00	Stück	Anwendungssoftware Haus und Garten	17.99	15.12	EUR
3	8605620124321	8605620124321	138.00	Stück	Fotodruckprofi	19.49	16.38	EUR
4	8605620289907	8605620289907	56.00	Stück	JetPrinter	39.00	32.77	EUR
4	8605620234150	8605620234150	0.00	Stück	Notebook	890.00	747.90	EUR
1	5056692370605	5056692370605	11.00	Stück	Kaffeeautomat	57.99	48.73	EUR
1	5056692370612	5056692370612	10.00	Stück	Kaffee-/Teeautomat	72.49	60.92	EUR
1	5056691831169	5056691831169	20.00	Stück	Tischventilator	17.39	14.61	EUR
1	5056692533215	5056692533215	28.00	Stück	Dampfbügeleisen	39.99	33.61	EUR
1	5056694201006	5056694201006	330.00	Stück	Glühlampe	1.29	1.08	EUR
2	5056691821023	5056691821023	21.00	Stück	Sany-Micro-Musikanlage	129.00	108.40	EUR
2	5056691849997	5056691849997	14.00	Stück	Ruby Fernsehgerät	449.00	377.31	EUR
2	5056691846668	5056691846668	19.00	Stück	Sany HiFi-Kompaktanlage	229.00	192.44	EUR

Betriebsexterne Quellen

Oft ist erforderlich, dass die Marktforschung Daten benötigt, die nicht betriebsintern vorhanden sind. In diesem Fall müssen die Daten erst beschafft werden. Soll beispielsweise die wirtschaftliche Entwicklung eingeschätzt werden, so können Berichte der Europäischen Zentralbank (EZB), der Bundesbank und einzelner Ministerien (Wirtschafts-, Finanz-, Arbeitsministerium) sowie Pressemitteilungen ausgewertet werden. Zudem bieten die Industrie- und Handelskammern verschiedenen Wirtschaftsinstituten und spezialisierten Unternehmen im Bereich der Marktforschung Daten an. Diese stehen oftmals – etwa im Internet – kostenlos zur Verfügung.

○ Sekundärdaten

Oft werden Daten nicht speziell für Marktforschungszwecke erhoben, sondern für andere Zwecke, z.B. für Zwecke des Rechnungswesens. Für die Marktforschung und für sonstige Entscheidungszwecke müssen sie neu aufbereitet (sortiert, ausgewählt, verknüpft) werden. Bei diesen Daten handelt es sich um sogenannte **Sekundärdaten**.

○ Primärdaten

Sind aus Sekundärdaten die gewünschten Informationen nicht zu gewinnen, müssen die Daten erstmalig **neu erhoben** werden. Man spricht dann von **Primärdaten**.

● Überblick über die Methoden der Marktforschung

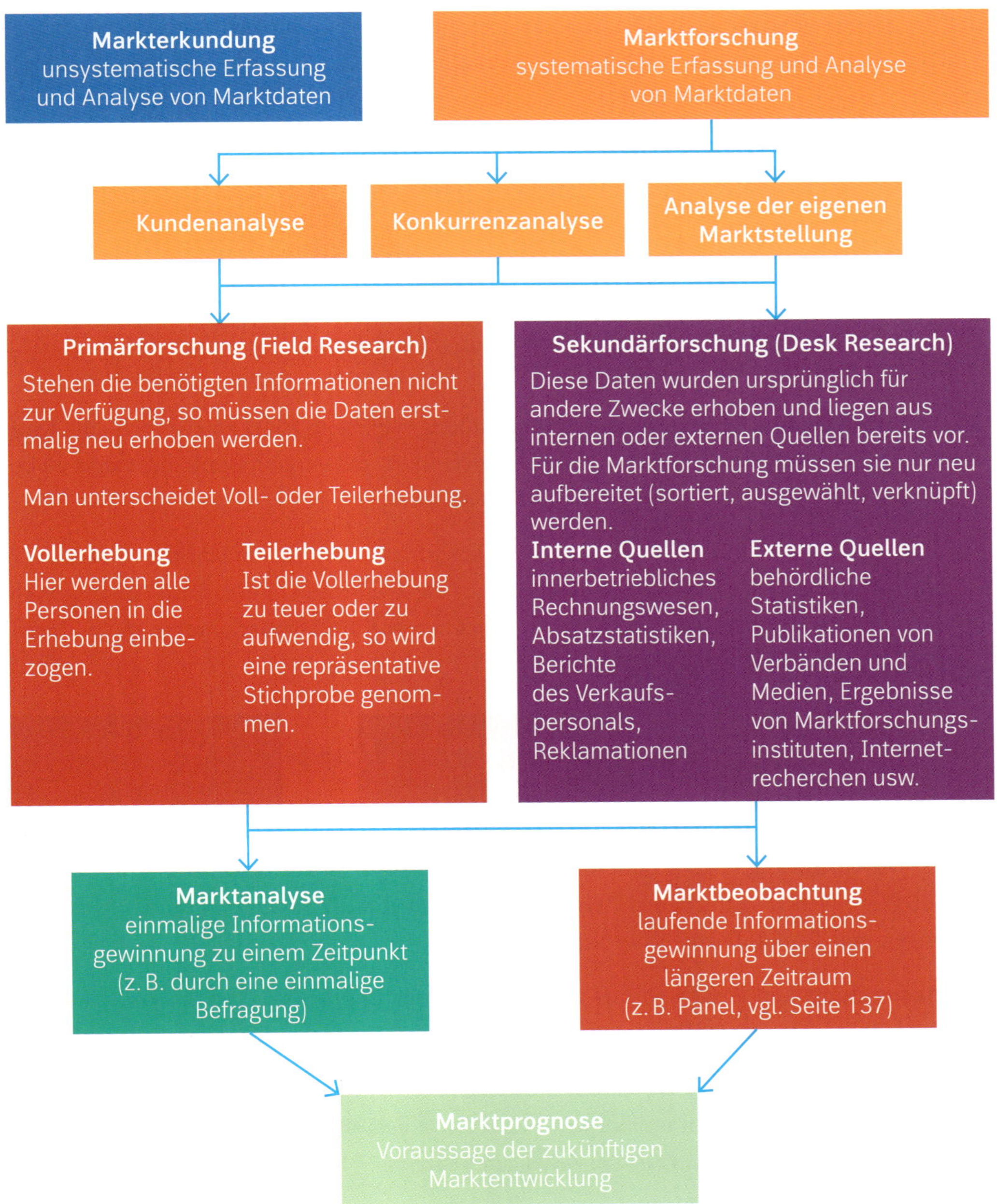

Kundenanalyse

Kundenorientierung und ihre Umsetzung sind langfristig die Voraussetzungen für die Wettbewerbsfähigkeit in einem Käufermarkt und werden so zu einer Überlebensstrategie für alle Einzelhändler.

TIPP

Der Aufwand (Kosten, Zeit), einen bereits vorhandenen Kunden zufriedenzustellen, ist i.d.R. deutlich geringer als der Aufwand, einen neuen Kunden zu gewinnen.

Kundenorientierung hat zum Ziel, Kundenzufriedenheit zu optimieren, um den Wechsel zu Mitbewerbern auszuschließen.

Bei der **Kundenanalyse** geht es darum, so viel wie möglich über aktuelle und potenzielle Kunden zu erfahren, um in der Folge die Marketingaktivitäten entsprechend auszurichten. Wichtige Fragen der Kundenanalyse sind:

- **Wer sind unsere Kunden**?
- Was sind die **Kaufmotive** und **Ansprüche** unserer Kunden?
- Wie ist das **Kaufverhalten** unserer Kunden?
- Wie **zufrieden** sind unsere Kunden?

Kundenzufriedenheitsanalyse

Zur Überprüfung und Sicherung der Kundenbindung (vgl. Seite 154 ff.) bietet sich eine **Kundenzufriedenheitsanalyse** an. Um sich kundenorientiert und verkaufsstark am Markt zu bewegen, müssen Probleme erkannt und abgebaut werden.

Ein wichtiger Baustein bei der Analyse der Kundenzufriedenheit ist, ein **Stärken- und Schwächenprofil** aus Sicht der Kunden zu erstellen. Aus diesem Profil können dann Ansatzpunkte für die Verbesserung abgeleitet werden. Das Erkennen von systematisch auftretenden Defiziten steht im Vordergrund dieser Methode.

Kundenzufriedenheitsanalyse → Optimierungsmaßnahmen → Dauerhafter Verkaufserfolg

Für die **Durchführung einer Kundenzufriedenheitsanalyse** bietet sich eine **Befragung** (vgl. Seite 134) an. Neben schriftlichen Befragungen kommen auch Telefoninterviews, Onlinebefragungen und Testkäufe zur Anwendung.

Die **Auswertung und Analyse** führt zu einer **Stärken- und Schwächenanalyse**, die in ein **Kundenzufriedenheitsprofil** mündet.

BEISPIEL Die Auswertung des Stärken-Schwächen-Profils des Mars Elektrofachmarkt e.K. zeigt, dass die Beurteilung bei den meisten Kriterien schlecht ausfällt. Lediglich bei der Servicequalität liegt der Mars Elektrofachmarkt e.K. in einem guten Bereich.

Beurteilung / Kriterien	Schlecht					Mittel					Gut				
	7	6	5	4	3	2	1	0	1	2	3	4	5	6	7
Auswahl				X											
Freundlichkeit der Mitarbeiter								X							
Warenpräsentation					X										
Preise						X									
Servicequalität												X			
Reklamations-bearbeitung										X					

——— = eigenes Unternehmen X

Als **Konsequenz** aus der Kundenzufriedenheitsanalyse sollten möglichst konkrete Verbesserungsmaßnahmen beschlossen werden, die zu einem späteren Zeitpunkt auf ihren Erfolg überprüft werden.

BEISPIEL Die Center Warenhaus GmbH beschließt nach ihrer Kundenzufriedenheitsanalyse Schulungs- und Trainingsmaßnahmen für die Verkaufsmitarbeiter. Eine Wiederholungsbefragung im kommenden Jahr soll zeigen, welche Fortschritte erzielt wurden.

TIPP

Eine Kundenzufriedenheitsanalyse kann variiert werden und ihre Schwerpunkte auf die Bereiche „Neukunden" oder „verlorene Kunden" verlagern.

○ Nichtkunden und verlorene Kunden

Für Marketingentscheidungen ist auch eine Analyse der Nichtkunden von Bedeutung. Hier geht es um die Frage: *„Warum kaufen Kunden bei einem Mitbewerber?"* Auch eine Analyse der verlorenen bzw. abgewanderten Kunden ist erforderlich. Hier wird die Frage gestellt: *„Warum habe ich den Kunden verloren?"*

BEISPIELE **Gründe für Nichtkunden:**
- Der Kunde kennt das Einzelhandelsunternehmen und sein Sortiment nicht.
- Das Geschäft liegt nicht verkehrsgünstig.
- Das Geschäft wurde von Freunden als nicht empfehlenswert benannt.

Gründe für verlorene Kunden:
- Der Kunde wurde schlecht beraten.
- Der Kunde hatte Probleme bei einer Reklamation.
- Der Kunde kann Ware anderweitig günstiger kaufen.
- Der Kunde ist umgezogen.

● Konkurrenzanalyse, Mitbewerberanalyse

Die **Konkurrenzanalyse/Mitbewerberanalyse** ist heute ein unverzichtbares Früherkennungsinstrument im Rahmen der Überlebens- und Zukunftssicherung von Einzelhandelsunternehmen. So beeinflusst das Angebot der Mitbewerber die Erwartung und die Zufriedenheit der eigenen Kunden. Zudem droht auch Konkurrenz, die nicht immer nur aus der eigenen Branche stammt.

BEISPIELE

- Anfang der Siebzigerjahre des 20. Jahrhunderts entstand in Deutschland eine völlig neue Konkurrenz für Möbeleinzelhändler. Das schwedische Unternehmen IKEA bediente die Zielgruppe der jungen Familien und der Käufer mit geringer Kaufkraft und bot erstmalig Möbel zum „Selbstmontieren“ an. Heute gehört IKEA zu den führenden Möbelhäusern der Welt und ist ein starker Konkurrent des Facheinzelhandels.
- Bei einer Geschäftsführerversammlung des Einkaufszentrums Rheinpark wird über Reaktionen auf die Entwicklung nachgedacht, dass sich der Onlinehandel zu einem neuen Vertriebskanal entwickelt hat, der zu einem starken Konkurrenten für den stationären Handel geworden ist. Selbst beratungsintensive Produkte wie Computer, Fotoartikel, Bekleidung, Schmuck usw. werden über diesen Vertriebskanal verkauft.

Aufgabe der Konkurrenzanalyse ist es, die Mitbewerber und deren Produkte auf Stärken und Schwächen zu untersuchen. Sie liefert wichtige Orientierungspunkte für die eigene Marketingstrategie.

Bereiche der Konkurrenzanalyse können die Sortimentspolitik, die Preispolitik, die Servicepolitik, die Verkaufsstellenpolitik, die Kommunikationspolitik sowie das Image des Mitbewerbers sein.

Bei der Konkurrenzanalyse ist es empfehlenswert, drei Gruppen zu bilden:

Marktführer und Marktherausforderer	Nischenbearbeiter	Mitläufer
Diese Mitbewerber haben eine besonders ausgeprägte Marktstellung und übernehmen eine **Führungsfunktion** in Bezug auf **Artikelangebot**, **Preisführerschaft** und **Marktbeeinflussung**. Marktherausforderer sind Unternehmen, die auf dem Wege sind, ihren Mitbewerbern Marktanteile abzunehmen oder sich als Marktführer zu positionieren.	Nischenbearbeiter beteiligen sich nur mit einem **begrenzten Liefersortiment und Artikelangebot** am Markt oder konzentrieren sich auf beschränkte Marktgebiete, welche sie mit ihrem Angebot abdecken.	Mitläufer beteiligen sich nur wenig am Marktgeschehen und haben meist eine **untergeordnete Marktstellung**.

Branchenvergleiche

Fachverbände, Kammern sowie Marktforschungsinstitute erstellen in regelmäßigen Abständen Branchenvergleiche. Die hier veröffentlichten Daten können einen weiteren Beitrag zur Konkurrenzanalyse leisten. Oft sind die Daten bereits aufbereitet, sodass sie mit eigenen Unternehmensdaten verglichen werden können.

BEISPIEL Für einen Branchenvergleich hat der Mars Elektrofachmarkt e. K. die folgende Übersicht angelegt. Die Informationen zum Branchendurchschnitt und über die „Top Ten“ erhielt er aus Fachzeitschriften und durch die GfK (Gesellschaft für Konsum-, Markt- und Absatzforschung).

Kennzahl	Eigenes Unternehmen	Branchendurchschnitt	Durchschnitt Top Ten
Umsatz Veränderung zum Vorjahr	10530000,00 € + 2,8 %	6200000,00 € – 0,9 %	14900000,00 € + 3,9 %
Mitarbeiter Veränderung zum Vorjahr	48 – 1	31 – 1	61 – 2
Umsatz je Mitarbeiter Veränderung zum Vorjahr	219375,00 € + 3,4 %	200000,00 € + 0,2 %	244262,30 € + 4,1 %
Gewinn Veränderung zum Vorjahr	380000,00 € – 4,9 %	240000,00 € + 1,8 %	780000,00 € + 3,9 %

Analyse der eigenen Marktstellung

Die Analyse der Marktstellung ist für alle Einzelhandelsunternehmen von großer Bedeutung, um die marketingpolitischen Instrumente mit Blick auf den Absatzmarkt angemessen einzusetzen. Zentrale Bereiche dieser Analyse sind:

Marktpotenzial | Marktvolumen | Marktanteil

Das **Marktpotenzial** ist eine theoretische Größe und gibt den maximalen Absatz eines Artikels in Stück an, wobei unterstellt wird, dass alle denkbaren Käufer über entsprechendes Einkommen verfügen und alle auch eine entsprechende Kaufbereitschaft entwickelt haben.

BEISPIEL Das Marktpotenzial für Smartphones in Deutschland entspricht in etwa der Bevölkerungsanzahl (Ausnahme: Kleinkinder unter sechs Jahren). Hinzu kommt, dass in den letzten Jahren ein Trend zum Zweitsmartphone zu verzeichnen ist.

Das **Marktvolumen** ist eine Teilmenge des Marktpotenzials. Man versteht hierunter die **realisierbaren** bzw. **prognostizierbaren Absatzmengen in einem Zeitraum** in einem abgegrenzten Markt. Hierbei wird von realitätsnahen Prognosen ausgegangen, z.B. auf der Basis von Produktionskapazitäten, Kaufkraft der Kunden usw.

BEISPIEL Das Marktvolumen für Smartphones 2022 basiert auf der Prognose, dass bestimmte Zielgruppen bereit und in der Lage sind, ein Smartphone zu kaufen. Für 2022 gilt: Zielgruppe Jugendliche (bis 16 Jahre): 75%, Zielgruppe Erwachsene: 87%, Zielgruppe Senioren: 46%. Bei 5 Mio. Jugendlichen bis 16 Jahren in Deutschland beträgt das Marktvolumen 75% von 5 Mio. = 3,75 Mio. mögliche Kunden.

Der **Marktanteil** eines Unternehmens ist der **prozentuale Anteil seines Umsatzes oder Absatzes am Marktvolumen**. Mit dieser Messzahl wird die Stärke der Marktposition im Vergleich zur Konkurrenz gemessen. Der Marktanteil kann in Mengeneinheiten wie Stück (Absatz) oder in Werteinheiten wie Euro (Umsatz) gemessen werden.

$$\text{Marktanteil in \%} = \frac{\text{Unternehmensumsatz oder -absatz} \cdot 100}{\text{Marktvolumen}}$$

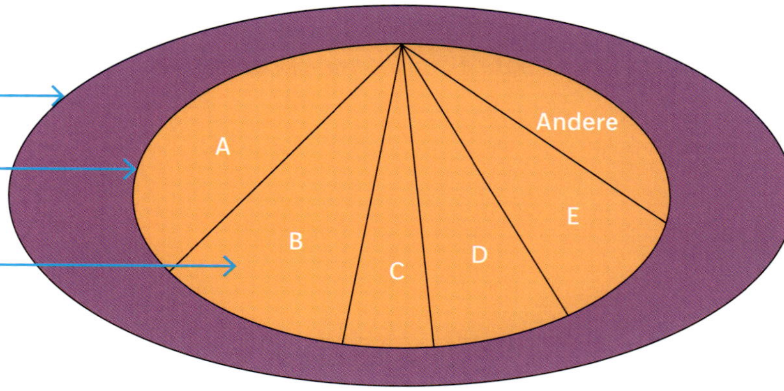

TIPP

Industrie- und Handelskammern, Fachverbände, Marktforschungsinstitute und statistische Landesämter sind Quellen, die für eine Marktanalyse hilfreich sind.

BEISPIEL Im Einzugsgebiet des Mars Elektrofachmarkt e.K. leben etwa 3 Mio. Menschen (Marktpotenzial). Davon sind ca. 2,2 Mio. Menschen Smartphonenutzer, die im letzten Jahr ca. 520000 neue Geräte gekauft haben

Traditionelle Methoden zur Datenerhebung in der Marktforschung

Befragung

Die **Befragung** ist eine Methode der Datenerhebung, bei der sich Personen mündlich oder schriftlich zum jeweiligen Erhebungsgegenstand äußern. Bei Befragungen kann ein Einzelhändler schriftlich, mündlich, telefonisch oder online Informationen einholen.

BEISPIEL Der Mars Elektrofachmarkt e.K. plant eine Kundenbefragung. Erhebungsgegenstand ist die Kundenzufriedenheit.

Erhebungsformen	Erläuterungen	Vorteile	Nachteile
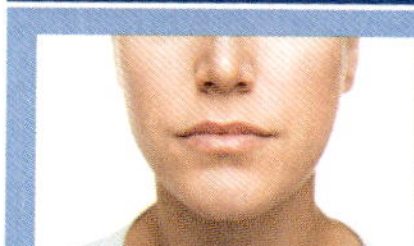 Mündlich	Interviews werden durchgeführt, zumeist geschieht dies mithilfe eines Fragebogens.	• mehr Klarheit, weil Zusatzfragen und Erklärungen möglich sind • hoher Rücklauf	• personal- und kostenintensiv • mögliche Beeinflussung durch Interviewer • zeitaufwendig
 Schriftlich	Fragebögen mit verschiedenen Frageformen werden an ausgewählte Personen geschickt. Meistens geschieht dies online.	• einfach zu organisieren • relativ kostengünstig • ermöglicht breites Informationsspektrum	• Fragen müssen ziel- und personengerichtet formuliert werden. • oft geringe Rücklaufquote • keine spontanen Antworten • intensive Auswertung
 Telefonisch	Es werden gezielt einzelne Personen telefonisch befragt.	• relativ schnelle Erhebung • direkte und persönliche Ansprache der Zielgruppe	• wird von der Zielgruppe häufig als lästig empfunden • Das Antwortverhalten der Befragten ist nicht beobachtbar.

Erhebungsformen	Erläuterungen	Vorteile	Nachteile
 Onlinebefragung	Bei einer Onlinebefragung wird auf einer Webseite auf die Befragung hingewiesen. Wird diese angeklickt, öffnet sich ein Fragebogen, der online ausgefüllt und sofort zur Auswertung weitergeleitet wird.	• leichte und schnelle Form der Auswertung • relativ kostengünstig • keine tageszeitliche Beschränkung	• kein persönlicher Kontakt und deshalb anonym • setzt entsprechende technische Ausstattung voraus

Fragebogen

Alle Formen der Befragung basieren auf einem Fragebogen. Bei der **Konzeption** eines Fragebogens ist besonders das **Untersuchungsziel** zu berücksichtigen. Die Fragen sind auf die **Zielgruppe** abzustimmen und müssen **eindeutig** sowie **sprachlich genau** und **verständlich** sein.

TIPP
Fragebögen sind umso einfacher auszuwerten, je strukturierter sie sind.

Für den Aufbau eines Fragebogens empfiehlt sich die folgende Struktur:

Einleitungstext
kurze Einführung in das Thema und Anleitung, die beim Ausfüllen hilfreich ist

Eisbrecher oder Eröffnungsfrage
soll zum Thema hinführen und den Kontakt zum Interviewer stärken

Fragethemen im Hauptteil in Frageblöcke aufteilen
Fragen zu gleichen oder verwandten Themen sind in Blöcke zusammenzufassen.

Fragen zur Person
Soziodemografische Daten gehören eher an den Schluss eines Fragebogens.

Dank
Dank für die Beantwortung der Fragen zum Ausdruck bringen

Fragen können nach ihrem **Inhalt** oder ihrer **Form** unterschieden werden und sich auf Einstellungen, Meinungen, Überzeugungen, Wertorientierungen, Wissen und Handlungen der befragten Person beziehen. Bei der Form werden in Bezug auf die Antwortmöglichkeiten drei Arten von Fragen unterschieden:

● **geschlossene Fragen** ◑ **halb offene Fragen** ○ **offene Fragen**

Bei **geschlossenen Fragen** werden die Antwortmöglichkeiten vorgegeben. Das erleichtert die spätere Auswertung, hat jedoch den Nachteil, dass die Auskunftsperson das Gefühl haben kann, dass keine der vorgegebenen Antwortmöglichkeiten zu dem passt, was sie antworten möchte.

BEISPIEL Der Mars Elektrofachmarkt e.K. verwendet bei seiner Befragung zur Kundenzufriedenheit die folgenden geschlossenen Fragen:

Wie zufrieden sind Sie mit dem Service unserer Reklamationsabwicklung?	nicht ☐ — wenig ☐ — mittel ☐ — ziemlich ☐ — sehr ☐
Wie wurde der persönliche Kontakt mit unserem Verkaufspersonal empfunden?	freundlich 1 2 3 4 5 6 unfreundlich persönlich 1 2 3 4 5 6 unpersönlich interessiert 1 2 3 4 5 6 gleichgültig
Fühlen Sie sich ausreichend über Artikelneuheiten informiert?	ja ☐ nein ☐

Bei **offenen Fragen** werden keine Antwortmöglichkeiten vorgegeben. Die Auskunftsperson **antwortet mit eigenen Worten**. Mit offenen Fragen können Aspekte erfasst werden, an die bei der Entwicklung des Fragebogens (noch) nicht gedacht worden ist. Der Aufwand für die Auswertung ist hoch.

Wenn Sie möglicherweise Ihre Elektroartikel ab jetzt woanders kaufen würden, aus welchen Gründen würden Sie wechseln (bitte Gründe aufführen)?	____________________ ____________________ ____________________ ____________________

In der Praxis werden häufig **halb offene Fragen** verwendet. Hierbei werden zunächst Antwortmöglichkeiten vorgegeben. Je nach Antwort (oder auch als freiwillige Zusatzinformation) folgt zusätzlich eine offene Antwortmöglichkeit.

Wurde auf die besonderen Serviceleistungen unseres Hauses hingewiesen?	ja ☐ nein ☐
Welche: ____________________ ____________________ ____________________	____________________ ____________________ ____________________

TIPP

- Testen Sie einen neuen Fragebogen zunächst in einer Versuchsstichprobe.
- Einen Fragebogen zu erstellen, der die Grundlage für betriebswirtschaftliche Entscheidungen darstellt, ist keine einfache Aufgabe. Daher sollten Sie vorsichtig sein und sich besser an einem fertigen Modell orientieren oder Fachleute einer Marketingagentur mit dieser Arbeit betrauen. Es hilft Ihnen nämlich nicht weiter, wenn Sie mit einem untauglichen Fragebogen und viel Aufwand Daten erheben, die nicht sinnvoll zu interpretieren sind.

○ Panel

Ein Panel ist eine Methode, bei der eine Gruppe von Personen, Haushalten oder Betrieben regelmäßig über einen längeren Zeitraum zu ihren Einkaufsgewohnheiten befragt oder (z. B. über elektronische Erfassungsgeräte) untersucht werden. Die Panelteilnehmer stellen ein repräsentatives Abbild der Personengesamtheit dar. Die wichtigsten Formen des Panels sind das Einzelhandelspanel und das Verbraucher-/Konsumentenpanel. Durchgeführt werden Panels i. d. R. von Marktforschungsinstituten.

Mit einem Handscanner erfassen die Teilnehmer des Verbraucherpanels ihre Einkäufe. Die Informationen werden via Internet an das Marktforschungsinstitut gesendet.

○ Beobachtung

Bei einer Beobachtung wird das tatsächliche Verhalten von Personen in bestimmten Situationen erfasst, ohne dass die Personen befragt werden müssen. Die Beobachtung ist nicht von der Auskunftsbereitschaft der Personen abhängig und hat den großen Vorteil, dass echtes, durch Kommunikation noch unverfälschtes Verhalten festgestellt werden kann. Allerdings müssen Beobachtungen i. d. R. durch Befragungen ergänzt werden, um ein bestimmtes Verhalten zu erklären.

BEISPIEL In der Lebensmitteldiscount Schlegel KG untersucht die Auszubildende Kerstin den Kundenlauf der Kunden. Mit einer Skizze des Ladenlokals zeichnet sie auf, wie sich die Kunden in dem Raum bewegen. Ihre Erkenntnisse will Kerstin für eine verkaufsfördernde Platzierung der Artikel nutzen.

○ Markttest, Experiment

Während eines Markttests/Experiments versucht man, für einen bestimmten Zusammenhang **Ursache** und **Wirkung** herauszufinden. Dabei wird jeweils eine Einflussgröße verändert, um die Auswirkungen untersuchen zu können.

BEISPIEL Notebooks werden im Mars Elektrofachmarkt e. K. an unterschiedlichen Plätzen im Verkaufsraum präsentiert. Es soll herausgefunden werden, an welchem Platz sich die Notebooks am besten verkaufen.

○ Testkauf/Mystery Shopping

Ein Testkauf, auch „Mystery Shopping" genannt, ist eine **Qualitätsmessung aus Kundenperspektive**, die durch den Einsatz von Testkäufern durchgeführt wird. Durch diese Methode können Antworten auf Fragen zur Verkaufsraumgestaltung und zur Beratungs- und Servicequalität eines Geschäftes gefunden werden. Dadurch können Schwachstellen oder Stärken eines Geschäftes aufgedeckt werden oder es kann überprüft werden, ob Vorgaben der Geschäftsleitung von den Mitarbeitern eingehalten werden.

BEISPIEL Der Mars Elektrofachmarkt e. K. beauftragt eine Testkaufagentur. Ziel einer ersten Testkauffolge ist es, die Beratungsqualität des Verkaufspersonals zu testen. In einer weiteren Testkauffolge soll der Umgang mit Kundenreklamationen getestet werden.

TIPP

Wenn Sie sich kundenorientiert verhalten, können Sie sich über den Einsatz von Testkäufern freuen. Sie werden die Qualität Ihrer Arbeit bestätigen.

Marktforschung mithilfe des Internets

Marktforschung ist für den stationären Einzelhandel wichtig, um das Kundenverhalten und die Meinung zu angebotenen Artikeln, zur Glaubwürdigkeit und zu der Einstellung gegenüber dem Unternehmen zu prüfen. Was für den stationären Einzelhandel üblich ist, gilt ebenso für den Onlinehandel. Auch im Onlinehandel ist der Einzelhändler darauf angewiesen, die Wünsche, Kritik und Verbesserungsvorschläge seiner Kunden zu kennen, um die Kundenbindung dauerhaft zu gestalten.

Sowohl der Onlinehandel als auch der stationäre Einzelhandel nutzen die vielfältigen Möglichkeiten der Datenerhebung, die das Internet bietet, und das **Internet** als **Informationsquelle** für die **Marktforschung**.

Preisvergleichsportale, Kundenbewertungen, Handelsplattformen, Onlineshops

Die Möglichkeiten, Mitbewerber online zu analysieren und laufend zu beobachten, sind überaus vielfältig. Die Websites von Mitbewerbern, Onlineshops, Preisvergleichsportale und andere Bewertungsportale sind hilfreiche Informationslieferanten, die jederzeit genutzt werden können.

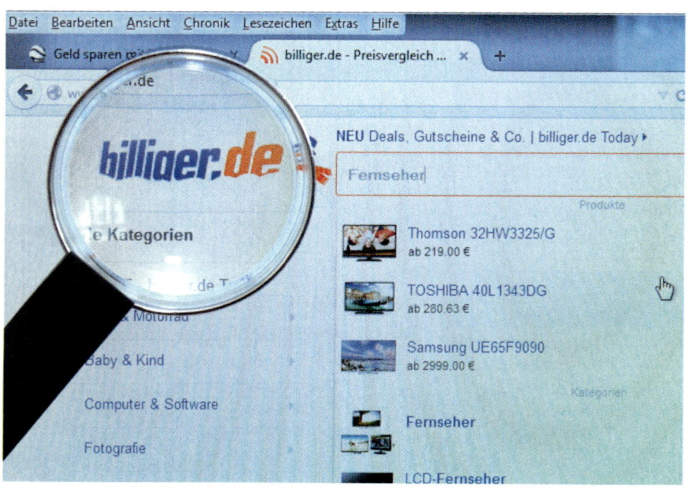

BEISPIEL

Mehmet Aydin vom Mars Elektrofachmarkt e.K. hat den Auftrag, die aktuellen Tiefstpreise für ausgesuchte OLED-Fernseher zu überprüfen. Bei einer geplanten Sonderverkaufsaktion muss man davon ausgehen, dass die Kunden noch im Geschäft selbst Preisvergleiche durchführen. Darauf muss man vorbereitet sein. Mehmet sucht dazu ein Preisvergleichsportal auf und recherchiert bei den gängigen Handelsplattformen. Bei Unternehmen, die einen tieferen Preis bieten, sucht er zudem deren Websites auf, um einen Leistungsvergleich durchzuführen.

Marktforschung über soziale Medien – Sekundärforschung im Internet

Der Anteil der Menschen, die in **sozialen Netzwerken** (Facebook, Instagram, Twitter, Snapchat, TikTok, LinkedIn usw.) aktiv sind, ist bereits sehr hoch und steigt weiter. Die Nutzung dieser Netzwerke ist insofern „kostenlos“, als man kein Geld dafür bezahlen muss. Der Preis, den man „bezahlt“, besteht darin, dass Unternehmen versuchen, durch Werbung und andere Formen der Kommunikation (z. B. Blogs) Einfluss auf das Kaufverhalten der Nutzer zu nehmen. Somit „zahlt" man in den sozialen Netzwerken mit seinen Daten, d.h., die Unterhaltungen, Fotos, Standorte, Likes usw. der Nutzer werden in den Netzwerken erfasst und an Unternehmen für Zwecke der Marktforschung und Werbung verkauft.

Viele Menschen äußern ihre Meinung zu Artikeln und Unternehmen in den sozialen Netzwerken. Mit Methoden, die unter dem Begriff **Social-Media-Monitoring** zusammengefasst werden, können Informationen über Mitbewerber und Konsumenten gefiltert und ausgewertet werden. Die im Internet gewonnenen Marktforschungsergebnisse werden häufig als Ausgangspunkt für aufwendigere, kostenintensivere und repräsentative Umfragen und Analysen genutzt.

○ Marktforschung über Umfragen und Tracking – primäre Marktforschung im Internet

Eine Möglichkeit der zielgerichteten und direkten Marktforschung im Onlinehandel ist das Einrichten von **Feedbackmöglichkeiten** für die Kunden. Dies kann durch Umfragen per Newsletter, eine Mailingaktion oder im Zusammenhang mit einem Bestellvorgang geschehen. Auf diese Weise kann je nach Fragestellung in Erfahrung gebracht werden, welche Artikel besonders beliebt sind und wie die Kunden Qualität, Lieferservice, Kundenfreundlichkeit usw. einschätzen. Sogar Vergleiche lassen sich einfügen, um zu sehen, ob die Kunden einen anderen Onlineshop favorisieren. Kennt ein Onlinehändler seine Mitbewerber, so kann er sein Angebot und seinen Marktauftritt entsprechend umstellen und optimieren.

BEISPIEL Im Mars Elektrofachmarkt e.K. wird geprüft, ob es sinnvoll ist, die bestellten Artikel noch am selben Tag auszuliefern. Dazu werden einen Monat lang alle Kunden des Onlineshops nach ihrem Bestellvorgang befragt.
Wie viel Euro wären Sie bereit, für eine Lieferung am gleichen Tag zu bezahlen?

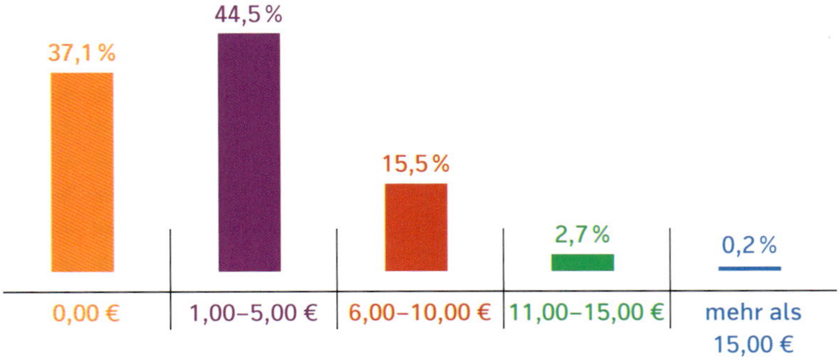

TIPP Wenn die Teilnehmerzahl bei einer Onlinebefragung zu gering ist, kann mit einem kleinen Dankeschön für die Mühe (etwa in Form eines Einkaufsgutscheins) die Motivation der Kunden zum Mitmachen erhöht werden.

Ergänzend zu Onlinebefragungen wenden viele Onlineshops das **Trackingverfahren** an. Hier wird mit einer speziellen Software das Internetverhalten von Nutzern analysiert und dokumentiert. Diese Auswertung läuft permanent und ist preisgünstig. So können z.B. Zugriffszahlen auf bestimmte Seiten oder Artikel erhoben werden. Das Verfahren liefert jedoch keinerlei Informationen darüber, aus welchen Motiven die Nutzer bestimmte Webseiten aufrufen oder welche soziodemografischen Daten (z.B. Alter, Familienstand etc.) hinter den Personen stecken, welche die jeweiligen Seiten aufrufen.

Zusammenfassung

Die Marktforschung als Grundlage von Marketingentscheidungen nutzen

- **Markterkundung** und **Marktforschung** im Einzelhandel beinhalten vielfältige Methoden:

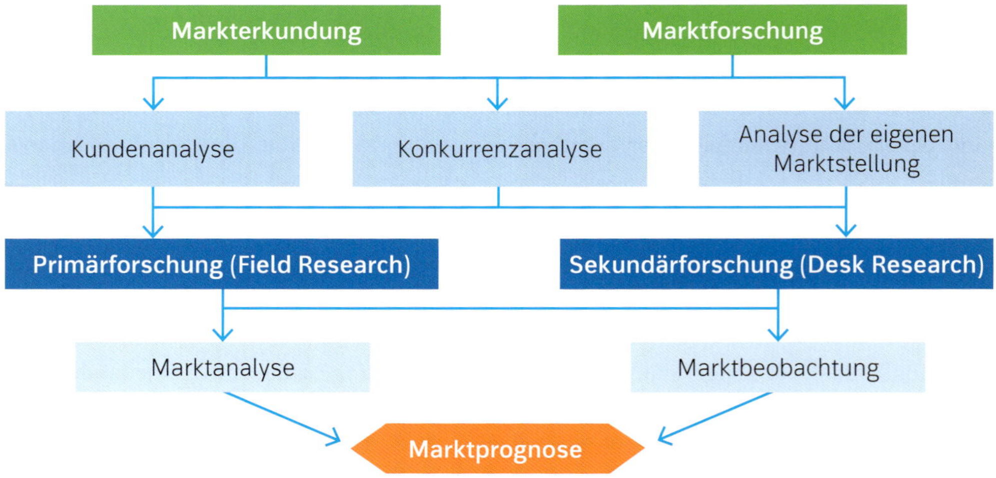

- Bei der **Kundenanalyse** geht es darum, so viel wie möglich über aktuelle und potenzielle Kunden zu erfahren, um die eigenen Marketingaktivitäten entsprechend auszurichten.
- **Gegenstände der Kundenanalyse** können sein: Zielgruppe, Kundenansprüche, Kaufverhalten sowie Kundenzufriedenheit.
- Die **Kundenzufriedenheitsanalyse** ist ein wichtiges Element der Kundenanalyse, welches in besonderem Maße zur Kundenbindung beiträgt.
- Aufgabe der **Konkurrenzanalyse/Mitbewerberanalyse** ist es, die Mitbewerber und deren Produkte auf Stärken und Schwächen zu untersuchen. Sie liefert wichtige Orientierungspunkte für die eigene Marktpositionierung und Wettbewerbsstrategie.
- Zentrale Bereiche bei der **Analyse der eigenen Marktstellung** sind Marktpotenzial, Marktvolumen und Marktanteil.
- Die **Marktforschung** umfasst die **Marktanalyse** (zeitpunktbezogen) und die **Marktbeobachtung** (zeitraumbezogen). Daraus ergibt sich eine **Marktprognose** (zukunftsbezogen).
- Die **Befragung** ist eine zentrale Methode zur Datenerhebung. Sie kann **schriftlich, mündlich, telefonisch** oder **als Onlinebefragung** erfolgen.
- Zumeist werden **Fragebögen** bei Befragungen eingesetzt.
- Für den **Aufbau eines Fragebogens** empfiehlt sich folgende Gliederung:
  1. Einleitungstext 2. Eisbrecher- oder Eröffnungsfrage
  3. Fragenhauptteil (in Blöcke unterteilt) 4. Fragen zur Person 5. Dank
- Weitere Erhebungsmethoden für Daten sind die **Beobachtung** sowie der **Markttest**/das **Experiment** und der **Testkauf**.
- Das **Internet** bietet zahlreiche Möglichkeiten der Marktforschung. Zur Konkurrenzanalyse bieten sich z. B. **Websites, Preisvergleichsportale**, **Kundenbewertungen** und **Onlinehandelsplattformen** an.

- Die **sozialen Netzwerke** sind für die Marktforschung ergiebige Informationsquellen. Die dort gewonnen Ergebnisse ergänzen die klassischen Marktforschungsmethoden.
- Unternehmen können über **Umfragen** per Newsletter oder im Zusammenhang mit einem Bestellvorgang sowie im **Trackingverfahren** Informationen über Kunden erhalten, die dem Onlinehandel und dem stationären Handel zugute kommen.
- Die im **Internet gewonnenen Marktforschungsergebnisse** werden häufig als Ausgangspunkt für aufwendigere, kostenintensivere und repräsentative Umfragen und Analysen genutzt.

Aufgaben

1. *Im Rahmen einer Marktforschung müssen Sie sich zwischen einer Primär- oder Sekundärerhebung entscheiden. Listen Sie als Entscheidungsgrundlage Vor- und Nachteile beider Möglichkeiten auf.*
2. *Beschreiben Sie, wie Ihnen das Internet bei der Erhebung von Sekundärdaten helfen kann.*
3. *Erläutern Sie die Unterschiede zwischen Marktanalyse, Marktbeobachtung und Marktprognose.*
4. *Erläutern Sie, welche Vorteile sich für die Center Warenhaus GmbH gegenüber ihren Mitbewerbern ergibt, wenn sie eine treffende Marktprognose erstellt.*
5. *Der Mars Elektrofachmarkt e. K. überlegt, ob er hochwertige Lautsprechersysteme neu in sein Sortiment aufnehmen soll. Um sich abzusichern, möchte die Geschäftsführung den Markt untersuchen lassen. Nennen Sie Informationen, die dabei von besonderem Wert für den Mars Elektrofachmarkt e. K. sind.*
6. *Ihr Ausbildungsbetrieb möchte wissen, ob Ihre Kunden mit dem Sortiment zufrieden sind. Hierzu soll eine Kundenbefragung durchgeführt werden.*
   a) *Erstellen Sie eine Übersicht zu den möglichen Befragungsarten und entscheiden Sie sich begründet für eine dieser Befragungsarten.*
   b) *Ihr Ausbildungsbetrieb entschließt sich, einen Fragebogen einzusetzen. Stellen Sie den möglichen Aufbau eines Fragebogens dar.*
   c) *Entwickeln Sie einen möglichen Fragebogen.*
   d) *Tauschen Sie Ihren Fragebogen mit Ihrem Nachbarn aus. Geben Sie sich gegenseitig Feedback bezüglich folgender Aspekte: Aufbau/Struktur, Verständlichkeit der Fragen und ihre Eignung, die Kundenzufriedenheit bezüglich des Sortiments zu erfragen.*
   e) *Sammeln Sie in Stichworten Möglichkeiten, wie für Ihre Kunden die Befragung attraktiv gemacht werden könnte, damit sich möglichst viele Kunden freiwillig beteiligen.*
7. *Worin liegen die Vorteile einer Internetbefragung gegenüber anderen Befragungsarten?*
8. *Beschreiben Sie in Stichworten Möglichkeiten, in denen ein Einzelhändler sinnvollerweise die Beobachtung für Marktforschungszwecke einsetzen kann.*
9. *Nehmen Sie kritisch Stellung zu der folgenden Aussage: „Eine Kunden-, Konkurrenz- und Marktanalyse kommt höchstens für große Einzelhandelsunternehmen in Betracht.“*

3 Einen Marketingmix erstellen

HANDLUNGSSITUATION

Wie in den vergangenen Jahren findet auch dieses Jahr Ende Mai das große Zentrumsfest statt, an dem sich alle Händler des Einkaufszentrums beteiligen. Mit zahlreichen Aktionen sollen Kunden angelockt werden und der verkaufsoffene Sonntag soll für einen zusätzlichen Umsatzschub bei den beteiligten Geschäften sorgen. Die Erfahrung der letzten beiden Jahre hat gezeigt, dass diese Veranstaltung immer besser von den Kunden angenommen wird und für ein Umsatzplus auch in den Tagen nach dem Zentrumsfest sorgte. Auf der wöchentlichen Abteilungsleitersitzung der Center Warenhaus GmbH wird das anstehende Fest geplant. Unter den Abteilungsleitern besteht Einigkeit, dass im Kern auf die positiven Erfahrungen der vergangenen Jahre zurückgegriffen werden soll. Dabei hat es sich besonders bewährt, dass Sonderposten von Sport- und Freizeitschuhen eingekauft wurden, die auf einem Extrastand im Rahmen des Straßenverkaufes angeboten wurden. Am verkaufsoffenen Sonntag gewährte man allen Kunden einen Sonderrabatt von 10 %. In den einzelnen Abteilungen sorgten Aktionsplatzierungen für zusätzliche Kaufanreize. In der Sportschuhabteilung wurde ein Laufband aufgestellt, mit dessen Hilfe eine Laufschuhdiagnostik durchgeführt werden konnte. Besonders intensiv wurde die Gelegenheit genutzt, im Rahmen eines Inlinertests alle neuen Modelle zu testen. Im Vorfeld der Veranstaltung haben Plakate, die im Einkaufszentrum und im übrigen Standgebiet aufgehängt wurden, sowie ein Stammkundenmailing dafür gesorgt, dass viele Kunden über das anstehende Zentrumsfest informiert wurden und das Fest letztendlich eine hervorragende Resonanz hatte.

ARBEITSAUFTRÄGE

- *Ordnen Sie die im Text genannten Marketingaktionen den jeweiligen Marketinginstrumenten zu. Verwenden Sie dazu die abgebildete Tabelle.*

Sortimentspolitik	Preispolitik	Servicepolitik	Kommunikationspolitik	Verkaufsstellenpolitik
Sonderposten von Sport- und Freizeitschuhen				

- *Ergänzen Sie die Tabelle mit eigenen sinnvollen Ideen zum Zentrumsfest und formulieren Sie zu jedem Marketinginstrument mindestens eine zusätzliche Idee.*
- *Erläutern Sie mit Blick auf die Tabelle in eigenen Worten, was Sie unter „Marketingmix" verstehen. Vergleichen Sie anschließend Ihr Verständnis mit der Erläuterung des Begriffes auf Seite 148.*

Die Marketinginstrumente im Überblick

Die Marketinginstrumente umfassen alle Aktivitäten eines Einzelhändlers, die auf den Absatz von Waren gerichtet sind. So kann ein Einzelhändler verschiedene Maßnahmen ergreifen, um z. B. seinen Umsatz zu erhöhen, seinen Marktanteil zu vergrößern oder den Bekanntheitsgrad seines Unternehmens zu steigern. Bei der Auswahl und Ausgestaltung der jeweiligen Marketinginstrumente wird deutlich, dass diese sich gegenseitig beeinflussen und in der Praxis ineinandergreifen.

Sortimentspolitik Lernfeld 6

Preispolitik Lernfeld 9

Servicepolitik Lernfeld 3

Kommunikationspolitik Lernfeld 5

Verkaufsstellenpolitik Lernfeld 4

Distributionspolitik Lernfeld 12

Sortimentspolitik

Lernfeld 6

Das Sortiment ist die **Gesamtheit der Waren und Dienstleistungen**, die ein Einzelhändler anbietet. Alle Entscheidungen, welche die Zusammenstellung des Sortiments betreffen, bezeichnet man als „**Sortimentspolitik**". In den meisten Fällen sind Entscheidungen im Rahmen der Sortimentspolitik der **Ausgangspunkt** für die Planung der weiteren Marketinginstrumente.

Sortimentspolitische Entscheidung
- Preispolitische Entscheidung
- Servicepolitische Entscheidung
- Kommunikationspolitische Entscheidung
- Verkaufsstellenpolitische Entscheidung

BEISPIEL Im Mars Elektrofachmarkt e. K. wird die sortimentspolitische Entscheidung getroffen, hochwertige Lautsprechersysteme ins Sortiment aufzunehmen. Dabei handelt es sich um bekannte Marken, die im oberen Preissegment angeboten werden. Den Käufern solcher Lautsprechersysteme wird ein Aufbauservice angeboten. Sowohl der Einzelhandel als auch die Hersteller achten darauf, dass das Image dieser Artikel nicht durch preisaggressive Angebote leidet. Die Schwerpunkte der Werbeaussagen sind deshalb eine Mischung aus Imagebildung und Information. Damit diese Lautsprechersysteme angemessen präsentiert werden können, wurde eigens ein neues Hi-Fi-Studio im Verkaufsraum eingerichtet. Zudem wird entschieden, diese Lautsprechersysteme nur im Geschäft und nicht im Onlineshop anzubieten.

Im laufenden Geschäft muss die Sortimentsstruktur ständig beobachtet und, wenn nötig, angepasst werden.

TIPP

Nutzen Sie zur Sortimentskontrolle das Warenwirtschaftssystem. Damit lassen sich zahlreiche Informationen gewinnen, welche die Grundlage für notwendige sortimentspolitische Entscheidungen liefern.

Als grundsätzliche Maßnahmen zur **Sortimentsanpassung** stehen dem Einzelhändler die folgenden Maßnahmen zur Verfügung:

Maßnahmen zur Sortimentsanpassung				
Sortimentsbereinigung	Sortimentserweiterung		Sortimentsvariation	
	Diversifikation (Verbreiterung)	Differenzierung (Vertiefung)	Trading-up	Trading-down
Herausnahme von unpassenden Sortimentsbestandteilen BEISPIEL Die Tütensuppen des Herstellers Bagio werden ausgelistet.	Aufnahme zusätzlicher Warengruppen BEISPIEL Ein Schuhgeschäft nimmt Sportschuhe mit ins Sortiment auf.	Vorhandene Warengruppen werden um zusätzliche Artikel ergänzt. BEISPIEL Die Sportschuhabteilung nimmt Golfschuhe ins Sortiment auf.	qualitative Anhebung des Sortiments durch neue Artikel BEISPIEL No-Name-Artikel werden durch Handelsmarken ersetzt.	qualitative Senkung des Sortiments durch neue Artikel BEISPIEL Zusätzlich zu den bekannten Marken werden preiswerte und markenlose T-Shirts aufgenommen.

Lernfeld 9

○ Preispolitik

Ziel der Preispolitik ist es, den Kunden Preise zu bieten, welche diese als angemessen und fair empfinden, sodass sie zum Kauf angeregt werden. Auf der anderen Seite muss darauf geachtet werden, dass durch die Preispolitik auch möglichst hohe Umsätze erzielt werden, damit die Existenz des Unternehmens gesichert wird.

BEISPIELE

- Schnell zeigt sich im Mars Elektrofachmarkt e. K., dass die Kunden, welche sich für die hochwertigen Lautsprechersysteme interessieren, kaum nach dem Preis fragen. Sie schätzen die gute Beratung, den angebotenen Service und die Qualität der angebotenen Artikel, sodass sie bereit sind, den geforderten Kaufpreis zu zahlen.
- In der Lebensmitteldiscount Schlegel KG werden im Rahmen der wöchentlichen Aktionsangebote Kopfhörer angeboten. Diese werden auf Paletten im Verkaufsraum präsentiert, wobei die Kunden wissen, dass sie keine Beratung und keinen Service erwarten dürfen. Dafür sind die angebotenen Kopfhörer günstiger als im Fachhandel.

Im Rahmen seiner Preispolitik muss der Einzelhändler unter Berücksichtigung der anderen marketingpolitischen Instrumente zwischen den folgenden grundsätzlichen Strategien abwägen.

Niedrigpreispolitik	Hochpreispolitik	Preisanpassung	Preisdifferenzierung	Marktdurchdringung	Marktabschöpfung
Niedrige Preise sind der entscheidende Wettbewerbsvorteil des Unternehmens.	Durch hohe Preise sollen Qualität und Exklusivität betont werden. Angesprochen werden Kunden mit gehobenen Ansprüchen.	Die Preise sind kein entscheidender Wettbewerbsvorteil. Der Einzelhändler passt sich an die Preise seiner Mitbewerber an.	Die Verkaufspreise können • räumlich, • zeitlich, • mengenmäßig oder • personell unterschieden werden.	Durch niedrige Preise wird versucht, möglichst viele Marktanteile zu gewinnen.	Bei weitgehender Alleinstellung auf dem Markt wird durch hohe Preise versucht, möglichst viel Umsatz abzuschöpfen.

○ Servicepolitik

Im Rahmen der Servicepolitik werden den Kunden **Serviceleistungen** angeboten, die zum Sortiment des Einzelhändlers und zu der gewählten Preispolitik passen. Ziel ist es, sich über die angebotenen Serviceleistungen von den Mitbewerbern abzuheben, neue Kunden zu gewinnen und bestehende Kunden an das Geschäft zu binden. Dazu reicht es in vielen Fällen nicht mehr aus, nur auf vereinzelte branchenübliche Serviceleistungen zurückzugreifen, da diese von den Kunden als selbstverständlich erachtet werden.

BEISPIEL In der Lebensmitteldiscount Schlegel KG ist es selbstverständlich, dass die Kunden großzügige Kundenparkplätze haben und ihre Einkäufe bargeldlos bezahlen können.

Um seinen Kunden ein schlüssiges Serviceangebot zu unterbreiten, muss der Kaufmann in erster Linie die folgenden Fragen beantworten:

- Welche Serviceleistungen passen zum Sortiment?
- Welche Leistungen werden von den Kunden allgemein erwartet?
- Mit welchen Serviceangeboten kann ich mich von Mitbewerbern abheben?
- Welche Auswirkungen haben die Serviceangebote auf die Kosten und den Gewinn?

TIPP

Seien Sie als zukünftige Kaufleute mutig und kreativ. In vielen Fällen lassen sich Serviceleistungen finden, die zu Ihrem Betrieb passen und die geeignet sind, sich von Mitbewerbern abzuheben.

○ Kommunikationspolitik

Lernfeld 5

Grundsätzlich möchte der Einzelhändler mit seiner Werbung den Kunden das Profil seines Geschäftes präsentieren, das er durch die Sortiments-, Preis- und Servicepolitik aufgebaut hat.

Weil Werbung für den Einzelhändler immer zur Förderung des Absatzes von Waren eingesetzt wird, bezeichnet man sie als **Absatzwerbung**. In engem Zusammenhang mit der Absatzwerbung stehen die **Verkaufsförderung** (Sales Promotion) sowie die **Öffentlichkeitsarbeit** (Public Relations, vgl. Seite 162). So ergeben sich drei Säulen der Kommunikationspolitik:

TIPP

Tue Gutes und sprich in deiner Werbung darüber!

Wichtig ist es, dass der Einzelhändler bei der konkreten Ausgestaltung seiner Kommunikationspolitik sein Profil berücksichtigt, welches er sich durch die Sortiments-, Preis- und Servicepolitik aufgebaut hat.

BEISPIELE Einzelhandelsunternehmen, welche ihren Wettbewerbsvorteil in der Preisführerschaft sehen, werden immer eine andere Werbeaussage haben als Einzelhändler, die auf Qualität und Image ihrer Artikel setzen.

Preisbetonte Werbung	Imagebetonte Werbung

Lernfeld 4

○ Verkaufsstellenpolitik

Im Rahmen der Verkaufsstellenpolitik werden Entscheidungen über die Gestaltung und Einrichtung eines Geschäftes getroffen, um Kunden zu bestärken, in einem bestimmten Geschäft einzukaufen. Der Kaufmann muss dabei die einzelnen Gestaltungsmerkmale aufeinander abstimmen, damit diese ein schlüssiges Gesamtkonzept darstellen.

Übersicht über die Gestaltungsmerkmale der Verkaufstellenpolitik:

Gestaltungsmerkmal	Beispiel
Das Äußere des Geschäftes Hier ist die Gestaltung der Fassade sowie der Schaufenster zu berücksichtigen.	
Das Innere des Geschäftes Hier müssen die Fußbodengestaltung, die Wandfarben sowie die Beleuchtung aufeinander abgestimmt werden.	

Gestaltungsmerkmal	Beispiel
Platzierung im Verkaufsraum Unter Berücksichtigung des Kundenlaufes werden Platzierungsstrategien entwickelt.	
Platzierung in Warenträgern Hier sind die einzelnen Regalzonen zu berücksichtigen. Durch Farb-, Preis- oder herkunftsorientierte Sortierung können zusätzliche Kaufimpulse geschaffen werden.	

○ Distributionspolitik

In diesem Bereich geht es um alle Maßnahmen, wie die Waren vom Händler zum Kunden gelangen. Der Einzelhändler muss sich entscheiden, welche **Absatzwege und Bedienungsformen** er wählt. Neben dem klassischen stationären Handel mit den Bedienungsformen Selbstbedienung, Vorwahl und Bedienung gab es seit jeher den Versandhandel.

Eine besondere Dynamik ergab sich für dieses Marketinginstrument durch die rasche Ausbreitung des **E-Commerce** (vgl. Seite 174). So gibt es neben den großen und bundesweit tätigen Einzelhandelsunternehmen auch immer mehr kleine und mittelständische Einzelhändler, die auf einen **Multi-Channel-Vertrieb** setzen und sich entscheiden, ihre Artikel oder Teile ihres Sortimentes auch im Internet zum Verkauf anzubieten.

● Die Marketinginstrumente sinnvoll zu einem Marketingmix zusammenführen

Die einzelnen Marketinginstrumente müssen aufeinander abgestimmt werden. Diese gezielte Auswahl und Kombination der Marketinginstrumente wird als **Marketingmix** bezeichnet.

Wenn man den Unterschied zwischen einem Marketinginstrument und dem Marketingmix verstehen will, ist es hilfreich, sich den Begriff „Instrument“ bildlich vorzustellen: So setzt ein Komponist in einem Orchester zahlreiche Instrumente ein, die aber nicht unabgestimmt zum Einsatz kommen können, denn sonst wäre das Ergebnis ein lautes, wirres Durcheinander. Damit ein klangvolles Werk entsteht, wählt der Komponist stattdessen einzelne Instrumente aus, die dann ihre individuelle Wirkung voll entfalten können. Das Zusammenspiel und die Abstimmung der Instrumente untereinander ist für die Wirkung des Gesamtwerkes von entscheidender Bedeutung.

Analog zu einem Komponist wählt der Marketingexperte aus der Vielzahl aller Marketinginstrumente gezielte Aktivitäten aus und stimmt diese sinnvoll aufeinander ab. Er entscheidet sich einerseits für eine bestimmte Auswahl an Marketinginstrumenten und wählt innerhalb dieser Instrumente noch einmal spezielle Marketingaktivitäten. Diese gezielte Kombination ist der **Marketingmix**.

Die nachfolgende Übersicht verdeutlicht, dass die Marketinginstrumente sich bei ihrer Auswahl und konkreten Ausgestaltung gegenseitig beeinflussen und in der Praxis fließend ineinandergreifen.

TIPP

Überdenken Sie die Abstimmung Ihrer Marketingziele genau, denn bei mangelnder Abstimmung zwischen den einzelnen Marketinginstrumenten besteht die Gefahr, dass sich die Ziele der einzelnen marketingpolitischen Instrumente widersprechen und somit die Wirkung des einen Instruments die eines anderen behindert.

Möglichkeiten in der Ausgestaltung des Marketingmix		
Marketinginstrumente	**Trading-up im Rahmen der Sortimentsanpassung**	**Marketingstrategie der Marktdurchdringung**
Sortimentspolitik	Artikel mit hoher Qualität von bekannten Marken in einer angemessenen breiten und tiefen Auswahl	Sortiment in einer Mischung von Markenartikeln und Handelsmarken; mit der angebotenen Sortimentsbreite und -tiefe möchte man sich von den Mitbewerbern positiv abheben.
Preispolitik	Die Preise orientieren sich an den Verkaufsempfehlungen der Markenhersteller und sind für die Waren und den Service angemessen.	Tiefst- oder Niedrigstpreise im Vergleich zu den direkten Mitbewerbern; der Preis wird als wesentlicher Wettbewerbsvorteil betrachtet, über welchen die Mitbewerber vom Markt verdrängt werden sollen.
Servicepolitik	umfassender Service, der in Bezug auf Leistung und Preis zum wertigen Sortiment passt	in der Auswahl zumeist an den Mitbewerbern orientiert, oftmals jedoch preiswerter
Kommunikationspolitik	betont in der Werbeaussage besonders die Qualität sowie das Image der angebotenen Artikel oder informiert die Kunden über Innovationen	preisaggressive Werbung, in welcher der niedrige Verkaufspreis besonders betont wird
Verkaufsstellenpolitik	Hochwertige Geschäftsausstattung; in der Warenpräsentation wird auf Verbundplatzierung und Erlebniswelten gesetzt.	Orientierung an den Mitbewerbern, wobei der Versuch gestartet wird, sich mit einzelnen Highlights von den Mitbewerbern abzusetzen
Distributionspolitik	überwiegend stationärer Ladenhandel, Bedienung in Fachgeschäften oder Fachabteilungen	Verkauf über verschiedene Vertriebskanäle (Multi-Channel-Vertrieb), wenn es dem Mitbeweber schadet

Zusammenfassung

Einen Marketingmix erstellen

- Die **Marketinginstrumente** umfassen alle Aktivitäten eines Einzelhändlers, die auf den Absatz von Waren gerichtet sind.

Das Marketinginstrumentarium des Einzelhändlers im Marketingmix					
Sortimentspolitik	**Preispolitik**	**Servicepolitik**	**Kommunikationspolitik**	**Verkaufsstellenpolitik**	**Distributionspolitik**
Sie umfasst alle Entscheidungen, welche die Zusammenstellung des Sortimentes betreffen, und ist zumeist der Ausgangspunkt für die Planungen der weiteren Marketinginstrumente.	Sie setzt sich mit der Gestaltung der Preise und Konditionen auseinander und baut in den meisten Fällen auf den Entscheidungen der Sortimentspolitik auf.	Es werden den Kunden Serviceleistungen angeboten, die zum Sortiment des Einzelhändlers passen und welche im Einklang mit der gewählten Preispolitik stehen.	Sie umfasst alle Werbemaßnahmen des Einzelhändlers, die zu seinem Profil passen, welches er durch die Sortiments-, Preis- und Servicepolitik aufgebaut hat.	Passend zu den anderen Marketinginstrumenten muss das Geschäft gestaltet werden. Dies betrifft das Äußere und Innere des Geschäftes, die Verkaufsraumgestaltung und die Regalplatzierung.	In diesem Bereich geht es um alle Maßnahmen, wie die Waren vom Händler zum Kunden gelangen.

- Die gezielte Auswahl und Kombination der Marketinginstrumente bezeichnet man als **Marketingmix**.
- Die Marketinginstrumente beeinflussen sich bei ihrer Auswahl und Ausgestaltung gegenseitig und greifen in der Praxis ineinander.

Aufgaben

1. *Erläutern Sie in eigenen Worten, was Sie unter einem Marketingmix verstehen.*
2. *a) Nennen Sie die Marketinginstrumente, die im Rahmen des Marketingmix für den Einzelhändler von Bedeutung sind, und erklären Sie diese.*
   b) Begründen Sie, welches dieser Marketinginstrumente das größte Gewicht hat und die anderen Marketinginstrumente somit maßgeblich beeinflusst.
3. *Auf einer Teambesprechung im Mars Elektrofachmarkt e. K. fällt folgender Satz: „Allein mit unserer Werbung verschaffen wir uns einen wesentlichen Vorteil gegenüber unseren Mitbewerbern.“ Nehmen Sie kritisch Stellung dazu.*
4. *Analysieren Sie den Marketingmix*
   a) Ihres Ausbildungsbetriebes,
   b) eines Einzelhandelsunternehmens, welches Ihnen gut bekannt ist, und tragen Sie alle Informationen zu den genannten marketingpolitischen Instrumenten zusammen. Erstellen Sie eine tabellarische Übersicht.

c) Beurteilen Sie in einer kurzen schriftlichen Stellungnahme die Abstimmung der einzelnen Instrumente. Sind sie schlüssig und weisen sie alle in die gleiche Richtung?

5. *Die Center Warenhaus GmbH möchte in naher Zukunft verstärkt die Kundengruppe 50+, die „Master Consumer“, für sich gewinnen. Erstellen Sie in einer Tabelle einen schlüssigen Marketingmix, bei dem Sie die gängigen Marketinginstrumente berücksichtigen.*

4 Ein Marketingkonzept mit Zeit- und Arbeitsplänen umsetzen

HANDLUNGSSITUATION

Die Durchführung des großen Zentrumsfestes im Mai ist beschlossene Sache. Jetzt gilt es, die Planungen im Detail durchzuführen und sie umzusetzen. Für den Bereich der Kommunikationspolitik hat sich die Geschäftsführerrunde des Einkaufszentrums Rheinpark entschieden, interessierte Auszubildende der einzelnen Unternehmen aus dem dritten Ausbildungsjahr zu einer Gruppe zusammenzustellen und sie mit der Umsetzung der vereinbarten Maßnahmen zu beauftragen.

Frau Mars: *„Für die Auszubildenden ist die Umsetzung unserer Kommunikationspolitik ein überschaubares Projekt, bei dem sie zeigen können, was sie in der Ausbildung in Bezug auf Selbstständigkeit, Eigenverantwortung und Teamfähigkeit gelernt haben.“*

Herr Becker: *„Genau. Und dabei können sie auch noch etwas über die Abläufe von Projekten lernen. Zunächst muss sich das Projektteam bilden, von dem wir dann in zwei Wochen einen Arbeits- und Ablaufplan vorgelegt bekommen.“*

Als Leiterin der Projektgruppe wird Kerstin Dahm eingesetzt. Sabine, Mehmet und zwei weitere Auszubildende aus dem dritten Ausbildungsjahr bilden den Rest der Gruppe.

ARBEITSAUFTRÄGE

- *Halten Sie in einer Mindmap die Maßnahmen zur Kommunikationspolitik fest, die im Rahmen des Zentrumsfestes durchgeführt werden sollen.*
- *Begründen Sie, welche Vorteile ein Arbeits- und Zeitplan in der beschriebenen Situation hat.*

Projektorientiertes Marketing

Ein **Projekt** ist ein „besonderes Vorhaben“. Bezogen auf die absatzpolitischen Instrumente sind vielfältige Projekte denkbar: Die Aufnahme und Vermarktung eines neuen Sortimentsbereiches, das Erschließen neuer Vertriebswege (z. B. Onlineshopping) und die Entwicklung neuer Instrumente der Kommunikationspolitik sind typische Beispiele.

Projektmerkmale	Beispielprojekt: Kommunikationspolitik für das Zentrumsfest
• klares Ziel	• 90 % der Zentrumsstammkunden wissen von dem Fest.
• zeitliche Befristung	• Das Projekt endet am Tag des Zentrumsfestes.
• einmalige Aufgabenstellung	• Das Fest findet einmal jährlich statt – die entsprechende Kommunikationspolitik ist daher keine „einmalige" Aufgabe. Dennoch müssen die einzelnen Maßnahmen immer wieder neu durchdacht werden.
• Unsicherheit und Risiko	• Die Wirksamkeit der Maßnahmen ist ungewiss und bedarf der Überprüfung.
• begrenzte Ressourcen	• Das gesamte Budget für die Sammelwerbung beträgt 9 000,00 €. Das verantwortliche Projektteam besteht einschließlich der Projektleitung aus fünf Personen.
• besondere Organisation	• Das unternehmensübergreifende Projektteam ist eine einmalige Organisationsform.

Der **Ablauf von Projekten** kann grob in vier Phasen unterteilt werden:

Definitionsphase	Planungsphase	Durchführungsphase	Abschlussphase
• Situationsanalyse ⬇ • Festlegung der Projektziele ⬇ • Projektorganisation ⬇ • Schätzung des Kostenrahmens ⬇ • Erteilung des Projektauftrages	• Teilaufgaben erfassen und Arbeitspakete schnüren ⬇ • Projektstrukturplan erstellen und den Projektablauf festlegen ⬇ • Kosten- und Ressourcenplan aufstellen ⬇ • Risiken erkennen und vermeiden	• Projektsteuerung • Projektkontrolle • ggf. Projektanpassung • Projektdokumentation	• Projektpräsentation • Projektrückblick und -bewertung • Projektabschlussbericht

BEISPIEL Projekt: Kommunikationspolitik für das Zentrumsfest

Die Definitionsphase ist bereits weitgehend abgeschlossen. Die Geschäftsführungen haben mündlich den Projektauftrag erteilt. Herr Becker bildet daraufhin ein Projektteam. Die Zielsetzung und der finanzielle sowie zeitliche Rahmen werden konkretisiert.	In der Planungsphase werden die im Bereich der Kommunikationspolitik getroffenen Entscheidungen in Teilaufgaben (Werbung, Verkaufsförderung, Öffentlichkeitsarbeit) und Arbeitspakete zerlegt. Damit das Projekt gelingt, müssen verantwortliche Personen bestimmt werden. Zudem werden die einzelnen Maßnahmen zeitlich koordiniert.	In regelmäßigen Sitzungen des Projektteams wird der Verlauf des Projektes besprochen. Planungsabweichungen werden analysiert und korrigiert.	Bei der Präsentation des Projektes will sich Kerstin Dahm auf die Zielerreichung konzentrieren.

Projektorientierte Arbeits- und Zeitplanung

Die Planung nimmt im Projekt eine Schlüsselstellung ein, denn Planungsfehler führen nahezu sicher zu Problemen. Dies führt dann häufig zu Spannungen mit dem Projektauftraggeber und zusätzlichen Kosten. Zentrale Planungsaufgaben sind die Gliederung des Projektes in **Teilaufgaben und Arbeitspakete**. Diese werden in einem **Projektstruktur- und -ablaufplan** auf die verantwortlichen Personen verteilt und zeitlich sinnvoll geordnet.

BEISPIEL Projekt: Kommunikationspolitik für das Zentrumsfest

Das Projektteam grenzt die folgenden **Teilaufgaben** und **Arbeitspakete** ab:

Kommunikationspolitik: Zentrumsfest

Teilaufgabe 1: Planung und Einsatz der Werbemittel	Teilaufgabe 2: Konditionenpolitik und Verkaufsförderung	Teilaufgabe 3: Öffentlichkeitsarbeit
Arbeitspaket 1.1 Werbeplanung: Abstimmung der Plakat- und Anzeigenwerbung mit der Werbeagentur, Anzeigenschaltung veranlassen	**Arbeitspaket 2.1** Abstimmung zwischen den Einzelhändlern hinsichtlich Sonderrabatten während des Festes	**Arbeitspaket 3.1** persönliche Information von Kindergärten und Grundschulen organisieren und durchführen
Arbeitspaket 1.2 Einsatz der Werbemittel: Plakate aufhängen, Website anpassen, Direktwerbung bei Stammkunden per E-Mail	**Arbeitspaket 2.2** Zusammenstellung aller Sonderaktionen der Geschäfte für gemeinsame Lautsprecherdurchsagen	**Arbeitspaket 3.2** Personaleinsatzplan für die gemeinsamen Sonderaktionen (Hüpfburg, Kinderschminken, Karaokewettbewerb) erstellen
Arbeitspaket 1.3 Werbeerfolgskontrolle	**Arbeitspaket 2.3** Entwicklung eines Kundengewinnspiels	

Aus den Teilaufgaben und Arbeitspaketen entsteht der folgende **Projektstruktur- und -ablaufplan**.

○ Projektstruktur- und -ablaufplan zur Aufgaben- und Terminplanung (Gantt-Diagramm)

Projekttitel	Kommunikationspolitik Zentrumsfest
Projektleitung	Frau Kerstin Dahm
Datum	5. März 20..

Aufgaben-nummer	Teilaufgabe/Arbeitspaket	Termine		Personaleinsatzplan		Kalenderjahr 20..																
		Start	Ende	Verant-wortung	Mitarbeit	...	10	11	12	13	14	15	16	17	18	19	20	21	22	23	24	...
1	Absatzwerbung																					
1.1	Planung der Werbemittel	24.03.20..	13.04.20..	Dahm						■	■	■										
1.2	Einsatz der Werbemittel	07.05.20..	30.05.20..	Dahm	Freund											■	■	■	■			
1.3	Werbeerfolgskontrolle	04.06.20..	15.06.20..	Dahm																■	■	
1.4	...																					
2	Verkaufsförderung																					
2.1	Konditionen abstimmen	13.04.20..	04.05.20..	Aydin	Canbahan									■	■							
2.2	Sonderaktionen koordinieren	13.04.20..	04.05.20..	Aydin	Canbahan		■	■	■	■				■	■							
2.3	Entwicklung Gewinnspiel	05.03.20..	29.03.20..	Aydin	Canbahan													■				
2.4	...																					
3	Öffentlichkeitsarbeit																					
3.1	Kindergärten und Grundschulen informieren	19.05.20..	28.05.20..	Freund	Cremer													■	■			
3.2	Personaleinsatzplanung gemeinsame Aktionen	05.05.20..	09.05.20..	Freund	Cremer											■						
3.3	(...)	09.10.20..																				

Aufgrund der sehr klaren Zeitplanung und der Zuweisung der jeweils verantwortlichen Mitglieder aus dem Projektteam zu den einzelnen Arbeitspaketen ist der Projektstruktur- und -ablaufplan das **zentrale Steuerungsinstrument** in einem Projekt. Für alle Beteiligten ist jederzeit klar und kontrollierbar, **welche** Aufgabe **von wem bis wann** erledigt werden muss. Sollte es zu Abweichungen und Stockungen kommen, müssen diese geklärt und ggf. Planänderungen vorgenommen werden.

> **TIPP**
> Ein Plan ist immer nur so brauchbar wie die Verantwortlichen, die ihn umsetzen.

Zusammenfassung

Ein Marketingkonzept mit Zeit- und Arbeitsplänen umsetzen

- Ein **Projekt** ist ein klar abgegrenztes Vorhaben. Im Bereich des Marketings sind vielfältige Projekte denkbar.
- Bei einer **projektorientierten Arbeits- und Zeitplanung** arbeitet man mit Arbeitspaketen, die in einer Zeitleiste in einem **Projektstruktur- und -ablaufplan** festgehalten werden. Dieser ist das zentrale Steuerungsinstrument für die Projektdurchführung.

Aufgaben: Ein Marketingprojekt für den eigenen Ausbildungsbetrieb planen

1. *Entwickeln Sie in einem Brainstorming Ideen für ein überschaubares Marketingprojekt.*
2. *Entscheiden Sie sich für eine Projektidee.*
3. *Beschreiben Sie ganz konkret das Ziel Ihres Projektes.*
4. *Analysieren Sie, welche Teilaufgaben und Arbeitspakete in Ihrem Projekt zu erledigen sind, damit das Ziel erreicht wird.*

5. *Beschreiben Sie Ihr Projekt in einem Projektstruktur- und -ablaufplan. Nutzen Sie das folgende Muster.*

Projektidee	
Projektteam und -leitung	
Datum	

Aufgaben-nummer	Teilaufgabe/ Arbeitspaket	Termine		Personaleinsatzplan	
		Start	Ende	Verantwortung	Mitarbeit
1 1.1 1.2					

6. *Präsentieren Sie Ihre Projektidee, Ihr Ziel sowie den Projektstruktur- und -ablaufplan in Ihrem Ausbildungsbetrieb und in Ihrer Klasse. Lassen Sie sich ein Feedback geben.*

5 Einzelhandelstypische Marketingmaßnahmen zur Kundengewinnung und Kundenbindung einsetzen

5.1 Kunden gewinnen und Kunden binden

HANDLUNGSSITUATION

Im Mars Elektrofachmarkt e. K. sind Überstunden angeordnet. Mehmet Aydin ist auch betroffen. Für die nächste Woche ist eine groß angelegte Werbeaktion geplant, in der TV-Geräte und Hi-Fi-Anlagen im Mittelpunkt stehen. Hierzu müssen das Lager mit Ware aufgefüllt, die Preisauszeichnung durchgeführt und die Geschäftsräume komplett neu dekoriert werden. Bei dieser Aktion erhalten alle Verkaufsmitarbeiter Sonderprämien für Verkäufe. Mehmet freut sich schon auf den Zusatzverdienst, denn er ist gerade in der Hi-Fi-Abteilung eingesetzt: *„Wenn ich Glück habe, dann ziehe ich aus dieser Aktion einen Batzen Geld“*, sagt er zu einem älteren Kollegen. Der antwortet nur mürrisch: *„Solche Aktionen bringen auf Dauer meist nichts ein, denn die Konkurrenz schläft ja nicht. Kunden in den Laden zu holen, ist ja keine Kunst – aber Kunden langfristig zu binden, das schafft man nicht durch eine einmalige Werbeaktion.“*

ARBEITSAUFTRÄGE

LS

- *Erläutern Sie die beschriebene Aussage des „älteren Kollegen“ von Mehmet.*
- *Erarbeiten Sie Gemeinsamkeiten und Unterschiede von Kundengewinnung und Kundenbindung.*
- *Erstellen Sie einen Katalog von Maßnahmen zur Kundenbindung für Ihren Ausbildungsbetrieb.*

Kundenzufriedenheit als Voraussetzung für den Geschäftserfolg

Konsequente Marketingarbeit bedeutet eine strikte **Kunden- und Wettbewerbsorientierung**. Deshalb muss der Kunde im Mittelpunkt des unternehmerischen Handelns des Einzelhändlers stehen. Dazu setzt der Einzelhändler die Instrumente der Marktforschung ein (vgl. Seite 127 ff.), mit denen aktuelle Trends, Daten und Kundenansprüche erhoben werden. Nur wenn der Einzelhändler weiß,

- **wer** seine Kunden sind,
- **was** seine Kunden erwarten und
- **wie** er die Kundenwünsche optimal erfüllen kann,

arbeitet **er kundenorientiert** und verfolgt das Ziel, die **Kundenzufriedenheit** herzustellen und zu optimieren.

Individualisierung und das **neue Selbstbewusstsein der Kunden** sind weitere Entwicklungen, die für die Marketingexperten von großer Bedeutung sind. Die Kunden von heute wollen nicht mit einem „einheitlichen Marketing" abgespeist werden. Selbstbewusst berücksichtigen sie in ihrem Kaufverhalten diejenigen Unternehmen, von denen sie sich als Mensch wahrgenommen fühlen und die ein echtes Interesse an ihnen zeigen.

Um diesen Ansprüchen der Kunden gerecht zu werden, muss der Einzelhändler die generellen Trends des sich stets verändernden Kundenverhaltens kennen und im Blick behalten, um daraus geeignete Marketingmaßnahmen abzuleiten.

TIPP

Stammkunden persönlich anzuschreiben, um sie zum Geburtstag mit einer Glückwunschkarte einschließlich individueller Sonderangebote zu überraschen, kann eine nachhaltige Kundenbindung stärken.

Trends im Kundenverhalten

- Die Kunden werden zunehmend selbstbewusster.
- Die Kunden sind immer besser informiert und auch in der Lage, Vergleiche zwischen Artikeln und Serviceleistungen verschiedener Einzelhändler anzustellen. Das Internet und der Onlinehandel begünstigen dies und werden diesen Trend in der Zukunft weiter verstärken.
- Die Kunden gehen zunehmend analytisch vor, indem sie den Nutzen einer Leistung oder eines Artikels kritisch hinterfragen.
- Viele Kunden verlangen nicht nur das optimale Preis-Leistungs-Verhältnis, sondern auch bestmöglichen Service und gute Beratung.

Durch Kundenzufriedenheit gewinnt der Einzelhändler neue Kunden, bindet bisherige Kunden und verhindert den Wechsel zu Mitbewerbern. **Das bedeutet, dass eine Steigerung der Kundenzufriedenheit zu Umsatz- und Gewinnzuwächsen führt**. Zwar verursachen viele Maßnahmen zur Optimierung der Kundenzufriedenheit Kosten, diese sind jedoch „zinsbringende" Anlagen, da sie den Kunden langfristig binden und damit die Wettbewerbsfähigkeit eines Einzelhandelsunternehmens sichern.

Belegt wird dies durch zahlreiche Untersuchungen, die zu den folgenden allgemein anerkannten Aussagen geführt haben:

Es ist etwa sechsmal teurer, einen neuen Kunden zu gewinnen, als einen Stammkunden zu halten.

Ein Unternehmen kann seine Gewinne um 85 % erhöhen, wenn es ihm gelingt, die Zahl der Kunden, die bei der Stange gehalten werden können, jährlich um 5 % zu steigern.

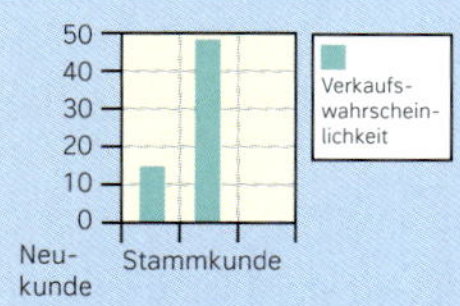

Die Chancen, einen Artikel an einen Neukunden zu verkaufen, liegen bei 15 %. Die Wahrscheinlichkeit, es mit gleichem Aufwand an einen Altkunden zu verkaufen, beträgt dagegen 50 %.

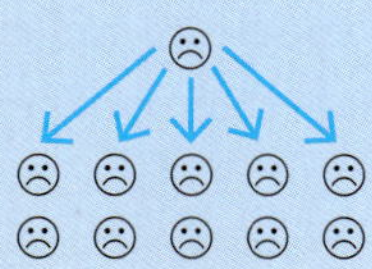

Ein unzufriedener Kunde erzählt im Schnitt acht bis zehn Menschen von seinen negativen Erfahrungen.

Von der Neukundengewinnung zur Kundenbindung

Jedes Einzelhandelsunternehmen hat eine natürliche Quote an Kundenverlust. Dieser kann z. B. durch Umzüge, Tod, neue Mitbeweber oder aber auch durch unzufriedene Kunden verursacht werden. Deshalb kann sich ein Unternehmen nicht nur darauf beschränken, seine bestehenden Kunden zu halten. Es muss sich auch immer wieder aktiv um die Gewinnung neuer Kunden bemühen. Werden diese Kunden erst einmal gewonnen, kann der Einzelhändler durch weitere Marketingaktivitäten aus diesen Neukunden Stammkunden machen.

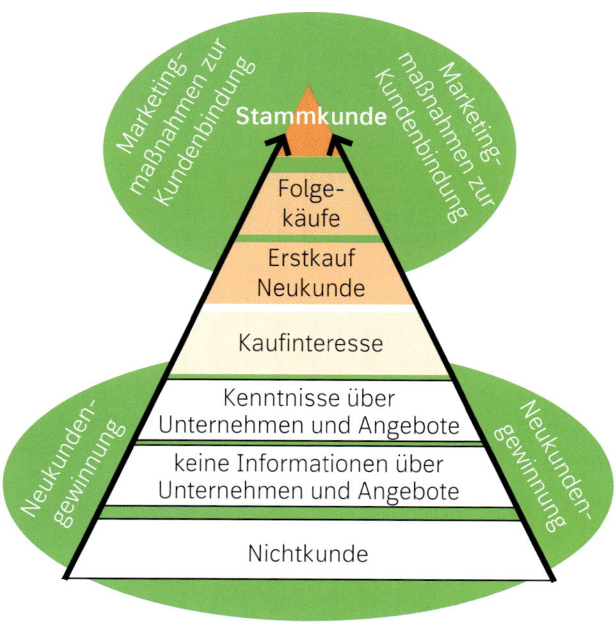

BEISPIEL

stabilisierte Kundenbindung, Folgekäufe

↑

gezielte Umwerbung des neuen Kunden durch Kundenmailing

↑

Kundenzufriedenheit beim Erstkauf

↑

Interesse an Artikeln, Warengruppen oder angebotenen Serviceleistungen

↑

Aufmerksamkeit auf das Unternehmen durch Werbung oder die Website

Kundenbeziehungsmanagement – Customer-Relationship-Management (CRM)

Wenn die Beziehungen zu den Kunden systematisch aufgebaut, überprüft und im Hinblick auf mögliche Marketingaktivitäten ausgewertet werden, spricht man von „**Kundenbeziehungsmanagement**“ (engl. **Customer-Relationship-Management** bzw. **CRM**). Hierzu gehören alle Maßnahmen zur Gestaltung der Händler-Kunden-Beziehungen, von der Kundenansprache in der Werbung oder im Laden über die Kundenberatung bis hin zum Kaufabschluss und zur Verabschiedung des Kunden sowie eventuellen Bearbeitungen von Reklamationen.

Kundenbeziehungsmanagement beschreibt einen ganzheitlichen Ansatz der kundenorientierten Unternehmensführung. Folglich ist das CMR eine strategische Aufgabe der Unternehmensleitung. Sie entscheidet über die Gestaltung der Strukturen und Abläufe der Kundenbeziehungen. Der Mitarbeiter im Verkaufsraum muss diese Abläufe im Verkaufsraum umsetzen, damit der Kunde das CRM auch wahrnimmt.

BEISPIEL In der Center Warenhaus GmbH haben die Mitarbeiter bei Reklamationen nicht die Möglichkeit, den Kundenwert eines bestimmten Kunden festzustellen, da sie keinen Zugang zu den Daten haben. Die Mitarbeiter des Mars Elektrofachmarkt e. K. können über einen Computer die Daten eines Kunden abfragen (sofern diese bei früheren Einkäufen erfasst wurden) und bei Reklamationen auch danach entscheiden, ob der Kunde – etwa wegen hoher Umsätze – als besonders wichtig anzusehen ist.

Klassische Maßnahmen der Kundenbindung zur Schaffung einer unverwechselbaren Marktposition

Kundenbindungsmaßnahmen können einen Beitrag dazu leisten, dass das Unternehmen sich eine unverwechselbare Marktposition erarbeitet, durch die es sich positiv von Mitbewerbern abhebt. Da Kundenbindungsmaßnahmen meist Kosten verursachen, sind sie auch unter wirtschaftlichen Gesichtspunkten zu beurteilen und auf ihre Wirksamkeit hin zu untersuchen.

Die Maßnahmen zur Kundenbindung im Einzelhandel sind sehr vielfältig. Sie unterscheiden sich hinsichtlich Betriebsgröße, Branche, Betriebsform und Standort. Kundenbindungsmaßnahmen haben zum Ziel, möglichst viele Neukunden zu Stammkunden zu machen.

BEISPIELE für Kundenbindungsmaßnahmen

Maßnahmen	Erläuterungen, Beispiele
Service	• **warenabhängige Serviceleistungen** z. B.: – Zustell-, Installations-, Reparatur-, Ersatzteilservice – Änderungsschneiderei bei Oberbekleidung – Auftragsannahme, Auswahlsendungen, Verpackungen, Garantien – Finanzierungshilfen (Ratenkauf) • **warenunabhängiger Service** (kostenlos oder kostenpflichtig), z. B. Kundenparkplätze, Spielecken für Kinder, Rolltreppen, Erfrischungszonen

Lernfeld 3

Maßnahmen	Erläuterungen, Beispiele
Sonderaktionen, Events	• Das Einkaufszentrum Rheinpark Köln führt monatlich besondere **Aktionstage** oder -wochen durch, z. B.: – Februar: Fitness für den Frühling – März: Balkon und Garten fit machen – August: Schulanfang Während dieser Sonderaktionen ist das gesamte EKZ auf das jeweilige Motto eingestimmt. Alle Geschäfte richten ihr Sortiment darauf aus. • Die Brado Sportfachgeschäft KG richtet in Verbindung mit örtlichen Tennisvereinen Tennisturniere aus, bei denen Stammkunden eine kostenlose Teilnahme ermöglicht wird, und tritt als **Sponsor** auf.
Warenproben, Draufgaben	**Warenproben** sind kleine Mengen eines Artikels, die zum Kauf anregen sollen, z. B.: • Eine Weinhandlung lädt ihre Stammkunden regelmäßig zu kostenlosen Weinproben ein. • In der Käseabteilung erhalten Stammkunden häufig Proben von neu eingeführten Käsesorten. • In der PC-Abteilung erhalten Stammkunden kostenlos Softwareproben. **Draufgaben:** Ein Kunde erhält beim Kauf von zehn Artikeln einen Artikel zusätzlich ohne Berechnung.
Treuerabatte	Stammkunden erhalten beim Einkauf einen Treuerabatt. Dieser **Rabatt** kann sofort beim Kauf verrechnet werden oder in Form von „Bonuspunkten“ angespart werden. Hierzu werden häufig auch Kundenkarten verwendet.
Couponing	**Coupons (Gutscheine)** werden z. B. in Zeitungen, Prospekten, auf Verpackungen, auf Kassenzetteln oder über das Internet an Kunden verteilt. Der Kunde hat das Recht, auf einzelne Waren Rabatte oder Zugaben beim Einkauf zu erhalten.
Kundenkarten	Kundenkarten werden an besondere Kunden ausgegeben; bei jedem Einkauf werden die Umsatz- und Artikeldaten elektronisch erfasst und genutzt. Über Kundenkarten ist oft auch eine bargeldlose Zahlung möglich, was Wartezeiten an der Kasse verringert. Meist ist mit den Karten auch eine Kreditfunktion für Kunden verbunden, da der Kaufbetrag erst später abgebucht wird, z. B.: • Eine Kette von Kosmetikfachgeschäften hat für ihre Kunden Kundenkarten ausgegeben. Sie erhalten regelmäßige Mitteilungen über Sonderangebote und können in allen Filialen bargeldlos einkaufen.
Payback-Karten	Bei Payback-Karten können die Kunden **Umsatzpunkte** (bei verschiedenen Einzelhändlern) sammeln. Je nach Punkteguthaben können Gutschriften oder Sachprämien ausgegeben werden, z. B.: • Die Abels Bau- und Hobbymarkt GmbH hat in ihren Filialen Terminals aufgestellt, an denen der Punktestand der Payback-Karten abgefragt werden kann. Bei Bedarf kann der Kunde sofort Einkaufsgutscheine in Höhe seines Guthabens ausdrucken lassen.
Kundenwerbung	Wenn ein Stammkunde einen neuen **Kunden wirbt**, erhält er Gutscheine, Gutschriften, Rabatte oder Sachprämien, z. B.: • Stammkunden einer Buchhandlung erhalten beim Werben eines neuen Kunden beim nächsten Kauf einen Sonderrabatt.

Lernfeld 3

Lernfeld 10

Lernfeld 5

Maßnahmen	Erläuterungen, Beispiele
Garantien	Stammkunden erhalten verbesserte **Garantiebedingungen**, z. B.: • Stammkunden des Mars Elektrofachmarkt e. K. erhalten Garantien, die sechs Monate über der gesetzlichen Sachmängelhaftung liegen.
Bestellservice, Lieferservice	Stammkunden können ihre Waren telefonisch, per E-Mail oder online bestellen. Sie bezahlen meist per Rechnung oder mit Kundenkarten. Häufig wird auch ein Lieferservice angeboten, z. B.: • Stammkunden des Fachgeschäfts Willi Meyer e. K. Schreibwaren können ihre Bestellungen per E-Mail aufgeben.
Zusatzleistungen	Stammkunden werden z. T. zusätzliche Dienstleistungen angeboten (meist kostenlos oder zu reduzierten Preisen), z. B.: • Stammkunden eines Fachgeschäftes für Angelbedarf erhalten monatlich eine kostenlose Zeitung. • Stammkunden des Mars Elektrofachmarkt e. K. erhalten während der Reparatur ihres PCs kostenlose Ersatzgeräte.
Newsletter und Kundenbriefe	Kunden werden persönlich angeschrieben und auf Sortimentneuigkeiten oder Aktionen hingewiesen. Häufig werden auch zu besonderen Anlässen (Geburtstage, Jubiläen) Grußkarten mit Warengutscheinen versendet, z. B.: • Die Blumenwelt Hanna Gerdes e. K. schickt ihren Stammkunden regelmäßig Grußkarten zu Weihnachten, Geburtstagen, Hochzeitstagen usw. und weist auf ihre Serviceleistungen hin.
Kundenclubs	Kundenclubs werden oft von Einzelhändlern eingerichtet bzw. unterstützt, z. B.: • Ein Sportfachgeschäft hat einen Lauftreff organisiert, hier treffen sich Kunden unter Anleitung eines Übungsleiters und trainieren für Laufwettbewerbe. • Der Mars Elektrofachmarkt e. K. hat für Jugendliche einen Club für Computerspiele gegründet, in dem die Jugendlichen neue Spiele ausprobieren können.
Kundenzeitungen	Kundenzeitungen dienen der Information und Unterhaltung der Kunden, z. B.: • Die Abels Bau- und Hobbymarkt GmbH gibt eine Kundenzeitung heraus, in der über Renovierungen sowie Umzugs- und Umbaumaßnahmen in Häusern berichtet wird. Für Kinder gibt es eine besondere Beilage für Bastelarbeiten. • Die Kaufland eG gibt eine Kundenzeitung mit Ernährungsratschlägen und Kochrezepten heraus.
Geschenke	Motto: „Kleine Geschenke erhalten die Freundschaft“, z. B.: • Stammkunden der men-shop Bernd Kreitner GmbH erhalten regelmäßig zum Geburtstag eine Krawatte zugeschickt.

Lernfeld 10

Lernfeld 5

Neben den dargestellten Maßnahmen wird zunehmend das **Internet** für die Kundenbindung genutzt (vgl. Seite 173 ff.).

Servicestrategien

Um Kunden zu binden, werden von den Einzelhandelsunternehmen vor allem auch **Serviceleistungen** (vgl. Seite 157) zur Kundenbindung genutzt. Besonders auf umkämpften Märkten empfiehlt sich die Entwicklung und Umsetzung einer gezielten **Servicestrategie**, um sich so Wettbewerbsvorteile zu sichern.

Professionell angebotene und durchgeführte Serviceleistungen sind eine gute Voraussetzung für zukünftige Geschäfte und um Kunden langfristig zu binden.

Die Entwicklung einer Servicestrategie erfordert grundlegende Entscheidungen, die auf der Basis von Marktforschungsergebnissen (vgl. Seite 127) aufgebaut werden müssen und die Stärken und Schwächen des Unternehmens berücksichtigen. Hier ist Kreativität gefragt. Um Kundenbindung zu erreichen, müssen die Kunden das Gefühl haben, dass sie die angebotenen Serviceleistungen andernorts nicht oder nur zu einem höheren Preis erhalten würden.

Schritte zum Aufbau einer Servicestrategie

Bildung von Zielgruppen für mögliche Serviceleistungen → **Wem wird der Service angeboten?**

Feststellung der Serviceanforderungen und Serviceerwartungen der Kunden → **Welcher Service wird den Kunden angeboten?**

↓

Gestaltung von Serviceleistungen, welche auf die Zielgruppe abgestimmt sind → **Wem wird welcher Service angeboten?**

↓

Überlegungen und Entscheidungen zum Preis der angebotenen Serviceleistung → **Zu welchem Preis wird der Service angeboten?**

Grundvoraussetzungen für eine erfolgreiche Umsetzung einer Servicestrategie sind neben einer kunden- und serviceorientierten Grundeinstellung der Firmenleitung vor allem gut ausgebildete, ergebnisorientierte und motivierte Mitarbeiter. Des Weiteren müssen ausreichend Ressourcen für einen kompetenten Kundendienst bereitgestellt werden.

Zusammenfassung

Kunden binden und Kunden gewinnen

- Nur wenn der Einzelhändler seine Kunden mit ihren **Ansprüchen** kennt, kann er an dem Ziel der **Kundenzufriedenheit** arbeiten.
- Um den Kundenansprüchen gerecht zu werden, muss der Einzelhändler neben den Ergebnissen der **Marktforschung** auch die generellen **Trends** eines sich stets verändernden **Kundenverhaltens** kennen, um daraus geeignete Marketingmaßnahmen abzuleiten.
- Die **Bindung von Stammkunden** an das Unternehmen verbessert die Ertragssituation.

- Jedes Unternehmen muss sich immer durch geeignete **Marketingaktionen** um neue Kunden bemühen.
- **Kundenbeziehungsmanagement** bzw. **Customer-Relationship-Management** (CRM) ist eine ganzheitliche Strategie der Unternehmensführung. **Maßnahmen der Kundenbindung** sind u. a. abhängig von Betriebs- und Vertriebsform, Betriebsgröße, Branche und Standort. Hierzu gehören u. a. Serviceleistungen, Sonderaktionen, Events, Verbundangebote, Warenproben, Draufgaben, Rabatte, Kundenkarten, Payback-Karten, Boni für Kundenwerbung, Garantieleistungen, Zusatzleistungen, Geschenke, Kundenbriefe, Newsletter, Kundenclubs und Kundenzeitungen.
- Eine gezielte **Servicestrategie** hilft dem Unternehmen, sich Wettbewerbsvorteile zu sichern.

Aufgaben

1. *Nehmen Sie kritisch Stellung zu der Aussage „Kundenzufriedenheit sichert Arbeitsplätze im Einzelhandel".*
2. *Geben Sie Gründe an, weshalb Einzelhandelsunternehmen mit z. T. aufwendigen und kostspieligen Verfahren versuchen, Kundenzufriedenheit und Kundenbindung zu messen.*
3. *Erstellen Sie für Ihren Ausbildungsbetrieb eine Übersicht der bereits praktizierten Kundenbindungsmaßnahmen.*

Kundenbindungsmaßnahme	Effekt		
	Gering	Mittel	Hoch

Erweitern Sie diesen Katalog um weitere sinnvolle Alternativen und geben Sie jeweils Gründe an, weshalb diese Maßnahmen noch nicht praktiziert werden.

4. *Bilden Sie in Ihrer Klasse Arbeitsgruppen und skizzieren Sie für die Center Warenhaus GmbH eine Website. Es geht nicht darum, dass Sie diesen Internetauftritt selbst realisieren (das würde später eine Webagentur leisten), sondern lediglich um eine Strukturierung der Inhalte. Entscheiden Sie sich, welche Inhalte, Bereiche, Layoutalternativen usw. Sie auf Ihrer Website haben wollen. Ihr Arbeitsergebnis soll so aussehen, dass Sie es einer Webagentur mit eigenen Erläuterungen übergeben können.*
5. *Diskutieren Sie mit Ihren Sitznachbarn die Aussage „Kundenbeziehungsmanagement ist Chefsache". Halten Sie Ihre Überlegungen in Stichworten fest.*
6. *Die Center Warenhaus GmbH überlegt sich Maßnahmen, den einmal gewonnenen Käufer an sich zu binden.*
   a) Beschreiben Sie, womit sich das Kundenbeziehungsmanagement (CRM) befasst.
   b) Überprüfen Sie, welche Folgen es hat, wenn Konkurrenten erfolgreiches CRM betreiben und die Center Warenhaus GmbH darauf verzichtet.

5.2 Öffentlichkeitsarbeit und Standortmarketing betreiben

HANDLUNGSSITUATION

Die Geschäftsleitung der Center Warenhaus GmbH ist unzufrieden. Die Ladenöffnungszeiten der einzelnen Händler sind sehr unterschiedlich und es wird deutlich, dass die ansässigen Händler der Innenstadt kein einheitliches Konzept verfolgen. Dies verunsichert die Kunden nach Meinung der Geschäftsleitung und führt dazu, dass viele in den Abendstunden erst gar nicht in die Innenstadt fahren, weil sie sich nicht sicher sind, bis wann welches Geschäft geöffnet hat. Auch die Möglichkeit, an dem einen oder anderen Sonntag im Jahr zu öffnen, bleibt ungenutzt, weil es an gemeinsamen Absprachen fehlt. Stattdessen zeigen die Nachbarstädte, wie es geht: Insbesondere die verkaufsoffenen Sonntage und die gemeinsamen Aktionstage bescheren den Einzelhändlern dort spürbare Mehrumsätze. Dass sich an der Kooperation mit den anderen Einzelhändlern der Stadt zügig etwas ändern muss, wurde Frau Sommer klar, als sie einen Gesprächstermin bei der Stadt hatte. Frau Sommer wollte mit Vertretern der Stadt erreichen, dass diese ihr Vorhaben überdenken, die Parkgebühren in der Innenstadt drastisch anzuheben. Nach dem Gespräch war sie sichtlich niedergeschlagen. *„Allein erreichst du hier gar nichts“*, dachte sie sich.

ARBEITSAUFTRÄGE

- *Listen Sie in Einzelarbeit auf, in welchen Bereichen und zu welchen Anlässen Ihr Ausbildungsbetrieb mit anderen Einzelhändlern der Stadt zusammenarbeitet.*
- *Tragen Sie Ihre Ergebnisse in einer Gruppenarbeit zusammen. Suchen Sie dann gemeinsam nach weiteren Gründen und Anlässen, die eine enge Abstimmung und Zusammenarbeit von möglichst vielen Einzelhändlern einer Stadt verlangen.*
- *Erarbeiten Sie konkrete Lösungsvorschläge, wie diese Zusammenarbeit aufgebaut und gestaltet werden kann.*

● Öffentlichkeitsarbeit (Public Relations)

Lernfeld 5

Öffentlichkeitsarbeit umfasst alle Maßnahmen eines Einzelhändlers, sein Ansehen in der Öffentlichkeit zu pflegen oder zu verbessern **(Imagebildung)**. Sie soll beim Kunden eine positive Grundeinstellung zu dem Einzelhändler erwecken.

BEISPIELE Sponsoring, Tag der offenen Tür, Spenden, Maßnahmen zum Umweltschutz

Damit ist die **Öffentlichkeitsarbeit** eine Art **„Vertrauenswerbung“** für den Einzelhändler. Sie ist nicht direkt darauf ausgerichtet, unmittelbar den Verkauf der angebotenen Artikel zu steigern. Dies soll nur mittelbar erreicht werden. Durch die Aktivitäten der Öffentlichkeitsarbeit soll eine positive Grundstimmung gegenüber dem Unternehmen aufgebaut werden. Dabei richtet sich die Öffentlichkeitsarbeit nicht nur an Kunden, sondern versucht auch, im weiteren Umfeld des Unternehmens eine positive Grundstimmung aufzubauen. So kann sich die Öffentlichkeitsarbeit auch auf Lieferanten, Behörden, Politik, Verbände, Kapitalgeber und Medien beziehen.

BEISPIEL Die Center Warenhaus GmbH hat im zurückliegenden Geschäftsjahr verschiedene Aktionen im Rahmen ihrer Öffentlichkeitsarbeit durchgeführt. Dabei wendete sie sich an unterschiedliche Zielgruppen. Diese Zielgruppen zeigt die folgende Übersicht.

Kunden	Vereine	Medien	Politik und Verbände
• Kundenzeitung • Frühlingsfest für Groß und Klein	• Sponsoring eines ortsansässigen Fußballvereins • Beitritt in den Stadtmarketing-verein	Zeitungsberichte in der regionalen Presse und Posts in den sozialen Medien • zum Frühlingsfest • zur Spende an das Rote Kreuz	• Unterstützung der Aktion „Saubere Innenstadt“ • Spende an das Rote Kreuz

Der **Erfolg der Öffentlichkeitsarbeit** ist für den Einzelhändler nur sehr schwer messbar. Ein möglicher Indikator für eine erfolgreiche Aktion kann der wahrgenommene Zuspruch sein, welcher bei der Durchführung zu beobachten ist.

● Standortmarketing und Stadtmarketing

Das **Standortmarketing** umfasst die Standortanalyse sowie die Planung, Organisation, Durchführung und Kontrolle von Strategien und Maßnahmen zur Vermarktung regionaler Standorte. Es zielt hauptsächlich auf die Stärkung der Wettbewerbsposition des jeweiligen Standortes ab. Für den Einzelhandel bedeutet dies, dass im Rahmen des Standortmarketings in den Regionen in vielen Fällen **Stadtmarketing** betrieben wird.

Das zentrale Ziel des Stadtmarketings ist der Aufbau einer funktionierenden Interessengemeinschaft für alle Wirtschaftsunternehmen der jeweiligen Stadt. Die Attraktivität der Stadt als Einkaufsstadt und Wirtschaftsstandort soll durch geeignete Maßnahmen gefördert werden. Erreicht wird dies mit einem Maßnahmenbündel, das die folgenden Schwerpunkte hat:

Maßnahmen des Stadtmarketings

Abgestimmte Marketingaktionen:
So gelangt Kaufkraft auch aus dem Umland in die Stadt.

Politische Arbeit:
kontinuierliche Einmischung in das Stadtgeschehen, um für Verbraucher und Einzelhandel ein positives Umfeld zu schaffen

Events:
Organisation und Durchführung publikumswirksamer Veranstaltungen in der City

Zu diesem Zweck wird i. d. R. ein **Verein** gegründet, welcher die Interessen der ortsansässigen Wirtschaftsunternehmen vertreten soll. Damit diese Interessen möglichst wirksam umgesetzt werden können, wird versucht, möglichst viele Unternehmen für das Stadtmarketing zu gewinnen. Deshalb ist der Kreis der Personen, Unternehmen und Institutionen, die Mitglieder werden können, in den meisten Fällen bewusst groß gehalten. Neben dem klassischen Einzelhandel sind oft auch die Gastronomie sowie Banken, Versicherungen und allgemeine Dienstleister Mitglieder.

BEISPIEL Mitgliederstruktur eines Stadtmarketingvereins:

Branche	%	Branche	%
Dienstleistung	32	Gastronomie	6
Handel	19	Verkehr	5
Medien	16	Sport	3
Hotellerie	9	Sonstiges	3
Kultur	7		

Wie bei jedem Verein üblich, zahlen die Mitglieder einen **Vereinsbeitrag**. Für die Einzelhandelsunternehmen setzt sich dieser in den meisten Fällen aus einem Grundbetrag sowie einem Zusatzbetrag zusammen. Während der Grundbetrag i. d. R. für alle Unternehmen gleich ist, ist der Zusatzbetrag unterschiedlich hoch und staffelt sich für die Einzelhändler nach der Größe. Der Grundgedanke ist dabei, dass große Unternehmen einen höheren Beitrag entrichten, weil sie anteilig auch stärker von den gemeinsamen Aktionen profitieren als kleinere Mitglieder.

TIPP

Die Website eines Stadtmarketingvereins bietet Ihnen als Kunde und Unternehmen zahlreiche Informationen über Ihre Stadt, Ihren Wirtschaftsraum sowie über geplante Aktivitäten und Events.

BEISPIEL Frau Sommer interessiert sich für den Beitritt zu einem Stadtmarketingverein. Dieser schickt ihr auf Anfrage u. a die folgende Gebührenordnung.

Auszüge aus der Beitragsordnung

Gastronomie, Hotels	Grundbeitrag: 150,00 € + 2,60 € pro Zimmer
Restaurants, Gaststätten	Grundbeitrag: 150,00 € + 1,00 € pro Sitzplatz
Einzelhandel	Grundbeitrag: 150,00 € Staffelung nach Umsatz p. a. (freiwillige Selbsteinschätzung)

Umsatzstaffelung zur freiwilligen Selbsteinschätzung			
bis 150 000,00 €	150,00 €	bis 5 Mio. €	1 050,00 €
bis 250 000,00 €	200,00 €	bis 7,6 Mio. €	1 500,00 €
bis 500 000,00 €	200,00 €	bis 10 Mio. €	2 000,00 €
bis 1 Mio. €	310,00 €	bis 15 Mio. €	2 500,00 €
bis 1,5 Mio €	415,00 €	bis 25 Mio. €	3 100,00 €
bis 2,5 Mio. €	550,00 €	ab 25 Mio. €	4 091,00 €

Zusammenfassung

Öffentlichkeitsarbeit und Standortmarketing betreiben

- Die **Öffentlichkeitsarbeit** (Public Relations) hat zum **Ziel**, das Bild des Unternehmens nach außen hin positiv zu gestalten.
  - Neben den **Kunden** wendet sich die Öffentlichkeitsarbeit eines Unternehmens an **Lieferanten**, **Behörden**, **Politik**, **Verbände**, **Kapitalgeber** und **Medien**.
  - Der **Erfolg** der Öffentlichkeitsarbeit ist den Maßnahmen nur schwer zuzuordnen.
- Das **Standortmarketing** ist i.d.R. Stadtmarketing und umfasst die Standortanalyse sowie Planung, Organisation, Durchführung und Kontrolle von Strategien und Maßnahmen zur Vermarktung regionaler Standorte.
  - Das zentrale **Ziel des Stadtmarketings** ist der Aufbau einer funktionierenden Interessengemeinschaft für alle Wirtschaftsunternehmen der jeweiligen Stadt, um die Attraktivität der Stadt als Einkaufsstadt zu erhöhen.
  - Für den Einzelhändler ist das **Stadtmarketing** ein zentraler Bereich im Standortmarketing.
  - Das Stadtmarketing organisiert sich zumeist als **Verein**.

Aufgaben

1. *Beschreiben Sie in eigenen Worten, was Sie unter „Öffentlichkeitsarbeit eines Einzelhändlers“ verstehen.*
2. *Das Umweltbewusstsein der Verbraucher nimmt immer mehr zu. Beschreiben Sie, was ein Einzelhändler im Rahmen seiner Öffentlichkeitsarbeit tun kann, um dieser Entwicklung Rechnung zu tragen.*
3. *Erkundigen Sie sich in Ihrem Ausbildungsbetrieb, wie dort die Öffentlichkeitsarbeit gestaltet wird.*
4. *Erläutern Sie, was man unter „Standortmarketing“ versteht.*
5. *Recherchieren Sie im Internet nach Stadtmarketingaktivitäten in Ihrer Stadt/Region. Halten Sie Ihre Ergebnisse in einem frei zu gestaltenden Schaubild fest.*
6. *Erläutern Sie die zentralen Aufgabenbereiche eines Stadtmarketingvereins Ihrer Wahl.*

Stadtmarketingverein	
Aufgabenbereich	Teilaufgaben

5.3 Mit einem aktiven Beschwerdemanagement Kunden halten

HANDLUNGSSITUATION

Sabine Freund ist zurzeit in der Elektroabteilung eingesetzt. Nachdem sie während ihrer Ausbildung bereits mehrere Abteilungen in der Center Warenhaus GmbH durchlaufen hat, ist sie immer wieder verwundert, dass mit Beschwerden und Kundenreklamationen in den jeweiligen Abteilungen ganz unterschiedlich verfahren wird. In jeder Abteilung muss sich Sabine mühevoll durchfragen. Häufig bekommt sie dabei von den Kolleginnen und Kollegen unterschiedliche und z. T. widersprüchliche Anweisungen. In vielen Fällen entscheidet sie deshalb einfach „aus dem Bauch heraus“.

ARBEITSAUFTRÄGE

- *Erarbeiten Sie in Stichworten mögliche Konsequenzen, welche sich für die Mitarbeiter, die Kunden und das Unternehmen ergeben, wenn mit Kundenbeschwerden und Kundenreklamationen innerhalb eines Geschäftes unterschiedlich verfahren wird.*
- *Unterbreiten Sie Vorschläge, wie die Center Warenhaus GmbH zu einem einheitlichen Beschwerdemanagement gelangen könnte.*
- *Erkundigen Sie sich nach dem Beschwerdemanagement in Ihrem Ausbildungsbetrieb und stellen Sie es in Ihrer Klasse vor.*

● Kundenbeschwerden als Chance

Lernfeld 10

Eine dauerhafte **Kundenbindung** an das Geschäft lässt sich nur erreichen, wenn die Kunden zufrieden sind. Je zufriedener die Kunden mit den Leistungen des Geschäftes sind, desto treuer sind sie dem Einzelhändler. In nahezu keinem Geschäft lässt es sich jedoch vermeiden, dass Kunden hier und da unzufrieden sind und Anlass zu einer Beschwerde haben. Diese Beschwerden können sich gegen verschiedene Bereiche des Unternehmens richten.

Beschwerden können sich richten gegen ...

Artikel, Waren und angebotene Serviceleistungen.	das Personal oder einzelne Verkäuferinnen und Verkäufer.	das Unternehmen als Ganzes oder einzelne Abteilungen.

TIPP

Untersuchungen ergaben, dass bis zu 82 % der Kunden, deren Beschwerden zügig und umfassend bearbeitet wurden, wieder beim gleichen Anbieter kaufen.

Ziel eines professionellen Beschwerdemanagements ist es, unzufriedene und abwanderungswillige Kunden zu halten und langfristig an das Unternehmen zu binden. Somit wird das Beschwerdemanagement zu einem unverzichtbaren Bestandteil des Kundenbeziehungsmanagements (CRM).

Bleiben Beschwerden unausgesprochen oder unbearbeitet, so sind die Folgen oftmals gravierend, weil Kunden abwandern und die Ursachen für die Beschwerden nicht erkannt und abgestellt werden können. So kommen statistisch gesehen auf einen enttäuschten Kunden, der sich direkt beschwert, etwa 19, die sich nicht beschweren. Alle 20 Kunden äußern ihre Unzufriedenheit aber im Schnitt gegenüber mindestens 11 weiteren Personen, z. B. aus ihrem Freundes- oder Familienkreis. Rechnet man dies zusammen (also 20 unzufriedene Kunden x 11 Bekannte), kommt man bereits auf 220 Personen, die ein schlechtes Bild vom Unternehmen oder Geschäft haben. Eine gravierende Zahl.[1]

TIPP

Betrachten Sie Kundenbeschwerden als eine große Chance für Ihr Unternehmen. So können nicht nur Fehlerquellen beseitigt werden, sondern Sie erhalten gleichzeitig auch noch Einblicke in die Wünsche und Bedürfnisse Ihrer Kunden.

Das Beschwerdemanagementkonzept

Aufgabe eines aktiven Beschwerdemanagements ist es, die Beschwerdebearbeitung im Unternehmen so zu organisieren, dass die Kunden zufriedengestellt werden und dass Verbesserungsmaßnahmen umgesetzt werden können. Um dies zu erreichen, wird das Beschwerdemanagement in drei verschiedene Phasen unterteilt:

Beschwerdeannahme

Einem Verkäufer oder einem Unternehmen gegenüber Beschwerden zu äußern, fällt den meisten Kunden schwer. Da der Einzelhändler nur dann auf eine Beschwerde reagieren kann, wenn er davon Kenntnis hat, muss er Kunden dazu anzuregen, ihre Beschwerden zu äußern. Das kann auf sehr unterschiedliche Arten geschehen.

---

1 *Vgl.: ILTIS GmbH (Hrsg.): Der unheimliche Multiplikator, Zugriff am 20.10.2018 unter: www.4managers.de/fileadmin/4managers/folien/beschwerdemanagement_01.pdf*

BEISPIELE

- Der Mars Elektrofachmarkt e. K. hat im Kassenbereich einen Briefkasten für Kunden angebracht. Ein Plakat fordert die Kunden auf: „Sagen Sie uns Ihre Meinung! Ihre Äußerungen sind uns wichtig.“ Hierzu liegen Formulare und Stifte aus. Die Kunden können bei Bedarf ihre Beschwerde oder Verbesserungsvorschläge in den Kasten werfen.

- Die Center Warenhaus GmbH hat eine Unternehmensberatung beauftragt, in allen Abteilungen ein einheitliches Beschwerdemanagement zu installieren. Viele Beschwerden in der Center Warenhaus GmbH stehen im Zusammenhang mit Reklamationen. Diese werden im Rahmen des neuen Beschwerdemanagements fortan in einem standardisierten Formular digital erfasst. So wird sichergestellt, dass alle Kolleginnen und Kollegen jederzeit über den Bearbeitungsstand der Reklamation informiert sind. Dies ist besonders dann hilfreich, wenn der Kunde zu einem Zeitpunkt kommt, an dem der Verkäufer, der die Reklamation ursprünglich bearbeitet hat, nicht anwesend ist.

Reklamationserfassungsbogen Center Warenhaus GmbH	
Reklamationsannahme: Entgegennehmende/-r: Sabine Freund Eingangsdatum: 07.12.20.. Ort der Reklamationsannahme: Sportabteilung Reklamationsweg: Telefon ☐ Brief ☐ E-Mail ☐ persönlich ☒	
Kundendaten: (wird vom Erfasser ausgefüllt) Firma: Privatkunde Name: Ernst Schröder Adresse: Königstr. 2 in 53005 Bonn Telefon: 02208 123456	Verärgerung gering ☐ ☐ ☐ ☒ ☐ sehr groß
Fallschilderung: Der Kunde kaufte am 12.06.20.. (lt. Rechnung) ein Fahrradergometer, Modell 1640, Art-Nr. 381B814, VK 799,00 € in der Sportabteilung. Wegen privater Umbauarbeiten packte der Kunde den Ergometer erst am 01.12.20.. aus und stellte beim Zusammenbau fest, dass sich ein Kratzer auf dem Rahmen befindet.	
Wichtiges zum Gesprächsverlauf: - Der Kunde war aufgebracht und hat sich beschwert. - Ich habe den Kunden den Fall schildern lassen, ihn jedoch nicht genau verstanden. - Ich bin trotz anfänglicher verbaler persönlicher Angriffe ruhig geblieben, habe dies nicht persönlich genommen und versucht, den Kunden zu beruhigen. - Nachdem der Kunde den ganzen Fall geschildert hatte, habe ich ihm einen Lackstift mitgegeben und einen Einkaufsgutschein im Wert von 15,00 €.	
Vom Kunden gewünschte Lösung: Der Kunde wünscht ein neues Ergometer.	**Realisierte Problemlösung:** Reklamation abgewiesen
Unterschrift des entgegennehmenden Mitarbeiters: *S. Freund*	

Beschwerdebearbeitung

Eine vorgebrachte **Kundenbeschwerde** muss von den Mitarbeitern eines Geschäftes angemessen und kompetent bearbeitet werden. Um eine professionelle Bearbeitung einer Beschwerde sicherzustellen, schulen viele Geschäfte ihre Mitarbeiter für diese anspruchsvolle Aufgabe und vereinbaren klare Verhaltensregeln.

BEISPIEL In ihren Schulungsunterlagen zum Beschwerdemanagement findet Sabine den folgenden Leitfaden.

Ein Leitfaden für das Verhalten bei Kundenbeschwerden
– Grundsätzliches über den Umgang mit Kundenbeschwerden –

Lassen Sie den Kunden ausreden!
Oftmals sind die Kunden enttäuscht und verärgert. Sie wollen ihren Unmut loswerden. Dieser Ärger muss zunächst einmal raus. Lassen Sie den Kunden in dieser Phase ausreden und unterbrechen Sie den Kunden nicht (auch, wenn er einen unzutreffenden Sachverhalt vorbringt).

Ruhe bewahren und nichts persönlich nehmen!
Verhalten Sie sich ruhig und höflich und reagieren Sie gelassen auf Übertreibungen und persönliche Schuldvorwürfe. Leiten Sie das Gespräch von der unfreundlichen, emotionalen Ebene auf eine sachliche Ebene. Gegenangriffe verstärken die Verärgerung des Kunden nur.

Beruhigen Sie den Kunden!
Beschwichtigen Sie aufgebrachte Kunden. Suchen Sie einen Sitzplatz außerhalb des Kundenbereichs, wo Sie ungestört sind. Dadurch ist es unmöglich, dass andere Kunden mithören und sich eventuell noch einmischen können.

Zeigen Sie Verständnis für die Beschwerde – und finden Sie die richtigen Worte!
Zeigen Sie Verständnis für seinen Standpunkt und seine Verärgerung, indem Sie sich in den Kunden hineinversetzen. Mit folgenden Formulierungen zeigen Sie Ihrem Kunden, dass Sie ihn verstanden haben:
„Ja, das kann ich gut verstehen."
„Das ist wirklich ärgerlich – ich verstehe Sie."
„An Ihrer Stelle wäre ich auch verärgert."

Lassen Sie sich den Grund und den Sachverhalt der Beschwerde genau erklären!
Fragen Sie so lange nach, bis Sie wirklich verstanden haben, worum es dem Kunden geht und was genau er zu bemängeln hat. Irgendetwas hat den Kunden verärgert und dies gilt es zunächst herauszufiltern. Wiederholen Sie seine Worte sinngemäß und fragen Sie, ob Sie ihn so richtig verstanden haben. Dies zeigt ihm, dass Sie ihn ernst nehmen und verstehen wollen. Die Beschwerde kann ggf. auch noch schriftlich aufgenommen werden, dies macht dem Kunden deutlich, dass Sie ihn verstanden haben, und führt zu mehr Vertrauen.

Fragen Sie nach der vom Kunden gewünschten Lösung!
Fragen Sie, welche Lösungsmöglichkeiten der Kunde selbst sieht. Damit zeigen Sie ihm, dass Sie ihn ernst nehmen. Erfahrungsgemäß sind seine Vorschläge verhältnismäßig leicht zu erfüllen, z. B. indem Sie sich entschuldigen oder Verständnis zeigen.

Klären Sie die Situation und bieten Sie Hilfe an!
Nachdem Sie die vom Kunden gewünschte Lösung kennen, unterbreiten Sie dem Kunden einen Lösungsvorschlag. Fragen Sie zudem, ob der Kunde mit der vorgeschlagenen Lösung zufrieden ist. Realisieren Sie die vereinbarte Lösung zügig und in Absprache mit dem Kunden. Beispiel: *„Wir reparieren Ihren reklamierten Artikel bis zum 30.03.20.. – oder wir tauschen den Artikel direkt aus."*

Entschuldigen und bedanken Sie sich!
Bei (berechtigten) Beschwerden sollten Sie sich für den Fehler entschuldigen. Dies gilt auch dann, wenn Kollegen oder Lieferanten für den Fehler verantwortlich sind. Wer den Fehler begangen hat, ist dem Kunden gleichgültig. Ein Dank kann sich darauf beziehen, dass der Kunde z.B. sofort gekommen ist und uns vor weiteren Schäden und Unannehmlichkeiten bewahrt und uns auf eventuelle Schwachstellen im Unternehmen aufmerksam gemacht hat. Bedanken Sie sich für die Rückmeldung.

Um Kunden durch ein gutes Beschwerdemanagement zufriedenzustellen, spielen die **Reaktionsgeschwindigkeit** und das **Beschwerdeergebnis** eine zentrale Rolle. Generell gilt:

- **Je zügiger eine Beschwerde** bearbeitet wird, desto besser. Dies signalisiert dem Kunden, dass er mit seinem Anliegen ernst genommen wird.
- **Je näher die realisierte Lösung** an die gewünschte Lösung des Kunden herankommt, desto zufriedener ist er.

Nicht immer ist es möglich, den Kunden nach einer Beschwerde einen positiven Bescheid zu überbringen. Betriebliche und rechtliche Gründe können dafür sprechen, dass die Kundenwünsche, die hinter einer Beschwerde stehen, abgelehnt werden müssen. Diese Ablehnung bedarf eines großen Fingerspitzengefühls.

TIPP

Wie lehnen Sie Kundenforderungen ab?

- Melden Sie sich, sobald Sie eine Kundenforderung ablehnen müssen. Schieben Sie Absagen oder schlechte Nachrichten niemals auf die lange Bank.
- Prüfen Sie die Rechtslage: Was ist rechtsverbindlich? Wo stehen Sie in der Pflicht? Mit welchen Konsequenzen ist zu rechnen?
- Geben Sie die notwendigen Hintergrundinformationen. Der Kunde muss genau wissen, warum etwas nicht geht.
- Nehmen Sie sich für die Absage Zeit, Zeit und nochmals Zeit!

Beschwerdeauswertung

Neben dem Ziel, die Kunden zufriedenzustellen und nachhaltig an das Unternehmen zu binden, sollten Beschwerden von den Geschäften genutzt werden, um für die Zukunft zu lernen und noch besser zu werden. Eine regelmäßige systematische Auswertung der Beschwerden ist deshalb unerlässlich.

- Die **quantitative Beschwerdeauswertung** stellt fest, wie häufig einzelne Beschwerdearten auftreten. Je häufiger eine Beschwerdeart auftritt, desto größer ist der Handlungsbedarf.

  BEISPIEL Die Kundenbefragung im Mars Elektrofachmarkt e. K. ergab, dass viele Kunden mit der Einhaltung von zugesagten Lieferzeiten unzufrieden sind. Dies wird nun auf der anstehenden Abteilungsleitersitzung besprochen.

- Die **qualitative Beschwerdeauswertung** ergründet, wie erfolgreich die Maßnahmen des Beschwerdemanagements waren.

  BEISPIEL Die Center Warenhaus GmbH versendet kurze Zeit nach der Erledigung der Kundenbeschwerden einen Feedbackbogen an ihre Kunden, mit dem überprüft werden soll, wie zufrieden die Kunden mit der Bearbeitung der Beschwerde waren. Liegen die E-Mail-Adressen der Kunden vor, erfolgt die Befragung online.

Feedbackbogen für Kundenbeschwerden

Sie haben sich bei uns beschwert. Um Ihre abschließende Zufriedenheit feststellen zu können, bitten wir Sie um die Beantwortung einiger Fragen.

1. Was war der Grund für Ihre Unzufriedenheit?

____

____

2. Wie schnell haben Sie Ihren Ansprechpartner erreicht?

sehr schnell ☐ weniger schnell ☐ weiterverbunden ☐ mehrfach weiterverbunden ☐

3. An welche Abteilung/Person haben Sie Ihre Fragen gerichtet?

Abteilung: ______________ Person: ______________

4. Wie zufrieden sind Sie mit der Abwicklung Ihrer Beschwerde?

sehr zufrieden ☐ zufrieden ☐ weniger zufrieden ☐ unzufrieden ☐

5. Wie beurteilen Sie unsere Reaktion in Bezug auf:

	sehr zufrieden	zufrieden	weniger zufrieden	unzufrieden
Freundlichkeit	☐	☐	☐	☐
Verständnis für Ihre Lage	☐	☐	☐	☐
individuelle Behandlung Ihres Falles	☐	☐	☐	☐
Bearbeitungstempo	☐	☐	☐	☐
Zufriedenheitsgrad mit Erledigung	☐	☐	☐	☐
Verlässlichkeit von Zusagen	☐	☐	☐	☐

6. Haben Sie weitere Anregungen?

____

____

Zusammenfassung

Mit einem aktiven Beschwerdemanagement Kunden halten

- **Kundenbeschwerden** können sich richten gegen
  - Artikel, Waren und angebotene Serviceleistungen,
  - das Personal oder einzelne Verkäufer/-innen,
  - das Geschäft und einzelne Abteilungen.

- **Zentrales Ziel des Beschwerdemanagements** ist es, unzufriedene und abwanderungswillige Kunden wieder stärker an das Unternehmen zu binden und Schwachstellen im Unternehmen zu beheben.
- **Phasen des Beschwerdemanagements** sind Beschwerdeannahme, Beschwerdebearbeitung und Beschwerdeauswertung.
- Die **Beschwerdeannahme** soll so organisiert werden, dass die Kunden dazu angeregt werden, ihre Beschwerden zu äußern.
- Um Kunden zufriedenzustellen, spielen die **Reaktionsgeschwindigkeit** und das **Beschwerdeergebnis** eine wichtige Rolle. Generell gilt:
  - Je zügiger eine Beschwerde bearbeitet wird, desto besser.
  - Je näher die realisierte Lösung an die gewünschte Lösung des Kunden herankommt, desto zufriedener ist er.
- Die **quantitative Beschwerdeauswertung** stellt fest, wie häufig einzelne Beschwerdearten auftreten.
- Die **qualitative Beschwerdeauswertung** ergründet, wie erfolgreich die Maßnahmen des Beschwerdemanagements waren.

Aufgaben

1. *Erläutern Sie, warum es für die Geschäfte von besonderer Bedeutung ist, ein effektives Beschwerdemanagement aufzubauen.*
2. *Kunden können aus verschiedenen Gründen mit den Leistungen eines Geschäftes unzufrieden sein. Listen Sie fünf mögliche Gründe auf, die zu Kundenbeschwerden führen können, und unterbreiten Sie im Rahmen des Beschwerdemanagements mögliche Lösungsvorschläge. Benennen Sie, was im Rahmen Ihres Lösungsvorschlages beachtet und geprüft werden muss. Verwenden Sie dazu eine Tabelle nach folgendem Muster.*

Gründe für Beschwerden	Mögliche Lösung	Was zu beachten und zu prüfen ist
Der Kunde beklagt sich darüber, dass ein bestimmter Artikel nicht im Sortiment geführt wird.	Aufnahme dieses Artikels ins Sortiment	Kann der Artikel beschafft werden? Passt er ins Sortiment? …

3. *Nehmen Sie kritisch Stellung zu den folgenden Aussagen.*
   - *„Einen Kunden, der sich beschwert, unterbreche ich möglichst früh, damit ich seine Einwände sofort widerlegen kann. Andernfalls steigert sich der Kunde nur in seiner Erregung."*
   - *„Ich frage zunächst nach der vom Kunden gewünschten Lösung, bevor ich eigene Vorschläge mache. Vielleicht ist der Kunde auch mit viel weniger einverstanden."*
   - *„Es ist wesentlich leichter, einen neuen Kunden zu gewinnen, als einen bestehenden Kunden zu halten."*

4. *Auf Seite 168 ist ein von Sabine Freund ausgefüllter Reklamationserfassungsbogen der Center Warenhaus GmbH abgebildet.*
   a) Analysieren und beurteilen Sie das von Sabine dokumentierte Verhalten.
   b) Stellen Sie dar, wie Sie sich im vorliegenden Fall verhalten hätten.

5. ***Rollenspiel***
   a) Tauschen Sie sich in Gruppen über Ihre Erfahrungen mit Kundenbeschwerden aus. Gehen Sie dabei auch auf die Perspektive als Kunde ein – vielleicht hatten Sie ja schon selbst einmal eine Beschwerde.
   b) Einigen Sie sich auf einen Beschwerdefall, den Sie im Rollenspiel nachspielen.
   c) Üben Sie die Darstellung einer misslungenen und einer gelungenen Reklamationsbehandlung ein.
   d) Stellen Sie die beiden Varianten Ihres Rollenspiels in der Klasse vor.
   e) Lassen Sie sich ein Feedback geben.

6. *Auf Seite 171 ist ein Feedbackbogen für Kundenbeschwerden abgebildet. Besuchen Sie ein Einzelhandelsgeschäft Ihrer Wahl und füllen Sie diesen Bogen aus. Stellen Sie anschließend Ihr Ergebnis Ihren Mitschülern in der Klasse vor.*

6 Das Internet und Multi-Channel-Strategien für den Onlinehandel und zur Kundenbindung nutzen

6.1 Internet und Multi-Channel-Strategien

HANDLUNGSSITUATION

Mehmet Aydin ist im Mars Elektrofachmarkt e. K. gerade in der PC-Abteilung eingesetzt. Darauf hat er sich schon seit langer Zeit gefreut. Allerdings ärgert ihn häufig das Verhalten von Kunden. Sehr oft muss er erleben, dass er ein umfangreiches Verkaufsgespräch geführt hat und die Kunden auch sehr zufrieden scheinen, aber trotzdem nicht kaufen. Vielfach hört er: *„Danke für die ausführlichen Informationen, ich bestelle das Gerät dann über das Internet bei Ihnen."* Sein Ausbildungsleiter sagt ihm dann immer: *„Ist doch egal, ob die Kunden hier im Geschäft oder online kaufen, Hauptsache wir machen den Umsatz!"*

ARBEITSAUFTRÄGE

LS

- *Erfassen Sie in Ihrer Klasse Ihre Erfahrungen mit Onlinekäufen und sammeln Sie die Ergebnisse stichwortartig.*

- *Bilden Sie in Ihrer Klasse zwei Arbeitsgruppen, in denen folgende Themen zu bearbeiten sind: 1. „Onlineshopping unterstützt den Einzelhandel“, 2. „Onlineshopping ist eine Gefahr für den Einzelhandel“. Führen Sie anschließend in der Klasse eine Podiumsdiskussion zu diesem Thema durch.*

Onlinehandel (E-Commerce)

Unter Onlinehandel (E-Commerce) versteht man die Abwicklung von Handelsgeschäften über das Internet. Folgende Handelsbeziehungen sind von besonderer Bedeutung:

Business-to-Business (B-to-B, B2B)	Business-to-Consumer (B-to-C, B2C)	Business-to-Government (B-to-G, B2G)
alle Geschäftsbeziehungen **zwischen zwei Unternehmen**, z. B. die Beschaffung von Rohstoffen oder Ersatzteilen über das Internet	alle Verkaufsaktivitäten **zwischen Unternehmen und Endverbrauchern** als Zielgruppe, z. B. der Verkauf von Produkten und Waren über einen Onlineshop an private Endverbraucher	Beziehungen **zwischen Unternehmen und staatlichen Einrichtungen**, z. B. zwischen der Stadt Köln und der Center Warenhaus GmbH

Im **Onlinehandel** stehen den Unternehmen folgende **Plattformen** (Absatzwege) zur Verfügung:

Onlineverkaufsplattformen	Marktplätze sozialer Medien	Unternehmenseigener Onlineshop
Die derzeit bekanntesten Plattformen sind Amazon, eBay, Rakuten und Alibaba.	Bekannte und vielgenutzte soziale Medien sind z. B. Facebook, Instagram, Twitter, SnapChat, TikTok oder YouTube.	Immer mehr Unternehmen haben einen eigenen Onlineshop, über den sie ihre Waren und Dienstleistungen anbieten.
Unternehmen können ihre Produkte in die jeweilige Verkaufsplattform einstellen und über diese verkaufen. Dies können sie entweder direkt über die Plattform tun oder über einen eigenen Shop, welcher in der Plattform integriert ist. Dafür entrichten sie ein **Grundentgelt und zusätzlich eine Verkaufsprovision**. Je nach Anbieter und Umsatz liegt diese zwischen 4 % und 15 % vom Umsatz.	Soziale Medien verknüpfen ihre eigentlich auf Kommunikation ausgelegten Angebote mit eigenen Marktplätzen. Über einen „Buy-Button“ können die User direkt Artikel kaufen, die ihnen in ihrer personalisierten Werbung angeboten werden. Die Unternehmen entrichten dafür Entgelte und Provisionen. Durch die Nutzung von **Algorithmen** werden mögliche Kunden sehr zielgruppengenau angesprochen.	Nicht nur Unternehmen des Einzel- oder Großhandels haben eigene Onlineshops – auch immer mehr produzierende Unternehmen wählen diesen Weg für den Absatz ihrer Produkte. BEISPIEL Die Center Warenhaus GmbH bietet in ihrem eigenen Onlineshop Großteile ihres Sortimentes an und erzielte in den vergangenen Jahren stets ein Umsatzplus von mehr als 10 %.

Gründe für E-Commerce bzw. Onlineshopping

Der Kauf über das Internet hat in den letzten Jahren erheblich an Bedeutung gewonnen und steht somit in direktem Wettbewerb zum Einkauf beim stationären Einzelhandel vor Ort. Folgende Gründe sprechen u. a. für das Einkaufen im Internet:

Aus der Sicht von Kunden	Aus der Sicht des Einzelhandels
• Unabhängigkeit von Ort und Zeit • günstigere Preise, Schnäppchen, Rabatte • macht Spaß, verspricht Spannung • schnelle, unkomplizierte Bestellmöglichkeit • spontane Verfügbarkeit der Produkte • keine Ladenöffnungszeiten • keine Fahrtkosten und -zeiten, Parkplatzsuche usw.	• keine Ladenöffnungszeiten • weltweite Präsentation von Waren • geringe Kosten für Standort (Ladenmiete) • Ergänzung des stationären Handels • Automatisierung des Verkaufs • Automatisierung des Zahlungsverkehrs • schnelle Präsentation von Sonderangeboten • Kundenbindung

Auch die Bequemlichkeit der Kunden wirkt sich auf deren Mobilität aus und stärkt den Onlinehandel.

MERKE

Schon ab einer erwarteten Anfahrtszeit von 15 Minuten neigen Kunden zum Onlinekauf. Einzelhandelsunternehmen können darauf mit weiteren Filialen oder aber mit einem ergänzenden E-Commerce-Angebot reagieren.

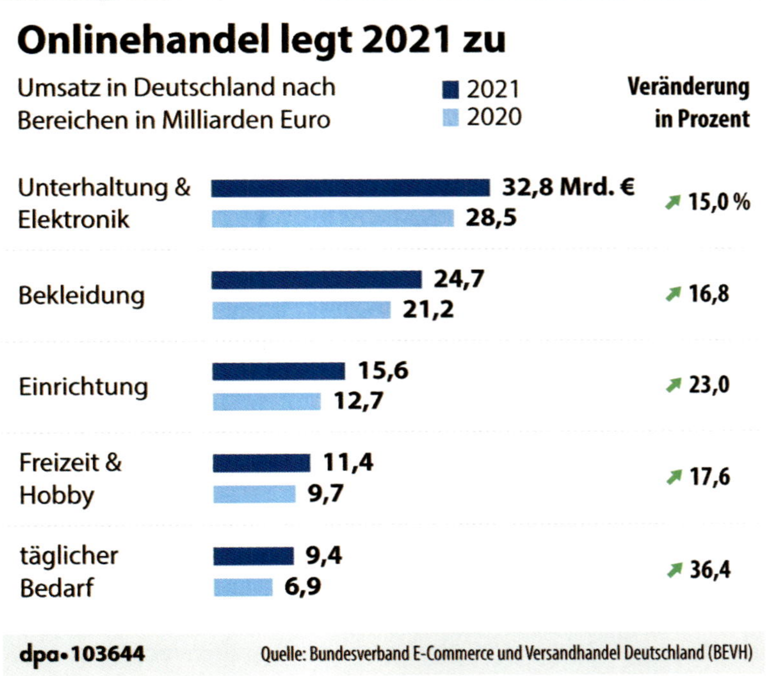

● Multi-Channel-Strategie

Lernfeld 1

Viele Einzelhändler haben lange am Geschäftsmodell des **stationären Handels** festgehalten, ohne die **Möglichkeiten des Onlinehandels** in ihre Unternehmensstrategie einzubinden. Durch die weite Verbreitung mobiler Endgeräte (Smartphones, Tablets usw.), den Einfluss erfolgreicher Onlinehandelsunternehmen (z.B. Amazon) und den Erfolg von Handelsplattformen hat bei vielen Einzelhandelsunternehmen ein Umdenken stattgefunden. Sie sehen die Notwendigkeit – aber auch die Chance – sich über weitere Verkaufs- und Kommunikationswege an den Kunden zu wenden (Multi-Channel-Strategien).

Der Begriff **Multi-Channel (= mehrere Kanäle)** bezeichnet den Verkauf sowie die Kommunikation mit Kunden über mehrere Kanäle. Mit **Kanal** bzw. **Channel** sind die **verschiedenen Verkaufs- und Kommunikationswege** gemeint. Das können sowohl Onlinemaßnahmen, wie

Suchmaschinenwerbung, Display-Werbung, Social-Media-Marketing, Onlinevideos, Apps oder E-Mail-Marketing, als auch Offlinemaßnahmen, wie Printanzeigen, Kataloge, Sponsoring, Messen und Events oder persönlicher Verkauf, sein. Eine umfassende Multi-Channel-Strategie besteht häufig aus dem **Mix** von **On-** und **Offlinemaßnahmen**. Ist ein Einzelhandelsunternehmen auf nahezu allen Kanälen präsent und aktiv, so spricht man von einer **Omni-Channel-Strategie**.

Gelungene Multi-Channel-Strategien stehen dafür, dass die Kunden nicht mehr nach unterschiedlichen Shoppingkanälen unterscheiden, sie suchen verschiedene Zugangswege zum Einzelhändler: im Internet, über das Smartphone und Tablet – oder eben über das stationäre Geschäft.

TIPP

Alle Aktivitäten und das Auftreten in den verschiedenen Channels sollten möglichst gut **aufeinander abgestimmt** sein. Denn die Chancen, die mit der wachsenden Zahl der Kommunikationskanäle verbunden sind, stellen zugleich auch ein erhöhtes Risiko dar: Ein Kunde, der im Internet, auf dem Smartphone oder dem Tablet ein schlechtes Nutzererlebnis hat, meidet höchstwahrscheinlich auch das Geschäft und ist dann komplett „offline".

Gute Multi-Channel-Strategien sind eine **Chance für den Einzelhandel** und können diesen mit seinen stationären Geschäften stärken.

Viele Kunden nutzen heute zwar das Internet zur Recherche und zum Vergleich, aber längst nicht alle kaufen die Waren dann auch online, sondern bevorzugen nach wie vor den Kauf im stationären Einzelhandel. In vielen Fällen verläuft der Kaufprozess in drei Schritten:

Schritt 1

Die **Anregung** für den Kauf kommt aus einer Mischung aus Online- und Offlineimpulsen.

Diese können sein:
- TV-Werbung,
- Newsletter,
- Internetforen,
- Annoncen in Zeitungen oder
- Impulse aus dem Freundes- und Bekanntenkreis.

Schritt 2

Kurz vor dem Einkauf dominiert das Internet. Kunden informieren sich im Netz und vergleichen Eigenschaften und Preise von Waren.

Zudem informieren sie sich auf Smartphones, Tablets und Computern über Geschäftsstandorte, Öffnungszeiten, Produktverfügbarkeiten und Wegbeschreibungen zum Geschäft.

Viele dieser Kaufinteressenten suchen innerhalb von 24 Stunden ein Geschäft des stationären Einzelhandels auf.

Schritt 3

Für den eigentlichen Kauf bevorzugen viele Verbraucher nach wie vor den stationären Einzelhandel.

Dort können sie die Ware betrachten, direkt ausprobieren und vergleichen. Selbst während des Stöberns im Geschäft verglei-chen Kunden auf dem Smartphone Preise und rufen Informationen zur Ware ab.

Sind sie unentschlossen, kann eine gute Beratung den entscheidenden Kaufimpuls geben.

Dieser Dreischritt des Kaufprozesses ist inzwischen ein gängiges Muster bei vielen Kunden. Diese recherchieren online, kaufen meistens aber offline. In solchen Fällen spricht man von **ROPO-Käufen** (**r**esearch **o**nline – **p**urchase **o**ffline).

Das Internet zur Kundenbindung nutzen

Ergänzend zum Onlinehandel bieten sich weitere Maßnahmen der Kundenbindung über das Internet an:

BEISPIELE für Kundenbindungsmaßnahmen im Internet

Maßnahme	Erläuterungen, Beispiele aus dem EKZ Rheinpark Köln
Website	Die Website ist die **virtuelle Visitenkarte** eines Einzelhändlers. Hier kann er Informationen zu seinem Sortiment und zu seinem Geschäft publizieren, z. B.: Auf der Website des EKZ Rheinpark ist als Service für Kunden ein Anfahrtsweg mit Stadtplan integriert.

Maßnahme	Erläuterungen, Beispiele aus dem EKZ Rheinpark Köln
Download-bereich 	**Downloads** sind Dateien, die sich der Besucher einer Website auf seinen Rechner laden kann, z. B.: • Der Mars Elektrofachmarkt e. K. bietet kostenlose Software zur Fotobearbeitung und Lernsoftware für Kinder zum Download an. • Die Abels Bau- und Hobbymarkt GmbH bietet Bauanleitungen und Bedienungsanleitungen zum Download an.
FAQ-Bereich (Bereich für häufig gestellte Fragen) 	Auf der Website wird ein **FAQ-Bereich** eingerichtet (FAQ = frequently asked questions, das sind häufig gestellte Fragen). Hier können sich Kunden informieren, somit ist der Einzelhändler von Standardfragen entlastet, z. B.: • Ein PC-Händler hat eine FAQ-Liste bereitgestellt, in der Fragen zum Einbau von Hardwarekomponenten beantwortet sind. • Die Garten-Center Klein KG bietet eine FAQ-Liste für Blumenpflege an. • Die Kinderabteilung der Center Warenhaus GmbH beantwortet in ihrem FAQ-Bereich Fragen zu Kindersitzen in Autos.
E-Mail 	Der Einzelhändler verschickt **E-Mails** an Kunden, die damit einverstanden sind (unverlangte Werbe-E-Mails sind verboten), z. B.: • Ein Feinkosthändler verschickt an seine Kunden E-Mails mit Hinweisen auf Sonderangebote. • Das Fotofachgeschäft Foto-Knirps schickt E-Mail-Glückwünsche zum Geburtstag seiner Kunden.
Newsletter 	**Newsletter** sind regelmäßig erscheinende E-Mails an Kunden, die ausdrücklich diese Informationen angefordert haben. Meist sind in Newslettern neben reinen Produktinformationen noch zusätzliche nützliche Hinweise für Kunden vorhanden, z. B.: • Ein PC-Händler verschickt alle sechs Wochen einen Newsletter und informiert seine Kunden über neue Produkte, Testberichte, Virenscanner und Software-Neuheiten. • Ein Weinhändler verschickt seine Newsletter mit Informationen zu Weinen, Anbaugebieten und Links zu Veranstaltungen mit Weinproben.

Zusammenfassung

Internet und Multi-Channel-Strategien

- **E-Commerce/Onlinehandel:** Abwicklung des Einkaufens über Dienste im Internet
  - Die für den Einzelhändler wichtigsten **Handelsbeziehungen** beim E-Commerce sind B2B, B2C und B2G.
  - E-Commerce/Onlinehandel werden auch in den nächsten Jahren wachsen und für **Umsatzzuwächse** sorgen.
- Der Begriff **Multi-Channel** (= **mehrere Kanäle**) bezeichnet den Verkauf sowie die Kommunikation mit den Kunden über mehrere Kanäle. Eine gut abgestimmte **Multi-Channel-Strategie** besteht häufig aus dem **Mix von On- und Offlinemaßnahmen**, bei dem die Kunden gar nicht mehr nach unterschiedlichen Shoppingkanälen unterscheiden.
- Über gut gestaltete Websites, Downloads, FAQ-Listen, E-Mail und Newsletter kann der stationäre Einzelhandel das **Internet zur Kundenbindung** nutzen.
- **ROPO-Käufe** beschreiben das Kaufverhalten von Kunden, wenn diese online recherchieren, aber offline im stationären Handel einkaufen.

Aufgaben

1. *Erläutern Sie jeweils aus der Sicht des Einzelhändlers und des Kunden Gründe für Onlinekäufe.*
2. *Stellen Sie in Ihrer Klasse die Multi-Channel-Strategien Ihres Ausbildungsbetriebes vor und benennen Sie möglichst alle „Kanäle“ mit entsprechenden Beispielen, die von Ihrem Ausbildungsbetrieb genutzt werden.*
3. *Untersuchungen zeigen, dass*
   a) etwa 64 % der deutschen Konsumenten online recherchieren und dann offline im stationären Handel kaufen,
   b) 62 % sich im Geschäft beraten lassen, um dann online zu kaufen.
   Nennen Sie Maßnahmen, die der Einzelhandel vor dem Hintergrund dieser Erkenntnis nutzen kann, um diese Kunden an sein Unternehmen zu binden.
4. *Nehmen Sie kritisch Stellung zu der folgenden Aussage: „Durch das Onlineshopping geraten noch mehr Menschen in die Schuldenfalle.“*
5. *Beschreiben Sie zwei Maßnahmen zur Kundenbindung im Internet.*

6.2 Onlinepräsenz

HANDLUNGSSITUATION

Oliver Schlegel, der Filialleiter der Lebensmitteldiscount Schlegel KG, trifft sich seit langer Zeit wieder mit seinem Freund Frank Giersiefen, der in der Kölner Innenstadt ein exklusives Geschäft für Herrenschuhe betreibt. Nach einiger Zeit berichtet Frank von den Sorgen, die ihn beschäftigen.

Frank: *„Ach, Oliver, mir bricht der Umsatz weg. Die Kunden kaufen immer öfter Schuhe im Internet. Selbst die Edelmarken, mit denen ich mein größtes Geschäft mache, sind mehr und mehr im Netz vertreten. Dabei bin ich davon überzeugt, dass die Kunden bei mir die beste Auswahl und Beratung haben. Mit mir kann kein Onlineshop konkurrieren.“*

Oliver: *„Das glaube ich auch. Allerdings muss es ja nicht gleich ein Onlineshop sein, wenn du im Netz präsent sein willst. Fakt ist, dass die Kunden das Netz auch nutzen, um gute Geschäfte zu finden.“*

Frank: *„Ja, stimmt schon. Bisher habe ich aber stets von einer eigenen Website abgesehen. Bei dem Anspruch, den ich habe, muss diese sehr professionell und hochwertig gestaltet werden.“*

Oliver: *„Das sehe ich ein, es gibt jedoch auch etliche Möglichkeiten, die kleineren Händlern wie dir eine gute Onlinepräsenz ermöglichen.“*

ARBEITSAUFTRÄGE

- *Tauschen Sie sich mit Ihrer Sitznachbarin/Ihrem Sitznachbarn darüber aus, was Ihre Ausbildungsbetriebe tun, um eine gute Onlinepräsenz zu erreichen.*
- *Erläutern Sie Möglichkeiten, wie Frank Giersiefen seine Onlinepräsenz gestalten kann.*

Durch Internetrecherchen sind immer mehr Kunden vor einem Einkauf gut vorinformiert. Sie möchten bequem einkaufen und denken nicht in getrennten „Channels“, mit denen sie in Kontakt mit ihrem Einzelhändler treten können. Ihre Verbundenheit zu Marken, Geschäften und Standorten hat abgenommen. Wer in Zukunft diese sogenannten **„hybriden Kunden“** erreichen möchte, muss deshalb online genauso vertreten sein wie stationär.

Ein Einzelhandelsunternehmen hat verschiedene Möglichkeiten, sich den Kunden im Internet zu präsentieren: Neben einer eigenen **Website** und einem sich anschließenden **Social-Media-Marketing** bei Facebook, Instagram und Co. können Händler auch über **Onlinemarktplätze** wie Amazon und eBay verkaufen, einen eigenen **Onlineshop** sowie **Apps** betreiben oder mit einer **Local-Shopping-Plattform** zusammenarbeiten.

Möglichkeiten der Onlinepräsenz für Einzelhandelsbetriebe

- Eigene Website
- Social-Media-Marketing
- Online-marktplätze
- Online-shop
- Apps
- Local-Shopping-Plattform

Unternehmenseigene Website und Websites von Einzelhandelsunternehmen

Über Suchmaschinen (vgl. Seite 183) gelangen viele potenzielle Kunden auf die Websites von Einzelhandelsunternehmen. Sie suchen auf Smartphones, Tablets und Computern nach Ladenstandorten, Öffnungszeiten, Angeboten, Warenverfügbarkeit, Artikelbeschreibungen und Wegbeschreibungen zum Geschäft.

Die unternehmenseigene Website ist die **digitale Visitenkarte** jedes Unternehmens und die Grundlage für weitere Formen des Onlinemarketings. Über ihre Websites können sich Unternehmen mit ihrer Unternehmensphilosophie sowie ihren Artikeln und Dienstleistungen präsentieren und Aussagen über ihre Service- und Distributionspolitik platzieren. Gleichzeitig kann die Website auch dem Verkauf dienen, wenn der eigene Onlineshop mit der Website des Unternehmens verlinkt ist.

TIPP

Es gibt zahlreiche „Baukästen“, mit denen sich eine Website erstellen lässt. Alternativ dazu können spezielle Agenturen damit beauftragt werden, eine Unternehmenswebseite zu erstellen.

Die Website des Unternehmens sollte ständig aktualisiert und mit neuen Texten und Fotos versehen werden.

MERKE

Dies bedeutet: Jede Website braucht, wenn sie für Kunden interessant sein soll, eine ***dauerhafte Pflege und Aktualisierung****.*

BEISPIEL Der Mars Elektrofachmarkt e. K. stellt auf seiner Website auch Bilder seines Geschäftes dar. Neuerdings wird auch auf besondere Serviceleistungen sowie alle weiteren Möglichkeiten der Onlinepräsenz aufmerksam gemacht.

Vorteile	Nachteile
• leichte Einrichtung • relativ preiswert • Wichtige Informationen können einfach dargestellt werden. • Kunden haben jederzeit und von jedem Ort Zugriff auf das Unternehmen.	• Die Betreuung und Pflege der Website muss sichergestellt werden. • Das zusätzliche Angebot eines Onlineshops oder zumindest einer Artikelverfügbarkeitsabfrage ist zusätzlich einzurichten.

Social-Media-Marketing

Social Media (soziale Medien) sind Websites und Apps, über die Nutzer Inhalte erstellen und ein permanenter und zeitlich unbegrenzter Austausch mit anderen Nutzern der Plattform stattfindet. Plattformen wie Facebook, Instagram, Twitter, TikTok, YouTube und Co. eröffnen auch für Einzelhandelsunternehmen zahlreiche Möglichkeiten im Marketing.

Für alle sozialen Medien gilt, dass hinter ihnen Geschäftsmodelle stehen, die unterschiedliche Sichtweisen auf die jeweilige Plattform ermöglichen:

Auf der einen Seite, aus **Sicht der Nutzer**, kann man über soziale Medien mit Freunden und Gleichgesinnten **kommunizieren, sich austauschen, mitteilen und auch informieren**. Bei all dem hinterlässt man Spuren bzw. Daten.

Auf der anderen Seite sind soziale Medien gigantische **Werbe- und Verkaufsplattformen**. Sie arbeiten mit den Daten der Nutzer und bieten den Unternehmen die Möglichkeit einer **zielgruppengenauen Werbung** zu vergleichsweise geringen Kosten.

Nutzerdaten

Die Rechenzentren der Plattformbetreiber sammeln die Daten der Nutzer und werten diese aus. Dies ist die Basis für die Erstellung von **Algorithmen**, welche die Nutzer der Plattform und die werbenden und verkaufenden Unternehmen zielgenau zusammenbringen.

Nutzerdaten

Insbesondere in der Informatik spielen Algorithmen eine große Rolle. Sie stellen eine **Grundlage der Programmierung** dar. **Ein Algorithmus gibt eine Vorgehensweise vor**, um ein Problem zu lösen. Anhand eines Lösungsplans werden in Einzelschritten Eingabedaten in Ausgabedaten umgewandelt.

TIPP

Als User einer Social-Media-Plattform sollte man eine bewusste Entscheidung treffen, welche Daten man der jeweiligen Plattform zur Verfügung stellt. In den Einstellungen zum Datenschutz gibt es auf jeder Plattform zahlreiche Optionen, mit denen entsprechende Einschränkungen möglich sind.

Werbung in sozialen Medien wird als **Social Media Advertising** bezeichnet. Eine Anzeige selbst wird **Social Ad** (Kurzform von **Social Advertisement**) bzw. nur **Ad** genannt. Das Format einer Ad kann unterschiedlich aussehen und ist abhängig von der jeweiligen Plattform. Neben klassischen Display-Anzeigen mit Bild- oder Videoinhalten ist auch das Schalten interaktiver und ausgefallenerer Werbung möglich.

BEISPIEL BEISPIEL Die Lebensmitteldiscount Schlegel KG möchte einen Lieferservice für online gekaufte Lebensmittel einführen. Über Facebook und Instagram wird dieser neue Service beworben. Dazu wird eine Ad gestaltet, die sich an berufstätige Frauen im Alter von 35 bis 55 Jahren richtet, die im Umkreis von 5 km des Geschäftes wohnen.

Vorteile	Nachteile
• Werbung, Botschaften, Bilder und Videos lassen sich mit geringem Aufwand und ohne Programmierkenntnisse im Web verbreiten. • Das Werbebudget wird nur leicht belastet. • Kommunikation und Botschaften können durch das Unternehmen initiiert werden und verbreiten sich in der Folge durch die Nutzergemeinschaft der sozialen Medien. Dies bewirkt eine hohe Glaubwürdigkeit im Sinne einer Mund-zu-Mund-Propaganda. • Schnell und einfach kann in Erfahrung gebracht werden, wie die Menschen über das Unternehmen denken.	• Benötigt werden Mitarbeiterinnen und Mitarbeiter, die aktives Social-Media-Marketing betreiben können. Besonders gefordert sind eine gute Analysefähigkeit sowie eine hohe Kommunikationsfähigkeit. • Es erfordert eine sofortige und unmittelbare Kommunikation und somit auch eine ständige Bearbeitung – nahezu rund um die Uhr. • Nicht alle Zielgruppen können damit durchgängig erreicht werden.

Onlinemarktplätze

Onlinemarktplätze sind **Portale** im Internet, in welchen ein Angebot von Waren und Dienstleistungen der **unterschiedlichsten Anbieter** bezogen werden kann. Bekannte Onlinemarktplätze in Deutschland sind z.B. eBay, Otto, Amazon oder Fairmondo.

Einzelhändler, die ihre Waren auf Onlinemarktplätzen anbieten, sparen die Einrichtung und Betreuung eines eigenen Onlineshops. Bei den meisten Onlinemarktplätzen fallen nach dem Verkauf **Entgelte** an, die an den Betreiber der Plattform zu entrichten sind. Je nach Plattform können weitere Entgelte für das Einstellen eines Artikels oder das besondere Hervorheben eines Artikels entstehen.

Bei fast allen Plattformen können Artikel entweder zu einem Festpreis angeboten werden oder gegen ein Höchstgebot ersteigert werden.

BEISPIEL Der Mars Elektrofachmarkt e.K. bietet Ausstellungsstücke zu reduzierten Preisen auf einem Onlinemarktplatz an.

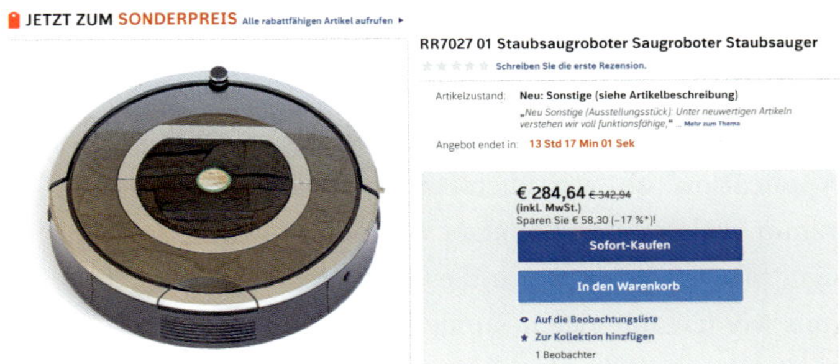

Vorteile	Nachteile
• Produkte sind weltweit über das Internet zu kaufen. • Die Kosten für die Einrichtung eines Onlineshops entfallen. • Onlinemarktplätze verfügen bereits über einen hohen Bekanntheitsgrad. • Neukundengewinnung möglich	• keine echte Verzahnung von Online- und Offlinehandel • Provisions- und Pauschalentgelte für die Abwicklung über die Marktplätze

Onlineshop

Ein Onlineshop ist eine **Handelsplattform**, die ein Einzelhandelsunternehmen betreibt, um den Konsumenten über das **Internet seine Waren und Dienstleistungen zu verkaufen** (vgl. Seite 187 f.). Kunden können über das Internet die Waren betrachten, bestellen und bezahlen. In einem Onlineshop kann ein Einzelhändler sein gesamtes Sortiment oder Teile seines Sortiments den Kunden zum Kauf anbieten.

Während die Einrichtung einer Webseite ohne allzu großen Aufwand realisierbar ist, verlangen der Aufbau und die Pflege eines eigenen Onlineshops Kenntnisse und Ressourcen: Zeit, Arbeitskraft, technisches Know-how, Verpacken, Verschicken und Wiedereingliederung von Retouren in den Shop. Hinzu kommen **Werbeausgaben**, damit die Kunden den Shop im Internet finden. Der Aufwand, einen Onlineshop zu betreiben, ist in den meisten Fällen genauso groß wie bei einem stationären Geschäft.

BEISPIEL Der Mars Elektrofachmarkt e. K. bietet in seinem Onlineshop Großteile seines Sortiments an. Während die Umsätze im stationären Handel stagnieren, erzielte der Onlineshop in den vergangenen Jahren stets ein Umsatzplus von mehr als 10 %.

Vorteile	Nachteile
• überregionaler Verkauf • Gewinnung von Neukunden • Verkauf rund um die Uhr • keine Provisionen an Dritte, wie z. B. bei Onlinemarktplätzen • für viele Einzelhandelsunternehmen oftmals die einzige Möglichkeit, ihren Umsatz zu steigern • optimal für eine gute Vernetzung zwischen Online- und Offlinehandel	• ähnlich aufwendig wie ein stationäres Geschäft • aufwendige Logistikabwicklung • Eine Verknüpfung mit dem Warenwirtschaftssystem ist einzurichten. • Es wird IT-Fachpersonal und zusätzlicher Raum benötigt.

● Apps

Der Begriff **„App"** stammt aus dem englischen Sprachraum und leitet sich von dem Wort **„Application"** ab, was übersetzt so viel wie **„Anwendung"** bedeutet. Eine App ist ein Programm, welches den Benutzer in einem bestimmten Bereich unterstützt. Auf eine App kann zugegriffen werden, wenn diese auf einem Rechner, Tablet oder Smartphone installiert ist. Apps werden von vielen Kunden gewünscht und helfen dabei, den Umsatz zu halten oder zu steigern, und sind eine ideale Möglichkeit, Onlinehandel und stationären Handel sinnvoll miteinander zu verknüpfen.

BEISPIEL Der Mars Elektrofachmarkt e. K. betreibt eine eigene App. Dort finden die User spannende News und heiße Gerüchte rund um die absoluten Spitzenreiter des digitalen Zeitalters, clevere Ratgeber zu den verschiedensten Themen sowie Testberichte zu den aktuellen Marktführern.

Funktionen der App:

- News rund um Techniktrends, Produkte und Tests
- Storefinder
- aktuelle Sonderangebote
- Produktsuche mit praktischer Filterfunktion
- Zugang zum Onlineshop
- Social-Media-Verknüpfung
- Einlösen von Gutscheinen und Geschenkkarten

TIPP

Eine sinnvolle Alternative zur eigenen App kann es sein, sich mit mehreren Einzelhandelsunternehmen und Gastronomen zusammenzutun, ein freies WLAN-Netz aufzubauen und eine gemeinsame App für eine Einkaufsstraße, eine Stadt oder ein Einkaufszentrum zu entwickeln, welche die Kunden bei ihren Einkäufen unterstützt.

Vorteile	Nachteile
• überregionale und preiswerte Streuung von Werbung und News • Gewinnung von Neukunden • kann die Kunden in der Stadt oder im Geschäft unterstützen • gute Ergänzung für die Vernetzung zwischen Online- und Offlinehandel	• IT-Fachpersonal wird benötigt. • Personalkosten • Zeitaufwand zur Betreuung der App

● Local-Shopping-Plattform

Auf einer Local-Shopping-Plattform können **Einzelhändler einer Stadt, eines Stadtviertels oder eines Einkaufszentrums** ihre im Geschäft verfügbaren Artikel einstellen. Das Verpacken oder Versenden von Paketen entfällt, weil die Kunden, nachdem sie einen Wunschartikel auf der Plattform entdeckt haben, in das stationäre Geschäft geführt werden. Hierfür werden alle Händler in der Umgebung des Kunden angezeigt, die den gesuchten Artikel aktuell verfügbar haben. So können sich die User einer solchen Plattform über die online abgebildeten Waren informieren, die **Beratung** und das **Kauferlebnis** finden jedoch vor Ort **im Geschäft** statt. Diese Verknüpfung von stationärem Handel und Onlinehandel wird unter dem Begriff **Click and Collect** zusammengefasst. Lernfeld 1

Local-Shopping-Plattformen versuchen somit, eine Brücke zwischen Onlinehandel und stationärem Handel zu schaffen. Um neue Kunden zu gewinnen, setzen sie genau dort an, wo sich heutzutage viele Kunden vor ihrem Kauf informieren – im Internet.

Vorteile	Nachteile
• Stärkung des Ladengeschäfts • kein zusätzliches Personal nötig • Versand und Retouren von Paketen entfallen. • Gewinnung von Neukunden • Das Marketing wird vom Plattformanbieter übernommen. • Verzahnung von Online- und Offlinehandel	• Einrichtung und Pflege eines digitalen Warenwirtschaftssystems bzw. Verknüpfung mit dem bestehenden WWS • Provisionen für verkaufte Artikel

Zusammenfassung

Onlinepräsenz

- Immer mehr Kunden **nutzen das Internet zum Kauf** von Waren oder zur **Information**, bevor sie sich zum Kauf entscheiden – um diese Kunden zu erreichen, müssen auch überwiegend stationär ausgerichtete Einzelhandelsbetriebe eine **Onlinepräsenz aufbauen**.

Möglichkeiten der Onlinepräsenz für Einzelhandelsbetriebe

Eigene Website	Social-Media-Marketing	Onlinemarktplätze	Onlineshop	Apps	Local-Shopping-Plattform
Auf einer **unternehmenseigenen Website** kann der Einzelhändler Informationen zu Ladenstandort, Öffnungszeiten, Angeboten, Artikelbeschreibungen und Wegbeschreibungen zum Geschäft hinterlegen.	Unter Social-Media-Marketing wird die **Kommunikation von Unternehmen in sozialen Netzwerken** verstanden. Einmal gut angestoßen, verbreiten sich Unternehmensnachrichten und Diskussionen über die User im Internet.	Onlinemarktplätze sind **Portale im Internet**, auf welchen ein virtuelles Angebot von Waren und Dienstleistungen der unterschiedlichsten Anbieter bezogen werden kann. Bekannte Onlinemarktplätze sind z. B. eBay, Hood oder Fairmondo.	Ein Onlineshop **ist eine Handelsplattform**, um im Internet Waren und Dienstleistungen zu verkaufen. Online können Kunden die Waren betrachten, bestellen und bezahlen.	Apps sind **Anwenderprogramme auf digitalen Endgeräten**, die von einem oder mehreren Einzelhändlern gemeinsam betrieben werden. Viele Apps haben einen Storefinder, machen auf Angebote aufmerksam und ermöglichen den Onlinekauf.	Auf einer solchen Plattform können **lokale Einzelhändler ihre im Geschäft verfügbaren Artikel einstellen**. Kunden, die online einen bestimmten Artikel suchen, werden über die Plattform mit dem Geschäft in Verbindung gebracht.

Aufgaben

1. *a) Beschreiben Sie die Onlinepräsenz Ihres Ausbildungsbetriebes.*
   b) Analysieren Sie die Onlinepräsenz Ihres Ausbildungsbetriebes und begründen Sie, welche Zielgruppen vorrangig angesprochen werden.
   c) Zeigen Sie mögliche Weiterentwicklungen auf, die Ihr Ausbildungsbetrieb bezüglich seiner Onlinepräsenz in Betracht ziehen könnte.

2. *Erläutern Sie, warum immer mehr Einzelhändler aktives Social-Media-Marketing betreiben.*

3. *Die Center Warenhaus GmbH möchte mit einer App vorrangig die „Kundengruppe 60+“ ansprechen. Benennen Sie die Funktionen und Anforderungen, die die Center Warenhaus GmbH dem Entwicklerteam der App als Auftrag erteilt.*

4. *a) Recherchieren Sie für eine Onlineplattform Ihrer Wahl das Entgeltmodell für einen Einzelhändler, wenn dieser, ohne einen eigenen Onlineshop zu betreiben, dort ab und zu Waren verkauft.*
   b) Wie hoch sind in diesem Modell die Entgelte für 100,00 € Umsatz?

5. *Die Lebensmitteldiscount Schlegel KG möchte an ihrer Onlinepräsenz arbeiten und diese breiter aufstellen. Entwickeln Sie ein Konzept, welches Sie anschließend in Ihrer Klasse vorstellen.*

6.3 Einen Onlineshop betreiben

HANDLUNGSSITUATION

Krisensitzung beim Mars Elektrofachmarkt e.K.: Daniela Mars sitzt mit Ingrid Wald zusammen, die für den Onlineshop verantwortlich ist.

Frau Mars: *„Da es immer mehr Beschwerden von Kunden gibt, dass unser Onlineshop unübersichtlich ist und es immer wieder zu Abstürzen kommt, habe ich eine Unternehmensberatung mit der Analyse unserer gesamten Webpräsenz beauftragt. Das Ergebnis ist furchtbar. Die Unternehmensberatung stützt die Kundenbeschwerden und hat zudem einige rechtlich bedenkliche Aspekte angemerkt, die dringend verändert werden müssten."*

Frau Wald: *„Wir haben zu wenig Personal für die Pflege der Seiten und sind technisch nicht auf dem neuesten Stand. Auch neuen rechtlichen Anforderungen konnten wir noch nicht überall nachkommen. Ich brauche noch zwei Mitarbeiter."*

Frau Mars: *„Die sollen Sie haben. Aber der Imageverlust durch schlecht funktionierende Seiten und die Gefahr, verklagt zu werden, ist immens."*

Frau Wald: *„Und was sollen wir jetzt kurzfristig machen?"*

Frau Mars: *„Ich habe einen Mitarbeiter der Unternehmensberatung eingekauft, der mit Ihnen die wichtigsten Dinge angeht. Die Stellenanzeigen gestalten Sie bitte zusammen mit Herrn Tophoven. Die Seite haben wir jetzt erst einmal abgeschaltet. Das können wir uns maximal drei Tage leisten. Also ran an die Arbeit!"*

ARBEITSAUFTRAG

Wenden Sie in der Klasse die Kopfstandmethode zu der Frage an: „Wie kann ich einen Onlineshop am besten gegen die Wand fahren?"

Im Internet trennen die Kunden nur wenige Klicks davon, einen Artikel zu kaufen. Diese einfache Handhabung und die Möglichkeit, zu jeder Tages- und Nachtzeit bestellen zu können, machen den Onlinehandel besonders attraktiv. Deshalb setzen immer mehr Einzelhändler in Ergänzung zu ihren stationären Geschäften auf einen eigenen Onlineshop.

● Einen Onlineshop rechtlich und technisch umsetzen

Einzelhandelsunternehmen, die einen Onlineshop betreiben möchten, brauchen eine **Internetplattform**, auf welcher der Onlineshop betrieben wird. Über diese Plattform läuft die gesamte Kommunikation und Kaufabwicklung mit den Kunden. Auf der **Website** des **Onlineshops** werden die Waren und Dienstleistungen zum Kauf angeboten. Dabei sind verschiedene rechtliche und technische Aspekte zu beachten.

○ Rechtliche Rahmenbedingungen

Jeder Onlinehändler ist verpflichtet, auf seiner Website ein **Impressum** anzugeben. Zudem sind die **Allgemeinen Geschäftsbedingungen (AGB)**, die **Datenschutzerklärung** sowie Hinweise zur **Onlineschlichtung** auf der Website zu veröffentlichen.

Impressum

Ein Impressum ist eine **Anbieterkennzeichnung**. Gesetzlich geregelt ist die Anbieterkennzeichnung für Internetauftritte im **Telemediengesetz (TMG)**. Hintergrund ist, dass das Gesetz die Veröffentlichung von Angaben zum Unternehmen fordert, die leicht **erkennbar, unmittelbar erreichbar** und **ständig verfügbar** sein müssen. Der Gesetzgeber will dadurch sicherstellen, dass der Betreiber der Website identifizierbar ist, um dadurch u. a. die Rechtsverfolgung zu erleichtern.

Welche Angaben konkret im Impressum eines Onlineshops vorgehalten werden müssen, hängt davon ab, welche Unternehmensform der Anbieter wählt. Gemäß § 5 TMG gehören für einen Onlineshop folgende Pflichtangaben in das Impressum:

- Name und Anschrift des Betreibers
- Rechtsform bei juristischen Personen
- bei juristischen Personen die bzw. der Vertretungsberechtigte
- Angaben zur elektronischen Kontaktaufnahme (E-Mail-Adresse)
- jeweilige Aufsichtsbehörden, insofern erforderlich
- wenn vorhanden, Registerkennzeichnungen, z. B. Handelsregister oder Genossenschaftsregister
- Umsatzsteuer-Identifikationsnummer bzw. Steuernummer

Allgemeine Geschäftsbedingungen (AGB) und Datenschutzerklärung

Lernfeld 3

Auch die Betreiber von Onlineshops sind auf die Nutzung von **Allgemeinen Geschäftsbedingungen (AGB)** angewiesen, um den Kaufprozess schnell und unkompliziert abzuwickeln. Die rechtliche Grundlage für die Überprüfung von **AGB-Klauseln** findet sich in § 305 ff. BGB.

Vor Abschluss eines Kaufvertrages sind die Kunden eines Onlineshops darauf hinzuweisen, dass die AGB in den Kaufvertrag miteinbezogen werden. Der Kunde muss allerdings vorher (üblicherweise durch einen Link) die Möglichkeit haben, ohne größere Schwierigkeiten auf die AGB zugreifen zu können. Zudem muss es möglich sein, den Text der AGB zu speichern, z. B. per Download. Das Einverständnis des Kunden mit den AGB muss im Streitfall vom Shopbetreiber belegt werden.

Die Fragen des Datenschutzes gehören nicht in die AGB, sondern in eine **gesonderte Datenschutzerklärung**. Dieser müssen die Kunden ebenfalls im Rahmen des Kaufes zustimmen.

> **TIPP**
>
> Um Abmahnversuchen und Ärger mit Kunden vorzubeugen, sollte der Onlineverkaufsprozess so gestaltet sein, dass die Kunden zunächst per Klick bestätigen, dass sie mit den AGB und der Datenschutzerklärung einverstanden sind.

Onlineschlichtung

Onlinehändler müssen nach der EU-Verordnung Nr. 524/2013 auf der Seite ihres Onlineshops auf **die Möglichkeit einer Onlineschlichtung** hinweisen. Erforderlich hierfür ist die Angabe des Links http://ec.europa.eu/consumers/odr. Dieser Link muss auf der Website leicht zugänglich sein. Wo er genau platziert werden muss, gibt das Gesetz nicht vor. Nicht ausreichend ist jedoch, den Link im Rahmen der Allgemeinen Geschäftsbedingungen (AGB) zu veröffentlichen, wenn diese erst auf der Bestellseite eingestellt sind.

BEISPIEL Im Onlineshop des Mars Elektrofachmarkt e. K. wird künftig folgende Formulierung im Impressum aufgeführt: „Onlinestreitbeilegung gem. Art. 14 Abs. 1 ODR-VO: Die Europäische Kommission stellt eine Plattform zur Onlinestreitbeilegung (OS) bereit, die Sie unter http://ec.europa.eu/consumers/odr finden."

○ Technische Umsetzung

Damit ein Onlineshop im Alltag von den Kunden angenommen wird, muss er auf der einen Seite so gestaltet sein, dass er komfortabel für die Kunden ist sowie die **Waren gut präsentiert** und erläutert, und auf der anderen Seite die **Kunden zu Ergänzungs- und Zusatzverkäufen animiert**. Zudem sind die **Anforderungen des Datenschutzes** zu beachten.

Software und Warenwirtschaftsprogramm

Für den Aufbau eines Onlineshops wird eine **passende Softwarelösung** benötigt, bei der die Kompatibilität mit Smartphones und Tablets sichergestellt ist und die mit einem leistungsstarken Warenwirtschaftsprogramm verknüpft werden kann.

Mit steigendem Umsatz wird auch der Aufwand hinter den Shopkulissen größer. Ein **Warenwirtschaftsprogramm** muss den Betreibern von Onlineshops viel Arbeit in der Verwaltung abnehmen. Je größer die Artikelvielfalt ist, je mehr Bestellungen eingehen und je öfter bei verschiedenen Lieferanten Waren eingekauft werden, desto leistungsfähiger muss das Warenwirtschaftsprogramm sein. Sinn und Zweck des Warenwirtschaftsprogramms ist es, dass sämtliche Wareneingänge und Warenausgänge an einer zentralen Stelle verwaltet werden und mit dem Einkauf und dem Verkauf direkt verknüpft sind. Gute Warenwirtschaftsprogramme sollten in der Lage sein, von der Bestellung über die Lieferschein- und Rechnungserstellung bis hin zum Mahnwesen und der Warenwiedereingliederung (nach Rücksendungen) den Onlinehändler zu unterstützen.

TIPP

Es gibt zahlreiche professionelle Anbieter von Internetshopsoftware. Mit deren Lösungen wird es immer einfacher, einen Onlineshop zu erstellen und zu installieren. Viele Anbieter haben Softwarelösungen im Angebot, bei denen man sich anmeldet, eine Domain (Internetadresse) auswählt und direkt das passende Shopsystem inklusive Webspace und Datenbank zu einem günstigen Preis erhält. Je nach Wunsch gibt es Paketlösungen in mehreren Abstufungen, z. B. Basic, Plus und Profi.

Cookies im Onlinehandel

Nahezu alle Websites von Onlineshops ermöglichen die Speicherung von **Cookies**. Cookies sind **kleine Dateien**, die in den jeweiligen Browserverzeichnissen eines lokalen Rechners abgelegt werden. In diesen Dateien stehen zahlreiche Informationen, die das Surfen für den

Anwender bequemer gestalten, aber auch Daten, mit denen sich das Surfverhalten eines Nutzers protokollieren lässt.

Cookies spielen z. B. für folgende Anwendungen im Onlinehandel eine Rolle:

- Speicherung von Zugangs- bzw. Passwortdaten, um z. B. ein sich ständig wiederholendes Einloggen zu vermeiden
- Speicherung persönlicher Daten wie Namen, Benutzernamen oder Adressen, um Besucher beim wiederholten Besuch des Onlineshops anzusprechen
- Speicherung persönlicher oder nutzungsbasierter Daten, um Werbung auf Websites anwenderbezogen einblenden zu können (Tracking-Cookies)

Viele Cookies besitzen ein Ablaufdatum – man spricht von **temporären Cookies**. Nach Erreichen einer bestimmten Zeit wird es automatisch aus der Browserumgebung gelöscht. Andere Cookies, u. a. **Tracking-Cookies**, bleiben längere Zeit gespeichert und werden ggf. nie gelöscht. Hier würde nur das manuelle Löschen des Nutzers dazu führen, dass diese Cookies wieder vom Rechner verschwinden.

Viele Onlineshops nutzen **Session-Cookies**. Diese dienen dazu, die Navigation des Kunden zu verfolgen und Warenkorbinformationen zu speichern. Schließt der Besucher den Browser auf seinem PC oder Smartphone, gehen diese Cookies verloren, da sie nur temporär sind. Aus Datenschutzsicht sind diese Cookies unbedenklich.

TIPP

Auf jedem Rechner sollten regelmäßig Reinigungsprogramme laufen, welche Cookies löschen.

Etliche Onlineshops ermöglichen auch die **längerfristige Speicherung von Aktivitätsdaten**, um den Kunden bei einem späteren Besuch des Onlineshops wiederzuerkennen und bereits eingegebene Formulardaten wiederherstellen zu können. Möglich ist es zudem, dem Nutzer spezielle Angebote zu machen. Registriert man z. B., dass ein Kunde einen Artikel mehrere Male angeklickt hat, so kann man individuelle Zusatz- und Ergänzungsangebote oder Rabatte anbieten.

Da das **Webcontrolling** – also das Analysieren der Besucher auf den eigenen Onlineshopseiten – wichtig für die strategische Planung des Einzelhändlers ist, verwenden die meisten Shops Tracking-Cookies, die es ermöglichen, die Aktivitäten des Benutzers zu protokollieren.

Um den Vorgaben des Telemediengesetzes (§ 15 Abs. 3 TMG) Genüge zu leisten, sollten die Betreiber von Onlineshops die Einwilligung der Websitebesucher zur Verwendung von Cookies einholen und ihnen ein Widerspruchsrecht einräumen.

Warenpräsentation

Lernfeld 4

Anders als beim stationären Handel können die Kunden bei einer **onlinegestützten Warenpräsentation** keinen direkten Kontakt zum angebotenen Artikel herstellen und auch nicht durch ein persönlich geführtes Verkaufsgespräch vom Nutzen des Artikels überzeugt werden. Deshalb muss die **Artikelbeschreibung** so ausführlich und treffend sein, dass sich möglichst viele Kunden davon angesprochen fühlen und den Kauf des Artikels mit einem persönlichen Nutzen verbinden.

Wichtige Bestandteile einer onlinegestützten Artikeldarstellung sind:

- eine prägnante **Überschrift**
- eine klare **Zugehörigkeit** zu einer Waren- bzw. Artikelgruppe
- aussagekräftige **Bilder** und **Videos**
- schriftliche **Kundenbewertungen** in Verbindung mit einem „Sternchensystem“
- **Testsiegel** und **Auszeichnungen**
- umfangreiche und klar verständliche **technische Daten**

TIPP

Finden Kaufinteressenten alle für sie notwendigen Informationen über einen Artikel in einer Internetdarstellung, dann wechseln sie wesentlich seltener die Anbieterseite und entscheiden sich häufiger zum Kauf.

Bilder und Videos ersetzen die Möglichkeit des Kunden im stationären Handel, einen Artikel selber in die Hand nehmen und von allen Seiten betrachten zu können. Daher ist die Qualität der Bilder und Videos entscheidend für die Frage, ob der Kunde letztlich kauft. Die abgebildeten Artikel sollten aus verschiedenen Perspektiven gezeigt werden und mit einer **Zoomfunktion** ausgestattet sein.

TIPP

Besonders beliebt sind Produktvideos, die einen Artikel in Aktion zeigen. Gut produzierte Videos können dabei tatsächlich das Erlebnis der persönlichen und direkten Betrachtung des Artikels ersetzen.

BEISPIEL Die Center Warenhaus GmbH bietet in ihrem Onlineshop alle gängigen Jeansmodelle an. Diese sind aus mehreren Perspektiven zu betrachten und bei Bedarf kann die Zoomfunktion aktiviert werden, um einzelne Details am Bildschirm besser wahrnehmen zu können.

Zahlungsabwicklung

Generell gibt es bei Onlinehändlern beliebte Standardzahlungsarten wie Vorkasse oder PayPal. Oft werden aber Verkaufsmöglichkeiten durch fehlende **Zahlungsarten** eingebüßt. Man muss deshalb seine Zielgruppe genau analysieren, um festzustellen, welche Zahlungsarten benötigt werden. In den letzten Jahren hat z. B. die Verbreitung von Kreditkarten stark zugenommen. Insofern sollte auch diese Zahlungsform angeboten werden. Lernfeld 3

Folgende Zahlungsarten stehen dem Onlinehändler zur Auswahl:

PayPal	Als einer der wichtigsten Onlinebezahldienste weltweit sollte **PayPal** in keinem Onlineshop fehlen. Um PayPal als Bezahlmethode zu integrieren, können Händler auf der PayPal-Website eigenständig ein PayPal-Geschäftskonto eröffnen und haben die Möglichkeit, PayPals umfassende Produktangebote für alle wichtigen Bereiche des Online- und Offlinehandels anzubieten. Der Vorteil für die Händler: Kauft ein Kunde per PayPal, erhält der Händler den Betrag sofort. PayPal erledigt die Abwicklung mit dem Kunden und trägt das komplette Risiko. Zudem schützt der **PayPal-Verkäuferschutz** Verkäufer bei bestimmten Zahlungsausfällen. Darüber hinaus hilft der **PayPal-Verkäuferschutz**, wenn ein Käufer einen unberechtigten Antrag auf Käuferschutz stellt. Für Geschäftskonten fallen für empfangene Zahlungen Entgelte an, die aus einer prozentualen Entgelt- und einer Fixgebühr bestehen.
Vorkasse per Banküberweisung  	Eine beliebte Zahlungsart bei Onlinehändlern und Kunden ist die Bezahlung vor dem Versand der Ware, die sogenannte **Vorkasse**. Diese Art der Zahlung setzt ein hohes Maß an Vertrauen beim Kunden voraus, der letztendlich das Risiko trägt, die Waren nach Bezahlung nicht zu erhalten. Die Vorteile: Der Onlinehändler hat kein Risiko und ihm entstehen keine Kosten. Auch ist die Retourenquote bei Vorkasse geringer als bei anderen Zahlungsarten. Nachteilig ist die fehlende Bereitschaft vieler Kunden, das Risiko zu tragen. Die Bereitschaft kann jedoch durch vertrauensbildende Maßnahmen (z. B. Gütesiegel oder positive Kundenbewertungen) erhöht werden.
Kauf auf Rechnung  	Beim **Rechnungskauf** hat der Kunde ein hohes Maß an Sicherheit und der Händler trägt das Risiko. Der Vorteil beim Rechnungskauf ist die hohe Kaufbereitschaft des Kunden, da er die Ware bestellen kann, ohne vorab zu bezahlen. Dadurch kauft der Kunde spontaner. Genauso deutlich ist aber auch der Nachteil: Der Onlinehändler trägt ein hohes Risiko, wenn er Ware ohne Bezahlung an den Kunden versendet. Auch sind die Retourenquoten bei dieser Zahlungsart sehr hoch.
Kreditkarte  	Eines der beliebtesten Zahlungsmittel im Onlinehandel ist die **Kreditkarte**. Der Verkäufer kann sofort auf den Zahlbetrag zugreifen und die Ware unverzüglich versandfertig machen. Der Käufer hat so keinerlei zeitliche Verzögerung durch das Bezahlverfahren. Kreditkartenzahlungen sind für den Verkäufer mit Kosten verbunden, die vom Umsatz abhängen.
Lastschrift S€PA Lastschrift *Abdruck des SEPA-Logos mit freundlicher Genehmigung des European Payments Council AISBL*	Bei der **Lastschrift** teilt der Kunde dem Händler seine Kontodaten mit und der Händler kann das Geld vom Konto des Kunden abbuchen. Dies ist eine kostengünstige Variante der Zahlungsabwicklung. Ein Nachteil für den Onlinehändler besteht jedoch darin, dass der Kunde seine Lastschrift innerhalb von sechs Wochen ohne Angabe von Gründen zurückbuchen kann. Somit stellt diese Zahlungsart ein hohes Risiko für den Händler dar.
Nachnahme NACHNAHME	Die **Nachnahme** ist eine für den Onlinehändler sehr sichere Zahlungsart, da der Paketbote bei der Übergabe des Paketes den Kaufpreis vom Kunden kassiert. Innerhalb weniger Tage erhält der Onlinehändler den Kaufbetrag. Ein Nachteil ist, dass die Annahme der bestellten Ware durch den Kunden verweigert werden kann und das Paket wieder an den Onlinehändler zurückgesendet wird, der dann die Nachnahmegebühren zahlen muss. Für den Kunden ist die Nachnahme relativ teuer, da die Nachnahmegebühren meist an den Kunden weitergegeben werden.

● Maßnahmen zum Onlinemarketing

Auch die Betreiber von Onlineshops müssen ein gezieltes Marketing betreiben. In weiten Bereichen ist dieses identisch mit dem Marketing des stationären Einzelhandels. Eine Besonderheit des Marketings im Onlinehandel besteht darin, dass der Internetauftritt so gestaltet sein muss, dass er für allgemeine Suchmaschinen, wie z.B. Google, Bing oder Yahoo, optimiert ist. Dies ist eine zentrale Aufgabe des Suchmaschinenmarketings.

○ Suchmaschinenmarketing

Suchmaschinenmarketing **(SEM = Search Engine Marketing)** ist ein Sammelbegriff für alle Maßnahmen, die darauf abzielen, Besucher über Suchmaschinen für die eigenen Internetseiten zu gewinnen.

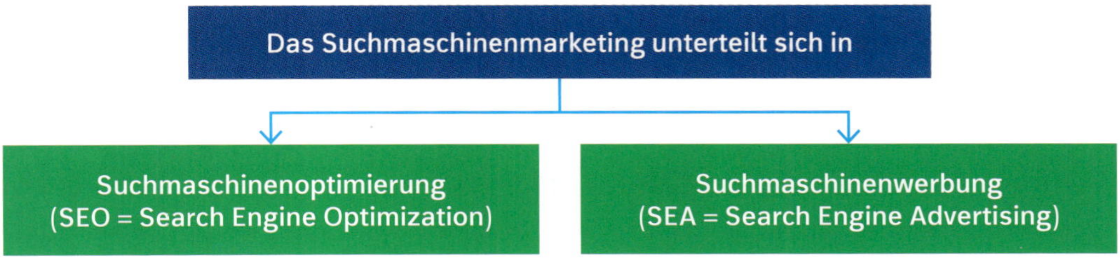

Suchmaschinenoptimierung

Viele Konsumenten nutzen Suchmaschinen, um ihre gesuchten Artikel zu finden, zu vergleichen und Informationen darüber zu erhalten. Um bei **allgemeinen Suchmaschinen** von den Konsumenten wahrgenommen zu werden, ist eine Platzierung unter den Top-Suchergebnissen wichtig, denn die meisten Benutzer von Suchmaschinen nutzen nur die erste Seite der Ergebnisliste. Die Suchmaschinenoptimierung **(Search Engine Optimization – SEO)** dient dazu, dass Websites bei bestimmen Suchbegriffen in den Ergebnisseiten möglichst weit vorne erscheinen.

Die Suchmaschinenunternehmen können die Positionierung der Suchergebnisse beeinflussen, indem sie Seiten mit bestimmten **Schlüsselwörtern** (Keywords) und **Verlinkungen** bei den angezeigten Suchergebnissen nach oben bringen. Diese Leistungen sind kostenpflichtig und ein Bestandteil des Geschäftsmodells der Suchmaschinenunternehmen.

BEISPIELE

- Der Onlineshop des Mars Elektrofachmarkt e.K. achtet darauf, dass bestimmte Schlüsselworte in die Website des Onlineshops eingebunden sind. Nur wenn z.B. der Begriff „Virtual-Reality-Brille" auf der Website des Onlineshops steht, kann das Angebot dieser Artikel von interessierten Kunden gefunden werden.
- Zur Verbesserung der Verlinkung seines Onlineshops vereinbart der Mars Elektrofachmarkt e.K. mit seinen wichtigsten Lieferanten eine Verlinkung auf die Websites der Lieferanten, zudem verweist er in den sozialen Netzwerken sowie in seiner App auf die Website seines Onlineshops.

Eine Suchmaschinenoptimierung verlangt vertiefende Fachkenntnisse. Deshalb beauftragen viele Onlinehändler spezialisierte Unternehmen, welche diese Arbeit für den Onlinehändler übernehmen.

BEISPIEL Die Lebensmitteldiscount Schlegel KG stößt bei ihrer Recherche zu einem eigenen Onlineshop auf eine Agentur, die mit dem folgenden Angebot wirbt:

> **Starterset: Suchmaschinenoptimierung**
> Optimierung Ihrer Startseite sowie von drei Unterseiten
> - für acht Keywords,
> - Textoptimierung,
> - Optimierung der Linkdichte
>
> Preis: einmalig 149,00 €, zzgl. MwSt.

Suchmaschinenwerbung

Bei der Suchmaschinenwerbung werden **bezahlte Anzeigen** geschaltet, die in den Suchmaschinen am oberen Seiteninhalt erscheinen und damit von potenziellen Kunden gut gesehen werden. Suchmaschinenwerbung ist eine einfache Möglichkeit, sich gegen den in der normalen Suchfunktion höher gelisteten Mitbewerber durchzusetzen.

BEISPIEL Ein Kunde, der sich für den Neukauf eines Fernsehers interessiert und den Suchbegriff „Fernseher kaufen“ eingibt, erhält zunächst die Anzeigen von Unternehmen, die dafür bezahlt haben. Erst in der weiteren Reihenfolge tauchen die Unternehmen auf, die in Bezug auf diese Schlüsselwörter das höchste Ranking haben.

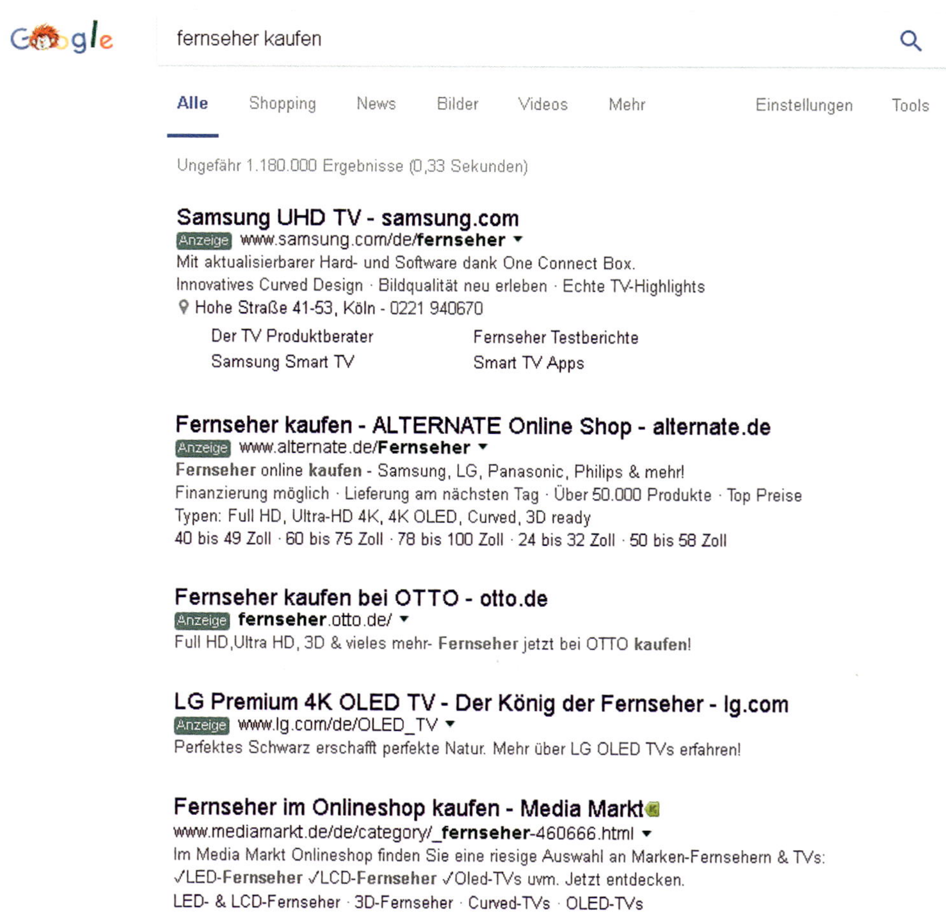

○ Gütesiegel und positive Kundenbewertungen

Weitere Marketingmaßnahmen können helfen, Kunden für einen Onlineshop zu gewinnen oder diese als Stammkunden zu binden.

BEISPIEL Der Mars Elektrofachmarkt e.K. zeigt auf seiner Website Auszeichnungen wie das Trusted-Shops-Gütesiegel. Dies vermittelt den Kunden, dass der Onlineshop vertrauenswürdig ist. Zudem sammelt er positive Kundenbewertungen und verwendet diese für seine Werbung.

● FAQ[1] – Rechtliche Aspekte des Onlineshoppings

Grundsätzlich gelten beim Onlineshopping die gleichen rechtlichen Bestimmungen wie beim stationären Einzelhandel auch (z. B. **Kaufvertragsrecht**). Zum Zwecke des Verbraucherschutzes gelten für Fernabsatzverträge (dazu zählt das Onlineshopping) zusätzlich § 312 BGB und etliche weitere Rechtsvorschriften. Dem Verbraucher werden bestimmte Rechte wie das Rückgabe- und Widerrufsrecht gesichert und Händlern werden Informations- und Aufklärungspflichten auferlegt. Lernfeld 3

Kann ich die bestellte Ware ohne Angabe von Gründen zurückgeben?
Ja, i. d. R. ist dies möglich. Bestellungen im Internet fallen unter den § 312 BGB über Fernabsatzverträge. Nach § 312d BGB hat der Verbraucher das Recht, **im Internet bestellte Waren ohne Angabe von Gründen zurückzugeben**. Man bezeichnet dies als **Widerrufsrecht** (gilt nicht unter Privatleuten). Ausnahmen: Lebensmittel, Hygieneartikel usw. Zu beachten ist jedoch, dass der Widerruf ausdrücklich erklärt werden muss.

Wie sollte der Widerruf erklärt werden?
Ausdrücklich, denn es reicht nicht mehr, die Ware kommentarlos zurückzuschicken. Grundsätzlich ist dies auch mündlich möglich, wobei eine schriftliche Erklärung, etwa per E-Mail oder Brief, zu empfehlen ist. Eine eindeutige Widerrufserklärung könnte lauten: ***„Hiermit widerrufe ich den Kauf der am [Datum] bestellten Ware [Artikel].“*** Schreiben Sie dies auf ein Blatt Papier und ergänzen Sie das Dokument um Ihre Adressdaten. Den Zettel mit der Widerrufserklärung legen Sie dann beim Zurücksenden der Ware bei.

Wie lange kann ich nach Erhalt der bestellten Ware den Kauf widerrufen und bis wann muss ich die Ware zurückgeben?
Grundsätzlich beträgt die **Widerrufsfrist 14 Tage** nach Erhalt der Ware. Die Onlineshops sind verpflichtet, schriftlich auf das Widerrufsrecht hinzuweisen. Wurde dies unterlassen oder nicht ordnungsgemäß gemacht, verlängert sich die Widerrufsfrist um zwölf Monate. Bei einem Widerruf muss der Käufer binnen der 14-Tage-Frist die Ware wenigstens auf den Rückweg zum Händler gebracht haben. Der Händler darf den Kaufpreis so lange einbehalten, bis die Ware wieder bei ihm eingetroffen ist oder der Käufer zumindest einen Beleg für die Absendung vorlegen kann.

Wer trägt die Kosten für die Rücksendung von Waren?
Der Händler **darf seinen Kunden die Kosten für die Rücksendung der Ware auferlegen**. Früher galt das nur für Ware bis zum Preis von 40,00 € und beim Kauf auf Rechnung. Die Onlinehändler können jedoch freiwillig die Kosten des Rücktransports übernehmen. Hier muss im Einzelnen geprüft werden, ob diese freiwillige Leistung übernommen wird. Die Kosten, die der Käufer für den Erstversand bezahlt hat, müssen ihm erstattet werden. Kostenpflichtige Zusatzleistungen, wie etwa ein Expressversand, müssen jedoch nicht erstattet werden.

[1] *FAQ, engl. „frequently asked questions“: häufig gestellte Fragen und die dazugehörigen Antworten*

Zusammenfassung

Einen Onlineshop betreiben

Rechtliche Rahmenbedingungen	Technische Umsetzung	Onlineshopmarketing	Rechtliche Aspekte beachten
• Impressum (Anbieterkennzeichnung) • AGB-Klausel • Datenschutzerklärung • Hinweise zur Onlineschlichtung	• Software und Warenwirtschaftsprogramm • Cookies • Warenpräsentation online • Geeignete Bezahlsysteme (PayPal, Vorkasse, Kauf auf Rechnung, Kreditkarte, Lastschrift, Nachnahme)	• **Suchmaschinenmarketing:** Suchmaschinenoptimierung und Suchmaschinenwerbung • Gütesiegel und Kundenbewertungen	• **Fernabsatzvertrag:** Die Kunden haben ein 14-tägiges Widerrufsrecht. • Laut Gesetz trägt der Kunde die Kosten für die Rücksendung.

Aufgaben

1. *Erläutern Sie, welche besonderen rechtlichen Rahmenbedingungen bei der Einrichtung und Führung eines Onlineshops zu beachten sind.*
2. *Erklären Sie, was der Gesetzgeber bezweckt, wenn er Onlineshopbetreiber dazu verpflichtet, auf der Website ein Impressum zu führen.*
3. *Rufen Sie, wenn vorhanden, den Onlineshop Ihres Ausbildungsbetriebes auf und untersuchen Sie aus Sicht der Kunden, ob*
   - *ein ausreichend informatives Impressum vorhanden ist,*
   - *die Allgemeinen Geschäftsbedingungen (AGB) sowie die Datenschutzerklärung leicht zu finden sind,*
   - *die Hinweise zur Onlineschlichtung und der Verwendung von Cookies vorhanden sind.*
4. *Erläutern Sie*
   a) den Nutzen von Cookies aus Sicht des Onlinehändlers,
   b) den Nutzen von Cookies aus Kundensicht,
   c) die datenschutzrechtlichen Bedenken, die bei der Verwendung von Cookies zu beachten sind.
5. *Beschreiben Sie, worauf ein Onlinehändler bei seiner Warenpräsentation ganz besonders achten sollte.*
6. *Zählen Sie auf, welche Zahlungsarten ein Onlineshop seinen Kunden anbieten sollte.*
7. *Erläutern Sie, warum es für einen neuen Onlineshop besonders wichtig ist, sich im Rahmen des Suchmaschinenmarketings besonders mit der Suchmaschinenoptimierung zu befassen.*
8. *Erläutern Sie in einem Vortrag die rechtlichen Aspekte des Onlineshoppings, insbesondere die Rückgabe von Waren, beschädigte Waren und Zahlungsmöglichkeiten.*

6.4 Datenschutz, Datensicherheit und IT-Sicherheit in Einzelhandelsunternehmen

HANDLUNGSSITUATION

Die IT-Sicherheitsrichtlinien des Mars Elektrofachmarkt e. K. schreiben vor, dass an Unternehmensrechnern, auf denen das Warenwirtschaftssystem läuft und damit auch Kundendaten verwaltet werden, keine USB-Sticks verwendet werden dürfen. Als Mehmet seinen privaten USB-Stick verwendet, um ein Referat für die Schule auszudrucken, wird er von Frau Wald, der Leiterin des Onlineshops beobachtet. Nach Rücksprache mit dem IT-Administrator erhält Mehmet eine Abmahnung mit der Androhung einer Kündigung. Mehmet versteht die Welt nicht mehr: *„Ich wollte doch nur ein Referat ausdrucken. Warum soll das so schlimm sein?“*

ARBEITSAUFTRÄGE

- *Erläutern Sie, warum im Mars Elektrofachmarkt e. K. an Rechnern, auf denen Kundendaten verwaltet werden, keine USB-Sticks verwendet werden dürfen.*
- *Diskutieren Sie in Ihrer Lerngruppe, ob die Abmahnung für Mehmet gerechtfertigt ist.*

Datenschutz

Über Ländergrenzen hinweg wird heutzutage online eingekauft. Dabei werden zahlreiche Informationen ausgetauscht. Tablets, Smartphones und Laptops gehören für die meisten Menschen zum Alltag. Die Nutzung des Internets erfolgt dauernd und die Menschen hinterlassen dabei viele Spuren. Teils sind dies sehr persönliche Daten (Adress- und Bankdaten, Geburtstage, Hobbys, Urlaubsbilder, ...).

Der Datenschutz soll sicherstellen, dass die zu einer Person gespeicherten Daten vor unbefugtem Einblick und Datenmissbrauch geschützt werden. Dabei gilt es, in einer digitalen und vernetzten Informationsgesellschaft zu viele staatliche Überwachungsmaßnahmen und einen sogenannten **„gläsernen Menschen“** zu verhindern.

Die zu einer Person gespeicherten Daten sind vor unbefugtem Einblick und Datenmissbrauch zu schützen, damit dieser Person kein Nachteil entsteht. **Chancengleichheit und Gerechtigkeit** in einer Gesellschaft sind übergeordnete Ziele des Datenschutzes.

BEISPIEL Sabine Freund hat sich entschieden, ein Fitness-Armband zu kaufen. Damit werden ihre Bewegungen über den Tag erfasst, ihre Schritte gezählt, ihr Puls gemessen, verbrauchte Kalorien und alle sportlichen Aktivitäten erfasst. Zuhause wertet Sabine diese Daten an ihrem Notebook über eine cloudgestützte App aus. Als sie heute wieder ihre Daten hochladen möchte, kommen ihr plötzlich Zweifel: *„Wo landen eigentlich diese Daten und wer kann sie einsehen? Wenn ich mich in den nächsten Wochen, nach Abschluss meiner Ausbildung, um einen Arbeitsplatz bewerben möchte, dann könnten mögliche Arbeitgeber ja eine Menge über meine Lebensgewohnheiten erfahren."*

Fragen des Datenschutzes beziehen sich nicht nur auf das Internet oder in Netzwerken gespeicherte Informationen, sondern lassen sich auch auf viele andere Lebensbereiche ausweiten: Bankdaten, Daten in Personalakten, Lohn- und Gehaltsabrechnungen, Daten in Krankenakten. Auch ihre persönliche Kommunikation wollen die Menschen meistens geschützt wissen (Briefgeheimnis).

Datenschutz ist ein allgemeines **Grundrecht**, das jedem Bürger der Bundesrepublik Deutschland eingeräumt wird: das Recht auf **informationelle Selbstbestimmung**.

Die rechtliche Grundlage für den Datenschutz in Deutschland ist im **Telemediengesetz (TMG)** und im **Bundesdatenschutzgesetz (BDSG)** geregelt. Im BDSG sollen die europäischen Vorgaben, die sich aus der **EU-Datenschutz-Grundverordnung (DSGVO)** ergeben, im nationalen Recht verankert werden. Die DSGVO stellt zudem sicher, dass Kunden im grenzüberschreitenden Onlinehandel EU-weit vergleichbare Rechte haben.

Die EU-Datenschutz-Grundverordnung sieht bei einem Verstoß gegen den Datenschutz Bußgelder von bis zu 20 Mio. € oder aber bis zu 4 % des weltweiten Jahresumsatzes eines Unternehmens vor.

○ Personenbezogenen Daten

Als personenbezogene Daten gelten alle Informationen, die sich auf eine bestimmte oder bestimmbare natürliche Person beziehen. **„Bestimmbar"** ist eine Person dann, wenn sie mittels Zuordnung zu einer **Kennung** wie einem **Namen**, einer **Kennnummer**, **Standortdaten** oder anderen **besonderen Merkmalen** identifiziert werden kann.

Typische personenbezogene Daten sind z. B.:

- Name
- Adresse
- E-Mail-Adresse
- Telefonnummer
- Geburtstag
- Kontodaten
- Vermögensverhältnisse
- Kfz-Kennzeichen
- Standortdaten
- IP-Adressen
- ...

Jede **Kundin** und jeder **Kunde** eines Einzelhändlers muss der **Speicherung** und **Verarbeitung** seiner personenbezogenen Daten zustimmen. Dabei genügt nicht nur ein stillschweigendes Einverständnis. Es muss eine **aktive Zustimmung** erteilt werden.

Das „Verarbeiten" von Daten ist ein Sammelbegriff, der das **Speichern**, **Verändern**, **Übermitteln**, **Sperren** und **Löschen der Daten** umfasst.

Als weitere Grundsätze im Umgang mit personenbezogenen Daten gelten für Einzelhändler:

Datensparsamkeit
Es dürfen nur so viele Daten erhoben und verarbeitet werden, wie tatsächlich benötigt werden.

Datenrichtigkeit
Die Daten müssen inhaltlich und sachlich richtig und aktuell gehalten sein.

Zweckbindung
Die Daten dürfen nur zu dem Zweck verarbeitet werden, für den sie erhoben wurden.

Recht auf Löschung/Recht auf Vergessen
Personenbezogene Daten müssen gelöscht werden, wenn für die Verwendung der Daten keine Berechtigung mehr vorliegt.

Die **Weitergabe** von personenbezogenen Daten ist streng reglementiert. In der Regel ist dies nur zulässig, wenn der Betroffene darin eingewilligt hat. Liegt eine Einverständniserklärung der Kunden vor, so kann – mit dem Datenschutz übereinstimmend – die Weitergabe dieser Kundendaten erfolgen. Da viele Menschen derartige Einverständniserklärungen unbewusst durch einen Mausklick erteilen, können auf diese Weise auch Daten von einem Unternehmen zu einem anderen verkauft werden.

TIPP

Nicht nur öffentliche und private Einrichtungen sind für den Datenschutz zuständig. **Jeder** steht **selbst** in der **Verantwortung**, seine Daten zu schützen.

○ Datenschutzerklärung

Onlinehändler sind verpflichtet, eine **Datenschutzerklärung** auf ihrer Website bereitzustellen. Die Datenschutzerklärung soll die Besucher der Website darüber **aufklären**, welche Daten der Onlinehändler **erhebt und speichert**, zu welchem **Zweck** die Daten erhoben werden und wie mit ihnen **umgegangen** wird. Dabei ist darauf zu achten, dass die Erläuterungen **präzise** und zugleich für die Kunden leicht **verständlich** sein müssen.

BEISPIEL Auszug aus der Datenschutzerklärung des Mars Elektrofachmarkt e. K.

Geltungsbereich
Diese Datenschutzerklärung soll die Nutzer dieser Website gem. Bundesdatenschutzgesetz und Telemediengesetz über die Art, den Umfang und den Zweck der Erhebung und Verwendung personenbezogener Daten durch den Websitebetreiber Mars Elektrofachmarkt e. K. informieren.

Der Mars Elektrofachmarkt e. K. nimmt Ihren Datenschutz sehr ernst und behandelt Ihre personenbezogenen Daten vertraulich und entsprechend den gesetzlichen Vorschriften.

Bedenken Sie, dass die Datenübertragung im Internet grundsätzlich mit Sicherheitslücken bedacht sein kann. Ein vollumfänglicher Schutz Ihrer personenbezogenen Daten vor dem Zugriff durch Fremde ist nicht realisierbar.

Zugriffsdaten
Der Websitebetreiber Mars Elektrofachmarkt e. K. erhebt Daten über Zugriffe und speichert diese ab. Folgende Daten werden so protokolliert:

- besuchte Webseite
- Uhrzeit zum Zeitpunkt des Zugriffes
- Menge der gesendeten Daten in Byte
- Quelle/Verweis, von welchem Sie auf die Seite gelangten
- verwendeter Browser
- verwendetes Betriebssystem
- verwendete IP-Adresse

Die erhobenen Daten dienen lediglich statistischen Auswertungen und der Verbesserung der Website.

Newsletter-Abonnement
Der Mars Elektrofachmarkt e. K. bietet Ihnen einen Newsletter an, in welchem er Sie über aktuelle Geschehnisse und Angebote informiert. Möchten Sie den Newsletter abonnieren, müssen Sie eine valide E-Mail-Adresse angeben.

[...]

TIPP

Auch wenn ein Geschäft gar keinen Onlinehandel betreibt, ist es verpflichtet, eine Datenschutzerklärung auf seiner Website zu veröffentlichen. Sobald ein **Mindestmaß an Informationen** über die Besucher der Website gesammelt wird – etwa deren IP-Adresse, der benutzte Browser und die Verweildauer – erhebt **zwangsläufig** jeder Websitebetreiber **personenbezogene Daten**.

Datensicherheit und IT-Sicherheit

Unter **Datensicherheit** werden **alle technischen Aspekte** verstanden, die dem Schutz von Daten dienen.

Die **IT-Sicherheit** sichert die Daten sowie die gesamte IT-Infrastruktur (alle Hard- und Softwarekomponenten eines Einzelhandelsbetriebes) vor Hackern und Datenräubern und versucht, den Einzelhändler vor wirtschaftlichen Schäden zu schützen, die durch Verletzung von Vertraulichkeit, Störungen der Hardware und Nichtverfügbarkeit der Systeme entstehen können.

Die Datensicherheit und die IT-Sicherheit verfolgen die Ziele der Vertraulichkeit, Integrität und Verfügbarkeit.

Vertraulichkeit bedeutet, dass der Zugriff auf die Daten nur von befugten Personen vorgenommen werden kann. **Integrität** steht im Falle von Manipulationen oder technischen Defekten für die Unversehrtheit der Daten.

BEISPIEL Alle (Kunden-)Daten des Onlineshops des Mars Elektrofachmarkt e. K. werden auf einem weiteren Server gesichert, der räumlich vom ersten Server getrennt ist.

Verfügbarkeit bedeutet, dass vorhandene Daten im Bedarfsfall auch verwendet werden können und zur Verfügung stehen.

Betriebsintern spielt die IT-Sicherheit eine wichtige Rolle in allen Einzelhandelsunternehmen. Ganze **Geschäftsprozesse** hängen heutzutage davon ab, dass die **IT-Infrastruktur** verlässlich und störungsfrei funktioniert.

TIPP

Onlinehändler müssen geeignete technische und organisatorische Maßnahmen treffen, um ein dem Risiko angemessenes Schutzniveau für die von ihnen verarbeiteten Daten zu gewährleisten. Das Schutzniveau orientiert sich an der Schutzbedürftigkeit der personenbezogenen Daten.

BEISPIEL Wenn es im Mars Elektrofachmarkt e. K. zu Störungen in der IT-Infrastruktur kommt, besteht die Gefahr, dass alle Kassen ausfallen und der Geschäftsbetrieb einzustellen ist. Auch Bestellungen und Wareneingänge können dann nicht mehr bearbeitet werden.

Dazu werden in den meisten Einzelhandelsunternehmen **IT-Sicherheitskonzepte** und **IT-Sicherheitsrichtlinien** aufgestellt, nach denen sich alle Mitarbeiterinnen und Mitarbeiter in einem Unternehmen zu richten haben. Dadurch soll verhindert werden, dass über externe Datenträger und Netzwerke Störungen (Viren, Trojaner etc.) in die IT-Infrastruktur des Unternehmens hineingetragen werden. Personenbezogene Daten müssen geschützt und die Funktionalität der gesamten IT-Infrastruktur darf nicht gefährdet werden.

Wichtig Maßnahmen der IT-Sicherheit sind:

Kommunikative Maßnahmen	Organisatorische Maßnahmen	Technische Maßnahmen
• Sensibilisierung und Schulung von Mitarbeiterinnen und Mitarbeitern • vertrauliche Informationen werden nur an berechtigte Personen weitergeben • Mitarbeiterinnen und Mitarbeiter werden anhalten, sichere Passwörter zu verwenden	• Vorgabe und strikte Einhaltung von IT-Sicherheitsrichtlinien • Zugangsschutz für sensible Server und Rechner • Regelung der Zugriffsrechte für sensible Daten • Administratorenrechte werden nur an wenige, ausgewählte Personen vergeben	• Einsatz von Antiviren- und Malwaresoftware • regelmäßige Updates des Betriebssystems und der verwendeten Software • Absicherung der Internetverbindung durch Firewalls

Zusammenfassung

Datenschutz, Datensicherheit und IT-Sicherheit in Einzelhandelsunternehmen

Datenschutz
alle Maßnahmen zum Schutz von Personen bei der Verarbeitung ihrer Daten

Ziele
- informelle Selbstbestimmung
- Chancengleichheit
- Gerechtigkeit

Gefahren eines zu geringen Datenschutzes
- staatliche Überwachung
- gläserner Mensch

Rechtsgrundlagen
- Telemediengesetz (TMG)
- Bundesdatenschutzgesetz (BDSG)
- EU-Datenschutz-Grundverordnung (DSGVO)

- **Personenbezogene Daten** sind alle Informationen, die sich auf eine **bestimmte oder bestimmbare** natürliche Person beziehen lassen (Name, Adresse, Kontonummer, ...).
- **Jeder Kunde** eines Einzelhändlers muss der **Speicherung und Verarbeitung** seiner **personenbezogenen Daten zustimmen**.
- Das **Verarbeiten** von Daten umfasst das **Speichern**, das **Verändern** und das **Löschen** von Daten.
- **Grundsätze** im Umgang mit personenbezogenen Daten: **Datensparsamkeit, Datenrichtigkeit, Zweckbindung, Recht auf Löschen/Vergessen**.
- In der **Datenschutzerklärung** wird aufgeführt, welche Daten erhoben und gespeichert werden und zu welchem Zweck diese erhoben werden. Die Datenschutzerklärung muss für Kunden **präzise und leicht verständlich** sein.

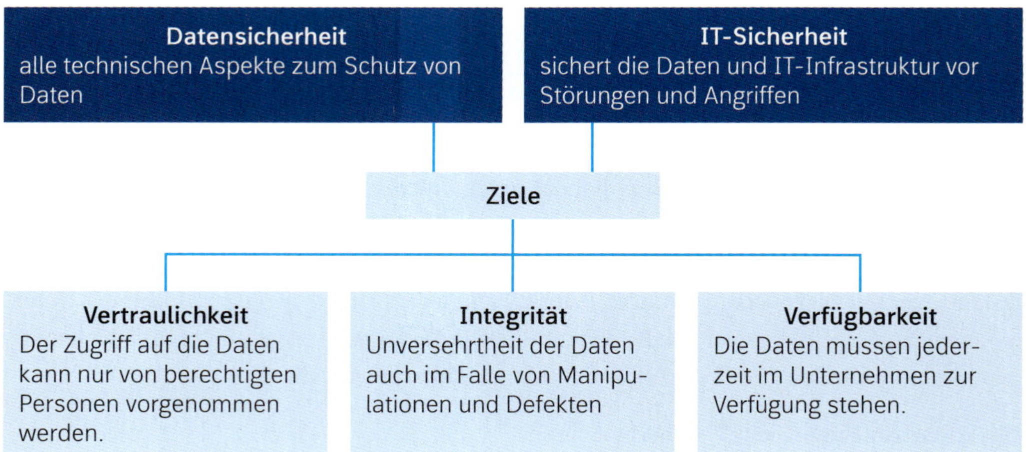

- Die für die **IT-Sicherheit** zuständigen Personen in einem Einzelhandelsunternehmen entwickeln **IT-Sicherheitskonzepte** und **IT-Richtlinien**, an die sich alle Mitarbeiterinnen und Mitarbeiter im Unternehmen zu halten haben.
- IT-Sicherheit und Datenschutz können durch **kommunikative, organisatorische und technische Maßnahmen** gestärkt werden.

Aufgaben

1. *Erläutern Sie, warum Chancengleichheit und Gerechtigkeit Ziele des Datenschutzes sind.*
2. *Erklären Sie den Begriff „informationelle Selbstbestimmung“.*
3. *In fast allen Einzelhandelsunternehmen werden personenbezogene Daten gespeichert.*
   a) Zählen Sie auf, welche personenbezogenen Daten Einzelhändler von ihren Kunden speichern.
   b) Nennen Sie Aspekte, die bei der Speicherung von personenbezogenen Daten in Einzelhandelsunternehmen zu beachten sind.
4. *Diskutieren Sie die folgende Äußerung vieler Personen im Zusammenhang mit Datenschutz: „Ich habe doch sowieso nichts zu verbergen.“*
5. *Informieren Sie sich, wie man sichere Passwörter erzeugt und was beim sicheren Umgang mit Passwörtern zu beachten ist.*
6. *Erläutern Sie die IT-Sicherheitsrichtlinien, die für Mitarbeiterinnen und Mitarbeiter in Ihrem Ausbildungsbetrieb gelten.*

7 Trends im Einzelhandel erkennen

HANDLUNGSSITUATION

Das Center-Management des EKZ Rheinpark Köln veranstaltet eine Feierstunde zur Verabschiedung eines Mitarbeiters. Sabine, Kerstin und Mehmet sind dabei. Sie sind als Kellner engagiert und können sich dadurch ein wenig Geld nebenbei verdienen. Der zukünftige Rentner ist Herr Wolf. Er ist bisher im Center-Management als Berater für Einzelhändler tätig gewesen, die sich im Einkaufszentrum niederlassen wollen. Der Leiter des Center-Managements, Herr Wesel, hält eine Ansprache:

„Lieber Herr Wolf, Sie gehen heute in den verdienten Ruhestand. Mit Ihnen verlässt ein echtes Urgestein des Einzelhandels seine langjährige Wirkungsstätte. ... Sie haben vor fünfzig Jahren als Lehrling in einem Herrenbekleidungsfachgeschäft Ihre Einzelhandelslaufbahn begonnen. Seitdem hat sich viel verändert. ... Damals gab es kein Einkaufszentrum, keinen Fachmarkt, keinen Discounter, keine Boutique und kein Onlineshopping. In einem Kaffeegeschäft wurde nur Kaffee angeboten und keine Radios, Sportbekleidung oder Küchengeräte. ...“

Die Rede geht weiter, aber Mehmet sagt zu Kerstin: *„Was heißt das, es gab noch keinen Fachmarkt? Wo haben denn die Leute ihren Fernseher gekauft? Der war doch schon erfunden!“ – „Psst! Sei ruhig, ich will zuhören, wahrscheinlich gab es damals nur kleine Fachgeschäfte oder Kaufhäuser.“*

Herr Wesel: *„Es gab Drogerien, aber keine Drugstores, Baumärkte oder Fashionshops. All diese Dinge, die heute selbstverständlich sind, waren damals noch nicht erfunden. Damals war kaum die Rede von ausgeklügelten Marketingstrategien oder von Verkaufspsychologie. Im Zentrum stand der Kunde, der vom Verkäufer höflich und freundlich bedient wurde.“*

Mehmet flüstert, sodass es nur Kerstin hören kann: *„Wie langweilig! Fast wie Schwarz-Weiß-Fernsehen mit nur zwei Programmen!“*

ARBEITSAUFTRÄGE

- *Sammeln Sie Gründe, warum sich der Einzelhandel im Zeitablauf verändert.*
- *Erläutern Sie, weshalb die Beobachtung und die Analyse von Trends für Marketingentscheidungen besonders wichtig sind.*

Die Marktforschung (vgl. Seite 127) stützt sich auf die Sammlung und Auswertung aktueller Daten, um die gegenwärtigen und mittelfristig zu treffenden Marketingentscheidungen zu erleichtern. Die **Trendforschung** richtet den Blick weiter nach vorne und ist daher insbesondere für das **strategische Marketing** (vgl. Seite 124) von Bedeutung.

Die aktuellen Marktentwicklungen werden sozusagen „hochgerechnet“, um zukünftige Trends vorauszusehen. Die Genauigkeit dieser Vorhersagen ist nicht immer sehr hoch, sodass sich einige Aussagen von Trendforschern als kaum zutreffend erwiesen haben.

BEISPIEL Ende der 1980er-Jahre wurde geschätzt, dass im Jahre 2000 bis zu 40% der Waren und Dienstleistungen über E-Commerce gehandelt werden. Tatsächlich wuchs der Anteil des E-Commerce beständig – jedoch nicht in dem Maße, wie vorhergesagt wurde. Allerdings hat die Corona-Pandemie dem Handel über E-Commerce in Deutschland nochmals einen starken Schub gegeben. Das zeigen die Zuwachsraten für den Onlinehandel vom Jahr 2020 auf 2021 für unterschiedlichste Branchen (s. Schaubild „Onlinehandel legt 2021 zu“ auf Seite 175).

Trends in den Unternehmens- und Betriebsformen

Die Internationalisierung und **Globalisierung** geht auch am Einzelhandel nicht vorbei. Die – bezogen auf den Umsatz – geringen Wachstumsraten im Inland und die oft steigende Kaufkraft im Ausland führen dazu, dass die großen Einzelhandelskonzerne (insbesondere in der Lebensmittelbranche) verstärkt im **Ausland** investieren. Auf der anderen Seite gewinnen ausländische Unternehmen – insbesondere in der Textilbranche – in Deutschland an Marktanteilen. Diese Entwicklung ist verbunden mit einer wachsenden **Konzentration** im Einzelhandel: Immer weniger große Konzerne verfügen über immer größere Marktanteile.

Bezogen auf die **Betriebsformen** des Einzelhandels können als Trends die weiterhin wachsende Bedeutung **discountorientierter Betriebsformen**, ein anhaltendes Wachstum der durchschnittlichen **Verkaufsflächen** sowie eine immer noch starke Bedeutung dezentraler Standorte **(„grüne Wiese“)** genannt werden. Letzterem wird durch Maßnahmen des Stadtmarketings (vgl. Seite 163) entgegengewirkt, sodass auch ein „Wiedererstarken“ des städtischen **Facheinzelhandels** möglich erscheint. Insgesamt wird jedoch der Marktanteil des Facheinzelhandels allen Prognosen zufolge in den nächsten Jahren weitere Einbußen verzeichnen. Relativ gute Zukunftschancen werden hoch **spezialisierten** Anbietern – gerade auch in „Nischen“ – sowie dem kooperierenden Facheinzelhandel **(Franchisesystem, Einkaufsgemeinschaften)** zugetraut.

Erste Einzelhandelsunternehmen testen **Digital Stores**. In diesen stationären Geschäften wird keine reale Ware ausgestellt. Stattdessen werden die Artikel – ähnlich wie beim Onlineshop – digital auf Bildschirmen präsentiert und zusätzlich im direkten Kundengespräch durch Verkaufspersonal beworben. Somit werden die Vorteile einer platzsparenden Onlinewarenpräsentation mit denen einer persönlichen Kundenberatung kombiniert. Entscheiden sich die Kunden zum Kauf, so können sie die Artikel jederzeit an einen Ausgabeterminal abholen. Roboter holen die Ware aus dem angeschlossenen Lager.

BEISPIEL

Der Mars Elektrofachmarkt e.K. hat in München seinen ersten Digital Store eröffnet. Im 700 m^2 großen Digital Store wird das gesamte Sortiment über großformatige Bildschirme angeboten. Speziell ausgebildetes Verkaufspersonal führt die Kunden durch das virtuelle Sortiment und steht für eine individuelle Beratung zur Verfügung. Bezahlen können die Kunden ihre Einkäufe mit elektronischen Bezahlverfahren direkt in den einzelnen Warenbereichen.

Technologische Trends – Einzelhandel 4.0

In allen Lebensbereichen beeinflussen internetbasierte Anwendungen das Leben der Menschen. Vielfach wird von einem Verschmelzen von realer und virtueller Welt gesprochen. Das 2016 erschienene Spiel Pokémon Go, in dem den Spielern Fantasywesen in die reale Welt eingeblendet werden, ist ein Beispiel dafür. Hinzu kommt, dass „Maschinen" Informationen miteinander austauschen und auswerten können (Machine to Machine – M2M – Kommunikation), um dann entsprechend ihrer Programmierung zu reagieren.

Im Einzelhandel zeigt sich das z. B. bei Systemen, die als **„intelligenter Einkaufswagen"** beschrieben werden. Dabei ist es möglich, dass ein Display am Einkaufswagen oder eine App, die der Kunde auf dem Smartphone gespeichert hat, mit einem Display am Regal „spricht" und Informationen ausgetauscht werden. Wenn zudem die Artikel mit elektronischen Preisschildern ausgestattet sind und somit klar ist, was sich bereits im Einkaufswagen befindet, kann dem Kunden z. B. ein Rezeptvorschlag gemacht werden, auf passende Angebote hingewiesen werden und vieles mehr. Auch wenn der Kunde (oder seine entsprechende App) schon vor dem Kauf eine Rezeptidee bzw. Einkaufsliste hatte, kann er durch das Geschäft navigiert werden, sodass er Zeit spart und sicher nichts vergisst. Schließlich werden der Bezahlvorgang sowie Rabattsysteme zunehmend digital abgewickelt.

TIPP

Die nachfolgende Grafik zeigt einige Trends am **Point of Sale** (**POS**). Informieren Sie sich dazu näher im Internet. Finden Sie weitere Trends in Ihrer Branche.

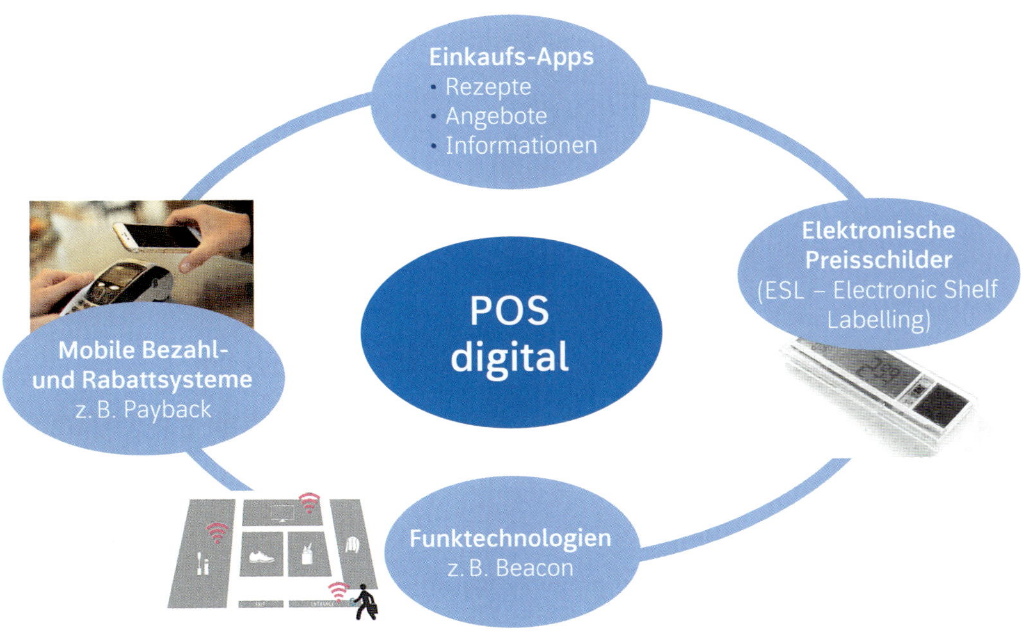

Ein weiterer Trend sind sogenannte **Multi-Channel-Angebote** (vgl. Seite 147), die sich auch die Kommunikation über das Internet zunutze machen. Dem Kunden werden Angebote zur Einkaufserleichterung gemacht, sodass die Verweildauer im Geschäft reduziert wird oder ganz entfällt.

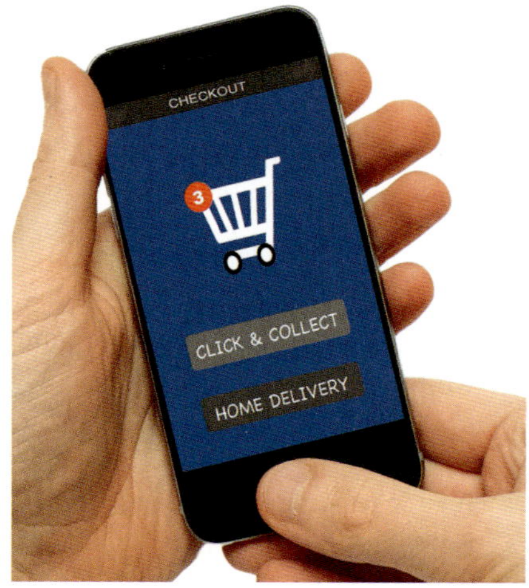

BEISPIEL Einige Supermärkte bieten ihren Kunden neben dem klassischen Einkauf im Geschäft drei weitere Varianten: Nach einer Onlinebestellung kann die Ware an einem „Drive-in-Schalter“ oder einer Abholstation zu einem Wunschtermin abgeholt werden. Außerdem ist es möglich, sich die Ware zu einem Wunschtermin liefern zu lassen.

Derartige Angebote zielen nicht lediglich auf die Bequemlichkeit und Zeitknappheit der Kunden ab. Sie sind eine Folge der technischen Möglichkeiten und reagieren auch auf die zunehmende Alterung der Gesellschaft. Des Weiteren sind diese Entwicklungen in der Corona-Pandemie deutlich beschleunigt worden.

Auch in allen anderen Branchen (z. B. Textil, Elektronik) beeinflusst die Digitalisierung den stationären Einzelhandel massiv. **Multimediale Infoterminals**, **„intelligente“ Umkleidekabinen**, **Spiegel**, die den Kunden beraten, und **Roboter als Einkaufsbegleiter** sind hier nur einige Stichworte.

Trends bei der Kundenstruktur und den Konsumwünschen

Entwicklung der Kundenstruktur

Die Entwicklungen in der Kundenstruktur können relativ zuverlässig aus statistischen Daten abgeleitet werden. Die nachfolgenden Statistiken machen die beiden bedeutendsten Entwicklungen anschaulich:

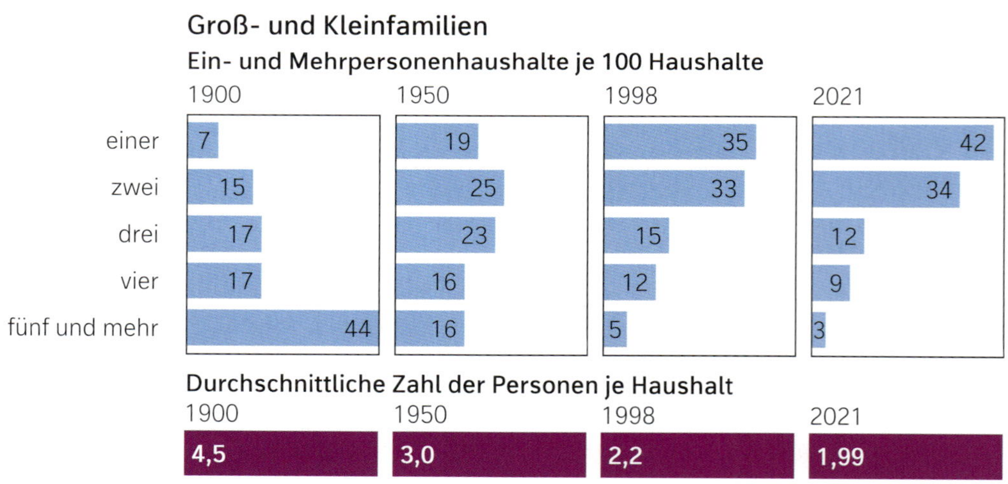

Quelle: Vgl. Statistisches Bundesamt (Hrsg.): Statistisches Jahrbuch für die Bundesrepublik Deutschland, verschiedene Jahrgänge

In Deutschland nimmt die Anzahl der Menschen, die in einem Haushalt zusammenleben, stetig ab und die Anzahl der Einpersonenhaushalte deutlich zu.

Lernfeld 10

Die zweite wesentliche Entwicklung ist das zunehmende **Durchschnittsalter der Gesellschaft**. Der Anteil der „Alten“ wächst, sodass diese Zielgruppe für die Hersteller von Artikeln sowie für Handel und Dienstleistungsunternehmen enorm wichtig wird. Die „Generation 50+“ ist zudem mit vergleichsweise hoher Kaufkraft ausgestattet und sehr anspruchsvoll.

○ Gesellschaftliche Trends – veränderte Konsumwünsche

Im Zusammenhang mit der Entwicklung der Kundenstruktur stehen auch gesellschaftliche Trends, die zu **veränderten Konsumwünschen** führen. Das Marketing des Einzelhandels muss darauf reagieren. Zentrale Trends bei den Konsumwünschen werden mit den folgenden Stichworten deutlich:

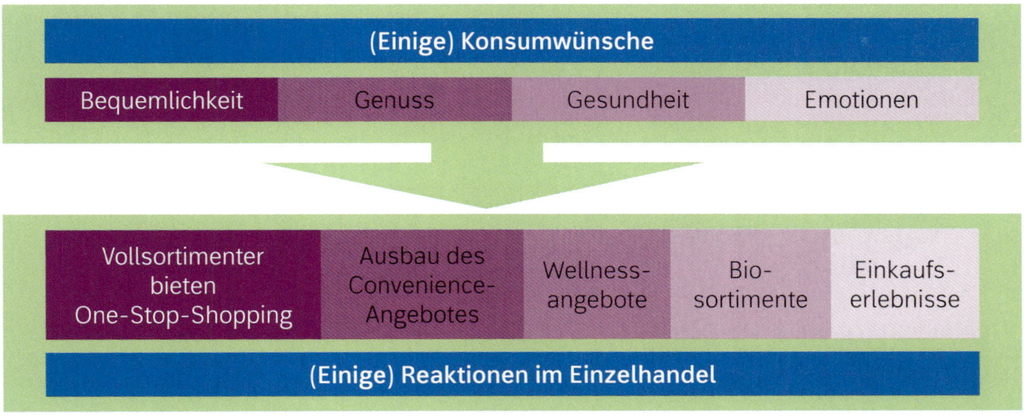

TIPP

Halten Sie Augen und Ohren auf – Trends verschlafen heißt Kunden verlieren!

○ Konsumtypen

Lernfeld 4

Als Grundtypen der deutschen Konsumbevölkerung kann man die sogenannten „Schnäppchenjäger“ und „Smartshopper“ sowie die „Qualitätskäufer“ und „Erlebnisorientierten“ unterscheiden.

Klassische **Schnäppchenjäger** sind immer auf der Suche nach günstigen Preisen und streben grundsätzlich eine **Minimierung** ihrer **Konsumausgaben** an, da sie entweder über eine geringe Kaufkraft verfügen oder sehr sparsam sind. Dieser Kundentyp kauft ganz überwiegend bei Discountern und sucht dort noch nach Sonderangeboten. Das Prinzip ist: **„Hauptsache billig!“**

Der **Smartshopper** ist auch an günstigen Preisen interessiert. Allerdings hat er auch einen sehr hohen **Qualitätsanspruch**, der sich z. B. in einem ausgeprägten Markenbewusstsein zeigt. Wie der Name schon sagt, ist der Smartshopper sehr gut informiert (z. B. über Preissuchmaschinen) und an keine Einkaufsstätte gebunden. So kauft er auch gerne im Internet oder über den Fabrikverkauf direkt beim Hersteller. Es gilt: **„Das Beste zum besten Preis!“**

Qualitätskäufer verfügen i. d. R. über eine hohe Kaufkraft und ein sehr hohes Qualitätsbewusstsein. Letzteres ist zuweilen auch mit einem starken Geltungsbedürfnis verbunden, sodass der Qualitätskäufer neben einer Topqualität auch Exklusivität schätzt. Das gilt für die Ware selbst wie auch für die Einkaufsstätte. Erstklassige Geschäfte, in denen vorwiegend in Bedienung verkauft wird, werden von Qualitätskäufern gerne besucht. Es gilt das Prinzip: **„Nur das Beste ist gut genug – der Preis spielt keine (bzw. eine untergeordnete) Rolle!“**

Für **Erlebniskäufer** ist der Konsum viel mehr als nur ein Einkauf von Artikeln, um die Grundbedürfnisse zu befriedigen. Für sie ist „Shopping“ auch eine beliebte Freizeitbeschäftigung. Erlebniskäufer schätzen „Einkaufstempel“ und „trendige“ Geschäfte, die eine für sie sehr ansprechende Atmosphäre haben und/oder Erlebnisse verschaffen. Zahlreiche Geschäfte versuchen über aufwendige Ladenbaukonzepte, sogenannte Fascination Points und weitere Warenpräsentationskonzepte insbesondere auch die Menschen anzuziehen, die keine klare Kaufabsicht haben. Die Kunden sollen sich an dem Geschäft erfreuen und dort möglichst lange verweilen. Hierdurch verspricht man sich Impulskäufe und eine intensive Geschäftsbindung, die dann auch zu einem verstärkten Interesse am Sortiment führt.

BEISPIEL

Zusammenfassung

Trends im Einzelhandel erkennen

- Das Erkennen und Aufnehmen von Trends ist insbesondere für das langfristig orientierte **strategische Marketing** von großer Bedeutung.
- Bei den **Unternehmensformen** wird es zu weiteren Konzentrationen (Konzernbildung und -ausbau) kommen. Deutsche Unternehmen drängen verstärkt ins Ausland, während ausländische Konzerne in Deutschland weiterhin Marktanteile gewinnen. Bei den **Betriebsformen** wird Discountern, großflächigen Märkten, dem spezialisierten Fachhandel und Franchisesystemen eine positive Zukunft vorausgesagt.
- Neben dem **Internet** (E-Commerce) werden auch im stationären Einzelhandel zahlreiche **technische Innovationen** die zukünftige Handelslandschaft verändern.

- Sinkende Haushaltsgrößen und ein starkes Wachstum der älteren Kundschaft sind die wesentlichen Entwicklungen für die künftige **Kundenstruktur**. Damit einher gehen veränderte **Konsumwünsche**. „Bequemlichkeit“, „Genuss“, „Gesundheit“ und „Emotionen“ sind auch in Zukunft zentrale Stichworte, auf die sich der Einzelhandel einstellen muss.
- Typische **Konsumtypen** sind der „Schnäppchenjäger“, der „Smartshopper“, der „Qualitätsbewusste“ und der „Erlebnisorientierte“.

Aufgaben

1. *Geben Sie aus Ihrer Erfahrung jeweils drei Beispiele für Trends an und beschreiben Sie, wie der Einzelhandel darauf reagiert bzw. reagieren könnte.*

Trend	(Mögliche) Reaktion des Einzelhandels		

2. *Beschreiben Sie mögliche Auswirkungen, die technische Innovationen auf den Arbeitsmarkt des Einzelhandels haben können.*
3. *In einer Studie wird die Behauptung aufgestellt: „Der Mensch will keine Ware, er will Dienstleistungen und Problemlösungen – die muss der Handel bieten!“*
   a) Diskutieren Sie diese Aussage in Ihrer Klasse.
   b) Beschreiben Sie, welche konkreten Auswirkungen auf die Marketingarbeit eines Einzelhandelsunternehmens aus dieser Aussage abzuleiten sind.
   c) Erläutern Sie, welche konkreten Konsequenzen sich aus dieser Aussage für Ihre persönliche Berufsausübung im Einzelhandel ergeben.
4. *Führen Sie eine Umfrage in der Klasse durch und versuchen Sie, die Klasse in die beschriebenen Konsumtypen einzuteilen. Bereiten Sie sich in den nach Konsumtypen geordneten Gruppen auf eine Podiumsdiskussion vor. Führen Sie dann die Podiumsdiskussion durch, wobei Vertreter eines jeden Konsumtyps auf dem Podium vertreten sein sollten. Vorschlag für das Thema der Diskussion: „Konsum – notwendiges Übel oder Selbstverwirklichung?“*

Übungsaufgaben

1. *Sie sollen für die Auszubildenden des ersten Lehrjahres ein Einführungsreferat zum Marketing im Einzelhandel halten, um diesen einen Einstieg in ihre Berufswelt zu bieten.*
   a) Erklären Sie mit eigenen Worten, was unter „Marketing im Einzelhandel“ zu verstehen ist.
   b) Beschreiben Sie Unterschiede und Gemeinsamkeiten von Absatz- und Beschaffungsmarketing.
   c) Erstellen Sie eine Übersicht der Marketinginstrumente des Einzelhandels und geben Sie bei jedem Marketinginstrument jeweils drei Beispiele an.
   d) Erläutern Sie an konkreten Beispielen, was ein Marketingmix ist.

2. *Die Center Warenhaus GmbH möchte auch im Internet Marktforschung betreiben. Beschreiben Sie entsprechende Möglichkeiten in Bezug auf*
   a) Konkurrenzanalyse und -beobachtung,
   b) Primärforschung im Bereich der Kundenanalyse,
   c) Sekundärforschung mithilfe sozialer Netzwerke (Facebook, WhatsApp, Twitter, Snapchat, XING, LinkedIn usw.).

3. *Ihr Ausbildungsbetrieb möchte eine Filiale in einer anderen Stadt eröffnen. Führen Sie hierzu eine Internetrecherche zum Standortmarketing durch. Prüfen Sie dabei, ob für den Standort Ihres Ausbildungsbetriebes vonseiten der Stadt oder des Kreises entsprechende Maßnahmen zur Förderung des Einzelhandels durchgeführt werden.*

4. *Mithilfe einer Kundenbefragung möchte der Inhaber eines Fotofachgeschäftes Informationen über seine Kunden erhalten.*
   a) Erstellen Sie eine Liste der Informationen, die für ihn wichtig sein können.
   b) Entwerfen Sie einen Interviewbogen für die Kundenbefragung.
   c) Entwerfen Sie einen Erfassungsbogen, der im Rahmen eines Preisausschreibens die Kundendaten erfassen soll.
   d) Geben Sie an, welche Möglichkeiten der Kundenbefragung das Internet für diesen Fall bietet.
   e) Erstellen Sie eine Übersicht aller zu berücksichtigenden Kosten zur Durchführung der Kundenbefragung.

5. *a) Geben Sie an, welche grundsätzlichen Möglichkeiten zur Sortimentsgestaltung gegeben sind.*
   b) Erläutern Sie die Sortimentskonzeption Ihres Ausbildungsbetriebes.
   c) Vergleichen Sie die Sortimentskonzeption Ihres Ausbildungsbetriebes mit den Konzeptionen von drei Mitbewerbern.

6. *Um Sortimente zu optimieren, werden Sortimentskontrollen durchgeführt.*
   a) Erstellen Sie eine Übersicht über die verschiedenen Möglichkeiten der Sortimentskontrolle.
   b) Geben Sie konkrete Beispiele aus Ihrem Ausbildungsbetrieb hierzu an.
   c) Erläutern Sie, welche Hilfen Ihnen bei der Sortimentskontrolle ein Warenwirtschaftssystem geben kann.

7. *Im Rahmen der Preispolitik versucht der Einzelhändler einerseits, die Verkaufspreise so niedrig wie möglich zu halten, um konkurrenzfähig zu bleiben, andererseits ist er bestrebt, möglichst hohe Verkaufspreise zu erzielen, um seine Gewinnziele zu erreichen. Erläutern Sie, welche Möglichkeiten ein Einzelhändler hat, um diesen Konflikt zu lösen.*

8. *Erstellen Sie in Ihrer Klasse jeweils Übersichten über die Serviceleistungen, die in Ihren Ausbildungsbetrieben angeboten werden.*
   a) Gliedern Sie dabei in die Bereiche warenabhängiger Service und warenunabhängiger Service.
   b) Vergleichen Sie Ihre Arbeitsergebnisse.
   c) Untersuchen Sie, welche Serviceleistungen aus anderen Betrieben für Ihren Ausbildungsbetrieb interessant wären.

d) Schreiben Sie an die Geschäftsleitung Ihres Ausbildungsbetriebes einen Verbesserungsvorschlag zur Einführung neuer Serviceleistungen.

9. Erarbeiten Sie für Ihren Ausbildungsbetrieb ein Konzept für Public Relations. Darin soll enthalten sein: 1. eine Aufstellung der Ziele dieser Maßnahme, 2. ein Maßnahmenkatalog, 3. eine Liste von Maßnahmen zur Überprüfung des Erfolges dieser Aktion.

10. Nehmen Sie Stellung zu der folgenden Aussage: „Betriebsformen sind das Ergebnis von Marketingkonzepten."

11. In einer TV-Talkshow zum Thema E-Commerce behauptet ein Gast: „Beim Onlinekauf steht ein Kunde immer besser da als beim Kauf in einem Geschäft!" Erläutern Sie, was an dieser Behauptung richtig und was daran falsch ist.

12. Geben Sie Gründe an, weshalb die Marktsituation eines Einzelhandelsunternehmens sich im Zeitablauf ständig verändert.

13. Bilden Sie in Ihrer Klasse Gruppen. Jede Gruppe wählt einen bestimmten Artikel aus (z. B. Smartphone, T-Shirt, Schuhe, ...), hierzu wird jeweils eine Liste von Artikeleigenschaften erstellt. Anschließend wird in der ganzen Klasse eine Umfrage durchgeführt, welche Artikeleigenschaften beim Kauf eine besondere Bedeutung haben (Punktezuordnung). Abschließend wird die Umfrage ausgewertet.

14. Ein altes Kaufmannssprichwort lautet: „Kunden locken ist nicht schwer – Kunden halten dagegen sehr!" Erläutern Sie, welcher tiefere Sinn in dieser Aussage steckt, wenn man bedenkt, dass die Ausgaben für Werbung i. d. R. höher sind als die Ausgaben für Kundenbindungsmaßnahmen.

15. Beschreiben Sie die Problematik der Messung von Kundenzufriedenheit und Kundenbindung.

Ungebundene Aufgaben zur Prüfungsvorbereitung

Sie sind Mitarbeiter/-in der Center Warenhaus GmbH.

1. In unmittelbarer Nähe der Center Warenhaus GmbH hat ein Mitbewerber eine Filiale eröffnet. Sie werden damit beauftragt, eine Konkurrenzbeobachtung durchzuführen.
   a) Nennen Sie zwei Vorteile und zwei Nachteile, die der neue Mitbewerber für die Center Warenhaus GmbH haben kann.
   b) Begründen Sie, weshalb die Center Warenhaus GmbH eine Konkurrenzbeobachtung durchführt.
   c) Die Konkurrenzbeobachtung zeigt, dass der Mitbewerber viele Artikel, die auch die Center Warenhaus GmbH führt, preiswerter anbietet. Die Center Warenhaus GmbH reagiert auf die Preispolitik des Mitbewerbers mit einer Erweiterung der eigenen Serviceleistungen. Beschreiben Sie drei weitere Marketingmaßnahmen, mit denen die Center Warenhaus GmbH reagieren könnte.
   d) Aufgrund der Wettbewerbssituation schlägt die Geschäftsleitung vor, verstärkt Public-Relations-Maßnahmen durchzuführen. Nennen Sie hierzu zwei Beispiele.

2. *Die Center Warenhaus GmbH erwägt die Einführung einer firmeneigenen Kundenkarte ohne Zahlungsfunktion unter dem Arbeitstitel „CenterPowerCard".*
   a) *Nennen Sie drei mögliche Vorteile für das Warenhaus, die sich mit der Einführung dieser Karte ergeben können.*
   b) *Nennen Sie zwei mögliche Risiken bzw. Nachteile für das Warenhaus, die mit der Einführung der „CenterPowerCard" verbunden sein können.*
   c) *Notieren Sie drei mögliche Leistungen, die Sie mit der Einführung der „CenterPowerCard" anbieten können.*

3. *Sie stellen in der Abteilung Unterhaltungselektronik fest, dass Kunden ein verstärktes Interesse an hochwertigen, exklusiven Geräten zeigen. Deshalb beschließen Sie, das Sortiment entsprechend zu erweitern.*
   a) *Um eine Planungsgrundlage zu erhalten, führen Sie eine Marktanalyse und eine Marktbeobachtung durch. Beschreiben Sie diese beiden Formen der Marktforschung.*
   b) *Beschreiben Sie, welche drei Erkenntnisse Sie durch Marktforschung gewinnen können.*
   c) *Notieren Sie drei Informationsquellen der Sekundärforschung, die für die Marktforschung infrage kommen.*
   d) *Die Erweiterung des Sortiments um hochwertige, exklusive Geräte soll den Kunden durch eine besondere Werbeaktion vorgestellt werden. Mit der Werbung soll eine Werbeagentur beauftragt werden.*
      da) *Führen Sie zwei Gründe an, die für die Beauftragung einer Werbeagentur sprechen.*
      db) *Nennen Sie drei Informationen, die der Werbeagentur zur Planung der Aktion vorliegen müssen.*

4. *Die Center Warenhaus GmbH betreibt seit einiger Zeit auch einen Onlineshop.*
   a) *Notieren Sie in nachfolgender Tabelle je zwei Vorteile und zwei Nachteile aus der Sicht des Kunden und aus der Sicht des Warenhauses, die der Einkauf über Onlineshopping mit sich bringt.*

	Vorteile	Nachteile
Kunde		
Warenhaus		

   b) *Als Internetadresse für den neuen Onlineshop wurde „centerwarenhaus.de" vorgeschlagen. Geben Sie zwei Argumente an, die für die Wahl dieser Internetadresse sprechen.*
   c) *Die Mitarbeiter der Center Warenhaus GmbH hatten bisher wenig Erfahrung im Internethandel. Schlagen Sie zwei Maßnahmen vor, um einen erfolgreichen Start des Onlineshops zu sichern.*

5. *In der Haushaltswarenabteilung ist der Umsatz pro Quadratmeter Verkaufsfläche im zweiten Quartal um 20 % gegenüber dem ersten Quartal gesunken.*
   a) *Die Verkaufsfläche der Haushaltswarenabteilung beträgt 350 m². Im zweiten Quartal wurden Waren für 95 000,00 € umgesetzt. Berechnen Sie den Umsatz pro Quadratmeter für das zweite und das erste Quartal.*

b) Notieren Sie vier Ursachen, die zu dieser Situation geführt haben könnten.

c) Die Geschäftsleitung der Maxikauf GmbH beschließt, Absatzwerbung und Sales-Promotion-Maßnahmen durchzuführen.

ca) Nennen Sie hierzu je zwei Beispiele.

cb) Geben Sie zwei Gründe an, warum es schwierig ist, eine mögliche Umsatzsteigerung nur auf die ergriffenen Maßnahmen zurückzuführen.

Gebundene Aufgaben zur Prüfungsvorbereitung

1. Was versteht man unter „Standortmarketing“?

1. Werbung für verschiedene Filialen eines Einzelhandelsunternehmens
2. Werbung für eine bestimmte Filiale eines Einzelhandelsunternehmens
3. gemeinsame Marketingarbeit von Einzelhändlern eines bestimmten Ortes
4. gemeinsame Marketingarbeit von Städten mit Einzelhandelsunternehmen und anderen Unternehmen
5. Es handelt sich um einen Schreibfehler, es muss „Standardmarketing“ heißen.

2. Welche der folgenden Aussagen sind richtig?

1. Bei der Strategie der Differenzierung will ein Einzelhandelsunternehmen sich bewusst von der Konkurrenz unterscheiden.
2. Bei der Strategie der Anpassung versucht ein Einzelhandelsunternehmen, sich an die Verhaltensweise der Konkurrenz anzupassen.
3. Bei der Strategie der Marktdurchdringung versucht ein Einzelhandelsunternehmen, mit seinem Sortiment neue Märkte zu erschließen.
4. Bei der Strategie der Marktsegmentierung versucht ein Einzelhandelsunternehmen, seinen Markt möglichst umfassend zu durchdringen und zu beherrschen.
5. Marktstrategien sind immer nur kurzfristig, also maximal vier Wochen zu betrachten.

3. Unter „Marketingmix“ versteht man ...

1. ... die zielgerechte Kombination der Marketinginstrumente.
2. ... eine bestimmte Marketingstrategie.
3. ... zufallsbedingte Marketingentscheidungen.
4. ... eine wissenschaftliche Marketingarbeit.
5. ... ein häufiges Wechseln der Marketingstrategie.

4. Welche der folgenden Aussagen ist richtig?

1. Gütesiegel für Onlineshops sind gesetzlich vorgeschrieben.
2. Gütesiegel sind nur für Onlineshops aus dem Ausland erforderlich.
3. Beim Onlineshopping können alle Waren grundsätzlich zurückgegeben werden.
4. Fernabsatzverträge sind im BGB geregelt.
5. Fernabsatzverträge sind nur gültig, wenn sie von beiden Vertragsparteien per Fax bestätigt werden.

5. Welche der folgenden Aussagen treffen auf die Marktforschung zu?

1. Marktforschung kann nur von Großbetrieben durchgeführt werden.
2. Zur Marktforschung gehört auch die Marktprognose.
3. Die Marktforschung bezieht sich nur auf die Gegenwart.

4. *Marktforschung und Marktbeobachtung sind deckungsgleich.*
5. *Marktforschung dient auch der Sortimentsgestaltung.*

6. *Ergänzen Sie den folgenden Satzanfang mit den richtigen Aussagen.*
Kaufmotive von Kunden ...
1. *... sind für jeden Einzelhändler unbedeutend, weil er sie nicht beeinflussen kann.*
2. *... sind je nach Zielgruppe höchst unterschiedlich.*
3. *... können die Verhaltensweisen von Kunden bestimmen.*
4. *... verändern sich im Zeitablauf.*
5. *... zu erkennen, ist bei Verkaufsgesprächen sehr wichtig.*

7. *Geben Sie an, welche Aussagen auf die folgenden Kundentypen zutreffen:*
a) Stammkunden, b) Neukunden, c) Laufkunden.
1. *Kunden, die eine positive Beziehung zu einem Einzelhandelsgeschäft pflegen*
2. *Kunden, die wesentlich zum Erfolg eines Einzelhandelsgeschäftes beitragen*
3. *Kunden, die zufällig auf ein Einzelhandelsgeschäft aufmerksam geworden sind*
4. *Kunden, die durch Empfehlung erstmalig ein Einzelhandelsgeschäft betreten*
5. *Kunden, die ein Einzelhandelsgeschäft seit Langem weiterempfehlen*

8. *Welche der folgenden Textausschnitte einer Marktuntersuchung sind 1. der Marktanalyse, 2. der Marktprognose, 3. dem Marktbeobachtungsbericht entnommen?*
a) „... raten wir Ihnen zu einer flexibleren Preisgestaltung, wenn Sie die Abwanderung von Kunden aus der Fußgängerzone in die Vororte verhindern wollen."
b) „... stellten wir durch laufende Kundenbefragungen fest, dass die meisten der Befragten mit dem von Ihnen angebotenen Sortiment zufrieden sind."
c) „... können wir Ihnen am Ende einer ersten Bestandsaufnahme bestätigen, dass Ihr Marktanteil ca. 36 % beträgt."

9. *Ihnen liegt das unten stehende Zahlenmaterial vor. Welche Informationen über die Entwicklung in der Branche „Sportgeräte" können Sie diesen Zahlen entnehmen?*
1. *Der Umsatz in dieser Branche entwickelt sich negativ.*
2. *Die Branche „Sportgeräte" hat sich im Vergleich zu allen anderen Branchen nicht schneller entwickelt.*
3. *den Trend der Umsatzentwicklung in der Branche „Sportgeräte"*
4. *die tatsächliche Umsatzentwicklung dieser Branche bis zum Jahr 2019*
5. *die genauen Umsatzzahlen der Branche „Sportgeräte" auf dem Markt*

Marktfeld Freizeitgüter

Prognose der Umsatzentwicklung; Jahr 0 = 100

Branche	Jahr 1	Jahr 2	Jahr 3	Jahr 4
Bücher	101,55	103,34	105,39	107,48
Bild- und Tonträger	101,08	102,95	105,33	107,99
Musikinstrumente, Musikalien	100,31	102,80	105,61	108,72
Spielwaren	99,75	100,99	102,48	104,38
Hobby, Basteln	100,00	100,66	101,97	104,27
Handarbeiten, Garne	98,15	98,76	99,38	101,23
Sportgeräte	102,64	105,10	107,73	110,19
Fahrräder	100,34	101,01	102,69	104,71

10. *Welche der folgenden Aussagen sind richtig?*
    1. *Ein Marketingmix ist eine besonders erfolgreiche Werbung.*
    2. *Der Marketingmix beschreibt die Zusammenstellung von Marketinginstrumenten.*
    3. *Beim Marketingmix kommt es vor allem auf die Preisgestaltung an.*
    4. *Das sinnvolle Zusammenwirken der Marketinginstrumente ist beim Marketingmix entscheidend.*

11. *Die Center Warenhaus GmbH hat ein Werbekonzept erstellt. Dabei wurden die Werbemittel, Werbeträger, Werbekosten und die Zielgruppe für einen bestimmten Zeitraum festgelegt. Welcher Begriff beschreibt diese Überlegungen?*
    1. *Marktprognose*
    2. *Marktanalyse*
    3. *Werbeerfolgskontrolle*
    4. *Marktbeobachtung*
    5. *Werbeplan*

12. *In Ihrem Betrieb bieten Sie den Kunden auch einige Serviceleistungen an. Welcher Grundsatz gilt dabei für den Hinweis auf Serviceleistungen?*
    1. *Serviceleistungen sind für die Kunden nur von Bedeutung, wenn sie sich für den Kauf eines Artikels bereits entschieden haben.*
    2. *Jede Serviceleistung in Verkaufsgespräche einzubinden, ist nur dann sinnvoll, wenn es sich kurzfristig für den Betrieb auszahlt.*
    3. *Sie erwähnen Serviceleistungen Ihres Betriebes nur dann, wenn die Kunden danach fragen.*
    4. *Serviceleistungen sollten stets an den Anfang des Verkaufsgesprächs gestellt werden.*
    5. *Sie bieten besondere Serviceleistungen während des Verkaufsgesprächs an. Diese tragen langfristig zur Kundenbindung und Kundenzufriedenheit bei.*

13. *Die Center Warenhaus GmbH gibt den Kunden während einer Modenschau die Möglichkeit, hinter die Kulissen des Warenhauses zu schauen.*
    Welcher Marketingbegriff trifft für diese Maßnahme zu?
    1. *Absatzforschung*
    2. *Public Relations*
    3. *Warenprobe*
    4. *Marktanalyse*
    5. *Marktbeobachtung*

14. *Eine Espressomaschine aus Ihrem Sortiment hat sich zum Trendartikel entwickelt. Wodurch ist ein Trendartikel gekennzeichnet?*
    1. *Er kann mit einem geringeren Handlungskostenzuschlag kalkuliert werden.*
    2. *Er kann jederzeit ohne Beschaffungsprobleme beim Lieferer nachgekauft werden.*
    3. *Er muss in verkaufsstarken Zonen platziert werden.*
    4. *Er wird über eine bestimmte Zeit verstärkt von Kunden nachgefragt.*
    5. *Er muss durch Werbemaßnahmen besonders beworben werden.*

LERNFELD 13

Personaleinsatz planen und Mitarbeiter führen

1 Personalwirtschaftliche Aufgaben im Betrieb wahrnehmen

HANDLUNGSSITUATION

Sabine Freund hat als Wahlqualifikationsbaustein den Bereich „Personal" gewählt. Sie wird deshalb im Rahmen ihrer Ausbildung in der Personalabteilung eingesetzt. Nachdem sie erfahren hat, dass ihre Aufgabe nicht nur in der Berechnung von Löhnen und Gehältern besteht, freut sie sich auf die Arbeit. Sie war schon in der Schule Klassensprecherin und hat sich immer sehr für die Rechte ihrer Mitschülerinnen und Mitschüler eingesetzt. Sabine denkt sich: *„Genauso werde ich jetzt für die Interessen der Mitarbeiterinnen und Mitarbeiter der Center Warenhaus GmbH kämpfen!"* Als sie diesen Standpunkt ihrer Ausbilderin, Frau Meys, erläutert, ist diese allerdings der Meinung, dass die Aufgabe der Personalwirtschaft die Wahrnehmung der Unternehmensinteressen sei und nicht die Interessenvertretung der Arbeitnehmer.

ARBEITSAUFTRÄGE

- *Erarbeiten Sie die Aufgaben der Personalwirtschaft und nehmen Sie zum Konflikt zwischen Sabine Freund und Frau Meys Stellung.*
- *Erläutern Sie die Bedeutung eines Personalinformationssystems für die Personalwirtschaft.*

● Aufgaben der Personalwirtschaft

Die Versorgung eines Unternehmens mit qualifizierten und motivierten Mitarbeitern ist **Aufgabe der Personalwirtschaft.** Die konkrete Organisationseinheit der Personalwirtschaft ist das **Personalwesen**. Es hat folgende Hauptaufgaben:

- **Personalbedarfs- und Personaleinsatzplanung** (vgl. Seite 218 ff.)
- **Personalbeschaffung** (vgl. Seite 223 ff.)
- **Personalführung, -entwicklung und -beurteilung** (vgl. Seite 227 ff.)
- **Personaleinstellung** (vgl. Seite 233 ff.)
- **Personalbetreuung** (vgl. Seite 247 ff.)

- **Personalfreisetzung** (vgl. Seite 278 ff.)
- **Personalcontrolling** (vgl. Seite 283 ff.)

Personalinformationssysteme

Zur Wahrnehmung der Aufgaben der Personalwirtschaft werden **Informationen über Mitarbeiter** des Unternehmens benötigt. Diese sind notwendig, um Entscheidungen vorzubereiten und die erforderlichen Verwaltungsarbeiten durchführen zu können. Von jedem Mitarbeiter werden deshalb die für den Betrieb wichtigen Daten erfasst und gespeichert (vgl. Seite 274).

BEISPIELE

- **persönliche Daten**: Name, Anschrift, Familienstand, Vorbildung, beruflicher Werdegang, Arbeitsvertragsdaten usw.
- **Lohn- und Gehaltsdaten**: Tarifgruppe, Zuschläge, Arbeitszeit, Steuerklasse, Krankenkasse, Rentenversicherung, Pflegeversicherung usw.
- **Personaleinsatz**: Abteilung, Kostenstelle, geplanter Einsatz für die Zukunft, Spezialkenntnisse, Schulungsbedarf usw.
- **Personalbeurteilungsdaten**: Beurteilungen der Vorgesetzten, Führungsqualifikation, Belastbarkeit, Potenzialbeurteilung usw.

Diese Informationen werden zentral in einer **Datenbank** gespeichert. Mitarbeiter der Personalabteilung und die Geschäftsleitung haben Zugriff auf diese Daten. Eine derartige Datensammlung wird als **Personalinformationssystem** (PIS) bezeichnet. Es ist Grundlage für Entscheidungen im Rahmen der Personalwirtschaft sowie Basis für verschiedene Statistiken und Auswertungen, z. B. im Rahmen des **Personalcontrollings**.

Der Leistungsumfang eines Personalinformationssystems umfasst folgende **Hauptfunktionen**:

- **Personalabrechnung** (Berechnung der Löhne, Gehälter und Ausbildungsvergütungen, Lohnsteuerabrechnung, Sozialversicherung, Pfändungen, Arbeitgeberdarlehen usw.)
- **Zeitermittlung** (Anwesenheitskontrolle, Fehlzeitenstatistik, Verrechnung der gleitenden Arbeitszeit usw.)
- **Personalplanung** (Bedarfsplanung, Stellenplanbewirtschaftung, Personaleinsatzplanung, Fort- und Weiterbildungsplanung usw.)
- **Verwaltung der Personalstammdaten** (Erfassung und Änderung von Namen, Anschriften, Familienstand usw. der Mitarbeiter)
- **Personalverwaltung** (Einstellungen, Versetzungen, Entlassungen usw.)

Durch die Nutzung eines Personalinformationssystems werden die Mitarbeiter der Personalabteilung von Routinetätigkeiten entlastet und die Geschäftsleitung hat jederzeit Zugriff auf aktuelle Daten aller Mitarbeiter.

Aus Gründen des **Datenschutzes** (vgl. Seite 273 ff.) muss der Zugang zu einem Personalinformationssystem durch organisatorische Maßnahmen so geregelt werden, dass Missbrauch verhindert wird. Mitarbeiter der Personalabteilung dürfen nur auf diejenigen Daten zugreifen können, die sie für ihre konkrete betriebliche Arbeit benötigen.

Zusammenfassung

Personalwirtschaftliche Aufgaben im Betrieb wahrnehmen

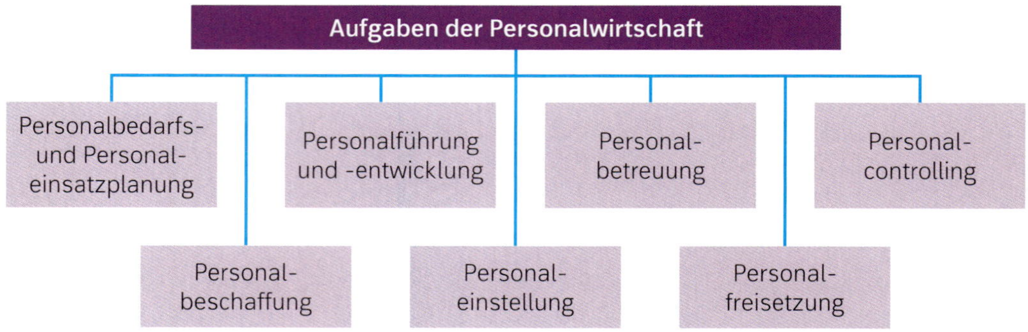

Ein **Personalinformationssystem** (**PIS**) dient der Erfassung, Speicherung, Verarbeitung und Nutzung von Daten, die die Personalwirtschaft betreffen.

Aufgaben

1. *Die Center Warenhaus GmbH schafft ein neues Warenwirtschaftssystem an. Das Bestellwesen kann jetzt statt von drei Mitarbeitern von einer angelernten Kraft geleistet werden.*
   a) Diskutieren Sie die Vor- und Nachteile dieser Veränderung.
   b) Stellen Sie fest, welche Bereiche der Personalwirtschaft durch die dargestellten Veränderungen berührt werden.
2. *„Die Bedeutung des Menschen im Unternehmen nimmt immer mehr zu!“*
   „Im Unternehmen der Zukunft ist für den Menschen kein Platz mehr!“
   Wählen Sie sich eine Stellungnahme aus und diskutieren Sie in der Klasse Pro und Kontra. Fertigen Sie über den Verlauf der Diskussion ein Video an und werten Sie das Ergebnis aus.

2 Personalbedarfs- und Personaleinsatzplanung durchführen

HANDLUNGSSITUATION

Elena Gutowski, die Substitutin der Abteilung Textil/Sport, soll der Abteilungsleitung die Personalbedarfsplanung für das kommende Kalenderjahr vorlegen. Hierbei soll sie Sabine Freund unterstützen. Der Abteilung ist ein Soll-Personalbestand von sieben Vollzeitkräften zugewiesen worden. Frau Gutowski weiß, dass ein Verkäufer in Rente geht und ihre Stellvertreterin zum Jahresende Mutter wird und Elternzeit nimmt. Zwei Verkäu-

ferinnen wollen nur noch halbtags arbeiten, da sie geheiratet haben und Nachwuchs erwarten. Als Personalzugänge sind ihr zwei neue Verkäuferinnen angekündigt worden. Die Abteilung ist zurzeit mit sechs Vollzeitkräften besetzt.
Als Hilfsmittel steht ihr im Personalinformationssystem die folgende Tabelle zur Verfügung:

Personalbedarfsplan	Abteilung Textil/Sport
Ist-Personalbestand am Anfang des Jahres	
– voraussichtliche Personalabgänge	
+ erwartete Personalzugänge	
= Zwischensumme	
Soll-Personalbestand	
erforderlicher Personalbedarf/-abbau	

ARBEITSAUFTRÄGE

LS

- *Ermitteln Sie den Personalbedarf der Abteilung und stellen Sie Ihren Lösungsvorschlag Ihren Mitschülern vor.*
- *Frau Gutowski möchte für die zu besetzenden Stellen Stellenbeschreibungen erstellen. Ermitteln Sie, welche Punkte in einer Stellenbeschreibung aufgeführt werden müssen.*

Der Personalbestand

Grundlage der Personalplanung ist der **aktuelle Personalbestand.** Bei seiner Erfassung müssen die unterschiedlichen **Arten von Arbeitnehmern** und die **Personalveränderungen** berücksichtigt werden.

Arten der Arbeitnehmer

- **Vollzeitbeschäftigte**, d.h. Mitarbeiter, die mit der tariflich vorgesehenen Stundenzahl eingesetzt sind

  BEISPIEL Ein Arbeitnehmer im Einzelhandel arbeitet nach Tarif 37,5 Stunden in der Woche.

- **Teilzeitbeschäftigte**, d.h. Mitarbeiter, die nur eine begrenzte Stundenzahl im Unternehmen beschäftigt sind (vgl. Seite 250)

  BEISPIEL Doris Hahn ist alleinerziehende Mutter. Vormittags ist ihr Kind im Kindergarten. In dieser Zeit arbeitet sie als Verkäuferin in der Center Warenhaus GmbH.

- **Jobsharing-Mitarbeiter**, d.h. Mitarbeiter, die sich einen Arbeitsplatz teilen (vgl. Seite 250)

  BEISPIEL Eine Stelle im Einkauf ist auf zwei Mitarbeiter aufgeteilt. Vormittags sitzt der eine Mitarbeiter, nachmittags der andere am selben Schreibtisch.

- **Leiharbeitnehmer**, d.h. Arbeitnehmer, die von Personalleasing-Unternehmen (vgl. Seite 225) bereitgestellt werden

  BEISPIEL Während einer Grippewelle im Frühjahr ist der Auslieferungsfahrer erkrankt. Die Gruppenleiterin Personal bei der Center Warenhaus GmbH, Maria Meys, beschafft einen Fahrer bei einem Personalleasing-Unternehmen.

Personalveränderungen

Der Personalbestand eines Unternehmens ist ständigen **Veränderungen** unterworfen. Wir unterscheiden dabei zwischen autonomen und initiierten Personalveränderungen.

- **Autonome Personalveränderungen** sind Veränderungen, auf die das Unternehmen keinen oder nur bedingten Einfluss hat.
  BEISPIELE Zugänge durch Rückkehr von Mitarbeitern aus Bundeswehr oder Zivildienst und Abgänge durch Kündigung vonseiten der Arbeitnehmer

- **Initiierte Personalveränderungen** sind Veränderungen, die vom Unternehmen ausgehen.
  BEISPIELE Übernahme eines Auszubildenden oder Kündigung eines Arbeitnehmers durch den Arbeitgeber

Personalbedarfsplanung

Die **Personalbedarfsplanung** verfolgt den Zweck, den mittel- und langfristigen Personalbedarf eines Unternehmens quantitativ und qualitativ zu ermitteln, d.h., sie soll festlegen, wie viele Mitarbeiter mit welcher Qualifikation benötigt werden.

Im **Stellenplan** werden alle erforderlichen und zur Besetzung freigegebenen Stellen dargestellt. Der **zukünftige Personalbedarf** kann mithilfe der Stellenplanmethode oder der Kennzahlenmethode ermittelt werden.

- Bei der **Stellenplanmethode** werden die benötigten Stellen (Stellenbestand) dem tatsächlichen Personalbestand gegenübergestellt.
  BEISPIEL Auszug aus dem Stellenplan der Center Warenhaus GmbH:

Stellenplan Lebensmittelabteilung				
Stellenart	Tarifgruppe	Personalbestand	Stellenbestand	Differenz
Abteilungsleiter	T4	1	1	–
Substitut	T3	1	1	–
Verkäufer	T2	12	11	1

- Bei der **Kennzahlenmethode** wird ebenfalls vom aktuellen Personalbestand ausgegangen. Dieser wird in Beziehung zu bestimmten betrieblichen Kennzahlen, z.B. Umsatz oder Zeitbedarf, gesetzt.
  BEISPIEL Die Abteilung Textil/Sport der Center Warenhaus GmbH hat im letzten Jahr mit sieben Mitarbeiterinnen und Mitarbeitern einen Umsatz von 1,4 Mio. € erzielt. Für das kommende Geschäftsjahr ist eine Umsatzsteigerung von 10% geplant. Bei sonst unveränderten Bedingungen steigt der Personalbedarf ebenfalls um 10%.

Im **Stellenbesetzungsplan** werden die verfügbaren Stellen den Mitarbeitern zugeordnet.
Die Personalbedarfsplanung legt aber nicht nur die Zahl der Mitarbeiter fest, sondern auch deren erforderliche **Qualifikation**. Hilfsmittel hierfür ist die **Stellenbeschreibung**, die die wesentlichen Merkmale einer Stelle genau festlegt.

Stellenbeschreibung

Die Stellenbeschreibung ermöglicht es der Personalabteilung, bei der Stellenbesetzung die Qualifikation des Mitarbeiters und die Anforderung der Stelle optimal aufeinander abzustimmen.

Inhalt einer Stellenbeschreibung sind u. a.:

- Stellenbezeichnung
- Stelleneinordnung
- Stellenaufgabe
- Stellenziele
- Stellenbefugnisse
- Stellenverantwortung
- Stellenvertretung
- Stellenanforderungen

BEISPIEL Stellenbeschreibung des Leiters/der Leiterin der Lebensmittelabteilung der Lebensmitteldiscount Schlegel KG:

Stellenbeschreibung	
Stellenbezeichnung	Leiter/-in der Abteilung Lebensmittel
Stelleneinordnung • Unterstellung • Überstellung	 • Abteilungsleitung Verkauf • Substitut/Substitutin Verkauf sowie Verkäufer/Verkäuferin
Stellenaufgabe	fachliche und disziplinarische Leitung der Lebensmittelabteilung
Stellenziele	Personalplanung, Personalbeschaffung, Personalkostenberechnung
Stellenbefugnisse	Handlungsvollmacht gem. den Richtlinien für Abteilungsleiter
Stellenverantwortung	gem. den Richtlinien für Abteilungsleiter
Stellenvertretung	Substitut der Abteilung Lebensmittel
Stellenanforderungen • Ausbildung • Erfahrung • Kenntnisse	 • Berufsabschlussprüfung, Prüfung gem. Ausbildereignungsverordnung • fünf Jahre Betriebszugehörigkeit, fünf Jahre Tätigkeit im Lebensmittelbereich als Substitut • Warenwirtschaftssystem, Onlinehandel

Personaleinsatzplanung (PEP)

Die Personaleinsatzplanung verfolgt den Zweck, **den kurzfristigen Personaleinsatz zu regeln.** Ziel ist es, den wirtschaftlichen Einsatz der vorhandenen Mitarbeiter für die geplante Leistungserstellung zu gewährleisten. Der Personaleinsatzplan stellt also sicher, dass die Stellen im vorgesehenen Zeitraum mit qualifizierten Mitarbeitern besetzt sind und diese entsprechend ihren zeitlichen Verpflichtungen und Qualifikationen eingesetzt werden.

Der **Personaleinsatzplan** enthält

- die Namen der Mitarbeiter,
- die Wochentage des Einsatzes,
- den geplanten Einsatz und
- vorhersehbare Fehlzeiten (Urlaub, Freizeitausgleich, Berufsschultage u. Ä.).

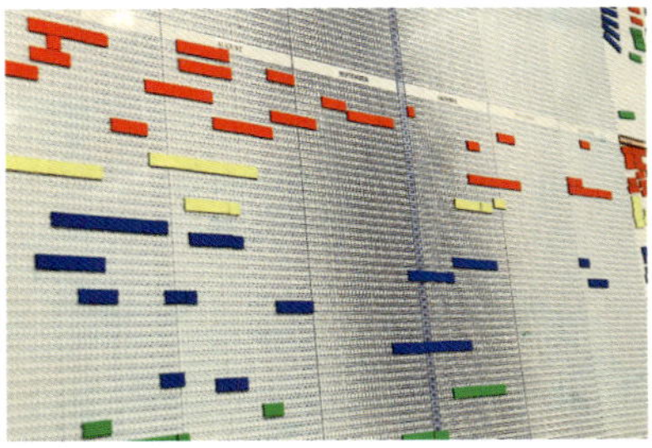
Personaleinsatzplan als Wandtafel

Oft ist noch eine Mindestbesetzung vorgegeben.

BEISPIEL Elena Gutowski, Substitutin in der Abteilung Textil/Sport der Center Warenhaus GmbH, plant die zweite Dezemberwoche. Sie hat vier Vollzeitkräfte, eine Teilzeitkraft und eine Auszubildende zur Verfügung. Ihre Stellvertreterin ist Frau Schmitt, weitere Verkäufer/-innen sind Frau Schneiders, Frau Fischer, Frau Alt, Herr Jung und die Auszubildende Sabine Freund. Es sind folgende vorhersehbare Fehlzeiten bekannt:

- Frau Gutowski ist am Donnerstag ganztägig auf einer Fortbildung.
- Frau Schmitt hat Montag und Dienstag Urlaub.
- Frau Schneiders muss am Dienstag um 08:00 Uhr zum Arzt und wird um 12:00 Uhr zurück sein.
- Frau Fischer bekommt am Donnerstag ab 14:00 Uhr ihren Freizeitausgleich.
- Sabine Freund hat Mittwoch von 08:00 Uhr bis 11:10 Uhr und Donnerstag von 08:00 Uhr bis 13:10 Uhr Berufsschule.

Die Wochenarbeitszeit lt. Tarifvertrag beträgt 37,5 Stunden. Die Betriebsvereinbarung sieht vor, dass die Verkäufer/-innen nur an fünf Tagen beschäftigt werden. Frau Fischer steht als Teilzeitkraft mit 20 Stunden zur Verfügung. Die Geschäftsleitung schreibt vor, dass Frau Gutowski oder ihre Stellvertreterin ständig anwesend sein muss und eine Mindestbesetzung von vier Verkäuferinnen sicherzustellen ist. Der Personaleinsatzplan der Abteilung Textil/Sport könnte folgendermaßen aussehen:

Personaleinsatzplan Textil/Sport 50. KW							
Name	Montag	Dienstag	Mittwoch	Donnerstag	Freitag	Samstag	Summe
Gutowski	8	8	–	8A	5,5	8	37,5
Schmitt	8U	8U	8	5,5	–	8	37,5
Schneiders	–	4K+4	8	8	8	8	37,5
Fischer	4	4	4	2F+6	–	–	20,0
Alt	8	8	5,5	8	8	–	37,5
Jung	8	–	5,5	8	8	8	37,5
Freund	8	8	3,5B+5	5B	8	–	37,5
U = Urlaub, K = krank, F = Freizeitausgleich, A = Fortbildung, B = Berufsschule							

Zusammenfassung

Personalbedarfs- und Personaleinsatzplanung durchführen

- Grundlage der Personalplanung ist der **aktuelle Personalbestand.** Bei seiner Ermittlung sind die verschiedenen **Arten von Arbeitnehmern** (Voll-, Teilzeitbeschäftigte, Jobsharing-Mitarbeiter, Leiharbeitnehmer) und die **Personalveränderungen** zu berücksichtigen.
- Die **Personalbedarfsplanung** verfolgt den Zweck, den mittel- und langfristigen Personalbedarf eines Unternehmens quantitativ und qualitativ zu ermitteln. Hilfsmittel sind der **Stellenplan**, der **Stellenbesetzungsplan** und die **Stellenbeschreibung**.
- Im **Personaleinsatzplan** (PEP) wird der kurzfristige Personaleinsatz geregelt.

Aufgaben

1. *Suchen Sie in den Stellenanzeigen der Wochenendausgabe Ihrer Tageszeitung oder in Jobbörsen im Internet nach Beispielen für die unterschiedlichen Arten von Arbeitnehmern und stellen Sie diese in einer Liste vor.*

2. *Die Auszubildende der Center Warenhaus GmbH Sabine Freund meldet sich am Dienstag nach dem Arztbesuch für den Rest der Woche krank. Erstellen Sie einen neuen Personaleinsatzplan unter Berücksichtigung der Bedingung, dass die ausgefallenen Stunden durch andere Mitarbeiter vertreten werden (vgl. Seite 222).*

3. *Erläutern Sie Möglichkeiten zur Ermittlung des zukünftigen Personalbedarfs.*

4. *Erstellen Sie eine Stellenbeschreibung für die Abteilungsleitung Verkauf/Marketing der Center Warenhaus GmbH. Orientieren Sie sich dabei an der Gliederung auf Seite 221.*

5. *Recherchieren Sie im Internet, in welchem Ausmaß in Ihrer Region Arbeitnehmer in Teilzeitarbeit, Jobsharing und als Leiharbeitnehmer beschäftigt werden. Stellen Sie die Ergebnisse mithilfe einer Software z. B. als Kreis- oder Balkendiagramm dar und erläutern Sie das Ergebnis in der Klasse.*

6. *Warum führen die zuständigen Mitarbeiter Ihres Unternehmens eine exakte Personaleinsatzplanung (PEP) durch?*
   1. *PEP wird durchgeführt, um den Krankenstand der Mitarbeiter zu verbessern.*
   2. *PEP wird durchgeführt, um größere Austrittsquoten (Kündigungen) bei Mitarbeitern zu verhindern.*
   3. *PEP wird durchgeführt, um u. a. die Personalbesetzung an die Abweichungen von Arbeitszeit und Geschäftsöffnungszeit anzupassen.*
   4. *PEP wird durchgeführt, um Fehlzeiten der Mitarbeiter zu verhindern.*
   5. *PEP wird durchgeführt, um das Leistungsverhalten des einzelnen Mitarbeiters zu steigern.*

3 Personal beschaffen

HANDLUNGSSITUATION

Am Ende des Geschäftsjahres stellt man bei der Center Warenhaus GmbH fest, dass der Umsatz gegenüber dem Vorjahr um 5 % zurückgegangen ist. Frau Sommer und Herr Becker haben zu einer Krisensitzung eingeladen, an der die Abteilungsleiter, der Assistent der Geschäftsleitung und der Vorsitzende des Betriebsrates teilnehmen. Sabine Freund ist gebeten worden, das Protokoll zu führen. Herr Becker schlägt zunächst vor, die Kosten unter die Lupe zu nehmen. *„Wenn der Umsatz sinkt, müssen wir die Kosten senken!“*, stellt er fest. *„Und wenn wir die Kosten z. B. für Werbung oder die Ausstattung der Verkaufsräume senken, sinkt der Umsatz weiter“*, erwidert Oliver Lehnert, der Abteilungsleiter Verkauf/Marketing. *„Ich bin den ganzen Tag mit dem Alltagsgeschäft beschäftigt, da bleibt keine Zeit für neue Ideen. Die Verstärkung der Salespromotion und die Optimierung des Onlineshops sind nur zwei Themen, die wir anpacken müssen.“* Sven Braun, der Assistent der Geschäftsleitung, unterstützt ihn: *„Bereits 10 % des Einzelhandelsumsatzes werden deutschlandweit im Bereich Online erzielt, da haben wir noch deutlich Luft nach oben!“* Frau Sommer meldet sich zu Wort: *„Ich schlage vor, die Funktion des Abteilungsleiters Verkauf/Marketing auf zwei Personen aufzuteilen.*

Herr Lehnert kümmert sich weiter um das Tagesgeschäft und wir suchen einen weiteren Mitarbeiter für den Bereich Onlineshop und Salespromotion." „Und wie wollen Sie einen geeigneten Mitarbeiter finden?", fragt Sabine Freund neugierig. *„Das ist natürlich die Aufgabe von Frau Meys",* entgegnet Herr Becker. Nach kurzer Diskussion wird der Vorschlag von allen befürwortet.

ARBEITSAUFTRÄGE

- *Stellen Sie fest, welche Möglichkeit es gibt, den erforderlichen Mitarbeiter zu gewinnen.*
- *Entscheiden Sie sich für eine Form der Personalbeschaffung und begründen Sie Ihre Entscheidung.*

Die Personalbeschaffung befasst sich mit der **Bereitstellung der für das Unternehmen erforderlichen Mitarbeiter**. Um die erforderlichen Mitarbeiter in qualitativer und quantitativer Hinsicht bereitstellen zu können, kann sich ein Unternehmen **der internen oder der externen Personalbeschaffung** bedienen.

Interne Personalbeschaffung

Interne Personalbeschaffung bedeutet, dass Stellen mit Mitarbeitern aus dem Unternehmen besetzt werden. Dies kann auf folgende Weise geschehen:

- **Innerbetriebliche Stellenausschreibung**: Gemäß § 93 **Betriebsverfassungsgesetz** (BetrVG) (https://www.gesetze-im-internet.de/betrvg/) kann der Betriebsrat verlangen, dass Arbeitsplätze vor ihrer Besetzung innerhalb des Betriebes ausgeschrieben werden.

  BEISPIEL Bevor Frau Meys die Stellenanzeige in der Tageszeitung und in den sozialen Medien veröffentlichte, war die Stelle im Wege der innerbetrieblichen Stellenausschreibung im Intranet der Center Warenhaus GmbH veröffentlicht worden.

- **Versetzung**

  BEISPIEL Eine Sachbearbeiterin aus dem Rechnungswesen wird in die Personalabteilung versetzt.

- **Mehrarbeit** bei kurzzeitigem Personalmehrbedarf

  BEISPIEL Um eine Sonderverkaufsaktion durchführen zu können, werden nach Rücksprache mit dem Betriebsrat Überstunden geleistet.

- **Fort- und Weiterbildung** im Rahmen der Personalentwicklung

  BEISPIEL Ein Kaufmann im Einzelhandel besucht die Fachschule für Wirtschaft. Nach erfolgreicher Prüfung zum staatlich geprüften Betriebswirt wird er als Substitut eingesetzt.

Die interne Personalbeschaffung kann die **Änderung des bestehenden Arbeitsverhältnisses** im Wege einer **Änderungskündigung** erfordern. Dies kann z.B. durch die Umwandlung eines Teilzeitarbeitsverhältnisses in ein Vollzeitarbeitsverhältnis, durch die Umwandlung von befristeten in unbefristete Arbeitsverhältnisse oder die Übernahme von Auszubildenden erfolgen.

BEISPIEL Die Personalabteilung der Center Warenhaus GmbH bietet einem Aushilfsverkäufer eine Vollzeitbeschäftigung an.

Externe Personalbeschaffung

Sie bezieht sich auf den Teil des Arbeitsmarktes, der außerhalb des Unternehmens liegt. Hierbei können die folgenden Vermittler eingeschaltet werden.

Arbeitsverwaltung

Die Arbeitsvermittlung wird in Deutschland i.d.R. von der **Bundesagentur für Arbeit** und den regionalen **Arbeitsagenturen** wahrgenommen. Um möglichst wirkungsvoll beraten und vermitteln zu können, ist es für die Arbeitsagenturen wichtig, **die Unternehmen möglichst genau zu kennen.** Aus diesem Grund sollten die Unternehmen einen engen Kontakt zu den örtlichen Arbeitsagenturen halten.

Private Arbeitsvermittler

Zunehmend treten auch **private Arbeitsvermittler** (engl. = **Headhunter**) auf, die sich oft auf bestimmte Gruppen von Arbeitnehmern, wie z.B. Führungskräfte, spezialisiert haben.

Stellenanzeigen

Die meisten Unternehmen versuchen ihr Personal durch Stellenanzeigen in Print- oder digitalen Medien zu beschaffen. Voraussetzung für den Erfolg dieser Maßnahme ist, dass der geeignete **Werbeträger** (vgl. Seite 234f.) ausgewählt wird, die Anzeige zum richtigen Termin erscheint und Aufmachung und Inhalt informativ sowie ansprechend sind.

Lernfeld 5

Personalleasing

Personalleasing-Unternehmen verleihen die bei ihnen beschäftigten Arbeitnehmer an ein Unternehmen **(Arbeitnehmerüberlassung)**. Rechtsgrundlage ist das **Arbeitnehmerüberlassungsgesetz** (www.gesetze-im-internet.de/a_g). Diese Form der Personalbeschaffung eignet sich immer dann, wenn Arbeitnehmer **kurzfristig** eingesetzt werden sollen, also z.B. im Saisongeschäft, in der Urlaubszeit oder bei Krankheit.

E-Recruiting

Unter E-Recruiting versteht man die Unterstützung der Personalbeschaffung durch **elektronische Systeme**, vor allem durch das Internet. Die Formen des E-Recruitings sind vielfältig.

BEISPIELE
- Stellenausschreibungen auf der Website des Unternehmens
- elektronische Bewerbung mithilfe von Onlinefragebögen
- Stellenausschreibungen bei sozialen Netzwerken (Social Communities) wie z.B. Facebook oder professionellen Netzwerken (Business Communities) wie z.B. XING
- Nutzung von Onlinejobbörsen wie z.B. die Jobbörse der Arbeitsagentur

Mit E-Recruiting können Unternehmen eine breite Bewerberzielgruppe erreichen und Bewerber können **zeit- und kostensparend ausgewählt** werden.

○ Sonstige Beschaffungswege

Neben den genannten Möglichkeiten der Personalbeschaffung gibt es eine Vielzahl weiterer Möglichkeiten wie z. B.:

- Kontakte mit Schulen und sonstigen Bildungseinrichtungen
- Vermittlung durch eigene Mitarbeiter, die über den Personalbedarf informiert werden
- Plakate, Handzettel usw.

Zusammenfassung

Personal beschaffen

Personalbeschaffung

Intern	Extern
• innerbetriebliche Stellenausschreibung • Versetzung • Mehrarbeit • Fort- und Weiterbildung	• Arbeitsverwaltung • private Arbeitsvermittler • Stellenanzeigen • Personalleasing • E-Recruiting

Aufgaben

1. *Erläutern Sie, unter welchen Voraussetzungen die Besetzung einer Stelle*
   a) nach innerbetrieblicher Stellenausschreibung,
   b) bei Versetzung,
   c) bei Mehrarbeit oder
   d) nach durchgeführter Fort- und Weiterbildung
   sinnvoll ist.
2. *Die Center Warenhaus GmbH sucht einen Auszubildenden für den Beruf Verkäufer/Verkäuferin. Entwerfen Sie die Stellenanzeige. Nutzen Sie eine geeignete Software.*
3. *Begründen Sie, wann die Stellenanzeige veröffentlicht werden sollte und welchen Werbeträger Sie auswählen würden.*
4. *Erläutern Sie das Personalleasing. Beschreiben Sie, für welche Fälle diese Form der Personalbeschaffung besonders geeignet ist.*
5. *Recherchieren Sie auf den Seiten von Personalleasing-Unternehmen. Stellen Sie die Vor- und Nachteile dieser Form der Personalbeschaffung*
   a) für den Arbeitnehmer,
   b) für den Arbeitgeber
   gegenüber.
   Tragen Sie die Ergebnisse in der Klasse vor. Nutzen Sie dabei auch eine Präsentationssoftware.

4 Personal führen, entwickeln, beurteilen und Konflikte lösen

HANDLUNGSSITUATION

Bei der Center Warenhaus GmbH kommt in einer Abteilungsleiterbesprechung, an der auch Sabine Freund teilnimmt, das Thema Arbeitsmotivation zur Sprache. Die Abteilungsleiterin Verwaltung, Claudia Ahlemann, stellt fest, dass einige Mitarbeiter mit dem Führungsstil der Geschäftsleitung unzufrieden sind und sich nicht gerecht beurteilt und entlohnt fühlen. *„Die Folge ist eine Verringerung der Arbeitsmotivation, die sich in zurückgehenden Umsätzen niederschlägt“*, führt sie aus. *„Das gilt aber nicht für unsere Auszubildenden“*, entgegnet Frau Meys, *„seit wir ihnen die Verantwortlichkeit für den Junior-Shop übertragen haben und das Prämienlohnsystem eingeführt wurde, sind sie kaum noch zu bremsen.“ „Und die Umsätze liegen deutlich über dem allgemeinen Durchschnitt“*, ergänzt Oliver Lehnert. *„Also ein kooperativer Führungsstil in Verbindung mit einer leistungsabhängigen Entlohnung“*, stellt Herr Becker fest und fragt: *„Könnte man das Modell nicht auf das ganze Unternehmen übertragen?“*

ARBEITSAUFTRÄGE

LS

- *Erläutern Sie die unterschiedlichen Führungsstile und ordnen Sie den Führungsstil Ihres Ausbildungsbetriebes einem dieser Führungsstile zu.*

- *Erläutern Sie das Prämienlohnsystem als ein Anreizsystem für Arbeitnehmer.*
- *Erläutern Sie die Auswirkung der Personalbeurteilung auf die Mitarbeitermotivation.*
- *Stellen Sie dar, wie Konflikte in einem Einzelhandelsunternehmen gelöst werden können.*

Die **Unternehmenskultur** entsteht und entwickelt sich im Laufe der Geschäftstätigkeit eines Unternehmens. Zu ihr gehören die nach innen und außen wirkenden Denkweisen und Verhaltensregeln, das Werte- und Normgefüge und das **Konzept der Personal- und Unternehmensführung**.

● Führung im Unternehmen

Der Bereich der Führung erstreckt sich auf das Unternehmen als Ganzes **(Unternehmensführung)** und auf die Mitarbeiterinnen und Mitarbeiter **(Personalführung)**.

○ Unternehmensführung

Lernfeld 1

Die **Unternehmensführung** umfasst die Gestaltung des Unternehmensaufbaus und des Arbeitsablaufs. Die Führung eines Unternehmens drückt sich in der gewählten **Aufbau- und Ablauforganisation** aus.

○ Personalführung

Die **Personalführung** beschäftigt sich mit der Führung der Mitarbeiterinnen und Mitarbeiter. Das **Führungsverhalten** kann in zwei Grundmuster eingeteilt werden:

- Der **autoritative Führungsstil** (auch als **Direktoralsystem** bezeichnet) ist durch Abstand und Höherstellung des Vorgesetzten gekennzeichnet. Der Vorgesetzte entscheidet und ordnet an, er schätzt den disziplinierten und willigen Mitarbeiter.
- Der **kooperative Führungsstil** (auch als **Kollegialsystem** bezeichnet) ist durch Nähe und Gleichstellung von Vorgesetzten und Mitarbeitern gekennzeichnet. Der Vorgesetzte formuliert das Problem, delegiert die Entscheidung innerhalb bestimmter Grenzen und fungiert als Koordinator nach innen und außen. Bei Mitarbeitern wird die selbstständige Persönlichkeit geschätzt, deren Handeln durch Einsicht und Verantwortung gegenüber dem Unternehmen gekennzeichnet ist. Trotz möglicher Nähe und Gleichstellung von Vorgesetztem und Mitarbeiter sind beide in **unterschiedlichen Rollen** tätig. Der Verkäufer z.B. handelt auf Anordnung und der Substitut trägt die Verantwortung für seine Abteilung. Wenn ein Mitarbeiter die in ihn gesetzten Erwartungen nicht erfüllt oder wenn sich die an ihn gerichteten Erwartungen widersprechen, kann es zu **Konflikten** (vgl. Seite 231) kommen.

Lernfeld 1

Die Wahl des **Führungsstils** hängt vom grundsätzlichen Verhältnis der Unternehmensleitung zu ihren Mitarbeiterinnen und Mitarbeitern und vom **Unternehmensleitbild** ab.

Personalentwicklung

Die Verbesserung der Leistungsfähigkeit und der Leistungsbereitschaft der Mitarbeiter ist Aufgabe der Personalentwicklung. Hierbei spielt die **Weiterqualifizierung** der Mitarbeiter (vgl. Seite 253 ff.) eine wesentliche Rolle.

Personalbeurteilung

Aufgabe des Personalwesens ist es, den richtigen Mitarbeiter in einem Einzelhandelsunternehmen zur richtigen Zeit am richtigen Ort einzusetzen. Diese Aufgabe kann nur erfüllt werden, wenn seine **Leistung und die Möglichkeiten** einer weiteren beruflichen Entwicklung durch geeignete Verfahren **erfasst und beurteilt** werden.

Die Beurteilung der Mitarbeiter eines Unternehmens soll aus folgenden **Gründen** erfolgen:

- Eine gezielte **Personalentwicklung** durch Beförderung, Versetzung, Umschulung oder Fortbildung setzt die Kenntnis der wesentlichen Eigenschaften des Mitarbeiters voraus.
- Eine gerechte **Entlohnung** ist nur aufgrund einer objektiven Leistungsbeurteilung möglich.
- Ein optimaler **Personaleinsatz** erfordert die genaue Kenntnis der Leistungsfähigkeit und -bereitschaft des Mitarbeiters.
- Eine fehlerfreie **Zeugniserteilung** setzt eine möglichst regelmäßige Beurteilung voraus.
- Die Personalbeurteilung dient der **Motivation** und ist damit Ansporn für bewusstes Leistungsverhalten.

  BEISPIEL Die Mitarbeiter der Center Warenhaus GmbH werden jährlich anhand des folgenden Bewertungsbogens beurteilt:

Beurteilung

Name:

Datum der Beurteilung:

Beurteilungszeitraum:

von: bis:

Beurteilungsmerkmale		1	2	3	4	5	6
1	Kundenorientierung	○	○	○	○	○	○
2	Zuverlässigkeit, Sorgfalt, Genauigkeit	○	○	○	○	○	○
3	Aufrichtigkeit, Offenheit	○	○	○	○	○	○
4	Fleiß, Ausdauer	○	○	○	○	○	○
5	Fachliche Kenntnisse	○	○	○	○	○	○

Die **Arten der Personalbeurteilung** sind vielfältig. In Großbetrieben wird i. d. R. in regelmäßigen Abständen anhand fester Bewertungskriterien beurteilt. Kleine und mittlere Betriebe beurteilen Mitarbeiter oft nur im Rahmen eines geforderten **Arbeitszeugnisses** (vgl. Seite 280) oder anhand konkreter Anlässe, z. B. einer Beförderung.

Vor Beginn eines Arbeits- oder Ausbildungsverhältnisses wird für jeden Mitarbeiter eine **Personalakte** angelegt, in der die persönlichen Daten aufgenommen werden. Im Laufe des Arbeits- oder Ausbildungsverhältnisses wird diese Personalakte weitergeführt und um Angaben ergänzt.

Lernfeld 1

BEISPIELE Beurteilung vor Abschluss der Probezeit, Zwischen- und Abschlussprüfungsergebnis, Fortbildungen, Beurteilungen von Vorgesetzten

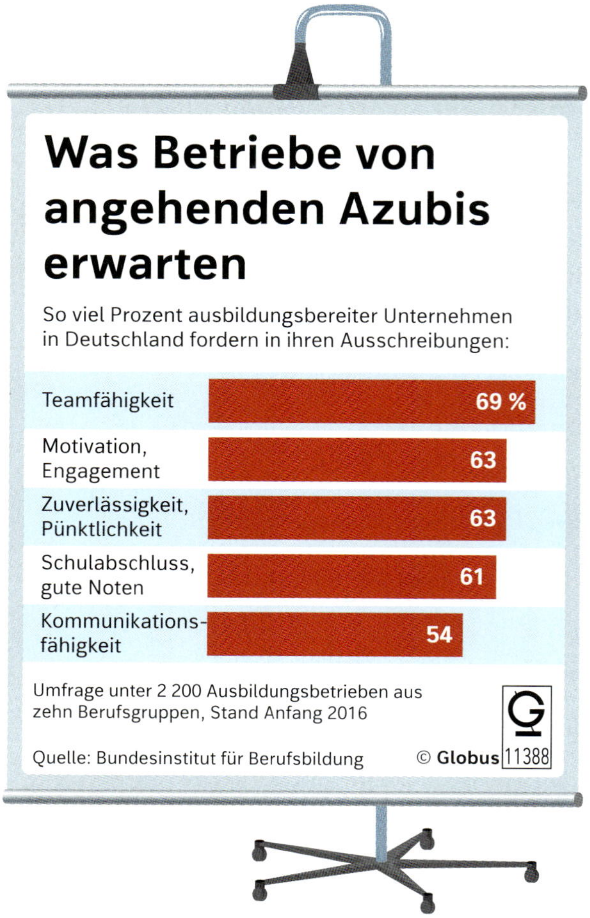

Für die Leistungsbeurteilung können die nachfolgenden **Bewertungskriterien** herangezogen werden:

- **Arbeitsverhalten**, z.B. Arbeitsqualität, Ausdauer, Belastbarkeit, Fachkenntnisse, Pünktlichkeit, Zuverlässigkeit
- **Sozialverhalten**, z.B. Hilfsbereitschaft, Kooperationsbereitschaft, Aufgeschlossenheit
- **Führungsverhalten**, z.B. Durchsetzungsvermögen, Delegation, Motivationsfähigkeit
- **Personalkompetenzen**, z.B. Auffassungsgabe, Erscheinungsbild, Umgangsformen, Ausdrucksfähigkeit

Neben der reinen **Leistungsbeurteilung** können auch Aussagen über die Eignung für bestimmte neue Aufgaben und die Möglichkeiten der weiteren beruflichen Entwicklung in die Beurteilung einbezogen werden (**Potenzialbeurteilung**).

BEISPIEL „Für Führungsaufgaben geeignet“

Mit der regelmäßigen und systematischen Personalbeurteilung sind aber auch **Probleme** verbunden:

- Sie erfordert **Zeit** und führt so zu zusätzlicher Arbeitsbelastung der Vorgesetzten.
  BEISPIEL Die Dauer für die Beurteilung eines Mitarbeiters wird bei der Center Warenhaus GmbH mit 2,5 Stunden angesetzt. Wenn alle 105 Mitarbeiter einmal jährlich beurteilt werden sollen, müssen die Vorgesetzten dafür 262,5 Stunden jährlich aufwenden.
- Sie kann **Konflikte** auslösen, die anhand einer Beurteilung zum Ausbruch kommen.
- Sie kann **fehlerhaft** sein.
  BEISPIEL Der Beurteiler schließt von einem wesentlichen Merkmal auf alle Kriterien oder übernimmt kritiklos früher vorgenommene Beurteilungen.

Gemäß § 82 Abs. 2 BetrVG kann ein Arbeitnehmer die **Erörterung seiner Beurteilung** sowie der Möglichkeiten seiner beruflichen Entwicklung im Betrieb verlangen.

BEISPIEL Nach erfolgter Beurteilung wird mit jedem Mitarbeiter der Center Warenhaus GmbH ein Personalgespräch geführt. Hier wird die Beurteilung erläutert und es werden Möglichkeiten der beruflichen Weiterentwicklung besprochen.

Umgang mit Konflikten

Entstehung von Konflikten

Konflikte entstehen, wenn bei Mitgliedern von Gruppen unterschiedliche Bedürfnisse und Interessen vorliegen. Bei Konflikten handelt es sich um Abweichungen im Wahrnehmen, Denken, Fühlen und Wollen, die zu Beeinträchtigungen im Zusammenleben führen. Solche Beeinträchtigungen liegen vor, wenn sich Mitglieder von Gruppen behindert, blockiert, verletzt oder bedroht fühlen.

Im Rahmen des Konfliktmanagements sind zunächst die **Konfliktursachen** zu klären, es sind die **Konfliktparteien** zu benennen und im Anschluss daran Maßnahmen zur **Konfliktbehandlung** zu ergreifen.

Ursachen von Konflikten

Konflikte können auf vier grundsätzlichen **Ursachen** beruhen:

- Die Konflikte entstehen aus den Unter- und Überordnungsbeziehungen im Unternehmen (**Hierarchiekonflikt**) oder aus den im Unternehmen herrschenden Verteilungskämpfen um Ressourcen (**Verteilungskonflikt**).

  BEISPIEL Die Abteilungsleiter der Center Warenhaus GmbH fordern für ihre jeweiligen Abteilungen Werbeetats, die in ihrer Summe den Gesamtetat übersteigen. Es kommt zum Verteilungskonflikt.

- Aus der Arbeitsteilung im Unternehmen resultieren **Kooperations- und Koordinationskonflikte**.

  BEISPIEL In einem Unternehmen geben Abteilungsleiter und Substituten sich widersprechende Anweisungen.

- Aus den individuellen Zielen der Mitarbeiterinnen und Mitarbeiter und ihren sozialen Anbindungen entstehen **persönliche oder soziale Konflikte**.

  BEISPIEL Ein Abteilungsleiter der Center Warenhaus GmbH ordnet nach Rücksprache mit dem Betriebsrat Überstunden an. Da einer Mitarbeiterin für ihre Tochter eine Tagesmutter nur für bestimmte Stunden zur Verfügung steht, kommt es zu einem **Rollenkonflikt** zwischen der Rolle der Mutter und der Arbeitnehmerin.

- Durch unterschiedliche Wert- und Moralvorstellungen der Mitarbeiterinnen und Mitarbeiter im Unternehmen kommt es zu **Wertekonflikten**.

  BEISPIEL Ein Abteilungsleiter der Center Warenhaus GmbH hat andere Vorstellungen von Ordnung am Arbeitsplatz als ein Mitarbeiter.

Konfliktparteien

Die **Konfliktparteien** können einzelne Personen, Personengruppen, Abteilungen oder das Unternehmen als Ganzes sein.

BEISPIEL In einer Abteilung der Center Warenhaus GmbH wird eine Beförderungsstelle ausgeschrieben. Da zwischen der Abteilungsleitung und einem Mitarbeiter unterschiedliche Auffassungen über die Voraussetzungen der Beförderung bestehen, entsteht ein Konflikt zwischen einer Einzelperson und der Abteilung.

○ Konfliktbehandlung

Je nach Konfliktursache und Konfliktparteien **sind Konflikte im Unternehmen unterschiedlich zu behandeln**. Vorteil aller Konflikte ist, dass Unstimmigkeiten deutlich werden, Nachteil, dass Konflikte im Unternehmen in nicht geringem Umfang die Leistungsfähigkeit des Betriebes beeinträchtigen. Bei der Konfliktbehandlung gibt es folgende **Regeln**:

- klare Einhaltung der **Führungsgrundsätze**
- **klare** und deutliche **Anweisungen** erteilen
- **Kompromissbereitschaft** trainieren und praktizieren
- potenzielle Konfliktursachen bei der Personalauswahl, -führung und -entwicklung berücksichtigen
- bei Dauerkonflikten Hilfe außenstehender (externer) Berater erwägen

○ Konfliktlösung

Ziel eines jeden Konfliktgespräches sollte es sein, **Einsichten zu vermitteln** und eine **Verhaltensänderung zu erreichen**. Dies kann z. B. in den folgenden Phasen geschehen:

1. In der ersten Stufe geht es um die **Wahrnehmung des Konfliktes** und eine **Definition des Problems**.

   BEISPIEL Die Partner akzeptieren, dass sie einen Konflikt haben:
   - *„Der Druck der Abteilungsleitung ist für mich unerträglich."*
   - *„Der Mitarbeiter ist ständig schlecht gelaunt und bringt die geforderte Leistung nicht."*

2. In der zweiten Stufe wird gemeinsam nach den **Ursachen** gesucht.

   BEISPIEL Bei nur einem mobilen Datenerfassungsgerät für drei Mitarbeiter der Abteilung ist die durch den Vorgesetzten übertragene Inventurarbeit in der vorgegebenen Zeit nicht zu leisten.

3. In der dritten Stufe wird nach **Lösungsmöglichkeiten** gesucht. Wichtig ist es hier, konkrete **Zielvereinbarungen** zu treffen und diese zeitlich und inhaltlich festzulegen. Bei der Planung eines Zielvereinbarungsgespräches ist darauf zu achten, dass der Termin mit ausreichender Vorbereitungszeit geplant, das Gespräch inhaltlich und organisatorisch gut vorbereitet und für Ruhe und Ungestörtheit gesorgt ist.

   BEISPIEL Es wird ein zweites mobiles Datenerfassungsgerät für die Abteilung angeschafft. In drei Monaten sollen die Arbeitsleistung und das Arbeitsklima Gegenstand eines Zielvereinbarungsgespräches sein.

Zusammenfassung

Personal führen, entwickeln und beurteilen und Konflikte lösen

Führungsstil

Autoritativ	Kooperativ
• Der Vorgesetzte entscheidet und ordnet an.	• Der Vorgesetzte delegiert und fungiert als Koordinator.

- **Personalentwicklung:** Verbesserung der Leistungsfähigkeit und -bereitschaft der Mitarbeiter
- Die **Personalbeurteilung** gibt Auskunft darüber, inwieweit ein Mitarbeiter den Anforderungen und Erwartungen entspricht, die der Arbeitsplatz an ihn stellt.
- Beim Umgang mit Konflikten sollten die **Konfliktursachen** geklärt, die **Konfliktparteien** benannt und **Maßnahmen zur Konfliktbehandlung** ergriffen werden.

Aufgaben

1. *Erläutern Sie die Bereiche der Personalführung.*
2. *Diskutieren Sie anhand des Organigramms der Center Warenhaus GmbH (vgl. Seite 15), welches das Konzept der Unternehmensführung sein könnte.*
3. *Diskutieren Sie, welche Vor- und Nachteile mit einer regelmäßigen Personalbeurteilung verbunden sind.*
4. *Jede Klasse hat einen Klassensprecher.*
   a) Erstellen Sie eine Liste von Qualifikationen, die ein Klassensprecher erfüllen sollte.
   b) Entwickeln Sie einen Beurteilungsbogen, anhand dessen die Qualifikationen gemessen werden können.
   c) Führen Sie eine Beurteilung anhand der gefundenen Kriterien durch.
   d) Diskutieren Sie die mit dem Verfahren verbundenen Probleme.
5. *In der Center Warenhaus GmbH soll die Stelle der Substitutin für die Parfümerie besetzt werden.*
   a) Erstellen Sie eine Liste von Qualifikationen, über die die Bewerberin verfügen sollte.
   b) Entwickeln Sie einen Beurteilungsbogen, anhand dessen die Qualifikationen der Bewerber gemessen werden können.

5 Personal einstellen

5.1 Das Stellenangebot

HANDLUNGSSITUATION

Die Center Warenhaus GmbH hat eine Stelle für einen stellvertretenden Abteilungsleiter Verkauf/Marketing ausgeschrieben. Die Ausschreibung läuft zunächst intern, doch leider bewerben sich hierauf keine geeigneten Kandidaten. Nachdem entschieden wurde, einen geeigneten Mitarbeiter extern zu suchen, bittet Frau Meys ihre Auszubildende Sabine Freund um Vorschläge für den Beschaffungsweg, den Text für eine etwaige Stellenanzeige, die Auswahl eines geeigneten Werbeträgers und einen Gestaltungsvorschlag.

ARBEITSAUFTRÄGE

- *Machen Sie Vorschläge für einen geeigneten Beschaffungsweg.*
- *Helfen Sie Sabine Freund bei der Formulierung des Textes und erarbeiten Sie einen Gestaltungsvorschlag.*
- *Erarbeiten Sie Vorschläge für die Auswahl eines geeigneten Werbeträgers.*

Der häufigste Weg der externen Personalbeschaffung durch Einzelhandelsunternehmen ist die Suche von Mitarbeitern über eine **Stellenanzeige** in Print- oder Onlinemedien.

Der **Inhalt** der Anzeige sollte klar und informativ sein. Sie sollte Aussagen über folgende Punkte enthalten:

> ➤ **Können Sie mehr, als Sie bisher zeigen durften?**
> ➤ **Fühlen Sie sich beruflich eingeengt?**
> ➤ **Haben Sie es satt, immer nur die zweite Geige zu spielen?**
>
> Dann machen Sie **jetzt** Karriere bei der Center Warenhaus GmbH als
>
> **stellvertretender Abteilungsleiter (m, w, d)**
>
> in unserer Filiale, Aachener Str. 1250, 50859 Köln.
>
> **Wir erwarten** gute Fachkenntnisse, Verkaufserfahrung und die Fähigkeit, Mitarbeiter zu führen. **Wir bieten** überdurchschnittliches Gehalt und eine selbstständige Tätigkeit.
>
> Bei der Wohnungsbeschaffung sind wir behilflich.
>
> Zuschriften erbeten an Center Warenhaus GmbH, Aachener Str. 1250, 50859 Köln.

- das Unternehmen
  BEISPIELE Name des Unternehmens, Standort, Größe
- die freie Stelle
  BEISPIELE Aufgabenbeschreibung, Entwicklungschancen
- die Anforderungsmerkmale
  BEISPIELE Ausbildung, Fähigkeiten, Berufserfahrung
- die Leistungen
  BEISPIELE Hinweis auf Lohn- und Gehaltshöhe, Sozialleistungen
- die Bewerbungsunterlagen
  BEISPIELE Lebenslauf, Zeugnisse, persönliches Vorstellungsgespräch

Die Gestaltung der **Stellenanzeige** sollte Aufmerksamkeit wecken und sich von anderen Anzeigen abheben. Zur Gestaltung wird i. d. R. eine Werbeagentur eingeschaltet.

Für Stellenanzeigen stehen folgende **Werbeträger** zur Verfügung:

- regionale Tageszeitungen
  BEISPIEL Kölner Stadt-Anzeiger
- überregionale Tages- oder Wochenzeitungen
  BEISPIELE FAZ, Die Zeit
- Fachzeitschriften
  BEISPIEL Lebensmittelzeitung
- Jobbörsen
  BEISPIEL https://jobboerse.arbeitsagentur.de

> **Beste Chancen**
>
> für Ihre Zukunft – mit einer erstklassigen Ausbildung bei der Abels Bau- und Hobbymarkt GmbH!
>
> Wenn Sie zu unserem Baumarkt kommen, kommen Sie zu einem der Großen in der Bau- und Heimwerkerbranche, bei dem die Ausbildung Spaß macht, weil Sie täglich Kunden helfen können und weil Sie ein freundliches Betriebsklima erwartet. Deshalb: Lernen Sie bei der Abels Bau- und Hobbymarkt GmbH alles, was ein/-e
>
> Kaufmann
> im Einzelhandel (m, w, d)
> – z. B. in unseren Kölner Filialen –
>
> können muss: Verkaufs- und Beratungsgespräche führen, detailliertes Wissen über Sortimente, Warenbestellungen und -präsentationen. Damit sichern Sie sich beste Chancen für Ihre Zukunft. Wenn Sie Interesse haben: Einfach unseren Ausbildungsleiter Herrn Schneider anrufen oder gleich die Bewerbung schicken an:
>
> **Abels Bau- und Hobbymarkt**
>
> Abels Bau- und Hobbymarkt GmbH • Aachener Straße 1250 • 50859 Köln • 0221 642836

- soziale oder professionelle Netzwerke
  BEISPIELE Facebook, XING

Bei der Auswahl des Werbeträgers ist die Zielgruppe zu beachten:

- **Leitende Mitarbeiter** oder Spezialisten sucht man vorzugsweise über überregionale Tages- oder Wochenzeitungen und in Fachzeitschriften.
- **Arbeitskräfte der unteren bis mittleren Hierarchieebene** werden überwiegend in regionalen Tageszeitungen, Jobbörsen und über soziale oder professionelle Netzwerke gesucht.
- **Arbeitskräfte mit Spezialkenntnissen** werden über Fachzeitschriften und professionelle Netzwerke angesprochen.

Durch das **Allgemeine Gleichbehandlungsgesetz** (AGG) (https://www.gesetze-im-internet.de/agg/) sollen Benachteiligungen aus Gründen der ethnischen Herkunft, des Geschlechts, der Religion oder Weltanschauung, des Alters und der sexuellen Identität in der Arbeitswelt oder im Geschäftsleben verhindert werden. Bei Verstoß gegen das AGG besteht ein Rechtsanspruch auf Entschädigung.

Bei der Formulierung von Stellenanzeigen ist das AGG besonders zu beachten. So sollten Stellenausschreibungen **neutral formuliert** werden und keine Hinweise auf bevorzugte Altersgruppen, das Geschlecht oder die Muttersprache enthalten. Bewerbungsgespräche sollten aus Beweissicherungsgründen möglichst im Team geführt werden und Entscheidungen für oder gegen einen Bewerber dürfen keine Hinweise auf die oben genannten Merkmale enthalten.

Zusammenfassung

Das Stellenangebot

Bei der Schaltung einer Stellenanzeige müssen folgende Punkte beachtet werden:

Stellenangebot

- Anzeigeninhalte
  - klar und informativ formulieren
- Gestaltung
  - Aufmerksamkeit erwecken
- Werbeträger
  - Zielgruppe beachten

Bei der Formulierung einer Stellenanzeige muss das **Allgemeine Gleichbehandlungsgesetz** (AGG) beachtet werden.

Aufgaben

1. *Die Center Warenhaus GmbH sucht einen Substituten für den Verkauf im Bereich der Abteilung Spielwaren. Formulieren Sie einen Text für eine Stellenanzeige.*
2. *Wählen Sie einen geeigneten Anzeigentermin und einen Werbeträger für die oben genannte Anzeige aus. Begründen Sie Ihre Entscheidung.*
3. *Fertigen Sie einen Entwurf der oben genannten Stellenanzeige an. Nutzen Sie eine geeignete Software.*

4. *Sammeln Sie Stellenanzeigen aus Tageszeitungen, Fachzeitschriften, Jobbörsen oder sozialen Medien. Stellen Sie fest, welche Qualifikationen gefragt sind, und versuchen Sie, diese zu systematisieren.*

5.2 Die Bewerbung

HANDLUNGSSITUATION

In der Wochenendausgabe der örtlichen Tageszeitung, der Jobbörse der Arbeitsagentur und in einem professionellen Netzwerk erscheint die Stellenanzeige der Center Warenhaus GmbH. Von den Bewerbern kommen zwei in die engere Auswahl: Frau Blümel und Herr Eberle. Frau Blümel ist 26 Jahre alt, ledig und gelernte Werbekauffrau. Ihre Ausbildung hat sie in einer Werbeagentur gemacht. Danach war sie in Werbeagenturen, im Messebau und bei der Messe Köln beschäftigt. Sie weist darauf hin, dass sie flexibel sei, sich schnell anpassen könne und eine rasche Auffassungsgabe habe. Die Kündigung ihrer letzten Arbeitsstelle erfolgte „in gegenseitigem Einvernehmen". Frau Blümel steht sofort zur Verfügung.

Tabellarischer Lebenslauf

Name:	Silke Blümel	
Adresse:	Mozartstraße 7 50674 Köln	
Geburtstag:	7. März 1996	
Geburtsort:	Bonn	
Familienstand:	ledig	
Schulbildung:	2002 – 2006	Schillergrundschule, Bonn
	2006 – 2011	Max-Planck-Realschule, Köln
Schulabschlüsse:	2011	Fachoberschulreife
Berufsausbildung:	2011 – 2014	Ausbildung zur Werbekauffrau in der Werbeagentur Acon in Köln
Berufsabschluss:	2014	Werbekauffrau Abschlussnote: gut
Berufliche Tätigkeit:	2014 – 2016	Junior-Kontakterin bei der Werbeagentur Acon
	2016 – 2018	Sachbearbeiterin bei der Profil-Messebau-GmbH, Köln
	2018 – 2021	Messegesellschaft, Köln
Zusatzqualifikation:		gute Englischkenntnisse in Wort und Schrift seit 2014 Mitglied im Marketing-Club Köln-Bonn

Herr Eberle ist 35 Jahre alt, verheiratet und hat eine zwölfjährige Tochter. Nach Abschluss der Ausbildung zum Kaufmann im Einzelhandel in einem großen Warenhaus war er noch fünf Jahre in seinem Ausbildungsbetrieb tätig. Seit neun Jahren ist Herr Eberle Einkäufer in einem Elektrofachmarkt. Sein letzter Arbeitgeber bescheinigt ihm, dass er „stets zu seiner vollsten Zufriedenheit" gearbeitet habe und besonders zuverlässig sei.

ARBEITSAUFTRÄGE

LS

- *Erstellen Sie einen Kriterienkatalog für die Auswahl der Bewerber.*
- *Stellen Sie die beiden Bewerbungen gegenüber und treffen Sie eine begründete Entscheidung für einen Bewerber.*

Grundlage jeder Personalauswahl sind die **Bewerbungsunterlagen**. Hierzu gehören:

- Bewerbungsschreiben
- ggf. Lichtbild
- Lebenslauf
- Zeugnisse

Auch ein angemessener **Social-Media-Auftritt** ist bei einer Bewerbung mittlerweile sehr wichtig.

Bewerbungsschreiben

Das Bewerbungsschreiben sollte folgende Fragen beantworten:

- Aus welchem Grund erfolgt die Bewerbung?
- Welche Qualifikationen sind vorhanden?
- Welche besonderen Kenntnisse und Erfahrungen hat der Bewerber?
- Wann steht der Bewerber frühestens zur Verfügung?

Gehaltsforderungen sollten nur gestellt werden, wenn dies ausdrücklich verlangt wurde. Dabei kann sich der Bewerber am geltenden **Tarifvertrag** orientieren.

Die **Form** des Bewerbungsschreibens sollte der DIN 5008 entsprechen. Der **Inhalt** soll zeigen, wie der Bewerber sich einschätzt, was er will und wie er von anderen gesehen werden möchte. Häufig kann die Bewerbung auch als **Onlinebewerbung** digital eingereicht werden.

BEISPIEL

CENTER
WARENHAUS GmbH

Die mit * gekennzeichneten Felder sind Pflichtfelder.

Ihre Kontaktdaten	
Anrede*	Herr ▼
Vorname*	Michael
Nachname*	Evers
Straße*	Bachemer Straße 7
PLZ/Ort*	50935 | Köln
Land*	Deutschland ▼
Geburtstag*	23.07.20.. (DD.MM.YYYY)
Telefonisch erreichbar unter*	0221 34576689
Wie lautet Ihre E-Mail-Adresse*	michael.evers@t-online.de
E-Mail Wiederholung*	michael.evers@t-online.de

Bewerbung auf

Ausbildungsplatz als Kaufmann im Einzelhandel (m/w/d)

Das Lichtbild

Falls ein Lichtbild gefordert ist, sollte es ein Passbild oder Bewerbungsfoto sein.

Der Lebenslauf

Der Lebenslauf gibt Auskunft über die persönliche und berufliche Entwicklung des Bewerbers. Er kann tabellarisch oder in Aufsatzform verfasst werden. Der Lebenslauf soll zeitlich lückenlos sein und folgende Angaben enthalten:

- Name und Vorname
- Wohnort und Straße
- Geburtsdatum und -ort
- Familienstand
- schulische Ausbildung
- berufliche Ausbildung
- beruflicher Werdegang
- Prüfungen
- berufliche Weiterbildungen
- Ort, Datum und Unterschrift

BEISPIEL für Bewerbungsschreiben

Michael Evers
Bachemer Straße 7
50935 Köln
Tel. 0221 34576689

15. Februar 20..

Center Warenhaus GmbH
Personalabteilung
Aachener Straße 1250
50859 Köln

Unser Gespräch auf der Ausbildungsmesse am 13. Februar 20.. im Berufsinformationszentrum (BIZ) der Arbeitsagentur

Sehr geehrte Frau Meys,

durch unser Gespräch auf der Ausbildungsmesse des Berufsinformationszentrums habe ich interessante Informationen über die Center Warenhaus GmbH erhalten.

Das Sortiment und der von Ihnen erläuterte kooperative Führungsstil haben mir so gut gefallen, dass ich mich hiermit um einen Ausbildungsplatz als Kaufmann im Einzelhandel in Ihrem Unternehmen bewerbe.

Zurzeit besuche ich die Höhere Handelsschule am Berufskolleg I in Köln, die ich im Juni des Jahres abschließen werde.

Meinen Interessen und Fähigkeiten entsprechend interessiert mich der Beruf des Kaufmanns im Einzelhandel besonders. Ich habe als Wahlfach Wirtschaftsinformatik/Organisationslehre belegt und wirke aktiv im Redaktionsteam sowie bei Herstellung und Vertrieb unserer Schülerzeitung mit. Verstärkt wurde mein Interesse am Beruf des Kaufmanns im Einzelhandel durch ein Praktikum im Mars Elektrofachmarkt e. K.

Über die Einladung zu einem persönlichen Gespräch würde ich mich sehr freuen.

Mit freundlichen Grüßen

Michael Evers

Michael Evers

Anlagen
Lebenslauf
Lichtbild
Zeugniskopien

Zeugnisse

- Bei **Schulzeugnissen** sind das jeweils letzte Zeugnis und die Zeugnisse, mit denen Abschlüsse erworben wurden beizulegen.
- **Arbeitszeugnisse** sind die Zeugnisse der vorherigen Arbeitgeber. Es kann sich hierbei um einfache oder qualifizierte Arbeitszeugnisse handeln (vgl. Seite 280).

BEISPIEL

Arbeitszeugnis

Herr Max Eberle, geboren am 15.01.1982 in Duisburg, war vom 01.01.2005 bis 30.06.2022 als Mitarbeiter im Bereich Einkauf in unserem Unternehmen tätig.

Die Kunststoff GmbH ist ein Kunststoff verarbeitender Betrieb, der Formteile für Bürostühle herstellt. Unser Kundenkreis besteht aus deutschen und europäischen Büromöbelherstellern. Mit rund 150 Mitarbeiterinnen und Mitarbeitern erzielte die Kunststoff GmbH im vergangenen Jahr einen Umsatz von rund 25 Mio. €.

Max Eberle war eigenverantwortlich für den Einkauf von Roh-, Hilfs- und Betriebsstoffen für die Herstellung von Formteilen für Bürostühle bis zu einem Volumen von 25 000,00 € zuständig.

- Die **Zeugnisse der Abschlussprüfungen**, wie z. B. die Berufsabschlussprüfung oder das Zeugnis des schulischen Teils der Fachhochschulreife, sind in (beglaubigter) Kopie beizufügen.

Aufgrund der eingereichten Bewerbungsunterlagen wird eine Vorauswahl getroffen. Viele Unternehmen führen bei Auszubildenden eine zusätzliche **Eignungsfeststellung** (Test) durch. Alle arbeitsrechtlich zulässigen Fragen müssen **wahrheitsgemäß** beantwortet werden. Falsche Antworten können zu einer fristlosen Kündigung führen.

Zusammenfassung

Die Bewerbung

Grundlage der Personalauswahl sind die **Bewerbungsunterlagen**. Sie enthalten:

1. Bewerbungsschreiben
2. ggf. Lichtbild
3. Lebenslauf
4. Zeugnisse

Alle Angaben müssen **den Tatsachen entsprechen**. Falsche Angaben können zu einer fristlosen Kündigung führen.

Aufgaben

1. *Verfassen Sie Ihren Lebenslauf*
   a) in tabellarischer Form, *b) in Aufsatzform.*
2. *Suchen Sie sich eine Stellenanzeige für einen Arbeitsplatz nach Abschluss der Ausbildung und verfassen Sie ein Bewerbungsschreiben.*
3. *Tauschen Sie die Bewerbungsschreiben in der Klasse aus. Versetzen Sie sich in die Rolle des Personalchefs und beurteilen Sie die Bewerbungsschreiben.*
4. *Wählen Sie eine Stellenanzeige für alle Schülerinnen und Schüler der Klasse aus. Bilden Sie zwei Gruppen.*
   a) Die Gruppe „Bewerber“ schreibt Bewerbungen auf die Stellenanzeige.

b) Die Gruppe „Personalabteilung" stellt Kriterien für die Auswahl der Bewerber auf und wählt drei Kandidaten aus. Die Auswahlentscheidung ist zu begründen.

5. *Im Internet finden Sie eine Vielzahl von Material zum Thema „Die erfolgreiche Bewerbung". Beschaffen Sie entsprechendes Material, bewerten Sie es und stellen Sie das Ergebnis in der Klasse vor.*

5.3 Eignungsfeststellung und Vorstellungsgespräch

HANDLUNGSSITUATION

Am Wochenende trifft Sabine ihre Freundin Birgit. Birgit hat sich um einen Ausbildungsplatz als Kauffrau im Einzelhandel beworben und ist bei drei Ausbildungsbetrieben zum Test eingeladen worden. Da Sabine schon im zweiten Ausbildungsjahr ist und sogar in der Personalabteilung arbeitet, will Birgit natürlich von ihr wissen, um was es bei diesen Tests eigentlich geht.

ARBEITSAUFTRÄGE

- *Erläutern Sie die unterschiedlichen Verfahren der Eignungsfeststellung.*
- *Erstellen Sie eine Liste der Themen, die bei Ihrem Einstellungsgespräch angesprochen wurden, und vergleichen Sie diese mit den Listen Ihrer Mitschüler.*

Eignungsfeststellung

TIPP

Achten Sie darauf, welche Informationen Sie in sozialen Netzwerken preisgeben. Nicht jedes Foto der letzten Fete gehört auch ins Internet!

Die sorgfältige **Analyse der Bewerbungsunterlagen** vermittelt den Mitarbeitern der Personalabteilung eine Vielzahl von Erkenntnissen über den Bewerber. Weitere Hinweise können durch Arbeitsproben, Eignungstests oder situative Verfahren gewonnen werden. Zur Vorbereitung eines Bewerbungsgespräches recherchieren Personalverantwortliche zunehmend **in den Onlineprofilen von Bewerbern**, um mehr über diese zu erfahren.

Arbeitsproben

Arbeitsproben können mit den Bewerbungsunterlagen eingereicht oder unter Aufsicht durchgeführt werden.

BEISPIELE

- Ein Dekorateur legt seinen Bewerbungsunterlagen die Zeichnung für ein besonders aufwendiges Schaufenster als Arbeitsprobe bei.
- Ein Bewerber als Verkäufer in einem Fahrradgeschäft soll ein Rennrad zusammenbauen.

○ Psychologische Eignungstests

Psychologische Eignungstests sollten nur von dafür ausgebildeten Diplom-Psychologen durchgeführt werden. Sie sind nur zulässig, wenn der Bewerber seine Zustimmung gegeben hat. Im Rahmen der Personalbeschaffung werden sie z. B. als Fähigkeits- und Persönlichkeitstests eingesetzt:

- Mithilfe von **Fähigkeitstests** sollen Intelligenz, Merkfähigkeit, Konzentration, Geschicklichkeit oder technisches Verständnis gemessen werden. Hier sind i. d. R. bestimmte Aufgaben in einer begrenzten Zeit zu lösen. Um die Aussagekraft zu erhöhen, werden meist mehrere Tests nebeneinander **(Testbatterien)** eingesetzt.

  BEISPIEL Eine Reihe von Zahlen ist in einer bestimmten Weise angeordnet. Diese Regel soll herausgefunden werden. Dann soll die Zahl gefunden werden, die als nächste folgen würde.

  Aufgabe: 1 3 6 10 15 21 28 Lösung: A = 29 B = 34 C = 36

- Mithilfe von **Persönlichkeitstests** sollen soziale Verhaltensweisen oder Eigenschaften im Rahmen der Personalkompetenz festgestellt werden.

  BEISPIEL Aussage: „Auf Partys stehe ich gern im Mittelpunkt."

  Trifft zu ☐ Trifft nicht zu ☐ Weiß nicht ☐

○ Situative Verfahren (Assessment-Center)

Situative Verfahren simulieren Situationen, die der späteren Tätigkeit des Bewerbers nahekommen. Diese werden auch als **Assessment-Center** bezeichnet. Ein Assessment-Center (von engl. to assess = beurteilen) ist ein Verfahren, bei dem unter mehreren Bewerbern diejenigen ermittelt werden, die den Anforderungen eines Unternehmens und einer zu besetzenden Stelle am besten entsprechen. Hierzu werden die Bewerber vor **Aufgaben** gestellt, **die der späteren Tätigkeit entsprechen**, und im Umgang mit diesen bewertet. Das Assessment-Center kann von der Personalabteilung eines Unternehmens oder einem externen Beratungsunternehmen durchgeführt werden.

BEISPIELE persönliche Vorstellung, Präsentation, Postkorbübung, Gruppendiskussion, Rollenspiel, Fallstudie

● Das Vorstellungsgespräch

Ziel des Vorstellungsgespräches ist es, die in den Bewerbungsunterlagen gegebenen Informationen zu bestätigen, zu ergänzen und abzurunden. Darüber hinaus soll ein persönlicher Eindruck des Bewerbers gewonnen werden.

Um das Gespräch erfolgreich durchführen zu können, ist eine sorgfältige **Vorbereitung** erforderlich. So ist z. B. festzulegen, wer an dem Gespräch teilnimmt, wo Lücken oder Unklarheiten in den Bewerbungsunterlagen bestehen, welche Informationen aus **sozialen Netzwerken** vorliegen und welche Anforderungen an die zu besetzende Position zu stellen sind usw.

Das Vorstellungsgespräch sollte als Dialog geführt werden. Die **Durchführung** kann anhand eines Leitfadens erfolgen.

Im Interesse aller Beteiligten sollte nach dem Vorstellungsgespräch eine **schnelle Entscheidung** erfolgen.

Zusammenfassung

Eignungsfeststellung und Vorstellungsgespräch

- Eignungsfeststellung

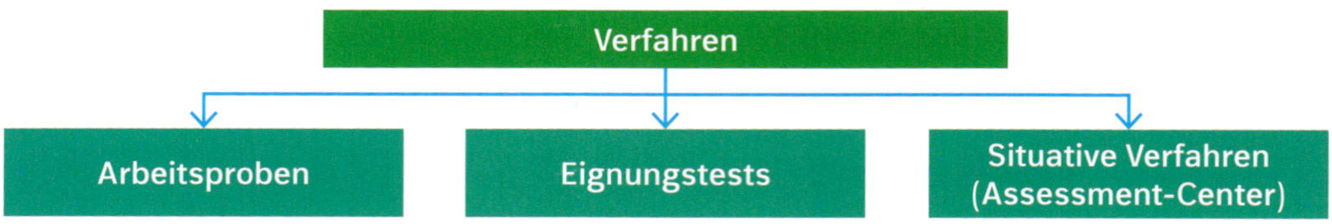

- Vorstellungsgespräch
  - **Ziel:** Gewinnung eines persönlichen Eindrucks vom Bewerber
  - Die **Durchführung** kann sich an einem Gesprächsleitfaden orientieren.

Aufgaben

1. *Immer mehr Unternehmen gehen dazu über, bei der Einstellung von Mitarbeitern Internetrecherchen durchzuführen. Diskutieren Sie die Folgen dieser Entwicklung.*
2. *Erläutern Sie Arbeitsproben, Eignungstests und situative Verfahren (Assessment-Center) anhand je eines Beispiels.*
3. *Planen Sie ein Vorstellungsgespräch in Form eines Rollenspiels.*
   a) *Beschreiben Sie die zu besetzende Stelle möglichst genau und formulieren Sie den Text für eine Stellenanzeige.*
   b) *Teilen Sie die Klasse in zwei Gruppen, die Bewerber und die Personalchefs. Jede Gruppe legt Kriterien für ihre Arbeit fest. Bewerber und Personalchef werden ausgewählt.*
   c) *Führen Sie drei Bewerbungsgespräche anhand des Gesprächsleitfadens durch.*
   d) *Die Personalchefs wählen einen Bewerber aus und begründen ihre Entscheidung. Nehmen Sie die Gespräche auf Video auf und werten Sie diese anschließend aus.*
4. *Frau Müller bewirbt sich nach der Ausbildung um eine neue Arbeitsstelle. Nach welchem Merkmal darf in einem Personalfragebogen nicht gefragt werden?*
   1. *nach dem Familienstand*
   2. *nach einer Ausbildung in Erster Hilfe*
   3. *nach der Zugehörigkeit zu einer Gewerkschaft*
   4. *nach erworbenen Fachkenntnissen*
   5. *nach besuchten Fortbildungsmaßnahmen*

5.4 Der Arbeitsvertrag

HANDLUNGSSITUATION

Anna Monberg, Substitutin der Schreibwarenabteilung der Center Warenhaus GmbH, hat nach Feierabend einen Onlinehandel für Bürobedarf aufgebaut. Als ihr Abteilungsleiter, Herr Lehnert, durch Zufall davon erfährt, untersagt er ihr das. Frau Monberg ist empört: In der Abteilung sei sie die beste Einkäuferin und was sie nach Feierabend mache, sei ja wohl ihre Sache! Zu Hause kommen ihr Zweifel.

ARBEITSAUFTRÄGE

- *Stellen Sie die Rechte und Pflichten der Arbeitnehmer in einer digitalen Regelübersicht gegenüber.*
- *Begründen Sie, ob Frau Monberg gegen ihre Pflichten als Arbeitnehmerin verstoßen hat und welche Konsequenzen ihr Verhalten haben kann.*

Der **Arbeitsvertrag** ist eine **Form des Dienstvertrages**. In ihm verpflichtet sich der Arbeitnehmer zur Leistung der vereinbarten Dienste, der Arbeitgeber zur Zahlung der entsprechenden Vergütung. Lernfeld 3

Auch für den Arbeitsvertrag gilt der Grundsatz der **Vertragsfreiheit**. Um Benachteiligungen zu vermeiden, ist die Vertragsfreiheit jedoch durch Gesetze (z. B. BGB, HGB), Verordnungen (z. B. ArbStättV), **Tarifverträge** und **Betriebsvereinbarungen** eingeschränkt. Diese Regelungen dürfen im Arbeitsvertrag nicht unterschritten werden. Günstigere Vereinbarungen für den Arbeitnehmer sind jedoch zulässig. Lernfeld 3 Lernfeld 1

Die wesentlichen Vertragsbedingungen eines Arbeitsvertrages müssen **schriftlich niedergelegt** und von beiden Vertragsparteien unterschrieben werden. Mit Abschluss des Arbeitsvertrages übernehmen Arbeitnehmer und Arbeitgeber **Rechte und Pflichten**. Bei den meisten Arbeitsverhältnissen gelten die ersten drei Monate nach Beginn des Anstellungsverhältnisses als **Probezeit**. Die Probezeit bei Neueinstellungen darf gem. § 622 Abs. 3 BGB maximal sechs Monate dauern.

§ 622 BGB Kündigungsfristen bei Arbeitsverhältnissen
(3) Während einer vereinbarten Probezeit, längstens für die Dauer von sechs Monaten, kann das Arbeitsverhältnis mit einer Frist von zwei Wochen gekündigt werden.

● Rechte des Arbeitnehmers

- Der Arbeitnehmer hat das Recht auf **Vergütung** seiner Arbeit. Die Höhe der Vergütung regelt der Tarifvertrag. Die Zahlung der Vergütung muss spätestens am letzten Werktag eines Monats erfolgen. In Deutschland gilt ein flächendeckender **Mindestlohn**. Er beträgt 12,00 € je Stunde (01.10.2022). Im **Krankheitsfall** wird das Gehalt vom Arbeitgeber für die Dauer von sechs Wochen fortgezahlt. Danach bekommt der Arbeitnehmer **Krankengeld** von der Krankenkasse. Lernfeld 1

- Der Arbeitnehmer hat das Recht auf **Fürsorge**. So müssen z. B. die Geschäftsräume und die Arbeitsmittel so beschaffen sein, dass der Angestellte gegen Gefährdungen seiner Gesundheit geschützt ist.

  BEISPIEL Nach Rücksprache mit der zuständigen Berufsgenossenschaft installiert die Center Warenhaus GmbH auf der Laderampe Schutzgitter.

- Der Arbeitnehmer hat Anspruch auf bezahlten **Erholungsurlaub**. Das **Bundesurlaubsgesetz** (BUrlG) (https://www.gesetze-im-internet.de/burlg/) garantiert einen Mindesturlaub von 24 Werktagen. Im Tarifvertrag sind i. d. R. längere Urlaubszeiten vereinbart.

  BEISPIEL Für den Einzelhandel ist lt. Tarifvertrag ein Jahresurlaub von 30 Tagen garantiert. Während des Urlaubs darf der Arbeitnehmer keiner Erwerbstätigkeit nachgehen. Erkrankt er im Urlaub, so werden die durch Attest nachgewiesenen Tage nicht auf den Jahresurlaub angerechnet.

- Der Arbeitnehmer hat das Recht auf ein **Zeugnis**. Dabei kann er zwischen dem einfachen und dem qualifizierten Arbeitszeugnis wählen. Das **einfache** Arbeitszeugnis enthält lediglich Angaben über die Person des Arbeitnehmers sowie Art und Dauer der Beschäftigung. Das **qualifizierte** Arbeitszeugnis wird auf Wunsch des Arbeitnehmers ausgestellt und enthält zusätzlich Angaben über Führung und Leistung (vgl. Seite 280).

  BEISPIEL Im Arbeitszeugnis von Frau Blümel findet sich die Formulierung „... erledigte alle ihr übertragenen Aufgaben zu unserer vollsten Zufriedenheit“.

- Der Arbeitnehmer hat das Recht auf Einhaltung einer **Kündigungsfrist**. Wenn im Vertrag keine abweichende Regelung getroffen ist, gilt die gesetzliche Kündigung von vier Wochen zum Monatsende oder zum 15. eines Monats (vgl. Seite 278 ff.).

Pflichten des Arbeitnehmers

- Der Arbeitnehmer hat die Pflicht, die im Arbeitsvertrag vereinbarten **Dienste zu leisten**.

> **§ 611 BGB Vertragstypische Pflichten beim Dienstvertrag**
> (1) Durch den Dienstvertrag wird derjenige, welcher Dienste zusagt, zur Leistung der versprochenen Dienste, der andere Teil zur Gewährung der vereinbarten Vergütung verpflichtet.

- Der Arbeitnehmer ist verpflichtet, „den **Anordnungen der Arbeitgeber Folge zu leisten**“.

> **§ 106 GewO Weisungsrecht des Arbeitgebers**
> Der Arbeitgeber kann Inhalt, Ort und Zeit der Arbeitsleistung nach billigem Ermessen näher bestimmen, soweit diese Arbeitsbedingungen nicht durch den Arbeitsvertrag, Bestimmungen einer Betriebsvereinbarung, eines anwendbaren Tarifvertrages oder gesetzliche Vorschriften festgelegt sind. Dies gilt auch hinsichtlich der Ordnung und des Verhaltens der Arbeitnehmer im Betrieb. [...]

BEISPIEL Der Geschäftsführer der Center Warenhaus GmbH fordert Herrn Schmick auf, alle Lieferscheine der Schuhfabrik Mata OHG aus den letzten fünf Jahren herauszusuchen. Auch wenn es sich um eine unangenehme Arbeit handelt, muss Herr Schmick den Anordnungen Folge leisten, da es sich um eine Anweisung im Rahmen seines Arbeitsvertrages handelt.

- Der Arbeitnehmer muss über Geschäfts- und Betriebsgeheimnisse Stillschweigen bewahren **(Schweigepflicht)**.

  BEISPIEL Sabine Freund ist als Auszubildende in der Einkaufsabteilung eingesetzt. Die Namen der Lieferanten der Center Warenhaus GmbH, Einkaufspreise und Konditionen sind Betriebsgeheimnisse und unterliegen der Schweigepflicht. Teilt sie diese einem Konkurrenten mit, muss sie mit einer fristlosen Kündigung rechnen.

- Der Arbeitnehmer unterliegt einem **Handels- und Wettbewerbsverbot**.

> § 60 HGB
> (1) Der Handlungsgehilfe darf ohne Einwilligung des Prinzipals weder ein Handelsgewerbe betreiben noch in dem Handelszweig des Prinzipals für eigene oder fremde Rechnung Geschäfte machen.

§ 60 Abs. 1 HGB beinhaltet zwei Verbote: Der kaufmännische Angestellte darf sich nicht selbstständig machen **(Handelsverbot)** und er darf auf eigene oder fremde Rechnung keine Geschäfte in der Branche des Arbeitgebers abschließen **(Wettbewerbsverbot)**.

BEISPIEL Eine Mitarbeiterin der Center Warenhaus GmbH möchte neben ihrer Tätigkeit als Verkäuferin in der Spielwarenabteilung einen Onlinehandel für Spielwaren betreiben. Falls sie dies ohne Genehmigung der Geschäftsleitung tut, verstößt sie gegen das Handels- und Wettbewerbsverbot und muss ggf. mit einer Kündigung rechnen.

Zusätzliche Regelungen und Grundlagen des Arbeitsverhältnisses

Um Benachteiligungen des Arbeitnehmers zu vermeiden, liegen dem Arbeitsverhältnis folgende zusätzliche Regelungen zugrunde:

- die **Betriebsordnung** des Unternehmens, z. B. in Form einer Betriebsvereinbarung,
- **gesetzliche Bestimmungen zum Arbeitsschutz**, z. B. **Bundesurlaubsgesetz**, **Arbeitszeitgesetz**, Kündigungsschutzgesetz (vgl. Seite 280), Lernfeld 1
- der für die Branche geltende **Tarifvertrag**. Die Tarifbestimmungen stellen geltendes Recht dar. Sie sind unabdingbar, d. h., den Tarifbestimmungen widersprechende Abmachungen sind nichtig. Lernfeld 1

Grundlagen des Arbeitsverhältnisses nach der Rangordnung der Rechtsquellen:

Zwingende Bestimmung der Arbeitszeitgesetzgebung	festgelegt durch den Gesetzgeber (z. B. JArbSchG, BGB, HGB, ArbZG)
Zwingende Bestimmung des Tarifvertrages	zwischen den Tarifvertragsparteien (Gewerkschaft und Arbeitgeberverband)
Zwingende Bestimmung der Betriebsvereinbarung	zwischen dem Betriebsrat eines Unternehmens und dem einzelnen Arbeitgeber
Bestimmung des Arbeitsvertrages	zwischen einzelnem Arbeitnehmer und einzelnem Arbeitgeber

Zusammenfassung

Der Arbeitsvertrag

Der Arbeitsvertrag ist eine Form des **Dienstvertrages**. Aus ihm ergeben sich für den Arbeitnehmer Rechte und Pflichten:

Arbeitsvertrag

Rechte	Pflichten
• Vergütung • Fürsorge • Urlaub • Zeugnis • Kündigungsfrist	• Dienstleistung • Weisungen Folge leisten • Schweigepflicht • Handelsverbot • Wettbewerbsverbot

Aufgaben

1. *Erläutern Sie, durch welche Regelungen die Vertragsfreiheit beim Abschluss eines Arbeitsvertrages eingeschränkt wird.*

2. *Ein Angestellter der Center Warenhaus GmbH jobbt während des Urlaubs als Animateur in einem Ferienclub. Als Frau Sommer davon erfährt, verbietet sie ihm den Ferienjob. Der Angestellte ist der Meinung, was er in seinem Urlaub mache, gehe niemanden etwas an. Beurteilen Sie den Fall.*

3. *Ein Angestellter der Center Warenhaus GmbH wird im Urlaub krank. Durch Attest kann er sechs Tage Arbeitsunfähigkeit belegen. Überprüfen Sie, welche Auswirkungen dies auf seinen Urlaubsanspruch hat.*

4. *Schreiben Sie ein qualifiziertes Arbeitszeugnis über Ihren Banknachbarn.*
   a) Tragen Sie das Ergebnis vor und begründen Sie die gewählten Formulierungen.
   b) Diskutieren Sie das erstellte Zeugnis mit Ihrem Banknachbarn. Der Rest der Klasse beobachtet die Diskussion, erstellt ein Video, bewertet die Rollenspieler und gibt ihnen ein Feedback.

5. *In den Arbeitsvertrag einer ungelernten Mitarbeiterin sollen Sie das tariflich vereinbarte Entgelt eintragen. Wo informieren Sie sich?*
   1. beim Finanzamt, da dort die Einstufung in die Lohnsteuerklassen erfolgt
   2. im Lohn- und Gehaltstarif bei der Einstufung über Qualifikationen und Ausübungsdauer der Tätigkeit
   3. bei ungelernten Arbeitskräften beim Betriebsrat, da der Verdienst individuell vom Betriebsrat festgelegt wird
   4. im Manteltarifvertrag des jeweiligen Tarifgebietes
   5. beim Personalchef, denn für ungelernte Arbeitskräfte gelten keine Bestimmungen

6 Personal betreuen

6.1 Verfahren zur Humanisierung der Arbeit

HANDLUNGSSITUATION

„Sie sind heute aber spät dran“, stellt Herr Becker fest, als er die Dekorateurin Vera Hausberg um 9:00 Uhr auf dem Parkplatz trifft. Frau Hausberg murmelt etwas Unverständliches und geht mit rotem Kopf Richtung Bürogebäude. *„Frau Hausberg bringt doch jeden Morgen ihre Tochter in den Kindergarten und kommt deshalb erst um 9:00 Uhr“*, sagt Frau Ahlemann, die Verwaltungsleiterin, *„und außerdem ist sie alleinerziehende Mutter.“ – „Und sie ist Dekorateurin der Center Warenhaus GmbH und sollte während der Kernarbeitszeit für alle Mitarbeiter ansprechbar sein“*, erwidert Herr Becker verärgert.

ARBEITSAUFTRÄGE

- *Erarbeiten Sie die nachfolgenden Verfahren zur Verbesserung der Arbeitsbedingungen und nehmen Sie zu dem Konflikt zwischen Herrn Becker und Frau Hausberg Stellung.*
- *Stellen Sie die unterschiedlichen Möglichkeiten der Arbeitszeitgestaltung dar.*
- *Erarbeiten Sie ein Konzept der Arbeitszeitgestaltung, das den besonderen Belangen alleinerziehender Mütter Rechnung trägt.*

● Industrialisierung

In den 20er-Jahren des vorigen Jahrhunderts versuchte man, in Industriebetrieben die **Arbeit in möglichst kleine Handgriffe** zu zerlegen, damit diese so schnell wie möglich erledigt werden konnte. Die Arbeitskräfte wurden durch Fließbandfertigung zu einer **Maximalleistung** gebracht. So konnten die **Kosten je Artikel minimiert** werden. Dabei wurden jedoch die Interessen und Belange des einzelnen Mitarbeiters oft völlig außer Acht gelassen.

Auch vor dem Einzelhandel machte diese Entwicklung nicht halt. So wurde z. B. der Vorgang des Kassierens vom Verkaufsvorgang abgekoppelt und einem eigenen Arbeitsplatz zugeordnet (Kasse) oder die Warenauszeichnung wird von speziell dafür eingesetzten Mitarbeiterinnen und Mitarbeitern oder externen Dienstleistern vorgenommen.

● Humanisierung

Grundsätzlich versucht jeder Kaufmann, die **Kosten möglichst niedrig** zu halten. Dabei müssen jedoch die **Bedürfnisse der Mitarbeiter** berücksichtigt werden. Ein gutes Arbeitsergebnis kann auf Dauer nur erzielt werden, wenn

- die Mitarbeiter motiviert sind, weil ihre Fähigkeiten und Qualifikationen berücksichtigt werden,

- Streitigkeiten vermieden werden,
- das Betriebsklima stimmt,
- die Bezahlung angemessen ist und
- Aufstiegschancen gegeben sind.

MERKE *Humanisierung der Arbeit bedeutet, die Arbeit und den Arbeitsablauf stärker an die Fähigkeiten (Qualifikationen) und Bedürfnisse der Mitarbeiter anzupassen.*

Verfahren zur Verbesserung der Arbeitsbedingungen

Durch die Zerlegung der Arbeit in kleinste Handgriffe wurde zwar die Wirtschaftlichkeit erhöht, aber es wuchs auch der Krankenstand, die Fehlzeiten stiegen und die Mitarbeiter waren wegen der monotonen Arbeit immer weniger motiviert. Deshalb versuchte man, die Aufgaben der Mitarbeiter **interessanter und abwechslungsreicher** zu gestalten. Dies kann auf verschiedene Weise geschehen.

Arbeitsplatzwechsel (Jobrotation)

Bei diesem Verfahren tauschen die Beschäftigten innerhalb eines festgelegten Arbeitsabschnittes in bestimmten Abständen ihre Arbeitsplätze. Die Arbeit wird dadurch **abwechslungsreicher**.

BEISPIEL Damit die Mitarbeiter einer Abteilung kompetent Beratungsgespräche zu allen Artikeln führen können, will die Center Warenhaus GmbH das Konzept der „Jobrotation" einführen. So werden die Mitarbeiter der Lebensmittelabteilung im 14-tägigen Wechsel in allen Bereichen der Lebensmittelabteilung eingesetzt.

Aufgabenerweiterung (Jobenlargement)

Beim Jobenlargement werden mehrere hintereinandergeschaltete Arbeitsgänge zu einer Aufgabe **zusammengefasst**.

BEISPIEL Die Substitutin der Textilabteilung der Center Warenhaus GmbH, Elena Gutowski, ist auch für die Bestellung zuständig. Sie führt diese selbstständig aus, überwacht den Wareneingang, holt die Waren aus dem Lager, überwacht, falls erforderlich, das Aufbügeln und platziert die Ware im Verkaufsraum.

Aufgabenbereicherung (Jobenrichment)

Das sogenannte Jobenrichment ist der Versuch, die Arbeit des Mitarbeiters **qualitativ aufzuwerten**. Der Mitarbeiter soll selbst herausfinden, wie die einzelnen Arbeiten erledigt werden sollen, und er soll die Qualität seiner Arbeit selbst überwachen.

BEISPIELE

- In der Fahrrad-Center-Mauel GmbH müssen die Verkäufer in der Lage sein, aus verschiedenen Komponenten ein Rennrad zusammenzubauen. Anschließend überprüft der Verkäufer das Rennrad durch einen Test auf der Straße.
- In der Exklusives Wohnen Waltraud Schiffer GmbH, einem Möbeleinzelhandelsunternehmen, bauen drei gewerbliche Arbeitnehmer die Einbauküchen vollständig zusammen und nehmen auch die Endkontrolle vor.

○ (Teil-)autonome Arbeitsgruppen

Die Mitglieder von autonomen Arbeitsgruppen **planen und organisieren ihre Arbeit selbstständig**; sie führen alle Arbeitsgänge, -entscheidungen und -kontrollen in eigener Verantwortung aus.

BEISPIEL Bei der Sportex GmbH & Co. KG, einem Lieferanten der Center Warenhaus GmbH, ist eine Gruppe von Arbeitnehmern für die Herstellung von Fitnessgeräten zuständig. Die Gruppe teilt sich die Arbeit selbstständig ein und entscheidet aufgrund der Anforderungen der Verkaufsabteilung, welche Geräte wann und in welcher Menge hergestellt werden.

● Ziele der Humanisierung

Durch die unterschiedlichen Formen der Humanisierung der Arbeit sollen folgende **Ziele** erreicht werden:

- Verringerung der Eintönigkeit der Arbeit
- umfassende Informationen über den gesamten Ablauf im Unternehmen und damit ein erhöhtes Interesse an der Arbeit
- Förderung der Teamfähigkeit bei den Mitarbeitern
- Verbesserung der Motivation und der Arbeitszufriedenheit
- Möglichkeit zur Selbstverwirklichung durch Mitgestaltung der Arbeitsabläufe und Mitverantwortung bei der Kontrolle.

● Gestaltung der Arbeitszeit

Die Gestaltung der Arbeitszeit muss einerseits die **Interessen der Mitarbeiter** berücksichtigen, andererseits aber auch die **Ziele des Betriebes** unterstützen.

○ Arbeitszeitgesetz (ArbZG)

Das **Arbeitszeitgesetz** (www.gesetze-im-internet.de/arbzg) schreibt vor, welche Arbeitszeiten nicht überschritten werden dürfen. Über die generellen Regelungen des ArbZG hinaus gibt es verschiedene Möglichkeiten der Arbeitszeitgestaltung, um den Interessen von Betrieb und Mitarbeitern entgegenzukommen. Mögliche Formen der Arbeitszeitgestaltung sind z. B. die gleitende Arbeitszeit, die Teilzeitarbeit, die Arbeit im Homeoffice oder die Abrufarbeit. Lernfeld 1

○ Gleitende Arbeitszeit

Bei der gleitenden Arbeitszeit wird die Arbeitszeit in eine **Kernarbeitszeit** und eine **Gleitzeit** aufgeteilt. Während bei der Kernarbeitszeit eine Anwesenheitspflicht besteht, kann der Mitarbeiter im Gleitzeitbereich Beginn und Ende seiner täglichen Arbeitszeit selbst bestimmen. Bedingung ist lediglich, dass er die vorgeschriebene Wochenarbeitszeit einhält.

BEISPIEL Die Geschäftsleitung der Center Warenhaus GmbH diskutiert für die Mitarbeiter in der Verwaltung folgendes Arbeitszeitmodell:

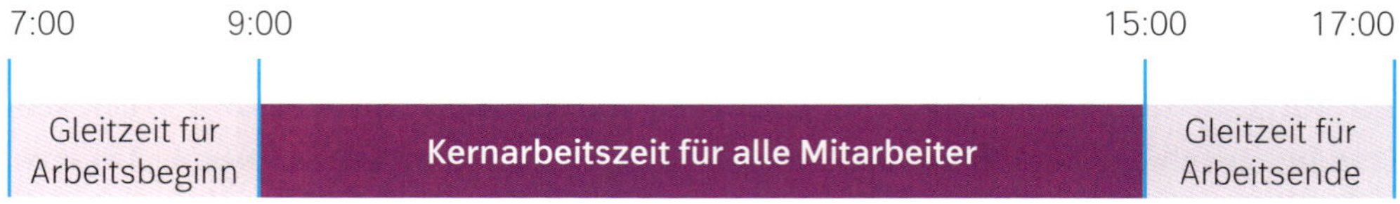

Ein Mitarbeiter hat jetzt mehrere Möglichkeiten. Er kann nun um 8:00 Uhr beginnen, muss jedoch dann bis 16:00 Uhr bleiben. Er kann aber auch um 7:00 Uhr kommen und dafür schon um 15:00 Uhr gehen. Falls ein Arbeitnehmer um 14:00 Uhr gehen möchte, muss er dies der Abteilungsleitung melden und die fehlende Arbeitsstunde innerhalb von 14 Tagen nacharbeiten. Gleitzeit in der beschriebenen Form ist **für die Verkaufsabteilung nicht praktikabel**, da hier Verkäufer entsprechend der Kundenfrequenz anwesend sein müssen. Um trotzdem die Möglichkeit der Arbeitszeitflexibilisierung zu bieten, hat die Center Warenhaus GmbH in einer Betriebsvereinbarung festgelegt, dass die Substituten mit ihren Verkäuferinnen und Verkäufern den Einsatz flexibel planen können. Dabei werden lediglich bestimmte Rahmenbedingungen (ständige Anwesenheit des Substituten oder Stellvertreters, Mindestbesetzung usw.) vorgegeben.

○ Teilzeitarbeit

Das Bundesministerium für Arbeit und Soziales (BAMS) stellt auf seiner Website (www.bmas.de) **sieben Teilzeitmodelle** vor. Sie sollen die Balance zwischen Arbeit und Leben **(Work-Life-Balance)** verbessern.

1. Teilzeit Classic	Die tägliche Arbeitszeit wird **stundenweise reduziert**.
2. Teilzeit Classic Vario	Die wöchentliche Arbeitszeit wird auf **zwei bis fünf Tage verteilt**. Dabei kann die tägliche, wöchentliche oder monatliche Stundenanzahl variieren.
3. Teilzeit Home (vgl. Seite 251)	Arbeitnehmer arbeiten in Teilzeit von zuhause (**Homeoffice**). Festgelegte Arbeitszeiten stellen die Erreichbarkeit sicher und erleichtern die Zusammenarbeit. Fahrzeiten entfallen und die Vereinbarkeit von Familie und Beruf wird verbessert.
4. Teilzeit Jobsharing (vgl. Seite 219)	Zwei Arbeitnehmer **teilen sich eine Stelle**. Voraussetzung sind regelmäßige Abstimmung und der Informationsaustausch. Für den Einzelhandel mit seinen langen Öffnungszeiten ist Teilzeit Jobsharing besonders geeignet.
5. Teilzeit Team	Arbeitgeber geben nur vor, wie viele Mitarbeiter in bestimmten Zeitabschnitten anwesend sein müssen. Im **Team** wird dann die jeweilige persönliche Arbeitszeit **geplant und abgesprochen**.
6. Teilzeit Invest	Gearbeitet wird unverändert Vollzeit – bezahlt wird Teilzeit. Die Differenz wird als Zeitguthaben auf einem **Arbeitszeitkonto** angespart (investiert). Möglich werden so längere Freistellungsphasen (**Sabbaticals**).
7. Teilzeit Saison	In **Hochphasen** werden Arbeitnehmer in **Vollzeit** beschäftigt. Bei **geringer Auslastung** haben sie **frei**. Arbeitgeber können so Entlassungen verhindern und ersparen sich die kostenintensive Suche und Einarbeitung neuer Mitarbeiter. Die Arbeitnehmer erhalten ganzjährig ein monatliches Grundgehalt und sind sozialversichert.

Quelle: Vgl. Bundesministerium für Arbeit und Soziales (BMAS): Teilzeitmodelle, 30.09.2015. In: www.bmas.de/DE/Arbeit/Arbeitsrecht/Teilzeit-flexible-Arbeitszeit/Teilzeit/teilzeitmodelle.html [14.11.2021].

Seit 2019 haben Arbeitnehmer in größeren Unternehmen (ab 45 Beschäftigten) einen Rechtsanspruch nach der Teilzeit in die Vollzeitbeschäftigung zurückzukehren **(Brückenteilzeit)**.

○ Homeoffice (Telearbeit)

Werden flexible Arbeitszeitmodelle mit den Möglichkeiten der modernen Informations- und Kommunikationstechnologie verknüpft, so ergeben sich völlig neue Arbeitszeitmodelle. Es öffnet sich ein Arbeitsmarkt im **Homeoffice**, bei dem Mitarbeiter von zu Hause in ständiger Verbindung mit dem Netzwerk ihres Unternehmens stehen und Arbeiten vom heimischen PC aus erledigen. Der Arbeitsplatz wird also in die private Umgebung des Arbeitnehmers verlagert **(Homeoffice)**.

BEISPIEL Die Center Warenhaus GmbH hat die Erstellung des Schriftverkehrs in das Homeoffice der entsprechenden Mitarbeiter verlegt. Auch der IT-Support des Unternehmens wird von zwei Mitarbeitern im Homeoffice erledigt. Alle Mitarbeiter im homeoffice verfügen über einen firmeneigenen PC und haben Zugang zum Netzwerk des Unternehmens. Informationen werden per Videokonferenz, Telefon oder E-Mail ausgetauscht. Telefongespräche auf die Durchwahl der Mitarbeiter werden auf den Privatanschluss weitergeleitet.

Die Arbeit im Homeoffice hat sich insbesondere in Zeiten der Pandemie bewährt und wurde im Rahmen der **Corona-Arbeitsschutzverordnung** (https://www.gesetze-im-internet.de/corona-arbschv_2021-07/BJNR617900021.html) festgeschrieben. Danach müssen Arbeitgeber überall dort Homeoffice anbieten, wo dieses möglich ist.

Durch die Arbeit im Homeoffice wird auch eine **bessere Vereinbarkeit von Familie und Beruf** erreicht, weiterhin werden Verkehrswege entlastet, Arbeitsplatzkosten eingespart und eine erhöhte Mitarbeitermotivation durch einen modernen, telekommunikativen Arbeitsplatz erreicht.

○ Arbeit auf Abruf (Abrufarbeit)

Abrufarbeit bezeichnet ein Arbeitsverhältnis, bei dem Dauer und zeitliche Lage der Arbeitszeit innerhalb eines bestimmten Zeitraums nicht festgelegt sind. Der Arbeitgeber kann so die Arbeitszeit an den tatsächlichen Arbeitsanfall anpassen. Der Arbeitsvertrag regelt nur die Höhe des Entgeltes pro geleisteter Einheit, d. h. pro Stunde. Damit besteht zwar ein Arbeitsverhältnis, der Arbeitnehmer kann aber auch über längere Zeit nicht in Anspruch genommen werden.

Ziel der Arbeit auf Abruf ist die **Flexibilisierung der Arbeitszeit** und damit die Anpassung an das erforderliche Arbeitsaufkommen.

BEISPIEL Ein Betrieb der Systemgastronomie schließt einen Vertrag über Abrufarbeit ab. Dieser sieht vor, dass der Arbeitnehmer in den regulären Geschäftszeiten für 20 Stunden in der Woche und mindestens drei Stunden pro Tag zur Verfügung steht. Den konkreten Einsatz erfährt der Arbeitnehmer jeweils vier Tage im Voraus.

Die Abrufarbeit ist im **Gesetz über Teilzeitarbeit und befristete Arbeitsverträge (TzBfG)** (www.gesetze-im-internet.de/tzbfg) geregelt.

§ 12 TzBfG Arbeit auf Abruf

(1) Arbeitgeber und Arbeitnehmer können vereinbaren, dass der Arbeitnehmer seine Arbeitsleistung entsprechend dem Arbeitsanfall zu erbringen hat (Arbeit auf Abruf). Die Vereinbarung muss eine bestimmte Dauer der wöchentlichen und täglichen Arbeitszeit festlegen. Wenn die Dauer der wöchentlichen Arbeitszeit nicht festgelegt ist, gilt eine Arbeitszeit von zehn Stunden als vereinbart. Wenn die Dauer der täglichen Arbeitszeit nicht festgelegt

ist, hat der Arbeitgeber die Arbeitsleistung des Arbeitnehmers jeweils für mindestens drei aufeinander folgende Stunden in Anspruch zu nehmen.
(2) Der Arbeitnehmer ist nur zur Arbeitsleistung verpflichtet, wenn der Arbeitgeber ihm die Lage seiner Arbeitszeit jeweils mindestens vier Tage im Voraus mitteilt.
[...]

Bei der Arbeit auf Abruf soll der Arbeitnehmer seine Arbeitsleistung entsprechend dem Arbeitsanfall erbringen. Im Arbeitsvertrag muss jedoch eine **wöchentliche und tägliche Mindestarbeitszeit** vereinbart sein. Fehlt diese Vereinbarung, so gilt gem. § 12 Abs. 1 TzBfG eine Wochenstundenzahl von zehn Stunden und eine Arbeitszeit von drei Stunden pro Tag als vereinbart.

Der Arbeitgeber muss dem Arbeitnehmer die Lage seiner Arbeitszeit jeweils mindestens **vier Tage im Voraus** mitteilen (§ 12 Abs. 2 TzBfG).

Eine vereinbarte Mindestarbeitszeit ist grundsätzlich auch dann zu vergüten, wenn der Arbeitgeber nicht in der Lage ist, den Arbeitnehmer zu beschäftigen.

TIPP

Das Gesetz über Teilzeitarbeit und befristete Arbeitsverträge (TzBfG) finden Sie im Internet unter www.gesetze-im-internet.de/tzbfg.

In Tarifverträgen können abweichende Regelungen vereinbart werden.

Zusammenfassung

Verfahren zur Humanisierung der Arbeit

- **Humanisierung** der Arbeit bedeutet, die Arbeit und den Arbeitsablauf **stärker an die Fähigkeiten, Qualifikationen und Bedürfnisse der Mitarbeiter anzupassen**.
- Verfahren zur Verbesserung der Arbeitsbedingungen:
  - **Aufgabenerweiterung (Jobenlargement)**
  - **Arbeitsplatzwechsel (Jobrotation)**
  - **Aufgabenbereicherung (Jobenrichment)**
  - **(teil-)autonome Arbeitsgruppen**
- **Arbeitszeitgesetz** und **Gesetz über Teilzeitarbeit und befristete Arbeitsverträge** geben die Rahmenbedingungen für die Gestaltung der Arbeitszeit vor.

Flexibilisierungsmöglichkeiten

Gleitende Arbeitszeit	Teilzeitarbeit	Homeoffice (Telearbeit)	Arbeit auf Abruf
unterteilt Arbeitszeit in • Gleitzeit • Kernarbeitszeit	Der Mitarbeiter steht nur mit reduzierter Stundenzahl zur Verfügung.	Der Mitarbeiter erledigt Arbeiten online am häuslichen PC.	Dauer und Lage der Arbeitszeit innerhalb eines bestimmten Rahmens sind nicht festgelegt.

Aufgaben

1. *Erläutern Sie den Begriff „Humanisierung der Arbeit".*
2. *Beurteilen Sie folgende Maßnahmen zur Humanisierung der Arbeit.*
   a) Jobrotation b) Jobenlargement c) Jobenrichment
3. *Untersuchen Sie die Belastungen von Schülern und Lehrern am „Arbeitsplatz Schule" (Mobiliar, Beleuchtung, Arbeitszeiten, ...) und entwerfen Sie ein Konzept, wie mögliche Belastungen abgebaut werden können.*
4. *Stellen Sie dar, welche Vorteile ein Einzelhandelsbetrieb durch die Einführung flexibler Arbeitszeitmodelle erlangen kann.*
5. *Unterscheiden Sie Kernarbeitszeit, Gleitzeit und Teilzeitarbeit an einem Beispiel Ihrer Wahl.*
6. *Formulieren Sie für das Gleitzeitmodell in der Verwaltung der Center Warenhaus GmbH eine Betriebsvereinbarung.*

6.2 Möglichkeiten der Weiterqualifizierung

HANDLUNGSSITUATION

Aus den Bewerbern auf die Stelle für die stellvertretende Abteilungsleitung Verkauf/Marketing wurden Frau Blümel und Herr Eberle ausgewählt und zu Vorstellungsgesprächen eingeladen. Frau Blümel wurde eingestellt. Leider hat Frau Blümel die Center Warenhaus GmbH bereits in der Probezeit wieder verlassen, da sie mit ihrem Aufgabenbereich unzufrieden war. In der Konferenz der Abteilungsleiter werden die hohen Kosten angesprochen, die mit der externen Personalbeschaffung verbunden waren. Frau Meys macht daraufhin den Vorschlag, langfristig der Personalentwicklung größere Beachtung zu schenken. Der stellvertretende Geschäftsführer, Herr Becker, beauftragt sie, in der nächsten Sitzung kurz Aufgaben und Ziele der Personalentwicklung darzustellen. Sabine Freund soll ihr hierbei helfen.

ARBEITSAUFTRÄGE

- *Bereiten Sie eine Liste von Argumenten für Frau Meys vor.*
- *Stellen Sie Ihre Argumente in Form einer Präsentation in der Klasse vor. Nutzen Sie dazu eine Präsentationssoftware.*

Qualifikation ist gefragt. **Lebenslanges Lernen** ist gefordert. Wer heute einen Beruf erlernt, kann sich nicht ein Leben lang auf seinen Kenntnissen ausruhen. Es wird davon ausgegangen, dass die „Halbwertzeit" beruflicher Bildung nur noch drei bis fünf Jahre beträgt, d.h., dass nach dieser Zeit nur noch die Hälfte des einmal erlernten Wissens aktuell ist. Lernfeld 1

Die Veränderungen und neuen Entwicklungen in der Berufswelt führen zu veränderten Anforderungen und Qualifikationen der Mitarbeiter. Komplexe Informationstechnologien und Arbeitsmethoden, moderne Marketingkonzepte und neue Betriebsformen im Einzelhandel verändern die geforderten beruflichen Qualifikationen. Auf diese Veränderungen reagiert man im Rahmen der Personalentwicklung mit einer stetigen **Qualifikationsanpassung und -erweiterung**.

MERKE *Als Personalentwicklung bezeichnen wir die **Summe aller Maßnahmen, die eine Verbesserung der Qualifikation der Mitarbeiter zum Ziel haben.***

Diesem Ziel wird die Personalentwicklung durch die Wahrnehmung folgender **Aufgaben** gerecht:

- Im Rahmen der **Ausbildung** wird qualifizierter Berufsnachwuchs herangezogen.
- Durch die **Fortbildung** wird den Mitarbeitern neues Wissen vermittelt.
- Die **Aufstiegsschulung** bereitet auf Führungsaufgaben vor.
- Im Rahmen der **Umschulung** können Mitarbeiter, z.B. beim Einsatz neuer Techniken, im Unternehmen gehalten werden.

Berufliche Ausbildung

Lernfeld 1

Die **berufliche Ausbildung** findet in der Bundesrepublik Deutschland an zwei Lernorten statt, im Ausbildungsbetrieb und in der Berufsschule (**duales Berufsausbildungssystem**).

Fortbildung

Die **Fortbildung** dient der Verbesserung der fachlichen Qualifikation der Mitarbeiter am Arbeitsplatz. Sie kann im Rahmen einer betriebsinternen oder einer unabhängigen Fortbildung durchgeführt werden und wird zunehmend auch online angeboten.

- **Betriebsinterne Fortbildungen** können regelmäßig oder zu bestimmten Anlässen durchgeführt werden.

BEISPIEL Auszug aus dem Fortbildungskonzept der Center Warenhaus GmbH:

Zielgruppe	Maßnahmen
Auszubildende	• Betriebsunterricht • Prüfungsvorbereitungskurse • Exkursionen in Betriebe von Kunden und Lieferanten • Entsendung zu überbetrieblichen Warenkundeseminaren • Alle kaufmännischen Auszubildenden durchlaufen ein vierwöchiges Praktikum in der Produktion eines Lieferers.
Mitarbeiter Rechnungswesen	• Finanzbuchhaltungsprogramm • Lohn- und Gehaltsabrechnung • Praxis des Electronic Banking
Mitarbeiter Verkauf	• Schulung Verkaufsförderung • Outdoor-Training zur Förderung der Teamfähigkeit • Rechtsvorschriften im Onlinehandel

Zielgruppe	Maßnahmen
Abteilungs- und Gruppenleiter	• Führungsverhalten • Multi-Channel-Marketing • Techniken des Personalgesprächs • Motivation am Arbeitsplatz

- **Unabhängige Fortbildungen** werden von den Mitarbeitern selbstständig wahrgenommen. Um dies zu unterstützen, kann der Arbeitgeber z. B. Kosten übernehmen oder den Arbeitnehmer für die Teilnahme freistellen.

  BEISPIEL Das BBiG sieht folgende Fortbildungsstufen vor:

> **§ 53a BBiG Fortbildungsstufen**
>
> (1) Die Fortbildungsstufen der höherqualifizierenden Berufsbildung sind
>
> 1. als erste Fortbildungsstufe der Geprüfte Berufsspezialist und die Geprüfte Berufsspezialistin,
> 2. als zweite Fortbildungsstufe der Bachelor Professional und
> 3. als dritte Fortbildungsstufe der Master Professional.

Aufstiegsschulung

Während die Aus- und Fortbildung in erster Linie der Vermittlung von Wissen dient, wird im Rahmen der **Aufstiegsschulung** Führungsverhalten trainiert.

BEISPIEL Im Lager/Versand häufen sich die Fehlzeiten. Frau Meys, die Gruppenleiterin Personal, trainiert im Rahmen der Fortbildung „Technik des Personalgesprächs" in Form eines Rollenspiels das Gespräch mit den betroffenen Mitarbeitern.

Umschulung

Kann ein Mitarbeiter, z. B. durch Einsatz neuer Techniken, aus krankheitsbedingten Gründen oder durch Aufgabe einer Ware oder einer Warengruppe, nicht mehr am alten Arbeitsplatz eingesetzt werden, ist die Möglichkeit einer **Umschulung** zu prüfen.

BEISPIEL Die Center Warenhaus GmbH führt im Bereich der Warenannahme ein EDV-gestütztes Warenwirtschaftssystem ein. Zwei freigesetzte Mitarbeiter der Warenannahme werden zum Verkäufer umgeschult.

Zusammenfassung

Möglichkeiten der Weiterqualifizierung

Qualifikation der Mitarbeiter

Ausbildung	Fortbildung	Aufstiegsschulung	Umschulung
Qualifizierung von Berufsnachwuchs	Vermittlung von neuem Wissen an Mitarbeiter	Vorbereitung auf Führungsaufgaben	z. B. bei Sortimentsveränderungen

Aufgaben

1. *Ein Mitarbeiter kommt häufig zu spät. Führen Sie in Form eines Rollenspiels ein Mitarbeitergespräch zu diesem Thema durch. Beachten Sie dabei die Regeln zum Umgang mit Konflikten (vgl. Seite 231 f.).*
2. *Stellen Sie Stärken und Schwächen von jeweils einem Mitschüler Ihrer Klasse zusammen. Formulieren Sie im Rahmen eines Personalentwicklungskonzeptes Vorschläge, wie Ihr Mitschüler seine Stärken ausbauen und seine Schwächen ausgleichen kann. Stellen Sie die Ergebnisse Ihrer Arbeit in Form eines Kurzreferates vor. Nutzen Sie dazu eine Präsentationssoftware.*
3. *Planen Sie ein Assessment-Center für einen Substituten/eine Substitutin in der Lebensmittelabteilung der Center Warenhaus GmbH. Legen Sie dazu zunächst die Anforderungen an die Stelle fest. Stellen Sie anschließend Aufgaben zusammen, die die Teilnehmer lösen sollen. Formulieren Sie Beobachtungsaufträge und führen Sie das Assessment-Center durch.*
4. *Sammeln Sie Fortbildungsmaßnahmen und Aufstiegschancen in Ihrem Ausbildungsbetrieb. Stellen Sie diese mithilfe einer geeigneten Software in der Klasse vor.*

6.3 Lohn- und Gehaltsabrechnung

6.3.1 Lohnformen und Lohnnebenkosten

HANDLUNGSSITUATION

Nun arbeitet Nicole Orth schon über zwei Jahre als Verkaufsleiterin „Weiße Ware“ im Mars Elektrofachmarkt e. K. In den nächsten Tagen erwartet sie das erste Gehalt nach einer Gehaltserhöhung auf ihrem Bankkonto. Sie hat nach längerer Verhandlung einem angebotenen Bruttomonatsgehalt von 3 360,00 € zugestimmt, nachdem ihr Frau Mars gesagt hat: *„Sie liegen damit schon 10 % über Tarifvertrag. Im Übrigen kosten Sie mich jeden Monat ca. 4 700,00 €.“*

Mehmet Aydin, der seit einem Monat in der Lohnbuchhaltung eingesetzt ist und das Gespräch zwischen Frau Orth und Frau Mars mitgehört hat, meint: *„Das versteht doch keiner. Was verdient sie denn jetzt, 3 360,00 oder 4 700,00 €?“*

ARBEITSAUFTRÄGE

- *Stellen Sie Argumente für die unterschiedliche Auffassung beider Verhandlungspartner zur Höhe des Arbeitsentgelts gegenüber.*
- *Ermitteln Sie das Gehalt einer Abteilungsleiterin gem. Tarifvertrag.*
- *Begründen Sie, weshalb Frau Mars einem Gehalt über Tarifvertrag zugestimmt hat.*
- *Erläutern Sie die Behauptung von Frau Mars, Frau Orth koste den Betrieb ca. 4 700,00 €.*

Lohn/Gehalt

Die Arbeitnehmer stellen dem Unternehmen ihre Arbeitskraft zur Verfügung. Als Vergütung dafür (Arbeitsentgelt) erhalten die **gewerblichen Arbeitnehmer Löhne**, die **Angestellten Gehälter**. **Löhne** und **Gehälter** sind für den Arbeitnehmer **Einkommen**, für das Unternehmen (Arbeitgeber) **Aufwand**.

Die Höhe des Einkommens bestimmt das Maß der **Bedürfnisbefriedigung** und damit den **Lebensstandard** der Gehaltsempfänger. Die Forderung nach steigendem Einkommen hat im Wunsch nach steigendem Lebensstandard und in der **Kaufkraftentwertung** seine Begründung.

Im Einzelhandel zählen die Gehälter zu den bedeutendsten **Aufwendungen**. Die Höhe der Gehälter beeinflussen somit

- die **Höhe der Selbstkosten** und **Bruttoverkaufspreise**,
- die **Wettbewerbsfähigkeit** und
- die **Höhe des Gewinns**.

Lohnformen

Maßstäbe für die Lohn- und Gehaltshöhe können sein:

- die Arbeitszeit,
- die Leistung,
- Arbeitszeit und Leistung.

Entsprechend sind zu unterscheiden:

Zeitlohn	Leistungs-/ Prämienlohn	Kombinationsformen von Zeit- und Leistungs-/Prämienlohn

Zeitlohn

Beim Zeitlohn richtet sich die Höhe des Entgelts für geleistete Arbeit nach der **Zeit der Anwesenheit**. Als Entgeltsformen sind **Gehälter** und **Stundenlohn** zu unterscheiden. Die Angestellten des Kaufmanns im Einzelhandel bzw. der Kauffrau im Einzelhandel erhalten Gehalt, das monatlich nachträglich gezahlt wird.

BEISPIEL Frau Orth erhält ein Monatsgehalt von 3 360,00 €.

Die gewerblichen Arbeitnehmer, aber auch Aushilfsarbeitskräfte und Teilzeitbeschäftigte, werden nach geleisteten Arbeitsstunden entgolten.

Lohnsumme = geleistete Arbeitsstunden · Stundenlohnsatz

BEISPIEL Mit der Aushilfe Eva Lux wurde der Mindestlohn von 12 EUR (ab 01.10.2022) vereinbart. Im August hat sie 158 Stunden gearbeitet. Ihr Bruttoarbeitsentgelt für August beträgt also 1 896,00 €.

Der **Hauptnachteil** des Zeitlohns ist der geringe Anreiz zur Mehrleistung, weil größere Leistungsbereitschaft und höhere Leistung nicht belohnt werden. Aus diesem Grund geht der Einzelhandel in immer stärkerem Maße zur Leistungsentlohnung über.

Leistungs-/Prämienlohn

Der reine Leistungslohn, bei dem das Arbeitsentgelt ausschließlich von der erbrachten Leistung abhängig ist, kommt im Einzelhandel kaum vor. Stattdessen werden im Einzelhandel Mehrleistungen durch Gewährung eines zusätzlichen Entgelts **(Prämie oder Provision)** zum vereinbarten Grundlohn gefördert. Solche zusätzlichen Entgelte werden im Einzelhandel häufig gezahlt

- für das Überschreiten eines vorgegebenen Umsatzes,
- für den Verkauf bestimmter Artikel, z. B. auslaufender Modelle,
- für die Umsatzleistung eines Verkäufers, soweit sie die durchschnittliche Verkäuferleistung überschreitet.

MERKE *Mehrleistungen im Einzelhandel werden häufig als Prämien oder Provision gezahlt.*

BEISPIEL Eine Verkäuferin eines Textilunternehmens, die ein Monatsgehalt von 2 240,00 € erhält, erzielte im Monat Mai einen Umsatz von 53 200,00 €. Für das Überschreiten des Durchschnittsumsatzes von 22 500,00 € erhält sie 4 % Provision von diesem Mehrbetrag.

Das Bruttogehalt wird wie folgt berechnet:

	Grundgehalt	2 240,00 €
+	Provision: 30 700,00 · 4 : 100 =	1 228,00 €
	Bruttogehalt	3 468,00 €

Hauptvorteil der leistungsbezogenen Prämie ist der Anreiz der Arbeitnehmer zu erhöhter Leistung. **Nachteile** können zunehmender Konkurrenzdruck, eine mögliche Verschlechterung des Betriebsklimas, z. B. durch das „Wegschnappen“ von Kunden, und eine Verschlechterung der Qualität der Beratung sein.

Die Verkäuferleistung kann anhand folgender Größen errechnet werden:

- erzielter prozentualer Umsatzanteil am Gesamtumsatz,
- prozentualer Anteil der durch eine Verkaufskraft bedienten Kunden pro Zeiteinheit.

Aus diesen Ergebnissen wird mithilfe folgender Formel eine **Leistungskennzahl** ermittelt:

$$\frac{\text{erzielter prozentualer Umsatzanteil am Gesamtumsatz} + \text{prozentualer Anteil der bedienten Kunden}}{2}$$

BEISPIEL Die vier Verkäufer „Weiße Ware“ haben gegenüber dem letzten Monat einen Mehrumsatz von 20 000,00 € erzielt. Dafür sollen sie eine Prämie von 10 % dieses Mehrumsatzes erhalten. Die Prämie wird zur Hälfte nach den Anteilen am Gesamtumsatz und zur Hälfte nach den Anteilen der bedienten Kunden verteilt:

Verkäufer/-in	a Anteil am Gesamtumsatz in %	b Anteil der bedienten Kunden in %	$\frac{a+b}{2}$ Leistungskennzahl	Prämie
Alt	18	16	17	340
Bähr	20	34	27	540
Carlet	30	22	26	520
Dragic	32	28	30	600
Gesamt	**100**	**100**	**100**	**2000**

Grundsätzlich besteht die Möglichkeit, das Prämienlohnsystem für einzelne Arbeitskräfte als **Individualprämie** oder, z. B. für die Arbeitnehmer einer Abteilung, als **Gruppen-** oder **Teamprämie** einzuführen. Bei der Gruppenprämie wird die Leistung aller Gruppenmitglieder addiert und auf die einzelnen Mitarbeiter anteilig verteilt.

Zuschläge

Zuschläge werden wegen der Besonderheit der Arbeit oder wegen der Arbeitszeit gewährt.

Zuschläge	Begründung (Beispiele)
• Mehrarbeitszuschläge • Zuschläge für besondere Arbeitszeiten • Gefahren- und Erschwerniszuschläge	• Überstunden • Nachtarbeit, Sonn- und Feiertagsarbeiten, Heiligabend, Silvester • niedrige Temperaturen in Kühlräumen, besonders schwere körperliche Arbeit

Personalneben- oder -zusatzkosten

Jeder Arbeitnehmer erhält neben dem Entgelt, das er für die geleistete Arbeit bezieht, einen **„zweiten Lohn"**. Er besteht aus gesetzlichen, tariflichen und freiwilligen Sozialleistungen des Betriebes. Die Personalkosten eines Betriebes setzen sich also aus dem **Direktlohn** für geleistete Arbeit und den **Personalnebenkosten** zusammen.

BEISPIELE für Personalnebenkosten

Gesetzliche	Tarifliche	Freiwillige
• Arbeitgeberbeiträge zur gesetzlichen Kranken-, Renten-, Arbeitslosen- und Pflegeversicherung • gesetzliche Unfallversicherung • Entgeltfortzahlung während Krankheit, Mutterschutz, Urlaub, Feiertagen • Mutterschutz, Mindesturlaub, Feiertage	• Urlaubsanspruch über den gesetzlichen Mindesturlaub hinaus • bezahlte Freistellung von der Arbeit bei Sonderanlässen (Umzug, Eheschließung u. a.) • vermögenswirksame Leistungen	• Kosten im Rahmen der Personalentwicklung (Fort- und Weiterbildung) • Fahrtkostenzuschüsse wie z. B. Jobticket • Einrichtung einer Kantine • Personalrabatte beim Personalkauf • Angebot von Sport- und Erholungseinrichtungen

Bezogen auf Lohn und Gehalt für geleistete Arbeit machen die Personalzusatzkosten im Einzelhandel im Durchschnitt 70 % aus. Das heißt, dass ein Einzelhändler für je 100,00 €, die er als Direktlohn zahlt, zusätzlich ca. 70,00 € für gesetzliche, freiwillige oder tarifliche Sozialleistungen aufwenden muss.

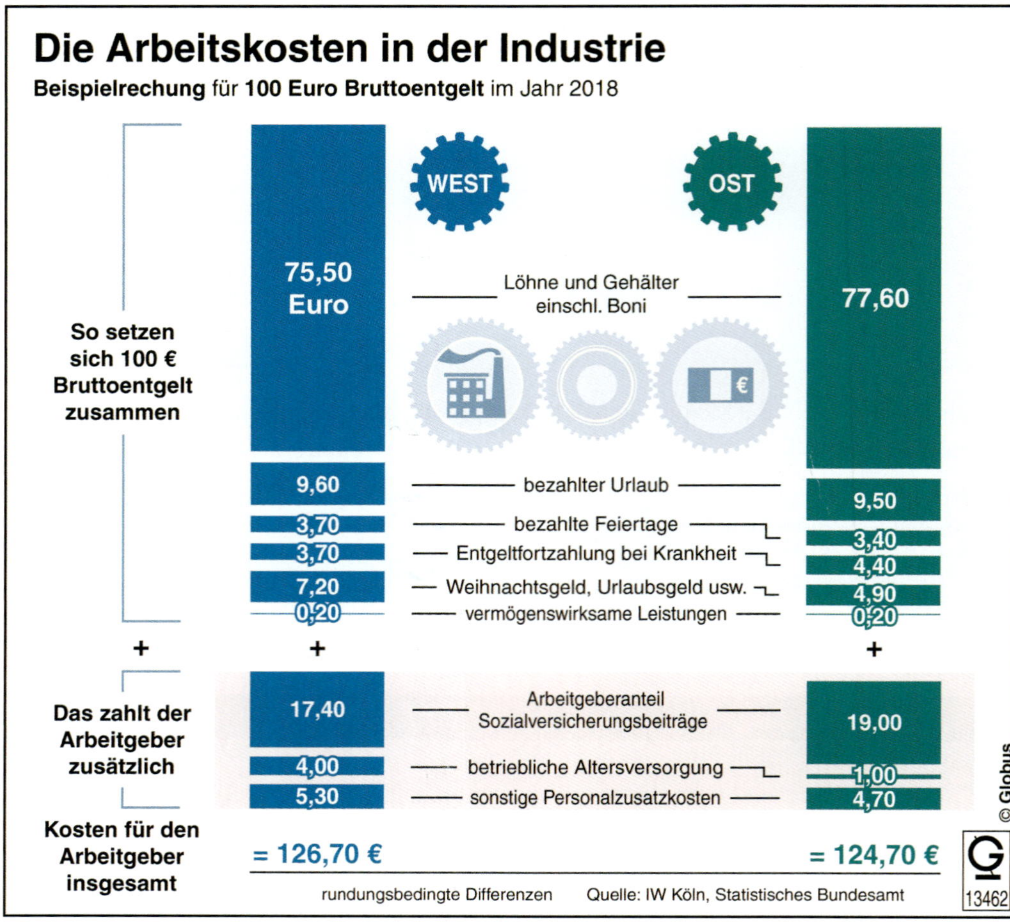

Natürlich ist die gute Absicherung für die Arbeitnehmer sehr beruhigend **(soziales Netz)**. Andererseits sind durch die hohen Personalkosten Arbeitskräfte in Deutschland im Verhältnis zu anderen Ländern teuer. Entsprechend hoch sind dann auch die Preise, zu denen die Betriebe ihre Waren verkaufen müssen.

Dies ist einer der Gründe für die Diskussion über den **Wirtschaftsstandort Deutschland**. Viele Betriebe plädieren für eine Verlagerung ins Ausland, weil insbesondere die Personalkosten in Deutschland hoch sind. Auf der anderen Seite bewirken die Tarifabschlüsse der letzten Jahre nur noch minimale Anstiege im Bereich der Personalkosten. In jüngsten Tarifverträgen werden dementsprechend nur noch geringe Entgeltsteigerungen und ein Absenken der Lohnnebenkosten angestrebt.

Zusammenfassung

Lohnformen und Lohnnebenkosten

- **Löhne und Gehälter** sind für den Arbeitgeber Aufwand, für den Arbeitnehmer Einkommen.
- Grundlage für die **Bemessung des Arbeitsentgeltes** kann die Arbeitszeit oder die Leistung (Arbeitsergebnis) sein.

- Entsprechend sind **Zeit- und Leistungslohn** zu unterscheiden:
  - **Monatsgehälter** für die Angestellten und **Stundenlöhne** für Aushilfskräfte sind typische Formen des Zeitlohns.
  - Leistungslöhne werden im Einzelhandel fast immer in Kombination mit Zeitlöhnen in Form von Prämien für besondere Umsätze oder in Form von Umsatzprovisionen als **Individualprämie** oder als **Gruppen**- oder **Teamprämie** berechnet und gezahlt.
- **Grundlage** für die Bestimmung der Arbeitsentgelte bilden **Tarifverträge**.

Aufgaben

1. *Für eine Substitutin mit einem Monatsgehalt von 2873,00 € (brutto) liegt folgender Arbeitsstundennachweis im Abrechnungsmonat vor:*

Woche	1. Woche	2. Woche	3. Woche	4. Woche	5. Woche
Arbeitsstunden	43	37,5	37,5	48	37,5*

** Davon entfallen 15 Stunden auf den Abrechnungsmonat.*

Die regelmäßige wöchentliche Arbeitszeit beträgt lt. Tarifvertrag 37,5 Stunden. Eine über die tarifliche Arbeitszeit hinausgehende Mehrarbeit je Woche ist mit 1/169 des Monatsgehaltes und folgenden Zuschlägen zu vergüten:
- *Mehrarbeit bis zu vier Stunden je Woche 25 %,*
- *Mehrarbeit ab der fünften Mehrarbeitsstunde in der Woche 40 %.*

Ermitteln Sie
a) die Arbeit in Stunden, die zuschlagsfrei zu vergüten ist,
b) die Mehrarbeit in Stunden, die mit einem Zuschlag von 25 % abzugelten ist,
c) die Mehrarbeit in Stunden, die mit einem Zuschlag von 40 % abzugelten ist,
d) die Vergütung für die geleistete Mehrarbeit,
e) das Bruttogehalt der Substitutin für den nächsten Monat, wenn die Mehrarbeit mit dem Gehalt des nächsten Monats ausgezahlt wird und in dem nächsten Monat keine Mehrarbeit geleistet wird.

2. *Drei Verkäufer einer Textileinzelhandelsunternehmung erhalten zu ihrem Grundgehalt jeweils einen leistungsabhängigen Gehaltsanteil, und zwar werden*
   1. *je verkauftes Stück bis zum Durchschnittspreis von 400,00 € 1,50 € Prämie je verkauftes Stück, über dem Durchschnittspreis von 400,00 € 2,00 € Prämie gezahlt.*
   2. *Außerdem erhält jeder Verkäufer 0,7 % Provision des von ihm erzielten Umsatzes.*

Verkäufer	Absatzmenge in Stück	Umsatz in €	Grundgehalt in €
A	160	67200,00	2100,00
B	250	55000,00	2400,00
C	470	58750,00	2000,00

Berechnen Sie die Bruttogehälter.

3. *Eine Verkäuferin erhält neben ihrem Gehalt von 1900,00 € für acht Überstunden jeweils 10,20 € zuzüglich 25 % Überstundenzuschlag. Außerdem erhält sie vom Arbeitgeber 20,00 € für vermögenswirksame Leistung. Ermitteln Sie das Bruttogehalt.*

6.3.2 Vom Grund- zum Bruttolohn oder -gehalt, vom Brutto- zum Nettolohn oder -gehalt

HANDLUNGSSITUATION

Bei ihrer ersten Gehaltszahlung nach ihrer Gehaltserhöhung ist Frau Orth schockiert: nur 2158,39 € (vgl. Seite 270). Von der 10%igen Gehaltserhöhung bleibt nur etwas mehr als die Hälfte übrig. Frau Orth ist ledig und kinderlos. Sie erzählt Frau Feld in der Buchhaltung die ganze Geschichte und lässt sich die Abrechnung erklären. Frau Feld meint: *„Die Abzüge kommen Ihnen auf anderem Wege wieder zugute."* Mehmet Aydin meint: *„Warum dann überhaupt Abzüge, wenn sie diese wiederbekommt?"*

ARBEITSAUFTRÄGE

- *Erläutern Sie die Aussage von Frau Feld: „Die Abzüge kommen Ihnen auf anderem Wege wieder zugute."*
- *Führen Sie die Gehaltsabrechnung mithilfe der Abzugstabellen (vgl. Seite 267) durch; der Beitragssatz zur Krankenversicherung beträgt 15,8 % einschließlich 1,2 % Zusatzbeitrag, der von Arbeitnehmer und Arbeitgeber zu gleichen Teilen geleistet wird.*
- *Stellen Sie fest, für welche Informationen oder Daten die Bestimmungen des Datenschutzes gelten, und fassen Sie Ihre Ergebnisse in einer Tabelle zusammen.*

● Vom Brutto- zum Nettoentgelt

Der Arbeitgeber ist durch Gesetz verpflichtet,

- **Lohnsteuer**, **Kirchensteuer** und bei hohen Einkommen auch den **Solidaritätszuschlag** vom **steuerpflichtigen Bruttogehalt** des Arbeitnehmers einzubehalten und an das **Finanzamt** abzuführen,
- **Beiträge des Arbeitnehmers** zur **gesetzlichen Sozialversicherung** vom **sozialversicherungspflichtigen Bruttogehalt** einzubehalten und zusammen mit den **Beiträgen des Arbeitgebers** zur gesetzlichen Sozialversicherung an die **Krankenkasse** abzuführen.

○ Lohnsteuer

Die einbehaltene Lohnsteuer richtet sich nach

- der **Höhe des Arbeitslohnes**,
- der **Steuerklasse** (Familienstand, Kinder des Arbeitnehmers, Zahl der Arbeitsverträge),
- möglichen **Freibeträgen** lt. der elektronischen Lohnsteuerkarte (z. B. wegen erhöhter Werbungskosten) und

- **Tabellenfreibeträgen**, die bereits bei der Ermittlung des zu versteuernden Einkommens in den Tabellenwerten berücksichtigt werden.

  BEISPIELE Grundfreibetrag, Arbeitnehmerpauschbetrag, Vorsorgepauschale, Entlastungsfreibetrag für Alleinerziehende

Außerdem können im Rahmen des **Lohnsteuerjahresausgleichs** erhöhte Werbungskosten, Sonderausgaben und außergewöhnliche Belastungen geltend gemacht werden (vgl. Seite 258).

- **Lohnsteuerklassen**, denen die Arbeitnehmer zugeordnet werden, spiegeln gesellschaftspolitische Zielsetzungen wider (Förderung von Ehe und Familie).

Klasse	Zuordnungskriterien
I	Arbeitnehmer, die ledig sind, oder Verheiratete, die verwitwet oder geschieden sind.
II	die in der Steuerklasse I aufgeführten Arbeitnehmer, wenn ihnen der Entlastungsbetrag für Alleinerziehende zusteht
III	verheiratete Arbeitnehmer, wenn der Ehegatte keinen Arbeitslohn bezieht oder wenn der Ehegatte in die Steuerklasse V eingestuft wird
IV	verheiratete Arbeitnehmer, wenn beide Ehegatten Arbeitslohn beziehen
V	verheiratete Arbeitnehmer, wenn der Ehegatte ebenfalls Arbeitslohn bezieht und die Einstufung des einen Ehegatten in die Steuerklasse III auf Antrag beider Ehegatten erfolgt
VI	Arbeitnehmer, die gleichzeitig Arbeitslohn von mehreren Arbeitgebern beziehen; Eintragung auf der zweiten oder jeder weiteren Steuerkarte

Wenn beide Ehegatten Arbeitslohn beziehen, gestattet der Gesetzgeber die Steuerkombination IV/IV oder III/V.

○ Die elektronische Lohnsteuerkarte und die Lohnsteuerbescheinigung

Der Arbeitgeber benötigt vom Arbeitnehmer Angaben zu **Steuerklasse, Kindern, Freibeträgen und Religionszugehörigkeit**, um die Lohnsteuer zu berechnen und an das Finanzamt abführen zu können.

Diese Informationen werden in einer Datenbank der Finanzverwaltung hinterlegt und dem Arbeitgeber elektronisch bereitgestellt (**E**lektronische**L**ohn**St**euer**A**bzugs**M**erkmale – ELSTAM). Auf elektronischem Wege rufen die Arbeitgeber alle für den Lohnsteuerabzug wichtigen Besteuerungsmerkmale vom Finanzamt ab, und zwar mithilfe der dazu nötigen **Identifikationsdaten**:

- **Steuernummer** der lohnsteuerlichen **Betriebsstätte** des Arbeitgebers
- **Identifikationsnummer** des **Arbeitnehmers**
- **Geburtsdatum** des **Arbeitnehmers**

Bei Beendigung des Dienstverhältnisses oder am Ende des Kalenderjahres hat der Arbeitgeber die Lohnkonten abzuschließen und dem Arbeitnehmer gem. Steuerdaten-Übermittlungsverordnung spätestens bis zum 28. Februar des Folgejahres eine **elektronische Lohnsteuerbescheinigung** zu übermitteln bzw. der Finanzverwaltung zuzustellen.

○ Der Einkommensteuertarif

Höhe der Lohnsteuer: Das Drei-Stufen-Konzept des **Einkommensteuertarifs** veranschaulicht die Steuerbelastung der Einkommen:

	Einkommensteuertarif 2022	Grundtarif (Alleinstehende)	Splittingtarif (Verheiratete)
1	**Grundfreibetrag (Nullzone)** keine Lohnsteuer	bis 9 984,00 €	bis 19 968,00 €
2	zwei **Progressionszonen** mit steigendem Steuersatz **erste Progressionszone** (Eingangszone) von 14 % bis zum Knickpunkt bei 14 255,00 € auf 24 % **zweite Progressionszone** weniger starker Anstieg linear von 25 % auf 42 %	von 9 985,00 € bis 14 927,00 € von 14 927,00 € bis 58 597,00 €	von 19 968,00 € bis 29 854,00 € von 29 854,00 € bis 117 194,00 €
3	**obere Proportionalzone** gleichbleibender **Spitzensteuersatz von 42 %** gleichbleibender **Spitzensteuersatz von 45 %**	ab 58 597,00 € ab 277 826,00 €	ab 117 194,00 € ab 555 652,00 €

Schuldner der Lohnsteuer ist der **Arbeitnehmer**. Der **Arbeitgeber haftet** für die Einbehaltung und Abführung der Lohnsteuer.

○ Lohnsteuerfreibeträge

Mögliche Freibeträge (z. B. erhöhte **Sonderausgaben**, **Werbungskosten** und **außergewöhnliche Belastungen**) werden auf Antrag des Arbeitnehmers vom Finanzamt auf der elektronischen Lohnsteuerkarte als persönlicher Freibetrag eingetragen.

BEISPIEL Frau Quirl, Verkaufsleiterin „Neue Medien" des Mars Elektrofachmarkt e. K., die ein Bruttogehalt von 2 147,00 € erhält, hat sich auf Antrag einen Jahressteuerfreibetrag wegen erhöhter Werbungskosten von 2 400,00 € in die Steuerkarte eintragen lassen. In diesem Fall wird die Lohnsteuer von 1 947,00 € ermittelt (2 400,00 : 12 = 200,00; 2 147,00 − 200,00 = 1 947,00).

Werbungskosten	Sonderausgaben	Außergewöhnliche Belastungen
= Aufwendungen des Arbeitnehmers zur Erwerbung, Sicherung und Erhaltung des Arbeitslohnes	= bestimmte im Gesetz aufgeführte Aufwendungen	= vergleichsweise erhöhte Belastungen, denen sich der Steuerpflichtige aus rechtlichen und sittlichen Gründen nicht entziehen kann
• verkehrsmittelunabhängige Entfernungspauschale zwischen Wohnung und Arbeitsstätte • Berufskleidung • Kosten für Arbeitszimmer, wenn das Arbeitszimmer den Mittelpunkt der betrieblichen und beruflichen Betätigung bildet • Fachbücher, Fachzeitschriften • Beiträge zu Berufsverbänden und Gewerkschaften • Fortbildungskosten im ausgeübten Beruf • beruflich veranlasste Umzugskosten	• **Vorsorgeaufwendungen** – Beiträge zur Kranken-, Renten-, Arbeitslosen- und Pflegeversicherung – Unfallversicherung – Lebensversicherung – Bausparbeiträge • **übrige Sonderausgaben** – Unterhaltsleistungen an den geschiedenen oder dauernd getrennt lebenden Ehegatten – Kosten der eigenen Berufsausbildung und Weiterbildung in einem nicht ausgeübten Beruf – Kirchensteuer – Spenden	• Beerdigungskosten • außergewöhnliche Krankheitskosten • Kuren • Sonderbedarf bei Berufsausbildung • Aufwendungen für eine Haushaltshilfe • Aufwendungen für Heim- und Pflegeunterbringung • Pauschbeträge für behinderte Menschen • Kinderbetreuungskosten

○ Solidaritätszuschlag

Am 31. Dezember 1994 wird ein Solidaritätszuschlag eingeführt. Nachdem er 25 Jahre lang von einem Großteil der Einkommen in Deutschland erhoben wurde, wird er seit dem 01.01.2021 nur noch **von Beziehern hoher Einkommen gezahlt**. Für Jahreseinkommen über 109 000,00 € (Alleinstehende) werden 5,5 % der Lohnsteuer fällig, Einkommen von 73 000,00 € bis 109 000,00 € (Alleinstehende) werden teilweise zur Kasse gebeten (Stand: 2022). Am 10. des auf die Lohnzahlung folgenden Monats ist der Solidaritätszuschlag zusammen mit der Lohn- und Kirchensteuer an das Finanzamt abzuführen.

○ Kirchensteuer

Neben der Lohnsteuer muss der Arbeitgeber bei der Lohn- und Gehaltsabrechnung an Mitarbeiter, die einer steuererhebenden Religionsgemeinschaft angehören, Kirchensteuer abziehen und an das Finanzamt abführen. Die Kirchensteuer ist nicht in allen Bundesländern gleich hoch. Sie beträgt in Bayern und Baden-Württemberg 8 % und in den übrigen Bundesländern **9 % der Lohnsteuer**. Ein eventueller Kinderfreibetrag ist in die Lohnsteuertabelle eingearbeitet.

○ Kindergeld

Das Kindergeld beträgt **monatlich** (ab 01.01.2021):

- für das erste und zweite Kind je 219,00 €
- für das dritte Kind 225,00 €
- für jedes weitere Kind 250,00 €

Arbeitnehmer erhalten das Kindergeld monatlich **von den Familienkassen der Arbeitsagenturen** als Steuervergütung ausbezahlt. Auf die Höhe der Lohnsteuer hat die Zahl der Kinderfreibeträge in der elektronischen Lohnsteuerkarte keinen Einfluss mehr.

○ Ermittlung der Lohnsteuer, des Solidaritätszuschlags und der Kirchensteuer aus Lohnsteuertabellen

Lohnsteuertabellen dienen der schnellen Durchführung des Lohnsteuerabzugs. In ihnen werden die Abzüge für die einzelnen Steuerklassen unter Berücksichtigung allgemeiner Freibeträge ausgewiesen.

BEISPIELE Grundfreibetrag von 9984,00 € bzw. 19968 € (Ehegattensplitting), der Arbeitnehmerpauschbetrag (Werbungskostenpauschale von 1000,00 €), eine Vorsorgepauschale, ein Sonderausgabenpauschbetrag von 36,00 € in den Steuerklassen I, II und IV bzw. von 72,00 € in der Steuerklasse III

Arbeit mit der Lohnsteuertabelle

1. **Ermittlung des steuerpflichtigen Bruttogehaltes:**

   Grundgehalt (lt. Arbeits- oder Tarifvertrag)
\+ Zuschläge (z. B. Überstunden)
\+ sonstige Beträge (z. B. Arbeitgeberanteil zur VL, Jobticket)

   sozialversicherungspflichtiges Bruttogehalt: Berechnungsgrundlage für die Sozialversicherungsbeiträge vom Arbeitnehmer und -geber
– Steuerfreibetrag lt. elektronischer Lohnsteuerkarte

   steuerpflichtiges Bruttogehalt: Berechnungsgrundlage der Lohnsteuer

2. **Ermittlung der Lohnsteuer, des Solidaritätszuschlages und der Kirchensteuer:**

Stimmt der Tabellenwert nicht mit dem steuerpflichtigen Bruttogehalt überein, ist die Lohnsteuer vom nächsthöheren Tabellenwert zu wählen. Dabei ist auf die Steuerklasse und den Kinderfreibetrag zu achten.

Sozialversicherung

Zur Berechnung der Beiträge zur Sozialversicherung (vgl. Seite 268) legt der Gesetzgeber jährlich **Beitragsbemessungsgrenzen** fest. Oberhalb dieser Grenzen werden Löhne und Gehälter nicht mit Beiträgen belastet.

Beitragssätze und Beitragsbemessungsgrenzen (Stand: 2022)				
Sozialversicherung	**Beitragssatz**	**AN-Anteil**	**AG-Anteil**	**Bemessungsgrenze**
Krankenversicherung (KV)[1]	allgemeiner Satz: 14,6 % + X[2]	7,3 % + X/2	7,3 % + X/2	4 837,50 €/Monat
Rentenversicherung (RV)	18,6 %	9,3 %	9,3 %	7 050,00 (6 750,00) €/Monat[3]
Arbeitslosenversicherung (ALV)	2,4 %	1,2 %	1,2 %	7 050,00 (6 750,00) €/Monat[3]
Pflegeversicherung (PV)[4]	3,05 %	1,525 % (+0,35 %)	1,525 %	4 837,50 €/Monat

[1] Mit dem Zusatzbeitrag erwerben die Arbeitnehmer einen Anspruch auf mindestens sechs Wochen Fortzahlung des Arbeitsentgelts im Krankheitsfall. Bis zum Jahresarbeitsentgelt von 58 050,00 € besteht Beitragspflicht zur gesetzlichen Krankenversicherung.

[2] Der allgemeine Beitragssatz beträgt 14,6 %. Darüber hinaus kann von den Krankenversicherungen ein Zusatzbeitrag (X) festgelegt werden, der je zur Hälfte vom Arbeitnehmer und vom Arbeitgeber geleistet wird (X/2).

[3] Die Werte in Klammern gelten für die neuen Bundesländer einschließlich Ostberlin.

[4] Zuschlag zur PV nur für kinderlose Mitglieder nach Vollendung des 23. Lebensjahres. Der Arbeitnehmeranteil beträgt somit für diese Zielgruppe $\frac{3{,}05}{2} + 0{,}35 = 1{,}875\,\%$.

Abzüge an Lohnsteuer, Solidaritätszuschlag (SolZ) und Kirchensteuer (8%, 9%) in den Steuerklassen

Lohn/ Gehalt bis €*	I – VI					I, II, III, IV																			
			ohne Kinderfreibeträge					mit Zahl der Kinderfreibeträge . . . 0,5			1			1,5			2			2,5			3		
		LSt	SolZ	8%	9%		LSt	SolZ	8%	9%	SolZ	8%	9%	SolZ	8%	9%	SolZ	8%	9%	SolZ	8%	9%	SolZ	8%	9%
1 676,99	I,IV	90,50	—	7,24	8,14	I	90,50	—	1,39	1,56	—	—	—	—	—	—	—	—	—	—	—	—	—	—	—
	II	20,—	—	1,60	1,80	II	20,—	—	—	—	—	—	—	—	—	—	—	—	—	—	—	—	—	—	—
	III	—	—	—	—	III	—	—	—	—	—	—	—	—	—	—	—	—	—	—	—	—	—	—	—
	V	276,—	—	22,08	24,84	IV	90,50	—	4,02	4,52	—	1,39	1,56	—	—	—	—	—	—	—	—	—	—	—	—
	VI	312,25	—	24,98	28,10																				
2 462,99	I,IV	259,50	—	20,76	23,35	I	259,50	—	13,32	14,98	—	6,36	7,16	—	0,80	0,90	—	—	—	—	—	—	—	—	—
	II	170,50	—	13,64	15,34	II	170,50	—	6,66	7,49	—	1,—	1,13	—	—	—	—	—	—	—	—	—	—	—	—
	III	40,50	—	3,24	3,64	III	40,50	—	—	—	—	—	—	—	—	—	—	—	—	—	—	—	—	—	—
	V	535,16	—	42,81	48,16	IV	259,50	—	16,98	19,10	—	13,32	14,98	—	9,78	11,—	—	6,36	7,16	—	3,29	3,70	—	0,80	0,90
	VI	567,66	—	45,41	51,08																				
2 465,99	I,IV	260,16	—	20,81	23,41	I	260,16	—	13,37	15,04	—	6,42	7,22	—	0,84	0,94	—	—	—	—	—	—	—	—	—
	II	171,16	—	13,69	15,40	II	171,16	—	6,71	7,55	—	1,04	1,17	—	—	—	—	—	—	—	—	—	—	—	—
	III	41,—	—	3,28	3,69	III	41,—	—	—	—	—	—	—	—	—	—	—	—	—	—	—	—	—	—	—
	V	536,16	—	42,89	48,25	IV	260,16	—	17,03	19,16	—	13,37	15,04	—	9,83	11,06	—	6,42	7,22	—	3,33	3,74	—	0,84	0,94
	VI	568,66	—	45,49	51,17																				
2 480,99	I,IV	263,58	—	21,08	23,72	I	263,58	—	13,62	15,32	—	6,65	7,48	—	1,—	1,12	—	—	—	—	—	—	—	—	—
	II	174,33	—	13,94	15,68	II	174,33	—	6,95	7,82	—	1,20	1,35	—	—	—	—	—	—	—	—	—	—	—	—
	III	43,50	—	3,48	3,91	III	43,50	—	—	—	—	—	—	—	—	—	—	—	—	—	—	—	—	—	—
	V	540,83	—	43,26	48,67	IV	263,58	—	17,29	19,45	—	13,62	15,32	—	10,08	11,34	—	6,65	7,48	—	3,53	3,97	—	1,—	1,12
	VI	573,33	—	45,86	51,59																				
2 483,99	I,IV	264,25	—	21,14	23,78	I	264,25	—	13,68	15,39	—	6,70	7,53	—	1,02	1,15	—	—	—	—	—	—	—	—	—
	II	175,—	—	14,—	15,75	II	175,—	—	7,—	7,87	—	1,23	1,38	—	—	—	—	—	—	—	—	—	—	—	—
	III	43,83	—	3,50	3,94	III	43,83	—	—	—	—	—	—	—	—	—	—	—	—	—	—	—	—	—	—
	V	541,66	—	43,33	48,74	IV	264,25	—	17,34	19,51	—	13,68	15,39	—	10,13	11,39	—	6,70	7,53	—	3,57	4,01	—	1,02	1,15
	VI	574,33	—	45,94	51,68																				
2 489,99	I,IV	265,66	—	21,25	23,90	I	265,66	—	13,78	15,50	—	6,80	7,65	—	1,09	1,22	—	—	—	—	—	—	—	—	—
	II	176,33	—	14,10	15,86	II	176,33	—	7,10	7,98	—	1,30	1,46	—	—	—	—	—	—	—	—	—	—	—	—
	III	44,83	—	3,58	4,03	III	44,83	—	—	—	—	—	—	—	—	—	—	—	—	—	—	—	—	—	—
	V	543,66	—	43,49	48,92	IV	265,66	—	17,45	19,63	—	13,78	15,50	—	10,23	11,51	—	6,80	7,65	—	3,65	4,10	—	1,09	1,22
	VI	576,16	—	46,09	51,85																				
2 492,99	I,IV	266,33	—	21,30	23,96	I	266,33	—	13,83	15,56	—	6,84	7,70	—	1,12	1,26	—	—	—	—	—	—	—	—	—
	II	176,91	—	14,15	15,92	II	176,91	—	7,14	8,03	—	1,32	1,49	—	—	—	—	—	—	—	—	—	—	—	—
	III	45,33	—	3,62	4,07	III	45,33	—	—	—	—	—	—	—	—	—	—	—	—	—	—	—	—	—	—
	V	544,33	—	43,54	48,98	IV	266,33	—	17,50	19,69	—	13,83	15,56	—	10,28	11,56	—	6,84	7,70	—	3,69	4,15	—	1,12	1,26
	VI	577,16	—	46,17	51,94																				
2 495,99	I,IV	267,—	—	21,36	24,03	I	267,—	—	13,88	15,62	—	6,89	7,75	—	1,16	1,30	—	—	—	—	—	—	—	—	—
	II	177,58	—	14,20	15,98	II	177,58	—	7,19	8,09	—	1,36	1,53	—	—	—	—	—	—	—	—	—	—	—	—
	III	45,83	—	3,66	4,12	III	45,83	—	—	—	—	—	—	—	—	—	—	—	—	—	—	—	—	—	—
	V	545,50	—	43,64	49,09	IV	267,—	—	17,56	19,75	—	13,88	15,62	—	10,32	11,61	—	6,89	7,75	—	3,73	4,19	—	1,16	1,30
	VI	578,—	—	46,24	52,02																				
2 798,99	I,IV	337,66	—	27,01	30,38	I	337,66	—	19,19	21,59	—	11,85	13,33	—	5,03	5,66	—	—	—	—	—	—	—	—	—
	II	244,08	—	19,52	21,96	II	244,08	—	12,16	13,68	—	5,31	5,97	—	0,13	0,14	—	—	—	—	—	—	—	—	—
	III	97,83	—	7,82	8,80	III	97,83	—	2,60	2,92	—	—	—	—	—	—	—	—	—	—	—	—	—	—	—
	V	642,—	—	51,36	57,78	IV	337,66	—	23,04	25,92	—	19,19	21,59	—	15,46	17,39	—	11,85	13,33	—	8,36	9,41	—	5,03	5,66
	VI	677,—	—	54,16	60,93																				
2 801,99	I,IV	338,41	—	27,07	30,45	I	338,41	—	19,24	21,65	—	11,90	13,39	—	5,08	5,71	—	—	—	—	—	—	—	—	—
	II	244,75	—	19,58	22,02	II	244,75	—	12,22	13,74	—	5,36	6,03	—	0,16	0,18	—	—	—	—	—	—	—	—	—
	III	98,33	—	7,86	8,84	III	98,33	—	2,64	2,97	—	—	—	—	—	—	—	—	—	—	—	—	—	—	—
	V	643,16	—	51,45	57,88	IV	338,41	—	23,10	25,98	—	19,24	21,65	—	15,51	17,45	—	11,90	13,39	—	8,41	9,46	—	5,08	5,71
	VI	678,—	—	54,24	61,02																				
3 362,99	I,IV	477,41	—	38,19	42,96	I	477,41	—	29,72	33,44	—	21,74	24,46	—	14,24	16,02	—	7,23	8,13	—	1,38	1,55	—	—	—
	II	376,16	—	30,09	33,85	II	376,16	—	22,09	24,85	—	14,57	16,39	—	7,53	8,47	—	1,60	1,80	—	—	—	—	—	—
	III	206,—	—	16,48	18,54	III	206,—	—	9,84	11,07	—	4,21	4,73	—	—	—	—	—	—	—	—	—	—	—	—
	V	835,50	—	66,84	75,19	IV	477,41	—	33,90	38,13	—	29,72	33,44	—	25,68	28,89	—	21,74	24,46	—	17,93	20,17	—	14,24	16,02
	VI	871,75	—	69,74	78,45																				
3 560,99	I,IV	529,08	—	42,32	47,61	I	529,08	—	33,63	37,83	—	25,42	28,60	—	17,70	19,91	—	10,46	11,76	—	3,84	4,32	—	—	—
	II	425,08	—	34,—	38,25	II	425,08	—	25,78	29,—	—	18,03	20,28	—	10,76	12,11	—	4,10	4,61	—	—	—	—	—	—
	III	246,33	—	19,70	22,16	III	246,33	—	12,86	14,47	—	6,69	7,52	—	1,70	1,91	—	—	—	—	—	—	—	—	—
	V	904,25	—	72,34	81,38	IV	529,08	—	37,92	42,66	—	33,63	37,83	—	29,46	33,14	—	25,42	28,60	—	21,50	24,18	—	17,70	19,91
	VI	940,50	—	75,24	84,64																				

Quelle: Stollfuß Tabellen, Gesamtabzug 2022, Monat, Allgemeine Tabelle, 107. Auflage, Stollfuß Medien, Bonn 2022, S. T20, T36, T43, T54, T58

** *Bei mehr als 3 Kinderfreibeträgen ist die „Ergänzungs-Tabelle 3,5 bis 6 Kinderfreibeträge" anzuwenden.*

○ Beiträge zu den Sozialversicherungen (Stand: Januar 2022)

monatliches **Arbeitsentgelt*** neue und alte Länder in €		Kranken-versicherung**	Renten-versicherung	Arbeitslosen-versicherung	Pflege-versicherung außer Sachsen	Pflege-versicherung Sachsen
1 680,–	AG	133,56	156,24	20,16	25,62	17,22
	AN ohne Kind	133,56	156,24	20,16	31,50	39,90
	AN mit Kind	133,56	156,24	20,16	25,62	34,02
2 470,–	AG	196,37	229,71	29,64	37,67	25,32
	AN ohne Kind	196,37	229,71	29,64	46,32	58,67
	AN mit Kind	196,37	229,71	29,64	37,67	50,02
2 490,–	AG	197,96	231,57	29,88	37,97	25,52
	AN ohne Kind	197,96	231,57	29,88	46,69	59,14
	AN mit Kind	197,96	231,57	29,88	37,97	50,42
2 500,–	AG	198,75	232,50	30,—	38,13	25,63
	AN ohne Kind	198,75	232,50	30,—	46,88	59,38
	AN mit Kind	198,75	232,50	30,—	38,13	50,63
2 800,–	AG	222,60	260,40	33,60	42,70	28,70
	AN ohne Kind	222,60	260,40	33,60	52,50	66,50
	AN mit Kind	222,60	260,40	33,60	42,70	56,70
3 370,–	AG	267,92	313,41	40,44	51,39	34,54
	AN ohne Kind	267,92	313,41	40,44	63,19	80,04
	AN mit Kind	267,92	313,41	40,44	51,39	68,24
3 570,–	AG	283,82	332,01	42,84	54,44	36,59
	AN ohne Kind	283,82	332,01	42,84	66,94	84,79
	AN mit Kind	283,82	332,01	42,84	54,44	72,29

Quelle: Stollfuß Tabellen, Gesamtabzug 2022, Monat, Allgemeine Tabellen, 107. Auflage, Stollfuß Medien, Bonn 2022, S. SV10, SV14, SV15, SV18

Ermittlung der Beiträge von Arbeitnehmer und Arbeitgeber zu den Sozialversicherungen aus der Lohnabzugstabelle:

- **Krankenversicherung (KV):** Unter den in der Abzugstabelle angegebenen Beitragssätzen wird der Beitrag, der vom Arbeitnehmer für die Krankenkasse einzubehalten ist, getrennt ausgewiesen vom Beitrag, der vom Arbeitgeber zusätzlich zum Gehalt aufzubringen und zusammen mit dem Arbeitnehmeranteil an die Krankenkasse abzuführen ist. Die Krankenkassen benötigen viel Geld, um die gestiegenen Kosten im Gesundheitswesen zu bezahlen. Aus diesem Grund hat der Gesetzgeber zum 01.01.2019 einen von Arbeitnehmer und Arbeitgeber je zur Hälfte zu zahlenden Zusatzbeitrag wieder eingeführt. Von 2016 bis 2018 wurde dieser Zusatzbeitrag vom Arbeitnehmer alleine gezahlt.

BEISPIEL Gehalt 2 860,00 €, Beitragssatz KV: 15,6 % einschließlich 1,0 % Zusatzbeitrag
Beiträge lt. Tabelle **AN-Anteil:** 223,08 € = 7,8 % (7,3 + 0,5)
AG-Anteil: 223,08 € = 7,8 % (7,3 + 0,5)

- **Pflegeversicherung**: Gleiches gilt auch für die **Pflegeversicherung (PV)**, die in den rechten Spalten getrennt für Arbeitgeber (PV-AG) und Arbeitnehmer (PV-AN) ausgewiesen wird. Zu beachten sind außerdem unterschiedliche Beiträge für Arbeitnehmer mit und ohne Kinder. Bei der Pflegeversicherung erhöht sich für kinderlose Mitglieder nach Vollendung des 23. Lebensjahres der Beitragssatz um 0,25 % (Beitragszuschlag), der vom Arbeitnehmer allein zu tragen ist.

  BEISPIEL Gehalt 2 860,00 €, Beitragssatz: 3,05 % + 0,35 % AN-Zusatzbeitragssatz
  Beiträge lt. Tabelle **AN-Anteil ohne Kind:** 53,63 € = 1,875 % (1,525 + 0,35)
  AG-Anteil: 43,62 € = 1,525 %

- **Renten-** und **Arbeitslosenversicherung (RV und AV)**: Sie werden je zur Hälfte vom Arbeitnehmer und vom Arbeitgeber getragen.

Nettogehalt

Nach Abzug der Lohnsteuer, eventuell des Solidaritätszuschlags, der Kirchensteuer und des Sozialversicherungsbeitrages des Arbeitnehmers (AN) vom sozialversicherungspflichtigen Bruttogehalt erhält man das Nettogehalt.

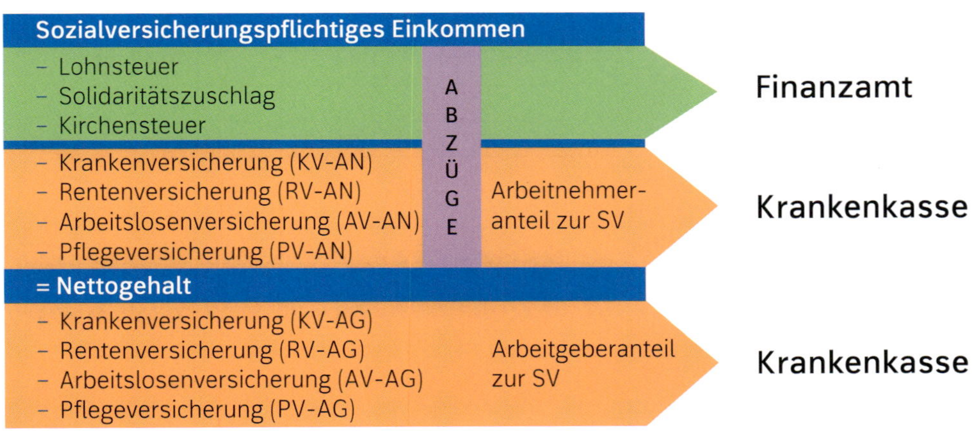

Verdienstabrechnung

Für jeden einzelnen Mitarbeiter wird für jede Auszahlung eine **Verdienstabrechnung** oder **Verdienstbescheinigung** erstellt. Aus ihr gehen alle Daten hervor, die der Lohn- und Gehaltsabrechnung zugrunde liegen.

BEISPIEL Verdienstabrechnung der Angestellten Nicole Orth im Mars Elektrofachmarkt e. K.:
Die Angestellte Nicole Orth, rk (römisch-katholisch), ledig, kinderlos, erhält ein Bruttogehalt von 3 360,00 €.

MARS Elektrofachmarkt e.K.

Name: Orth, Nicole **Straße:** Richterstraße 12 **PLZ/Ort:** 50933 Köln	**Verdienstabrechnung** **für Monat:** April **Jahr:** 20..

Personal-nummer:	Abteilung:	Kosten-stelle:	Geburts-datum:	Eintritts-datum:	Sozialversicherungs-nummer
III 1 80-1	Verkauf	III	12.06.1985	01.09.2014	53 12 06 42 M 28 3

Lohnsteuer-klasse:	Kinderfrei-betrag:	Steuerfrei-betrag pro Monat:	Kon-fession:	Bankverbindung:	IBAN:	BIC:
I,0			rk	Kreissparkasse Köln	DE93370502 990013600 564	COKS DE33XXX

Bruttogehalt:			€ 3 360,00
Gesetzliche Abzüge			
Lohnsteuer:		€ 477,41	
Solidaritätszuschlag:		€ 0,00	
Kirchensteuer:		€ 42,96	
Krankenversicherung (Arbeitnehmeranteil)	7,3 % + 0,6 %:	€ 265,44	
Rentenversicherung (Arbeitnehmeranteil)	9,3 %:	€ 312,48	
Arbeitslosenversicherung (Arbeitnehmeranteil)	1,2 %:	€ 40,32	
Pflegeversicherung (Arbeitnehmeranteil)	1,525 % + 0,35 %:	€ 63,00	
Summe gesetzliche Abzüge:			€ 1 201,61
Nettogehalt:			€ 2 158,39
Sonstige Abzüge:			
Wohnungsmiete Mai:		€ 250,00	
Personalkauf März:		€ 92,82	
Gewerkschaftsbeitrag:		€ 20,00	
Summe sonstige Abzüge:			€ 362,82
Auszahlungsbetrag:			€ 1 795,57

Arbeitgeberanteile zu den Sozialversicherungen:

Krankenversicherung[1]

Rentenversicherung[1]

Arbeitslosenversicherung[1]

Pflegeversicherung[1]

[1] *Siehe Erläuterungen auf Seite 266.*

Vom Nettolohn oder -gehalt zum Auszahlungsbetrag

Das Nettogehalt steht dem Arbeitnehmer zu. Dieser kann jedoch den Arbeitgeber beauftragen, bestimmte Beträge des Nettogehaltes zum Ausgleich von Verpflichtungen an Dritte zu überweisen. Typische Beispiele hierfür sind verrechnete **Lohn- und Gehaltsvorschüsse** und einbehaltene **vermögenswirksame Sparraten**.

Lohn- und Gehaltsvorschüsse

Vorschüsse auf Lohn oder Gehalt haben den **Charakter eines kurzfristigen Kredits**, da der Arbeitnehmer seine Arbeitsleistung noch nicht erbracht hat. Bei Auszahlung des Vorschusses mit dem Nettogehalt erhöht sich der Auszahlungsbetrag gegenüber dem Nettogehalt entsprechend. In den Folgemonaten wird der Vorschuss dann ganz oder teilweise mit dem Nettogehalt verrechnet.

BEISPIEL Frau Klein, Verkäuferin „Neue Medien" im Mars Elektrofachmarkt e. K., verheiratet, zwei Kinder, erzielt im Juli ein Nettogehalt von 1 872,00 €. Für ihren Urlaub im August lässt sie sich einen Vorschuss von 500,00 € auf das Augustgehalt zusammen mit dem Juligehalt auszahlen:

Nettogehalt Juli	1 872,00 €
Vorschuss auf das Augustgehalt	500,00 €
Auszahlungsbetrag Juli	2 372,00 €

Im August und September soll der Vorschuss je zur Hälfte verrechnet werden:

Nettogehalt August	1 872,00 €
Vorschussverrechnung	250,00 €
Auszahlungsbetrag August (und September)	1 622,00 €

Vermögenswirksame Leistungen

Lernfeld 1

Vermögenswirksame Leistungen werden häufig im Rahmen einzelvertraglicher, tariflicher oder betrieblicher Vereinbarungen zusätzlich zum Arbeitsentgelt gewährt. In diesem Fall sind sie zusätzlich zum Gehalt steuer- und sozialversicherungspflichtig. Soweit die vermögenswirksamen Leistungen nicht zusätzlich zum Lohn/Gehalt gezahlt werden, kann jeder Arbeitnehmer bei seinem Arbeitgeber beantragen, dass Teile seines Arbeitslohnes einbehalten und vermögenswirksam angelegt werden zum Beispiel in einem Fondssparplan.

Im Rahmen des Lohnsteuerjahresausgleichs erfolgt die Festsetzung und Auszahlung von Arbeitnehmersparzulagen durch das Finanzamt; dies geschieht auf Antrag des Arbeitnehmers hin, den er auf dem Vordruck der Einkommensteuererklärung (Anlage VL) nach Ablauf des Anlagejahres stellen muss.

DV-gestützte Lohn- und Gehaltsabrechnung

Wegen vielfältiger Wiederholeffekte bietet sich gerade im Bereich der Lohn- und Gehaltsabrechnung die **Unterstützung durch die elektronische Datenverarbeitung** an.

Dies gilt sowohl für die Lohn- und Gehaltsabrechnung als auch für die gesamte Personalverwaltung und den Zahlungsverkehr im Zusammenhang mit der Lohn- und Gehaltszahlung sowie für die Abrechnungen mit den Krankenkassen bzw. den Sozialversicherungsträgern und dem Finanzamt. Es existieren zahlreiche Lohn- und Gehaltsprogramme, die diese Arbeiten erleichtern. Voraussetzung für ihre Anwendung ist eine Speicherung der **Stammdaten** und eine gute Vorbereitung der regelmäßig benötigten variablen Daten (**Bewegungsdaten**).

Der Einsatz eines Lohn- und Gehaltsabrechnungsprogramms hat in jedem Fall den Vorteil größerer Schnelligkeit und Genauigkeit. Insbesondere können Stammdaten für vielfältige Verwendungszwecke abgerufen werden.

Stammdaten		Bewegungsdaten
• Personalnummer • Name • Vorname • Straße • Postleitzahl • Wohnort	• Familienstand • Geburtsdatum • Steuerklasse • Bankverbindung (IBAN, BIC, Kontoinhaber) • Art der Krankenkasse usw.	• Arbeitstage • Arbeitsstunden • Krankentage • Urlaubstage usw.

BEISPIEL Gehaltsabrechnung mehrerer kinderloser Arbeitnehmer mithilfe eines Tabellenkalkulationsprogramms:

Gehaltsliste (Formeln)							
Familienname	Berg	Braun	Buderbach	Erb	Holl		Arbeitgeberanteil zur Sozialversicherung
Vorname	Sabine	Erika	Gerd	Sigrid	Helmut		
Familienstand	verheiratet	verheiratet	ledig	ledig	verheiratet		
Steuerklasse	III,0	IV,0	I,0	I,0	III,0	Summe	
Bruttoverdienst	3006	1523	1525	1408	2229	=SUM(B6:F6)	
Lohnsteuer	135,83	57,66	58,33	36,16	6,83		
SolZ	0	0	0	0	0		
Kirchensteuer	=B7*9%	=C7*9%	=D7*9%	=E7*9%	=F7*9%		
KV (AN-Anteil)	=B6*(7,3+0,7)%	=C6*(7,3+0,3)%	=D6*(7,3+0,3)%	=E6*(7,3+0,4)%	=F6*(7,3+0,1)%	=SUMME(B10:F10)	=G10
RV (AN-Anteil)	=B6*9,3%	=C6*9,3%	=D6*9,3%	=E6*9,3%	=F6*9,3%	=SUMME(B11:F11)	=G11
ALV (AN-Anteil)	=B6*1,2%	=C6*1,2%	=D6*1,2%	=E6*1,2%	=F6*1,2%	=SUMME(B12:F12)	=G12
PV (AN-Anteil)	=B6*(1,525+0,25)%	=C6*(1,525+0,25)%	=D6*(1,525+0,25)%	=E6*(1,525+0,25)%	=F6*(1,525+0,25)%	=SUMME(B13:F13)	=G6*1,525%
SV (AN-Anteil)	=SUMME(B10:B13)	=SUMME(C10:C13)	=SUMME(D10:D13)	=SUMME(E10:E13)	=SUMME(F10:F13)	=SUMME(B14:F14)	=SUM(H10:H13)
Nettogehalt	=(B6-B7-B8-B9-B14)	=(C6-C7-C8-C9-C14)	=(D6-D7-D8-D9-D14)	=(E6-E7-E8-E9-E14)	=(F6-F7-F8-F9-F14)	=SUMME(B15:F15)	

Gehaltsliste (Zahlenwerte)							
Familienname	Berg	Braun	Buderbach	Erb	Holl		Arbeitgeberanteil zur Sozialversicherung
Vorname	Sabine	Erika	Gerd	Sigrid	Helmut		
Familienstand	verheiratet	verheiratet	ledig	ledig	verheiratet		
Steuerklasse	III,0	IV,0	I,0	I,0	III,0	Summe	
Bruttoverdienst	3006,00	1523,00	1525,00	1408,00	2229,00	9691,00	
Lohnsteuer	135,83	57,66	58,33	36,16	6,83		
SolZ	0,00	0,00	0,00	0,00	0,00		
Kirchensteuer	12,22	5,19	5,25	3,25	0,61		
KV (AN-Anteil)	240,48	115,75	115,90	108,42	164,95	745,49	745,49
RV (AN-Anteil)	279,56	141,64	141,83	130,94	207,30	901,26	901,26
ALV (AN-Anteil)	36,07	18,28	18,30	16,90	26,75	116,29	116,29
PV (AN-Anteil)	53,36	27,03	27,07	24,99	39,56	172,02	147,79
SV (AN-Anteil)	609,47	302,70	303,09	281,25	438,56	1935,06	1910,83
Nettogehalt	2248,48	1157,45	1158,33	1087,34	1783,00	7434,60	

Personaldaten und Datenschutz

Unter **Personaldaten**, die in Personaldateien verwaltet werden, versteht man

- Name und Adresse des Arbeitnehmers,
- private Daten des Arbeitnehmers (Geburtstag, Geburtsort, Religion, IBAN usw.),
- betriebsbezogene Daten des Arbeitnehmers (z. B. Personalnummer, Abteilung, Eintrittsdatum in den Betrieb usw.),
- numerische Daten des Arbeitnehmers (Gehalt, Stundenlohn, Zuschläge, Lohnsteuerklasse, Sozialversicherungsbeitragssätze usw.).

Während bei kleinen Einzelhandelsunternehmen die Personaldateien häufig vom Inhaber selbst verwaltet werden, unterhalten große Einzelhandelsbetriebe eigene **Personalabteilungen.** In der Vergangenheit wurden die Personaldaten in Büchern und Karteien verwaltet. Heute werden diese Daten mithilfe der EDV durch **Lohn- und Gehaltsprogramme** verarbeitet. Die in der EDV gespeicherten Daten können sehr schnell ausgewertet werden, sodass man sich jederzeit einen Überblick über den Personalbereich verschaffen kann.

Seit Mai 2018 findet in Deutschland ein **Bundesdatenschutzgesetz** Anwendung, welches die Vorgaben der **EU-Datenschutz-Grundverordnung (DSGVO)** umsetzt. Durch diese Verordnung wird das Datenschutzrecht aller EU-Länder vereinheitlicht. Bei Nichteinhaltung drohen hohe Strafen. Der Schutz der eigenen Daten ist ein Grundrecht jedes Menschen, das in Artikel 8 der Charta der EU-Grundrechte festgeschrieben ist. Als oberster Grundsatz der DSGVO gilt, dass **die Verarbeitung personenbezogener Daten verboten ist, wenn sie nicht ausdrücklich erlaubt ist**. Das bedeutet für einen Arbeitgeber, der Personaldaten speichert, dass er verpflichtet ist, den Mitarbeiter über den Zweck der Datenverarbeitung und über sein Widerrufsrecht in Textform zu informieren. Der Mitarbeiter muss seine schriftliche Einwilligung abgeben.

Jeder Mitarbeiter hat ein Recht auf

- Information bei Erhebung von personenbezogenen Daten,
- Information, wenn die personenbezogenen Daten von einem Dritten erhoben wurden, was z. B. der Fall ist, wenn die Krankenversicherung Daten an den Arbeitgeber weitergibt,
- Auskunft über die zu seiner Person gespeicherten Daten,
- fristgerechte Löschung von personenbezogenen Daten, also das „Recht auf Vergessenwerden", z. B. bei Ehescheidungen oder Vorstrafen von Mitarbeitern,
- Widerspruch gegen die Nutzung der eigenen Daten z. B. zu Werbezwecken.

Zur Einhaltung des Datenschutzes muss in größeren Unternehmen ein **Datenschutzbeauftragter** ernannt werden. Dieser muss mit der Verordnung vertraut sein, die Geschäftsprozesse verstehen und obendrein ein Fachmann auf dem Gebiet der EDV sein, damit er die Überwachungsfunktion ausführen kann. Der Datenschutzbeauftragte kontrolliert, ob die DSGVO in einem Betrieb eingehalten wird, arbeitet mit der Aufsichtsbehörde zusammen und trägt Sorge für die Einhaltung der oben beschriebenen Mitarbeiterrechte.

Abgrenzung Datensicherung und Datenschutz

Häufig werden Datensicherung und Datenschutz in der Umgangssprache gleichgesetzt. Beide Maßnahmen überschneiden sich teilweise, jedoch unterscheiden sie sich in folgenden Gesichtspunkten:

	Datensicherung	Datenschutz
Umfang	alle Maßnahmen gegen Übertragungsfehler, Vernichtung, Verfälschung und Diebstahl von **jeglichen Daten** und Programmen	alle Maßnahmen zum Schutz von **personenbezogenen Daten** vor missbräuchlicher Verwendung
Motiv	Schutz des Betriebes vor wirtschaftlichen Folgen aus Verlust von Daten	Schutz des Bürgers in seiner Privatsphäre und Erhaltung seiner informationellen Selbstbestimmung
Regelung	betriebsindividuell	gesetzlich vorgeschrieben
Durchführung	freiwillig	gesetzlicher Zwang

Für **alle** Daten in einem Unternehmen wird angestrebt:

- Schutz vor unberechtigtem Zugriff (damit soll die Vertraulichkeit der Daten gewährleistet werden),
- Schutz der Daten vor Verlust,
- Schutz vor Verfälschung der Daten.

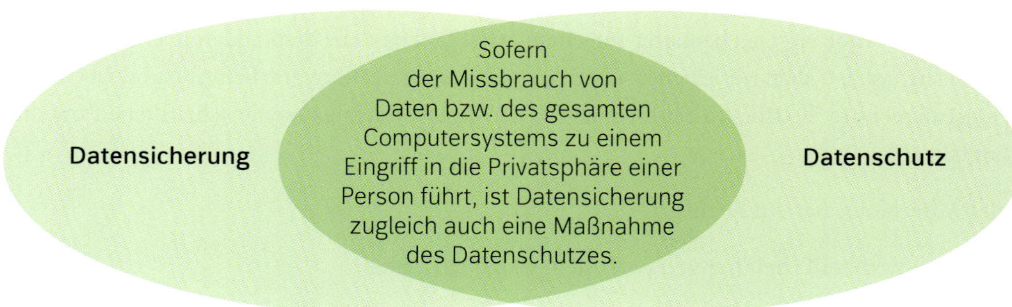

Personalinformationssysteme und Datenschutz

In vielen Unternehmen werden Personalinformationssysteme eingesetzt, um die Fülle der Personaldaten zu bewältigen und zielorientiert auswerten zu können (vgl. Seite 217). Ihr Leistungsumfang bezieht sich auf folgende **Hauptfunktionen**:

Personalabrechnung	Löhne, Gehälter, Lohnsteuer, Sozialversicherung, Pfändungen, Vorschüsse, Darlehen, Provisionen, Sonderzahlungen usw.
Zeitermittlung	Anwesenheitskontrolle, Fehlzeitenstatistik, Gleitzeitermittlung, Urlaubsplanung usw.
Personalplanung	Bedarfsplanung, Stellenpläne, Einsatzplanung, Fortbildungsplanung usw.

Stammdatenverwaltung	Arbeitsvertragsdaten, Änderungsdienste, Ausbildungsdaten, Tätigkeiten, Beurteilungsdaten usw.
Personalverwaltung	Bewerbungen, Einstellungen, Versetzungen, Entlassungen, Leistungsbewertung usw.

Zusammenfassung

Vom Grund- zum Bruttolohn oder -gehalt, vom Brutto- zum Nettolohn oder -gehalt

- Das **steuerpflichtige Bruttoentgelt** setzt sich aus dem Grundbetrag und möglichen Zuschlägen zusammen.
- Vom Bruttoentgelt behält der Arbeitgeber ein:
  - **Lohnsteuer**, Solidaritätszuschlag und Kirchensteuer für das Finanzamt,
  - die **Beiträge des Arbeitnehmers zur Kranken-, Renten-, Arbeitslosen- und Pflegeversicherung** für die Krankenkasse, zur Verteilung auf die entsprechenden Träger.
- Die einbehaltenen Abzüge werden anhand von **Lohnabzugstabellen** ermittelt.
- Die Beiträge zu Kranken- Arbeitslosen- und Rentenversicherung werden je zur Hälfte vom Arbeitgeber und Arbeitnehmer getragen.
- Für kinderlose Arbeitnehmer ist nach Vollendung des 23. Lebensjahres ein **Zusatzbeitrag** von 0,35 % zur **Pflegeversicherung** festgesetzt.
- Die **Unfallversicherungsprämie** trägt der Arbeitgeber allein.
- Nach **Abzug weiterer Abzüge vom Nettogehalt**, wie Vorschüsse, vermögenswirksame Leistungen, Gewerkschaftsbeiträge, Personalkäufe u. a., erhält man den **Auszahlungsbetrag**.
- Datensicherung und **Datenschutz**
  - **Datensicherung** umfasst alle Maßnahmen zur Sicherung jeglicher Daten vor Verlust und Verfälschung.
  - **Datenschutz** umfasst alle Maßnahmen zum Schutz personenbezogener Daten vor Missbrauch.
  - In größeren Unternehmen ist ein **Datenschutzbeauftragter** zu ernennen, der die Einhaltung der Datenschutzvorschriften überwacht.
  - **Rechte der Betroffenen:**
  - Information
  - Auskunft
  - Löschung
  - Widerspruch
  - Es sind **technische und organisatorische Maßnahmen** zu treffen, personenbezogene Daten vor Verlust oder vor Missbrauch zu schützen (Datenschutz).

Aufgaben

1. *Die Gehaltsabrechnung für einen Angestellten, Steuerklasse III/0, weist folgende Beträge auf:*

	€		€ AN	€ AG
Bruttogehalt	*2 800,00*	*Krankenversicherung*	*217,00*	*217,00*
Lohnsteuer	*99,33*	*Rentenversicherung*	*260,40*	*260,40*
Solidaritätszuschlag	*0,00*	*Arbeitslosenversicherung*	*33,60*	*33,60*
Kirchensteuer	*8,93*	*Pflegeversicherung*	*51,10*	*42,70*
		zu verrechnender Vorschuss	*250,00*	

Berechnen Sie
a) das Nettogehalt,
b) den Überweisungsauftrag durch Bank an den Angestellten,
c) den an das Finanzamt abzuführenden Betrag,
d) den an die Krankenkasse abzuführenden Betrag (einschließlich Arbeitgeberanteil).

2. *Ein Mitarbeiter eines Discountgeschäftes erhält ein Monatsgehalt von 2 488,00 €. Steuerliche Merkmale: Steuerklasse III, Kinderfreibeträge 2,0, Beitragssatz zur Krankenversicherung: 15,6 % einschließlich 1,0 % Zusatzbeitrag. Benutzen Sie für die Ermittlung der Lohn- und Kirchensteuer und der Beiträge zu den Sozialversicherungen die Auszüge aus der Gesamtabzugstabelle auf Seite 267 f.*
Ermitteln Sie
a) die Gesamtabzüge an Lohnsteuer, Solidaritätszuschlag und Kirchensteuer,
b) die Gesamtabzüge für Sozialversicherung (Arbeitnehmeranteil),
c) das Nettoentgelt des Mitarbeiters.

3. *Durch welche der unten stehenden Tatbestände*

A werden die Personalkosten des Betriebes (1) erhöht, (2) vermindert, (3) nicht verändert?	**B** wird das Nettogehalt an die Mitarbeiter (4) erhöht, (5) vermindert, (6) nicht verändert?

Tatbestände	Tatbestände
A a) Senkung der Lohnsteuer b) Senkung des Krankenkassenbeitragssatzes c) Anhebung des Beitragssatzes zur Rentenversicherung um 0,4 %	**B** d) Gehaltserhöhung e) Erhöhung des Beitragssatzes an die Berufsgenossenschaft f) Anhebung der Beitragsbemessungsgrenzen

4. *Die Dezember-Gehaltsliste einer Einzelhandelsunternehmung weist folgende Summen aus:*

Bruttogehälter	Lohnsteuer, SolZ	Kirchensteuer	Arbeitnehmeranteil zur Sozialversicherung	Gesamtabzüge	Nettogehälter	Arbeitgeberanteil zur Sozialversicherung
142 000,00 €	11 960,00 €	975,00 €	28 897,00 €			27 441,50 €

Ermitteln Sie
a) die Gesamtabzüge,
b) die Summe der Nettogehälter sowie
c) den an die Krankenkasse abzuführenden Betrag.

5. *Vom Bruttogehalt über 2 840,00 € werden 412,58 € Lohnsteuer (Steuerklasse I,0), und 37,13 € Kirchensteuer, 585,59 € Sozialversicherungsbeiträge des Arbeitnehmers, 100,00 € Tilgungsrate eines Arbeitgeberdarlehens und 25,00 € Zinsen für das Arbeitgeberdarlehen einbehalten. Die Sozialversicherungsbeiträge des Arbeitgebers betragen 552,70 €.*
   Berechnen Sie
   a) das Nettogehalt,
   b) den Auszahlungsbetrag,
   c) den an die Krankenkasse abzuführenden Betrag.

6. *In einer Einzelhandelsunternehmung wurden lt. Gehaltsliste „Dezember" folgende Werte ausgewiesen:*

	€
Bruttogehälter	*34 200,00*
Einbehaltene Beträge	
– Lohnsteuer, Solidaritätszuschlag und Kirchensteuer	*5 920,00*
– Gehaltsvorschüsse	*1 200,00*
– Warenverkäufe an Angestellte einschließlich 19 % USt.	*1 428,00*
– Arbeitnehmeranteil zur Sozialversicherung	*6 959,70*
– Arbeitgeberanteil zur Sozialversicherung	*6 609,15*

   Ermitteln Sie
   a) die Nettogehälter,
   b) den Auszahlungsbetrag,
   c) den an die Krankenkasse abzuführenden Betrag.

7. *1. Stellen Sie fest, ob es sich bei folgenden Aufwendungen einer Kauffrau im Einzelhandel um*
   (1) Werbungskosten,
   (2) Sonderausgaben,
   (3) außergewöhnliche Belastungen,
   (4) keine steuerlich absetzbaren Aufwendungen
   handelt.
   Aufwendungen
   a) Beitrag für Sportverein
   b) Prämie für die Kfz-Haftpflichtversicherung
   c) Abonnement für die Tageszeitung
   d) Prämie für die Feuerversicherung
   e) Wintermantel (einmal jährlich)
   f) Kirchensteuer
   g) Privathaftpflichtversicherung
   h) typische Berufskleidung
   i) Kraftfahrzeugsteuer

   j) Bezugsentgelt für Fachzeitschrift
   k) Sturmschadenversicherung
   l) Spende an politische Partei
2. *Bei welchen Aufwendungen von a) bis l) handelt es sich um Vorsorgeaufwendungen?*

7 Personal freisetzen

HANDLUNGSSITUATION

Frau Meys, Gruppenleiterin Personal, kommt von einer Besprechung der Abteilungsleiter und Substituten. Ein weiterer starker Umsatzeinbruch zwingt zur Senkung der Personalkosten. So soll im Lager und im Rechnungswesen je einem Mitarbeiter gekündigt werden. Nach Rücksprache mit den Gruppenleitern wird entschieden, dass Herr Schneiders und Frau Lapp, die beide seit drei Jahren bei der Center Warenhaus GmbH beschäftigt sind, zum nächstmöglichen Termin entlassen werden sollen.

ARBEITSAUFTRÄGE

- *Stellen Sie fest, zu welchem Termin eine Entlassung möglich ist, wenn diese Überlegungen am 19. März angestellt wurden.*
- *Herr Schneiders will Kündigungsschutzklage erheben. Erklären Sie, welche formalen Voraussetzungen er beachten muss.*

● Beendigung von Arbeitsverhältnissen

Ein Arbeitsverhältnis kann durch Vertragsablauf, Auflösungsvertrag oder Kündigung beendet werden. Im Falle der Kündigung sind für Unternehmen ab zehn Beschäftigten die Vorschriften des **Kündigungsschutzgesetzes** (KSchG) zu beachten. Für Mitarbeiter, die vor 2004 eingestellt wurden, gilt das KSchG in Unternehmen, die mehr als fünf Arbeitnehmer beschäftigen.

○ Vertragsablauf

Ist ein Arbeitsverhältnis auf eine bestimmte Zeit eingegangen, so endet es mit **Vertragsablauf**, d. h. zu dem im Vertrag festgelegten Zeitpunkt.

BEISPIEL Für das Weihnachtsgeschäft stellt die Center Warenhaus GmbH zwei Aushilfskräfte ein. Der Arbeitsvertrag läuft vom 15.11. bis zum 31.12. des Jahres.

○ Auflösungsvertrag

Durch **Auflösungsvertrag** endet ein Arbeitsverhältnis, wenn beide Parteien in gegenseitigem Einvernehmen den Arbeitsvertrag lösen. Diese Form wird in der Praxis häufig angewendet, um eine Kündigung zu vermeiden. Dabei geht die Initiative zu einem Auflösungsvertrag vom Arbeitgeber aus. Die Zustimmung des Arbeitnehmers wird oft durch die Vereinbarung einer Abfindung erreicht.

BEISPIEL Dem Auslieferungsfahrer Schumacher wird wegen eines schuldhaft verursachten Verkehrsunfalls der Führerschein entzogen. Arbeitnehmer und Geschäftsleitung einigen sich in einem Auflösungsvertrag auf die Auflösung des Arbeitsverhältnisses. Herr Schumacher erhält eine Abfindung in Höhe eines Monatsgehaltes.

○ Kündigung

Bei der **Kündigung** von Arbeitsverhältnissen besteht grundsätzlich die Möglichkeit der **ordentlichen** und der **außerordentlichen Kündigung**. Bei der ordentlichen Kündigung unterscheiden wir die Kündigung mit gesetzlicher und mit tariflicher Kündigungsfrist.

- Wenn Arbeitnehmer und Arbeitgeber keine besondere Kündigungsfrist vereinbart haben und es keine tarifvertraglichen Regelungen gibt, gilt die **gesetzliche Kündigungsfrist**. Sie beträgt für Angestellte und gewerbliche Arbeitnehmer gleichermaßen **vier Wochen**. Die Kündigung muss **schriftlich** erfolgen.

  Bei einer Betriebszugehörigkeit von bis zu zwei Jahren kann dem Mitarbeiter zum 15. eines Monats oder zum Monatsende gekündigt werden. Ab einer Betriebszugehörigkeit von zwei Jahren kann dem Mitarbeiter nur noch zum Monatsende gekündigt werden.

  BEISPIEL Der Verkäufer Alt ist seit 18 Monaten bei der Center Warenhaus GmbH beschäftigt. Ihm wird am 14. Juli mit Wirkung zum 15. August gekündigt.

  Die gesetzliche Kündigungsfrist verlängert sich für **langjährig beschäftigte Arbeitnehmer** bei einer Betriebszugehörigkeit von
  - fünf Jahren auf zwei Monate,
  - acht Jahren auf drei Monate,
  - zehn Jahren auf vier Monate,
  - zwölf Jahren auf fünf Monate.

Die verlängerten Schutzfristen gelten nur für eine Kündigung durch den Arbeitgeber. Für den Arbeitnehmer gilt in jedem Fall die gesetzliche Kündigung. MERKE

- Die **tarifvertraglichen Kündigungsfristen** entsprechen i.d.R. den gesetzlichen Bestimmungen, können aber (zugunsten des Arbeitnehmers) verlängert werden.

- Die **außerordentliche oder fristlose Kündigung** erfolgt, wenn ein wichtiger Grund vorliegt und die Fortsetzung des Arbeitsverhältnisses bis zum Ablauf der ordentlichen Kündigungsfrist nicht mehr zumutbar ist. Der Kündigungsgrund muss dem Vertragspartner schriftlich mitgeteilt werden. Die Kündigung muss innerhalb von zwei Wochen nach Bekanntwerden des Grundes erfolgen. Wichtige Gründe für außerordentliche Kündigungen sind z.B.:

Für den Arbeitgeber	Für den Arbeitnehmer
• Diebstahl, Unterschlagung, Betrug • Verweigerung der Dienstpflicht • grobe Beleidigungen oder Tätlichkeiten	• keine Gehaltszahlung • Verletzung der Fürsorgepflicht • grobe Beleidigungen oder Tätlichkeiten

Das Arbeitszeugnis

Bei Beendigung des Arbeitsverhältnisses muss der Arbeitgeber dem Arbeitnehmer die **Arbeitspapiere** herausgeben. Dazu gehören in jedem Fall die elektronische **Lohnsteuerkarte** und der **Versicherungsnachweis**. Auf Wunsch des Arbeitnehmers sind ein **Arbeitszeugnis**, eine **Arbeitsbescheinigung für die Arbeitsagentur** oder eine **Urlaubsbescheinigung** für das laufende Jahr auszustellen.

- Bei einem Arbeitszeugnis kann es sich zum einen um ein **einfaches Arbeitszeugnis** handeln, in dem nur die Aufgabe und der Zeitraum der Beschäftigung aufgeführt sind.
- Auf Wunsch kann der Mitarbeiter ein **qualifiziertes Arbeitszeugnis** erhalten, in dem der Arbeitgeber auch eine Leistungsbewertung des Arbeitnehmers vornimmt. Da der Arbeitgeber lt. § 113 Gewerbeordnung (GewO) in ein qualifiziertes Zeugnis keine negativen Bemerkungen aufnehmen darf, hat sich eine Art „**Geheimsprache**" bei der Zeugnisformulierung herausgebildet, bei der aus der Formulierung nur noch für Eingeweihte ersichtlich wird, ob es sich um gute oder schlechte Leistungen handelt. Auch diese Form der negativen Bemerkungen ist eigentlich nicht erlaubt, trotzdem allerdings weit verbreitet.

BEISPIEL Beurteilung der Leistung

Formulierung	Tatsächliche Aussage
Er/sie hat die ihm/ihr übertragenen Aufgaben stets zu unserer vollsten Zufriedenheit erledigt.	sehr gute Leistungen
Er/sie hat die ihm/ihr übertragenen Aufgaben stets zu unserer vollen Zufriedenheit erledigt.	gute Leistungen
Er/sie hat die ihm/ihr übertragenen Aufgaben zu unserer vollen Zufriedenheit erledigt.	befriedigende Leistungen
Er/sie hat die ihm/ihr übertragenen Aufgaben zu unserer Zufriedenheit erledigt.	ausreichende Leistungen
Er/sie hat die ihm/ihr übertragenen Aufgaben im Großen und Ganzen zu unserer Zufriedenheit erledigt.	mangelhafte Leistungen

Das Kündigungsschutzgesetz (KSchG)

Das **Kündigungsschutzgesetz** (KSchG) (https://www.gesetze-im-internet.de/kschg/) als Arbeitsschutzgesetz (sozialer Arbeitsschutz) bietet dem Arbeitnehmer Schutz vor unberechtigter Kündigung. Es gilt für Betriebe, die regelmäßig mehr als zehn Arbeitnehmer beschäftigen und für Arbeitnehmer, die länger als sechs Monate im Betrieb beschäftigt sind. Für bestimmte Beschäftigungsgruppen gilt ein **besonderer Kündigungsschutz**, so z.B. für Schwerbehinderte, werdende Mütter, Arbeitnehmervertreter und Auszubildende.

§ 1 KSchG Sozial ungerechtfertigte Kündigungen

(1) Die Kündigung des Arbeitsverhältnisses gegenüber einem Arbeitnehmer, dessen Arbeitsverhältnis in demselben Betrieb oder Unternehmen ohne Unterbrechung länger als sechs Monate bestanden hat, ist rechtsunwirksam, wenn sie sozial ungerechtfertigt ist.

Sozial ungerechtfertigt ist eine Kündigung, wenn nicht bestimmte Gründe vorliegen. So muss der Kündigungsgrund

- in der Person des Arbeitnehmers (z. B. mangelnde Eignung),
- im Verhalten des Arbeitnehmers (z. B. unentschuldigtes Fehlen) oder
- in dringenden betrieblichen Erfordernissen (z. B. Schließung einer Abteilung)

zu suchen sein.

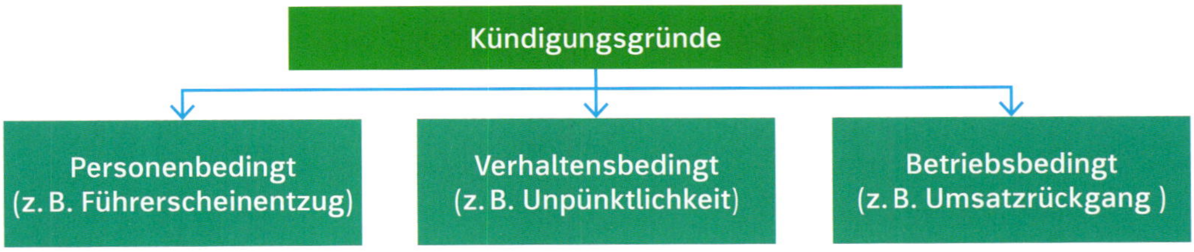

Hält der Arbeitnehmer seine Kündigung für sozial ungerechtfertigt, so muss er binnen **einer Woche** beim Betriebsrat **Einspruch** und binnen **drei Wochen** beim Arbeitsgericht **Klage** erheben.

Ist fristgerecht Widerspruch eingelegt worden und wurde Kündigungsschutzklage erhoben, muss der Arbeitnehmer i. d. R. **weiterbeschäftigt** werden, bis über die Klage entschieden ist.

● Die Abmahnung

Oft geht eine Abmahnung einer Kündigung voraus. Eine Abmahnung ist eine **Rüge des Arbeitgebers** über eine dem Arbeitnehmer vorgeworfene Pflichtverletzung aus dem Arbeitsvertrag. Sie muss auf nachprüfbaren Tatsachen beruhen und deutlich machen, dass im Wiederholungsfall die Kündigung des Arbeitsverhältnisses droht. Die Abmahnung ist an keine besondere Form gebunden, wird jedoch i. d. R. schriftlich verfasst und ist vom Vorgesetzten zu unterschreiben.

Kriterien für eine rechtswirksame Abmahnung:

- Der Abmahnungsgrund ist **konkret** mit Zeit und Datum beschrieben.
  BEISPIEL *„Hiermit mahnen wir Sie aufgrund Ihrer wiederholten unentschuldigten Fehlzeiten in der Berufsschule (04.03., 11.03., 18.03., 25.03.) ab."*

- Der Arbeitgeber muss das Fehlverhalten als **Pflichtverletzung** feststellen und den Arbeitnehmer auffordern, sein Verhalten zu ändern.
  BEISPIEL *„Sie unterliegen als Auszubildender der Berufsschulpflicht. Darüber hinaus ist die Lernpflicht des Auszubildenden in § 13 BBiG ausdrücklich festgeschrieben. Diese Pflicht haben Sie aufgrund der oben genannten unentschuldigten Fehlzeiten verletzt."*

- Der Arbeitgeber muss darauf hinweisen, dass ein wiederholtes Fehlverhalten aus demselben Grund **zur Kündigung führen** kann.
  BEISPIEL *„Sollte es in Zukunft zu weiteren unentschuldigten Fehlzeiten kommen, behalten wir uns vor, das Ausbildungsverhältnis fristlos zu kündigen."*

Der Abgemahnte hat die Möglichkeit der **Gegendarstellung**, der **Beschwerde** beim Betriebsrat und der **Klage** beim Arbeitsgericht auf Rücknahme.

Zusammenfassung

Personal freisetzen

- **Beendigung des Arbeitsverhältnisses** durch
  - **Vertragsablauf**, d. h. zu dem im Vertrag festgelegten Zeitpunkt,
  - **Auflösungsvertrag**, d. h. in gegenseitigem Einvernehmen,
  - **ordentliche Kündigung**, d. h. mit einer Frist von vier Wochen zum 15. oder zum Monatsende,
  - **außerordentliche oder fristlose Kündigung**, d. h. aus wichtigem Grund, wenn eine Fortsetzung des Dienstverhältnisses bis zum Ablauf der ordentlichen Kündigungsfrist nicht mehr zumutbar ist.

- **Kündigungsschutzgesetz** (KSchG):
  - Es bietet Schutz vor **unberechtigter Kündigung**.
  - Es gilt für Betriebe mit mehr als **zehn Arbeitnehmern** und Arbeitnehmer, die länger als sechs Monate im Betrieb beschäftigt sind.
  - Eine Kündigung ist rechtsunwirksam, wenn sie **sozial ungerechtfertigt** ist.
  - Gegen eine sozial ungerechtfertigte Kündigung kann der Arbeitnehmer binnen einer Woche **Einspruch beim Betriebsrat** und binnen drei Wochen **Klage beim Arbeitsgericht** erheben.

- Eine **Abmahnung** ist die Rüge des Arbeitgebers über eine dem Arbeitnehmer vorgeworfene Pflichtverletzung. Sie geht i. d. R. einer Kündigung voraus.

Aufgaben

1. *Stellen Sie fest, welche unten stehenden Papiere einem Arbeitnehmer im Falle einer Beendigung des Arbeitsverhältnisses*
   1. auf Wunsch,
   2. in jedem Fall,
   3. in keinem Fall
   ausgehändigt werden müssen.
   a) elektronische Lohnsteuerkarte
   b) Arbeitszeugnis
   c) Betriebsausweis
   d) Versicherungsnachweis
   e) Arbeitsbescheinigung für die Arbeitsagentur

2. *Frau Kunstein, Bezirksleiterin eines Filialbetriebes, ist seit zwölf Jahren im Unternehmen beschäftigt. Begründen Sie, mit welcher Frist*
   a) Frau Kunstein kündigen kann,
   b) Frau Kunstein gekündigt werden kann.

3. *Die fristlose Kündigung muss innerhalb von zwei Wochen nach Bekanntwerden des Grundes erfolgen. Welche Gründe könnten den Gesetzgeber zu dieser Regelung veranlasst haben?*

4. *Eine Kündigung ist unwirksam, wenn sie „sozial ungerechtfertigt“ ist. Erläutern Sie, was sich hinter dieser Formulierung verbirgt.*

5. *Der Mitarbeiter Heinen erscheint wiederholt zu spät zur Arbeit. Die Leiterin der Personalabteilung, Frau Meys, bittet Herrn Heinen deshalb zu einem Personalgespräch. Bilden Sie je eine Gruppe „Personalchef“ und eine Gruppe „Arbeitnehmer“ und bereiten Sie das Gespräch getrennt vor. Führen Sie das Gespräch im Rollenspiel durch und nehmen Sie den Ablauf auf Video auf. Stellen Sie fest, wo es zu Abweichungen von der geplanten Strategie kommt, und diskutieren Sie die Ursachen.*

6. *Frau Schmitz hat die Ausbildung zur Kauffrau im Einzelhandel beendet. Hat sie bei Beendigung der Ausbildung ein Recht auf Ausstellung eines qualifizierten Zeugnisses?*
   1. *ja, weil die Sozialpartner dies im Manteltarifvertrag vereinbart haben*
   2. *ja, wenn sie es verlangt*
   3. *ja, wenn sie die Kosten für die Zeugniserstellung selbst trägt*
   4. *nein, denn das Prüfungszeugnis über die Abschlussprüfung der Industrie- und Handelskammer bescheinigt ihre Kenntnisse*
   5. *nein, denn über die Ausbildungszeit dürfen keine Zeugnisse geschrieben werden, da die Fertigkeiten und Kenntnisse erst erworben werden*

8 Personalcontrolling durchführen

HANDLUNGSSITUATION

Frau Sommer und Herr Becker sitzen wie jeden ersten Montag im Monat über der Auswertung der Monatsstatistiken der Center Warenhaus GmbH. Nachdem die Abteilungsleiter Einkauf/Lager und Verkauf/Marketing ihre Zahlen erläutert haben, trägt Frau Ahlemann, die Abteilungsleiterin Verwaltung, vor: *„Im Rahmen des Personalcontrollings haben wir festgestellt, dass wir in der Textil-/Sportabteilung bei einer Zielgruppe zwischen 18 und 25 Jahren eine Altersstruktur der Verkäuferinnen und Verkäufer von 46–65 Jahren haben. Die Fluktuationsquote in der Abteilung ist von 8 auf 13,2 gestiegen. Ob da ein Zusammenhang besteht, ermitteln wir noch. Wir entwickeln gerade einen Fragebogen zur Arbeitszufriedenheit für aktive und ausscheidende Mitarbeiter.“ „Bei der Personalauswahl sollten wir die Altersstruktur stärker berücksichtigen“*, erwidert Herr Becker. *„Gibt es noch weitere Auffälligkeiten?“ „In der Lebensmittelabteilung sind wir nach dem Ausscheiden von zwei Vollzeitkräften deutlich unterbesetzt“*, ergänzt Frau Ahlemann, *„die Personaldeckungsquote beträgt hier nur 85 %.“ „Das heißt Ausschreibung von zwei weiteren Stellen für den Bereich Lebensmittel“*, stellt Herr Becker fest, *„veranlassen Sie das bitte!“ „Wo wir gerade bei Neueinstellungen sind“*, erwidert Frau Ahlemann zögernd, *„die Erhebung und die Auswertung der Daten des Personalcontrollings entwickeln sich zunehmend zu einem wichtigen Steuerungsinstrument für die Geschäftsleitung. Sollten wir die*

Bedeutung des Themas nicht durch die Einstellung eines Personalcontrollers aufwerten?" „Wir sollten lieber weitere Mitarbeiter für den Verkauf einstellen, statt die Verwaltung immer weiter aufzublähen", hält der Abteilungsleiter Verkauf/Marketing Oliver Lehnert dagegen.

ARBEITSAUFTRÄGE

- *Diskutieren Sie die von Frau Ahlemann vorgetragene Einstellung eines Personalcontrollers für die Center Warenhaus GmbH.*
- *Diskutieren Sie den Zusammenhang zwischen der Altersstruktur der Zielgruppe einer Abteilung und der Altersstruktur der Verkäuferinnen und Verkäufer.*
- *Stellen Sie fest, welche weiteren Messwerte des Personalcontrollings zur Beurteilung der Situation in der Abteilung Textil/Sport herangezogen werden können.*
- *Zeigen Sie Möglichkeiten der kurz- und langfristigen Verbesserung in der Abteilung Textil/Sport auf.*
- *Erläutern Sie anhand der Situation die Bedeutung der Kennzahlen des Personalcontrollings für die Personalleitung und den Controller.*

Personalbestand und Personalkosten

Aufgabe des Personalcontrollings ist es, den erforderlichen Personalbestand für die betriebliche Leistungserstellung sicherzustellen. Damit ist der richtige zeitliche Einsatz der Mitarbeiter unter Berücksichtigung ihrer jeweiligen Qualifikation gemeint. Ziel ist es, mit dem verfügbaren Personalbestand den erforderlichen Personalbedarf zu decken. Wie weit das im Betrieb gelungen ist, wird durch die **Personaldeckungsquote** dargestellt. Mit ihr werden durch Gegenüberstellung von Personal-Ist-Bestand und Personal-Soll-Bestand **Über-** und **Unterbesetzungen** festgestellt:

$$\textbf{Personaldeckungsquote} = \frac{\text{Personal-Ist-Bestand} \cdot 100}{\text{Personal-Soll-Bestand}}$$

BEISPIEL In der Center Warenhaus GmbH hat der Controller einen Bedarf an 70 Mitarbeiterinnen und Mitarbeitern ermittelt. Zurzeit sind aber nur 65 Stellen besetzt.

Personaldeckungsquote: $\frac{65 \cdot 100}{70} = \underline{\underline{92{,}9\,\%}}$

Daraus lässt sich eine Unterbesetzung von 7,1 % ableiten.

Der **Controller** ermittelt Ursachen und Maßnahmen zur Gegensteuerung, indem er Vorschläge zur Entlassung, Neueinstellung sowie Aus- und Weiterbildung macht. Neben rechtlichen, sozialen und verwaltungstechnischen Aspekten hat das Personalcontrolling den wirtschaftlichen Aspekt zu beachten (Lohn- und Lohnnebenkosten), sind doch die Personalkosten neben den Wareneinsatz- und Betriebsmittelkosten (Abschreibungen und Instandhaltungen) der wichtigste Kostenfaktor. Der Vergleich mit dem Branchendurchschnitt oder mit wichtigen

Konkurrenten ist daher bedeutsam. Der Controller hat die Aufgabe, **Kennzahlen** zu entwickeln, die für den **Vergleich mit Wettbewerbern derselben Branche** geeignet sind. Solche Kennzahlen sind z. B. das Gehalt je Angestelltenstunde:

$$\textbf{Gehalt je Angestelltenstunde} = \frac{\text{Gehälter} + \text{Gehaltsnebenkosten}}{\text{Angestelltenstunden}}$$

BEISPIEL Der Controller der Center Warenhaus GmbH hat für das abgelaufene Jahr aufgrund der Angaben der Lohnbuchhaltung 130 130 Angestelltenstunden mit einem Bruttogesamtgehalt von 1 106 105,00 € und 530 930,40 € Gehaltsnebenkosten ermittelt.

$$\text{Gehalt je Angestelltenstunde: } \frac{1\,106\,105{,}00 + 530\,930{,}40}{130\,130} = \underline{\underline{12{,}58\ €}}$$

Bei **Abweichungen von den Branchenwerten** müssen die Ursachen gefunden werden. Sie können in Besonderheiten des Sortiments, der Belegschaftsstruktur, der Verkaufs- oder Bedienungsform und den angewandten Entlohnungsformen begründet sein.

BEISPIEL Beim Zeitlohn besteht kein Leistungsanreiz. Dem Risiko von Minderleistungen könnte durch leistungsbezogene Entgeltformen (z. B. Prämien, Provision) vorgebeugt werden.

In diesem Zusammenhang hat der Controller folgende **Aufgabenschwerpunkte**:

- Offenlegung der wichtigsten Einflussfaktoren der Personalkosten
- Festlegung von Merkmalen zur Bestimmung der Personalqualität
- Mitwirkung bei der Personalplanung, beim Einsatz und bei der Betreuung
- Personalbeurteilung und Bewertung zwecks Förderung oder Positionierung

Personalstruktur

Von Bedeutung ist auch die Überwachung der Personalzusammensetzung. Hierbei werden Kriterien wie die Rechtsstellung, die Qualifikation, das Alter oder das Geschlecht betrachtet. Die Personalzusammensetzung kann mithilfe zahlreicher Kennzahlen veranschaulicht werden:

$$\textbf{Anteil der Angestellten (Angestelltenquote)} = \frac{\text{Angestellte} \cdot 100}{\text{Zahl der Mitarbeiter}}$$

$$\textbf{Anteil der gewerblichen Mitarbeiter (gewerbliche Mitarbeiterquote)} = \frac{\text{gewerbliche Mitarbeiter} \cdot 100}{\text{Zahl der Mitarbeiter}}$$

BEISPIEL Von den 65 Mitarbeiterinnen und Mitarbeitern sind 61 Angestellte und 4 gewerbliche Mitarbeiterinnen und Mitarbeiter

$$\text{Angestelltenquote: } \frac{61 \cdot 100}{65} = \underline{\underline{93{,}8\,\%}}$$

$$\text{Gewerbliche Mitarbeiterquote: } \frac{4 \cdot 100}{65} = \underline{\underline{6{,}2\,\%}}$$

$$\text{Anteil der höher qualifizierten Mitarbeiter (Qualifikationsquote)} = \frac{\text{Mitarbeiter mit höherer Qualifikation} \cdot 100}{\text{Zahl der Mitarbeiter}}$$

BEISPIEL Von den 65 Mitarbeiterinnen und Mitarbeitern besitzen acht eine höhere Qualifikation: BWL- (2), Marketing- (3), Bilanzbuchhalter- (1), Informatikstudium (2).

Qualifikationsquote: $\frac{8 \cdot 100}{65} = \underline{\underline{12{,}3\,\%}}$

$$\text{Anteil der Beschäftigten einer Altersgruppe} = \frac{\text{Beschäftigte der Altersgruppe} \cdot 100}{\text{Mitarbeiter}}$$

BEISPIEL Von den 65 Mitarbeiterinnen und Mitarbeitern sind 18 männlich und 47 weiblich. Nach Altersgruppen verteilen sie sich wie folgt:

Jahre	Mitarbeiter/-innen		Männlich		Weiblich	
	Zahl	in %	Zahl	in %	Zahl	in %
18–25	12	18,5	4	6,2	8	12,3
26–45	35	53,8	12	18,5	23	35,4
46–65	18	27,7	2	3,1	16	24,6
	65	100,0	18	27,7	47	72,3

$$\text{Ausbildungsquote} = \frac{\text{Auszubildende} \cdot 100}{\text{Mitarbeiter}}$$

BEISPIEL Die Center Warenhaus GmbH hat zurzeit zehn Auszubildende.

Ausbildungsquote: $\frac{10 \cdot 100}{65} = \underline{\underline{15{,}4\,\%}}$

$$\text{Frauenquote} = \frac{\text{weibliche Beschäftigte} \cdot 100}{\text{Mitarbeiter}}$$

BEISPIEL In der Center Warenhaus GmbH beträgt die Frauenquote (vgl. Tabelle „Altersgruppen"):

Frauenquote: $\frac{47 \cdot 100}{65} = \underline{\underline{72{,}3\,\%}}$

$$\text{Teilzeitquote} = \frac{\text{Teilzeitbeschäftigte} \cdot 100}{\text{Mitarbeiter}}$$

Durch laufende Überprüfung der Verwaltungs- und Betriebsorganisation können Umschulungen, Weiterbildungen, Umbesetzungen und Rationalisierungsmaßnahmen ausgelöst werden. Unternehmen sollten auf **gleichmäßige Anteile aller Altersgruppen** achten – möglichst in allen Abteilungen. In diesem Sinne werden regelmäßig Neueinstellungen vorgenommen, die zu Innovationsvorteilen führen sollten. Mit einer gleichmäßigen Altersverteilung können nachteilige Vorruhestandsregelungen oder Einstellungsstopps weitgehend umgangen werden.

Außerdem kann sich die Altersstruktur in mehrfacher Hinsicht negativ auswirken. So kann eine Überalterung zu einem hohen Krankenstand, einem Rückgang des Beschäftigungsgrades bei gleichbleibenden fixen Kosten, einer Qualitätsminderung (z.B. Wechsel in der Kundenbetreuung), Nichteinhaltung von Terminen oder zu Überstunden der jungen Mitarbeiter führen. Die **Beschäftigungsstruktur** kann ermittelt werden, indem der Anteil der Beschäftigten einzelner Jahrgänge oder Altersgruppen (z.B. 20–25 Jahre) am Personalbestand gemessen wird. Bedeutende Aussagen zur Personalstruktur können auch mithilfe der Ausbildungs- und Frauenquote gemacht werden.

Personalbestandsänderungen/Fluktuation

Fluktuationen im Personalbereich sind sehr teuer (Abgangsabwicklung, Ausschreibungs-, Auswahl- und Einstellungsverfahren, Einarbeitungszeit usw.). Das Personalcontrolling muss daher alle Einflüsse auf die Personalentwicklung, die auf betriebliche Umstellungen, Versetzungen und Führungsverhalten zurückzuführen sind, erfassen und bewerten. Betriebliche Umstellungen können u.a. sein:

- Änderung der Arbeitszeit
- Sortimentsveränderungen
- Umstellung auf neue Verkaufs- oder Bedienungsformen, die Mitarbeiterschulungen notwendig machen
- Umstellungen im Beschaffungs- und Absatzbereich
- Änderungen des Entgelts
- Veränderung des Betriebsklimas

BEISPIELE

- Die Center Warenhaus GmbH nimmt neue Artikel ins Sortiment auf. Mitarbeiter sind entsprechend zu schulen. Eventuell sind entsprechend qualifizierte Mitarbeiter einzustellen.
- Eine zu hohe Belastung der Mitarbeiter und ein schlechtes Betriebsklima oder der Führungsstil können die Ursachen für Fehlzeiten und starke Fluktuationen (Kündigungen, Neueinstellungen) sein.

Aussagekräftig sind daher folgende **Kennzahlen**:

$$\textbf{Fluktuationsquote} = \frac{\text{Abgänge je Rechnungsperiode} \cdot 100}{\text{Mitarbeiter}}$$

BEISPIEL

Der Controller ermittelte für die letzten beiden Jahre aufgrund der Angaben des Personalbüros:

	Vorjahr	Berichtsjahr
Anzahl der Beschäftigten	60	65
Abgänge	7	8
Fluktuationsquote	11,7 %	12,3 %

Durch Aufschlüsselung der Abgänge auf die Funktionsbereiche Einkauf, Lager, Verkauf/Marketing und Verwaltung können Unterschiede erkannt und Informationen über Ursachen gewonnen werden.

$$\textbf{Fehlzeitquote} = \frac{\text{Fehltage} \cdot 100}{\text{Arbeitstage}}$$

BEISPIEL Im Personalbüro werden 5856 Fehlstunden von der Soll-Stundenzahl von 130130 Stunden ermittelt.

Fehlzeitenquote: $\frac{5856 \cdot 100}{130130} = \underline{\underline{4{,}5\,\%}}$

Eine ähnliche Aussage macht die Kennzahl „**Krankenstand**". Sie berücksichtigt nur Fehlstunden aufgrund von Krankmeldungen.

$$\textbf{Krankenstand} = \frac{\text{Fehlstunden durch Krankheit} \cdot 100}{\text{Arbeitsstunden}}$$

Eine hohe **Fehlzeitenquote** kann dazu führen, dass Überstunden geleistet werden müssen. Überstunden führen zu höheren Kosten und wegen der erhöhten Belastung nicht selten zu Qualitätsminderungen sowie in der Folge zur Imageschädigung. Führungsstil und Arbeitsbedingungen müssen laufend überprüft und verbessert werden. Die Gesichtspunkte der Personalbetreuung und der Entlohnung sind dabei mit heranzuziehen.

Zusammenfassung

Personalcontrolling durchführen

- Personalbestand und Personalkosten

Messung	Ursachen negativer Entwicklung	Maßnahmen zur Verbesserung
Personaldeckungsgrad	• kein Fachkräfteangebot am Arbeitsmarkt • Der Personalbestand wurde der Umsatzentwicklung nicht angepasst.	• Ausbildung • Weiterbildung • Umbesetzung • Kündigung
Gesamtlohnstunden	• Personalüberdeckung	• Rationalisierung • Vorruhestand • Kurzarbeit

- Personalstruktur

Messung	Ursachen negativer Entwicklung	Maßnahmen zur Verbesserung
• Angestelltenquote • gewerbliche Mitarbeiterquote • Qualifikationsquote • Altersgruppen • Ausbildungsquote • Frauenquote	• Aufblähung der Verwaltung • Aufblähung der Leitungsfunktion • Überalterung • Ausbildungsstopp • schlechtes Betriebsklima • Änderungen in der Betriebs- und Verwaltungsstruktur	• Ausbildung • Weiterbildung • Änderung der Organisationsstruktur • gezielte Maßnahmen bei Einstellungen und Entlassungen

- Personalbestandsänderungen/Fluktuationen

Messung	Ursachen negativer Entwicklung	Maßnahmen zur Verbesserung
Fluktuationsquote	• Führungsstil • Betriebsklima • Arbeitsentgelt • fehlende Aufstiegschancen	• Änderung der Organisationsstrukturen • Verantwortungsdelegation • Teamarbeit • Anpassung der Entgelte • Maßnahmen zur Betriebsklimaverbesserung
Fehlzeitenquote	• fehlende Qualifikation • Überforderung • Betriebsklima • fehlende Teamfähigkeit	• Weiterbildung • Maßnahmen zur Betriebsklimaverbesserung • Umbesetzung • Änderung der Arbeitszeitregelung

Aufgaben

1. *Werten Sie folgende Grafiken zur Altersstruktur von vier Einzelhandelsunternehmen vergleichend aus.*

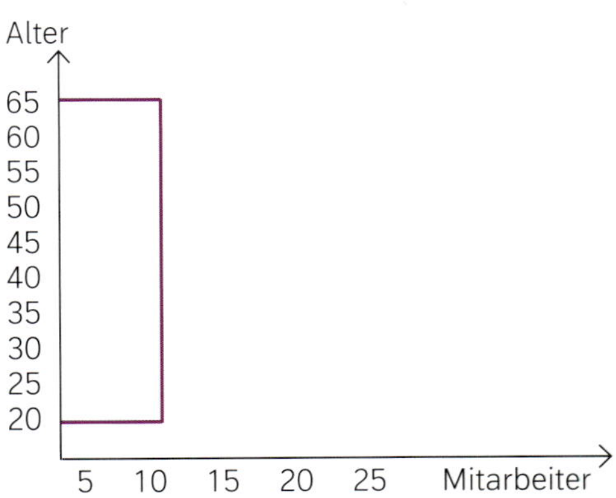

Betrieb I

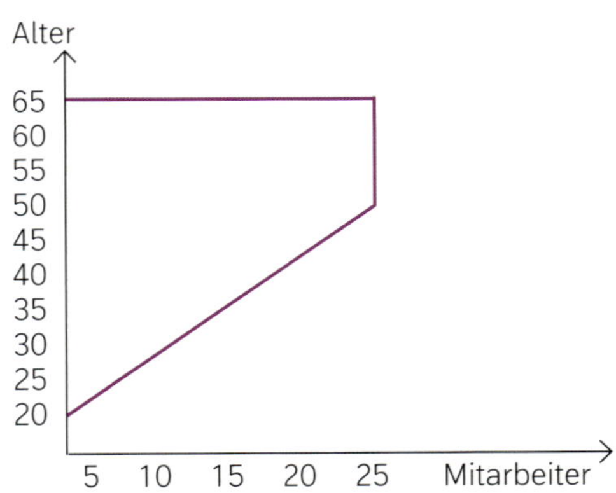

Betrieb II

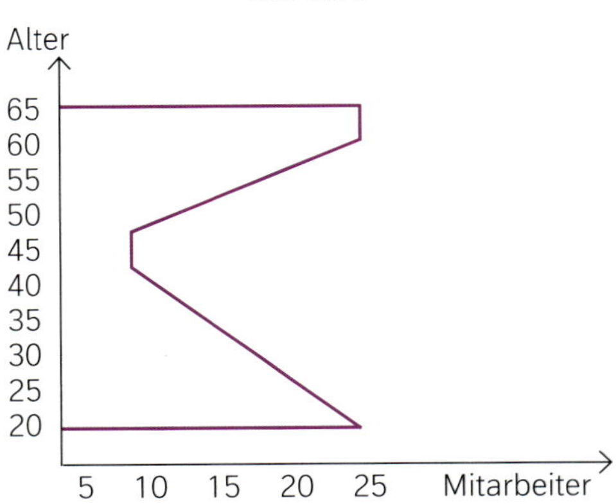

Betrieb III

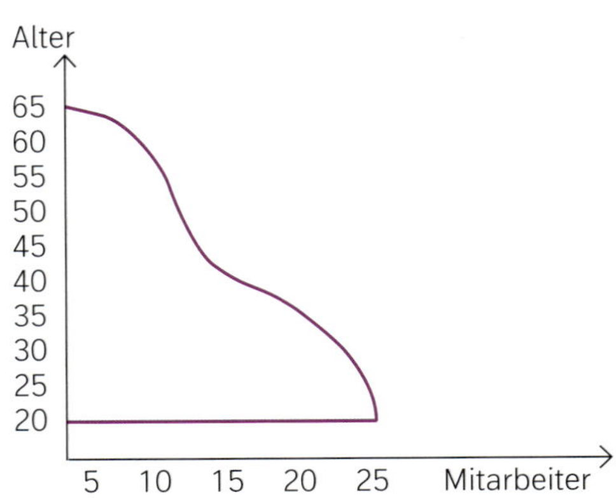

Betrieb IV

a) Erläutern Sie die jeweilige Belegschaftsstruktur.
b) Zeigen Sie jeweils wirtschaftliche Vor- und Nachteile der einzelnen Strukturen auf.
c) Zeigen Sie Möglichkeiten der Verbesserung auf.

2. *Werten Sie folgende Daten aus:*

Mitarbeiterzahl im Jahresdurchschnitt	200
Arbeitszeit	162 Tage à 8 Stunden pro Mitarbeiter
Fehlzeiten	19 440 Stunden insgesamt
Abgänge	12 Personen

a) Errechnen Sie die Fehlquote und die Fluktuationsquote.
b) Leiten Sie aus den Ergebnissen Konsequenzen ab.

3. *Der Controller einer Einzelhandelsunternehmung stellte folgende Daten zur Auswertung zusammen:*

	Vorjahr	Abrechnungsjahr
Anzahl der Mitarbeiter	80	84
Anzahl der Arbeitsstunden	128 800	120 960
Umsatz in €	8 372 000,00	8 588 160,00

a) Ermitteln Sie
- *die Arbeitsstunden je Mitarbeiter in den Vergleichsjahren,*
- *den Umsatz je Mitarbeiter in den Vergleichsjahren,*
- *den Umsatz je Arbeitsstunde in den Vergleichsjahren.*

b) Beurteilen Sie die Umsatzentwicklung im Vergleich zur geleisteten Arbeitszeit.

Übungsaufgaben

1. *Die Center Warenhaus GmbH sucht eine neue Substitutin für die Abteilung Lebensmittel.*
   a) Erläutern Sie die grundsätzlichen Möglichkeiten der Personalbeschaffung.
   b) Die Personalchefin Maria Meys macht sich Gedanken über die Anforderungen, die an eine gute Substitutin zu stellen sind.
   - *Erläutern Sie die Anforderungen an die Substitutin aus der Sicht der Center Warenhaus GmbH.*
   - *Erläutern Sie die Anforderungen aus der Sicht der Kunden.*
   - *Formulieren Sie die Stellenbeschreibung für die Funktion der Substitutin.*

   c) Frau Meys entschließt sich, eine Stellenanzeige zu veröffentlichen.
   - *Erläutern Sie, welche Inhalte bei der Gestaltung berücksichtigt werden sollten.*
   - *Formulieren Sie den Text der Stellenanzeige.*
   - *Wählen Sie einen geeigneten Werbeträger aus und erläutern Sie, welche Überlegungen bei der Wahl des Erscheinungstermins zu beachten sind.*

   d) Diskutieren Sie, welche Grundsätze die Bewerberin bei der Abfassung des Bewerbungsschreibens beachten sollte.
   e) Nennen Sie die Anlagen, die einer Bewerbung beiliegen sollten.
   f) Schreiben Sie eine Bewerbung auf die Stellenanzeige.

2. *Grete Graumann ist Substitutin in der Kaufland eG. Frau Graumann ist politisch sehr engagiert und möchte einen Betriebsrat gründen.*
   a) Erläutern Sie, unter welchen Voraussetzungen dies möglich ist.
   Beantworten Sie mithilfe des BetrVG folgende weitere Fragen:
   b) Der Betrieb hat 180 wahlberechtigte Arbeitnehmer, von denen 60 Männer sind.
      1. *Aus wie vielen Personen besteht der Betriebsrat?*
      2. *Wie sollte er zusammengesetzt sein?*
      3. *Frau Graumann wird von ihrer besten Freundin als Kandidatin für den Betriebsrat vorgeschlagen. Ist Frau Graumann damit als Kandidatin aufgestellt?*
   c) Frau Graumann wird als Betriebsrätin gewählt. Als erste Amtshandlung nimmt sie an einer Besprechung der Geschäftsleitung teil, in der über eine Veränderung der Lage der Arbeitszeiten beraten wird. Die Geschäftsleitung will den Arbeitsbeginn morgens von 07:30 Uhr auf 08:00 Uhr verschieben. Frau Graumann ist dagegen. Kann sie die Entscheidung verhindern?
   d) Im Betrieb sind 25 Jugendliche und Auszubildende beschäftigt. Sie wollen eine JAV wählen. Erläutern Sie die Voraussetzungen und Rechte einer JAV.

3. *Die Personalabteilung der Center Warenhaus GmbH schlägt am 8. April d. J. vor, dem kaufmännischen Angestellten Helmut Holl, 40 Jahre, ledig, zu kündigen. Helmut Holl trat im Alter von 23 Jahren in die Center Warenhaus GmbH als kaufmännischer Angestellter ein. Ihnen liegt der § 622 BGB vor.*
   a) Stellen Sie fest, zu welchem Termin Helmut Holl nach den Bestimmungen des § 622 BGB frühestens gekündigt werden kann.

> **§ 622 BGB Kündigungsfristen bei Arbeitsverhältnissen**
> (1) Das Arbeitsverhältnis eines Arbeiters oder eines Angestellten (Arbeitnehmers) kann mit einer Frist von vier Wochen zum Fünfzehnten oder zum Ende eines Kalendermonats gekündigt werden.
> (2) Für eine Kündigung durch den Arbeitgeber beträgt die Kündigungsfrist, wenn das Arbeitsverhältnis in dem Betrieb oder Unternehmen
> 1. zwei Jahre bestanden hat, einen Monat zum Ende eines Kalendermonats,
> 2. fünf Jahre bestanden hat, zwei Monate zum Ende eines Kalendermonats,
> [...]
> 6. 15 Jahre bestanden hat, sechs Monate zum Ende eines Kalendermonats,
> 7. 20 Jahre bestanden hat, sieben Monate zum Ende eines Kalendermonats.
> Bei der Berechnung der Beschäftigungsdauer werden Zeiten, die vor der Vollendung des 25. Lebensjahres des Arbeitnehmers liegen, nicht berücksichtigt.
> [...]

   b) Helmut Holl hat davon erfahren, dass ihm gekündigt werden soll. Als er von seinem Freund Klaus Stein, Geschäftsführer der Herstatt Warenhaus GmbH, ein Angebot für einen neuen Arbeitsplatz erhält, beschließt er, am 14. April sein Arbeitsverhältnis selbst zu kündigen.
   Zu welchem Termin kann Helmut Holl nach den Bestimmungen des § 622 BGB frühestens seine neue Stelle antreten?

4. *a) Erstellen Sie die Gehaltsliste des Textilgeschäftes Felix Klein e. K. für den Monat Mai mithilfe der Abzugstabellen auf Seite 267 f.*

Felix Klein e. K.					
Gehaltsliste					**Monat:** Mai
Name	Alt	Eder	Floss	Goren	
Vorname	Paul	Jessika	Stefan	Petra	
Alter	30	32	37	42	
Religion	rk	ev	ev	rk	
Steuerklasse	I	II,1	III,2	IV,1	Summe
Bruttoverdienst	2460,00	2480,00	2490,00	2465,00	
Abzüge Finanzamt					
Lohnsteuer					
SolZ					
Kirchensteuer					
Abzüge SV					
KV 7,6 % einschließlich 0,3 % (AN-Anteil)					
RV 9,3 % (AN-Anteil)					
ALV 1,2 % (AN-Anteil)					
PV 1,525 % (AN-Anteil)[1]					
Nettogehalt					
Auszahlung					

b) Wie viel Prozent des Bruttogehaltes betragen die Abzüge bei Alt, Eder, Floss und Goren?

c) Stellen Sie Gründe für die ungleich hohen prozentualen Abzüge bei den vier Gehaltsempfängern zusammen.

d) Wie hoch ist der Personalaufwand des Textilgeschäftes Felix Klein e. K. im Monat Mai aufgrund der von Ihnen erstellen Gehaltsliste?

5. *Die Gehaltsliste des Mars Elektrofachmarkt e. K. weist für den Monat April folgende Summen aus:*

Bruttogehälter	84 200,00 €	**Sozialversicherung (einbehalten)**	17 134,70 €
Lohnsteuer	6 736,00 €	**Arbeitgeberanteil**	16 271,65 €
Solidaritätszuschlag	0,00 €	**Unfallversicherung**	1 % der Gehaltssumme
Kirchensteuer	528,00 €		

Ermitteln Sie

a) die Nettogehälter,

b) die abzuführenden Beträge

ba) an das Finanzamt,

bb) an die Krankenkasse,

bc) an die Berufsgenossenschaft,

c) die gesamten Personalaufwendungen für den Arbeitgeber.

---

[1] *Für kinderlose AN ist ein Zusatzbeitrag zur PV von 0,35 % zu berücksichtigen (vgl. Seite 266).*

Ungebundene Aufgaben zur Prüfungsvorbereitung

1. *Die Center Warenhaus GmbH plant für das kommende Geschäftsjahr eine Umsatzsteigerung von 15 %. In diesem Zusammenhang soll ein weiterer Mitarbeiter/eine weitere Mitarbeiterin im Verkauf eingestellt werden.*
   a) Erläutern Sie vier Möglichkeiten der Personalbeschaffung.
   b) Sie bereiten die Bearbeitung der eingehenden Bewerbungen vor. Geben Sie drei Unterlagen an, die der jeweiligen Bewerbung beigefügt sein sollten.
   c) Aus den eingegangenen Bewerbungen wird Sonja Winter ausgewählt und eingestellt. Nennen sie je drei Rechte und Pflichten, die sich aus dem geschlossenen Arbeitsvertrag ergeben.
   d) Die Abteilung Rechnungswesen bittet um eine Übersicht der durch die Einstellung verursachten jährlichen Personalkosten.
   Sonja Winter wird direkt nach Abschluss der Ausbildung übernommen. Sie hat bereits einen Vertrag über vermögenswirksame Leistungen.
   - *monatliches Bruttogehalt: vgl. Haustarifvertrag der Center Warenhaus GmbH auf Seite 294*
   - *tarifliche Zulagen: vgl. Haustarifvertrag der Center Warenhaus GmbH auf Seite 294*

   Arbeitgeberanteil zur Sozialversicherung:
   - *Krankenversicherung: 7,3 % (kein Zusatzbeitrag)*
   - *Rentenversicherung: 9,3 %*
   - *Pflegeversicherung: 1,525 %*
   - *Arbeitslosenversicherung: 1,2 %*
   - *gesetzliche Unfallversicherung: 4,80 €*

   Ermitteln Sie die jährlichen Personalkosten mithilfe der folgenden Tabelle.

Personalkosten		€
Jährliche Personalkosten		

Haustarifvertrag der Center Warenhaus GmbH:

Monatsgehälter für Angestellte	
Unterste Gehaltsgruppe: Angestellte ohne abgeschlossene kaufmännische Ausbildung oder Angestellte ohne eine gleichwertige Ausbildung	1 790,00 bis 2 700,00 €
Einstieg nach Ausbildung: Angestellte mit abgeschlossener Ausbildung und einfacher kaufmännischer Tätigkeit 1. Berufsjahr 2. Berufsjahr 3. Berufsjahr 4. Berufsjahr	 1 940,00 € 2 000,00 € 2 225,00 € 2 280,00 €
Urlaubsgeld	50 % des jeweiligen Bruttogehaltes
Vermögenswirksame Leistungen	13,29 € Arbeitgeberanteil/Monat

2. *Sabine Freund ist in der Personalabteilung eingesetzt und soll die Einsatzplanung für die Abteilung Textil/Sport für das kommende Jahr vorbereiten. Die Substitutin Elena Gutowski stellt ihr folgende Daten zur Verfügung:*
   - *Die Abteilung ist zurzeit mit sieben Vollzeitkräften besetzt.*
   - *Eine Mitarbeiterin geht zum Jahresende in den Ruhestand.*
   - *Ein Mitarbeiter wird im kommenden Jahr für ein Jahr Elternzeit nehmen.*
   - *Eine Mitarbeiterin hat zum Jahresende gekündigt.*
   - *Ein Mitarbeiter und eine Mitarbeiterin kehren als Vollzeitkräfte aus der Elternzeit zurück.*

   Die Geschäftsleitung hat entschieden, dass die Abteilung Textil/Sport aufgrund der Umsätze des vergangenen Jahres mit zwölf Vollzeitkräften besetzt werden soll.

   a) *Ermitteln Sie, wie viele Mitarbeiterinnen und Mitarbeiter eingestellt werden müssen. Verwenden Sie dazu die folgende Tabelle.*

Personalbedarfsplan Textil/Sport	Anzahl
Ist-Bestand	7

   b) *Erläutern Sie drei Kriterien, die die Center Warenhaus GmbH bei der Personalauswahl berücksichtigen sollte.*

   c) *Erläutern Sie drei Unterlagen, die die Center Warenhaus GmbH bei der Personalauswahl heranziehen sollte.*

   d) *Unabhängig von der geplanten Einstellung möchte die Center Warenhaus GmbH Maßnahmen der Personalentwicklung ergreifen. Stellen Sie zwei mögliche Maßnahmen vor.*

e) *Erläutern Sie jeweils einen Grund, aus welchem die von Ihnen vorgeschlagenen Maßnahmen der Personalentwicklung für die Center Warenhaus GmbH und deren Mitarbeiterinnen und Mitarbeiter von Vorteil sein könnten.*

Vorteil für die Center Warenhaus GmbH	Vorteil für die Mitarbeiterinnen und Mitarbeiter

3. *Die Personalabteilung der Center Warenhaus GmbH schlägt wegen starker Umsatzrückgänge am 8. April d. J. vor, dem kaufmännischen Angestellten Helmut Holl, 40 Jahre, ledig, zu kündigen. Helmut Holl trat im Alter von 23 Jahren in die Center Warenhaus GmbH als kaufmännischer Angestellter ein. Ihnen liegt der § 622 BGB vor (vgl. Seite 291).*
   a) *Stellen Sie fest, zu welchem Termin Helmut Holl nach den Bestimmungen des § 622 BGB frühestens gekündigt werden kann.*
   b) *Helmut Holl hat davon erfahren, dass ihm gekündigt werden soll. Als er von seinem Freund Klaus Stein, Geschäftsführer der Herstatt Warenhaus GmbH, ein Angebot für einen neuen Arbeitsplatz erhält, beschließt er, am 14. April sein Arbeitsverhältnis selbst zu kündigen. Zu welchem Termin kann Helmut Holl nach den Bestimmungen des § 622 BGB frühestens seine neue Stelle antreten?*
   c) *Nach erfolgter Kündigung sind die Arbeitspapiere zusammenzustellen und es ist ein Zeugnis zu fertigen.*
      1. *Erläutern Sie, welche Arbeitspapiere Helmut Holl ausgehändigt werden müssen.*
      2. *Stellen Sie die rechtlichen Regelungen für die Erstellung des Arbeitszeugnisses zusammen.*
      3. *Der Bundesgerichtshof hat festgestellt, dass Formulierungen in Arbeitszeugnissen wohlwollend sein müssen und das berufliche Fortkommen nicht erschweren dürfen. Durch die Verwendung von Zeugnisformulierungen wird eine Abstufung der Wertung des Leistungs- und Führungsverhalten erreicht, ohne den Grundsatz des Wohlwollens zu verlassen. Formulieren Sie ein Arbeitszeugnis für Herrn Holl, der in den vergangenen Jahren durchgängig gute Leistungen gezeigt hat.*

4. *Die Center Warenhaus GmbH plant für das kommende Geschäftsjahr eine Umsatzsteigerung von 15 %. In diesem Zusammenhang soll ein weiterer Mitarbeiter/eine weitere Mitarbeiterin im Verkauf eingestellt werden.*
   a) *Erläutern Sie vier Möglichkeiten der Personalbeschaffung.*
   b) *Sie bereiten die Bearbeitung der eingehenden Bewerbungen vor. Geben Sie drei Unterlagen an, die der jeweiligen Bewerbung beigefügt sein sollten.*
   c) *Aus den eingehenden Bewerbungen wird Sonja Stein ausgewählt und eingestellt. Nennen sie je drei Rechte und Pflichten, die sich aus dem geschlossenen Arbeitsvertrag ergeben.*
   d) *Die Abteilung Rechnungswesen bittet um eine Übersicht der durch die Einstellung verursachten Personal- und Personalzusatzkosten.*

LERNFELD 14

Ein Einzelhandelsunternehmen leiten und entwickeln

1 Eine Geschäftsidee entwickeln und in der Gründung eines Einzelhandelsunternehmens umsetzen

HANDLUNGSSITUATION

Sabines Freundin Edith Mauser macht Karriere. Vor sechs Jahren hatte sie die Ausbildung als Kauffrau im Einzelhandel bei der Center Warenhaus GmbH abgeschlossen und bereits zwei Jahre später war sie als Substitutin Leiterin der Spielwarenabteilung. In den letzten Jahren konnte Edith Mauser etwas sparen, darüber hinaus hat sie eine kleine Erbschaft gemacht. Als sie davon hört, dass im Einkaufszentrum Rheinpark ein kleines Ladenlokal günstig angeboten wird, kommt ihr der Gedanke, sich mit einem Spielwarengeschäft selbstständig zu machen.

ARBEITSAUFTRÄGE

LS

- *Überlegen Sie, welche Ziele Edith Mauser mit dem Schritt in die Selbstständigkeit verbinden könnte.*
- *Diskutieren Sie, welche Voraussetzungen sie erfüllen sollte, damit die Existenzgründung ein Erfolg wird.*
- *Entwickeln Sie ein Konzept der Unternehmensgründung für Edith Mausers Spielwarengeschäft. Konkretisieren Sie dafür die Geschäftsidee und berücksichtigen Sie die Wahl der Unternehmensform sowie Finanzierungsaspekte. Präsentieren Sie Ihr Ergebnis.*

Lernfeld 1

Für einen Mitarbeiter, der im Einzelhandel aufsteigt und als Karriere macht, stellt sich irgendwann die Frage, ob er ein Einzelhandelsunternehmen langfristig leiten oder sich selbstständig machen will. Fällt die Entscheidung für die Selbstständigkeit, ist eine **Geschäftsidee** zu entwickeln. Dafür sollten die **Ziele** und die **Gründungsvoraussetzungen** geklärt werden.

Die Geschäftsidee

Am Anfang jeder Existenzgründung im Einzelhandel steht eine **Geschäftsidee** – die Idee, etwas anders und erfolgreicher zu machen als der eigene Chef oder die zukünftigen Mitbewerber. Damit diese Idee Aussicht auf Erfolg hat, sollte der Existenzgründer seine unternehmerischen Ziele und das Vorliegen der Gründungsvoraussetzungen sorgfältig prüfen und in einem **Businessplan** festhalten.

Unternehmerische Ziele

Wichtigstes Ziel jedes Einzelhändlers ist die langfristige Sicherung des größtmöglichen Gewinns (**Gewinnmaximum**). Daneben spielen aber auch andere Ziele, z. B. Unabhängigkeit, das Ansehen in der Öffentlichkeit oder die soziale Verantwortung, eine Rolle. In einer marktwirtschaftlichen Wirtschaftsordnung ist jedoch ein langfristiger Gewinn für die Existenzsicherung des Unternehmers unabdingbar. Für den selbstständigen Einzelhändler setzt sich der Gewinn zusammen aus:

- **Unternehmerlohn** für die geleistete Arbeit im Betrieb und damit Einkommen sowie Sicherung des Lebensstandards, Lernfeld 8
- **Kapitalverzinsung** für das eingebrachte Eigenkapital,
- **Risikoprämie** für die Möglichkeit des Scheiterns, z. B. durch eine Insolvenz des Unternehmens (vgl. Seite 373 ff.).

Gründungsvoraussetzungen

In der Bundesrepublik Deutschland herrscht gem. Art. 12 Abs. 2 **Grundgesetz** (GG) (https://www.gesetze-im-internet.de/gg/) und § 1 **Gewerbeordnung** (GewO) (https://www.gesetze-im-internet.de/gewo/) der Grundsatz der **Gewerbefreiheit**.

> **§ 1 GewO Grundsatz der Gewerbefreiheit**
> (1) Der Betrieb eines Gewerbes ist jedermann gestattet, soweit nicht durch dieses Gesetz Ausnahmen oder Beschränkungen vorgeschrieben oder zugelassen sind.

Die genannten Ausnahmen oder Beschränkungen dienen dem Schutz der Verbraucher. So gibt es Gesetze und Verordnungen, die den Verkauf von

- bestimmten Arzneimitteln,
- Hackfleisch,
- Waffen,
- Pflanzenschutzmitteln

an besondere Sachkundenachweise oder Prüfungen der Zuverlässigkeit binden. Darüber hinaus ist es jedoch jedermann gestattet, ein Einzelhandelsunternehmen zu gründen. Um dieses Unternehmen erfolgreich führen zu können, sollte der zukünftige Einzelhändler jedoch persönliche, sachliche und rechtliche **Voraussetzungen** erfüllen.

○ Persönliche Voraussetzungen

Die Anforderungen des Wettbewerbs für Existenzgründer im Einzelhandel sind u. a.:

- gute Ausbildung:
  - umfassende Warenkenntnisse der Branche,
  - Erfahrung in Kundenberatung und Warenpräsentation,
  - Kenntnis der einschlägigen Gesetze und Verordnungen,
  - Kenntnis der Nutzung neuer (IuK-)Techniken, wie z. B. im Onlinehandel,
- Einsatzbereitschaft,
- Menschenkenntnis,
- Risikofreude,
- Führungskompetenz,
- Ideenreichtum,
- Rückendeckung durch den Partner.

BEISPIEL Edith Mauser erfüllt die wichtigsten persönlichen Voraussetzungen. Sie verfügt über gute Warenkenntnisse, über Kenntnisse im Warenverkauf und in der Betriebswirtschaftslehre. Als Abteilungsleiterin hat sie Führungskompetenz und Menschenkenntnis bewiesen.

○ Sachliche Voraussetzungen

Die Hauptschwierigkeiten bei der Neugründung im Einzelhandel liegen im Bereich der Beschaffung von Kapital, Personal und anderen Betriebsfaktoren. Daneben spielen selbstverständlich auch Absatzprobleme eine Rolle.

Um die genannten Schwierigkeiten zu vermeiden, sollten folgende Fragen geklärt werden.

- **Marktchancen**: Für die Geschäftsidee muss der entsprechende Bedarf vorhanden sein, d. h., es müssen Marktlücken im Güter- und Dienstleistungsangebot der Mitbewerber bestehen, und es müssen Absatzchancen vorhanden sein, d. h., die Konkurrenzsituation muss die Neugründung ermöglichen. Hier unterstützen Kreditinstitute, Kammern und Verbände gründungswillige Unternehmer durch Marktuntersuchungen bei der Einschätzung der Erfolgsaussichten für eine Geschäftsidee.

  BEISPIEL Um die Marktchancen eines Spielwarenfachgeschäftes im Einkaufszentrum Rheinpark zu ermitteln, führt Edith Mauser ein Gespräch mit dem Gründungsberater der Industrie- und Handelskammer. Nach einer ausführlichen Marktanalyse rät man ihr, das Sortiment auf den Bereich „Gesellschaftsspiele“ zu beschränken, da hier ein entsprechender Bedarf vorliege.

- **Geeigneter Standort**: Die Wahl des Standortes ist eine der wichtigsten Entscheidungen bei der Neugründung. Sie beeinflusst maßgeblich den Kundenkreis, den Umsatz und die Kosten des Unternehmens.

- **Leistungsfähige Lieferanten**: Es müssen Lieferanten gefunden werden, die den Bedarf des Unternehmens mengen- und qualitätsmäßig decken. Fragen der Einschaltung des Großhandels oder von Handelsvertretern, der Eintritt in einen Einkaufsverband oder die Notwendigkeit langfristiger Lieferantenbindungen sind zu klären.

- **Qualifiziertes und motiviertes Personal**: Die Beschaffung qualifizierten Personals und die langfristige Motivation der Mitarbeiter stellt bei vielen Einzelhandelsunternehmen ein Problem dar. Darüber hinaus sind die Personalkosten und insbesondere die Lohnnebenkosten zu berücksichtigen.

- **Gesicherte Finanzierung**: Der Kapitalbedarf ist u. a. von der Betriebsgröße, der Betriebs- und Vertriebsform, dem Marketingkonzept und der Art der Ware abhängig.

○ Rechtliche Voraussetzungen

Lernfeld 3

Wer ein Gewerbe betreiben will, muss **unbeschränkt geschäftsfähig** sein.

Das neu gegründete Einzelhandelsunternehmen muss bei einer Vielzahl von Institutionen **angemeldet** werden:

- Das staatliche **Amt für Gewerbeschutz** (Gewerbeaufsichtsamt) erteilt den **Gewerbeschein**, der für den Betrieb jedes Gewerbes erforderlich ist.
- Das **Finanzamt** erteilt die Steuer- und Sozialversicherungsnummer.
- Die **Berufsgenossenschaft** prüft die Einhaltung der Unfallverhütungsvorschriften.
- Die **Industrie- und Handelskammern** sind Körperschaften des öffentlichen Rechts, denen alle im Kammerbezirk tätigen Gewerbetreibenden als Pflichtmitglieder angehören. Aufgaben der Industrie- und Handelskammern sind die Wahrnehmung der Interessen der Mitglieder, die Förderung der Wirtschaft und die Förderung der Berufsausbildung. Die Industrie- und Handelskammer überwacht als **„zuständige Stelle“** die Ausbildung.

- Die **Krankenkasse** muss informiert werden, sofern Arbeitnehmer beschäftigt werden. Über die Krankenkasse werden die Beiträge zur Kranken-, Renten-, Pflege- und Arbeitslosenversicherung abgerechnet.
- Das **Handelsregister** ist das Verzeichnis aller Kaufleute (vgl. Seite 310 ff.).
- Das **Gesundheitsamt**, wenn Lebensmittel angeboten werden. In diesem Fall ist eine amtsärztliche Unbedenklichkeitsbescheinigung für die Mitarbeiter erforderlich.

Fördermöglichkeiten im Rahmen der Existenzgründung

Für Kaufleute, die ein eigenes Unternehmen gründen wollen, gibt es eine Vielzahl von Fördermöglichkeiten, die an allen erforderlichen Voraussetzungen der Existenzgründung ansetzen.

TIPP

Informationen zur Existenzgründung und zu den Fördermöglichkeiten finden Sie im Internet z. B. unter folgenden Adressen:
- www.existenzgruender.de
- www.ihk-koeln.de
- www.startercenter.nrw.de
- www.ihk-nordwestfalen.de

Vor- und Nachteile der Selbstständigkeit

Die Vor- und Nachteile einer Selbstständigkeit im Einzelhandel kann ein Kaufmann nur vor dem Hintergrund seiner persönlichen Situation beantworten.

BEISPIELE

Vorteile	Nachteile
• eigene Ideen verwirklichen • Gewinnerwartung • gesellschaftliches Ansehen • …	• Risiko des Scheiterns • Arbeitsbelastung • Verantwortung gegenüber Mitarbeitern • …

Der Businessplan

Der **Businessplan** ist eine übersichtliche und systematische Darstellung eines unternehmerischen Vorhabens. Der Businessplan basiert auf der Geschäftsidee. Er beschreibt die Ziele und die Strategie, mit der diese Ziele erreicht werden sollen. Insbesondere macht er Aussagen über die Finanzplanung, die Unternehmensform und Organisation, das Marketing und die Marktsituation, die Gründer bzw. das Gründerteam sowie das geplante Sortiment und die Dienstleistungen.

Bestandteile und Adressaten des Businessplans

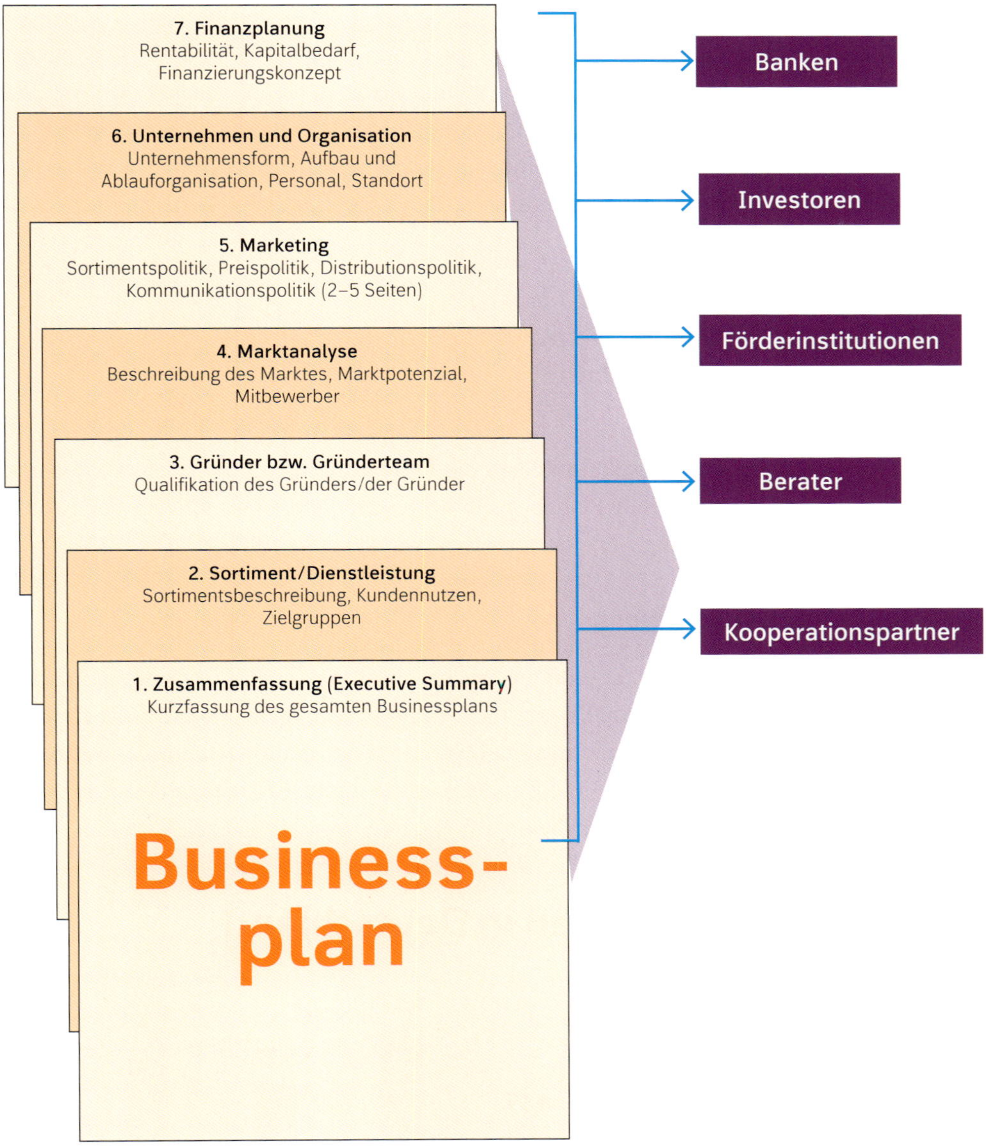

Der Businessplan dient auch dem „**Verkauf**“ einer Geschäftsidee. Banken, Investoren, staatliche Förderinstitutionen und andere Externe sollen mit dem Plan überzeugt werden, dass sich eine Zusammenarbeit mit dem Unternehmen lohnt.

Nutzen des Businessplans

Neben der dargestellten Funktion des Businessplans als unverzichtbarem Instrument für die **Außendarstellung** des Unternehmens erleichtert die Erstellung und kontinuierliche Weiterentwicklung des Businessplans die **Erfolgskontrolle**, zwingt zu systematischem Vorgehen und dient der **Risikoabschätzung.**

- **Erfolgskontrolle**: Die im Plan festgehaltenen Ziele (z. B. Umsatz, Gewinn) sind Grundlage für Soll-Ist-Vergleiche. Bei Abweichungen zwischen der geplanten und der tatsächlichen Zielerreichung müssen die Ursachen festgestellt und Korrekturen eingeleitet werden.
- **Systematisches Vorgehen**: Der Businessplan zwingt seine Ersteller, wesentliche Aspekte der Unternehmensgründung bzw. -führung gründlich zu durchdenken und sinnvoll zu verknüpfen. Dies verschafft dem Unternehmer einen klaren Überblick. Außerdem werden auf diese Weise auch Informationslücken und noch zu klärende Sachverhalte aufgedeckt.
- **Risikoabschätzung**: Die Umsetzung einer Geschäftsidee ist immer mit Risiken verbunden, die aus dem Unternehmen selbst oder vom Markt aus entstehen. Der Businessplan kann Risiken selbstverständlich nicht beseitigen – erkannte und im Businessplan beschriebene Risiken können aber abgeschwächt oder in ihren Konsequenzen (z. B. durch die Einplanung finanzieller Reserven) abgefedert werden.

Durch die Erstellung eines Businessplans steigen die **Erfolgsaussichten** eines Unternehmens. Ein fehlerhafter Plan oder gravierende Planabweichungen sind die häufigsten Ursachen für das Misslingen einer Existenzgründung.

○ Erstellung eines Businessplans

Die Erstellung eines Businessplans ist eine anspruchsvolle Aufgabe, die ein kaufmännischer Laie i. d. R. nicht allein bewältigen kann. Damit gute Geschäftsideen nicht schon bei der Planung scheitern, gibt es zahlreiche **Unterstützungsmöglichkeiten**. Bei der Erstellung des Businessplans helfen insbesondere die Industrie- und Handelskammern und die Handwerkskammer mit Informationsmaterial und entsprechenden Seminaren.

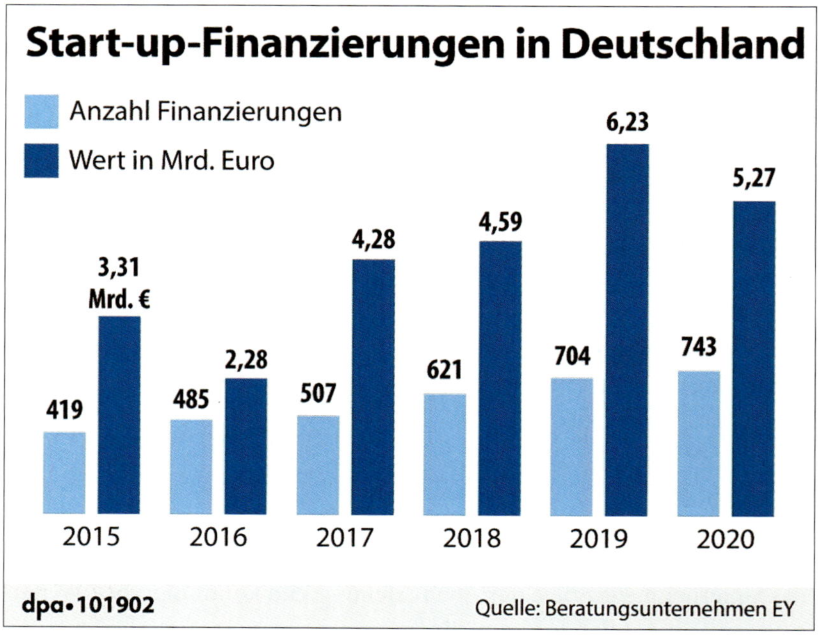

TIPP

Hilfestellung bei der Erstellung eines Businessplans liefern z. B. folgende Quellen:

Informationsquellen	Link
KfW/Bundesministerium für Wirtschaft und Energie	https://gruenderplattform.de
Gründungswerkstatt Deutschland	www.gruendungswerkstatt-deutschland.de

Zusammenfassung

Eine Geschäftsidee entwickeln und in der Gründung eines Einzelhandelsunternehmens einsetzen

- Unternehmerische Ziele:
  - **Oberziel**: langfristiges Gewinnmaximum
  - **Teilziele**: Wachstum, Unabhängigkeit, Ansehen, soziale Verantwortung
- **Gründungsvoraussetzungen**
  - **Persönliche**
    - gute Ausbildung
    - Einsatzbereitschaft
    - Menschenkenntnis
    - Risikobereitschaft
    - Führungsfähigkeit
  - **Sachliche**
    - Marktchancen
    - geeigneter Standort
    - leistungsfähige Lieferanten
    - qualifiziertes Personal
    - gesicherte Finanzierung
  - **Rechtliche**
    - Geschäftsfähigkeit
    - Anmeldung bei
      - Amt für Gewerbeschutz
      - Finanzamt
      - Berufsgenossenschaft
      - IHK
      - Krankenkasse
      - Handelsregister
      - ggf. Gesundheitsamt
- Der **Businessplan** ist eine übersichtliche und systematische Darstellung des Geschäftsvorhabens und basiert auf der Geschäftsidee. Er enthält die Ziele und die Strategie, die mit der Erstellung der Leistung, dem Vertrieb und der Finanzierung des Vorhabens verbunden sind. Der Businessplan ist ein unverzichtbares Instrument bei der Unternehmensgründung.

Aufgaben

1. *Fritz und Walter erben beide jeweils 750 000,00 €. Fritz gründet ein Feinkostgeschäft, Walter legt das Kapital in festverzinslichen Wertpapieren mit einer Verzinsung von 3,5 % an. Nach einigen Jahren treffen sie sich wieder und stellen fest, dass Fritz einen durchschnittlichen Jahresgewinn von 100 000,00 € erwirtschaftet hat. Walter hingegen erhält jährlich 56 250,00 € Zinsen. Walter findet es ungerecht, dass sein Bruder fast die doppelte Rendite erzielt und schimpft auf die Unternehmer. Nehmen Sie zu den Standpunkten der Brüder Stellung.*
2. *Nennen Sie sechs Stellen, bei denen ein neu gegründeter Einzelhandelsbetrieb angemeldet werden muss.*
3. *Stellen Sie Vor- und Nachteile einer Existenzgründung im Einzelhandel am Beispiel eines Betriebes Ihrer Branche gegenüber. Begründen Sie Ihre persönliche Entscheidung für oder gegen die Selbstständigkeit.*
4. *Entwickeln Sie eine begründete Geschäftsidee für ein Einzelhandelsunternehmen Ihrer Wahl. Präsentieren Sie das Ergebnis softwaregestützt.*

2 Handelsrechtliche Rahmenbedingungen berücksichtigen

2.1 Handelsgewerbe und Firma

HANDLUNGSSITUATION

Nach sorgfältigem Abwägen hat sich Edith Mauser für die Selbstständigkeit entschieden. Ihr fehlt für ihr Spielwaren-Fachgeschäft nur noch ein werbewirksamer Name. In der Hoffnung auf Aufmerksamkeit und um über ihre beschränkte Verkaufsfläche hinwegzutäuschen, entscheidet sie sich für „Internationales Geschenkzentrum Edith Mauser".

ARBEITSAUFTRÄGE

- *Stellen Sie fest, ob es aus rechtlicher Sicht gegen die gewählte Firma Einwände gibt.*
- *Formulieren Sie alternative Bezeichnungen für das Spielwaren-Fachgeschäft.*
- *Prüfen Sie, ob Edith Mauser Kauffrau im Sinne des HGB ist.*

Handelsgewerbe

§ 1 HGB

(2) Handelsgewerbe ist jeder Gewerbebetrieb, es sei denn, daß das Unternehmen nach Art oder Umfang einen in kaufmännischer Weise eingerichteten Geschäftsbetrieb nicht erfordert.

Ein Handelsgewerbe ist nach § 1 Abs. 2 HGB jedes gewerbliche Unternehmen, das einen **in kaufmännischer Weise eingerichteten Gewerbebetrieb** erfordert, und zwar ohne Rücksicht auf die Eintragung ins Handelsregister.

Es besteht die **Pflicht zur deklaratorischen Eintragung** (vgl. Seite 312) in das Handelsregister. Versäumt ein Gewerbetreibender die Eintragung ins Handelsregister, kann er durch Ordnungsmaßnahmen dazu gezwungen werden.

Kaufmann

Umgangssprachlich bezeichnet man die Menschen als Kaufleute, die eine entsprechende Ausbildung abgeschlossen haben.

BEISPIELE Kaufmann im Einzelhandel und Kauffrau im Einzelhandel, Kaufmann/Kauffrau für Büromanagement, Diplom-Kauffrau

Wer im juristischen Sinne Kaufmann ist, regelt das **HGB** (https://www.gesetze-im-internet.de/hgb/).

Gewerbetreibender nach § 1 HGB (Istkaufmann)

> § 1 HGB
> (1) Kaufmann im Sinne dieses Gesetzbuches ist, wer ein Handelsgewerbe betreibt.

Jedes gewerbliche Unternehmen, dessen Betrieb nach Art und Umfang eine kaufmännische Organisation erfordert, ist ein Handelsgewerbe.

BEISPIEL Eine kaufmännische Organisation ist erforderlich, wenn eine der folgenden Größen in zwei aufeinanderfolgenden Geschäftsjahren überschritten wird:
- Gewinn 60 000,00 €
- Umsatz 600 000,00 €

Für den Istkaufmann gilt das HGB **in vollem Umfang**. Er

- muss **Handelsbücher** führen,
- muss sich in das **Handelsregister** eintragen lassen (vgl. Seite 310 ff.),
- führt eine **Firma** (vgl. Seite 306 f.),
- kann **Personengesellschaften** (vgl. Seite 320 ff.) gründen,
- bürgt **selbstschuldnerisch** (vgl. Seite 362).

BEISPIEL Der Mars Elektrofachmarkt e. K. macht bei einem Eigenkapital von 1 500 000,00 € einen Umsatz von 60 500 000,00 € pro Jahr. Er ist somit Istkaufmann.

Wissenschaftliche und künstlerische Tätigkeiten, die als freie Berufe ausgeübt werden können, sind nicht eintragungsfähig. Diese Personen gelten somit als **Nichtkaufleute**. Ebenfalls sind weitere freie Berufe (z. B. Ärzte, Rechtsanwälte, Steuerberater) von der Regelung des § 1 HGB ausgenommen, auch sie sind keine Kaufleute.

Kleingewerbe

Ein Gewerbe, das keine kaufmännische Organisation erfordert, ist ein Kleingewerbe. Für dieses gilt das HGB nur in **beschränktem Umfang**. Dieses Unternehmen

- ist nur zu eingeschränkter Buchführung verpflichtet,
- braucht sich nicht in das Handelsregister eintragen zu lassen,
- führt keine Firma,
- kann keine Personengesellschaften gründen,
- kann nur eine **Ausfallbürgschaft** übernehmen (vgl. Seite 362).

BEISPIEL Der Kiosk Peter Kurscheid erzielt bei einem Eigenkapital von 50 000,00 € einen Umsatz von 200 000,00 € pro Jahr und einen Gewinn von 20 000,00 €. Somit betreibt er ein Kleingewerbe.

○ Gewerbetreibender nach § 2 HGB (Kannkaufmann)

§ 2 HGB
Ein gewerbliches Unternehmen, dessen Gewerbebetrieb nicht schon nach § 1 Abs. 2 Handelsgewerbe ist, gilt als Handelsgewerbe im Sinne dieses Gesetzbuchs, wenn die Firma des Unternehmens in das Handelsregister eingetragen ist. Der Unternehmer ist berechtigt, aber nicht verpflichtet, die Eintragung nach den für die Eintragung kaufmännischer Firmen geltenden Vorschriften herbeizuführen. [...]

Ein gewerbliches Unternehmen, das einen in kaufmännischer Weise eingerichteten Geschäftsbetrieb nicht erfordert, **kann** sich freiwillig in das Handelsregister eintragen lassen **(Kannkaufmann)**. Ab dem Zeitpunkt der Eintragung ist der Gewerbetreibende Kaufmann, folglich ist die Wirkung der Eintragung **konstitutiv** (vgl. Seite 312).

BEISPIELE Kiosk, Blumengeschäft, Lottoannahmestelle mit einem Jahresumsatz von 30 000,00 €

○ Handelsgesellschaften nach § 6 HGB (Formkaufmann)

Handelsgesellschaften, wie z. B. die **Gesellschaft mit beschränkter Haftung** (vgl. Seite 328 ff.) sind Kaufmann kraft Rechtsform **(Formkaufmann)**. Sie sind ab der Eintragung in das Handelsregister juristische Personen und erwerben damit ohne Rücksicht auf den Gegenstand des Unternehmens die Eigenschaft eines Kaufmanns (§ 6 HGB).

BEISPIELE Center Warenhaus GmbH, mod-Shop GmbH Gisela Meyer, Abels Bau- und Hobbymarkt GmbH

● Firma

§ 17 HGB
(1) Die Firma eines Kaufmanns ist der Name, unter dem er seine Geschäfte betreibt und die Unterschrift abgibt.

Die Firma besteht aus dem Firmenkern und dem Firmenzusatz. Der **Firmenkern** beinhaltet den Namen des Kaufmanns, den Gegenstand des Unternehmens oder eine Fantasiebezeichnung.

BEISPIEL Abels Bau- und Hobbymarkt GmbH, Chemische Fabriken KG, Mars Elektrofachmarkt e. K.

Der **Firmenzusatz** kann das Gesellschaftsverhältnis erklären, über Art und Umfang des Geschäftes Auskunft geben oder der Unterscheidung der Person oder des Geschäftes dienen. Er muss der Wahrheit entsprechen.

§ 19 HGB

(1) Die Firma muß [...] enthalten:

1. bei Einzelkaufleuten die Bezeichnung „eingetragener Kaufmann“, „eingetragene Kauffrau“ oder eine allgemein verständliche Abkürzung dieser Bezeichnung, insbesondere „e. K.“, „e. Kfm.“ oder „e. Kfr.“;
2. bei einer offenen Handelsgesellschaft die Bezeichnung „offene Handelsgesellschaft“ oder eine allgemein verständliche Abkürzung dieser Bezeichnung;
3. bei einer Kommanditgesellschaft die Bezeichnung „Kommanditgesellschaft“ oder eine allgemein verständliche Abkürzung dieser Bezeichnung.

Firmenarten

- **Personenfirma**: Die Firma besteht aus einem oder mehreren Namen und ggf. dem Vornamen.

  BEISPIELE Edith Mauser e. K., Mauser & Co. KG, Mauser & Freund GmbH

- **Sachfirma**: Die Firma ist aus dem Gegenstand des Unternehmens abgeleitet.

  BEISPIELE Spielwelt GmbH, Gartencenter Süd e. G., Einkaufszentrum Rheinpark GmbH

- **Gemischte Firma**: Die Firma besteht aus Personennamen und dem Gegenstand des Unternehmens.

  BEISPIELE Spielwaren Edith Mauser e. K., Lebensmitteldiscount Schlegel KG

- **Fantasiefirma**: Die Firma besteht aus einer Abkürzung oder einem Fantasienamen.

  BEISPIELE Solid Zentralhandelsgesellschaft mbH, Self-Selling-GmbH, Center Warenhaus GmbH

Firmengrundsätze

Bei der Wahl der Firma muss der Kaufmann neben den Vorschriften, die sich auf die Unternehmensform beziehen, die **Firmengrundsätze** beachten.

- **Firmenwahrheit**: Bei einer Sachfirma muss der Gegenstand der Unternehmung den Tatsachen entsprechen.

  BEISPIEL Ein Spielwarenfachgeschäft darf als Firmengegenstand nur den Zusatz „Spielwaren“ in der Firma führen.

- **Firmenklarheit**: Firmenzusätze dürfen nicht zu einer Täuschung über die Art oder den Umfang des Geschäfts oder die Verhältnisse des Geschäftsinhabers Anlass geben.

  BEISPIEL Die Firmenbezeichnung „Internationales Geschenkzentrum Edith Mauser“ verstößt gegen den Grundsatz der Firmenklarheit.

- **Firmenausschließlichkeit**: Ist eine Firma in das Handelsregister eingetragen, hat sie das ausschließliche Recht, diese Firma zu führen. Will sich ein Kaufmann gleichen Namens in dieses Handelsregister eintragen lassen, so muss er sich von der bereits eingetragenen Firma deutlich unterscheiden.

- **Firmenbeständigkeit**: Da der gute Ruf eines Unternehmens einen großen Wert darstellen kann, darf der Name der Firma bei einem Wechsel des Inhabers beibehalten werden. Dies kann mit oder ohne einen das Nachfolgeverhältnis andeutenden Zusatz geschehen.

BEISPIELE Erwirbt Edith Mauser ein bestehendes Spielwarenfachgeschäft, das die Firma Helma Friedrich führt, sind folgende Firmen denkbar:

- Edith Mauser e. K. Helma Friedrich Nachf. e. K.
- Edith Mauser, vormals Helma Friedrich e. K. Helma Friedrich, Inhaber Edith Mauser e. K.
- Helma Friedrich e. K.

- **Firmenöffentlichkeit**: Jeder Kaufmann ist verpflichtet, seine Firma und den Ort der Niederlassung in das Handelsregister (vgl. Seite 310 ff.) eintragen zu lassen. Einzelhändler müssen ihren Familiennamen und einen ausgeschriebenen Vornamen an der Außenseite des Geschäfts deutlich sichtbar anbringen. Die Hervorhebung der Firma wird oft zu Werbezwecken genutzt.

Zusammenfassung

Handelsgewerbe und Firma

- **Handelsgewerbe**

Kaufmann

Gewerbe = auf Dauer angelegte und auf Gewinnerzielung ausgerichtete selbstständige Tätigkeit im Sinne des § 1 HGB

Istkaufmann
- Kaufmann kraft Betätigung ohne Rücksicht auf die Eintragung

Kannkaufmann
- Wahlmöglichkeit der Eintragung
- im Falle der Eintragung Kaufmann

Formkaufmann
- Kaufmann kraft Rechtsform

- **Firma**

Begriff	Arten	Grundsätze
Die Firma eines Kaufmanns ist der **Name, unter dem er sein Handelsgewerbe betreibt** und die Unterschrift abgibt. Einzelkaufleuten, Personengesellschaften und Kapitalgesellschaften ist die freie Wahl einer aussagekräftigen, werbewirksamen Firma gestattet, wenn diese unterscheidungskräftig ist, die Gesellschaftsverhältnisse offenlegt und nicht irreführend ist.	• **Personenfirma:** Der Firmenkern besteht aus dem Namen der/des Unternehmer/-s. • **Sachfirma:** Der Firmenkern besteht aus dem Gegenstand des Unternehmens. • **Gemischte Firma:** Die Firma besteht aus dem Namen und dem Gegenstand des Unternehmens. • **Fantasiefirma:** Die Firma besteht aus einem Fantasienamen.	• **Wahrheit:** Bei der Sachfirma muss der Gegenstand des Unternehmens wahr sein. • **Klarheit:** keine täuschenden Firmenzusätze • **Ausschließlichkeit:** Die eingetragene Firma hat ausschließlich das Recht, diese Firma zu führen. • **Beständigkeit:** Fortführung des Namens der Firma bei Wechsel in der Person des Inhabers • **Öffentlichkeit:** Eintragung der Firma am Ort der Niederlassung

Aufgaben

1. *Stellen Sie die Rechte und Pflichten*
   a) des Gewerbetreibenden,
   b) des Kleingewerbetreibenden
   in einer digitalen Regelübersicht zusammen.

2. *Der Auszubildende Fritz behauptet, er müsse „nach der Schule noch in die Firma". Begründen Sie, warum Fritz sich hier nicht der korrekten kaufmännischen Fachsprache bedient.*

3. *Erstellen Sie eine Liste der Ausbildungsbetriebe Ihrer Klasse und ordnen Sie diese den unterschiedlichen Firmenarten zu.*

4. *Edith Mauser stellt fest, dass bereits eine Firma gleichen Namens in das Handelsregister eingetragen ist. Erläutern Sie, was Frau Mauser tun kann.*

5. *Was ist nach den Bestimmungen des Handelsgesetzbuches unter einer Firma zu verstehen?*
   1. *eine juristische Person*
   2. *der Familienname eines Kleingewerbetreibenden*
   3. *ein Gewerbebetrieb*
   4. *der Name eines Kaufmanns, unter dem er seine Geschäfte betreibt*
   5. *ein kaufmännischer Betrieb*

6. *Ordnen Sie den fünf Firmengrundsätzen jeweils eine Aussage zu.*

Aussagen über die Firma	***Firmengrundsätze***
1. Jede neue Firma muss sich von allen an demselben Ort bereits bestehenden Firmen deutlich unterscheiden.	*a) Firmenbeständigkeit*
2. Die Firma darf keine Zusätze über Art und Umfang des Geschäftes enthalten, die Außenstehende täuschen könnten.	*b) Firmenausschließlichkeit*
3. An der Eingangstür muss ein Firmenschild angebracht sein, aus dem der Name des Inhabers und die Telefonnummer hervorgehen.	*c) Öffentlichkeit der Firma*
4. Ein Kaufmann meldet seine Firma zur Eintragung in das Handelsregister an.	*d) Firmenwahrheit*
5. Aus der Firma muss erkennbar sein, welche Unternehmensform vorliegt.	
6. Beim Erwerb eines Unternehmens darf die bisherige Firma nach Einwilligung des bisherigen Inhabers fortgeführt werden.	*e) Firmenklarheit*

2.2 Handelsregister

HANDLUNGSSITUATION

Edith Mauser sitzt am Wochenende mit ihrer Freundin Sabine Freund zusammen. *„Mir schwirrt der Kopf, Sabine, der Schritt in die Selbstständigkeit ist erstmal ein Schritt in die Bürokratie! Die Banken geben mir nur Finanzierungszusagen, wenn sie von meiner Geschäftsidee überzeugt sind und wenn ich einen schlüssigen Businessplan vorlegen kann. Ich muss mich beim Finanzamt, der Berufsgenossenschaft und der Krankenkasse anmelden und jetzt habe ich gehört, dass ich mich in das Handelsregister eintragen lassen muss!“ – „Da kann ich dir vielleicht helfen“*, erwidert Sabine, *„wir haben das Thema gerade in der Berufsschule besprochen und Frau Ahlemann hat mir für ein Referat einen Handelsregisterauszug der Center Warenhaus GmbH zur Verfügung gestellt.“* Sie wischt über ihr Tablet und zeigt Edith den Handelsregisterauszug der Center Warenhaus GmbH.

Amtsgericht Köln

Nr. der Eintragung	a) Firma b) Ort der Niederlassung (Sitz der Gesellschaft) c) Gegenstand des Unternehmens (bei juristischen Personen)	Geschäftsinhaber Persönlich haftende Gesellschafter Vorstand Abwickler	Prokura
1	2	3	4
1	a) Center Warenhaus GmbH b) Köln c) Anschaffung und Weiterveräußerung von Waren aller Art an den Letztverbraucher	Kerstin Sommer, Kauffrau, Köln Thomas Becker, Kaufmann, Köln	Hanne Bauer, Bergheim Oliver Lehnert, Köln Claudia Ahlemann, Köln Gerd Rubens, Köln haben Gesamtprokura, jeder in Gemeinschaft mit einem anderen Prokuristen

HR B 597

Rechtsverhältnisse	a) Tag der Eintragung und Unterschrift b) Bemerkungen
5	6
Gesellschaft mit beschränkter Haftung Beginn: 19. März 19.. Gesellschafter sind: Dipl.-Kauffrau Kerstin Sommer, Köln, mit einem Geschäftsanteil von 150 000,00 € Dipl.-Betriebswirt Thomas Becker, Köln, mit einem Geschäftsanteil von 150 000,00 €	a) 1. Januar 19.. umgeschrieben von HRB 2590 b) erste Eintragung am 19. März 19..

ARBEITSAUFTRÄGE

- *Stellen Sie eine Liste der Inhalte zusammen, die Edith Mauser für die Eintragung in das Handelsregister bereithalten muss.*
- *Erläutern Sie Gründe, die für die Öffentlichkeit des Handelsregisters sprechen.*
- *Stellen Sie die Einteilung des Handelsregisters dar und erläutern Sie die Wirkung der Eintragung.*

Das Handelsregister ist ein **amtliches Verzeichnis aller Kaufleute**, das vom Registergericht elektronisch geführt wird. Es soll die Öffentlichkeit über wichtige Sachverhalte und Rechtsverhältnisse der Kaufleute und Handelsgesellschaften unterrichten.

Das **Gesetz über elektronische Handelsregister und Genossenschaftsregister sowie das Unternehmensregister** (EHUG) legen fest, dass das Handels- und Genossenschaftsregister online geführt wird. Eintragungen und Bekanntmachungen erfolgen in elektronischer Form.

Alle publikationspflichtigen Daten eines Unternehmens werden bundesweit zentral in ein Unternehmensregister unter www.unternehmensregister.de eingestellt. Damit gibt es eine zentrale Internetadresse, unter der alle publikationspflichtigen Daten eines Unternehmens bereitstehen.

Das Handelsregister wird in **zwei Abteilungen** gegliedert:

- **Abteilung A** für Einzelkaufleute und Personengesellschaften, z. B. e. K., OHG, KG (vgl. Seite 318 ff.), und
- **Abteilung B** für Kapitalgesellschaften, z. B. GmbH (vgl. Seite 328 ff.).

Die Genossenschaften werden in ein spezielles **Genossenschaftsregister** (vgl. Seite 332 ff.) eingetragen.

Die **Anmeldung** muss elektronisch durch den Inhaber oder Geschäftsführer in notariell beglaubigter Form erfolgen.

Inhalt der Eintragung sind u. a.:

- Firma und Ort der Niederlassung
- Name des Inhabers oder der persönlich haftenden Gesellschafter
- Name und Einlage von Kommanditisten

Bei **Kapitalgesellschaften** werden zusätzlich eingetragen:

- Namen der Geschäftsführer
- Gegenstand des Unternehmens
- Höhe des Haftungskapitals
- Datum des Gesellschaftsvertrages

Die **Unterschriften der Zeichnungsberechtigten** sind beim Handelsregister zu hinterlegen.

BEISPIEL Die Unterschriften der Geschäftsführer der Center Warenhaus GmbH sind beim Handelsregister in Köln hinterlegt.

Ebenfalls eingetragen wird z.B. die Auflösung der Unternehmung. **Löschungen** im Handelsregister erfolgen, indem Eintragungen rot unterstrichen werden.

Die **Wirkung** der Eintragung kann **rechtsbezeugend** (deklaratorisch) oder **rechtserzeugend** (konstitutiv) sein.

- **Deklaratorisch** bedeutet, dass die Rechtswirkung schon vor der Eintragung eingetreten ist. So ist Kaufmann, wer ein Handelsgewerbe nach § 1 HGB betreibt. Die Eintragung in das Handelsregister **bezeugt** diese Tatsache lediglich.
  BEISPIEL Zum Kaufmann wird die Lebensmitteldiscount Schlegel KG mit Aufnahme eines Handelsgewerbes. Die Eintragung in das Handelsregister bezeugt diese Tatsache lediglich.

- **Konstitutiv** bedeutet, dass die Rechtswirkung erst mit der Eintragung in das Handelsregister eintritt. So wird der Kannkaufmann erst im Moment der Eintragung Kaufmann im Sinne des HGB. Die Eintragung **erzeugt** die Rechtswirkung.
  BEISPIEL Die Center Warenhaus GmbH entstand als juristische Person im Moment der Eintragung in das Handelsregister.

Ist eine Tatsache eingetragen und bekannt gemacht, so muss ein Dritter sie gegen sich gelten lassen, auch wenn er sie nicht kannte (**Öffentlichkeitswirkung**).

BEISPIEL Helga Kowski ist Prokuristin der Computec GmbH & Co. KG. Wegen einer Unterschlagung wird ihr die Prokura entzogen und der Arbeitsvertrag fristlos gekündigt. Die Entziehung der Prokura wird im Handelsregister eingetragen und veröffentlicht. Eine Woche später kauft Frau Kowski im Namen der Computec GmbH & Co. KG bei der Auto-Becker GmbH einen Pkw der Oberklasse und verschwindet mit dem Fahrzeug. Da der Entzug der Prokura von Frau Kowski eingetragen und veröffentlicht war, kann die Auto-Becker GmbH die Forderung nicht gegen die Computec GmbH & Co. KG geltend machen.

Jeder Kaufmann sollte das Handelsregister, die Handelsregisterbekanntmachungen und das Unternehmensregister sorgfältig lesen. Nur so kann er sicherstellen, dass er jederzeit über Veränderungen, z.B. bei der Haftung eines Kunden, informiert ist.

HRB 17155

15.07.20.. Geschenkparadies Klara Klein GmbH, Köln (Aachener Str. 1250, 50859 Köln). Bestellt als Geschäftsführerin: Klein, Klara, Köln, *05.12.19.., einzelvertretungsberechtigt mit der Befugnis im Namen der Gesellschaft mit sich im eigenen Namen oder als Vertreter eines Dritten Rechtsgeschäfte abzuschließen.

Zusammenfassung

Handelsregister

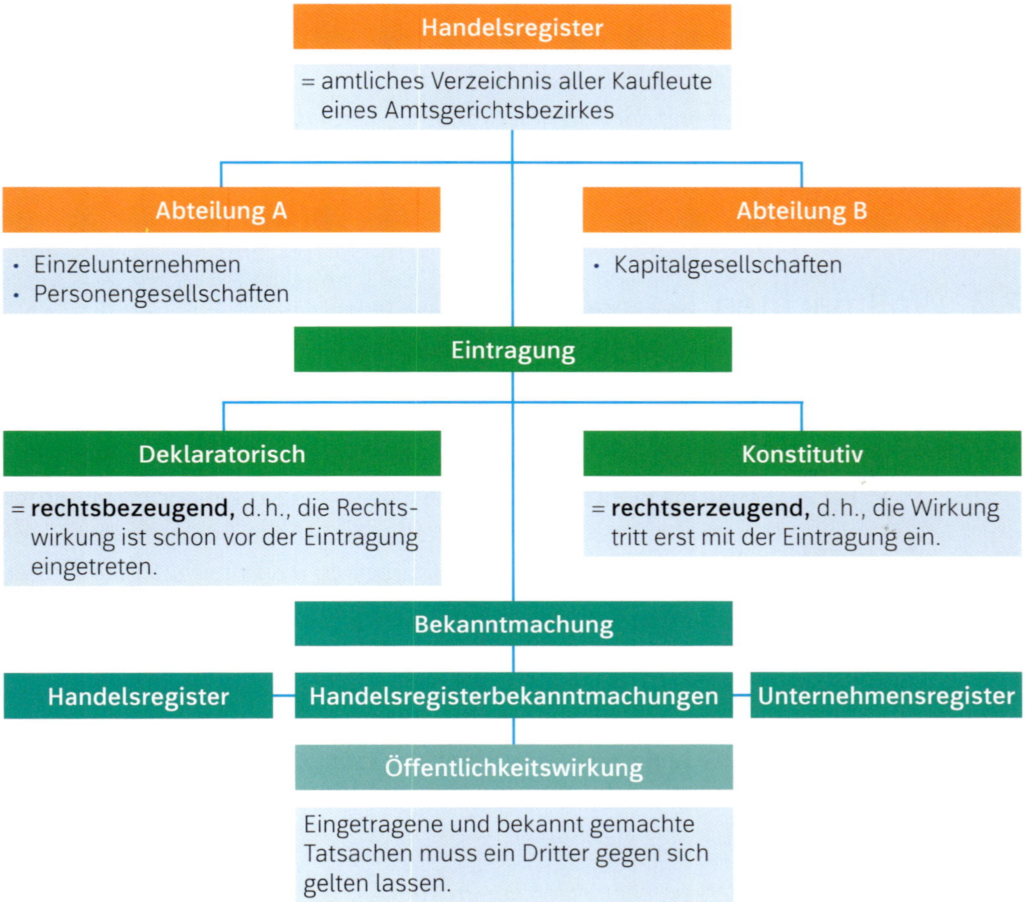

Aufgaben

1. *Erläutern Sie den Unterschied zwischen deklaratorischer und konstitutiver Wirkung einer Eintragung in das Handelsregister anhand je eines Beispiels.*
2. *Welche Rechtsfolgen hat die sogenannte „Öffentlichkeitswirkung" des Handelsregisters? Erläutern Sie den Sachverhalt anhand eines Beispiels.*
3. *Besuchen Sie das Unternehmensregister im Internet. Stellen Sie fest, auf welche Daten ein Kaufmann durch das Unternehmensregister Zugriff hat.*
4. *Prüfen und begründen Sie, ob die nachfolgenden Aussagen den gesetzlichen Vorschriften zum Handelsregister entsprechen:*
   1. *Das Handelsregister ist das Verzeichnis aller Kaufleute eines Amtsgerichtsbezirkes.*
   2. *In das Handelsregister dürfen nur Kaufleute bei Vorliegen eines berechtigten Interesses Einblick nehmen.*
   3. *Die GmbH wird in die Abteilung A (HRA) des Handelsregisters eingetragen.*

4. *Kapitalgesellschaften werden in die Abteilung B (HRB) des Handelsregisters eingetragen.*
5. *Eintragungen in das Handelsregister müssen in elektronischer Form erfolgen.*
6. *Die Anmeldung zum Handelsregister kann formlos erfolgen.*

5. *Sammeln Sie im Internet unter www.unternehmensregister.de Auszüge aus dem Handelsregister Ihrer Ausbildungsbetriebe.*
   a) Ordnen Sie diese anhand der Kriterien Gründung, Veränderungen, Löschung.
   b) Stellen Sie fest, welche Branchen und Unternehmensformen am häufigsten vertreten sind.

2.3 Vollmachten

HANDLUNGSSITUATION

Herr Schmick, der Leiter des Rechnungswesens, hat zum Jahresende die Bilanz sowie den Geschäfts- und Lagebericht der Center Warenhaus GmbH fertiggestellt. Da sich die Geschäftsführer auf einer Auslandsreise befinden, bleiben die Unterlagen zum Ärger von Herrn Schmick erst einmal liegen. Sabine Freund hat eine Idee: *„Die Prokuristen Bauer, Lehnert, Ahlemann und Rubens können doch die Bilanz unterschreiben. Die haben doch Gesamtprokura!“ „Aber hier geht es um die Bilanz!“*, erwidert Herr Schmick und wendet sich wieder seiner Arbeit zu.

ARBEITSAUFTRÄGE

- *Erläutern Sie die unterschiedlichen Arten der Prokura.*
- *Erläutern Sie, wie die Prokura der Center Warenhaus GmbH geregelt ist.*
- *Stellen Sie fest, ob die Prokuristen der Center Warenhaus GmbH die Bilanz unterschreiben dürfen.*

● Handlungsvollmacht

§ 54 HGB

(1) Ist jemand [...] zum Betrieb eines Handelsgewerbes oder zur Vornahme einer bestimmten zu einem Handelsgewerbe gehörigen Art von Geschäften oder zur Vornahme einzelner zu einem Handelsgewerbe gehöriger Geschäfte ermächtigt, so erstreckt sich die Vollmacht (Handlungsvollmacht) auf alle Geschäfte und Rechtshandlungen, die der Betrieb eines derartigen Handelsgewerbes oder die Vornahme derartiger Geschäfte gewöhnlich mit sich bringt.

○ Umfang der Handlungsvollmacht

Die Handlungsvollmacht erstreckt sich nach § 54 HGB auf **gewöhnliche Rechtsgeschäfte des Betriebes**.

○ Erteilung der Handlungsvollmacht

Handlungsvollmacht kann **formlos**, d.h. schriftlich, mündlich oder stillschweigend, erteilt werden. Sie wird nicht in das Handelsregister eingetragen. Jeder Bevollmächtigte kann innerhalb seiner Vollmacht **Untervollmachten** erteilen. So kann z.B. der Angestellte mit allgemeiner Handlungsvollmacht Artvollmacht und der Mitarbeiter mit Artvollmacht Einzelvollmacht erteilen.

○ Arten der Handlungsvollmacht

- **Allgemeine Handlungsvollmacht**: Sie berechtigt zur Ausführung aller gewöhnlichen Geschäfte, die im Geschäftszweig des Handelsgewerbes vorkommen.
  BEISPIEL Claudia Ahlemann, Abteilungsleiterin Allgemeine Verwaltung, weist ihre Gruppenleiterinnen und Gruppenleiter an, ihr einen Tätigkeitsbericht für das vergangene Quartal vorzulegen.
- **Artvollmacht**: Sie berechtigt zur Ausführung einer bestimmten Art von Geschäften.
  BEISPIEL Gerd Rubens, Abteilungsleiter, bestellt bei der Bürobedarfsgroßhandel Schneider & Co. KG regelmäßig Kopierpapier.
- **Einzelvollmacht**: Sie berechtigt zur Ausführung einzelner Rechtsgeschäfte.
  BEISPIEL Die Auszubildende Sabine Freund kauft im Mars Elektrofachmarkt e.K. Leuchtmittel für die Dekoration.

○ Unterschrift

Der Handlungsbevollmächtigte unterschreibt mit dem das Vollmachtsverhältnis ausdrückenden Zusatz **i.A.** (im Auftrag) oder **i.V.** (in Vertretung).

● Prokura

§ 49 HGB
(1) Die Prokura ermächtigt zu allen Arten von gerichtlichen und außergerichtlichen Geschäften und Rechtshandlungen, die der Betrieb eines Handelsgewerbes mit sich bringt.

○ Umfang der Prokura

Die Prokura ist die weitreichendste handelsrechtliche Vollmacht. Sie ermächtigt den Prokuristen als „zweites Ich" des Kaufmanns zu allen gerichtlichen und außergerichtlichen Rechtsgeschäften, die der Betrieb **irgendeines Handelsgewerbes** mit sich bringt.

BEISPIEL Prokurist Pauli nutzt den Urlaub seines Chefs und wandelt die seit 150 Jahren bestehende Druckerei in einen Copy-Shop um. Als der Chef aus dem Urlaub zurückkommt, traut er seinen Augen nicht. Trotzdem sind alle in diesem Zusammenhang geschlossenen Verträge für das Unternehmen bindend.

Besondere Vollmachten benötigt der Prokurist lediglich zum Verkauf und zur Belastung von Grundstücken.

Gesetzlich verboten ist ihm,

Lernfeld 8

- die Bilanz und die Steuererklärung zu unterschreiben,
- Handelsregistereintragungen vornehmen zu lassen,
- Gesellschafter aufzunehmen,
- Prokura zu erteilen,
- das Geschäft zu verkaufen,
- das Insolvenzverfahren (vgl. Seite 373 ff.) zu beantragen.

Eine darüber hinausgehende Beschränkung der Prokura ist Dritten gegenüber unwirksam.

Erteilung der Prokura

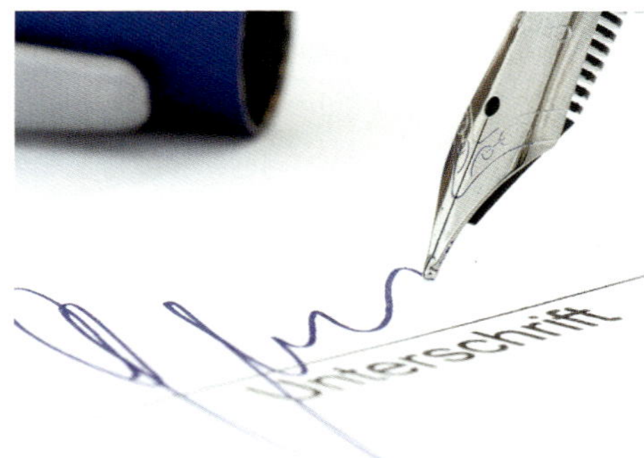

Nur der **Kaufmann** kann Prokura erteilen. Diese Erklärung sollte schriftlich abgefasst werden, da die Prokura in das **Handelsregister** eingetragen und die Unterschrift dort hinterlegt wird.

Im **Innenverhältnis** beginnt die Prokura mit der Erteilung. Im **Außenverhältnis** beginnt die Prokura, wenn ein Dritter Kenntnis davon hat oder wenn sie in das Handelsregister eingetragen und bekannt gemacht ist.

Arten der Prokura

Arten der Prokura sind:

- **Einzelprokura**: Hier darf der Prokurist alle genannten Rechtsgeschäfte allein abschließen.
- **Filialprokura**: Hier ist die Vollmacht auf eine Filiale beschränkt.
- **Gesamtprokura**: Hier dürfen nur zwei oder mehrere Prokuristen die Vollmacht gemeinsam ausüben.

Amtsgericht Köln

Nr. der Eintragung	a) Firma b) Ort der Niederlassung (Sitz der Gesellschaft) c) Gegenstand des Unternehmens (bei juristischen Personen)	Geschäftsinhaber Persönlich haftende Gesellschafter Vorstand Abwickler	Prokura
1	2	3	4
1	a) Center Warenhaus GmbH b) Köln c) Anschaffung und Weiterveräußerung von Waren aller Art an den Letztverbraucher	Kerstin Sommer, Kauffrau, Köln Thomas Becker, Kaufmann, Köln	Hanne Bauer, Bergheim Oliver Lehnert, Köln Claudia Ahlemann, Köln Gerd Rubens, Köln haben Gesamtprokura, jeder in Gemeinschaft mit einem anderen Prokuristen

TIPP

Das Handelsregister kann online unter www.handelsregister.de eingesehen werden.

○ Unterschrift

Damit man im geschäftlichen Verkehr die Prokura erkennt, unterschreibt der Prokurist mit einem die Prokura andeutenden Zusatz. Als üblich hat sich hier die Abkürzung **ppa.**, d.h. „per procura“, durchgesetzt.

Zusammenfassung

Die Vollmachten

- Handlungsvollmacht

Umfang	• ermächtigt zu Rechtsgeschäften, die der Betrieb **eines Handelsgewerbes gewöhnlich** mit sich bringt
Erteilung	• schriftlich, mündlich, stillschweigend
Arten	• **allgemeine Handlungsvollmacht** alle möglichen Geschäfte des Betriebes • **Artvollmacht** eine bestimmte Art von Rechtsgeschäften • **Einzelvollmacht** Ausführung einzelner Rechtsgeschäfte
Unterschrift	• in Vertretung (i. V.) oder im Auftrag (i. A.)

- Prokura

Umfang	• ermächtigt zu Rechtsgeschäften, die der Betrieb **irgendeines Handelsgewerbes** mit sich bringt
Erteilung	• ausdrücklich schriftlich oder mündlich nur durch den Kaufmann • Eintragung in das Handelsregister
Arten	• **Einzelprokura:** Der Prokurist ist allein vertretungsbefugt. • **Gesamtprokura:** Mehrere Prokuristen können nur gemeinsam handeln. • **Filialprokura:** Vertretung für eine Filiale
Unterschrift	• per procura (ppa.)

Aufgaben

1. Welche der folgenden Aussagen treffen
a) nur auf die Artvollmacht,
b) nur auf die Einzelvollmacht,
c) sowohl auf die Art- als auch auf die Einzelvollmacht,
d) weder auf die Art- noch auf die Einzelvollmacht zu?

Diese Vollmacht
1. kann von Prokuristen erteilt und widerrufen werden.
2. berechtigt den Verkäufer zum regelmäßigen Kassieren.
3. erlischt nach Durchführung des Auftrags.
4. wird durch den Unterschriftzusatz ppa. kenntlich gemacht.
5. wird ins Handelsregister eingetragen und veröffentlicht.

2. *Als Sabine Freund am Morgen in die Abteilung kommt, hat Herr Schmick einen Auftrag für sie. Das Fax-Papier ist ausgegangen und auch Herr Rubens hat keines mehr am Lager. Sabine soll jetzt schnell von einem nahen Bürofachgeschäft drei Rollen holen. Sie ist sauer und meint, sie sei doch kein Laufbursche. „Aber dafür sind Sie jetzt Handlungsbevollmächtigte der Center Warenhaus GmbH", sagt Herr Schmick unter dem Gelächter der Kollegen. Sabine ist unsicher. Will man sich über sie lustig machen oder hat sie wirklich eine Vollmacht?*

3 Typische Unternehmensformen im Einzelhandel beurteilen

3.1 Die kaufmännische Einzelunternehmung (e. K.)

HANDLUNGSSITUATION

Edith Mauser hat die Vor- und Nachteile einer Existenzgründung abgewogen und auch die Frage der Firma ist geklärt. Zur Vorbereitung auf ihre Zukunft als Unternehmerin hat sie auch an einem Seminar der Industrie- und Handelskammer für Existenzgründer teilgenommen. Nur bei der Frage der Unternehmensform ist sie sich noch unsicher. Am Abend bespricht sie das Thema mit ihrer Freundin Sabine Freund. *„Grundsätzlich hast du natürlich die Auswahl zwischen einer Vielzahl von Unternehmensformen"*, sagt Sabine, *„aber eigentlich möchtest du dich doch selbstständig machen, um dein eigener Herr zu sein, oder?" „Du hast recht"*, erwidert Edith, *„ich wollte immer die alleinige Inhaberin eines eigenen Einzelhandelsbetriebes sein und allein entscheiden können."*

ARBEITSAUFTRÄGE

LS

- *Stellen Sie in einer Liste die Vor- und Nachteile der Gründung eines eigenen Unternehmens gegenüber.*
- *Erstellen Sie mithilfe einer Präsentationssoftware eine Übersicht, in der Sie die wesentlichen Merkmale der Einzelunternehmung darstellen.*

Definition

Die Einzelunternehmung wird von **einer Person** betrieben, die das Eigenkapital allein aufbringt.

Gründung

Die Gründung erfolgt **formlos**. Falls das Gewerbe eine kaufmännische Organisation erfordert, ist eine Eintragung in das Handelsregister erforderlich.

Firma

Die Firma der Einzelunternehmung kann **Sach-**, **Personen-**, **Fantasiefirma oder gemischte Firma** sein. Sie muss den Zusatz „eingetragener Kaufmann" (e.K./e. Kfm.) oder „eingetragene Kauffrau" (e.K./e. Kffr.) enthalten.

BEISPIEL Edith Mauser e.K. Spielwaren-Einzelhandel

Kapitalaufbringung

Da der Einzelunternehmer als alleiniger **Eigenkapitalgeber** fungiert, ist die Eigenkapitalbasis durch das Vermögen des Unternehmers begrenzt. Eine Erweiterung des Eigenkapitals kann durch die Nichtentnahme erzielter Gewinne erfolgen. Unabhängig von den tatsächlichen wirtschaftlichen Verhältnissen wirkt sich die Beschränkung des Haftungskapitals auf das Vermögen **einer** Person nachteilig auf die Kreditwürdigkeit aus. Deshalb sind den Möglichkeiten der **Fremdkapitalbeschaffung** bei der Einzelunternehmung enge Grenzen gesetzt.

Haftung

Der Einzelunternehmer **haftet** für die Verbindlichkeiten seines Unternehmens **allein und unbeschränkt**, d.h. mit seinem gesamten Vermögen (Betriebs- und Privatvermögen).

BEISPIEL Die Einzelunternehmerin Mauser hat für die Gründung ihrer Spielwaren-Einzelhandlung bei der Bank einen Kredit aufgenommen. Sie haftet hierfür mit ihrem gesamten Vermögen, d.h. auch mit ihrem Privatvermögen.

Geschäftsführung und Vertretung

Der Einzelunternehmer ist alleiniger Inhaber. Er hat auch alle Entscheidungsbefugnisse. Er hat das alleinige Recht, im Innenverhältnis die Geschäfte zu führen **(Geschäftsführungsbefugnis)** und das Unternehmen im Außenverhältnis gegenüber Dritten zu vertreten **(Vertretungsbefugnis)**.

Gewinne und Verluste

Da der Einzelunternehmer alle Risiken allein übernimmt, steht ihm auch der **gesamte Gewinn** zu, andererseits trägt er auch alle **Verluste allein**.

Auflösung

Die **Auflösung** erfolgt, wenn der Kaufmann wesentliche Betriebsgrundlagen in sein Privatvermögen überführt oder veräußert.

Zusammenfassung

Die kaufmännische Einzelunternehmung (e. K.)

Definition	• Gewerbebetrieb, dessen Eigenkapital von einer Person aufgebracht wird
Gründung	• eine Person • Eintragung in das Handelsregister bei Handelsgewerbe mit kaufmännischem Umfang
Firma	• Personen-, Sach-, Fantasiefirma oder gemischte Firma mit Zusatz „eingetragener Kaufmann/eingetragene Kauffrau" = e. K.
Kapitalaufbringung	• durch den Einzelunternehmer
Haftung	• allein und unbeschränkt
Geschäftsführung und Vertretung	• allein durch den Einzelunternehmer
Gewinne und Verluste	• erhält bzw. trägt der Einzelunternehmer

Aufgaben

1. *Beschreiben Sie die Rechtsform der Einzelunternehmung.*
2. *Der Einzelunternehmer Eberle ist zahlungsunfähig. Der Gläubiger Pfeiffer behauptet, Eberle hafte auch mit seinem Privatvermögen. Eberle selbst steht auf dem Standpunkt, Geschäfts- und Privatvermögen hätten nichts miteinander zu tun. Nehmen Sie zu diesen Behauptungen Stellung.*
3. *Stellen Sie fest, wer sich in Ihrer Klasse einmal selbstständig machen möchte, und diskutieren Sie die damit verbundenen Vor- und Nachteile.*
4. *Stellen Sie in einem Kurzreferat die Unternehmensform der Einzelunternehmung vor. Nutzen Sie eine geeignete Software zur Veranschaulichung.*

3.2 Offene Handelsgesellschaft (OHG) und Kommanditgesellschaft (KG) als Personengesellschaften

HANDLUNGSSITUATION

Edith Mausers Spielwarengeschäft ist eröffnet. Das Einkaufszentrum Rheinpark, in dem sie ihr Einzelhandelsgeschäft betreibt, entwickelt sich immer mehr zu einer exklusiven Adresse für Kunden des gehobenen Bedarfs. Da Frau Mauser mit ihrem Sortiment genau diese Zielgruppe abdeckt, steigen die Umsätze und sie muss schon bald zwei Verkäuferinnen einstellen. Auch in der Buchhaltung wird eine Halbtagskraft beschäftigt. Für erforderliche Erweiterungen der Geschäftsräume beantragt Frau Mauser einen Kredit bei ihrer Hausbank. Dieser wird jedoch mit der Begründung abgelehnt, das Eigenkapital sei zu gering und es fehle an Sicherheiten. Auch der größte Lieferant des Spielwarengeschäftes Mauser ist nicht bereit, Frau Mauser den Lieferantenkredit weiter aufzustocken. In dieser Situation bietet der Steuerberater Schröder Frau Mauser eine Beteiligung an ihrem Unternehmen an. Er ist bereit, eine beträchtliche Summe zu investieren, kann aber aufgrund seiner beruflichen Situation nicht im Unternehmen mitarbeiten und möchte die Haftung auf das eingesetzte Kapital beschränken.

ARBEITSAUFTRÄGE

- *Erstellen Sie mithilfe einer Präsentationssoftware eine Übersicht, in der Sie die wesentlichen Merkmale der OGH und der KG darstellen.*
- *Wählen Sie eine geeignete Personengesellschaft für Frau Mauser und Herrn Schröder aus und begründen Sie Ihre Entscheidung.*
- *Beurteilen Sie, ob das Angebot von Steuerberater Schröder die Lösung für Frau Mausers Probleme ist.*

Die offene Handelsgesellschaft (OHG)

Definition

§ 105 HGB

(1) Eine Gesellschaft, deren Zweck auf den Betrieb eines Handelsgewerbes unter gemeinschaftlicher Firma gerichtet ist, ist eine offene Handelsgesellschaft, wenn bei keinem der Gesellschafter die Haftung gegenüber den Gesellschaftsgläubigern beschränkt ist.

Gründung

Die Gründung der OHG ist **formfrei**, die Schriftform in Form eines Gesellschaftsvertrages ist jedoch üblich. Die Gesellschaft entsteht bei Kaufleuten im Sinne des § 1 HGB mit der Aufnahme der Tätigkeit, bei Kleingewerbetreibenden und Kannkaufleuten mit dem Handelsregistereintrag.

Firma

Die Gesellschaft ist zur Eintragung in das Handelsregister anzumelden. Die Firma der OHG kann eine **Personen-**, **Sach-**, **Fantasiefirma oder gemischte Firma** sein. Sie muss die Bezeichnung „offene Handelsgesellschaft" oder eine verständliche Abkürzung dieser Bezeichnung beinhalten.

BEISPIEL Frau Mauser und Herr Schröder diskutieren den Betrieb des Spielwareneinzelhandels in der Rechtsform einer OHG. Folgende Firmen wären möglich: Mauser OHG, Schröder OHG, Spielwaren OHG, Maus OHG usw.

Kapitalaufbringung

Ähnlich wie bei der Einzelunternehmung kann das **Eigenkapital** durch Aufstockung der Kapitaleinlagen der Gesellschafter oder durch die Nichtentnahme von Gewinnen erhöht werden. Darüber hinaus besteht die Möglichkeit der Aufnahme neuer Gesellschafter.

BEISPIEL Die OHG erzielt einen Jahresüberschuss von 31 800,00 €. Die Gesellschafter beschließen, den Gewinn zur Ausstattung einer Spielecke zu verwenden.

Die Beschaffung von **Fremdkapital** ist leichter als bei der Einzelunternehmung, da hier mindestens zwei Gesellschafter mit ihrem gesamten Vermögen haften und das Risiko der Gläubiger dadurch auf zwei Schuldner verteilt wird.

Haftung

Die Gesellschafter der OHG haften unbeschränkt, unmittelbar und gesamtschuldnerisch.

- **Unbeschränkt** bedeutet, dass jeder Gesellschafter mit seinem gesamten Vermögen haftet. Es haftet also nicht nur das Gesellschaftsvermögen, sondern jeder Gesellschafter muss auch mit seinem Privatvermögen für die Schulden der OHG einstehen.
- **Unmittelbar** bedeutet, dass sich ein Gläubiger an jeden beliebigen Gesellschafter wenden kann. Der Gesellschafter kann nicht verlangen, dass der Gläubiger zuerst gegen die Gesellschaft auf Zahlung klagt.
- **Gesamtschuldnerisch (solidarisch)** bedeutet, dass jeder Gesellschafter für die gesamten Schulden der OHG haftet. Er haftet also für die anderen Gesellschafter mit. Im Innenverhältnis hat der Gesellschafter einen Ausgleichsanspruch, d. h., er kann von seinen Mitgesellschaftern deren Anteil verlangen.

Ein in eine Einzelunternehmung oder OHG eintretender Gesellschafter haftet auch für die Verbindlichkeiten, die bei seinem Eintritt bereits bestehen. Bei Austritt haftet der Gesellschafter **noch fünf Jahre** für die bei seinem Austritt vorhandenen Verbindlichkeiten.

Geschäftsführung und Vertretung

Zur **Geschäftsführung** ist jeder OHG-Gesellschafter allein berechtigt und verpflichtet. Im Außenverhältnis kann jeder Gesellschafter die OHG wirksam vertreten (**Einzelvertretungsmacht**).

BEISPIEL Ein OHG-Gesellschafter schafft für die OHG einen repräsentativen Geschäftswagen an. Als sein Mitgesellschafter davon erfährt, kommt es zum Streit. Er ist mit dem Kauf nicht einverstanden. Trotzdem ist der Kaufvertrag zwischen dem Autohaus und der OHG wirksam zustande gekommen, da jeder Gesellschafter die OHG wirksam vertreten kann.

Es besteht jedoch auch die Möglichkeit, dass ein oder mehrere Gesellschafter nur in Gemeinschaft zur Vertretung der OHG ermächtigt sein sollen (**Gesamtvertretungsmacht**). Diese Einschränkung ist jedoch nur wirksam, wenn sie in das Handelsregister eingetragen ist.

BEISPIEL Die OHG-Gesellschafter vereinbaren Gesamtvertretungsmacht und lassen dies in das Handelsregister eintragen. Beim Kauf eines neuen Kopierers müssen jetzt beide den Kaufvertrag unterschreiben.

Ein Gesellschafter darf ohne Einwilligung seiner Partner weder im Handelszweig seiner Gesellschaft Geschäfte tätigen (**Handelsverbot**) noch sich an einer anderen Gesellschaft als persönlich haftender Gesellschafter beteiligen (**Wettbewerbsverbot**).

BEISPIEL Ein OHG-Gesellschafter will sich an einer weiteren OHG in der gleichen Branche als Gesellschafter beteiligen. Hierfür ist die Zustimmung des Mitgesellschafters erforderlich.

Gewinnverteilung

Der Gewinn der OHG wird gem. Gesellschaftsvertrag verteilt. In der Regel bekommen die mitarbeitenden Gesellschafter zunächst ein Arbeitsentgelt (**Unternehmerlohn**). Danach werden die geleisteten Kapitaleinlagen in einer vereinbarten Höhe **verzinst**. Der verbleibende Rest kann **„nach Köpfen"** oder nach einem Schlüssel verteilt werden, der die unterschiedliche Höhe des mithaftenden Privatvermögens berücksichtigt.

Wird zur Gewinnverteilung nichts vereinbart, gilt § 121 HGB. Danach steht jedem Gesellschafter zunächst ein Anteil in Höhe von 4% seiner Kapitaleinlage zu. Der Rest wird nach Köpfen unter den Gesellschaftern verteilt.

BEISPIEL Verteilung des Jahresgewinns der A & B OHG in Höhe von 130 000,00 € nach HGB, Einlage Gesellschafter A 100 000,00 €, Gesellschafter B 150 000,00 €

	Geschäftsanteil in €	Kapitalverzinsung 4 % in €	Rest nach Köpfen in €	Gesamtgewinn in €
Gesellschafter A	100000,00	4000,00	60000,00	64000,00
Gesellschafter B	150000,00	6000,00	60000,00	66000,00
Gesamt	**250000,00**	**10000,00**	**120000,00**	**130000,00**

Der Gewinn eines Gesellschafters wird seinem Kapitalanteil zugeschrieben. Jeder Gesellschafter ist berechtigt, 4% seines Kapitalanteils pro Jahr zu entnehmen. Dies ist auch dann möglich, wenn die OHG Verluste macht.

Verlustverteilung

Die Verluste der OHG werden **nach Köpfen** verteilt und vom Kapitalkonto der Gesellschafter abgezogen. Vertragliche Abweichungen von dieser Regelung sind möglich.

Kündigung und Auflösung

Eine **Kündigung** des Gesellschaftsvertrages ist mit einer Frist von sechs Monaten zum Ende des Geschäftsjahres möglich. Die **Auflösung** erfolgt durch Zeitablauf, Gesellschafterbeschluss, Liquidation im Insolvenzverfahren und gerichtliche Entscheidung auf Antrag eines Gesellschafters.

Die Kommanditgesellschaft (KG)

Definition

Die **Kommanditgesellschaft** ist eine **Handelsgesellschaft**, bei der mindestens ein Gesellschafter unbeschränkt **(Komplementär)** und die anderen Gesellschafter nur in Höhe ihrer Einlage **(Kommanditist)** haften.

Gründung

Zur **Gründung** einer KG sind mindestens ein Komplementär und ein Kommanditist, also zwei Personen, erforderlich. Der Gesellschaftsvertrag ist formfrei. Die Gesellschaft ist zur

Eintragung in das Handelsregister anzumelden. Dies ist besonders für den Kommanditisten von großer Wichtigkeit, da eine Beschränkung der Haftung auf die Einlage erst ab dem Zeitpunkt der Eintragung rechtswirksam ist.

Firma

Die **Firma** der KG kann Personen-, Sach-, Fantasiefirma oder gemischte Firma sein. Sie muss den Zusatz „Kommanditgesellschaft“ oder eine verständliche Abkürzung dieser Bezeichnung enthalten.

BEISPIEL Mauser & Schröder gründen eine KG. Frau Mauser wird Komplementärin, Herr Schröder Kommanditist. Die Firma wird als Mauser KG in das Handelsregister eingetragen.

Kapitalaufbringung

Die Möglichkeiten der **Eigenkapitalbeschaffung** sind bei der KG i. d. R. größer als bei der Einzelunternehmung, da aufgrund der Beschränkung der Haftung des Kommanditisten auf seine Einlage leichter Teilhafter und damit Kapitalgeber gefunden werden können.

Die **Fremdkapitalbeschaffung** ist leichter als bei der Einzelunternehmung, da hier neben dem Vollhafter zumindest ein Teilhafter mit der Einlage zusätzlich haftet.

Haftung

Ein **Komplementär der KG haftet** wie ein OHG-Gesellschafter unbeschränkt, unmittelbar und solidarisch.

Die **Haftung des Kommanditisten** ist auf die in das Handelsregister eingetragene Einlage beschränkt. Ein in eine KG **eintretender Gesellschafter** haftet auch für die Verbindlichkeiten, die bei seinem Eintritt bereits bestehen. **Bei Austritt** haftet der Gesellschafter noch fünf Jahre für die bei seinem Austritt vorhandenen Verbindlichkeiten.

Geschäftsführung und Vertretung

Geschäftsführung und **Vertretung** der Gesellschaft liegen allein (Grundsatz der Einzelvertretungsmacht) beim **Komplementär**, d. h., der Kommanditist ist von der Führung der Geschäfte ausgeschlossen. Er kann Rechtsgeschäften jedoch widersprechen, wenn sie über den gewöhnlichen Geschäftsbetrieb hinausgehen.

BEISPIEL Der Komplementär will den Sitz des Unternehmens aus steuerlichen Gründen nach Liechtenstein verlegen. Hier hat der Kommanditist ein Widerspruchsrecht.

Der **Kommanditist** ist berechtigt, eine Abschrift der Bilanz zu verlangen und diese durch Einsicht in die Bücher auf ihre Richtigkeit hin zu überprüfen. Das Recht auf eine laufende Kontrolle der Geschäfte hat er jedoch nicht.

BEISPIEL Der Kommanditist Schröder erscheint an jedem ersten Freitag im Monat im Unternehmen und verlangt Einblick in die Bücher. Komplementärin Mauser kann ihm dies verweigern, da der Kommanditist kein Recht auf eine laufende Kontrolle der Geschäfte hat.

Gewinnverteilung

Bei der KG erhält der geschäftsführende Gesellschafter vom **Gewinn** der Unternehmung i.d.R. zunächst einen **Unternehmerlohn**. Danach werden die Kapitaleinlagen gem. Gesellschaftsvertrag **verzinst**. Ist hierüber keine Regelung getroffen, gilt § 168 HGB, der eine Kapitalverzinsung von 4% vorsieht. Falls der Gewinn diesen Betrag übersteigt, soll der Rest **„angemessen“** verteilt werden, d.h., das unterschiedliche Risiko der Gesellschafter wird berücksichtigt.

BEISPIEL Herr Schröder ist mit 100000,00 € als Kommanditist an der Mauser KG beteiligt. Frau Mauser hat als Komplementärin 150000,00 € eingebracht. Im ersten Jahr der Gründung erwirtschaftet die KG einen Gewinn in Höhe von 35000,00 €. Nach der Kapitalverzinsung lt. HGB verbleibt ein Restgewinn in Höhe von 25000,00 €. Im Gesellschaftsvertrag ist vereinbart, dass die angemessene Gewinnverteilung im Verhältnis der Einlagen, d.h. im Verhältnis 2:3, erfolgt.

Gesellschafter	Geschäftsanteil in €	Kapitalverzinsung 4 % in €	Rest angemessen in €	Gesamtgewinn in €
Schröder	100000,00	4000,00	10000,00	14000,00
Mauser	150000,00	6000,00	15000,00	21000,00
Gesamt	**250000,00**	**10000,00**	**25000,00**	**35000,00**

Verlustverteilung

Macht die Gesellschaft **Verlust**, wird dieser im Verhältnis der Anteile verteilt, wobei die Verlustbeteiligung des Kommanditisten auf die Höhe seiner Einlage beschränkt ist.

Kündigung und Auflösung

Die Gesellschafter können das Gesellschaftsverhältnis mit einer Frist von sechs Monaten zum Ende des Geschäftsjahres **kündigen**. Die **Auflösung** erfolgt durch Zeitablauf, Gesellschafterbeschluss, Liquidation im Insolvenzverfahren und gerichtliche Entscheidung auf Antrag eines Gesellschafters.

TIPP

Die KG bietet dem Einzelunternehmer die Möglichkeit der Erweiterung des Eigenkapitals, ohne dem eintretenden Gesellschafter Einfluss auf Geschäftsführung oder Vertretung einräumen zu müssen.

Zusammenfassung

Offene Handelsgesellschaft (OHG) und Kommanditgesellschaft (KG) als Personengesellschaften

- **Die offene Handelsgesellschaft (OHG)**

Definition	• Gesellschaft, deren Zweck auf den Betrieb eines gemeinsamen Handelsgewerbes gerichtet ist, wobei alle Gesellschafter unbeschränkt haften
Gründung	• mindestens zwei Personen • Der Gesellschaftsvertrag ist formfrei. • Die Gesellschaft ist zur Eintragung in das Handelsregister anzumelden.
Firma	• Personen-, Sach-, Fantasiefirma oder gemischte Firma und Zusatz „offene Handelsgesellschaft“
Kapitalaufbringung	• verbesserte Möglichkeiten der Fremdkapitalaufbringung durch Verbreiterung der Eigenkapitalbasis und Haftung
Haftung	• unbeschränkt • unmittelbar • gesamtschuldnerisch (solidarisch)
Geschäftsführung und Vertretung	• Jeder Gesellschafter ist berechtigt, allein die Geschäfte zu führen und die Gesellschaft im Außenverhältnis zu vertreten.
Gewinnverteilung	• Wenn nichts geregelt ist, dann gilt § 121 HGB, d. h. 4 % auf das eingesetzte Kapital, Rest nach Köpfen oder lt. Gesellschaftsvertrag.
Verlustverteilung	• nach Köpfen oder lt. Gesellschaftsvertrag

- **Die Kommanditgesellschaft (KG)**

Definition	• Handelsgesellschaft, bei der mindestens ein Gesellschafter unbeschränkt (Komplementär) und ein Gesellschafter in Höhe seiner Einlage (Kommanditist) haftet
Gründung	• mindestens zwei Personen • Der Gesellschaftsvertrag ist formfrei. • Die Gesellschaft ist zur Eintragung in das Handelsregister anzumelden.
Firma	• Personen-, Sach-, Fantasiefirma oder gemischte Firma mit Zusatz KG
Kapitalaufbringung	• verbesserte Möglichkeiten der Eigenfinanzierung durch Aufnahme von Kommanditisten
Haftung	• Komplementär: unbeschränkt, unmittelbar, solidarisch • Kommanditist: in Höhe seiner Einlage
Geschäftsführung und Vertretung	• durch den Komplementär (Grundsatz der Einzelvertretung)
Gewinnverteilung	• 4 % auf das eingesetzte Kapital, Rest angemessen (HGB) oder nach Gesellschaftsvertrag
Verlustverteilung	• angemessen, d. h. im Verhältnis der Anteile

Aufgaben

1. *Roland Rothe plant die Gründung einer Einzelhandlung in der Rechtsform einer KG. Um Chancen und Risiken gegeneinander abzuwägen, bittet Herr Rothe seinen Steuerberater Schmitz um die Beantwortung der nachfolgenden Fragen.*
   a) Geben Sie an, wo die Gesellschaft eingetragen bzw. angemeldet werden muss.
   b) Erläutern Sie, wie die Gesellschafter haften.
   c) Beschreiben Sie, wie die gesetzliche Gewinnverteilung geregelt ist.
   d) Begründen Sie, warum der Gewinn der KG, der die Verzinsung auf das eingesetzte Kapital übersteigt, „angemessen" verteilt wird.
   e) Roland Rothe betreibt die KG zusammen mit seinem Kompagnon Kotte. Rothe ist Komplementär, Kotte Kommanditist. Nennen Sie mögliche Firmen.
   f) Stellen Sie in einer Tabelle die Rechte und Pflichten des Komplementärs gegenüber.
   Helfen Sie Herrn Schmitz bei der Erledigung dieses Auftrages.

2. *Nach der Eintragung der Rothe KG in das Handelsregister kauft Rothe mehrere Geschäfts-Pkws.*
   a) Erläutern Sie, ob Rothe das Geschäft für die KG wirksam abschließen konnte.
   b) Führen Sie aus, welche Rechtsfolgen es gehabt hätte, wenn Kotte dem Geschäft widersprochen hätte.
   c) Erläutern Sie, ob Kotte sich an einer weiteren KG als Gesellschafter beteiligen kann.
   d) Kotte bekommt einen Lkw günstig angeboten. Er möchte dieses Geschäft auf eigene Rechnung machen. Ist dies zulässig, wenn Rothe dagegen ist?
   e) Aufgrund von Unstimmigkeiten möchte Kotte die Gesellschaft verlassen. Er ist der Meinung, ab dem Tag der Auflösung des Gesellschaftsvertrages habe er mit den Verbindlichkeiten des Unternehmens nichts mehr zu tun. Erläutern Sie die Rechtslage.

3. *Abweichend von der gesetzlichen Regelung vereinbaren die Gesellschafter einer KG die folgende Gewinnverteilung: „Die Verzinsung des eingesetzten Kapitals soll jeweils 2 % über dem Basiszinssatz der Europäischen Zentralbank vom 1. Dezember des jeweiligen Geschäftsjahres liegen. Der Rest wird nach Köpfen verteilt." Überlegen Sie, welche Gründe für diese Formulierung sprechen könnten.*

4. *Erläutern Sie die gesetzliche Gewinnverteilung bei der KG und begründen Sie die unterschiedliche Behandlung der Gesellschafter.*

5. *Stellen Sie die gesetzliche Gewinnverteilung bei der OHG und bei der KG in einem digitalen Produkt gegenüber und begründen Sie die unterschiedliche Behandlung der Gesellschafter.*

6. *Paul Schneider und Rolf Nettekoven wollen ein Fachgeschäft für Bürobedarf gründen. Beide wollen aktiv im Unternehmen mitarbeiten. Paul Schneider will in das Unternehmen 150 000,00 € in bar einbringen. Rolf Nettekoven bringt einen Lieferwagen im Wert von 30 000,00 € und ein ihm gehörendes Lagerhaus im Wert von 120 000,00 € in das Unternehmen ein.*
   a) Machen Sie einen Vorschlag für eine geeignete Unternehmensform und begründen Sie Ihre Entscheidung.
   b) Schneider und Nettekoven diskutieren die Regelung zur Gewinnverteilung. Erläutern Sie die gesetzliche Regelung.
   c) Am Ende des Geschäftsjahres wird ein Reingewinn in Höhe von 124 000,00 € ausgewiesen. Verteilen Sie den Gewinn nach der im HGB festgelegten Regel.

3.3 Die Gesellschaft mit beschränkter Haftung (GmbH) als Kapitalgesellschaft

HANDLUNGSSITUATION

Ärger bei der Center Warenhaus GmbH! Herr Becker kommt von einer Veranstaltung des Einzelhandelsverbandes und hat eine Idee mitgebracht. Die Lebensmittelabteilung soll in eigener Gewinnverantwortung als eigene GmbH geführt werden. Sie soll dazu aus der Center Warenhaus GmbH ausgegliedert und in eine eigene GmbH überführt werden. Frau Sommer ist entschieden dagegen. Ein Wort gibt das andere und am Ende sind die beiden heillos zerstritten. Herr Becker ist der Meinung, als Geschäftsführer habe er das Recht, kaufmännische Entscheidungen zu treffen. Frau Sommer ist anderer Meinung: *„Wir sind beide Geschäftsführer und gleichberechtigte Gesellschafter!"* Der Streit der beiden Geschäftsführer geht wie ein Lauffeuer durch das Haus und auch Sabine Freund erfährt davon. *„Kann ein Gesellschafter so einfach einen Teil des Unternehmens ausgliedern? Und was wird dann mit den Beschäftigten dieses Unternehmensteils?"*, fragt sie am Abend ihre Freundin Edith Mauser.

ARBEITSAUFTRÄGE

- *Prüfen Sie anhand des Gesellschaftsvertrages der Center Warenhaus GmbH (vgl. Seite 18 f.), nach welchen Regeln die Gesellschafter entscheiden.*
- *Erläutern Sie, welche Folgen eine Ausgliederung für die Mitarbeiterinnen und Mitarbeiter haben würde.*
- *Diskutieren Sie, welche Gründe Herr Becker für seinen Vorschlag haben könnte.*
- *Erstellen Sie mithilfe einer Präsentationssoftware eine Übersicht, in der Sie die wesentlichen Merkmale der GmbH darstellen.*

● Definition

§ 1 GmbHG Zweck; Gründerzahl
Gesellschaften mit beschränkter Haftung können nach Maßgabe der Bestimmungen dieses Gesetzes zu jedem gesetzlich zulässigen Zweck durch eine oder mehrere Personen errichtet werden.

Die GmbH ist eine Handelsgesellschaft mit eigener Rechtspersönlichkeit **(juristische Person)**, deren Gesellschafter mit ihren Geschäftsanteilen am Stammkapital der Gesellschaft beteiligt sind, ohne persönlich zu haften (https://www.gesetze-im-internet.de/gmbhg/).

● Gründung

Eine Mindestzahl von **Gründern** ist nicht vorgeschrieben, sodass auch eine Person eine GmbH gründen kann **(Ein-Personen-GmbH)**. Dies kann auch eine juristische Person sein.

Der Gesellschaftsvertrag **(Satzung)** bedarf der notariellen Beurkundung. Als **juristische Person** entsteht die GmbH erst mit Eintragung in das Handelsregister. Sie ist damit **Formkaufmann** (vgl. Seite 306).

Für unkomplizierte Standardgründungen steht als Anlage zum GmbHG ein **Mustergesellschaftsvertrag** zur Verfügung. Wird dieser verwendet, ist eine notarielle Beurkundung nicht erforderlich. Es sind lediglich die Unterschriften der Gesellschafter zu beglaubigen. Ein **Muster der Handelsregisteranmeldung** steht als Anlage zum GmbHG ebenfalls zur Verfügung.

Existenzgründer, die wenig Eigenkapital benötigen, können die GmbH als **haftungsbeschränkte Unternehmergesellschaft** (UG haftungsbeschränkt) eintragen lassen. Diese kann **ohne das Mindeststammkapital** gegründet werden. Die Gewinne dieser Einstiegsform der GmbH dürfen jedoch nicht voll ausgeschüttet werden. Sie werden einbehalten, bis das Mindestkapital von 25 000,00 € erreicht ist.

Firma

Die Firma der GmbH kann **Personen-**, **Sach-**, **Fantasiefirma oder gemischte Firma** sein. Sie muss den Zusatz „Gesellschaft mit beschränkter Haftung“ oder eine verständliche Abkürzung dieser Bezeichnung enthalten.

BEISPIEL Center Warenhaus GmbH

Kapitalaufbringung

Anders als bei den Personengesellschaften ist bei der GmbH ein festes Gesellschaftskapital vorgeschrieben. Es wird **Stammkapital** genannt und beträgt mindestens 25 000,00 €. Die Einlage jedes einzelnen Gesellschafters ist der **Nennbetrag der Geschäftsanteile**. Er beträgt mindestens 1,00 €. Das Stammkapital kann in Geld oder Sachwerten aufgebracht werden.

BEISPIEL Frau Sommer hat bei der Gründung der Center Warenhaus GmbH ein Grundstück im Wert von 150 000,00 € eingebracht. Herr Becker hat seine Einlage in Höhe von 150 000,00 € in bar geleistet.

Die Erhaltung oder Erweiterung der Eigenkapitalbasis der GmbH ist durch sogenannte **Nachschusszahlungen** der Gesellschafter möglich. Diese müssen jedoch ausdrücklich in der Satzung vorgesehen sein. Darüber hinaus besteht die Möglichkeit der Aufnahme neuer Gesellschafter, die durch ihre Einlagen das Stammkapital der GmbH erhöhen.

Infolge der Beschränkung der Haftung und der damit verbundenen geringen Kreditwürdigkeit der GmbH sind der **Fremdkapitalbeschaffung** enge Grenzen gesetzt. Dies führt dazu, dass in der Praxis Kredite für die GmbH häufig nur durch Sicherung aus dem Privatvermögen der Gesellschafter vergeben werden.

Haftung

Die **Haftung** der Gesellschafter der GmbH ist ausgeschlossen, es haftet ausschließlich die **juristische Person**.

BEISPIEL Wird die Center Warenhaus GmbH zahlungsunfähig, können sich die Gläubiger ausschließlich an die Gesellschaft wenden. Sie haftet mit ihrem gesamten Betriebsvermögen in Höhe von 300 000,00 €. Auf das Privatvermögen von Frau Sommer und Herrn Becker haben die Gläubiger keinen Zugriff.

Geschäftsführung und Vertretung

Geschäftsführung und Vertretung der Gesellschaft obliegen den **Geschäftsführern**. In der Praxis sind dies gerade bei kleinen Unternehmen häufig die Gesellschafter, es können aber selbstverständlich auch dritte Personen sein. Die Art der **Vertretungsbefugnis** ist in das Handelsregister einzutragen und auf den Geschäftsbriefen der GmbH anzugeben.

Beschließendes Organ

Das **beschließende Organ** der GmbH ist die **Gesellschafterversammlung**. Sie wird durch die Geschäftsführer einberufen und beschließt z. B. über

- Jahresabschluss und Gewinnverwendung oder
- Bestellung, Entlastung und Abberufung der Geschäftsführer.

Die Abstimmung erfolgt mit einfacher Mehrheit nach Geschäftsanteilen. Je 1,00 € eines Geschäftsanteils gewähren eine Stimme.

Kontrollorgan

Der Gesellschaftsvertrag kann die Einrichtung eines **Aufsichtsrates als Kontrollorgan** vorsehen. Seine wesentlichen Aufgaben sind die Überwachung der Geschäftsführer und die Prüfung von **Jahresabschluss** und **Lagebericht**. Für GmbHs, die mehr als 500 Arbeitnehmer beschäftigen, ist die Einrichtung eines Aufsichtsrates durch das **Betriebsverfassungsgesetz** (BetrVG) (www.gesetze-im-internet.de/betrvg) zwingend vorgesehen. Der Aufsichtsrat wird für vier Jahre gewählt. Er besteht aus Vertretern der Arbeitnehmer und der Gesellschafter.

Gewinnverteilung

Der **Gewinn** der GmbH wird, wenn die Satzung nichts anderes vorsieht und die Gesellschafterversammlung dies beschließt, im Verhältnis der Geschäftsanteile verteilt.

Verlustverteilung

Bei **Verlusten** werden zunächst die **Rücklagen** aufgezehrt. Ist die Gesellschaft zahlungsunfähig oder ergibt sich bei Aufstellung der **Bilanz**, dass die Schulden nicht mehr durch das Vermögen der Gesellschaft gedeckt sind, müssen die Geschäftsführer spätestens nach drei Wochen das Insolvenzverfahren beantragen.

Eine **Pflichtprüfung und die Veröffentlichung** (Publizierung) von Jahresabschluss und Lagebericht sind für große Kapitalgesellschaften vorgeschrieben.

Auflösung

Die **Auflösung** der Gesellschaft erfolgt durch Zeitablauf, Gesellschafterbeschluss, Liquidation im Insolvenzverfahren oder gerichtliche Entscheidung.

TIPP

Bei der überwiegenden Zahl der Neugründungen von Unternehmen handelt es sich um Gesellschaften mit beschränkter Haftung. Die Möglichkeit der Beschränkung der Haftung auf das Stammkapital und das geringe Mindestkapital (25 000,00 €) sind hierfür die Ursache. Nachteilig wirkt sich die Pflicht zur Zahlung von Körperschaftssteuer aus, der die juristische Person der GmbH unterliegt.

Zusammenfassung

Die Gesellschaft mit beschränkter Haftung (GmbH) als Kapitalgesellschaft

Definition	• Handelsgesellschaft mit eigener Rechtspersönlichkeit (juristische Person), deren Gesellschafter mit ihren Geschäftsanteilen am Stammkapital der Gesellschaft beteiligt sind, ohne persönlich zu haften
Gründung	• Mindestzahl nicht vorgeschrieben • notarieller Gesellschaftsvertrag erforderlich • Handelsregistereintrag erforderlich
Firma	• Sach-, Personen-, Fantasiefirma oder gemischte Firma mit Zusatz „GmbH“
Kapitalaufbringung	• Stammkapital mindestens 25 000,00 € • Nennbetrag der Geschäftsanteile je Gesellschafter mindestens 1,00 € • Fremdkapitalbeschaffung durch Beschränkung der Haftung problematisch
Haftung	• Es haftet die juristische Person mit ihrem gesamten Vermögen.
Geschäftsführung und Vertretung	• durch die Geschäftsführer (Einzel- oder Gesamtgeschäftsführung möglich)
Beschließendes Organ	• Gesellschafterversammlung
Kontrollorgan	• ggf. Aufsichtsrat (ab 500 Arbeitnehmer)
Gewinnverteilung	• im Verhältnis der Geschäftsanteile
Verlustverteilung	• Aufzehrung von Rücklagen, bei Überschuldung Insolvenzverfahren

Aufgaben

1. *Erläutern Sie die Unternehmensform der GmbH anhand der Merkmale*
   - *Gründung,*
   - *Firma,*
   - *Kapitalaufbringung,*
   - *Haftung,*
   - *Geschäftsführung und Vertretung sowie*
   - *Gewinn- und Verlustverteilung.*

   Tragen Sie Ihre Ergebnisse in einer geeigneten Form vor.

2. *Erstellen Sie ein digitales Produkt, in dem Sie die grundsätzlichen Unterschiede zwischen einer KG und einer GmbH gegenüberstellen.*

3. *Die Kaufleute Wolf und Walter wollen ein Büromöbelfachgeschäft in der Rechtsform einer GmbH gründen.*
   a) Geben Sie an, welches Mindestkapital sie einbringen müssen.
   b) Walter möchte seinen Sohn als Gesellschafter mit einem geringen Geschäftsanteil beteiligen. Erläutern Sie, ob es hierfür einen Mindestbetrag gibt.

c) *Die Kaufleute setzen den Gesellschaftsvertrag auf und unterschreiben alle. Welche weiteren Formvorschriften sind zu beachten?*
d) *Nennen Sie drei Firmen, die diese GmbH führen könnte.*
e) *Nach Unterschrift unter den Gesellschaftsvertrag, aber vor Eintragung in das Handelsregister, kauft Wolf im Namen der GmbH einen repräsentativen Geschäftswagen. Walter junior und senior sind nicht damit einverstanden. Prüfen Sie, ob Walter senior zur Zahlung für den Pkw herangezogen werden kann.*
f) *Wolf und Walter senior werden zu Geschäftsführern bestimmt. Sie haben Einzelvertretungsmacht. Wolf mietet Geschäftsräume, ohne Walter zu fragen. Beurteilen Sie, ob der Mietvertrag gültig ist.*
g) *Das Stammkapital der GmbH entspricht dem gesetzlichen Mindestkapital. Wolf ist mit 15 000,00 €, Walter senior mit 9 500,00 € und sein Sohn mit dem Rest beteiligt. Geben Sie an, wie viele Stimmen die drei in der Gesellschafterversammlung haben.*
h) *Im ersten Jahr macht die GmbH 80 000,00 € Gewinn. Erläutern Sie, wie der Gewinn verteilt wird, wenn in der Gesellschafterversammlung und der Satzung darüber nichts festgelegt wurde.*

4. *Ab 500 Arbeitnehmern sieht der Gesetzgeber für die GmbH die Einrichtung eines durch Arbeitnehmer und Arbeitgeber besetzten Aufsichtsrates vor. Diskutieren Sie mögliche Gründe für diese Regelung. Gehen Sie dabei insbesondere auf die Wahrung der Arbeitnehmerinteressen ein.*

3.4 Die Genossenschaft (eG)

HANDLUNGSSITUATION

Die Lebensmitteleinzelhändler im Umfeld des EKZ Rheinpark wollen der Marktmacht des Einkaufszentrums etwas entgegensetzen. Sie diskutieren eine Verringerung ihrer Kosten durch einen zentralen Einkauf. Dazu soll eine Einkaufsgenossenschaft gegründet werden. Zur Vorbereitung der Entscheidung wird das folgende Material an die Teilnehmer versandt:

Die Unternehmensform der Genossenschaft ist bereits im vergangenen Jahrhundert entstanden. In einem Lehrbuch der damaligen Zeit kann man Folgendes nachlesen: „Bezugsgenossenschaften sind Vereinigungen, um nach Art der Konsumvereine Rohmaterialien im Großen auf gemeinsame Kosten zu beziehen und nach Maßgabe der eigenen Unkosten an die Mitglieder abzusetzen. Es gehörte zu den ersten Versuchen, welche 1850 der Kreisrichter Schulze in Delitzsch unternahm, die Schuhmacher des Ortes zu einem solchen Verein zusammenzutun, um gemeinsam die Ledereinkäufe durch einen Vertreter besorgen zu lassen, durch den Einkauf im Großen Ermäßigungen zu erzielen und diese durch erweiterte Barzahlung zu erhöhen. Das Verfahren zeigte sich als ebenso ersprießlich für den Handwerker wie für den Verkäufer."
J. Conrad, Politische Oekonomie, Jena 1902.

ARBEITSAUFTRÄGE

- *Erarbeiten Sie die Merkmale der Genossenschaft und beantworten Sie die Frage, ob diese Unternehmensform auch heute noch zeitgemäß ist.*
- *Erläutern Sie den Unterschied zwischen Geschäftsanteil, Geschäftsguthaben und Haftsumme.*
- *Stellen Sie fest, ob die Gründung einer Einkaufsgenossenschaft die Lösung der Einzelhändler im Umfeld des EKZ Rheinpark sein könnte.*

Definition

Die Genossenschaft ist eine Gesellschaft mit nicht geschlossener Mitgliederzahl, „welche die Förderung des Erwerbs und der Wirtschaft ihrer Mitglieder mittels gemeinschaftlichen Geschäftsbetriebes bezwecken" (§ 1 Abs. 1 **Genossenschaftsgesetz** GenG), ohne dass diese persönlich für die Verbindlichkeiten der Genossenschaft haften. Ursprüngliches Ziel der Genossenschaft ist also nicht die Gewinnerzielung, sondern die **Selbsthilfe der Mitglieder durch gegenseitige Förderung** (www.gesetze-im-internet.de/geng).

BEISPIEL Zusammenschluss mehrerer Unternehmen zu einer Einkaufsgenossenschaft, um beim Einkauf günstigere Konditionen zu erzielen

Gründung

Die Genossenschaft ist weder eine Personen- noch eine Kapitalgesellschaft, sondern ein wirtschaftlicher Verein. Zu ihrer **Gründung** sind mindestens drei Personen erforderlich. Diese stellen ein Statut **(Satzung)** auf und legen dieses dem entsprechenden Genossenschaftsverband zur Prüfung vor. Anschließend wird die Gesellschaft in das Genossenschaftsregister eingetragen, damit ist sie **juristische Person**.

Firma

Die Firma der Genossenschaft kann **Sach-**, **Personen-**, **Fantasiefirma oder gemischte Firma** sein und muss den Zusatz „eingetragene Genossenschaft" oder „eG" enthalten.

Kapitalaufbringung

Die Genossenschaft hat **kein festes Mindestkapital**, sondern ihr Kapital setzt sich aus den Einlagen der Mitglieder zusammen. Im Statut wird der Betrag festgelegt, zu dem sich ein Genosse beteiligen kann **(Geschäftsanteil)**. Jeder Genosse kann i. d. R. nur einen Geschäftsanteil erwerben. Es wird weiterhin die **Mindesteinlage** festgelegt, die jeder Genosse auf seinen Geschäftsanteil einzahlen muss. Diesem eingezahlten Betrag werden die Gewinne der Genossenschaft und die Einzahlungen des Genossen so lange gutgeschrieben, bis der Geschäftsanteil erreicht ist. Verluste werden entsprechend abgezogen. Der jeweilige „Kontostand" eines Genossen ist das **Geschäftsguthaben**.

Haftung

Für die Verbindlichkeiten der Genossenschaft **haftet** den Gläubigern das Vermögen der juristischen Person. Jeder Genosse haftet mit seinem Geschäftsanteil und der im Statut festgelegten **Haftsumme**, die nicht niedriger als der Geschäftsanteil sein darf. Haftsumme und Geschäftsanteil bilden die **Risikosumme**. Im Statut kann festgelegt werden, dass die Genossen im Insolvenzfall Kapital in beschränkter oder unbeschränkter Höhe nachschießen müssen (**Nachschusspflicht**).

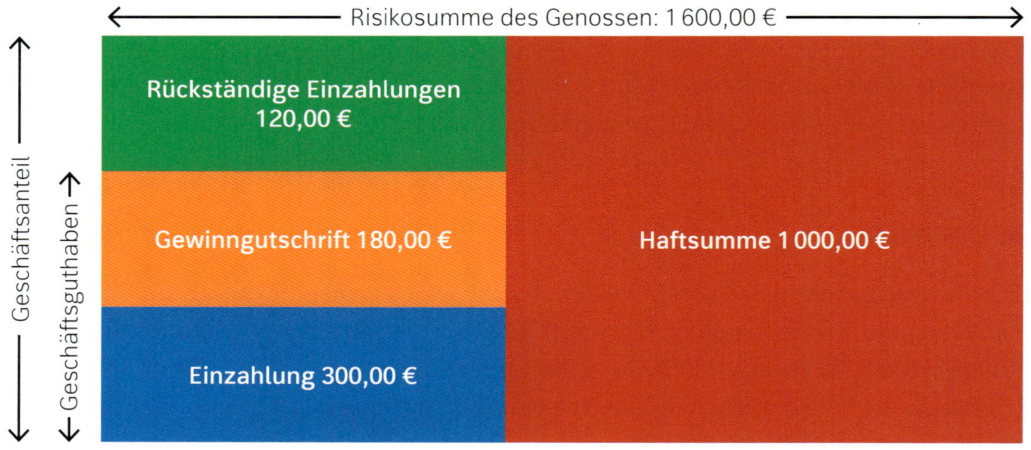

Geschäftsführung und Vertretung

Die **Organe** der Genossenschaft sind Vorstand, Aufsichtsrat und Generalversammlung.

- Der **Vorstand** ist das Geschäftsführungsorgan der Genossenschaft. Er besteht aus mindestens zwei Mitgliedern und wird von der Generalversammlung oder dem Aufsichtsrat gewählt. Wenn die Satzung nichts anderes vorsieht, hat der Vorstand **Gesamtvertretungsmacht**.
- Der **Aufsichtsrat** überwacht **als Kontrollorgan** den Vorstand. Er kann jederzeit die Bücher einsehen und Berichterstattung vom Vorstand fordern. Der Aufsichtsrat besteht aus mindestens drei Genossen und wird von der Generalversammlung gewählt.
- Die **Generalversammlung** ist das **beschließende Organ** der Genossenschaft. Sie besteht aus den Mitgliedern der Genossenschaft. Ihre wesentlichen Aufgaben sind:
  - Wahl von Vorstand und Aufsichtsrat
  - Beschlussfassung über den Jahresabschluss und die Gewinnverteilung
  - Entlastung von Vorstand und Aufsichtsrat

  Die Abstimmung in der Generalversammlung erfolgt **nach Köpfen**, d. h., jeder Genosse hat, unabhängig von der Zahl der Geschäftsanteile oder seinem Geschäftsguthaben, nur eine Stimme.

Gewinnverteilung

Die **Gewinnverteilung** erfolgt im Verhältnis der Geschäftsanteile. Die Zuschreibung der Gewinne erfolgt so lange, bis der Geschäftsanteil erreicht ist. Ist der Geschäftsanteil erreicht, hat der Genosse Anspruch auf Auszahlung des Gewinns.

Verlustverteilung

Die **Verlustverteilung** erfolgt im Verhältnis der Geschäftsanteile. Verluste werden vom Geschäftsguthaben abgezogen. Das Statut kann abweichende Regelungen vorsehen.

Auflösung

Die Genossenschaft kann nach § 78 Abs. 1 GenG durch Beschluss der Generalversammlung aufgelöst werden. Der Beschluss bedarf der Mehrheit von drei Vierteln der abgegebenen Stimmen.

Zusammenfassung

Die Genossenschaft (eG)

Definition	• Gesellschaft, welche die Förderung des Erwerbs und der Wirtschaft ihrer Mitglieder bezweckt, ohne dass diese persönlich haften
Gründung	• mindestens drei Personen • Pflichtprüfung durch den Genossenschaftsverband, danach Eintragung in das Genossenschaftsregister
Firma	• Sach-, Personen-, Fantasiefirma oder gemischte Firma mit Zusatz eG
Kapitalaufbringung	• Das Grundkapital setzt sich aus den Einlagen der Mitglieder zusammen. • Der Geschäftsanteil ist der im Statut bestimmte Beitrag, zu dem sich ein Genosse beteiligen kann. • Die Mindesteinlage ist der Betrag, der mindestens einbezahlt werden muss. • Das Geschäftsguthaben ist der Betrag, den der Genosse auf seinen Geschäftsanteil tatsächlich eingezahlt hat. • Das Statut kann im Insolvenzfall Nachschusszahlungen vorsehen.
Haftung	• Es haftet das Vermögen der juristischen Person. • Die Haftung der Genossen ist auf die Risikosumme (i. d. R. der Geschäftsanteil) beschränkt.
Geschäftsführung und Vertretung	• Vorstand
Kontrollorgan	• Aufsichtsrat
Beschließendes Organ	• Generalversammlung
Gewinnverteilung	• Gewinne werden den Geschäftsguthaben gutgeschrieben, bis der Geschäftsanteil erreicht ist.
Verlustverteilung	• Verluste werden vom Geschäftsguthaben abgezogen.

Aufgaben

1. *Erstellen Sie mithilfe einer Präsentationssoftware eine Übersicht, in der Sie die wesentlichen Merkmale der Genossenschaft darstellen.*
2. *Zehn Einzelhandelsgeschäfte möchten sich zu einer Einkaufsgenossenschaft zusammenschließen.*
   a) Stellen Sie Vor- und Nachteile für die Fachgeschäfte gegenüber.
   b) Geben Sie an, welche Vor- und Nachteile mit dieser Gründung für die Lieferanten verbunden sind.
3. *Erläutern Sie den Unterschied zwischen Geschäftsanteil, Mindesteinlage und Geschäftsguthaben.*

4. *Beschreiben Sie die Organe der Genossenschaft und ihre jeweilige Funktion.*

5. *Im Statut einer Einkaufsgenossenschaft ist der Geschäftsanteil jedes Genossen auf 5 000,00 € festgelegt. Die Haftsumme beträgt 7 500,00 €. Unter anderem sind Albers, Brehm und Cäsar beteiligt. Albers hat auf seinen Geschäftsanteil 2 500,00 € eingezahlt, Brehm 3 000,00 € und Cäsar 4 000,00 €.*
   a) *Ermitteln Sie das Geschäftsguthaben der Genossen.*
   b) *Geben Sie an, in welcher Höhe jeder Genosse im Insolvenzfall Nachschuss leisten müsste.*
   c) *In der Generalversammlung wird über die Verwendung des Gewinns abgestimmt. Wie viele Stimmen haben Albers, Brehm und Cäsar, wenn im Statut keine abweichende Regelung getroffen wurde?*
   d) *Auf jeden Geschäftsanteil entfällt ein Gewinnanteil von 500,00 €. Wie hoch ist das Geschäftsguthaben der drei Genossen jetzt?*

4 Kooperation und Konzentration im Einzelhandel erkunden

HANDLUNGSSITUATION

Die Rheinpark Verwaltungs GmbH in Köln möchte die Attraktivität des Einkaufszentrums steigern. In der Diskussion sind eine Vergrößerung des Parkhauses, die Begrünung der Anlage und viele weitere Aktionen. Um für diese Aktionen geeignete Ideen zu bekommen, hat man sich für einen Wettbewerb unter den Mitarbeiterinnen und Mitarbeitern des Einkaufszentrums entschieden. Ausdrücklich dürfen auch Auszubildende am Wettbewerb teilnehmen. Kerstin Dahm, Mehmet Aydin und Sabine Freund haben sich nach Feierabend getroffen, um Ideen zusammenzutragen. *„Wie wäre es mit der Einrichtung eines Wochenmarktes“*, schlägt Sabine vor. *„Durch einen Wochenmarkt sinkt doch nur der Umsatz in der Lebensmittelabteilung“*, erwidert Kerstin. *„Wir können ja einen Flohmarkt veranstalten“*, schlägt Mehmet vor. *„Das verträgt sich nicht mit unseren Sonderverkaufsaktionen für Restposten“*, erwidert Sabine. *„Wenn jeder nur aus der Sicht seines Unternehmens argumentiert, werden wir nie gemeinsame Ideen verwirklichen“*, stellt Kerstin fest.

ARBEITSAUFTRÄGE

- *Sehen Sie sich die Liste der Betriebe des Einkaufszentrums Rheinpark an (vgl. Seite 13 f.) und stellen Sie fest, wo gemeinsame Aktionen zur Stärkung des Standortes möglich sind und welche Aktionen nicht sinnvoll erscheinen.*
- *Erläutern Sie, um welche Form der Kooperation oder Konzentration es sich beim Einkaufszentrum Rheinpark handelt.*

Der Grundsatz **„Gemeinsam sind wir stark“** lässt sich auch für wirtschaftlich und rechtlich selbstständige Unternehmen verfolgen. Je nachdem, wie viel Selbstständigkeit sie im Rahmen dieser Zusammenarbeit aufgeben müssen, sprechen wir von **Kooperation** oder **Konzentration**.

- **Kooperation** liegt vor, wenn sich wirtschaftlich und rechtlich weitgehend selbstständig bleibende Unternehmen zur Zusammenarbeit verpflichten.
- **Konzentration** liegt vor, wenn sich Unternehmen unter Aufgabe ihrer wirtschaftlichen Selbstständigkeit unter zentraler Leitung zusammenschließen.

Geben Unternehmen bei einem Zusammenschluss auch ihre rechtliche Selbstständigkeit auf, spricht man von einer **Fusion**. Die so verschmolzenen Unternehmen werden auch als **Trust** bezeichnet.

Durch die Vielzahl an Zusammenschlüssen erhöht sich für kleine und mittelständische Unternehmen der **Konkurrenzdruck**, sodass immer mehr von ihnen ebenfalls einen Zusammenschluss in Betracht ziehen.

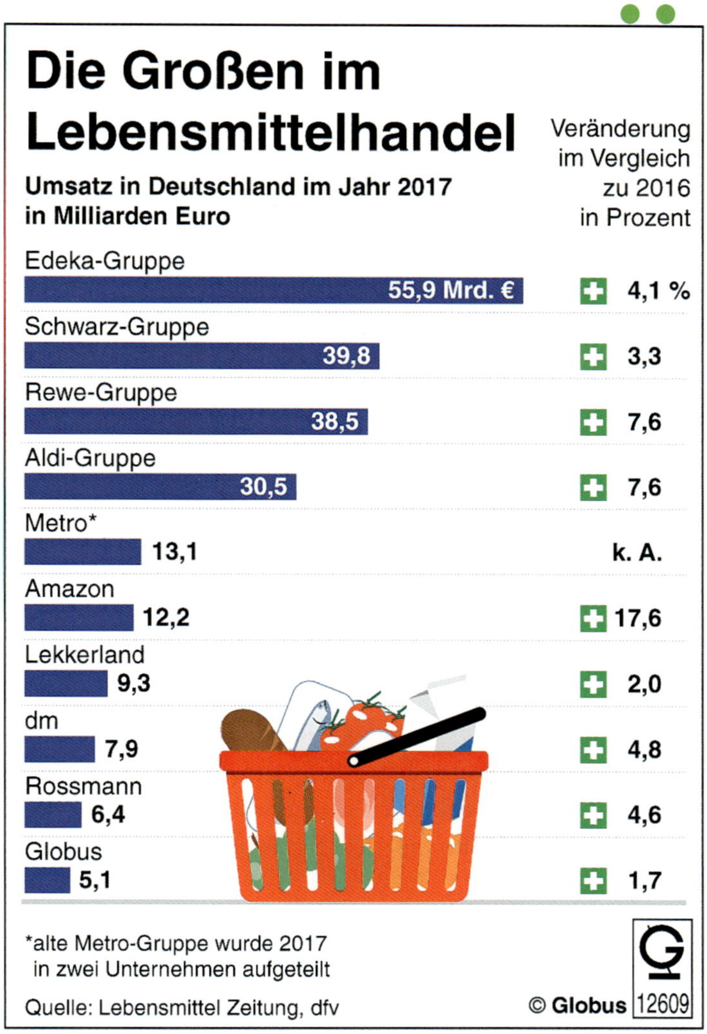

Kooperation im Einzelhandel

Ziele der Kooperation

Die Ziele eines Zusammenschlusses von Unternehmen sind zahlreich. Bei der **Kooperation** wird immer die **Erhöhung der Wirtschaftlichkeit**, z. B. durch Kostensenkung, im Vordergrund stehen. Die **Konzentration** hingegen zielt i. d. R. auf die **Erringung von Marktmacht** ab.

Das Ziel der **Kostensenkung** kann in allen Funktionsbereichen des Einzelhandels erreicht werden, d. h. im Bereich der Beschaffung, der Lagerhaltung, der Sortimentsgestaltung und des Absatzes.

- Im **Beschaffungsbereich** kann durch den gemeinsamen Großeinkauf mehrerer Einzelhändler (Einkaufsorganisation) ein wesentlich höherer Rabatt beim Lieferer erzielt werden. Somit können die Preise des einzelnen Einzelhändlers deutlich gesenkt werden. Ebenfalls könnten z. B. durch die gemeinsame Nutzung des Fuhrparks von mehreren Einzelhändlern Kosten eingespart werden. Lernfeld 6
- Im **Bereich der Lagerhaltung** können z. B. durch gemeinsame Lager Kosteneinsparungen erzielt werden. Lernfeld 7

Lernfeld 6

- Bei der **Sortimentsgestaltung** könnte eine Kooperation von Einzelhändlern, deren Sortimentsaufbau gleich oder ähnlich ist, darin bestehen, die Zusammenstellung des Sortiments einer Zentrale zu überlassen, wobei die Zentrale für jeden Einzelhändler das Sortiment zusammenstellt und den sich ändernden Kaufgewohnheiten der Verbraucher anpasst. Die dazu erforderliche ständige Marktbeobachtung wird von der Zentrale übernommen und spart somit dem einzelnen Einzelhändler Kosten.

Lernfeld 12

- Im **Absatzbereich** sind Kosteneinsparungen durch die Kooperation von Einzelhändlern durch eine zentrale vereinheitlichte Kalkulations- und Preispolitik, Gemeinschaftswerbung und durch Zusammenarbeit bei der Erschließung neuer Märkte möglich. Darüber hinaus sind gemeinsame Schulungen des Verkaufspersonals, die Zusammenarbeit im Rahmen der Kommunikationspolitik oder der Warenzustellung oder gemeinsame Gütezeichen denkbar.

  Die Schaffung gemeinsamer **Handelsmarken** ist typisch für die vertikalen und horizontalen Kooperationsformen des Handels. Zielsetzung dabei ist es, eine hohe Markentreue beim Endverbraucher für das Produkt durch massive Kundenwerbung zu erzielen.

  Die gemeinsame **Absatzmarktforschung** (vgl. Seite 127 ff.) und die gemeinsame Einführung neuer Produkte auf Testmärkten sparen ebenfalls Kosten. Die Informationen über Kaufgewohnheiten der Verbraucher können zwar von einem Unternehmen selbst erhoben werden, dies ist aber i. d. R. mit enormen Kosten verbunden. Im Rahmen der Kooperation zwischen Herstellern, Groß- und Einzelhändlern bei der Einführung neuer Produkte nutzt man **Testmärkte**, auf denen neue Produkte probeweise eingeführt werden. Dadurch kann das Einführungsrisiko für neue Produkte deutlich reduziert werden.

○ Horizontale Kooperation

Horizontale Kooperation liegt vor, wenn Unternehmen der **gleichen Wirtschaftsstufe** zusammenarbeiten. Aus der Vielzahl der möglichen horizontalen Kooperationsformen werden nachfolgend die Einkaufsgenossenschaft, der Einkaufsverband, das Einkaufszentrum und die Gemeinschaftswerbung dargestellt.

Lernfeld 6

- Bei der **Einkaufsgenossenschaft** gründen selbstständige Einzelhändler eine Genossenschaft, um durch gemeinsame Warenbeschaffung günstigere Preise und Konditionen erzielen zu können.

- Die **Einkaufsverbände** haben die gleichen Ziele wie die Einkaufsgenossenschaften. Sie bedienen sich lediglich einer anderen Form des Zusammenschlusses.

Lernfeld 1

- Das **Einkaufszentrum** oder **Shoppingcenter** ist ein als Einheit geplanter, errichteter und verwalteter Zusammenschluss von Einzelhandels- und Dienstleistungsbetrieben, gastronomischen sowie kulturellen Betrieben unter einem Dach. Häufigster Standort für diese Kooperationsform ist der Innenstadtbereich. Aber auch in der städtischen Peripherie, in Satellitenstädten und zwischen den Städten „auf der grünen Wiese" finden wir zunehmend Einkaufszentren.

  BEISPIELE Einkaufszentrum Rheinpark GmbH, Köln; Einkaufszentrum Gerapark, Erfurt

- Die **Gemeinschaftswerbung** gewinnt als Kooperationsform im Handel immer stärker an Bedeutung. Kleine und mittlere Einzelhändler haben nur so die Möglichkeit, Aufmerksamkeit zu erwecken, gute Werbefachleute zu verpflichten und aufwendige Werbemittel, z.B. Großflächen (Plakatwände), Funk- oder Fernsehwerbung, einzusetzen. Auch eine gemeinsame Präsenz im Internet oder die Durchführung von Sonderveranstaltungen wie z.B. Straßenfesten, eine aufwendige Weihnachtsbeleuchtung oder die Einführung eines Park-and-ride-Systems bedürfen der gemeinsamen Planung und Finanzierung.

  BEISPIELE Alle Einzelhändler des Einkaufszentrums Rheinpark werben gemeinsam in einem Prospekt für den Einkauf im EKZ. Ein gemeinsamer Onlineshop ist in Planung.

○ Vertikale Kooperation

Im Rahmen der **vertikalen Kooperation**, also des Zusammenschlusses von Unternehmen aufeinanderfolgender Handelsstufen, gibt es z.B. die freiwilligen Ketten, das Franchising- und das Rackjobbingsystem.

- Bei den **freiwilligen Ketten** handelt es sich um einen Zusammenschluss eines oder mehrerer Großhändler mit rechtlich und wirtschaftlich selbstständig bleibenden Einzelhandelsbetrieben. Lernfeld 6

- **Franchising** ist eine Form der Kooperation, bei der der Franchisegeber (**Franchisor**) aufgrund einer langfristigen vertraglichen Bindung dem Franchisenehmer (**Franchisee**) das Recht einräumt, bestimmte Waren oder Dienstleistungen unter Verwendung der Firma, des Warenzeichens, der Ausstattung und der technischen und gewerblichen Erfahrungen des Franchisegebers zu nutzen. Der Franchisegeber vergibt die Konzession für ein von ihm entwickeltes Marketingkonzept, das sich in der Praxis bereits bewährt hat. Er erhält dafür i.d.R. ein einmaliges Entgelt und/oder eine Umsatzbeteiligung.

Vorteile für den Franchisenehmer	Nachteile für den Franchisenehmer
• weitgehende Selbstständigkeit im Rahmen des Vertrages • Nutzung des Know-hows des Franchisegebers • Förderung des Absatzes durch einheitliche Verkaufsraumgestaltung, Werbung, Verkaufsförderung sowie ein abgerundetes Sortiment • Nutzung von Dienstleistungen des Franchisegebers, wie zentrales Rechnungswesen, Kalkulation	• langfristige Bindung an ein Sortiments- und Präsentationskonzept • keine selbstständigen Sortimentsentscheidungen • hohe Kosten durch Eintritts- oder Franchiseentgelt • Das Insolvenzrisiko liegt beim Franchisenehmer.

BEISPIELE McDonald's (Fast Food), Fressnapf (Tiernahrung), Burger King (Fast Food), Kamps (Backwaren), TUI (Reisen), RENO (Schuhe), Subway (Fast Food)

- Beim **Rackjobbingsystem** stellt der Einzelhändler dem Großhändler, Hersteller oder selbstständig arbeitenden Rackjobbern gegen Entgelt Regalfläche zur Verfügung. Der Rackjobber bietet dort seine Ware für eigene Rechnung an. Er füllt die Ware selbstständig auf, zeichnet sie aus, betreibt Warenpflege, nimmt unverkaufte Ware zurück und rechnet mit dem Einzelhändler ab.

BEISPIEL Die Center Warenhaus GmbH hat Regale an einen Schreibwaren-, einen Parfümeriegroßhandel und einen Batteriehersteller vermietet.

Konzentration im Einzelhandel

Die Ursachen für den Konzentrationsprozess im Handel sind vielfältig. So schätzen die Kunden in wachsendem Maße die Bequemlichkeit des Einkaufens in Großbetrieben, die „Alles unter einem Dach" anbieten und ein „One-stop-shopping" ermöglichen.

Konzern

§ 18 AktG Konzern und Konzernunternehmen

(1) Sind ein herrschendes und ein oder mehrere abhängige Unternehmen unter der einheitlichen Leitung des herrschenden Unternehmens zusammengefaßt, so bilden sie einen Konzern; die einzelnen Unternehmen sind Konzernunternehmen. [...]

Da **Konzerne** eine marktbeherrschende Stellung erlangen und eine Beschränkung des Wettbewerbs erreichen können, unterliegen sie dem **Gesetz gegen Wettbewerbsbeschränkungen (GWB)** (www.gesetze-im-internet.de/gwb). Konzerne sind grundsätzlich **zulässig**. Ab einer bestimmten Größe müssen sie dem Bundeskartellamt angezeigt werden. Es kann den Zusammenschluss **untersagen**, wenn zu erwarten ist, dass durch den Zusammenschluss eine marktbeherrschende Stellung entsteht.

Kartell

Im Gegensatz zu den Konzernen sind **Kartelle** grundsätzlich **verboten**. Bei einem Kartell handelt es sich um eine vertragliche Absprache zwischen Unternehmen der gleichen Produktions- oder Handelsstufe, ohne dass die wirtschaftliche oder rechtliche Selbstständigkeit der Unternehmen aufgegeben wird. Ziel von Kartellverträgen ist die Marktbeherrschung durch Beseitigung oder zumindest Beschränkung des Wettbewerbs. Dies kann z. B. durch die Absprache von Preisen, Produktionsquoten oder die räumliche Aufteilung des Absatzmarktes erfolgen. Das GWB gestattet Herstellern von Markenwaren, unverbindliche Preisempfehlungen an Einzelhändler abzugeben. Preisabsprachen zwischen Einzelhändlern sind aber ausdrücklich verboten.

Eine Ausnahme des grundsätzlichen Verbotes bilden bestimmte Arten von Kartellen, die nach Ansicht des Gesetzgebers keine unmittelbare Beeinträchtigung des Wettbewerbs zum Ziel haben (z. B. Konditionen- und Mittelstandskartelle). Sie müssen jedoch beim Bundeskartellamt **angemeldet** werden.

Zusammenfassung

Kooperation und Konzentration im Einzelhandel erkunden

- **Horizontale Kooperation** liegt vor, wenn wirtschaftlich und rechtlich selbstständig bleibende Unternehmen **der gleichen Handelsstufe** sich durch Verträge zur Zusammenarbeit verpflichten. Man unterscheidet folgende Formen:

Horizontale Kooperation

- **Einkaufsgenossenschaft**
  gemeinsamer Einkauf zu günstigen Preisen und Konditionen
- **Einkaufszentrum, Shoppingcenter**
  selbstständige Betriebe unter einem Dach
- **Gemeinschaftswerbung**
  Einzelhändler werben gemeinsam für ihre Unternehmen.

- **Vertikale Kooperation** liegt vor, wenn wirtschaftlich und rechtlich selbstständig bleibende Unternehmen **aufeinanderfolgender Handelsstufen** sich durch Verträge zur Zusammenarbeit verpflichten. Man unterscheidet folgende Formen:

Vertikale Kooperation

- **Freiwillige Kette**
  Zusammenschluss von einem Großhändler mit selbstständig bleibenden Einzelhändlern
- **Franchising**
  Ein Einzelhändler erwirbt vom Franchisegeber das Recht, Waren und Dienstleistungen unter Einhaltung bestimmter Bedingungen anzubieten.
- **Rackjobbing**
  Ein Einzelhändler stellt dem Großhändler gegen Entgelt Regalfläche zur Verfügung.

- **Konzentration im Einzelhandel** liegt vor, wenn sich Unternehmen unter Aufgabe ihrer wirtschaftlichen Selbstständigkeit unter zentraler Leitung zusammenschließen. Da Konzerne eine marktbeherrschende Stellung erlangen können, unterliegen sie dem **Gesetz gegen Wettbewerbsbeschränkungen** (GWB).

Aufgaben

1. *Recherchieren Sie zum Stichwort „Konzentration im Einzelhandel" im Internet und diskutieren Sie, welche Folgen sich für den Lebensmitteleinzelhandel aus der Konzentration ergeben.*
2. *Recherchieren Sie in Ihrem Ausbildungsbetrieb, ob es Rackjobber gibt, und stellen Sie diese in der Klasse vor.*

3. *„Der Trend zu Großbetrieben und der zunehmende Kapitalbedarf fördern den Konzentrationsprozess im Einzelhandel." Erläutern und begründen Sie diese Aussage anhand von Beispielen.*

4. *Erläutern Sie Konzern und Kartell anhand der folgenden Gesichtspunkte:*
   - *rechtliche Selbstständigkeit,*
   - *wirtschaftliche Selbstständigkeit,*
   - *Ziel der Zusammenarbeit,*
   - *rechtliche Einschränkungen.*

5. *Beschreiben Sie die Kooperationsform des Franchisings. Führen Sie dazu eine Internetrecherche durch und stellen Sie die Ergebnisse in der Klasse vor.*

6. *Die Center Warenhaus GmbH plant den Einsatz von Rackjobbing. Welche Vorteile verspricht sich die Unternehmensleitung von dieser Form der Kooperation?*
   1. *Sie will durch den Zusammenschluss mit anderen Unternehmen ihren Marktanteil erhöhen.*
   2. *Sie will durch diese vertragliche Regelung die Geschäftsidee und den Namen eines anderen Unternehmens übernehmen.*
   3. *Sie will mit einem anderen Unternehmen Arbeitskräfte gegenseitig austauschen, um flexiblere Mitarbeiter zu erhalten.*
   4. *Sie will bei einem anderen Unternehmen Verkaufsflächen anmieten, um eine höhere Marktpräsenz zu erreichen.*
   5. *Sie will durch diesen Zusammenschluss mit anderen Unternehmen bessere Konditionen bei ihren Lieferanten durchsetzen.*

7. *Immer mehr Verbraucher schätzen den bequemen Einkauf im Internet. Diskutieren Sie die mit dieser Entwicklung verbundenen Vor- und Nachteile aus Sicht der Kunden und des Handels.*

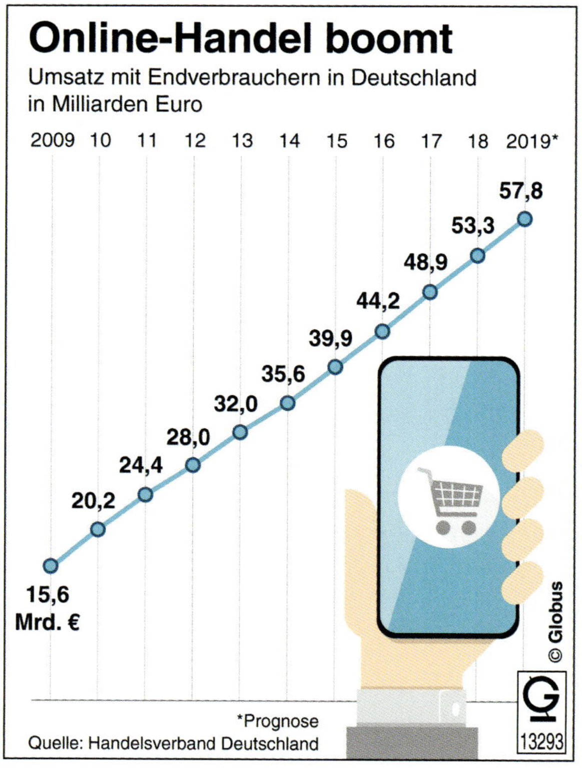

5 Finanzierung durchführen

5.1 Möglichkeiten der Finanzierung

HANDLUNGSSITUATION

Bei der Edith Mauser Spielwaren KG streitet sich Edith Mauser mit dem Kommanditisten Schröder. *„Seit einem Jahr haben wir stagnierende Umsätze. Wir müssen endlich Computerspiele in unser Sortiment aufnehmen"*, sagt der Kommanditist Schröder. *„Und wie sollen wir die dazu erforderlichen Investitionen finanzieren? Wir müssen für mindestens 50 000,00 € Waren bei den Herstellern bestellen, außerdem benötigen wir neue Warenträger"*, erwidert Frau Mauser. *„Das ist doch überhaupt kein Problem, wir gehen zur Bank und nehmen ein Darlehen über 60 000,00 € auf, damit finanzieren wir die Anschaffungen"*, entgegnet Herr Schröder. Edith Mauser ist unsicher, wie sie vorgehen soll. Sie fragt ihre Freundin Sabine Freund nach ihrer Meinung.

ARBEITSAUFTRÄGE

- *Stellen Sie fest, ob es sinnvoll ist, ein Darlehen aufzunehmen, um Liefererrechnungen zu begleichen.*
- *Überprüfen Sie, wovon die Höhe des erforderlichen Kapitalbedarfs abhängt.*

● Finanzierung und Investition

Jedes Einzelhandelsunternehmen benötigt sowohl zur Gründung als auch zur Durchführung der laufenden Geschäftstätigkeit **Kapital**. Dieses Kapital muss beschafft werden, z. B. durch eigene Einlagen des Unternehmers/der Unternehmerin (**Eigenkapital**) oder durch Aufnahme von Krediten (**Fremdkapital**). Die Beschaffung von Kapital bezeichnet man als **Finanzierung** (= Mittelherkunft). Die Anlage von Kapital im Betriebsvermögen (**Anlage- und Umlaufvermögen**) wird als **Investition** (= Mittelverwendung) bezeichnet. Lernfeld 8

Die Beschaffung und Verwendung des Kapitals ist aus der **Bilanz** eines Unternehmens zu ersehen: Lernfeld 8

BEISPIEL Bilanz des Mars Elektrofachmarkt e. K. am 31. Dezember 20.. in Euro

Aktiva	Bilanz des Mars Elektrofachmarkt e. K.		Passiva
I. Anlagevermögen		**I. Eigenkapital**	1 487 302,00
1. Grundstück mit Bauten	770 000,00		
2. Fuhrpark	240 500,00	**II. Schulden (Fremdkapital)**	
3. Geschäftsausstattung	160 840,00	1. langfristige Darlehensschuld	400 000,00
II. Umlaufvermögen		2. kurzfristige Verbindlichkeiten a. LL.	284 432,00
1. Warenbestand	660 628,00		
2. Forderungen a. LL.	23 026,00		
3. Kasse	2 140,00		
4. Bankguthaben	314 600,00		
	2 171 734,00		2 171 734,00

Diese Seite erfasst die **Formen des Vermögens** (Vermögensaufbau), d. h. die **Mittelverwendung = Investition.**

Diese Seite erfasst die **Quellen des Kapitals** (Kapitalaufbau), d. h. die **Mittelherkunft = Finanzierung.**

Die **Aktivseite (= Vermögen)** der Bilanz zeigt die **Kapitalverwendung = Investition** eines Einzelhandelsbetriebes, die **Passivseite (= Kapital)** die **Kapitalherkunft = Finanzierung.**

Die **Kapitalbeschaffung** ist kein einmaliger Vorgang, der nur zur Gründung eines Unternehmens erforderlich ist, sondern eine laufende Tätigkeit des Einzelhändlers. So müssen u. a. saisonale Schwankungen überbrückt, Umbaumaßnahmen durchgeführt, Betriebserweiterungen realisiert oder veraltete Einrichtungsgegenstände erneuert werden.

Kapitalbedarf

Die Höhe des Kapitals, das ein Einzelhandelsunternehmen benötigt, hängt von einer Vielzahl von Faktoren ab. So ist bei einer Neugründung ein anderer Kapitalbedarf erforderlich als bei einer Betriebserweiterung. Im Wesentlichen ist der **Kapitalbedarf abhängig von folgenden Faktoren:**

Lernfeld 1, 6

Lernfeld 7

Faktoren	Beispiele
Branche	Ein Uhren- und Schmuckgeschäft benötigt mehr Kapital als ein Schreibwarengeschäft.
Waren	
• Sortiment	Ein Geschäft mit einem flachen Sortiment benötigt i. d. R. weniger Kapital als ein Geschäft mit einem tiefen Sortiment.
• durchschnittliche Lagerdauer	Je geringer die durchschnittliche Lagerdauer der Waren, desto geringer ist der Kapitalbedarf.
• Umschlagshäufigkeit	Je höher die Umschlagshäufigkeit der Waren, desto geringer ist der Kapitalbedarf.
• Mindestbestand (eiserne Reserve)	Je höher der erforderliche Mindestbestand (= eiserner Bestand), desto höher ist der Kapitalbedarf.

Faktoren	Beispiele
Marketingkonzeption	
• Verkaufsform	Ein reines Bedienungsgeschäft hat höhere Personalkosten als ein Selbstbedienungsgeschäft, da es mehr Personal benötigt.
• Betriebsform	Ein Fachgeschäft hat einen geringeren Kapitalbedarf als ein Warenhaus, da die Verkaufsfläche wesentlich geringer ist.
• Betriebsgröße	Mit zunehmender Verkaufs- und Lagerfläche steigt der Kapitalbedarf.
• Betriebs- und Geschäftsausstattung	Ein Textilfachgeschäft, das einen gehobenen Kundenkreis ansprechen will, benötigt für seine Geschäftsausstattung mehr Kapital als ein Textildiscounter, da es eine höherwertige Geschäftsausstattung benötigt.
• Dienstleistungen	Je mehr Dienstleistungen den Kunden angeboten werden, desto größer ist der Kapitalbedarf.
Handlungskosten	Je höher die monatlichen Kosten für Mieten, Strom, Personal, Steuern, Warenbeschaffung usw., desto höher ist der Kapitalbedarf.
Zahlungsgewohnheiten der Branche	
• Kreditgewährung der Lieferer	Je länger das Zahlungsziel der Lieferer, desto geringer ist der Kapitalbedarf.
• Kreditgewährung an die Kunden	Je länger das Zahlungsziel an die Kunden, desto größer ist der Kapitalbedarf.

Lernfeld 8

Finanzierungsgrundsätze

Zur Finanzierung von Investitionsvorhaben wird ein Einzelhändler **Eigen- und Fremdkapital** (vgl. Seite 338) einsetzen. Das zur Finanzierung notwendige Kapital steht dem Einzelhändler unterschiedlich lange Zeit zur Verfügung. So sind Lieferantenkredite i. d. R. kurzfristig, Bankkredite können mittel- und langfristig sein. Das Eigenkapital steht normalerweise unbefristet zur Verfügung.

Für die Finanzierung haben sich in der Praxis folgende **Regeln** als sinnvoll erwiesen:

- **Finanzierung des Anlagevermögens:** Das Anlagevermögen sollte weitestgehend mit Eigenkapital bzw. in geringem Umfang mit langfristigem Fremdkapital finanziert werden. Einige Posten des Anlagevermögens, z. B. Grundstücke und Gebäude, bleiben sehr lange im Betrieb, das Kapital ist also in diesen Posten des Anlagevermögens gebunden. Andere Posten des Anlagevermögens, z. B. Fuhrpark und Geschäftsausstattung, verbleiben mittelfristig im Betrieb. Sie nutzen sich aber im Laufe der Zeit ab oder werden unmodern und müssen erneuert werden. Die Mittel für die Neubeschaffung dieser Posten werden in der **Kalkulation** (vgl. Seite 59 ff.) berücksichtigt, indem in den Verkaufspreisen die entsprechenden Abschreibungsbeträge einkalkuliert werden.

Lernfeld 9

- **Finanzierung des Umlaufvermögens:** Das Umlaufvermögen (Waren) sollte mit mittel- und kurzfristigem Fremdkapital finanziert werden, da es in absehbarer Zeit durch den Verkauf an Kunden wieder in Kapital umgesetzt wird. So werden die eingekauften Waren an Kunden verkauft und mit einem Teil dieser Umsatzerlöse können die Waren bei den Lieferern bezahlt werden. Ein weiterer Teil der Umsatzerlöse wird für die Bezahlung der laufenden Kosten (Steuern, Miete, Gehälter) und die Beschaffung neuer Waren benötigt.

- **Goldene Finanzierungsregel**: Aufgenommenes Fremdkapital soll erst dann fällig werden, wenn die damit finanzierten Investitionen des Anlage- und Umlaufvermögens durch die Umsatzerlöse wieder zu Kapital geworden sind. So kann die Zahlungsfähigkeit des Einzelhandelsunternehmens jederzeit gewährleistet werden.

Aufstellung des Finanzplanes

Ein Einzelhandelsbetrieb sollte seinen finanziellen Verpflichtungen nachkommen können. Allerdings sollten auch keine überschüssigen Gelder ungenutzt im Betrieb vorhanden sein, wenn sie anderweitig gewinnbringend eingesetzt werden können. Daher erstellt ein Einzelhändler einen **Finanzplan**, in dem die erwarteten Einnahmen und Ausgaben für einen bestimmten Planungszeitraum (z. B. Monat, Quartal, Halbjahr) gegenübergestellt werden.

BEISPIEL

Finanzplan: Mars Elektrofachmarkt e. K.
Planungsperiode 1. März d. J. – 31. März d. J.

Erwartete Ausgaben	T€	Erwartete Einnahmen	T€
Wareneinkauf	1 430	Zahlungsmittel	310
Löhne und Gehälter	390	Umsatzerlöse	2 250
Sonstige Aufwendungen	660	Fällige Forderungen	20
Darlehenstilgung	100		
Summe der erwarteten Ausgaben	**2580**	**Summe der erwarteten Einnahmen**	**2580**

Zusammenfassung

Möglichkeiten der Finanzierung

- **Finanzierung und Investition:**

Finanzierung	Investition	Kapitalbedarf ist abhängig von
= Beschaffung von Kapital (Mittelherkunft)	= Anlage von Kapital in Betriebsvermögen (Mittelverwendung)	• Betriebsgröße • Betriebsform • Branche • Umschlagshäufigkeit • Rechtsform • Kreditgewährung der Lieferer • Kreditgewährung an die Kunden • regelmäßig wiederkehrenden Ausgaben (Löhne, Miete usw.)

- **Anlagevermögen** sollte weitestgehend **mit Eigenkapital** und nur zu einem geringen Teil mit langfristigem Fremdkapital finanziert werden.
- **Umlaufvermögen** sollte mit **mittel- und kurzfristigem Fremdkapital** finanziert werden.
- Jeder Einzelhandelsbetrieb sollte für bestimmte Planungszeiträume einen **Finanzplan** aufstellen, in dem erwartete Einnahmen und Ausgaben gegenübergestellt werden.

Aufgaben

1. *Erläutern Sie die Begriffe Finanzierung und Investition.*
2. *Erklären Sie, inwieweit man aus einer Bilanz die Kapitalherkunft und die Kapitalverwendung ersehen kann.*
3. *Ein Unternehmen finanziert einen großen Teil seines Anlagevermögens mit Fremdkapital. Erläutern Sie die Konsequenzen, die sich aus der Finanzierung ergeben können.*
4. *Erläutern Sie die goldene Finanzierungsregel.*
5. *Geben Sie an, von welchen wesentlichen Faktoren der Kapitalbedarf in einem Einzelhandelsunternehmen abhängig ist.*
6. *Erläutern Sie, warum es für einen Einzelhandelsbetrieb wichtig ist, einen Finanzplan aufzustellen.*
7. *Berechnen Sie anhand der Bilanz von Seite 338,*
   a) wie viel Prozent der Anteil des Umlaufvermögens am Gesamtvermögen beträgt,
   b) wie viel Prozent der Anteil des Eigenkapitals am Gesamtkapital beträgt.

5.2 Arten der Finanzierung

HANDLUNGSSITUATION

Edith Mauser hat sich entschlossen, die beabsichtigte Sortimentserweiterung bei der Edith Mauser Spielwaren KG vorzunehmen. Von zwei Banken hat sie ein Darlehensangebot über je 60 000,00 € zu einem Zinssatz von 6 % und 2 % Disagio bzw. 6,5 % und 0,5 % Bearbeitungsentgelt bei einer Laufzeit von zwei Jahren vorliegen. Edith Mauser könnte ihre Einlage durch die Gewinnanteile des Vorjahres um 30 000,00 € erhöhen, Sabine Freund wäre bereit, sich mit 10 000,00 € zu beteiligen. Der Kommanditist Schröder würde seinen Anteil um 20 000,00 € erhöhen, er verlangt allerdings, dass er mehr Mitsprache im Unternehmen erhält. Ein Lieferant bietet an, die erforderlichen Waren über 50 000,00 € mit einem Zahlungsziel von 60 Tagen zu liefern, bei vorzeitiger Zahlung innerhalb von 14 Tagen würde er 2 % Skonto gewähren.

ARBEITSAUFTRAG

LS

Sammeln Sie Argumente für die Aufnahme eines Darlehens bei der Bank, für die Erhöhung der Einlagen der Gesellschafter, für die Beteiligung von Sabine Freund und für die Inanspruchnahme des Kreditangebotes des Lieferers.

Ein Einzelhandelsbetrieb kann eine Finanzierungsmaßnahme mit **Eigenkapital** oder **Fremdkapital (Fremdfinanzierung)** vornehmen.

Finanzierungsarten

Fremdfinanzierung	Einlagen bzw. Beteiligungsfinanzierung	Selbstfinanzierung	Finanzierung durch Kapitalfreisetzung	Leasing als Sonderform der Finanzierung
• Aufnahme von Fremdkapital (z. B. bei Kreditinstituten)	• Aufnahme von Eigenkapital (z. B. Bareinlage eines Gesellschafters)	• Finanzierung aus einbehaltenen Gewinnen	• Verkauf von Anlagegegenständen • Abschreibungen	• Leasing (= Mieten) von Gütern des Anlagevermögens
Finanzierung mit Fremdkapital	Finanzierung mit Eigenkapital		Finanzierung mit Eigen- oder Fremdkapital	

Lernfeld 7

● Fremdfinanzierung

Bei dieser Art der Finanzierung fließt der Unternehmung **durch Kreditgeber Kapital von außen zu**. Die Kreditgeber werden als **Gläubiger** bezeichnet. Gläubiger können u. a. **Kreditinstitute, Lieferer oder Kunden** sein. Sie haben einen Anspruch auf Verzinsung und pünktliche Tilgung ihres Kredits. Allerdings haben sie kein Mitspracherecht im Unternehmen und keinen Anspruch auf einen Gewinnanteil. In der **Bilanz** eines Unternehmens erscheint der Kredit auf der Passivseite **als Fremdkapital**.

Nach der Laufzeit der Kredite kann man unterscheiden in:

Langfristige Kredite	Zu den langfristigen Krediten zählt man Darlehen mit einer **Laufzeit von über vier Jahren**. Es sind meistens Kredite, die zur Finanzierung des **Anlagevermögens** aufgenommen werden.
Mittelfristige Kredite	Zu den mittelfristigen Krediten zählen Darlehen mit einer **Laufzeit von ein bis vier Jahren**. Sie werden für die Finanzierung kurzlebiger Güter des **Anlagevermögens** aufgenommen (z. B. Fuhrpark, Computer).
Kurzfristige Kredite	Sie haben eine **Laufzeit von bis zu einem Jahr** und werden in erster Linie für die Finanzierung des **Umlaufvermögens**, insbesondere der Waren, aufgenommen (Lieferantenkredite, vgl. Seite 344).

○ Bankkredit

Kreditinstitute stellen Unternehmen kurz-, mittel- und langfristige Kredite zur Verfügung, wobei zwischen Kreditinstitut und Kreditnehmer ein Kreditvertrag abgeschlossen wird. Zu den kurzfristigen Krediten zählt der Kontokorrentkredit und zu den mittel- und langfristigen Krediten das Darlehen. Der Kreditvertrag kommt zustande durch die Bewilligung des Kreditantrages und durch die Einverständniserklärung des Kreditnehmers (Einzelhändlers).

- **Kontokorrentkredit**: Ein Einzelhändler hat die Möglichkeit, **sein laufendes Konto bei einer Bank bis zur Höhe eines bestimmten Betrages (= Kreditlimit) in Anspruch zu neh-**

men, d. h., er kann sein Konto bis zu einer gewissen Höhe überziehen. (Den Überziehungskredit für Privatkunden nennt man **Dispositionskredit**.) Der Kontokorrentkredit muss aber mit dem Kreditinstitut vereinbart werden. Für den Einzelhändler fallen **folgende Kosten** an:

1. Für den in Anspruch genommenen Kredit muss er **Zinsen (Soll-Zinsen)** bezahlen. Der Zinssatz für diesen Kredit ist relativ hoch, aber geringer als bei einer reinen Überziehung des Kontos.
2. Da die Bank für den Kunden das Geld bereithält, kann sie dieses Geld nicht für andere Zwecke verwenden. Für die Bereitstellung des Kredits (Einzelhändler kann den Kredit jederzeit in Anspruch nehmen) verlangt die Bank **Kreditprovision (Bereitstellungsentgelt)**.
3. Für die Kontoführung wird **Umsatzprovision** berechnet.
4. Wenn der Einzelhändler das Kreditlimit überschreitet, berechnet die Bank zusätzlich zu den Soll-Zinsen **Überziehungsprovision**. Dies ist ein Zinssatz, der zusätzlich zu den Soll-Zinsen erhoben wird. Dieser weitergehende Überziehungskredit ist eine freiwillige Leistung der Bank und kann daher verweigert werden.

Sollte das Kontokorrentkonto ein Guthaben aufweisen, hat der Einzelhändler bei einigen Kreditinstituten Anspruch auf Haben-Zinsen (der Haben-Zinssatz ist verhältnismäßig niedrig). Der Ausgleich eines in Anspruch genommenen Kontokorrents erfolgt durch Zahlungseingänge auf das Konto, z. B. Überweisungen von Kunden, die dem Kontokorrent gutgeschrieben werden.

BEISPIEL Der Mars Elektrofachmarkt e. K. unterhält bei seiner Bank ein Kontokorrentkonto. Im Januar hat der Mars Elektrofachmarkt e. K. das Kontokorrentkonto für 10 Tage über 5 000,00 € und für die letzten 20 Tage über 6 000,00 € in Anspruch genommen. Es wurden 15 Überweisungen an Lieferer getätigt. Kreditlimit 8 000,00 €, Soll-Zinsen 14 %, Haben-Zinsen 0,5 %, pro Buchung 0,25 € Buchungsentgelt, das Bereitstellungsentgelt (Kreditprovision) beträgt 3 % vom nicht in Anspruch genommenen Kredit.

Soll-Zinsen 14 %	5 000,00 € für 10 Tage	=	19,44 €
	6 000,00 € für 20 Tage	=	46,67 €
Buchungsentgelt	15 · 0,25 €	=	3,75 €
Kreditprovision vom nicht in Anspruch genommenen Kredit	3 000,00 € für 10 Tage	=	2,50 €
	2 000,00 € für 20 Tage	=	3,33 €
Gesamte Kreditkosten			**75,69 €**

Das Kontokorrentkonto des Mars Elektrofachmarkt e. K. wird mit 75,69 € belastet.

- **Darlehenskredit**: Kreditinstitute bieten Unternehmen für die Anschaffung des Anlagevermögens **mittel- und langfristige Darlehen (= gewerbliches Anschaffungsdarlehen)** an. Ein Darlehen wird dem Einzelhändler (Darlehensnehmer) in einem Gesamtbetrag oder in mehreren Teilbeträgen durch Barauszahlung oder Gutschrift auf seinem Girokonto zur Verfügung gestellt. Der Darlehensnehmer muss den Darlehensbetrag entweder am Fälligkeitstag in einem Betrag oder an bestimmten festgelegten Terminen in Teilbeträgen (Raten) tilgen.
  Der Darlehensnehmer muss Darlehenszinsen ab der Bereitstellung zahlen. Der Zinssatz ist wesentlich niedriger als bei Kontokorrentkrediten. Meistens ist der Auszahlungsbetrag

etwas niedriger als die Darlehenssumme, die zurückgezahlt werden muss. Man nennt den nicht ausgezahlten Teil des Darlehens **Disagio (= im Voraus gezahlte Zinsen)**. Als Ausgleich für das Disagio zahlt der Kreditnehmer einen geringeren Zinssatz als bei einem Darlehen ohne Disagio. Häufig wird von den Kreditinstituten bei Darlehensgewährung **Bearbeitungsentgelt** verlangt. Diese Bearbeitungsentgelte werden prozentual von der Kreditsumme oder pauschal berechnet, unabhängig von der Laufzeit des Kredits.

Bei den Finanzierungskosten sind der **Nominal- und der Effektivzinssatz** zu unterscheiden. So wird beim Nominalzinssatz nur die Verzinsung des Darlehens ohne Berücksichtigung von Disagio, Bearbeitungsentgelt usw. angegeben, während beim Effektivzinssatz (= tatsächlicher Zinssatz) alle zusätzlichen Kosten berücksichtigt werden. Die Kreditinstitute müssen für ihre Darlehen immer **Effektivzinssätze** angeben, wobei sämtliche Kosten, die über die Laufzeit des Kredites entstehen (Zinsen, Bearbeitungsentgelte, Spesen, Disagio), addiert und dann als Jahreszinssatz zum eingesetzten Kapital ausgedrückt werden.

BEISPIEL Zwei Banken bieten dem Mars Elektrofachmarkt e. K. ein kurzfristiges Darlehen über 60 000,00 € für eine Laufzeit von zwei Jahren zu folgenden Konditionen an:

1. Bank: Auszahlung 100 % = 60 000,00 €, Nominalzinssatz 6,5 %, Bearbeitungsentgelt 0,5 % von der Darlehenssumme

2. Bank: Disagio 2 %, Auszahlung 98 % = 58 800,00 €, Nominalzinssatz 6 %

Ermitteln Sie den Effektivzinssatz für beide Kredite.

Die **Effektivverzinsung kann folgendermaßen errechnet werden:** Sämtliche Kosten, die über die Laufzeit des Kredites entstehen, werden addiert (Zinsen, Bearbeitungsentgelte, Spesen, Disagio) und dann als Jahreszinssatz zum eingesetzten Kapital ausgedrückt.

Lösung

Angebot 1. Bank

6,5 % Zinsen/2 Jahre von 60 000,00 €	7 800,00 €
+ 0,5 % Bearbeitungsentgelt von 60 000,00	300,00 €
Kosten des Kredits	**8 100,00 €**

Angebot 2. Bank

6 % Zinsen/2 Jahre von 60 000,00 €	7 200,00 €
+ 2 % Disagio von 60 000,00 €	1 200,00 €
Kosten des Kredits	**8 400,00 €**

Die Kosten des Kredites entstehen für die Laufzeit von zwei Jahren.

$$\text{Effektiver Zinssatz} = \frac{\text{Kosten des Kredits} \cdot 100 \cdot 1}{\text{Darlehensbetrag} \cdot \text{Kreditzeitraum}}$$

$$\text{Effektiver Zinssatz} = \frac{8\,100 \cdot 100 \cdot 1}{60\,000 \cdot 2} = \underline{\underline{6{,}75\,\%}} \qquad \text{Effektiver Zinssatz} = \frac{8\,400 \cdot 100 \cdot 1}{58\,800 \cdot 2} = \underline{\underline{7{,}14\,\%}}$$

Es ist für den Mars Elektrofachmarkt e. K. günstiger, das Angebot der ersten Bank anzunehmen, da der Effektivzinssatz für dieses Darlehen geringer ist.

○ Liefererkredit

Der Lieferer räumt dem Einzelhändler ein **Zahlungsziel** ein, d. h., der Einzelhändler muss seine Schuld erst zu einem späteren Zeitpunkt bezahlen.

BEISPIEL Zahlungsbedingung eines Großhändlers: „zahlbar innerhalb von 60 Tagen netto Kasse oder innerhalb von 14 Tagen mit 2 % Skonto“

Im Einzelhandel kommt dem Liefererkredit eine **wesentliche Bedeutung** zu. Der Einzelhandelsbetrieb kann bei einem ausreichend langen Zahlungsziel aus den Erlösen der verkauften Waren seine Schuld beim Lieferer bezahlen, ohne einen Bankkredit aufnehmen zu müssen.

Für viele kleine, mit wenig Kapital ausgestattete Einzelhandelsbetriebe stellt der Liefererkredit eine wichtige Finanzierungsform dar. Das gilt insbesondere, wenn der Betrieb nicht über die notwendigen Sicherheiten für entsprechende Bankkredite verfügt. Die Lieferer verlangen aber meistens eine Absicherung des Kredites in der Form, dass sie die **Ware nur unter Eigentumsvorbehalt liefern** (vgl. Seite 357 f.).

BEISPIEL Der Mars Elektrofachmarkt e.K. erhält von seinem Lieferer am 30.09. eine Rechnung über 6 800,00 €. Als Zahlungsbedingung ist vermerkt: „zahlbar in 30 Tagen nach Rechnungserhalt netto Kasse oder innerhalb von 10 Tagen abzüglich 2% Skonto." Der Mars Elektrofachmarkt e.K. überlegt, ob er aufgrund fehlender Barmittel den notwendigen Betrag bei seiner Bank aufnehmen soll. Die Bank verlangt 9% Zinsen.

1. Wie hoch ist der effektive Zinssatz für diesen Liefererkredit?
2. Ermitteln Sie den Finanzierungsgewinn aus der Inanspruchnahme von Skonto.

Lösung

1. Effektiver (tatsächlicher) Zinssatz für den Liefererkredit

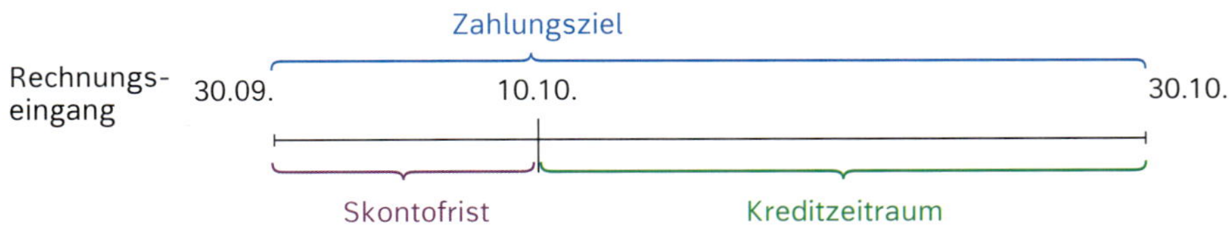

bei Zahlung bis zum 10.10.		bei Zahlung nach dem 10.10.	
Rechnungsbetrag	6 800,00 €		
– 2% Skonto	136,00 €		
Überweisungsbetrag	6 664,00 €	Überweisungsbetrag	6 800,00 €

Skonto ist also ein Zins, den der Lieferer für den Kreditzeitraum von 20 Tagen einrechnet. Nimmt der Kunde den Kreditzeitraum nicht in Anspruch, weil er bis zum 10.10. zahlt, kann er den eingerechneten Zins (= Skonto) vom Rechnungsbetrag abziehen.

Der Einzelhändler braucht erst am 10. Tag, also am 10.10. zu zahlen, um den Skonto auszunutzen. Also nimmt er erst am 10. Tag den erforderlichen Bankkredit auf, wenn er nicht über genügend flüssige Mittel verfügt.

① Der Kreditzeitraum beträgt also 20 Tage, nämlich vom 10.10. bis 30.10.

Kreditzeitraum = Zahlungsziel – Skontofrist

② 20 Tage = 2%
360 Tage = x%

$$x = \frac{2 \cdot 360}{20} \qquad x = \underline{\underline{36\,\%}}$$

Der effektive (tatsächliche) Zinssatz für den Liefererkredit beträgt 36%.

Hieraus lässt sich folgende Formel für die Berechnung des effektiven (tatsächlichen) Zinssatzes ableiten:

$$\textbf{effektiver (tatsächlicher) Zinssatz} = \frac{\text{Skontosatz} \cdot 360}{\text{Kreditzeitraum}}$$

Lösungsweg

① Berechnen Sie den Kreditzeitraum, indem Sie vom Zielzeitraum den Skontozeitraum abziehen.
② Benutzen Sie für die Berechnung des effektiven (tatsächlichen) Zinssatzes obige Formel.

2. **Kosten des Bankkredits und Finanzierungsgewinn**

Wenn der Mars Elektrofachmarkt e.K. bei vorzeitiger Zahlung 2% Skonto von 6800,00 € abzieht, braucht er bei seiner Bank nur noch 6664,00 € (6800,00 € – 2% Skonto) als Kredit aufzunehmen.

	Rechnungsbetrag	6800,00 €
	– 2% Skonto	136,00 €
①	Überweisungsbetrag	6664,00 €

Die Kosten des Bankkredits werden mithilfe der Zinsformel ermittelt:

$$\text{Zinsen} = \frac{\text{Kapital} \cdot \text{Zeit} \cdot \text{Zinssatz}}{100 \cdot 360}$$

② $$Z = \frac{6664 \cdot 20 \cdot 9}{100 \cdot 360} \qquad Z = 33{,}32\ €$$

Die Kosten des Bankkredits betragen 33,32 €.
Somit ergibt sich folgende Ersparnis:

③	Skonto	136,00 €
	– Kosten des Bankkredits	33,32 €
	Finanzierungsgewinn	102,68 €

Lösungsweg

① Ermitteln Sie den Überweisungsbetrag (Rechnungsbetrag – Skonto).
② Ermitteln Sie mithilfe der Zinsformel die Kosten des erforderlichen Bankkredits.
③ Berechnen Sie den Finanzierungsgewinn, indem Sie vom Skonto die Kosten des Bankkredits abziehen. Ist der Skonto höher als die Kosten des Bankkredits, lohnt es sich, den Skonto auszunutzen.

Einlagen- bzw. Beteiligungsfinanzierung

Hier wird dem Unternehmen Eigenkapital auf unbestimmte Zeit zur Verfügung gestellt, der Kapitalgeber ist am Gewinn und Verlust beteiligt.

Lernfeld 8

- **Einlagenfinanzierung**: Stellen der Eigentümer einer Einzelunternehmung bzw. die Gesellschafter einer KG dem Unternehmen das Kapital zur Verfügung, spricht man von Einlagenfinanzierung. Bei dieser Finanzierung erwirbt der Kapitalgeber Eigentum am Unternehmen. In der Bilanz erscheint das eingebrachte Kapital unter dem Posten **Eigenkapital** (Haftungskapital) auf der **Passivseite**. Das Eigenkapital steht i.d.R. der Unternehmung unbefristet zur Verfügung.

BEISPIELE

- Die Inhaberin des Mars Elektrofachmarkt e.K. bringt das gesamte Eigenkapital aus ihrem Privatvermögen auf.
- Die Gesellschafter der Lebensmitteldiscount Schlegel KG erbringen das notwendige Eigenkapital durch Erhöhung ihrer Einlagen.

- **Beteiligungsfinanzierung**: Bei der **GmbH** bringen die Gesellschafter mit ihren Geschäftsanteilen das im Gesellschaftsvertrag festgelegte Stammkapital auf. Bei der Beteiligungsfinanzierung in einer GmbH können entweder das Stammkapital der vorhandenen Gesellschafter erhöht oder neue Gesellschafter aufgenommen werden. In der Bilanz erscheint das eingebrachte Kapital unter **Eigenkapital/gezeichnetes Kapital** auf der **Passivseite**. Die Gesellschafter gehen ein beschränktes Risiko ein, da sie nur mit ihrem Anteil und nicht persönlich haften.

Vorteile der Beteiligungsfinanzierung	Nachteile der Beteiligungsfinanzierung
• Eigenkapital steht zeitlich unbefristet zur Verfügung. • Keine laufenden Zins- und Tilgungsraten, dadurch wird die ständige Zahlungsbereitschaft (Liquidität) nicht beeinflusst; zwar muss das Eigenkapital in Form von Gewinnausschüttungen verzinst werden, die Höhe dieser Ausschüttungen wird aber von den Eigentümern selbst festgelegt. • Die Kreditwürdigkeit steigt, da das Haftungskapital bei der KG und GmbH größer wird, es kann somit leichter Fremdkapital beschafft werden. • Risikoverteilung bei der Einlagenfinanzierung in der KG, da mehrere Personen haften.	• Bei Aufnahme neuer Gesellschafter als Vollhafter sind diese an der Geschäftsführung und am Gewinn zu beteiligen. Insbesondere bei der KG wird sehr genau zu überlegen sein, ob neue Gesellschafter als Vollhafter aufgenommen werden, da bei dieser Rechtsform ein enges Vertrauensverhältnis der Gesellschafter bestehen muss. • Teilhafter sind bei der KG nur dann zu gewinnen, wenn eine höhere Verzinsung der Einlage als auf dem Kapitalmarkt zu erzielen ist. • Bei der GmbH sind Gesellschafter oft nur dann zu gewinnen, wenn ihnen als Geschäftsführer Einflussmöglichkeiten auf das Betriebsgeschehen eingeräumt wird.

Selbstfinanzierung

Unter Selbstfinanzierung versteht man eine **Finanzierung** aus erwirtschafteten, einbehaltenen **Gewinnen**. Hierdurch erhöht sich das Eigenkapital. Das Einzelhandelsunternehmen finanziert sich aus eigener Kraft mit den Mitteln, die in der Unternehmung erwirtschaftet wurden.

BEISPIEL Die Lebensmitteldiscount Schlegel KG hat im vergangenen Geschäftsjahr einen Gewinn in Höhe von 200 000,00 € erzielt. Die Gesellschafter entnehmen ihren Gewinnanteil nicht, sondern verwenden ihn für eine Betriebserweiterung. Somit erhöht sich das Eigenkapital des Unternehmens um 200 000,00 €.

Bei der GmbH kann eine Selbstfinanzierung im Gesellschaftsvertrag festgelegt werden (vgl. Seite 329).

Vorteile der Selbstfinanzierung	Nachteile der Selbstfinanzierung
• Der Einzelhändler bleibt unabhängig, • keine Kreditkosten, Zinsen, Tilgungsraten, • die Kreditwürdigkeit steigt, • verhältnismäßige Verringerung des Fremdkapitalanteils, • Kapital steht i. d. R. auch für langfristige Investitionen unbefristet zur Verfügung.	• Gefahr von Fehlinvestitionen (möglicherweise keine wirkungsvolle Überprüfung der Wirtschaftlichkeit), • durch die günstige Gewinnsituation eines Jahres kann es zur falschen Anlage der vorhandenen Mittel kommen.

Finanzierung durch Kapitalfreisetzung

Jedes Einzelhandelsunternehmen kalkuliert die **Abschreibungen** in seine Verkaufspreise ein. Infolgedessen fließen die Abschreibungen (vgl. Seite 44 ff.) über die Verkaufspreise in das Unternehmen zurück (**Refinanzierung**). Dadurch stehen dem Unternehmen diese Geldmittel für die Finanzierung neuer Anlagen, die die alten, verbrauchten ersetzen sollen, zur Verfügung. Da die Geldmittel aber dem Unternehmen lange vor dem Ersatzzeitpunkt zur Verfügung stehen, verfügt die Einzelhandelsunternehmung über **zusätzliche Geldmittel durch freigesetzte Abschreibungsbeträge**.

BEISPIEL Der Mars Elektrofachmarkt e. K. hat einen Lieferwagen zu einem Listeneinkaufspreis (netto) von 30 000,00 € + 19 % USt. gekauft. Am Ende des ersten Nutzungsjahres kann der Elektrofachmarkt den Lieferwagen bei einer geschätzten Nutzungsdauer von vier Jahren mit 25 % linear abschreiben. Somit ergibt sich am Ende des ersten Nutzungsjahres ein Abschreibungsbetrag von 7 500,00 €, der dem Unternehmen bei Berücksichtigung im Verkaufspreis wieder zur Verfügung steht. Das Geld für die Neuanschaffung eines Lieferwagens wird aber erst in vier Jahren benötigt. Daher kann der Mars Elektrofachmarkt e. K. die bis dahin anfallenden Beträge für andere Investitionen nutzen.

Durch den **Verkauf nicht benötigter Anlagegegenstände** kann sich ein Unternehmen ebenfalls Kapital beschaffen.

Leasing als Sonderform der Finanzierung

Eine weitere **Möglichkeit der mittel- und langfristigen Finanzierung von Anlagevermögen** stellt das Leasing (engl. to lease = mieten) dar. Beim Leasing werden vertraglich die Nutzungsrechte an Gütern des Anlagevermögens (Grundstücke mit Gebäuden, Fahrzeuge, Geschäftsausstattung) für eine bestimmte Zeit vom Leasinggeber auf den Leasingnehmer übertragen. Der Einzelhändler hat so die Möglichkeit, die Gegenstände, die er benötigt, zu leasen statt zu kaufen. Der **Leasingnehmer wird Besitzer, der Leasinggeber bleibt Eigentümer** der geleasten Gegenstände. Am Ende der vertraglich vereinbarten Leasingdauer muss der Leasingnehmer den geleasten Gegenstand zurückgeben, wobei auch ein Kauf dieses Gegenstandes durch den Leasingnehmer zum Restwert möglich ist.

Leasinggeber (Vermieter) kann sein:

- der **Hersteller** des Anlagegutes, z. B. Kassenhersteller (= **direktes Leasing**), oder
- eine **Leasinggesellschaft**, die die Gegenstände vom Hersteller gekauft hat und sie nun im Rahmen des Leasings gegen Entgelt zur Verfügung stellt (= **indirektes Leasing**).

Leasing erfreut sich aus einer ganzen Reihe von Gründen zunehmender Beliebtheit. Knapp 80% der Leasingobjekte sind Fahrzeuge, rund 5% sind Büro- und IT-Ausstattungen und 7% sind Produktionsmaschinen. Auch Personal kann durch Arbeitskräftevermittlungen geleast werden (**Personalleasing**, vgl. Seite 219).

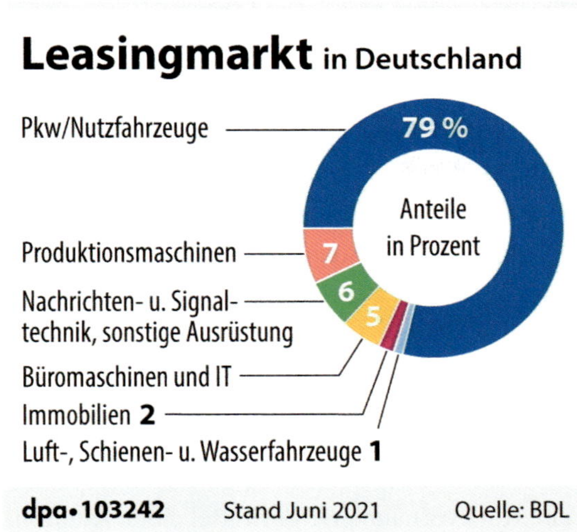

Hinsichtlich der **Leasingobjekte** kann man unterscheiden in:

- **Leasing von beweglichen Sachen** (Kassensysteme, Computer, Einkaufswagen, Arbeitskittel, Fahrzeuge, Ladeneinrichtungen, Kühltheken usw.),
- **Leasing von unbeweglichen Sachen – Immobilienleasing** (Ladenlokal, Lagerräume, Verwaltungsgebäude).

BEISPIEL Der Mars Elektrofachmarkt e.K. beschließt, die benötigte Ladenausstattung für vier Jahre bei einem Warenträgerhersteller zu leasen.

Vorteile des Leasings	Nachteile des Leasings
• Geleaste Objekte sind auf dem neuesten Stand der Technik, vorausgesetzt, es wurden keine langfristigen Leasingverträge abgeschlossen. • Der Leasingnehmer hat bestimmte monatliche Raten, die eine genaue Kalkulation ermöglichen. • Verringerung des Kapitalbedarfs, d. h., es sind keine großen Geldmittel für die Anschaffung von Anlagegütern erforderlich. • keine Aktivierung der Leasinggüter in der Bilanz, Abzugsfähigkeit der Leasingraten als Betriebskosten	• hohe Fixkostenbelastung des Betriebes durch Leasingraten • Leasing ist teurer als Kreditkauf.

Der Leasingnehmer trägt regelmäßig die **Risiken**, die im Zusammenhang mit der Nutzung des Objektes stehen. Hierzu zählen die Gefahren durch Verlust, vorzeitigen Verschleiß oder Beschädigung. In diesen Fällen ist der Leasingnehmer so gestellt wie der Käufer eines Gegenstandes.

Die **Leasingrate** beinhaltet folgende Bestandteile:

- Abschreibungen,
- Kapitalverzinsung,
- anteilige Verwaltungskosten,
- Wartungs- und Reparaturkosten für den Fall, dass der Leasinggeber lt. Vertrag Wartung und Reparatur übernimmt,
- Gewinn des Leasinggebers,
- ggf. Versicherungsprämie, wenn der Leasinggeber den Gegenstand nicht selber versichert.

Kreditkostenvergleich

Bei der Aufnahme eines Kredits müssen die Kosten der unterschiedlichen Kreditarten verglichen werden, um die günstigste Kreditart zu ermitteln. Unter Umständen kann es günstiger sein, trotz vorhandener Barmittel einen Kredit in Anspruch zu nehmen.

BEISPIEL Kauf von Warenträgern, Anschaffungskosten 85 000,00 €, Anzahlung in allen Fällen 25 000,00 €, wobei die Anzahlung aus Mitteln des Käufers bezahlt wird, Kreditlaufzeit 1 Jahr, der Lieferer der Warenträger gewährt bei Zahlung des vollen Rechnungsbetrages innerhalb von 20 Tagen 2 % Skonto.

Bei Ausnutzung von Skonto müsste der Mars Elektrofachmarkt e. K. 83 300,00 € bezahlen.

Kreditart	Konditionen	Berechnungsformel	Berechnung	Finanzierungskosten pro Jahr
Liefererkredit	25 000,00 € Anzahlung, 3 Raten zu je 20 000,00 € nach je 4 Monaten Zinssatz 6 % p. a.	$Z = \frac{K \cdot i \cdot p}{100 \cdot 360}$ Z = Zinsen, K = Kapital p = Zinssatz, i = Zeit entgangener Skontoabzug	$Z = \frac{60\,000,00 \cdot 120 \cdot 6}{100 \cdot 360} = 1\,200,00$ € $Z = \frac{40\,000,00 \cdot 120 \cdot 6}{100 \cdot 360} = 800,00$ € $Z = \frac{20\,000,00 \cdot 120 \cdot 6}{100 \cdot 360} = 400,00$ € = 2 400,00 € 2 % von 85 000,00 € = 1 700,00 €	**4 100,00 €**
Leasing	Nutzungsdauer 4 Jahre, Grundentgelt 25 000,00 €, monatliche Leasingraten 2 % pro Monat, davon entfallen 1 % auf Zinsen und 1 % Entgelt für Überlassung und Nutzung der Warenträger, Bearbeitungsentgelt 1 ‰ von der Kreditsumme	1 % Monat = 12 %/Jahr $Z = \frac{K \cdot p}{100}$ Es sind nur die Zinsen beim Kreditkostenvergleich zu berücksichtigen. Sie fällt nur im 1. Jahr an. 1 ‰ von 60 000,00	$\frac{60\,000,00 \cdot 12}{100} = 7\,200,00$ € = 60,00 €	**7 260,00 €**
Kontokorrentkredit	Zinssatz (p) 14 % p. a.	$Z = \frac{K \cdot p}{100}$	$\frac{58\,300,00 \cdot 14}{100} = 8\,162,00$ €	**8 162,00 €**

Kreditart	Konditionen	Berechnungsformel	Berechnung	Finanzierungskosten pro Jahr
Darlehenskredit	Zinssatz 8,5 %, Bearbeitungsentgelt 1 % von der Kreditsumme	$Z = \frac{K \cdot p}{100}$ Bearbeitungsentgelt 1 % von 58 300,00	$\frac{58\,300{,}00 \cdot 8{,}5}{100} = 4\,955{,}50$ € $= 583{,}030$ €	**5538,50 €**

Bei allen Kreditarten ist zu berücksichtigen, dass der Einzelhändler durch Aufnahme eines Kredites über eine höhere Liquidität verfügt, da die nicht benötigten innerbetrieblichen Barmittel für andere Zwecke gewinnbringend eingesetzt werden können.

BEISPIEL Anlage der Barmittel (83 300,00 €) als Termingeld für ein Jahr bei der Bank zu einem Zinssatz von 4% = 3 332,00 €. Ferner ist eine mögliche steuerliche Absetzbarkeit der Kreditkosten zu berücksichtigen.

Zusammenfassung

Arten der Finanzierung

Arten der Finanzierung

- **Einlagenfinanzierung**
  liegt vor, wenn der bzw. die Eigentümer oder Gesellschafter zusätzliches Kapital in die Einzelhandelsunternehmung einbringen. Das Eigenkapital des Unternehmens wird größer.
- **Beteiligungsfinanzierung**
  Beteiligung von Kapitalgebern an einer GmbH
- **Fremdfinanzierung**
  Banken, Versicherungen und Privatpersonen gewähren dem Einzelhändler kurz-, mittel- oder langfristige Kredite gegen Zinszahlung.
  - **Kontokorrentkredit**
    Der Einzelhändler kann sein laufendes Girokonto bis zu einem bestimmten Betrag überziehen.
  - **Darlehenskredite**
    längerfristige Kredite für die Finanzierung des Anlagevermögens, wobei die Auszahlung in einem Betrag oder in Teilbeträgen und die Rückzahlung in einer Summe oder in Teilbeträgen nach einem Tilgungsplan erfolgen kann
  - **Liefererkredite**
    Dem Einzelhändler wird ein Zahlungsziel durch den Lieferer gewährt, wodurch der Einzelhändler die Möglichkeit erhält, einen Teil des Rechnungsbetrages durch Verkäufe an seine Kunden zurückzuerhalten.
- **Selbstfinanzierung**
  Einbehaltene Gewinne des Unternehmens werden wieder investiert.
- **Finanzierung durch Kapitalfreisetzung**
  Das Einzelhandelsunternehmen erhält seine Abschreibungen des Anlagevermögens durch die Kalkulation in die Verkaufspreise zurück. Diese Geldmittel stehen dem Betrieb wieder für Investitionen zur Verfügung. Zu dieser Finanzierung zählt ebenfalls der Verkauf nicht benötigter Anlagegegenstände.
- **Leasing**
  - Durch Leasing werden **Güter des Anlagevermögens geleast,** wobei die Leasinggeber Hersteller oder Leasinggesellschaften sind.
  - Durch Leasing verringert sich der Kapitalbedarf eines Unternehmens.
  - Leasing ist **verhältnismäßig teuer.**

Aufgaben

1. *Erläutern Sie, wodurch Einlagen- und Beteiligungsfinanzierung gekennzeichnet sind.*
2. *Geben Sie an, worin Sie die Vorteile einer Finanzierung mit Eigenkapital sehen.*
3. *Erläutern Sie die Selbstfinanzierung.*
4. *Unterscheiden Sie die Kredite hinsichtlich ihrer Laufzeit und geben Sie jeweils an, ob sie für die Finanzierung des Anlage- oder Umlaufvermögens aufgenommen werden.*
5. *Erläutern Sie die Finanzierung durch Kapitalfreisetzung und geben Sie an, welche Bedeutung dieser Finanzierungsform in Einzelhandelsbetrieben zukommt.*
6. *Erklären Sie den Kontokorrentkredit.*
7. *Geben Sie an, über welche Inhalte im Kreditvertrag Vereinbarungen getroffen werden sollten.*
8. *Erläutern Sie, wie Kreditinstitute die Kreditwürdigkeit ihrer Kunden überprüfen.*
9. *Zur Erweiterung seines Geschäftes benötigt ein Einzelhändler einen Kredit über 200 000,00 € mit einer Laufzeit von zwei Jahren. Er erhält zwei Angebote:*
   - *Bank A: 9 % Zinsen zuzüglich 800,00 € Bearbeitungsentgelt,*
   - *Bank B: 8 % Zinsen zuzüglich 0,5 % Bearbeitungsentgelt von der Kreditsumme und 1 % Disagio.*

   Die Rückzahlung des Kredites soll jeweils in einer Summe nach zwei Jahren erfolgen.
   a) Wie viel Euro betragen die Kreditkosten für die gesamte Laufzeit bei beiden Banken?
   b) Wie viel Prozent beträgt die Effektivverzinsung bei beiden Banken?
10. *Die Center Warenhaus GmbH will einen Kredit bei der Stadtsparkasse Köln für die Neuanschaffung eines Lkws aufnehmen. Geben Sie an, über welche Inhalte in einem Kreditvertrag Vereinbarungen getroffen werden sollten.*
11. *Die Center Warenhaus GmbH bezieht von der Textil AG Waren im Wert von 34 500,00 €. Die Zahlungsbedingung lautet: „60 Tage netto Kasse, bei Zahlung innerhalb von 14 Tagen 3 % Skonto.“ Für einen Kontokorrentkredit der Hausbank wären 14 % effektiver Jahreszins zu entrichten. Die Center Warenhaus GmbH möchte den Skonto ausnutzen, muss dafür aber das Kontokorrentkonto in Anspruch nehmen. Überprüfen Sie, ob es sinnvoll ist, den Skonto in Anspruch zu nehmen.*
12. *Geben Sie Beispiele an, welche Gegenstände*
   a) vom Mars Elektrofachmarkt e. K. geleast werden können,
   b) der Mars Elektrofachmarkt e. K. von seinen Kunden leasen lassen könnte.
13. *Unterscheiden Sie zwei Leasingvertragsarten.*
14. *Erläutern Sie die Vor- und Nachteile des Leasings für den Leasingnehmer.*
15. *In einem Kaufvertrag der Center Warenhaus GmbH mit einer Textilfabrik wird „Eigentumsvorbehalt“ vereinbart. Was besagt diese Vertragsklausel?*
    1. *Nach Entrichtung des Kaufpreises wird die Center Warenhaus GmbH nur Besitzer der gelieferten Ware.*
    2. *Die Center Warenhaus GmbH bekommt die Ware erst nach Bezahlung geliefert.*

3. *Der Eigentumsvorbehalt erlischt bei Lieferung mangelhafter Ware.*
4. *Die Center Warenhaus GmbH wird erst nach vollständiger Bezahlung des Kaufpreises Eigentümer der gelieferten Ware.*
5. *Die Textilfabrik bleibt bis zur Bezahlung des vollen Kaufpreises Besitzer der gelieferten Ware.*

16. *Die Center Warenhaus GmbH nimmt bei einer Geschäftsbank einen langfristigen Kredit auf. Wofür eignet sich der Einsatz dieses Kapitals?*
1. *für die Bezahlung der Telefonrechnungen*
2. *für die Reparatur eines Lieferwagens*
3. *für die Bezahlung der Ladeneinrichtung*
4. *für Gehaltszahlungen*
5. *für die Durchführung des Werbeplans*

17. *Für die Belieferung von Kunden soll von der Center Warenhaus GmbH ein Kleintransporter geleast werden. Dazu liegt der Center Warenhaus GmbH ein Angebot der Leasing GmbH vor:*

Fahrzeugpreis	50000,00 €	**Ratenintervall**	monatlich
Einmalzahlung	7000,00 €	**Laufzeit**	36 Monate
Effektiver Jahreszins	8,50 % p. a.	**Restwert**	15000,00 €
Leasingrate	1069,12 €	**Gesamtaufwand**	

a) *Ermitteln Sie den finanziellen Aufwand in Euro für die drei Jahre.*
b) *Erläutern Sie zwei Vorteile und zwei Nachteile des Leasings gegenüber dem sofortigen Barkauf aus eigenen Mitteln.*

5.3 Kreditsicherung

HANDLUNGSSITUATION

Edith Mauser hat für ihren Spielwareneinzelhandel entschieden, für die Finanzierung der benötigten Warenträger einen Bankkredit über 20000,00 € aufzunehmen. Nachdem sie bei ihrer Hausbank den Kreditantrag für ein Darlehen ausgefüllt hat, fragt der zuständige Bankangestellte: *„Welche Sicherheiten können Sie mir für den Kredit bieten?"* Verärgert antwortet Frau Mauser: *„Seit Jahren unterhalte ich bei Ihnen mein Konto. Jetzt will ich mal einen Kredit und schon fragen Sie mich nach Sicherheiten."* – *„Ich habe leider meine Vorschriften. Einen Kredit in dieser Höhe kann ich Ihnen nur gegen Bereitstellung von Sicherheiten geben. Haben Sie eventuell einen Bürgen, der für Sie eine Bürgschaft übernehmen könnte?"*, antwortet der Bankangestellte. Abends trifft Frau Mauser ihre Freundin Sabine und fragt diese, ob sie eventuell diese Bürgschaft übernehmen kann. Sabine ist sich nicht sicher, ob sie ihrer Freundin diesen Gefallen tun soll.

ARBEITSAUFTRÄGE

- *Stellen Sie fest, welche grundsätzlichen Möglichkeiten Frau Mauser hat, der Bank Sicherheiten für den Kredit anzubieten.*
- *Stellen Sie in arbeitsteiliger Gruppenarbeit die verschiedenen Möglichkeiten der Kreditsicherung in einer digitalen Übersicht dar und präsentieren Sie diese Ihren Mitschülern.*

● Die Kreditprüfung

Bevor ein Kreditinstitut einem Kunden einen Kredit gewährt, wird eine Kreditprüfung vorgenommen. Hierbei wird die **Kreditwürdigkeit (Bonität)** des Kunden überprüft.

Bei der **Kreditwürdigkeit (Bonität)** wird überprüft, ob ein Kreditnehmer in der Lage ist, einen aufgenommenen Kredit zurückzuzahlen. Hierzu werden eine sachliche und eine persönliche **Kreditwürdigkeitsprüfung** vorgenommen.

Zur **sachlichen Kreditwürdigkeitsprüfung** zählen

Lernfeld 8

- **GuV-Rechnung**, Bilanz, Geschäftsbücher,
- Auskünfte von gewerblichen Auskunfteien,
- betriebliche Liquidität (= Zahlungsfähigkeit),
- Handelsregister-, Grundbuchauszüge,
- Steuerunterlagen.

Ferner können **Betriebsbesichtigungen** durchgeführt werden, um sich ein Bild vom Zustand des Unternehmens zu verschaffen. Kreditinstitute bedienen sich zudem der Hilfe von **Wirtschaftsauskunfteien**. Diese verfügen über Informationen der kreditnehmenden Unternehmen, die laufend auf dem neuesten Stand gehalten werden. Auskunfteien erteilen die Auskünfte gegen Entgelt.

BEISPIEL Auskunfteien bieten Auskünfte als Normalauskunft (schriftlich, telefonisch) oder als Onlineauskunft an.

Zur **persönlichen Kreditwürdigkeitsprüfung** zählen bei natürlichen Personen die Überprüfung von

- **persönlichen Daten,**
  BEISPIELE etwaige Unterhaltszahlungen, Vertrauenswürdigkeit, Zahlungsgewohnheiten, ehelicher Güterstand, Vermögensverhältnisse
- **fachlichen Qualifikationen,**
  BEISPIELE Abschlüsse, Studium, unternehmerische Fähigkeiten
- **persönlichen Haftungsverhältnissen.**
  BEISPIEL Vollhafter oder Teilhafter bei der KG

Auskünfte von Kreditinstituten können nur in begrenztem Umfang genutzt werden, da das **Bankgeheimnis** die Auskunftsmöglichkeiten einschränkt.

Kreditinstitute sind oft bereit, allein aufgrund des **Firmen- oder Geschäftswertes (= Goodwill)** eines Einzelhandelsbetriebes Kredite zu vergeben. Zum Firmen- oder Geschäftswert eines Unternehmens zählen

- persönlicher Ruf des oder der Geschäftsinhaber/-in,
- allgemeiner geschäftlicher Ruf des oder der Geschäftsinhaber/-in,
- Standort des Geschäftes,
- Anzahl der Stammkunden,
- Zukunftsaussichten des Geschäftes und der Branche,
- bisheriges Zahlungsverhalten,
- Qualifikation der Mitarbeiter,
- Zweckmäßigkeit und Wert der Geschäftseinrichtung.

Nach der Überprüfung der Bonität des Einzelhändlers **(Kreditwürdigkeitsprüfung)** erfolgt die **Kreditsicherungsprüfung** der Banken.

● Der reine Personalkredit (Blankokredit)

Beim reinen Personalkredit sind für den Kreditnehmer **keine Sicherheiten erforderlich**, da das Kreditinstitut auf die sichtbar guten Ertrags- und Vermögensverhältnisse und den guten Ruf des Kreditnehmers (Bonität) vertraut. Diese Kredite werden meist nur kurzfristig gewährt, i.d.R. als **Kontokorrentkredite** (bei Privatpersonen **Dispositionskredite**), seltener als Darlehen. Hierbei darf ein Kreditnehmer sein laufendes Konto bis zu einem bestimmten Höchstbetrag (**Kreditlimit**) überziehen (vgl. Seite 342).

● Der verstärkte Personalkredit

○ Bürgschaftskredit

Die Bürgschaft (§ 765 ff. BGB, §§ 349–351 HGB) entsteht durch einen Vertrag zwischen dem Kreditgeber und dem Bürgen, wonach der Bürge für die Erfüllung der Verbindlichkeiten des Kreditnehmers haftet. Für Bürgschaftsversprechen ist per Gesetz die Schriftform vorgeschrieben. **Kaufleute können im Gegensatz zu Kleingewerbetreibenden** (z.B. Kioskbetriebe, vgl. Seite 299) **auch mündlich bürgen**.

BEISPIEL Dieter Mars, Sohn der Geschäftsführerin Daniela Mars, hat einen Kredit über 20 000,00 € aufgenommen, für den Frau Mars eine Bürgschaft übernimmt.

Wird ein Bürge von einem Kreditgeber in Anspruch genommen, kann er das Geld vom Kreditnehmer zurückverlangen. Haften bei einem Bürgschaftskredit mehrere Bürgen neben dem Kreditnehmer, spricht man von einer **gesamtschuldnerischen Bürgschaft**. In diesem Fall kann der Kreditgeber seine Forderungen an alle oder auch nur an eine der bürgenden Personen richten.

Man unterscheidet **zwei Arten der Bürgschaft**:

- **Ausfallbürgschaft** (§ 771 BGB): Bei dieser Bürgschaft muss der Bürge erst dann zahlen, wenn der Kreditgeber nachweisen kann, dass der Kreditnehmer zahlungsunfähig ist. Der Bürge hat somit das „**Recht der Einrede der Vorausklage**". Der Nachweis ist erbracht, wenn der Kreditgeber gegen den Kreditnehmer erfolglos Zwangsvollstreckung (vgl. Seite 364) betrieben hat.

  BEISPIEL Für den Kredit von Dieter Mars beim Geschäftsfreund Peter Pade hat seine Mutter, Daniela Mars, eine Ausfallbürgschaft übernommen. Nach dem Fälligkeitstermin für die Rückzahlung des Darlehens, den Dieter nicht eingehalten hat, mahnt Peter Pade zweimal vergeblich. Danach wendet sich Herr Pade an die Bürgin mit der Aufforderung zur Zahlung. Die Bürgin Daniela Mars nimmt das Recht der Einrede der Vorausklage in Anspruch, d. h., sie ist erst dann zur Zahlung verpflichtet, wenn ihr der Kreditgeber nachweisen kann, dass eine Zwangsvollstreckung erfolglos war.

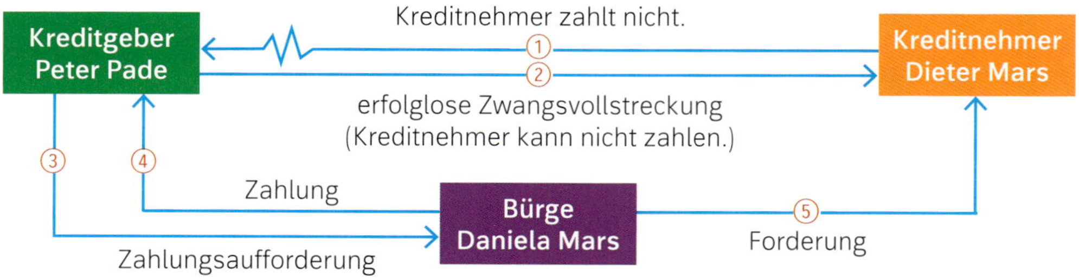

- **Selbstschuldnerische Bürgschaft** (§ 773 BGB): Bei dieser Art der Bürgschaft haftet der Bürge wie der Hauptschuldner, da er auf das „**Recht der Einrede der Vorausklage**" verzichtet. Der Bürge kann vom Kreditgeber schon dann zur Zahlung herangezogen werden, wenn der Kreditnehmer den Kredit nicht rechtzeitig zurückzahlt. Kreditinstitute verlangen immer eine selbstschuldnerische Bürgschaft. Unter Kaufleuten ist eine Bürgschaft immer eine selbstschuldnerische Bürgschaft (§ 349 HGB).

  BEISPIEL Dieter Mars hat bei seiner Bank ein Darlehen über 30 000,00 € aufgenommen. Seine Mutter, Daniela Mars, hat hierfür eine selbstschuldnerische Bürgschaft übernommen. Als Dieter am Fälligkeitstag nicht zahlt, verlangt die Bank sofort die Zahlung von der Bürgin. Frau Mars muss als Bürgin zahlen, da sie eine selbstschuldnerische Bürgschaft übernommen hat.

● Realkredite

Bei den Realkrediten werden die Forderungen des Kreditgebers durch ein unmittelbares **Zugriffsrecht auf Sachen oder Vermögenswerte des Kreditnehmers** abgesichert. Realkredite werden auch als **dinglich gesicherte Kredite** bezeichnet. Zu den Realkrediten zählen u. a. der Sicherungsübereignungskredit und der Eigentumsvorbehalt.

○ Sicherungsübereignungskredit

Bei der Sicherungsübereignung (§ 930 BGB) wird der **Kreditgeber Eigentümer der Sicherungsgegenstände (mittelbarer Besitzer)**, während der **Kreditnehmer der unmittelbare Besitzer der Gegenstände** bleibt. Der Kreditnehmer kann also mit den übereigneten Gegenständen weiterarbeiten. Übereignet werden meistens Gegenstände des Anlagevermögens (z. B. Fuhrpark, Geschäftsausstattung), gelegentlich auch Warenvorräte. Beim Sicherungsübereignungskredit wird neben dem Kreditvertrag zwischen dem Kreditgeber und dem Kreditnehmer ein **Sicherungsübereignungsvertrag** abgeschlossen. Bei Nichtrückzahlung des

Kredits durch den Kreditnehmer kann der Kreditgeber die sicherungsübereigneten Gegenstände verwerten.

Mit der Tilgung des Kredites durch den Kreditnehmer geht das Eigentum automatisch wieder auf den Kreditnehmer über.

BEISPIEL Der Mars Elektrofachmarkt e. K. nimmt bei seiner Bank ein Darlehen über 30 000,00 € auf. Zur Sicherheit übereignet er an seine Bank durch die Übergabe der Zulassungsbescheinigung Teil 2 einen Lieferwagen im Werte von 50 000,00 €. Am Fälligkeitstag erfolgt durch den Mars Elektrofachmarkt e. K. keine Tilgung des Darlehens. Die Bank hat dann das Recht, den Lieferwagen sofort abzuholen und versteigern zu lassen. Sollte beim Verkauf ein höherer Preis als 30 000,00 € erzielt werden, erhält der Mars Elektrofachmarkt e. K. den höheren Betrag nach Abzug der entstandenen Kosten.

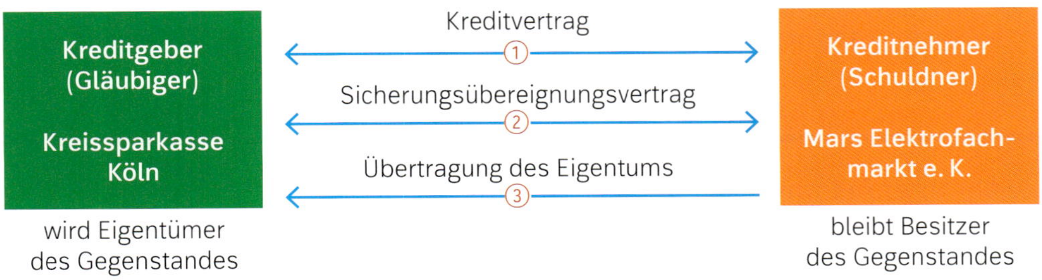

Für den Kreditgeber und den Kreditnehmer können sich bei der Sicherungsübereignung **folgende Vor- und Nachteile** ergeben:

	Vorteile	Risiken
Kreditgeber (KG)	• Der KG hat im Insolvenzfalle ein Recht auf Absonderung, d. h., Gläubigerforderungen, die durch eine Sicherungsübereignung gesichert sind, werden bevorzugt befriedigt (vgl. Seite 374). • Der KG kann bei Nicht-rechtzeitig-Zahlung (Zahlungsverzug) des KN den Sicherungsgegenstand sofort verkaufen.	• Auf den übereigneten Gegenständen ruht Eigentumsvorbehalt des Lieferers. • Verlust des Eigentums des KG beim Weiterverkauf vom KN an gutgläubige Dritte • Gegenstände sind bereits anderweitig vom KN sicherungsübereignet worden. • Übereignete Gegenstände können beschädigt oder zerstört werden.
Kreditnehmer (KN)	• Der KN kann sowohl mit dem sicherungsübereigneten Gegenstand als auch mit dem Kredit arbeiten. • Die Übereignung ist nach außen nicht erkennbar.	• Der KG kann bei Nicht-rechtzeitig-Zahlung (Zahlungsverzug) den übereigneten Gegenstand sofort verkaufen lassen.

BEISPIEL Bei der Kreditsicherung durch Fahrzeuge muss der Kreditnehmer dem Kreditgeber die Zulassungsbescheinigung Teil 2 übergeben. Damit wird ein Weiterverkauf oder eine vorherige Sicherungsübereignung durch den Kreditnehmer verhindert. Das Risiko der Beschädigung oder Zerstörung wird durch Versicherungen abgedeckt, z. B. Vollkaskoversicherung bei einem Fahrzeug.

○ Eigentumsvorbehalt

Der **Eigentumsvorbehalt** beinhaltet, dass die Ware bis zur vollständigen Zahlung des Kaufpreises **Eigentum des Verkäufers bleibt** (§ 455 BGB). Mit dem Eigentumsvorbehalt sichert

Lernfeld 3, 6

der Verkäufer seine ausstehende Forderung gegen den Käufer. Der Eigentumsvorbehalt ermöglicht dem Verkäufer bei Nicht-rechtzeitig-Zahlung (Zahlungsverzug) des Käufers mit Fristsetzung den Rücktritt vom Kaufvertrag und den Herausgabeanspruch der Ware. Der Eigentumsvorbehalt erlischt mit der vollständigen Zahlung des Kaufpreises (**einfacher Eigentumsvorbehalt**). Beim zweiseitigen Handelskauf (z. B. zwischen Hersteller oder Großhändler und Einzelhändler) wird i. d. R. ein **verlängerter Eigentumsvorbehalt** vereinbart. Der Käufer darf in diesem Fall die noch nicht bezahlte Ware weiterverkaufen. Allerdings muss der Einzelhändler beim Weiterverkauf der Waren seine Preisforderung gegenüber dem Kunden an den Verkäufer abtreten (§ 816 Abs. 1 BGB).

BEISPIEL Die Lebensmitteldiscount Schlegel KG erhält von ihren Herstellern die gelieferten Waren grundsätzlich unter Eigentumsvorbehalt. Sie verkauft die Waren an ihre Kunden, die daraus entstehenden Forderungen gegen die Kunden hat sie an die Hersteller abgetreten.

Zusammenfassung

Kreditsicherung

Vor der Kreditvergabe werden die **persönliche und sachliche Kreditwürdigkeit** (Bonität) **und die Kreditfähigkeit** (= Fähigkeit, rechtsgültig Kreditverträge abschließen zu können) des Kreditnehmers (KN) durch den Kreditgeber (KG) überprüft.

Kreditsicherungsarten

Reiner Personalkredit
= ohne Sicherheiten

Blankokredit
- wird ohne Sicherheiten aufgrund des besonders guten Rufes des KN gewährt

Verstärkter Personalkredit
= Sicherung durch Personen

Bürgschaft

Ein oder mehrere Bürgen haften zusätzlich zum KN.
- **Ausfallbürgschaft:** Der Bürge hat das Recht der Einrede der Vorausklage.
- **Selbstschuldnerische Bürgschaft:** Der Bürge hat auf das Recht der Einrede der Vorausklage verzichtet.

Realkredite
= dingliche Sicherung, Sicherung durch Rechte an Sachen

Sicherungsübereignungskredit

Bewegliche Gegenstände des Anlagevermögens oder Warenvorräte werden zur Sicherheit vom KN an den KG übereignet. Der KG wird Eigentümer, der KN bleibt Besitzer. Geeignete Gegenstände: Fuhrpark, Geschäftsausstattung, Waren.

Eigentumsvorbehalt

Einfacher Eigentumsvorbehalt
- erlischt mit vollständiger Zahlung des Kaufpreises

Verlängerter Eigentumsvorbehalt
- Weiterverkauf der Waren möglich, da Abtretung der daraus entstehenden Forderungen

Aufgaben

1. *Erläutern Sie den Begriff der Bürgschaft und ihre unterschiedlichen Arten.*

2. *Stellen Sie die Vor- und Nachteile der Sicherungsübereignung*
   a) für den Kreditgeber,
   b) für den Kreditnehmer
   in einer digitalen Übersicht dar.

3. *Geben Sie an, warum es für den Kreditgeber notwendig ist, die Bonität eines Kreditnehmers zu überprüfen.*

4. *Erläutern Sie den Eigentumsvorbehalt anhand eines Beispiels.*

5. *Überprüfen Sie, welche Informationsquellen ein Kreditgeber für die Überprüfung der Kreditwürdigkeit eines Kunden benutzen kann.*

6. *Die Center Warenhaus GmbH will zur Finanzierung eines neuen Geschäftswagens einen Kredit bei der Sparkasse KölnBonn aufnehmen. Diese stimmt unter der Voraussetzung einer Sicherungsübereignung zu. Was hat dies für die Center Warenhaus GmbH zur Folge?*
   1. *Die Center Warenhaus GmbH muss eine Vollkaskoversicherung für den Geschäftswagen abschließen und der Sparkasse KölnBonn die Versicherungspolice übereignen.*
   2. *Die Center Warenhaus GmbH muss der Sparkasse KölnBonn eine schriftliche Zusicherung geben, dass sie den Geschäftswagen nicht vor vollständiger Bezahlung weiterveräußert.*
   3. *Besitz und Eigentum an dem Geschäftswagen werden auf die Sparkasse KölnBonn übertragen.*
   4. *Das Eigentum an dem Geschäftswagen wird auf die Sparkasse KölnBonn übertragen. Die Center Warenhaus GmbH bleibt jedoch im Besitz des Geschäftswagens.*
   5. *Der Besitz an dem Geschäftswagen wird auf die Sparkasse KölnBonn übertragen. Die Center Warenhaus GmbH bleibt jedoch Eigentümerin des Geschäftswagens.*

6 Überwachung des Zahlungseingangs vornehmen

HANDLUNGSSITUATION

Trotz mehrfacher Mahnungen hat Engelbert Schwarz, ein Kunde des Mars Elektrofachmarkt e. K., eine Rechnung des Elektrofachmarktes über 3000,00 €, die am 2. August 20.. fällig war, bis zum 10. Oktober noch nicht bezahlt. An Mahnkosten sind bisher 23,00 € und an Verzugszinsen 45,00 € entstanden. Der Auszubildende Mehmet Aydin ist seit zwei Wochen in der Verwaltung eingesetzt. Er ist sich nicht sicher, wie er sich verhalten soll.

ARBEITSAUFTRÄGE

LS

- *Erläutern Sie, welche Voraussetzungen für den Eintritt des Zahlungsverzuges gegeben sein müssen.*
- *Machen Sie Vorschläge, welche Möglichkeiten der Mars Elektrofachmarkt e. K. hat, wenn mehrere Mahnungen bei einem Kunden keine Wirkung gezeigt haben.*
- *Erläutern Sie das Mahnverfahren mit Hilfe eines digitalen Produktes.*

Notwendigkeit der Terminüberwachung

Es gibt eine Vielzahl von Gründen, Zahlungsein- und -ausgänge zu überwachen.

Mögliche Gründe für die Nichtzahlung oder verspätete Zahlung durch einen Kunden:

- Vergesslichkeit (Übersehen der Zahlungsfälligkeit, falsche Ablage der Rechnung, Irrtum im Termin),
- Ausfall eigener Forderungen, wodurch der Zahlungspflichtige vorübergehend Schwierigkeiten hat, die notwendigen Zahlungsmittel aufzubringen,
- Zahlungsunwilligkeit oder Zahlungsunfähigkeit,
- Übermittlungsfehler beim Geldinstitut.

Mögliche Gründe für die Notwendigkeit, auf den pünktlichen Zahlungseingang seiner Forderungen zu achten:

- Verringerung der eigenen Liquidität (= Zahlungsfähigkeit),
- Zinsverluste mit entsprechenden Kosten,
- Aufnahme von Bankkrediten,
- aufgrund mangelnder Liquidität kann Skonto des Lieferers nicht ausgenutzt werden.

Die termingerechte Bezahlung eigener Verbindlichkeiten des Unternehmens muss ebenfalls überwacht werden. Bei nicht termingerechter Erfüllung von Zahlungsverpflichtungen vermindert sich das Ansehen bei Lieferern und es fallen Verzugszinsen an. Ebenso sinkt die eigene Bonität.

Damit eine geordnete Terminüberwachung erreicht wird, müssen organisatorische Maßnahmen ergriffen werden, um Zahlungseingänge und -ausgänge zu kontrollieren **(Terminkontrolle)**. Es gibt verschiedene Möglichkeiten, den Zahlungseingang von Kunden und den Zahlungsausgang an Lieferer zu überwachen. Die Forderungen an Kunden werden als offene Posten bezeichnet. Die Kontrolle der Zahlungseingänge von Kunden wird mithilfe von **Offenen-Posten-Dateien** im Warenwirtschaftsprogramm durchgeführt. Hierbei werden die Rechnungsbeträge mit ihren Fälligkeitsterminen gespeichert und täglich abgeglichen. Bei einer Überschreitung des Zahlungsziels wird das kaufmännische Mahnverfahren (vgl. Seite 362) eingeleitet. Zur Überwachung der termingerechten Zahlungsausgänge an Lieferer kann ebenfalls im WWS eine Datei der ausstehenden Verbindlichkeiten erstellt werden.

Lernfeld 8

Die **Art und Weise der Terminüberwachung** richtet sich nach der Zahl der Außenstände, dem Umfang der Forderungen und Verbindlichkeiten und nach der Organisation der **Buchführung**.

● Nicht-rechtzeitig-Zahlung

Durch den Kaufvertrag ist der Käufer verpflichtet, termingerecht zu zahlen. Zahlt der Käufer nicht oder nicht rechtzeitig, gerät er in **Zahlungsverzug** (§ 286 ff. BGB).

○ Voraussetzung der Nicht-rechtzeitig-Zahlung

Voraussetzungen für den Eintritt des Zahlungsverzuges ist die **Fälligkeit der Zahlung**. Ist ein **fester Zahlungstermin** zur Zahlung des Kaufpreises vereinbart, kommt der Käufer sofort in Verzug, wenn er nicht bis zum vereinbarten Termin zahlt.

Der Schuldner kommt **bei unbestimmten Zahlungsterminen 30 Tage nach dem Erhalt einer Rechnung** automatisch in Verzug – ohne weitere Mahnung (§ 286 Abs. 3 BGB). Die 30-Tages-Frist beginnt mit der Zustellung der Rechnung. Den ordnungsgemäßen Zugang der Rechnung hat im Streitfall der Gläubiger zu beweisen. Diese Regelung gilt gegenüber einem Schuldner, der Verbraucher ist, nur, wenn der Verbraucher auf diese Folgen in der Rechnung oder Zahlungsaufstellung besonders hingewiesen worden ist. Ist der Zeitpunkt des Zugangs der Rechnung unsicher, kommt der Schuldner beim einseitigen Handelskauf spätestens 30 Tage nach Fälligkeit und Empfang der Waren in Verzug. Der Zahlungsverzug tritt nur dann ein, wenn die vom Verkäufer geschuldete Leistung bereits vertragsmäßig erbracht wurde. Ist der Zeitpunkt der Zahlung kalendermäßig nicht bestimmt, so tritt der Zahlungsverzug nach § 286 Abs. 1 BGB erst durch eine Mahnung (ab dem Zugang der Mahnung) ein.

Das **Verschulden des Käufers ist** für den Eintritt des Zahlungsverzuges **erforderlich**.

○ Rechte des Verkäufers aus der Nicht-rechtzeitig-Zahlung

Befindet sich der Käufer im Zahlungsverzug, stehen dem Verkäufer folgende Rechte zu:

Der Verkäufer kann zuerst nur Nacherfüllung verlangen, d. h., er kann

- **auf verspäteter Zahlung bestehen**, d. h., der Käufer zahlt nach dem Zahlungstermin und der Verkäufer stellt keine weiteren Ansprüche,
- oder **auf verspäteter Zahlung bestehen und Schadenersatz wegen Verzögerung der Leistung verlangen**. Der Schadenersatz (Ersatz des Verzugsschadens) kann die entgangenen Zinsen und den Kostenersatz (Mahnkosten) umfassen. Die Verzugszinsen betragen lt. Gesetz (§ 352 HGB, § 288 BGB) beim einseitigen Handelskauf 5 % über dem Basiszinssatz für Kredite vom Tag des Verzugs an, beim zweiseitigen Handelskauf 9 % über dem Basiszinssatz. Vertraglich können höhere Zinsen vereinbart werden.

Wenn die Nacherfüllung durch den Käufer **nach einer Mahnung mit Fristsetzung** nicht erfolgt, dann kann der Verkäufer

- **die Zahlung ablehnen und vom Vertrag zurücktreten**, d. h., der Verkäufer verlangt seine Waren zurück. Dies ist besonders sinnvoll beim Verkauf unter Eigentumsvorbehalt oder bei ernsthaften Zahlungsschwierigkeiten des Käufers.
- und/oder **die Zahlung ablehnen und Schadenersatz statt der Leistung verlangen**. Der Verkäufer wird dieses Recht dann in Anspruch nehmen, wenn der Verkaufspreis der Waren inzwischen gesunken ist und er beim Verkauf an einen anderen Kunden einen geringeren Verkaufserlös erzielt. Der Schaden ist in Höhe der Differenz zwischen dem ursprüng-

lichen und dem jetzt erzielten Verkaufspreis entstanden. Für die Inanspruchnahme dieses Rechts ist ein Verschulden des Käufers erforderlich.

Das außergerichtliche Mahnverfahren

Man spricht dann von einem **außergerichtlichen oder kaufmännischen Mahnverfahren**, wenn der Verkäufer **ohne Einschaltung des Gerichts** versucht, seine ausstehenden Forderungen einzutreiben. Ein Kaufmann sollte bestrebt sein, **auf den pünktlichen Zahlungseingang seiner Forderungen zu achten**, um eine Verringerung der eigenen Liquidität, Zinsverluste und eine Aufnahme von Bankkrediten zu vermeiden.

Ein Verkäufer sollte einen säumigen Kunden insbesondere dann mahnen, wenn der Zahlungstermin nicht kalendermäßig festgelegt ist, um den Käufer in Verzug zu setzen. Eine Mahnung sollte aber immer mit „**Fingerspitzengefühl**" vorgenommen werden, da durch zu harte und ungeschickte Formulierungen Kunden verärgert werden können. Die Mahnung sollte einen Hinweis auf den fälligen Betrag und den überfälligen Zahlungstermin enthalten.

MARS
Elektrofachmarkt e.K.

Informationsblock

Ihr Zeichen:	sc-mo
Ihre Nachricht vom:	22.06.20..
Unser Zeichen:	ay-ho
Unsere Nachricht vom:	25.07.20..
Ihr Anprechpartner:	Mehmet Aydin
Telefon:	0221 16107203
Fax:	0221 1700088
E-Mail:	aydin@mars-elektrofachmarkt.de
Datum:	01.09.20..

Absender: Mars Elektrofachmarkt e. K., Aachener Str. 1250, 50859 Köln

Empfänger:
Herrn
Engelbert Schwarz
Auestr. 16
53225 Bonn

Betreff: **1. Mahnung**

Anrede: Sehr geehrter Herr Schwarz,

Einleitung: am 25. Juli 20.. erhielten Sie von uns eine Hi-Fi-Anlage, Marke Boston, schwarz, zum Preis von 3000,00 €. Den Empfang haben Sie auf dem Lieferschein bestätigt. Gleichzeitig wurde Ihnen von unserem Auslieferungslager die Rechnung ausgehändigt.

Hinweis auf nicht geleistete Zahlung und Anspruch des Verkäufers: Nach unseren Geschäftsbedingungen sollte die Zahlung innerhalb einer Woche nach Erhalt der Rechnung erfolgen. Da die Zahlung bis zum 30. August 20.. nicht erfolgte, möchten wir Sie hiermit an den ausstehenden Rechnungsbetrag erinnern. Wir bitten Sie, den ausstehenden Rechnungsbetrag umgehend auf unser Bankkonto zu überweisen.

Ausblick auf die Zukunft: Sollten Sie den Rechnungsbetrag in der Zwischenzeit überwiesen haben, betrachten Sie unser Schreiben als gegenstandslos.

Grußformel: Wir bitten um Ihr Verständnis und verbleiben mit freundlichen Grüßen

Mars Elektrofachmarkt e. K.

i. A. Aydin

Aydin

Mars Elektrofachmarkt e. K.
Aachener Str. 1250
50859 Köln

Telefon: 0221 1610705
Fax: 0221 1700088
E-Mail: info@mars-elektrofachmarkt.de
Internet: www.mars-elektrofachmarkt.de

Handelsregistereintragung:
Amtsgericht Köln
HRA 12834

Steuernummer: 223/3137/2973
USt-IdNr.: DE583442583
Geschäftsführung:
Daniela Mars

Bankverbindung:
Deutsche Bank Köln
IBAN: DE80 3707 0060 0340 7314 20
BIC: DEUTDEDKXXX

Kreissparkasse Köln
IBAN: DE93 3705 0299 0013 6005 64
BIC: COKSDE33XXX

BEISPIEL Ein kaufmännisches Mahnverfahren kann z. B. in folgenden Schritten durchgeführt werden:
- **Zahlungserinnerung**: Der Schuldner erhält 14 Tage nach Überschreiten des Fälligkeitstages in höflicher Form eine Rechnungskopie oder einen Kontoauszug.
  Formulierung: *„Sehr geehrte Damen und Herren, sicher haben Sie übersehen, dass Sie bei uns noch eine Rechnung über 3 000,00 € offen haben. Wir bitten Sie daher höflich, den Betrag baldmöglichst zu überweisen."*
- **1. Mahnung**: Nach 14 weiteren Tagen nochmalige Zusendung einer Rechnungskopie oder eines Kontoauszuges, wobei ein nachdrücklicher Ton angeschlagen wird.
  Formulierung: *„Sehr geehrte Damen und Herren, auf unsere Zahlungserinnerung vom ... haben Sie bisher nicht reagiert. Ihre Rechnung über 3 000,00 € ist bis heute nicht beglichen. Wir bitten Sie daher nochmals, den fälligen Betrag bis spätestens ... zu überweisen. Über eine weitere gute Zusammenarbeit würden wir uns freuen."*
- **2. Mahnung**: Nach weiteren 14 Tagen wird eine Mahnung mit Fristsetzung an den Kunden gesandt, wobei nachdrücklich auf die Fälligkeit, den Betrag und die Folgen der Nichtzahlung hingewiesen wird.
  Formulierung: *„Sehr geehrte Damen und Herren, zu unserem großen Bedauern haben wir festgestellt, dass Sie auch auf unsere erste Mahnung vom ... nicht reagiert haben, da wir bis heute keinen Zahlungseingang von Ihnen feststellen konnten. Wir bitten Sie daher um unverzügliche Begleichung des ausstehenden Rechnungsbetrages über 3 000,00 €, anderenfalls werden wir ein Inkassoinstitut mit dem Einzug der Forderungen beauftragen."*
- **3. Mahnung**: Es wird nach acht Tagen ein letzter Termin in einem schärferen Ton gesetzt und der Mahnbescheid (gerichtliches Mahnverfahren) angedroht.

Eine besondere Form der Mahnung ist die Zustellung einer **Postnachnahme**, wobei man Geldbeträge bis höchstens 1 600,00 € durch die Deutsche Post AG einziehen lassen kann. Hierbei werden die Forderungen mithilfe eines Nachnahmeformblattes im Onlineverfahren eingezogen.

● Das gerichtliche Mahnverfahren

Wenn ein säumiger Kunde nicht auf die Maßnahmen des außergerichtlichen (kaufmännischen) Mahnverfahrens reagiert, kann ein Lieferer beim zentralen Mahngericht einen Antrag auf Erlass eines **Mahnbescheides** stellen. Dadurch wird das gerichtliche Mahnverfahren (§ 688 ff. ZPO) eingeleitet. Der Mahnbescheid stellt eine Mahnung von Amts wegen dar, wodurch der Käufer aufgefordert wird, den ausstehenden Betrag binnen einer Frist von zwei Wochen zu zahlen oder Widerspruch zu erheben. Der Antrag muss auf einem besonderen Vordruck (**Formularzwang**) gestellt oder im **Onlineverfahren** dem zuständigen Amtsgericht übermittelt werden.
Das Amtsgericht erlässt den Mahnbescheid, wobei nicht überprüft wird, ob der Anspruch zu Recht besteht oder nicht. Der Mahnbescheid wird dem Schuldner vom Gericht zugestellt.

Ist der **Mahnbescheid** erlassen, hat der Schuldner nach Zustellung **drei Möglichkeiten**:
- er zahlt, das Verfahren ist beendet;
- er erhebt Widerspruch binnen zwei Wochen, es kommt zur mündlichen Verhandlung vor dem Amts- oder Landgericht;
- er unternimmt nichts. Der Gläubiger kann einen Antrag auf einen Vollstreckungsbescheid stellen.

Ist der **Vollstreckungsbescheid** erlassen, hat der Schuldner nach Zustellung **drei Möglichkeiten**:

- er zahlt, das Verfahren ist beendet;
- er erhebt Widerspruch binnen zwei Wochen, es kommt zur mündlichen Verhandlung vor dem Amts- oder Landgericht;
- er unternimmt nichts. Der Gläubiger kann einen Antrag auf **Zwangsvollstreckung** stellen.

Hat der Vollstreckungsbeamte **im Wege der Zwangsvollstreckung verwertbare Gegenstände gepfändet**, werden diese nach einer Schonfrist von sieben Tagen versteigert. Der Gläubiger erhält den Erlös der Versteigerung abzüglich der entstandenen Kosten bis zur Höhe seiner Forderungen.

Der **Schuldner** hat nach Zustellung des Mahnbescheids durch das Amtsgericht **drei Möglichkeiten:**

Schuldner erhält Mahnbescheid und

- **zahlt** (Verfahren beendet).
- **erhebt Widerspruch** binnen zwei Wochen.
  - mündliche Verhandlung bis 5 000,00 € Streitwert beim Amts-, über 5 000,00 € beim Landgericht
  - **Urteil** → Vollstreckungsbescheid; Schuldner zahlt nicht. → Zwangsvollstreckung
- **schweigt.**
  - Gläubiger stellt Antrag auf ...

Vollstreckungsbescheid (§ 700 ZPO)
= „vollstreckbarer Titel" (er hat die gleiche Wirkung wie ein Gerichtsurteil) mit dem Recht, die Zwangsvollstreckung gegen den Schuldner einzuleiten, er verjährt erst nach 30 Jahren.

Schuldner erhält Vollstreckungsbescheid und

- **zahlt** (Verfahren beendet).
- **erhebt Einspruch** binnen zwei Wochen.
  - mündliche Verhandlung vor dem zuständigen Amts- oder Landgericht mit Urteil
- **schweigt.**
  - Gläubiger stellt Antrag auf ...

Zwangsvollstreckung (§ 704 ff. ZPO)
= Pfändung durch Vollstreckungsbeamten, indem dieser beim Schuldner verwertbare Gegenstände mit einem Pfandsiegel (= Kuckuck) versieht oder als Faustpfand mitnimmt

- **war erfolgreich**
  - Der Gläubiger erhält Geld aus der Zwangsvollstreckung.
- **war erfolglos**
  - Auf Antrag des Gläubigers wird vom Schuldner eine **eidesstattliche Versicherung** über seine Vermögensverhältnisse verlangt.

Ist eine **Zwangsvollstreckung mangels verwertbarer Gegenstände beim Schuldner erfolglos** und hat der Gläubiger das Gefühl, dass der Schuldner verwertbare Gegenstände unterschlägt, muss der Schuldner eine **eidesstattliche Versicherung** über seine Vermögensverhältnisse abgeben. Bei der eidesstattlichen Versicherung erklärt der Schuldner, dass sich außer den angegebenen Gegenständen keine weiteren Vermögenswerte in seinem Eigentum befinden. Die **Verjährungsfrist** bei einem Vollstreckungsbescheid beträgt **30 Jahre**.

Verweigert er die eidesstattliche Versicherung, kann der Schuldner auf Kosten des Gläubigers in eine bis zu sechsmonatige **Beugehaft** genommen werden. Macht er falsche Angaben über seine Vermögensverhältnisse, muss er mit einer **Haftstrafe** wegen Meineides rechnen.

Zusammenfassung

Überwachung des Zahlungseingangs vornehmen

- Die **Notwendigkeit der Überwachung von Zahlungseingängen** ergibt sich aus folgenden Gründen:
  - Erhaltung der eigenen Liquidität,
  - Vermeidung von Zinsverlusten.
- **Voraussetzung** für den Zahlungsverzug sind die **Fälligkeit der Zahlung** und das **Verschulden des Käufers**.
- Der **Zahlungsverzug tritt bei unbestimmten Zahlungsterminen** nach Ablauf von 30 Tagen seit Zugang einer Rechnung ein. Der Gläubiger hat den Zugang der Rechnung im Streitfall zu beweisen. Bei **festen Zahlungsterminen** gerät der Käufer sofort mit dem Verstreichen des Zahlungstermins in Verzug.

Rechte des Verkäufers

Ohne Nachfristsetzung
- Zahlung verlangen oder
- Zahlung und Schadenersatz wegen Verzögerung der Leistung verlangen, **Verzugszinsen** lt. Gesetz beim einseitigen Handelskauf 5 % über dem jeweils gültigen Basiszinssatz für Kredite, beim zweiseitigen Handelskauf 9 % über dem Basiszinssatz

Mit Nachfristsetzung
- Ablehnung der Zahlung und Rücktritt vom Vertrag oder
- Ablehnung der Zahlung und Schadenersatz statt der Leistung

- Das **kaufmännische Mahnverfahren** wird angewandt, wenn von säumigen Kunden fällige Forderungen **ohne Einschaltung des Gerichts** eingetrieben werden.
- Es gibt **kein allgemein verbindliches**, für jeden Kunden passendes **Mahnverfahren**. Grundsätzlich sollten Mahnungen mit viel „**Fingerspitzengefühl**" verfasst werden, um Kunden nicht unnötig zu verärgern.
- Ein Mahnverfahren kann in **mehreren Schritten durchgeführt** werden: Zahlungserinnerung, erste Mahnung, zweite Mahnung, dritte Mahnung mit Androhung eines Mahnbescheides. Während die Zahlungserinnerung sehr höflich formuliert ist, sollte die letzte Mahnung energisch formuliert sein.

- Der **Mahnbescheid** stellt eine Aufforderung des Gläubigers an den Schuldner dar, innerhalb einer bestimmten Frist die vom Gläubiger geforderte Summe zu zahlen oder sich vor Gericht zu erklären.
- Mit dem **Vollstreckungsbescheid** hat ein Gläubiger einen vollstreckbaren Titel mit dem Recht, die Zwangsvollstreckung gegen den Schuldner einzuleiten. Er verjährt erst nach 30 Jahren.
- Die **Zwangsvollstreckung** (Pfändung) ist ein Verfahren, um mithilfe eines Vollstreckungsbeamten Geldforderungen bei einem Kunden einzutreiben.

Aufgaben

1. *Erläutern Sie, ab wann ein Käufer in Zahlungsverzug gerät.*
2. *Was verstehen Sie unter Verzugszinsen? Geben Sie die gesetzliche Regelung über die Höhe der Verzugszinsen an.*
3. *Erläutern Sie die Rechte des Verkäufers aus der Nicht-rechtzeitig-Zahlung an jeweils einem Beispiel.*
4. ***Schriftverkehr***
   Schreiben Sie anhand nachfolgender Angaben einen Brief.
   Die Kundin Herta Straub, Am Südhang 3, 53809 Ruppichteroth, hat beim Radio- und Fernsehgeschäft Dehmer e. K., Wesselstr. 117, 53113 Bonn, einen Fernseher im Wert von 990,00 € auf Probe gekauft. Vier Wochen nach Ablauf der einwöchigen Probezeit hat die Kundin den Fernseher noch nicht bezahlt.
5. *Erläutern Sie einige Ursachen dafür, dass Kunden nicht oder nicht rechtzeitig zahlen.*
6. *Erklären Sie die Schritte, in denen ein außergerichtliches Mahnverfahren durchgeführt wird.*
7. *Die Weinhandlung Max Banken e. K., Steeler Str. 45 in 45884 Gelsenkirchen, hat dem Speiserestaurant Elfriede Effer, Bachstr. 16 in 45896 Gelsenkirchen, am 23. Februar 20.. 30 Kartons mit je 12 Flaschen Roländer Kapellchen, Spätlese, im Werte von 1 368,00 € geliefert. Als Zahlungstermin war vereinbart worden: „zahlbar 30 Tage nach Erhalt der Rechnung netto Kasse.“ Die Rechnung wurde am 24. Februar 20.. per Brief versandt. Schreiben Sie*
   a) eine Zahlungserinnerung am 27. März 20..,
   b) die 1. Mahnung am 9. April 20..,
   c) die 2. Mahnung am 23. April 20..,
   d) die 3. und letzte Mahnung am 30. April 20.. . (Das Speiserestaurant reagiert auf kein Mahnschreiben.)
8. *Beschreiben Sie den Ablauf des gerichtlichen Mahnverfahrens.*
9. *Die Auszubildende Nina Hagen erhält per Post einen Mahnbescheid zugesandt, in welchem sie von einer Versandhandlung aufgefordert wird, 3 000,00 € zu zahlen. Da Nina Hagen keine Einkäufe bei der Versandhandlung getätigt hat, ist sie der*

Überzeugung, dass es sich um einen Irrtum handeln muss, der sich von selbst wieder aufklärt. Infolgedessen unternimmt sie nichts. Beschreiben Sie die Folgen, die sich für Nina Hagen aus ihrem Schweigen ergeben können.

10. *Der Einzelhändler Hans Schnell e. K. wurde wegen einer fälligen Rechnung bereits dreimal erfolglos vom Lieferer Rubitex GmbH gemahnt. Sie erhalten deshalb den Auftrag, das gerichtliche Mahnverfahren gegen den Einzelhändler einzuleiten. Welchen Schritt müssen Sie als Erstes unternehmen?*
    1. *Versand einer letzten Mahnung mit gleichzeitiger Androhung gerichtlicher Maßnahmen*
    2. *Beantragung des Erlasses eines Mahnbescheides beim zentralen Mahngericht (Amtsgericht)*
    3. *Beantragung des Erlasses eines Vollstreckungsbescheides beim zentralen Mahngericht (Amtsgericht)*
    4. *Beauftragung eines Vollstreckungsbeamten, eine Pfändung vorzunehmen*
    5. *Anforderung einer eidesstattlichen Versicherung des Einzelhändlers, dass er zahlungsunfähig ist*

7 Unternehmenskrisen bewältigen

7.1 Außergerichtliche Maßnahmen im Rahmen der Insolvenz eines Unternehmens

HANDLUNGSSITUATION

Nachdem die Center Warenhaus GmbH ihre Spielwarenabteilung renoviert und vergrößert hat, gehen die Umsätze bei der Edith Mauser Spielwaren KG deutlich zurück. Edith Mauser versucht, die Kunden durch Preissenkungen zu halten, und wirbt für ihre Sonderangebote in der Tageszeitung und in sozialen Netzwerken. Sie hat aber noch andere Sorgen. Das Einkaufszentrum ist durch die Erneuerungsmaßnahmen und die Vielzahl von Aktionen so attraktiv geworden, dass die Mieten deutlich erhöht werden. Der schleppende Umsatz und die steigenden Kosten haben zur Folge, dass die Edith Mauser Spielwaren KG ihren Zahlungsverpflichtungen nicht mehr nachkommen kann. In dieser Situation ruft Edith Mauser Sabine Freund an, um mit ihr die Lage zu erörtern: *„Was soll ich nur machen, Sabine? Die Schulden steigen von Tag zu Tag und die ersten Lieferanten wollen schon Vorkasse für ihre Lieferungen“*, klagt Edith. *„Wir sollten zunächst einmal nach den Ursachen suchen“*, erwidert Sabine, *„vielleicht gibt es doch noch Bereiche, die man beeinflussen kann. Und wenn alles nichts hilft, musst du dich mit den Gläubigern an einen Tisch setzen!“*

ARBEITSAUFTRÄGE

- *Zeigen Sie mögliche Ursachen für die Zahlungsschwierigkeiten der Edith Mauser Spielwaren KG auf.*
- *Erörtern Sie Vorschläge zur Wiederherstellung der Leistungsfähigkeit des Unternehmens.*

Außergerichtliche Maßnahmen im Rahmen der Insolvenz eines Unternehmens sind die **Sanierung** und der **Vergleich**.

Die Sanierung

Bei der Sanierung handelt es sich um finanzielle, personelle, sachliche oder organisatorische Maßnahmen zur Wiederherstellung der Leistungsfähigkeit eines Unternehmens.

Untersuchungen über **Insolvenzursachen** (d.h. Ursachen für die Zahlungsunfähigkeit eines Unternehmens) kommen zu dem Ergebnis, dass Unternehmenskrisen folgende Gründe haben können:

- **Finanzielle Ursachen**: Probleme im Bereich der Finanzierung sind der Hauptgrund für Insolvenzen im Bereich des Einzelhandels. Die Höhe des erforderlichen Eigenkapitals wird von vielen Einzelhändlern unterschätzt. Darüber hinaus entstehen Probleme durch zu hohe Zinsbelastungen und zu optimistische Rückzahlungsfristen. Weitere finanzielle Gründe sind Fehler bei der Mittelverwendung, wenn z.B. Anlagevermögen mit kurzfristigen Krediten finanziert wird, oder zu hohe Privatentnahmen.
- **Personelle Ursachen**: Probleme können in der Person des **Unternehmers** liegen.

  BEISPIELE mangelhafte Unternehmerqualifikation, mangelnde Praxiserfahrung, unzureichender Informationsstand, schlechter Führungsstil

  Darüber hinaus spielen unqualifizierte und nicht motivierte **Mitarbeiter** und Probleme bei der Personalbeschaffung als Ursache für Unternehmenskrisen im Einzelhandel eine wichtige Rolle.
- **Sachliche Ursachen**: Die Verschärfung des Wettbewerbs als Folge der Unternehmenskonzentration ist einer der häufigsten Gründe von Unternehmenskrisen. Darüber hinaus spielen Standortprobleme und die oft sehr hohen Mietkosten eine Rolle. Der Nachfragerückgang durch Änderung der Verbrauchergewohnheiten, wie z.B. die Verlagerung der Geschäfte ins Internet, oder eine allgemeine Verschlechterung der Konjunktur können ebenfalls Ursache für eine Unternehmenskrise sein.
- **Organisatorische Ursachen**: Unzureichende Regelungen im Bereich der Aufbau- und Ablauforganisation können zu folgenden Problemen führen:
  - mangelhaftes Kalkulations- und Berichtswesen,
  - falsche Beschaffungsmengen mit der Folge zu hoher Lagerbestände,
  - Lagerhaltungsprobleme, z.B. in Form von Schwund oder Verderb der Ware.

Die **Maßnahmen** zur Lösung einer Unternehmenskrise im Wege der Sanierung sind ebenso vielfältig wie ihre Ursachen. Mögliche Sanierungsmaßnahmen sollen anhand der genannten Ursachenbereiche dargestellt werden:

- **Finanzielle Maßnahmen** sind u. a.:
  - **Einlagen- oder Beteiligungsfinanzierung** (vgl. Seite 342), z. B. durch Gewinnung neuer Gesellschafter,
  - **Fremdfinanzierung** (vgl. Seite 342) durch Aufnahme von Bank- oder Liefererkrediten oder durch das Leasing von Wirtschaftsgütern,
  - **Stundung von Verbindlichkeiten**, d. h. das Hinausschieben des Zahlungsziels oder der Schuldenerlass (Vergleich, vgl. unten).

- **Personelle Maßnahmen** sind u. a.:
  - Qualifizierung des Unternehmers und seiner Mitarbeiter durch **Fort- und Weiterbildung** (vgl. Seite 216),
  - weitere personelle Maßnahmen: Einstellung qualifizierter **Mitarbeiter** bzw. Überprüfung des Personalbestandes mit dem Ziel, unfähige Mitarbeiter zu entlassen, oder die Einführung leistungsbezogener Entlohnungsgrundsätze.

- **Sachliche Maßnahmen** sind u. a.:
  - Stärkung der Wettbewerbsfähigkeit durch horizontale oder vertikale **Kooperation** (vgl. Seite 330) oder Verringerung der Mietbelastung durch Verkleinerung der Verkaufsfläche oder des Lagers, Lernfeld 6
  - **Sortimentsbereinigung** mit dem Ziel der Anpassung an die veränderten Verbrauchergewohnheiten. Lernfeld 6

- **Organisatorische Maßnahmen** sind u. a.:
  - Aufbau eines **Webshops** als weiterer Distributionskanal,
  - Bereitstellung warenbezogener Informationen und Steuerung und Kontrolle des Warenflusses im Unternehmen durch Einführung eines **EDV-gestützten Warenwirtschaftssystems**, Lernfeld 3, 6, 7, 12
  - Planung und Kontrolle der Lagerbestände mit dem Ziel der Annäherung an den **optimalen Lagerbestand**. Lernfeld 7

Der Vergleich

Beim Vergleich handelt es sich um eine Vereinbarung zwischen Schuldnern und Gläubigern zur Überwindung wirtschaftlicher Schwierigkeiten und Abwendung des Insolvenzverfahrens.

Die Verhandlungen werden **ohne Mitwirkung der Gerichte** meist in aller Stille geführt. Die Bemühungen um einen Vergleich sind immer dann angebracht, wenn die begründete Aussicht besteht, dass ein Unternehmen seine Schwierigkeiten überwindet und damit in seiner Existenz erhalten werden kann.

Wir unterscheiden den Stundungs- und den Erlassvergleich:

- Der **Stundungsvergleich** (Moratorium) beinhaltet einen **Zahlungsaufschub**. Die Gläubiger stimmen einem Tilgungsplan zu, der eine Stundung der Forderungen vorsieht.

- Der **Erlassvergleich** beinhaltet den **Verzicht** auf einen Teil der Forderungen durch die Gläubiger.

Voraussetzung für das Zustandekommen des Vergleichs ist die **Zustimmung aller Beteiligten**.

Zusammenfassung

Außergerichtliche Maßnahmen im Rahmen der Insolvenz eines Unternehmens

- **Sanierung:**
  Bei der Sanierung handelt es sich um finanzielle, personelle, sachliche oder organisatorische Maßnahmen zur Wiederherstellung der Leistungsfähigkeit eines Unternehmens.

Sanierungsgründe	Sanierungsmaßnahmen
Finanzieller Art • zu geringes Eigenkapital • • zu hohe Zinsbelastung oder unrealistische Rückzahlungstermine	• Einlagen- oder Beteiligungsfinanzierung durch Kapitalerhöhung oder Verkauf von Vermögensteilen • Fremdfinanzierung durch Aufnahme von Krediten oder Leasing von Gegenständen des Anlagevermögens
Personeller Art • mangelnde Unternehmerqualifikation • Mängel im Bereich Personal	• Fortbildung • Einstellung qualifizierter Mitarbeiter • leistungsbezogene Entlohnung
Sachlicher Art • verschärfter Wettbewerb • hohe Mietkosten • Verlagerung der Geschäfte ins Netz	• horizontale oder vertikale Kooperation • Sortimentsbereinigung • Verkleinerung des Reservelagers und ggf. der Verkaufsfläche • Aufbau eines Webshops
Organisatorischer Art • mangelhafte Kalkulation • Personalkosten • falsche Beschaffungsmengen	• Fortbildung • Überprüfung des Personalbestandes • Einführung eines Warenwirtschaftssystems

- **Vergleich:**
  - Vereinbarung zwischen Schuldner und Gläubiger zur Überwindung wirtschaftlicher Schwierigkeiten und Abwendung des Insolvenzverfahrens
  - Beim **Stundungsvergleich** wird dem Schuldner ein Zahlungsaufschub gewährt.
  - Beim **Erlassvergleich** verzichten die Gläubiger auf einen Teil ihrer Forderungen.
  - Voraussetzung ist die **Zustimmung aller Beteiligten**.

Aufgaben

1. *Erläutern Sie, welche finanziellen, personellen, sachlichen oder organisatorischen Gründe zu einer Unternehmenskrise führen können.*

2. *Erläutern Sie die Unterschiede zwischen einem Stundungs- und einem Erlassvergleich.*

3. *Sanierungsmaßnahmen können nicht nur an den Problembereichen anknüpfen, sondern auch anhand der Marketinginstrumente aufgezeigt werden. Erläutern Sie mögliche Sanierungsmaßnahmen der Edith Mauser Spielwaren KG anhand der folgenden Marketinginstrumente.*
   a) Sortimentspolitik
   b) Preispolitik
   c) Servicepolitik
   d) Kommunikationspolitik
   e) Verkaufsstellenpolitik

4. *Erläutern Sie, welchen Beitrag ein EDV-gestütztes Warenwirtschaftssystem zur Sanierung der Edith Mauser Spielwaren KG leisten kann.*

5. *Einer der größten Gläubiger der Edith Mauser Spielwaren KG ist die Spila GmbH. Edith Mauser führt mit dem Geschäftsführer der Spila GmbH ein Gespräch, in dem sie um Zahlungsaufschub bittet.*
   a) Stellen Sie Argumente zusammen, mit denen Sie den Geschäftsführer überzeugen.
   b) Führen Sie das Gespräch zwischen dem Geschäftsführer und Edith Mauser im Rollenspiel.
   c) Fertigen Sie ein Protokoll des Gesprächs an und stellen Sie fest, welche Argumente den Geschäftsführer überzeugt haben bzw. wo die Schwächen in der Argumentation lagen.

7.2 Gerichtliche Maßnahmen im Rahmen der Insolvenz eines Unternehmens

HANDLUNGSSITUATION

Trotz aller Bemühungen gelingt es der Edith Mauser Spielwaren KG nicht, das Unternehmen zu retten. Die Zahlungen erfolgen immer schleppender und müssen dann ganz eingestellt werden. Als ein Großgläubiger erfährt, dass es bereits neue Gläubiger gibt, die im Wege des gerichtlichen Mahnverfahrens versuchen, ihre Forderungen zu befriedigen, ist seine Geduld am Ende.

ARBEITSAUFTRÄGE

- *Überlegen Sie, welche Schritte der Großgläubiger unternehmen kann, um zumindest einen Teil seiner Forderungen zu sichern.*
- *Erläutern Sie die Durchführung des Insolvenzverfahrens zur Liquidation.*
- *Stellen Sie die Möglichkeiten der Restschuldbefreiung dar.*

● Allgemeine Vorschriften

Das Insolvenzverfahren ist in der **Insolvenzordnung (InsO)** (www.gesetze-im-internet.de/inso) geregelt. Ziel des Insolvenzverfahrens ist es, die Gläubiger zu befriedigen, indem das Vermögen des Schuldners verwertet und der Erlös verteilt (Liquidation) oder in einem Insolvenzplan Regelungen zur Sanierung des Unternehmens getroffen werden. Der redliche Schuldner, der sich sechs Jahre bemüht, seine Schulden zu tilgen, kann im Rahmen des Verfahrens von seinen restlichen Verbindlichkeiten befreit werden (**Restschuldbefreiung**).

Lernfeld 6

Das Verfahren wird vom **Insolvenzgericht** beim Amtsgericht durchgeführt, in dessen Bezirk der Schuldner seinen **Gerichtsstand** hat.

Die Eröffnung des Insolvenzverfahrens

Lernfeld 3

Ein Insolvenzverfahren kann über das Vermögen jeder **natürlichen und juristischen Person** und über das Vermögen der **Personengesellschaften** eröffnet werden.

Der **Antrag zur Insolvenzanmeldung** kann vom Gläubiger und vom Schuldner gestellt werden. Bei juristischen Personen kann der Antrag aufseiten des Schuldners von jedem Mitglied des Vertretungsorgans (z. B. Geschäftsführer der GmbH) gestellt werden.

Voraussetzung für die Eröffnung des Verfahrens ist die **Zahlungsunfähigkeit** des Schuldners. Bei juristischen Personen wird das Verfahren darüber hinaus eröffnet, wenn sie überschuldet sind. Eine **Überschuldung** liegt vor, wenn die aufgelaufenen Verluste größer sind als das Eigenkapital.

Auch im Fall **drohender Zahlungsunfähigkeit** kann der Antrag auf Eröffnung des Insolvenzverfahrens gestellt werden. Dieser Antrag kann jedoch nur vom Schuldner selbst gestellt werden. Der Schuldner droht zahlungsunfähig zu werden, wenn er voraussichtlich nicht in der Lage sein wird, die bestehende Verpflichtung zum Zeitpunkt der Fälligkeit zu erfüllen.

Sobald der Antrag auf Eröffnung des Verfahrens beim Insolvenzgericht eingeht, kann das Gericht **Sicherungsmaßnahmen** anordnen. Das Gericht kann

- einen vorläufigen Insolvenzverwalter bestellen,
- dem Schuldner ein Verfügungsverbot über das Vermögen auferlegen oder dieses nur mit Zustimmung durch den Insolvenzverwalter gestatten,
- Maßnahmen der Zwangsvollstreckung gegen den Schuldner untersagen.

Hat das Gericht einen **vorläufigen Insolvenzverwalter** eingesetzt, wird dies öffentlich bekannt gemacht. Aufgabe des vorläufigen Insolvenzverwalters ist es, das Vermögen des Schuldners zu sichern, zu erhalten und zu prüfen, ob das Vermögen des Schuldners zur Deckung der Kosten des Verfahrens ausreicht. Betreibt der Schuldner ein Unternehmen, kann der Insolvenzverwalter dieses bis zur Entscheidung über die Eröffnung des Verfahrens fortführen.

Reicht das Vermögen des Schuldners nicht zur Deckung der Kosten des Verfahrens aus, wird der Antrag auf Eröffnung des Insolvenzverfahrens **mangels Masse abgewiesen**. Der Schuldner wird in diesem Fall in ein **öffentliches Schuldnerverzeichnis** eingetragen.

Im Falle der Eröffnung des Verfahrens ergeht ein **Eröffnungsbeschluss**, der öffentlich bekannt gemacht und in das Handelsregister eingetragen wird. Ist der Schuldner Eigentümer von Immobilien, wird die Eröffnung des Verfahrens auch in das Grundbuch eingetragen. Der Eröffnungsbeschluss enthält:

- Firma, Namen, Vornamen, Geschäftszweig oder Beschäftigung, gewerbliche Niederlassung oder Wohnung des Schuldners,
- Namen und Anschrift des Insolvenzverwalters,
- das Datum der Eröffnung,
- die Aufforderung an die Gläubiger, ihre Forderungen schriftlich innerhalb einer bestimmten Frist beim Insolvenzverwalter anzumelden. Die Frist darf mindestens zwei Wochen und höchstens drei Monate betragen. Inhaber von Sicherungsrechten an beweglichen Sachen (vgl. Sicherungsübereignung, Seite 356 f.) müssen diese ebenfalls mitteilen.

  BEISPIEL 55 K 88/99 Über das Vermögen der Edith Mauser Spielwaren KG, Aachener Str. 1250, 50859 Köln, wird heute, am 1. Oktober 20.. um 8:00 Uhr das Insolvenzverfahren eröffnet. Insolvenzverwalter ist Herr RA Dr. Schmidt-Thomae, Landgrafenstr. 39, 50931 Köln, Telefon: 0221 554397. Alle Gläubiger werden gebeten, ihre Forderungen bis zum 1. November 20.. dem Insolvenzverwalter anzumelden.

  Köln, 1. Oktober 20.. Amtsgericht, Abt. 71

Die Durchführung des Insolvenzverfahrens zur Liquidation des Unternehmens

Die Eröffnung des Insolvenzverfahrens hat für Schuldner und Gläubiger einschneidende Konsequenzen.

Konsequenzen für den Schuldner

- Mit der Eröffnung des Verfahrens geht das Recht des Schuldners, das zur Insolvenzmasse gehörende Vermögen zu verwalten, auf den **Insolvenzverwalter** über. Der Insolvenzverwalter verwaltet, verwertet und verteilt die Insolvenzmasse an die Gläubiger.
- Alle vom Schuldner erteilten **Vollmachten** sind **erloschen**.
- Er darf die Geschäftspost nicht öffnen **(Postsperre)**.
- Er muss dem Insolvenzverwalter in allen geschäftlichen Angelegenheiten **Auskunft geben**. Das Insolvenzgericht kann anordnen, dass der Schuldner die verlangten Auskünfte unter Eid leisten muss.

Konsequenzen für die Gläubiger

> § 89 InsO
> (1) Zwangsvollstreckungen für einzelne Insolvenzgläubiger sind während der Dauer des Insolvenzverfahrens weder in die Insolvenzmasse noch in das sonstige Vermögen des Schuldners zulässig.

Im Eröffnungsbeschluss bestimmt das Insolvenzgericht den Termin für eine Gläubigerversammlung, in der über den Fortgang des Insolvenzverfahrens beschlossen wird **(Berichtstermin)**, und den Termin, an dem die angemeldeten Forderungen geprüft werden **(Prüfungstermin)**.

Das Insolvenzverfahren erfasst das gesamte Vermögen des Schuldners, das ihm zum Zeitpunkt der Eröffnung des Verfahren gehört und das er während des Verfahrens erlangt. Dieses Vermögen wird als **Insolvenzmasse** bezeichnet. Hierzu gehört auch das Vermögen, das der Schuldner während der Durchführung des Verfahrens erlangt, wenn die Geschäfte eines Unternehmens durch den Insolvenzverwalter weitergeführt werden.

Dem vorhandenen Vermögen werden in einer Vermögensübersicht die Verbindlichkeiten gegenübergestellt. Die Insolvenzgläubiger haben ihre Forderung schriftlich beim Insolvenzverwalter anzumelden. Im **Prüfungstermin** werden die angemeldeten Forderungen ihrem Betrag und ihrem Rang nach geprüft und festgestellt.

BEISPIEL Der Insolvenzverwalter ermittelt bei der Edith Mauser Spielwaren KG folgende Werte:

Gesamtvermögen	355 000,00 €
Lieferschulden	587 000,00 €
– davon unter Eigentumsvorbehalt geliefert	87 000,00 €
Sonstige Masseverbindlichkeiten	
– rückständige Lohn- und Gehaltsforderungen	8 000,00 €
– Miete, Gas-/Stromversorgung	7 500,00 €
Massekosten	5 000,00 €

Sind die Forderungen festgestellt, erfolgt die Verteilung der Insolvenzmasse in einer in der Insolvenzordnung festgelegten Reihenfolge (§ 35 ff. InsO) an die folgenden **Gläubigerklassen**:

1. Aussonderung (§ 47 InsO)

Gegenstände, die dem Schuldner nicht gehören, werden ausgesondert und **dem Eigentümer zurückgegeben.** Sie gehören nicht zur Insolvenzmasse.

BEISPIEL Die Edith Mauser Spielwaren KG hat Waren im Wert von 87 000,00 € unter Eigentumsvorbehalt geliefert bekommen. Diese werden dem Eigentümer zurückgegeben.

2. Absonderung (§ 49 ff. InsO)

Sachen, die mit **fremden Rechten belastet** sind, werden abgesondert und zur Befriedigung der Gläubiger verwertet. Die Verwertung wird durch den Insolvenzverwalter durchgeführt. Er kann die Sachen unmittelbar verwerten oder im Rahmen des Insolvenzverfahrens weiter nutzen. Dies kann z. B. bei Büro- und Geschäftsausstattungen sinnvoll sein, die bis zum Abschluss des Verfahrens weiter genutzt werden sollen und für die Gläubiger Erträge erwirtschaften. Für die Dauer der Nutzung muss den Gläubigern eine Nutzungsentschädigung gezahlt werden.

BEISPIEL Büro- und Geschäftsausstattungen, die zur Sicherung einer Forderung sicherungsübereignet wurden, werden für die Dauer des Insolvenzverfahrens im Unternehmen weiter genutzt. Der Eigentümer erhält dafür eine Nutzungsentschädigung in Höhe von 4 % p. a. vom Buchwert.

3. Massegläubiger (§ 53 ff. InsO)

§ 53 InsO
Aus der Insolvenzmasse sind die Kosten des Insolvenzverfahrens und die sonstigen Masseverbindlichkeiten vorweg zu berichtigen.

INSOLVENZMASSE

Die **Kosten des Insolvenzverfahrens (Massekosten)** sind die Gerichtskosten und die Auslagen des Insolvenzverwalters und der Mitglieder des Gläubigerausschusses.

BEISPIEL Dem Insolvenzverwalter und dem Gläubigerausschuss sind Kosten in Höhe von 5 000,00 € entstanden.

Die **sonstigen Masseverbindlichkeiten** sind Kosten, die durch die Handlungen des Insolvenzverwalters im Rahmen der Verwaltung, Verwertung und Verteilung der Insolvenzmasse entstehen, und Verbindlichkeiten aus laufenden Verträgen, soweit deren Erfüllung zur Insolvenzmasse verlangt wird.

BEISPIEL Die Miete für die Geschäftsräume und die Gas- und Stromversorgung für die Dauer des Verfahrens belaufen sich auf 7 500,00 €. Seit der Eröffnung des Verfahrens wurden Löhne und Gehälter in Höhe von 8 000,00 € gezahlt. Für die letzten drei Monate vor der Eröffnung des Verfahrens erhalten die Arbeitnehmer auf Antrag Insolvenzausfallgeld durch die Agentur für Arbeit.

4. **Insolvenzgläubiger (§ 38 InsO)**

Insolvenzgläubiger sind alle Gläubiger, die bei Eröffnung des Verfahrens einen **begründeten Vermögensanspruch** gegen den Schuldner haben.

BEISPIEL Die Forderungen der Insolvenzgläubiger der Edith Mauser Spielwaren KG belaufen sich auf 500 000,00 €.

5. **Nachrangige Insolvenzgläubiger (§ 39 InsO)**

Haben die Insolvenzgläubiger ihre Forderung in der vereinbarten Weise befriedigt, erhalten die **nachrangigen Insolvenzgläubiger** ihr Geld. Dies geschieht in folgender Rangfolge:
1. „die seit der Eröffnung des Insolvenzverfahrens laufenden Zinsen der Forderungen der Insolvenzgläubiger;
2. die Kosten, die den einzelnen Insolvenzgläubigern durch ihre Teilnahme am Verfahren erwachsen;
3. Geldstrafen, Geldbußen, Ordnungsgelder und Zwangsgelder sowie solche Nebenfolgen einer Straftat oder Ordnungswidrigkeit, die zu einer Geldzahlung verpflichten;
4. Forderungen aus einer unentgeltlichen Leistung des Schuldners;
5. Forderungen auf Rückgewähr des kapitalersetzenden Darlehens eines Gesellschafters oder gleichgestellte Forderungen".

Sobald die Verwertung der Insolvenzmasse beendet ist, kommt es zum Schlusstermin und zur **Aufhebung des Insolvenzverfahrens.** Die Insolvenzgläubiger können ihre restlichen Forderungen gegen den Schuldner im Rahmen der Verjährung unbeschränkt geltend machen.

Durch Anordnung des Insolvenzgerichts oder durch Wahl der Gläubigerversammlung kann ein **Gläubigerausschuss** eingesetzt werden. Im Ausschuss sollen absonderungsberechtigte Gläubiger, Insolvenzgläubiger mit den höchsten Forderungen, Kleingläubiger und Arbeitnehmer vertreten sein. Der Gläubigerausschuss unterstützt den Insolvenzverwalter bei der Wahrnehmung seiner Aufgaben und überwacht ihn. Beschlüsse werden mit der Mehrheit der abgegebenen Stimmen gefasst.

Die **Gläubigerversammlung** wird vom Insolvenzgericht, durch den Insolvenzverwalter oder auf Antrag der Gläubiger einberufen. Ihr gehören die absonderungsberechtigten Gläubiger, die Massegläubiger, die Insolvenzgläubiger, der Insolvenzverwalter und der Schuldner an.

INSOLVENZMASSE

Beschlüsse werden mit der **Mehrheit der Forderungsbeträge** gefasst. Nachrangige Insolvenzgläubiger und aussonderungsberechtigte Gläubiger sind nicht Mitglieder der Gläubigerversammlung.

Die Sanierung durch Insolvenzplan

Besteht die Möglichkeit, dass die wirtschaftlichen Schwierigkeiten des Schuldners überwunden und die Auflösung des Unternehmens abgewendet werden können, können der oder die Schuldner oder der Insolvenzverwalter einen **Insolvenzplan** (§ 217 ff. InsO) aufstellen und diesen dem Insolvenzgericht zur Genehmigung vorlegen.

Im Insolvenzplan wird beschrieben, welche Maßnahmen nach Eröffnung des Verfahrens getroffen wurden, um die Gläubiger zu befriedigen, und wie in Zukunft verfahren werden soll. Dem Plan sind eine **Vermögensübersicht** und ein **Ergebnis- und Finanzplan** beizufügen. Hier wird dargestellt, welche Aufwendungen und Erträge zu erwarten sind und durch welche Einnahmen und Ausgaben die Zahlungsfähigkeit des Unternehmens für die Dauer des Verfahrens gewährleistet werden soll. Bei der Festlegung der Rechte der Gläubiger werden die Beteiligten in die Gruppen der absonderungsberechtigten Gläubiger, der Insolvenzgläubiger und der nachrangigen Insolvenzgläubiger eingeteilt. Innerhalb jeder Gruppe sind die Gläubiger gleichzubehandeln.

Die **absonderungsberechtigten Gläubiger** sind, soweit der Insolvenzplan nichts anderes bestimmt, voll zu befriedigen.

Für die **Insolvenzgläubiger** ist anzugeben, um welchen Prozentsatz die Forderungen gekürzt werden **(Erlassvergleich)** oder für welchen Zeitraum sie gestundet werden **(Stundungsvergleich)**. Beim Stundungsvergleich ist anzugeben, wie die Forderungen gesichert und wie sie zurückgezahlt werden sollen.

Die Forderungen der **nachrangigen Insolvenzgläubiger** gelten, soweit der Insolvenzplan nichts anderes bestimmt, als erlassen.

Der Insolvenzplan wird vom Insolvenzgericht geprüft. Stimmt das Gericht dem Plan zu, bestimmt das Insolvenzgericht einen Termin, in dem der Plan erörtert und anschließend abgestimmt wird. Der **Erörterungs- und Abstimmungstermin** wird öffentlich bekannt gemacht. Stimmberechtigt sind alle Gläubiger, die eine Forderung angemeldet haben und deren Forderung als berechtigt festgestellt worden ist.

§ 244 InsO

(1) Zur Annahme des Insolvenzplans durch die Gläubiger ist erforderlich, daß in jeder Gruppe

1. die Mehrheit der abstimmenden Gläubiger dem Plan zustimmt und
2. die Summe der Ansprüche der zustimmenden Gläubiger mehr als die Hälfte der Summe der Ansprüche der abstimmenden Gläubiger beträgt.

Nach der Annahme des Insolvenzplanes durch die Gläubiger und der Zustimmung durch den Schuldner wird der Plan durch das Insolvenzgericht bestätigt. Mit der Bestätigung durch das Gericht treten alle im Insolvenzplan festgelegten Wirkungen für den Schuldner und die Gläubiger in Kraft. Sobald die Bestätigung des Insolvenzplanes rechtskräftig ist, beschließt das

Gericht die **Aufhebung des Verfahrens.** Das Amt des Involvenzverwalters erlischt und der Schuldner kann wieder frei über sein Vermögen verfügen. Kommt der Schuldner mit seinen Leistungen gegenüber einem Gläubiger in Verzug, so werden Stundung oder Erlass gegenüber dem Gläubiger hinfällig **(Wiederauflebungsklausel)** und er muss die gesamte Forderung zahlen.

Restschuldbefreiung

Ist der Schuldner eine natürliche Person, so kann er von den im Insolvenzverfahren nicht erfüllten Forderungen befreit werden. Der Antrag ist vom Schuldner spätestens im Berichtstermin zu stellen. Die **Restschuldbefreiung** wird durch das Insolvenzgericht ausgesprochen.

§ 287 InsO

(2) Dem Antrag ist die Erklärung beizufügen, daß der Schuldner seine pfändbaren Forderungen auf Bezüge aus einem Dienstverhältnis oder an deren Stelle tretende laufende Bezüge für die Zeit von drei Jahren nach der Eröffnung des Insolvenzverfahrens (Abtretungsfrist) an einen vom Gericht zu bestimmenden Treuhänder abtritt.

Der Schuldner muss während der drei Jahre

- eine angemessene Erwerbstätigkeit ausüben oder sich um eine solche bemühen und darf keine zumutbare Tätigkeit ablehnen,
- ererbtes Vermögen zur Hälfte an den Treuhänder herausgeben,
- jeden Wechsel des Wohnsitzes oder der Arbeitsstelle dem Insolvenzgericht anzeigen und
- Zahlungen zur Befriedigung seiner Gläubiger nur an den Treuhänder leisten.

Verstößt der Insolvenzschuldner gegen seine Pflichten, kann das Gericht auf Antrag eines Gläubigers die Restschuldbefreiung zurücknehmen. Hat der Schuldner seine Pflichten drei Jahre lang gewissenhaft erfüllt, erteilt das Gericht die Restschuldbefreiung und **die Schulden sind erloschen.**

Das Verbraucherinsolvenzverfahren (§ 304 ff. InsO)

Die Möglichkeit der Restschuldbefreiung gilt auch für Personen, die keine oder nur eine geringfügige selbstständige wirtschaftliche Tätigkeit ausüben **(Verbraucherinsolvenzverfahren).**

Hier stellt der Schuldner den Antrag auf Eröffnung des Insolvenzverfahrens. Mit diesem Antrag sind vorzulegen:
1. eine Bescheinigung, aus der sich ergibt, dass eine außergerichtliche Einigung innerhalb der letzten sechs Monate erfolglos versucht worden ist;
2. der Antrag auf Restschuldbefreiung;
3. ein Verzeichnis des vorhandenen Vermögens und des Einkommens;
4. ein Verzeichnis der Gläubiger und ihrer Forderungen;
5. ein **Schuldenbereinigungsplan**, in dem ausgeführt wird, wie der Schuldner seine Schulden zurückzahlen wird.

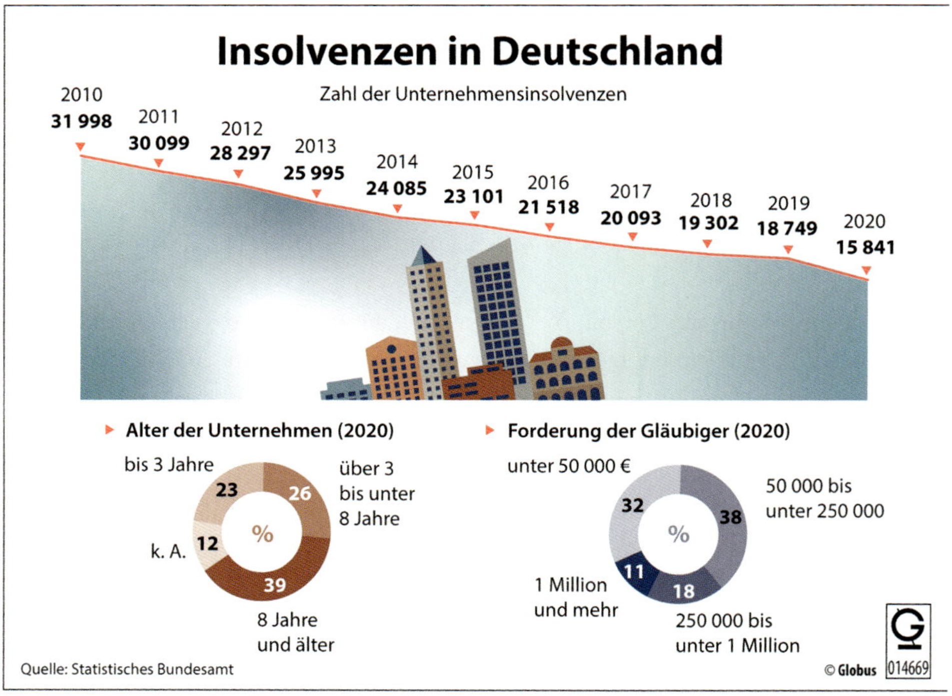

Das Insolvenzgericht prüft die Unterlagen und stellt den Gläubigern den **Schuldenbereinigungsplan** zu. Der Schuldenbereinigungsplan ist angenommen, wenn

- mehr als die Hälfte der benannten Gläubiger mit
- mehr als der Hälfte der Summe der Ansprüche

dem Plan zustimmt. Wie bei der Restschuldbefreiung muss sich der Schuldner **drei Jahre wohlverhalten**, seine Arbeitskraft nutzen und den nicht pfändbaren Teil seines Vermögens an den Treuhänder übertragen. Nach Ablauf der drei Jahre **sind die Schulden erloschen.**

Zusammenfassung

Gerichtliche Maßnahmen im Rahmen der Insolvenz eines Unternehmens

- **Ziel des Insolvenzverfahrens** ist es, die Gläubiger eines Schuldners durch Verwertung des Vermögens und Verteilung des Erlöses zu befriedigen oder in einem Insolvenzplan Regelungen zur Sanierung des Unternehmens zu treffen. Der redliche Schuldner kann von seinen restlichen Verbindlichkeiten befreit werden.

Voraussetzung:	– Zahlungsunfähigkeit – Überschuldung – drohende Zahlungsunfähigkeit
Antrag:	– durch Schuldner oder Gläubiger – bei drohender Zahlungsunfähigkeit nur durch den Schuldner
Durchführung:	– Eröffnung des Verfahrens durch das Gericht – Eintragung der Eröffnung in das Handelsregister – Ernennung des Insolvenzverwalters – Zwangsvollstreckungen sind ausgesetzt

Aufgaben des Insolvenzverwalters:
- Sicherung und Erhaltung des Vermögens des Schuldners
- Erstellung des Insolvenzplanes

- **Insolvenzverfahren zur Liquidation:** Befriedigung der Gläubiger durch Verwaltung, Verwertung und Verteilung des Vermögens des Schuldners durch den Insolvenzverwalter in der vorgesehenen Reihenfolge
- **Sanierung durch Insolvenzplan:**
  - Darstellung von Maßnahmen zur Überwindung der wirtschaftlichen Schwierigkeiten und Sanierung des Unternehmens
  - Zustimmung durch
    - die Mehrheit der abstimmenden Gläubiger
    - die Mehrheit der Ansprüche
  - Erlass oder Stundung der Forderungen
  - bei Zahlungsverzug Wiederaufleben der Forderungen
- **Restschuldbefreiung:**
  - bei natürlichen Personen möglich
  - Abtretung der pfändbaren Forderungen aus Lohn und Gehalt für drei Jahre
  - Bei gewissenhafter Erfüllung der Pflichten wird der Schuldner nach drei Jahren von der Restschuld befreit.
- **Verbraucherinsolvenz:**
  - für Nichtselbstständige und Kleingewerbetreibende
  - Zustimmung durch
    - die Mehrheit der abstimmenden Gläubiger
    - die Mehrheit der Ansprüche
  - Bei gewissenhafter Erfüllung der Pflichten wird der Schuldner nach drei Jahren von der Restschuld befreit.

Aufgaben

1. *Prüfen und begründen Sie, welche der unten stehenden Gegenstände*
   a) ausgesondert,
   b) abgesondert,
   c) zu den Massekosten,
   d) zu den Masseverbindlichkeiten,
   e) zu den Insolvenzgläubigern,
   f) zu den nachrangigen Insolvenzgläubigern
   zählen.

   1. *Geschäftswagen, der aufgrund eines Leasingvertrages überlassen wurde*
   2. *Waren eines Lieferers, die unter Eigentumsvorbehalt geliefert wurden*
   3. *Geschäftsausstattungen, die einem Kreditinstitut zur Sicherung übereignet wurden*
   4. *Auslagen der Mitglieder des Gläubigerausschusses*
   5. *Miete der Geschäftsräume für die Dauer des Insolvenzverfahrens*
   6. *Zinsen auf Forderungen der Insolvenzgläubiger*
   7. *Forderungen eines Lieferanten*

2. *Stellen Sie fest, ob unten stehende Aussagen*
   a) auf die Restschuldbefreiung,
   b) die Sanierung durch Insolvenzplan,
   c) das Insolvenzverfahren zur Liquidation
   zutreffen.

   1. *Die Verteilung der Insolvenzmasse erfolgt durch den Insolvenzverwalter.*
   2. *Für die Zustimmung ist die Mehrheit der abstimmenden Gläubiger mit der Mehrheit der Ansprüche erforderlich.*
   3. *Der Schuldner tritt seine pfändbaren Forderungen für die Dauer von drei Jahren ab.*

3. *Erläutern Sie die Rangfolge, in der die Verteilung der Insolvenzmasse im Rahmen der Liquidation erfolgt.*

4. *Erläutern Sie das Verbraucherinsolvenzverfahren.*

Übungsaufgaben

1. *Irene Greinert will sich selbstständig machen. Sie ist Leiterin der Lebensmittelabteilung eines großen Warenhauses, gelernte Kauffrau im Einzelhandel, gesundheitlich fit und hat in den letzten Jahren einiges Geld zurückgelegt.*
   a) Erläutern Sie die persönlichen, sachlichen und rechtlichen Voraussetzungen, die Frau Greinert erfüllen sollte.
   b) Frau Greinert denkt über die Wahl der Firma nach. Erläutern Sie, welche Firmengrundsätze sie beachten muss.
   Frau Oltmanns möchte sich als Gesellschafterin an der Einzelunternehmung beteiligen. Sie will 200 000,00 € Kapital einbringen, aber nicht mitarbeiten.
   c) Geben Sie an, welche Rechtsform sich eignet.
   d) Erläutern Sie die Haftung der KG-Gesellschafter.
   e) Erläutern Sie die rechtliche Stellung des Kommanditisten innerhalb der Kommanditgesellschaft.
   f) Erläutern Sie die gesetzliche Gewinnverteilung bei der KG und begründen Sie die unterschiedliche Behandlung der Gesellschafter.
   Bei einem Kunden der Greinert KG wird das Insolvenzverfahren zur Liquidation durchgeführt. Die KG hat Forderungen aus Warenlieferungen in Höhe von 1 500,00 €.
   g) Erläutern Sie, in welcher Reihenfolge die Verteilung der Insolvenzmasse erfolgt.
   h) Geben Sie an, in welcher Rangklasse die KG ihre Forderungen geltend machen kann.

2. *Hermann Witges und Franz Hagel, zwei Einzelhändler für Spielwaren, beabsichtigen, ihre Unternehmen zu einem gemeinsamen Unternehmen zusammenzuschließen, um konkurrenzfähiger zu werden, da sich in ihrem Absatzgebiet ein Großbetrieb des Spielwareneinzelhandels niedergelassen hat. Witges bringt ein Kapital von 250 000,00 € und Herr Hagel ein Kapital von 150 000,00 € ein. Der 60-jährige Hagel möchte aus gesundheitlichen Gründen nicht mehr aktiv im Unternehmen mitarbeiten.*

a) Geben Sie an, welche Gesellschaftsformen unter diesen Voraussetzungen möglich sind.

b) Erläutern Sie die unterschiedliche Stellung der beiden Inhaber in den möglichen Gesellschaftsformen hinsichtlich Haftung und Geschäftsführung.

c) Aus Gründen der Kreditwürdigkeit entscheiden sich die Kapitaleigner für eine Personengesellschaft. Die Gesellschafter müssen für ihr Unternehmen einen Namen wählen.

ca) Führen Sie aus, welche Vorschriften sie dabei berücksichtigen müssen.

cb) Machen Sie drei Vorschläge für die Firma.

cc) Nennen Sie fünf Punkte, die in das Handelsregister eingetragen werden müssen.

cd) Erläutern Sie, welche Bedeutung die Eintragung in das Handelsregister für eine Personengesellschaft hat.

ce) Beschreiben Sie je drei Rechte und Pflichten der Gesellschafter.

d) Im Gesellschaftsvertrag wurde zur Gewinnverteilung Folgendes festgelegt:
- *gesetzliche Verzinsung des eingelegten Kapitals,*
- *6 000,00 € monatliches Gehalt für den geschäftsführenden Gesellschafter,*
- *Verteilung des verbleibenden Rests im Verhältnis der Kapitalanteile.*

Verteilen Sie einen Gewinn in Höhe von 100 000,00 €.

e) Die erfolgreiche Entwicklung des Spielwareneinzelhandels von Witges und Hagel macht eine Erweiterung erforderlich. Zum Ankauf eines zusätzlichen Lagers werden 110 000,00 € benötigt. Witges möchte das notwendige Kapital nicht über einen Bankkredit beschaffen, sondern einen neuen Gesellschafter aufnehmen, der das erforderliche Kapital mitbringt. Außerdem möchte er die Personengesellschaft in eine GmbH umwandeln.

ea) Nennen Sie Gründe, die für eine Umwandlung in eine GmbH sprechen.

eb) Geben Sie an, welche drei Voraussetzungen für die Gründung einer GmbH erfüllt werden müssen.

ec) Erläutern Sie, wie sich die Machtverhältnisse in der Gesellschaft durch den Eintritt eines dritten Gesellschafters, der das erforderliche Kapital von 110 000,00 € mitbringt, ändern. Erklären Sie die Einflussmöglichkeiten der Gesellschafter auf die Geschäftsführung.

3. Die Boutiqueinhaberin Eugenie Wagner möchte ihr Geschäft umbauen. Dazu benötigt sie 160 000,00 €. Aus dem letzten Geschäftsjahr hat Eugenie Wagner 40 000,00 € Gewinn erwirtschaftet, den sie wieder investieren möchte.

a) Beschreiben Sie, welche Finanzierungsmöglichkeiten Eugenie Wagner zur Verfügung stehen.

b) Bei ihrer Bank fragt Eugenie Wagner wegen eines Darlehens über 120 000,00 € nach. Zusammen mit dem Kreditsachbearbeiter füllt sie einen Kreditantrag aus. Erläutern Sie, welche Punkte in diesem Antrag angesprochen werden.

c) Ein Geschäftsfreund von Eugenie Wagner will sich mit 120 000,00 € beteiligen. Wägen Sie die Vor- und Nachteile dieser Finanzierungsform gegenüber einem Bankdarlehen ab.

4. Die Bilanz des Möbeleinzelhandelsgeschäfts Artur Thur e. K. weist zum Jahresende folgende Vermögensposten aus:

Grundstück	*600 000,00 €*	*Warenbestand*	*300 000,00 €*
Geschäftsausstattung	*90 000,00 €*	*Bankguthaben*	*130 000,00 €*
Kassenbestand	*26 000,00 €*	*Fuhrpark*	*160 000,00 €*
Gebäude	*800 000,00 €*	*Kundenforderungen*	*160 000,00 €*

a) Erläutern Sie, in welcher Weise diese Vermögenswerte zur Kreditsicherung herangezogen werden können.

b) Die kurzfristigen Verbindlichkeiten betragen 140 000,00 €, die langfristigen Verbindlichkeiten gegen die Banken 400 000,00 €. Für den Bau eines zusätzlichen Ausstellungsraumes benötigt das Möbelgeschäft 300 000,00 €. Beraten Sie das Möbelgeschäft dahin gehend, welche Kreditform es für die Finanzierung der Investition wählen sollte.

c) In seiner Bank wird der Einzelhändler Thur auf das Leasing von Anlagevermögen hingewiesen. Erläutern Sie Leasing.

5. *Das Elektrofachgeschäft Isolde Hayden e. K. benötigt für einen erweiterten Kundendienst zwei neue Lieferwagen. Die Anschaffungskosten für beide Fahrzeuge würden 79 800,00 € betragen. Die Einzelhändlerin steht vor der Frage, ob sie die Fahrzeuge leasen oder kaufen soll. Die Leasingkosten würden etwa 25 % über der Kaufsumme liegen.*
   a) Beschreiben Sie den Unterschied zwischen Mobilien- und Immobilienleasing.
   b) Geben Sie Gründe dafür an, weshalb die Einzelhändlerin trotz der hohen Leasingkosten die Fahrzeuge leasen sollte.
   c) Erläutern Sie weitere Finanzierungsmöglichkeiten für die beiden Lieferwagen.

6. *Die Einzelhandelskauffrau Marion Ludwigs, Hansastr. 14, 49477 Ibbenbüren, will aufgrund der günstigen Geschäftsentwicklung des Vorjahres ihren Drogeriemarkt durch die Errichtung einer Filiale in Gelsenkirchen erweitern. Dazu benötigt sie Kapital in Höhe von 300 000,00 €.*
   a) Erläutern Sie die Möglichkeiten der Finanzierung, die sich der Einzelhändlerin bieten.
   b) Überprüfen Sie, welche Vorteile die Einzelhändlerin hätte, wenn sie ihr Unternehmen hauptsächlich mit Eigenkapital finanzieren könnte.
   c) Bei einer Darlehensanfrage bei ihrer Bank kommt der zuständige Sachbearbeiter der Bank auf die „goldene Finanzierungsregel“ zu sprechen. Erläutern Sie diese Finanzierungsregel.

Ungebundene Aufgaben zur Prüfungsvorbereitung

1. *Sabine Freunds Freundin Edith Mauser möchte sich selbstständig machen. Da erscheint in der Tageszeitung ein Artikel mit der Statistik zu Unternehmensinsolvenzen in Deutschland (vgl. Abbildung auf Seite 378).*
   a) Stellen Sie dar, welche Ursachen zu Unternehmenskrisen führen können. Geben Sie hierzu drei Beispiele an.
   b) Um das Risiko zu minimieren, denkt Edith Mauser über die Gründung eines Franchiseunternehmens nach. Erläutern Sie das Modell des Franchisings.
   c) Stellen Sie zwei Vorteile und zwei Nachteile des Franchisings für den Franchisenehmer und für den Franchisegeber dar.

	Vorteil	Nachteil
Franchisegeber	1. 2.	1. 2.
Franchisenehmer	1. 2.	1. 2.

d) Alternativ zum Franchising denkt Edith Mauser über die Gründung einer offenen Handelsgesellschaft oder einer Kommanditgesellschaft und die Aufnahme eines Gesellschafters nach. Stellen Sie drei Gründe vor, die für die Aufnahme eines Gesellschafters sprechen.

e) Edith Mauser entscheidet sich für die Gründung einer KG. Sie will zwei Kommanditisten aufnehmen und selbst Komplementär werden. Erläutern Sie die Regelung der Haftung für die Gesellschafter in einer KG.

Komplementär	
Kommanditist	

f) Nachdem sich Edith Mauser mit ihren Kommanditisten geeinigt hat und der Gesellschaftsvertrag unterschrieben ist, soll die Eintragung in das Handelsregister erfolgen. Erläutern Sie zwei Vorteile, die für den Unternehmer mit einer Eintragung in das Handelsregister verbunden sind.

g) Als Edith Mauser die Eintragung vornehmen lassen will, stellt sie fest, dass es zwei Abteilungen des Handelsregisters gibt. Stellen Sie dar, in welcher Abteilung die KG eingetragen wird.

2. *Yvonne Berg, Substitutin der Parfümerie in der Center Warenhaus GmbH, trägt sich schon lange mit dem Gedanken, sich selbstständig zu machen. Da werden ihr im Einkaufszentrum Rheinpark Geschäftsräume angeboten, die sich von Lage und Größe her für eine kleine Parfümerie eignen würden.*

   a) Erläutern Sie, welche arbeitsrechtlichen Regelungen Yvonne Berg prüfen sollte, wenn sie sich im Geschäftszweig ihres Arbeitgebers selbstständig machen will.

   b) Yvonne Berg fragt ihre beste Freundin Caroline Mager, ob diese in das zu gründende Unternehmen einsteigen will. Caroline ist wie Yvonne gelernte Kauffrau im Einzelhandel und arbeitet in einer Boutique im Einkaufszentrum Rheinpark. Yvonne legt ihrer Freundin die folgenden Daten vor:

Unternehmensform	KG
Finanzierung	Berg: 250 000,00 € Mager: 50 000,00 €
Gesellschafter	Berg: Komplementär Mager: Kommanditist

Caroline Mager ist unsicher. Bevor sie sich entscheidet, will sie folgende Fragen klären:

ba) Erläutern Sie, wie die Haftung der Gesellschafter der KG geregelt ist.

bb) Stellen Sie dar, wie die Frage der Geschäftsführung und Vertretung geregelt ist.

bc) Erläutern Sie, welche Firmen für das zu gründende Unternehmen möglich sind.

c) Yvonne Berg und Caroline Mager werden sich einig und gründen eine KG zu den beschriebenen Bedingungen. Nach Ablauf des ersten Geschäftsjahres weist das Unternehmen einen Gewinn in Höhe von 120 000,00 € aus. Die Gewinnverteilung der KG ist lt. Gesellschaftsvertrag wie folgt geregelt:
„Der Komplementär der KG erhält für die Geschäftsführung ein Entgelt in Höhe von 4 000,00 € pro Monat. Die Kapitaleinlage der Gesellschafter wird nach HGB verzinst, der Rest im Verhältnis der Einlagen verteilt."

Ermitteln Sie den Gesamtgewinn der Gesellschafter mithilfe der folgenden Tabelle.

Gesellschafter	Kapitaleinlage	Entgelt Geschäftsführung	Verzinsung lt. HGB	Restgewinn	Gesamtgewinn
Berg					
Mager					
Insgesamt					

d) Im folgenden Geschäftsjahr macht die KG Verluste. Erläutern Sie, wie eine Verteilung der Verluste bei der KG geregelt ist.

e) Vor dem Hintergrund der Verluste des letzten Geschäftsjahres denkt Caroline Mager darüber nach, die KG zu verlassen. Stellen Sie fest, ob und, wenn ja, wie dies möglich ist.

3. *Um den Zahlungsvorgang an den Kassen zu verbessern, soll bei der Center Warenhaus GmbH ein neues Kassensystem angeschafft werden. Zur Finanzierung des benötigten Kapitalbedarfs in Höhe von 110 000,00 € liegt der Center Warenhaus GmbH ein Angebot der Sparkasse KölnBonn und ein Leasingangebot der Leasing GmbH vor.*
Kreditangebot der Sparkasse KölnBonn:

Jahr	Kreditbetrag am Jahresanfang in €	Tilgung jährlich/einmalig in €	Zinsen 9 % p. a. in €	Jährliche Belastungen in €
1	110 000,00	22 000,00	9 900,00	31 900,00
2	88 000,00	22 000,00	7 920,00	29 920,00
3	66 000,00	22 000,00	5 940,00	27 940,00
4	44 000,00	22 000,00	3 960,00	25 960,00
5	22 000,00	22 000,00		
		110 000,00		

Leasingangebot der Leasing GmbH:
- *Grundleasingzeit: 5 Jahre*
- *einmaliges Abschlussentgelt: 8 % des Kaufpreises, fällig mit der ersten Leasingrate*
- *Leasingrate pro Jahr: 24 % des Kaufpreises, zahlbar jeweils am Jahresende*

a) Ermitteln Sie für beide Angebote die Gesamtbelastung in Euro.
b) Vergleichen Sie neben den Finanzierungskosten die Vorteile der einzelnen Finanzierungsarten. Geben Sie jeweils zwei Vorteile an.
c) Dem Kreditangebot der Sparkasse KölnBonn entnehmen Sie, dass es sich um einen Sicherungsübereignungskredit handelt. Erläutern Sie die Besitz- und Eigentumsverhältnisse bei dieser Kreditsicherungsart.

4. Um einen Skonto bei einer Rechnung über 3 808,00 € brutto mit Rechnungsdatum vom 10. September ausnutzen zu können, nimmt die Center Warenhaus GmbH einen Kontokorrentkredit bei der Sparkasse KölnBonn in Anspruch. Die Zahlungsbedingung lautet: „bei Zahlung innerhalb von zehn Tagen ab Rechnungsdatum 3 % Skonto oder innerhalb von 30 Tagen netto“. Die Bank berechnet 9 % Zinsen p. a.
   a) Ermitteln Sie den Überweisungsbetrag in Euro, wenn die Rechnung am 19. September beglichen wird.
   b) Ermitteln Sie, wie hoch die Zinsen (in Euro) für die Inanspruchnahme des Kontokorrentkredites sind.
   c) Trotz der Zinsbelastung durch die Sparkasse KölnBonn erzielt die Center Warenhaus GmbH durch die frühzeitige Zahlung nach Abzug von Skonto eine Ersparnis. Ermitteln Sie die Bruttoersparnis in Euro.

5. Die Center Warenhaus GmbH hat einem Kunden gegenüber eine Forderung von 5 950,00 €. Da der Kunde trotz mehrfacher Mahnung die Rechnung nicht bezahlt hat, lässt die Center Warenhaus GmbH dem Kunden einen gerichtlichen Mahnbescheid zustellen. Da der Kunde hierauf auch nicht reagiert, lässt die Center Warenhaus GmbH dem Kunden einen Vollstreckungsbescheid zustellen. Erläutern Sie die Bedeutung des Vollstreckungsbescheides für den Kunden.

6. Auf einer Abteilungsleitersitzung erfahren Sie, dass die Center Warenhaus GmbH in wirtschaftliche Schwierigkeiten geraten ist.
   a) Nennen Sie drei innerbetriebliche und drei außerbetriebliche Gründe, die die Center Warenhaus GmbH in eine Unternehmenskrise geführt haben könnten.
   b) Schlagen Sie vier Maßnahmen vor, wie die Center Warenhaus GmbH die Krise überwinden kann.

7. Die Center Warenhaus GmbH erhält von einem Lieferer eine Rechnung über einen Nettobetrag von 1 819,13 € und 345,63 € Umsatzsteuer, insgesamt also über einen Rechnungsbetrag von 2 164,76 €. Die Zahlungsbedingung lautet Zahlung innerhalb von 8 Tagen ab Rechnungsdatum (10.11.20..) abzüglich 3 % Skonto oder Zahlung innerhalb von 30 Tagen netto Kasse.
   a) Geben Sie das Datum (TT.MM.JJJJ) an, bis zu welchem Tag spätestens Skonto in Anspruch genommen werden kann.
   b) Ermitteln Sie den Überweisungsbetrag in € unter Abzug von Skonto.
   c) Um den Skonto ausnutzen zu können, nimmt die Center Warenhaus ihren Kontokorrentkredit in Anspruch. Die Bank berechnet die Zinsen zu einem Zinssatz von 9 % p.a. Berechnen Sie die Höhe der Zinsen für die Inanspruchnahme des Kontokorrentkredits.

Bildquellenverzeichnis

|Alamy Stock Photo, Abingdon/Oxfordshire: EThamPhoto 137.1. |EDEKA ZENTRALE Stiftung & Co. KG, Hamburg: 146.2. |EHI Retail Institute GmbH, Köln: 195.2. |European Payments Council, Brüssel: Abdruck des SEPA-Logos mit freundlicher Genehmigung des European Payments Council AISBL 192.5. |Foto Stephan - Behrla Nöhrbaß GbR, Köln: 17.2, 20.1, 20.2, 20.3, 29.1, 72.1, 77.1, 91.1, 99.1, 121.1, 121.2, 127.1, 142.1, 150.1, 154.1, 166.1, 168.1, 173.1, 203.1, 216.1, 223.1, 225.1, 240.1, 247.1, 253.1, 296.1, 304.1, 310.1, 318.1, 328.1, 336.1, 343.1, 347.1, 359.1, 373.1; Bueckert, Axel 365.1. |fotolia.com, New York: 3d-Master 361.1; Alexey 24.1; Angelo, Michel 79.1; Arcurs, Yuri 155.1, 231.1; Berg, Martina 312.1; Brebca 265.1; by-studio busse/yankushev 147.3; cirquedesprit 171.1; contrastwerkstatt 14.3; corepics 17.1; derKranich.com 192.6; DWP 314.1; Eppele, Klaus 257.1; Escóbar, Luis 190.1; eyewave 192.2; Fineas 188.1; georgina198 183.2; gradt 176.8; GRAPHIC 44.2; Hüls, Jürgen 311.1; kbuntu 138.2; Kheng Guan Toh 146.4; Lucky Dragon 221.1; Luftbildfotograf 379.1; M.a.u 178.3; marog-pixcells 183.3; massimo_g 184.1; michanolimit 178.1; Monkey Busines 14.1; N-Media-Images 300.1; PeJo 266.1; peters, frank 126.1; Pfluegl, Franz 156.1; photo-dave 217.1; PictureP. 178.4; Pumba 176.1; RealVector 176.9; Redel, Stefan 85.1; Ritter, Anna 191.1, 237.1; scusi 330.1; Shake, Michael 54.1; sizta 134.3; SleepyDragon 48.1; Smith, John 187.1; Smokovski, Ljupco 137.3; Spectral Design 14.2; Spectral-Design 176.6; Steidl, James 360.1; thepoeticimage 324.1; Visiual Concepts 146.1; Visty 178.2; Vogt, Thomas 132.2; Wechsel, Andreas 316.1; womue 134.2; Wylezich, Bjoern 370.1. |Google LLC, Mountain View: 194.1. |iStockphoto.com, Calgary: IGphotography 177.4; kaarsten 306.1; Kristoffersson, Jonny 146.3; tanuha2001 176.2; ymgerman 132.1. |Meyer, Helge, Ruppichteroth: 61.1, 128.1. |PayPal Deutschland GmbH, Kleinmachnow: 192.1. |Picture-Alliance GmbH, Frankfurt a.M.: Bildagentur-online 138.1; dpa Grafik 355.1; dpa-infografik 175.1, 230.1, 260.1, 298.1, 302.1, 337.1, 384.1; dpa-infografik GmbH 342.1; Spata, Ole 163.1. |punktgenau gmbh, Bühl: 10.1, 11.1, 16.1, 16.2, 22.1, 23.1, 23.2, 23.3, 34.1, 34.2, 34.3, 44.1, 60.1, 64.1, 65.1, 176.7, 177.1, 177.2, 177.3, 177.5, 181.1, 183.1, 205.4, 234.1, 270.1, 368.1. |Shutterstock.com, New York: dotshock 207.2; Golinkevich, Andrey 236.1; Rozhnovsky, Den 134.1; Sigaev, Roman 176.3; Starikov, Anton 176.4; Twin Design 182.1. |stock.adobe.com, Dublin: A_Bruno 192.3; andreaobzerova 198.1; Anke Thomass 100.1; Barskaya, Galina 17.3, 17.4; Calado 87.1; Christos Georghiou 205.1; Coloures-Pic 167.1; contrastwerkstatt 241.1; Drobot Dean 179.1; erikverrept 206.1; Ernst, Daniel 238.1; eyetronic 343.2; goodluz 205.2; Gorodenkoff 204.1; Haas, Benjamin 198.2; HaywireMedia 176.5; Herz-Perspektive 137.2; justaa 339.1; Laiotz 162.1; Losevsky, Pavel 9.1, 208.1; maria_savenko 135.1; momius 226.1; Nomad_Soul 197.1; peterschreiber.media 200.1; Popov, Andrey Titel, Titel, Titel; Raths, Alexander 1.1; rrrainbow 147.2; Sanders, Gina 297.1; stegworkz 137.4; WavebreakmediaMicro 262.1; Wylezich, Bjoern 205.3; Yang, Stefan 207.1; Zerbor 197.2; ZHOUYilu 147.1. |Stollfuß Verlag - Zweigniederlassung der Lefebvre Sarrut GmbH, Bonn: 267.1, 267.2, 267.3, 267.4, 267.5, 267.6, 267.7, 267.8, 267.9, 268.1, 268.2, 268.3, 268.4, 268.5, 268.6, 268.7. |Trusted Shops GmbH, Köln: 195.1. |VISA Europe Service Inc., Frankfurt: 192.4.

Sachwortverzeichnis

Verzeichnis der Gesetzesabkürzungen

AGG	Allgemeines Gleichbehandlungsgesetz
AktG	Aktiengesetz
ArbStättV	Arbeitsstättenverordnung
ArbZG	Arbeitszeitgesetz
BBiG	Berufsbildungsgesetz
BetrVG	Betriebsverfassungsgesetz
BGB	Bürgerliches Gesetzbuch
BDSG	Bundesdatenschutzgesetz
BUrlG	Bundesurlaubsgesetz
DSGVO	EU-Datenschutz-Grundverordnung
EHUG	Gesetz über elektronische Handelsregister und Genossenschaftsregister sowie das Unternehmensregister
GenG	Genossenschaftsgesetz
GewO	Gewerbeordnung
GG	Grundgesetz
GmbHG	GmbH-Gesetz
GWB	Gesetz gegen Wettbewerbsbeschränkungen
HGB	Handelsgesetzbuch
InsO	Insolvenzordnung
JArbSchG	Jugendarbeitsschutzgesetz
KSchG	Kündigungsschutzgesetz
PAngV	Preisangabenverordnung
ProdSG	Produktsicherheitsgesetz
TMG	Telemediengesetz
TzBfG	Gesetz über Teilzeitarbeit und befristete Arbeitsverträge
UStG	Umsatzsteuergesetz
ZPO	Zivilprozessordnung